Windows 8.1 für Dummies

Windows 8.1 für Dummies – Schummelseite

Wenn Sie ein Windows-Neuling sind, werden Sie mit Windows 8.1 vermutlich glücklich sein und die einfache Bedienung genießen. Wenn Sie aber bereits mit einer älteren Windows-Version gearbeitet haben, ist das neue Windows zunächst ein Schock. Alles ist so anders! Lernen Sie auf dieser Schummelseite die wichtigsten Änderungen von Windows 8.1 kennen, entdecken Sie seine geheimen Plätze und erfahren Sie, wie Sie das Programm mit einem Touchscreen bedienen.

Die fünf großen Änderungen in Windows 8.1

✔ **Windows 8.1 benimmt sich eher wie ein großes Smartphone.** Wer schon einmal ein Smartphone in der Hand hatte, wird sich in Windows 8.1 zu Hause fühlen. Sie schalten den Computer ein und sehen große, bunte Kacheln, die stellvertretend für die Anwendungen stehen. Diese gekachelte *Startseite* ist der Ersatz für das Startmenü früherer Windows-Versionen. Merken Sie sich diese Seite gut. Sie werden immer wieder dorthin zurückkehren.

✔ **Programme heißen Apps.** Und wie beim Smartphone heißen die Programme nicht mehr Programme, sondern *Apps* (»Äpps« ausgesprochen), eine Abkürzung für »Application«, was auf Deutsch so viel wie »Anwendung« heißt.

✔ **Der Desktop ist auch eine App.** Ja, Windows behandelt den traditionellen Desktop wie eine App. Wenn Sie zum guten alten Desktop schalten wollen, klicken Sie auf der Startseite auf die Kachel DESKTOP. Auf dem Desktop arbeiten Sie mit den klassischen Desktopprogrammen, die jetzt eigentlich auch Apps heißen. Die Desktop-App von Windows 8.1 sieht fast genauso aus wie der Desktop von Windows 7.

✔ **Windows 8.1 harmoniert gut mit Touchscreens.** Wenn Sie auf einem Touchscreen-PC mit Windows 8.1 arbeiten, ersetzen Sie das Wort »klicken« durch »tippen« und Sie kommen ganz gut klar. Und wenn Sie »mit der rechten Maustaste klicken« lesen, drücken Sie mit dem Finger auf den Touchscreen, bis ein kleines Quadrat erscheint, und nehmen dann den Finger wieder weg. Daraufhin wird in der Regel ein kleines Kontextmenü eingeblendet, in dem Sie auf den gewünschten Befehl tippen.

✔ **Die Charms-Leiste hält alles zusammen.** Diese charmante Leiste mit dem sonderbaren Namen wird sowohl auf der Startseite als auch auf dem Desktop angezeigt. Sie enthält die sogenannten Charms, mit denen Sie nach Elementen suchen, Elemente teilen, Geräte aktivieren und PC-Einstellungen ändern können.

Windows 8.1 für Dummies – Schummelseite

Verborgenes aufspüren

Eine auf der Startseite gestartete App füllt den gesamten Bildschirm aus. Kein Menü, keine Symbolleiste, einfach nichts. Aber keine Sorge! Es gibt sie. Sie müssen sie nur finden. Die folgenden Tabellen zeigen, wie es geht.

Verborgenes mit der Maus hervorholen

Aufgabe	Mausaktion
Zur Startseite schalten	Klicken Sie links unten auf die Schaltfläche START.
Zu einer bereits gestarteten App wechseln	Zeigen Sie auf die obere linke Bildschirmecke und verschieben Sie die Maus etwas nach unten. Klicken Sie in der Leiste auf die gewünschte App.
Die Charms-Leiste einblenden	Zeigen Sie auf die obere oder die untere rechte Bildschirmecke.
Schaltflächen für die aktuelle App einblenden	Klicken Sie mit der rechten Maustaste auf einen leeren Bereich in der App.

Verborgenes mit der Tastatur hervorholen

Aufgabe	Taste(n)
Zur Startseite schalten	Drücken Sie die ⊞-Taste.
Zu einer bereits gestarteten App wechseln	Halten Sie Alt gedrückt und drücken Sie so lange ⇆, bis die gewünschte App ausgewählt ist. Lassen Sie beide Tasten wieder los.
Die Charms-Leiste einblenden	Drücken Sie ⊞+C.
Schaltflächen für die aktuelle App einblenden	Drücken Sie ⊞+Z.

Verborgenes auf dem Touchscreen hervorholen

Aufgabe	Finger
Die Charms-Leiste einblenden	Streifen oder wischen Sie mit dem Finger vom rechten Bildschirmrand nach innen.
Zur Startseite schalten	Streifen oder wischen Sie mit dem Finger vom rechten Bildschirmrand nach innen und klicken Sie auf den Charm START.
Zu einer bereits gestarteten App wechseln	Streifen oder wischen Sie mit dem Finger vom linken Bildschirmrand nach innen und wieder zurück und tippen Sie in der Leiste auf die gewünschte App.
Schaltflächen für die aktuelle App einblenden	Streifen oder wischen Sie mit dem Finger vom unteren Bildschirmrand nach innen.

Viele Leute finden die Startseite nervig und wollen so wenig wie möglich damit zu tun haben. Verschieben Sie die Kachel DESKTOP auf der Startseite griffbereit in die obere linke Ecke. Dann brauchen Sie nach dem Start von Windows lediglich ↵ zu drücken, und schon meldet sich der Desktop zu Diensten.

Andy Rathbone

Windows 8.1 für Dummies

Übersetzung aus dem Amerikanischen
von Sabine Lambrich

WILEY

WILEY-VCH Verlag GmbH & Co. KGaA

Bibliografische Information der Deutschen Nationalbibliothek
Die Deutsche Nationalbibliothek verzeichnet diese Publikation
in der Deutschen Nationalbibliografie; detaillierte bibliografische
Daten sind im Internet über http://dnb.d-nb.de abrufbar.

1. Auflage 2014
1. Nachdruck 2014
© 2014 WILEY-VCH Verlag GmbH & Co. KGaA, Weinheim

Printed in Germany
Gedruckt auf säurefreiem Papier

Coverfoto: © istockphoto/borchee
Korrektur: Frauke Wilkens, München
Satz: inmedialo Digital- und Printmedien UG, Plankstadt
Druck und Bindung: Media Print

Print ISBN: 978-3-527-71025-6

Über den Autor

Andy Rathbone ist seit 1985 von Computern besessen, als er sich einen fast 20 Kilogramm schweren tragbaren CP/M Kaypro 2X zulegte. Wie alle Computerfreaks dieser Zeit begann er bald, mit Null-Modem-Adaptern herumzuspielen und Mailbox-Foren anzuwählen. Die übrige Zeit verbrachte er als Teilzeitkraft bei Radio Shack.

Andy Rathbone schrieb für verschiedene Zeitschriften Artikel, bevor er sich 1992 dem Verfassen von Computerbüchern zuwandte. Seitdem hat er mehrere Bücher über Windows in der *... für Dummies*-Reihe und viele andere Computerbücher veröffentlicht. Seine Bücher sind in mehr als 15 Millionen Exemplaren erschienen und in mehr als 30 Sprachen übersetzt worden.

Über die Übersetzerin

Sabine Lambrich arbeitet seit mehr als 20 Jahren als Autorin und Übersetzerin in München mit Schwerpunkt auf Buchprojekten zu Windows und Windows-Programmen. Für Wiley-VCH hat sie unter anderem in der *... für Dummies*-Reihe Bücher zu den Themen Windows, Excel, Office, PC und Notebook übersetzt.

Cartoons im Überblick

von Christian Kalkert

Seite 29

Seite 193

Seite 249

Seite 315

Seite 357

Internet: www.stiftundmaus.de

Inhaltsverzeichnis

Kapitel 13
Windows hegen und pflegen
279

Kapitel 14
Einen Rechner mit anderen teilen
291

Einführung

Willkommen bei *Windows 8.1 für Dummies*, einem der beliebtesten Bücher über dieses Betriebssystem.

Die Beliebtheit dieses Buches lässt sich vor allem folgendermaßen erklären. Es gibt Leute, die kennen Windows in- und auswendig. Diese Leute unterhalten sich gerne mit Dialogfeldern. In ihrer Freizeit testen sie stundenlang willkürlich gewählte Tastenkombinationen in der Hoffnung, auf eine verborgene, nicht dokumentierte Wahnsinnsfunktion zu stoßen. Und sie lernen selbst beim Haarewaschen lange Befehlsabfolgen auswendig.

Und Sie? Sie sind kein Dummkopf! So viel steht fest. Aber wenn es um Windows und Computer geht, üben diese einfach keinen Reiz auf Sie aus. Windows und Ihr Computer sind für Sie einfach Werkzeuge, um Ihre Arbeit so effektiv wie möglich zu erledigen. Und das soll auch so bleiben. Leute wie Sie sind kein Einzelfall. Dies – und hier schließt sich der Kreis – macht das *Windows 8.1 für Dummies*-Buch wahrscheinlich so beliebt.

Das Buch wird Ihnen weiterhelfen und Sie werden Ihr Wissen bezüglich Windows beträchtlich erweitern, aber es wird definitiv nicht versuchen, Sie in einen Windows-Freak zu verwandeln, sondern Sie lediglich dabei unterstützen, Ihre Arbeit noch effektiver zu erledigen, damit Sie sich schnell wieder den angenehmeren Dingen des Lebens widmen können.

Über dieses Buch

Versuchen Sie nicht, dieses Buch in einem Stück zu lesen; das ist weder hilfreich noch notwendig. Benutzen Sie es stattdessen lieber wie ein Wörterbuch oder wie ein Lexikon. Schlagen Sie die Seite mit den benötigten Informationen auf und sagen Sie: »Aha, das ist es also, worüber die anderen die ganze Zeit reden.« Dann klappen Sie das Buch wieder zu und machen weiter.

Lassen Sie sich nicht vom Fachjargon abschrecken, wenn es heißt: »Klicken Sie im Explorer auf der Registerkarte START in der Gruppe AUSWÄHLEN auf die Schaltfläche ALLES AUSWÄHLEN.« Mit der Zeit gewöhnen Sie sich daran und kommen dann auch besser mit dem Hilfesystem klar, das ebenfalls das Microsoft-Fachchinesisch spricht. Wenn es ganz technisch wird, werden Sie mit dem Symbol des Technikfreaks vorgewarnt und können bei Bedarf ganz schnell weiterblättern oder, wenn Sie mutig sind, weiterlesen.

Um es gleich vorwegzunehmen: Sie haben es hier mit einer etwas verwirrenden Windows-Version zu tun – eine Windows-Version mit zwei Gesichtern. Seien Sie stolz auf sich, dass Sie sich an dieses Thema wagen. Lassen Sie sich aber nicht abschrecken. Das Buch taucht mit Ihnen in die zwei Windows-Welten ein, und Sie erfahren, ohne sich mit allzu vielen technischen Details aufhalten zu müssen, (mehr oder weniger) interessante Dinge zu folgenden Themen:

- ✔ Computersicherheit gewährleisten

- ✔ Die Windows-Startseite kennenlernen

- ✔ Programme und Apps suchen, starten und schließen

- ✔ Die Datei aufspüren, die Sie erst gestern gespeichert oder heruntergeladen haben

- ✔ Den Rechner für die gesamte Familie einrichten

- ✔ Daten von der Festplatte auf CD oder DVD kopieren und umgekehrt

- ✔ Fotos von Ihrer Digitalkamera auf den Rechner speichern und mit anderen teilen

- ✔ Ihre Arbeit auf Papier bringen und scannen

- ✔ Computer zur gemeinsamen Nutzung einer Internetverbindung oder eines Druckers vernetzen

- ✔ Windows reparieren, wenn das Betriebssystem nicht mehr so will, wie es soll

Sie müssen nichts auswendig lernen. Schlagen Sie einfach bei Bedarf auf der richtigen Seite nach, lesen Sie die kurze Erklärung, und zurück geht's an die Arbeit. Hoch technischer Firlefanz, langatmige Monologe und unnötiger Detailballast haben in diesem Buch nichts zu suchen.

Wie Sie mit diesem Buch arbeiten

Wie bereits gesagt, müssen Sie das Buch keinesfalls von vorn bis hinten durchlesen. Wenn Sie das allerdings möchten, ist es auch okay. Jedes Kapitel hat seinen Schwerpunkt, die neumodische Startseite samt Kacheln, Leisten und Schaltflächen in einem Kapitel, der altbewährte Desktop in einem anderen und so weiter. Schlagen Sie im Inhaltsverzeichnis oder im Stichwortverzeichnis nach und suchen Sie gezielt nach der Funktion oder dem Bereich, die beziehungsweise der Fragen aufwirft. Dann setzen Sie sich in aller Ruhe hin und arbeiten sich in das betreffende Thema ein, wenden es an und fertig.

Wenn Sie gerade besonders wissensdurstig sind, lesen Sie auch die Informationen in den grauen Kästen oder die mit dem Technikfreaksymbol gekennzeichneten Absätze. Hier noch ein Tipp, dort noch ein Querverweis und Sie erfahren mehr, als Sie eigentlich wissen wollten. Aber das muss nicht sein. Wer keine Lust oder Nerven für diese Zusatzinfohäppchen hat, der lässt sie einfach weg.

Bestimmte Elemente im Buch sind besonders gekennzeichnet. So werden Befehle, Menüs, Schaltflächen und alles, was es sonst noch so in Apps, Programmen und Dialogfeldern gibt, in Kapitälchen geschrieben, zum Beispiel: »Wählen Sie im Kontextmenü den Befehl Herunterfahren.«

Wenn Sie etwas selbst eingeben müssen, wird der einzugebende Text in Listingschrift dargestellt, zum Beispiel: »Geben Sie `Windows Media Player` in das Suchfeld ein.«

Und wenn Sie aufgefordert werden, eine Tastenkombination zu drücken, wird das folgendermaßen dargestellt: »Drücken Sie ⊞+Ⓒ.« (Übrigens, damit wird eine ganz besondere Leiste in Windows geöffnet, die den vielversprechenden Namen Charms-Leiste trägt.) In diesem Fall halten Sie die ⊞-Taste gedrückt und drücken zusätzlich noch die Taste Ⓒ.

Dieses Buch verschanzt sich nicht hinter Formulierungen wie »Weitere Informationen schlagen Sie bitte in Ihrem Handbuch nach«. Mal davon abgesehen, dass es für Windows gar kein Handbuch gibt. Und in diesem Buch werden keine Programmpakete beschrieben, die unter Windows laufen, wie beispielsweise Microsoft Office. Windows und seine eigenen Apps und Programme sind vielfältig und kompliziert genug. Und es gibt ja noch andere ... *für Dummies*-Bücher, die sich dieser Themenbereiche dankbar annehmen.

Denken Sie immer daran, dass dieses Buch als *Nachschlagewerk* gedacht ist. Etwas ist unklar? Etwas geht schief? Etwas hat Sie neugierig gemacht? Dann schlagen Sie die zugehörigen Informationen in diesem Buch nach.

Tablet-PCs bleiben nicht außen vor

Auch wenn Windows 8.1 auf allen neuen Windows-Computern vorinstalliert wird, ist es kein Geheimnis, dass eigentlich die Tablet- und Touchscreen-PCs die Zielgruppe von Windows 8.1 sind. Denn beide besitzen einen Touchscreen, einen besonderen Typ von Bildschirm, den Sie mit Ihren Fingern und mit einer Bildschirmtastatur steuern.

Wenn Sie einen Touchscreen- oder Tablet-PC Ihr Eigen nennen, aber noch überhaupt keine Ahnung haben, wie Sie etwas anderes als hässliche Fingerabdrücke auf dem Bildschirm hinterlassen, machen Sie sich keine Sorgen. Bunt verstreut in diesem Buch finden Sie immer wieder spezielle Anleitungen für die Touchscreen-Besitzer unter Ihnen. Diese Passagen sind mit dem entsprechenden Symbol gekennzeichnet.

Und wenn Sie auf Anweisungen stoßen, die nur Mausbenutzer ansprechen, denken Sie immer an die folgenden drei Touchscreen-Regeln:

✔ Wenn Sie »klicken« lesen, *tippen* Sie kurz mit dem Finger auf ein Element auf dem Bildschirm.

✔ Wenn Sie »doppelklicken« lesen, *tippen* Sie *zweimal* kurz hintereinander mit dem Finger auf ein Element auf dem Bildschirm.

✔ Wenn Sie »mit der rechten Maustaste klicken« lesen, *drücken* Sie mit dem Finger geduldig auf den Bildschirm, bis Sie ein kleines Quadrat sehen. Entfernen Sie dann den Finger vom Bildschirm. In der Regel haben Sie damit ein sogenanntes *Kontextmenü* geöffnet, in dem Sie einen Befehl wählen können – und zwar indem Sie darauf *tippen*.

Und für alle Touchscreenler unter Ihnen, die mit den Fingern gar nicht klarkommen (das kann beispielsweise auf dem filigranen Desktop durchaus der Fall sein), bleibt immer noch die Option, eine Maus und/oder eine Tastatur an den Tablet-PC anzuschließen.

Törichte Annahmen über den Leser

Also, ich gehe einfach mal davon aus, dass Windows 8.1 auf Ihrem Rechner installiert ist oder dass Sie über ein Upgrade auf die neue Version 8.1 nachdenken.

Sie wissen, was Sie mit dem Computer machen wollen. Das Problem besteht eher darin, den Computer dazu zu bringen, das zu machen, was Sie wollen. Sie haben sich bisher eher schlecht als recht durchgeschlagen, hoffentlich mit der Hilfe eines Computergurus – sei es Kollege oder Nachbar, der aber leider nicht immer greifbar ist. Dieses Buch kann Ihnen in Zeiten der Not den Computerguru ersetzen.

Wie dieses Buch aufgebaut ist

Dieses Buch besteht aus sieben Teilen. Jeder Teil beinhaltet mehrere Kapitel, die alle thematisch zum entsprechenden Teil passen. Jedes Kapitel ist wiederum in mehrere Abschnitte unterteilt, in denen Windows-Themenhäppchen gereicht werden. Manchmal finden Sie das, was Sie suchen, in einem der grauen Kästen, manchmal in einem Tipp und manchmal müssen Sie sich durch einen ganzen Abschnitt oder gar ein ganzes Kapitel kämpfen. Das hängt von Ihnen und von der Komplexität der Aufgabe ab, die Sie gerade lösen wollen.

Teil I: Windows 8.1-Grundlagen

In diesem Teil werden die zwei Welten von Windows vorgestellt. Sie lernen die neue Startseite kennen, auf der Sie Apps und Programme starten, und Sie erfahren, wie Sie sich auf vertrautes Terrain, auf den Desktop, retten können. Die Navigationsmöglichkeiten beider Welten werden genau unter die Lupe genommen. Darüber sollten Sie Bescheid wissen.

Teil II: Apps, Programme und Dateien

Windows kommt mit einem ganzen Bündel von kostenlosen Apps und Programmen daher. Es ist aber nicht immer so einfach, an sie heranzukommen. In diesem Teil erfahren Sie daher, wie Sie die Apps und Programme von Windows starten, damit Dateien erstellen und diese speichern, drucken und faxen. Und wenn dann einmal eine wichtige Datei oder eine besondere App verschwunden scheint, ziehen Sie die überarbeitete Suchfunktion von Windows zurate. Sie spürt alles und jeden auf.

Teil III: Ab ins Internet

Legen Sie in diesem Teil einen Stopp für einen Crashkurs zum beliebtesten Spielplatz der heutigen Zeit ein, dem Internet. Hier erfahren Sie, wie Sie mit der Mail-App E-Mails senden und empfangen und zusammen mit den Apps Kalender und Kontakte Ihre digitalen sozialen Kontakte von zentraler Stelle aus pflegen. Außerdem stellt dieser Teil die beiden Versionen des Webbrowsers Internet Explorer vor und zeigt, wie Sie sich zwanglos auf verschiedensten Websites tummeln können.

Und damit Sie sicher im Internet unterwegs sind, widmet sich Kapitel 11 ausschließlich dem Thema sicheres Surfen im Internet. Sie lernen die Sicherheitsfunktion von Internet Explorer kennen, mit denen Sie Phishing, Virenbefall und sonstige üble Machenschaften verhindern können.

Teil IV: Die Windows-Werkstatt

Wenn Windows nicht so mag, wie es sollte, geben Sie ihm einen kleinen Schubs und legen Sie den einen oder anderen Schalter in den PC-Einstellungen auf der Startseite oder in der Systemsteuerung auf dem Desktop um. Und selbst wenn Windows wie am Schnürchen funktioniert, sollten Sie hin und wieder Wartungsarbeiten durchführen lassen, um den gegenwärtigen guten Zustand zu erhalten.

Erfahren Sie in diesem Teil außerdem, wie Sie sich den Computer mit anderen teilen, ohne dass sich die Benutzer gegenseitig in die Karten schauen können. Und wenn ein Computer nicht mehr ausreicht, schaffen Sie sich einen oder mehrere weitere an und vernetzen sie. Dann können sich alle Computer bequem die Internetverbindung, Dateien und den Drucker teilen.

Teil V: Musik, Fotos und Filme

Wenden Sie sich vertrauensvoll an diesen Teil, wenn Sie Spaß haben wollen. Hier erfahren Sie, wie Sie Musik-CDs sowie Songs und Filme auf dem Computer oder aus dem Internet abspielen. Oder kaufen Sie sich ein paar CDs und erstellen Sie Ihre ganz persönliche »Lieblingssongs-CD«. (Oder kopieren Sie eine Musik-CD, um das wertvolle Original zu schonen.)

Und wer eine digitale Kamera sein Eigen nennt, der sollte einen Blick in Kapitel 17 werfen. Dort erfahren Sie, wie Sie die Fotos von der Kamera auf den Computer bringen, die Fotos übersichtlich in Ordnern verwalten und sie per Mail im Freundes- und Verwandtenkreis weiterreichen.

Teil VI: Hilfe!

Es geht zwar kein Glas zu Bruch, wenn Windows abstürzt, aber es kann trotzdem wehtun. In diesem Teil finden Sie ein paar lindernde Salben gegen die schmerzhaftesten Verletzungen und Sie erfahren, wie Sie mit der Windows-Problembehandlung den Heilungsprozess beschleunigen können.

Sie haben keine Ahnung, wie Sie die Dateien und Einstellungen von einem alten Windows-Rechner auf den schmucken neuen Windows 8.1-Computer übertragen können? Wenn Sie Kapitel 20 gelesen haben, wissen Sie Bescheid.

Ach ja, und für die ganz alltäglichen Windows-Sorgen und -Fragen können Sie sich auch vertrauensvoll an die integrierte Hilfe von Windows wenden.

Teil VII: Der Top-Ten-Teil

Jeder mag Listen (solange es nicht um Aufstellungen für die Steuererklärung geht). Dieser Teil enthält Listen mit mehr oder weniger wichtigen Windows-Fakten. Er beginnt mit den Top Ten der nervigsten Windows-Funktionen (und wie man sie in den Griff bekommt) und endet mit den Top Ten exklusiv für die Besitzer von Notebooks und Tablet-PCs.

Und dann gibt's noch ein Schmankerl: das Bonuskapitel mit den Top Ten der wichtigsten Änderungen in Windows 8.1, das Sie unter `www.downloads.fuer-dummies.de` herunterladen können.

Symbole, die in diesem Buch verwendet werden

Die folgenden Symbole finden Sie am Rand neben dem Text. Sie sind strategisch günstig platziert, damit Sie auf einen Blick sehen können, was Sie lesen sollten und was Sie vielleicht überspringen wollen.

Hier erhalten Sie eine kleine Extraportion Informationen zu einem Thema. Oder es wird eine weitere Vorgehensweise vorgestellt. Oder Sie erfahren irgendetwas Neues, das Ihnen das Leben mit Windows erleichtert.

Hier stehen Informationen, die Sie sich merken sollten. Sie werden sie bestimmt bald wieder brauchen. Vielleicht machen Sie ein Eselsohr in die Seite?

Hier wird es ernst! Lesen Sie die Informationen, wenn Sie eine Katastrophe verhindern wollen.

Hier erwarten Sie eher technische Ausführungen, die Sie lesen können oder auch nicht.

Hier können Sie auf einen Blick erkennen, dass es sich um eine brandneue Funktion in Windows 8 handelt.

Hier können Sie auf einen Blick erkennen, dass es sich um eine brandneue oder überarbeitete Funktion in Windows 8.1 handelt.

Für alle, die ohne Maus und Tastatur mutig mit den Fingern auf dem Touchscreen tippen, drücken, wischen und streifen.

Wie es weitergeht

Jetzt kann's losgehen! Blättern Sie schnell die Seiten durch und überfliegen Sie vielleicht schon mal ein paar Abschnitte, von denen Sie wissen, dass Sie sie später brauchen werden. Oh, und das ist übrigens Ihr Buch – Ihre Waffe gegen die Computerfreaks, denen Sie dieses komplizierte Computerzeug überhaupt zu verdanken haben. Markieren Sie hilfreiche Absätze, kleben Sie Notizzettel auf die Seiten und malen Sie Smileys an den Rand.

Je mehr Sie in diesem Buch markieren, kleben, kritzeln und malen, desto einfacher wird es für Sie sein, nützliche Informationen schnell wiederzufinden.

Teil I

Windows 8.1-Grundlagen

In diesem Teil ...

▶ Windows 8.1 verstehen lernen

▶ Mit der Startseite arbeiten

▶ Mit dem Desktop arbeiten

▶ Dateien auf dem Computer und in der Cloud speichern

Was genau ist Windows 8.1?

In diesem Kapitel

▶ Windows 8 und Windows 8.1 kennenlernen

▶ Die neuen Funktionen von Windows 8.1 unter die Lupe nehmen

▶ Auf Windows 8 umsteigen oder nicht

▶ Auf Windows 8.1 upgraden

▶ Passt meine Rechnerkonfiguration zu Windows 8?

▶ Welche Variante von Windows 8.1 passt zu mir?

Auf die eine oder andere Weise haben Sie wahrscheinlich schon von Windows gehört: die Symbole, Fenster und Mauszeiger, die Sie begrüßen, wenn Sie Ihren Computer einschalten. Fast alle neuen Computer werden bereits mit einem vorinstallierten Windows angeboten – und so werden Sie von Windows gleich fröhlich begrüßt, wenn Sie den Computer zum ersten Mal einschalten.

Dieses Kapitel soll Ihnen näherbringen, warum Sie Windows brauchen, und es stellt Ihnen Microsofts neueste Windows-Versionen vor, Windows 8 und Windows 8.1. Es zeigt auf, wodurch sich Windows 8 von den früheren Windows-Versionen unterscheidet und ob Sie auf Windows 8 aktualisieren sollten. Und natürlich erkläre ich auch, was es Neues in Windows 8.1 gibt.

Was ist Windows, und warum benutzen Sie es?

Windows, das von der Firma Microsoft entwickelt und vertrieben wird, ist eigentlich kein Programm – etwas, womit man Seminararbeiten schreiben oder womit man verärgerte E-Mails an Versandhändler schicken kann. Nein, Windows kann man getrost als *Betriebssystem* bezeichnen. Denn Windows steuert und beeinflusst, wie Sie mit Ihrem Computer arbeiten. Es existiert seit nun fast 30 Jahren, und seine neueste Version heißt Windows 8.1 (siehe Abbildung 1.1).

Windows bezieht seinen Namen von all den netten kleinen Fenstern, die es auf Ihrem Bildschirm anordnet, denn *Windows* ist der englische Begriff für »Fenster« in der Mehrzahl. Jedes Fenster zeigt bestimmte Informationen an, zum Beispiel ein Bild oder ein Programm, das gerade abläuft. Sie können mehrere Fenster gleichzeitig auf dem Bildschirm geöffnet lassen und von Fenster zu Fenster springen, um verschiedene Programme zu besuchen. Sie können auch ein Fenster so vergrößern, dass es den ganzen Bildschirm ausfüllt.

Abbildung 1.1: Windows 8.1 – die neueste Version von Microsoft Windows

Wenn Sie den Computer starten, macht sich Windows auf dem Bildschirm breit und überwacht alle laufenden Programme. Wenn alles gut funktioniert, bekommen Sie von Windows gar nicht viel mit, sondern sind einfach nur in Ihre Arbeit vertieft. Wenn es schlecht läuft, werden Sie sich sicherlich ob der einen oder anderen unverständlichen Fehlermeldung die Haare raufen.

Windows ist also dazu da, Ihren Computer zu steuern und Ihre Programme in Schach zu halten. Aber daneben bietet Windows auch eine ganze Reihe an kostenlosen Programmen an – in Windows 8 und 8.1 heißen sie *Apps*, was so viel wie »Application« bedeutet, was wiederum in der Übersetzung »Anwendung« oder »Programm« heißt. »App« klingt cool, also verwenden Sie diesen Begriff, wo immer es geht. Sie können mit diesen Progrämmchen, äh mit diesen Apps die unterschiedlichsten Dinge bewerkstelligen: Briefe schreiben und drucken, das Internet durchsuchen, Musik abspielen, Fotos verschicken und vieles mehr.

Und warum benutzen Sie Windows? Wie die meisten anderen Menschen haben Sie wahrscheinlich gar keine andere Wahl. Wenn Sie sich ab Herbst 2012 einen neuen Rechner gekauft haben, ist da einfach Windows 8 und ein Jahr später Windows 8.1 drauf, ob Sie wollen oder nicht. Ein paar Menschen fliehen vor Windows, indem sie Apple-Computer kaufen (das sind diese gut aussehenden, aber nicht gerade preiswerten Computer). Die Wahrscheinlichkeit ist aber extrem hoch, dass Sie, Ihre Nachbarn, Ihre Chefin, Ihre Kinder in der Schule und Millionen Menschen auf der ganzen Welt mit Windows arbeiten.

Werbung und Funktionen auseinanderhalten

Microsoft mag Ihnen Windows als einen hilfreichen Begleiter ans Herz gelegt haben, der nur Ihr Bestes im Sinn hat, doch das ist nicht wirklich wahr. Denn Windows ist in erster Linie den Interessen von Microsoft verpflichtet. Sie werden das feststellen, sobald Sie Microsoft um Hilfe bitten, wenn Windows nicht so funktioniert, wie es sollte. Nichts auf dieser Welt ist umsonst.

Microsoft verwendet Windows auch, um seine eigenen Produkte und Dienste an den Mann oder an die Frau zu bringen. So präsentiert der Internet Explorer nach dem Start stolz die Microsoft-eigene Website MSN. Die Favoritenleiste des Browsers, in der Sie normalerweise Ihre bevorzugten Webziele bereitlegen, ist mit Microsoft-Websites überfüllt. Die Karten-App verwendet das Kartenmodul der Microsoft-Suchmaschine Bing. Ich könnte diese Liste ewig fortsetzen.

Und in Windows 8.1 gibt es in jedem Ordner einen Link auf SkyDrive, den Microsoft-eigenen Speicherdienst in der Cloud. Eine ganz nette Sache. Was Sie aber nicht erfahren, ist die Tatsache, dass Microsoft Sie sofort zur Kasse bittet, wenn Sie Ihr Speicherlimit von 7 GB überschreiten.

Windows steuert also nicht nur Ihren Computer, sondern fungiert auch als eine riesige Werbetrommel im Dienste von Microsoft. Behandeln Sie die eingebauten Werbeinformationen wie das Klopfen eines Vertreters an Ihrer Tür.

Windows 8 hat einen ganz neuen, radikal umgebauten Startbildschirm – offiziell *Startseite* genannt – eingeführt. Diese Startseite füllt den ganzen Bildschirm aus und man sieht ihr gleich an, dass sie eigentlich für das Arbeiten mit einem *Touchscreen* gemacht ist. Sie wissen schon, schnell mit dem Finger über den Bildschirm gewischt, da getippt, dort getippt, Tastatur und Maus sind überflüssig. Ganz so ist es aber doch noch nicht. Da die neue Startseite auch auf herkömmlichen Desktoprechnern Einzug gehalten hat, kann sie selbstverständlich auch mit Maus und Tastatur bedient werden. Die Frage ist nur, wie lange noch.

Und was ich gleich am Anfang unbedingt erwähnen möchte, ist der neue *Dateiversionsverlauf* – lassen Sie sich nicht vom Namen abschrecken –, der das macht, was eigentlich Sie schon immer hätten tun sollen: das Erstellen von Kopien Ihrer lebenswichtigen Dateien als Datensicherung. Da Microsoft dieses Feature standardmäßig ausgeschaltet hat, zeige ich Ihnen in Kapitel 13, wie man es einschaltet.

Microsoft bringt im Herbst 2013 ein Upgrade zu Windows 8 auf den Markt, bekannt unter dem Namen Windows 8.1. Diese kostenlose neue Version sorgt dafür, dass alles auf Ihrem Computer noch besser flutscht. Sie sollten sie auf jeden Fall installieren.

Was ist neu in Windows 8?

Sie haben bereits mit einer früheren Windows-Version gearbeitet? Dann werfen Sie all Ihre mühsam erworbenen Betriebssystemkenntnisse über Bord und fangen bei Windows 8 noch einmal ganz von vorn an. Und warum? Weil Windows 8 versucht, es zwei Lagern recht zu machen.

Die meisten Anwender fallen in die Kategorie der *Konsumenten*. Sie lesen E-Mails, schauen Videos an, hören Musik und surfen im Internet – und das alles meist nicht zu Hause am Desktoprechner. Ob unterwegs oder auf der Couch, sie konsumieren Medien (und Popcorn).

Die anderen Anwender sind die *Macher*. Sie schreiben Dokumente, bereiten die Einkommensteuer vor, aktualisieren Blogs, bearbeiten Videos oder tun sonst was, was ihr Chef gerade von ihnen will.

Um beide Zielgruppen zu erfreuen, hat Microsoft Windows 8 in zwei verschiedene Bereiche unterteilt:

✔ **Startseite:** Sie spricht die Medien konsumierende Anwendergruppe an. Der ganze Bildschirm ist mit großen, bunten Kacheln geschmückt, deren Inhalte ständig aktualisiert werden, damit Sie stets über die neuesten Aktienkurse, die zuletzt eingetroffenen E-Mails, wichtige Facebook-Neuheiten und sonstigen Kram informiert sind. Und diese Informationen (siehe auch Abbildung 1.1) werden einfach angezeigt, ohne dass Sie auch nur einen Finger krumm machen müssen. »Finger« ist übrigens genau das richtige Stichwort. Am besten lässt sich auf der Startseite mit den Fingern arbeiten, was wiederum einen Touchscreen-Bildschirm oder einen Tablet-PC voraussetzt.

✔ **DESKTOP-Kachel:** Und wo bleiben die Macher? Wem es um das wirkliche Arbeiten geht, der findet sein Paradies hinter der Kachel DESKTOP. Wenn Sie auf diese Kachel klicken, zeigt sich Windows von seiner traditionellen Seite. Der Windows-Desktop, wie er in Abbildung 1.2 zu sehen ist, ist Ihnen vielleicht aus einer früheren Windows-Version bekannt und vertraut. Hier wird produktiv gearbeitet und nicht konsumiert.

Die einen mögen es, die Bequemlichkeiten aus zwei Welten zur Verfügung zu haben. Die anderen finden, dass die beiden Welten einfach nicht zusammenpassen.

✔ Eigentlich bietet Windows 8 das Beste aus beiden Welten: Wenden Sie sich an die Startseite, wenn Sie schnell irgendwohin blättern wollen. Wechseln Sie zum Desktop, wenn Sie vorhaben, mit traditionellen Windows-Programmen echte Arbeit verrichten.

✔ In Windows 8.1 hat sich einiges geändert. Aber die gespaltene Persönlichkeit von Windows gibt es nach wie vor. Aber keine Bange, Sie kriegen das in den Griff. In Kapitel 2 lernen Sie die moderne Startseite kennen, und in Kapitel 3 stelle ich den traditionellen Desktop vor.

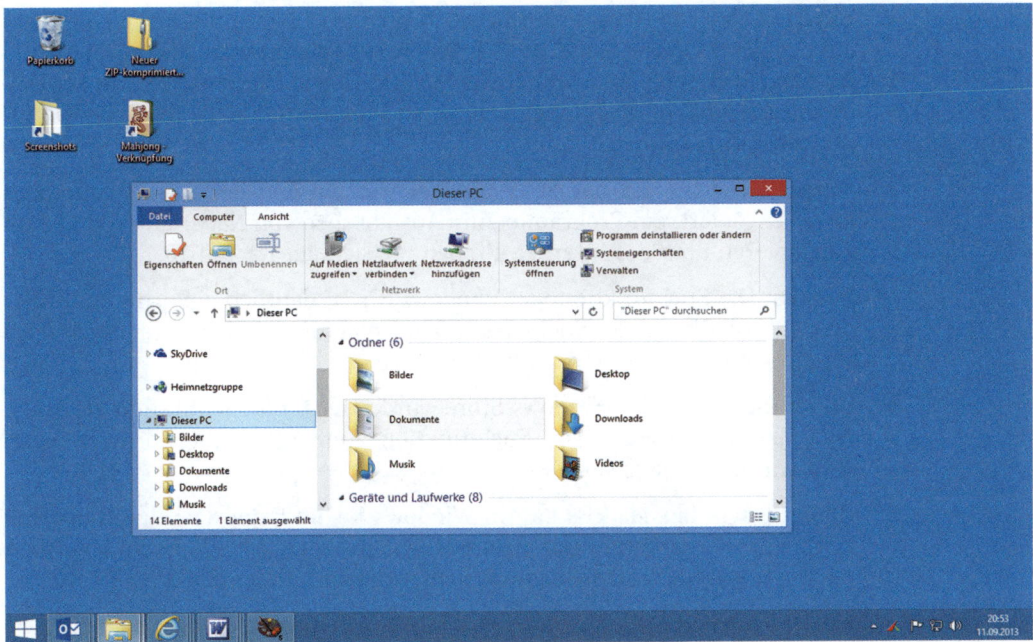

Abbildung 1.2: Der Desktop des neuen Windows hat sich gegenüber der letzten Version kaum verändert.

Was ist neu in Windows 8.1?

Ziemlich genau ein Jahr nach dem Erscheinen von Windows 8 lockt Microsoft mit dem kostenlosen Upgrade namens Windows 8.1 für alle, die Windows 8 auf ihrem Computer installiert haben. Diese neue Version sorgt für ein noch reibungsloseres und sorgenfreieres Arbeiten mit Ihrem Rechner.

Was unterscheidet Windows 8.1 nun von Windows 8? Ich fasse hier mal die wichtigsten Punkte zusammen:

✔ **Die Schaltfläche Start:** In Windows 8 wie vom Erdboden verschluckt, kehrt sie in Windows 8.1 reumütig in die Taskleiste des Desktops zurück. Aber freuen Sie sich nicht zu früh. Mit dieser Schaltfläche können Sie lediglich zur Startseite von Windows schalten. Ein Startmenü, wie Sie es vielleicht von früheren Windows-Versionen kennen, gibt es nicht. Sie wird daher zu Recht in manchen Dialogfeldern als Windows-Logo-Taste bezeichnet – ein eher sperriger Begriff, oder?

✔ **Verbesserung auf dem Desktop und der Startseite:** Windows 8.1 macht es den Eigentümern von Desktopcomputern einfacher, konsequent auf dem Desktop zu bleiben. Während man sich bei einem Touchscreen-Computer noch ungehinderter auf der touchfreundlichen Startseite tummeln kann.

✔ **SkyDrive:** Microsofts Speicherdienst in der Cloud hat nun einen festen Platz auf dem Desktop von Windows 8.1. Wenn Sie sich das erste Mal bei Windows 8.1 anmelden, fragt Microsoft ab, ob Sie Ihre Dateien automatisch auf SkyDrive ablegen wollen. (In Kapitel 5 zeige ich Ihnen, wie Sie die SkyDrive-Optionen einstellen können.)

✔ **Skype:** Windows 8.1 hat zwar die Nachrichten-App entlassen, dafür aber Skype engagiert, ein Programm zum Austauschen von Nachrichten und zum Telefonieren über das Internet. Freuen Sie sich auf Kapitel 10.

✔ **Suchen:** Die Suchfunktion von Windows 8.1 ist deutlich einfacher zu bedienen, egal ob Sie auf der Suche nach Dateien auf Ihrem Computer, nach Apps im Store oder nach Daten im Internet sind.

✔ **Store:** Die Regale des Windows Store wurden weiter aufgefüllt und die Angebotspalette vergrößert. Die Suchfunktion zum Aufstöbern von passenden Apps wurde ebenfalls verbessert.

✔ **Bibliotheken:** Skandal! Es gibt in Windows 8.1 im Explorer keine Bibliotheken mehr. Keine Panik. Das stimmt nicht ganz. Es gibt sie noch, aber man muss wissen, wie man sie explizit sichtbar macht. Lesen Sie dazu Kapitel 5.

Am allerwichtigsten ist vielleicht die folgende Änderung: In Windows 8.1 nähern sich die zwei Welten der Startseite und des Desktops optisch aneinander an. So können Sie beispielsweise beiden Elementen denselben Hintergrund zuweisen. Ein kleiner, aber feiner Unterschied zur Version 8.

Lange Rede, kurzer Sinn: Sie sollten sich die Version 8.1 nicht entgehen lassen.

Lohnt sich der Wechsel zu Windows 8 beziehungsweise 8.1?

Diese Frage kann mit einem entschiedenen »Jein« beantwortet werden. Die meisten Benutzer bleiben bei der Windows-Version, die auf ihrem Rechner eingerichtet ist. Warum soll man sich mit einer neuen Version herumschlagen, wenn mit der alten alles prima läuft. Hinzu kommt, dass Windows 8 nicht ganz einfach zu erlernen ist. Es erfordert schon etwas Einsatz, sich auf die Version 8 beziehungsweise 8.1 einzulassen.

Außerdem funktionieren viele Änderungen in Windows 8 beziehungsweise 8.1 am besten mit einem *Touchscreen* – diese von Fingern gesteuerten, nicht ganz billigen Bildschirme, die Sie sicherlich von Handys, Tablet-PCs und neuesten Notebooks kennen, aber nicht unbedingt Ihr Eigen nennen.

Also, machen Sie es wie der Rest der Welt: Bleiben Sie bei der Windows-Version, die auf Ihrem Computer installiert ist. Wenn Sie einen neuen Rechner kaufen, ist das eben Windows 8 oder 8.1.

Wenn auf Ihrem Computer aber bereits Windows 8 läuft, sollten Sie sich das kostenlose Update auf Windows 8.1 keinesfalls entgehen lassen. In dieser neuesten Version wurden einige Ecken und Kanten der Version 8 geglättet.

Der *Windows XP-Modus* – ein beliebter Modus, bei dem ein Windows XP-Desktop in einem eigenen Fenster innerhalb von Windows 7 laufen kann – wird nicht mehr von Windows 8 unterstützt. Wenn Sie so etwas brauchen, spricht das gegen einen Wechsel zu Windows 8.

Läuft Windows 8.1 auf Ihrem Computer?

Wenn Sie Ihren Computer auf Windows 8.1 aktualisieren wollen, wird er sich wahrscheinlich nicht beklagen. Windows 8.1 läuft in der Regel auf jedem Computer, auf dem aktuell Windows 8, Windows 7 oder Windows Vista installiert ist. (Aber Ausnahmen bestätigen die Regel.) Und wenn Windows 8.1 auf Ihrem Computer läuft, dann wahrscheinlich schneller als die vorherige Windows-Version. Das trifft vor allem auf Notebooks zu.

Sie haben einen Windows XP-Rechner? Ich weiß nicht. Selbst wenn Windows 8.1 darauf laufen sollte, wird es mit Sicherheit nicht optimal laufen.

Sollten Sie einen Technikfreak in Ihrer Familie haben, lassen Sie sich doch die folgende Tabelle 1.1 von ihm übersetzen. Sie enthält die Windows 8.1-Hardwareanforderungen.

Hardware	x86 (32 Bit)	x86 (64 Bit)
Prozessor	1 GHz	1 GHz
Arbeitsspeicher (RAM)	1 GB	2 GB
Grafikkarte	DirectX 9-Grafikkarte mit WDDM 1.0 oder höher	DirectX 9-Grafikkarte mit WDDM 1.0 oder höher
Freier Festplattenspeicher	16 GB	20 GB

Tabelle 1.1: Die Hardwareanforderungen von Windows 8.1

Frei übersetzt bedeutet Tabelle 1.1, dass quasi jeder Rechner, der in den letzten fünf Jahren gekauft wurde, auf Windows 8.1 aktualisiert werden kann.

Nahezu alle Programme, die unter Windows 7 und Windows Vista laufen, funktionieren auch unter Windows 8.1. Selbst ein paar Windows XP-Programme sind mit von der Partie. Vorsicht ist bei Virenschutz-, Firewall- und sonstigen Sicherheitsprogrammen geboten. Hier sollten Sie sich an den Hersteller wenden und nach einer für Windows 8.1 aktualisierten Version fragen.

In Windows 8.1 gibt es den Windows-Leistungsindex nicht mehr. Schade! Damit war es so einfach, die PC-Leistung beim Kauf eines Rechners im Laden zu prüfen. Aber wer nicht in echten Läden einkaufen geht, sondern nur online shoppt, wird diese Funktion sowieso nicht vermissen.

Oh, Sie wissen gar nicht, welche Windows-Version auf Ihrem Rechner installiert ist? Wenn Sie links unten auf die Schaltfläche Start klicken und ein Startmenü erscheint, ist die Wahrscheinlichkeit schon recht hoch, dass auf Ihrem Rechner Windows 8.1 nicht installiert ist. Klicken Sie in diesem Fall also auf die Schaltfläche Start, dann mit der rechten Maustaste auf den Eintrag Computer und wählen Sie anschließend Eigenschaften. Dann sollte die Windows-Version angezeigt werden.

Wenn Sie keine Start-Schaltfläche finden können, läuft definitiv auf Ihrem Rechner Windows 8. Wenn nach dem Klicken auf die Schaltfläche Start die Startseite mit den bunten Kacheln zu sehen ist, ist klar, dass auf Ihrem Rechner Windows 8.1 installiert ist.

Die vier Varianten von Windows 8.1

Es gibt vier Versionen von Windows 8.1. Wahrscheinlich interessiert Sie einzig und allein die in Tabelle 1.2 mit »Windows 8.1« bezeichnete Version. Für kleine Unternehmen dürfte die Version »Windows 8.1 Pro« und für große Firmen die Version »Windows 8.1 Enterprise« interessant sein. Um die Verwirrung etwas zu mildern, werden alle vier Versionen kurz in Tabelle 1.2 beschrieben.

Windows 8.1-Version	Beschreibung
Windows RT 8.1	Sorgt für ein langes Akkuleben. Diese Version ist auf einigen Tablet-PCs und Notebooks mit Touchscreen vorinstalliert. Es laufen die Apps auf der Startseite, nicht aber die traditionellen Windows-Programme auf dem Desktop. Um diesen Nachteil auszugleichen, gehören Word, Excel, Power-Point, Outlook und OneNote zum Lieferumfang dieser Windows-Version.
Windows 8.1	Für Sie und mich. Diese Version stellt eine funktionsfähige Startseite mit all ihren Apps sowie einen Windows-Desktop mit vollem Funktionsumfang zur Verfügung, auf dem die meisten Programme laufen.
Windows 8.1 Pro	Für kleine Firmen. Diese Version kann alles, was die Version »Windows 8.1« kann. Dazu kommen Features, die für kleine Unternehmen interessant sind: Verschlüsselung, zusätzliche Netzwerkfunktionen und so weiter. Wenn Sie ein Media Center Pack-Upgrade erwerben, kann Windows 8.1 Pro TV-Sendungen über einen TV-Tuner mit Windows Media Center aufzeichnen und DVDs abspielen. Dazu müssen Sie ein Windows 8.1 Pro Pack erwerben.
Windows 8.1 Enterprise	Für große Firmen. Microsoft verkauft diese Businessversion nur in großen Mengen an Geschäftskunden.

Tabelle 1.2: Die vier Varianten von Windows 8.1

Jede Version in Tabelle 1.2 enthält alle Funktionen der zuvor beschriebenen Version. So finden sich beispielsweise in »Windows 8.1 Pro« alle Features der Version »Windows 8.1«.

Hier eine Anleitung, damit Sie die für Sie richtige Version herausfinden können:

✔ Wenn Sie einen Tablet-PC mit »Windows RT« oder »Windows RT 8.1« in Betracht ziehen, denken Sie daran, dass Sie damit keine regulären Windows-Programme starten können. Sie sind auf die zum Lieferumfang gehörende Office-Version und die aus dem Windows Store heruntergeladenen Apps beschränkt.

✔ Wenn Sie auf einem Computer zu Hause arbeiten, greifen Sie zu »Windows 8.1« oder zu »Windows 8.1 Pro«. Da können Sie nichts falsch machen.

✔ Wenn Ihr PC eine Verbindung zu einer Domäne über ein Netzwerk herstellen muss – wenn dies der Fall ist, wissen Sie das –, entscheiden Sie sich für »Windows 8.1 Pro«.

Wenn Sie in Windows 8.1 mit Windows Media Center DVDs abspielen oder TV-Sendungen aufzeichnen wollen, zücken Sie Ihre Kreditkarte und führen Sie online ein Upgrade auf Media Center Pack durch.

✔ Als Technikfan in einem Unternehmen werden Sie wohl mit Ihren Vorgesetzten diskutieren müssen, ob man Ihnen »Windows 8.1 Pro« oder »Windows 8.1 Enterprise« zugesteht. In einer kleinen Firma sollte sich Ihr Boss für »Windows 8.1 Pro« und in einem großen Unternehmen für »Windows 8.1 Enterprise« entscheiden.

Sie können auf den meisten Computern in der Systemsteuerung im Bereich SYSTEM auf eine leistungsstärkere Windows-Version upgraden. Schnappen Sie sich dazu Ihre Kreditkarte und klicken Sie auf den Link WEITERE FEATURES MIT EINER NEUEN EDITION VON WINDOWS BEZIEHEN.

Die geheimnisvolle Startseite

In diesem Kapitel

▷ Windows starten

▷ Sich in Windows anmelden

▷ Die Startseite kennenlernen

▷ Zwischen Apps hin und her springen

▷ Abkürzungen auf der Charms-Leiste nehmen

▷ All Ihre Apps und Programme anzeigen

▷ Die Startseite an eigene Vorstellungen anpassen

▷ Den Computer ausschalten

*W*indows 8 beziehungsweise Windows 8.1 – wie aufregend! Einerseits zeigen sich Windows 8 und Windows 8.1 ganz schlicht im traditionellen Windows-Desktopkleid. Andererseits sorgt die moderne Startseite für ziemlich viel Wirbel. Die Startseite ist gefüllt mit riesigen, farbenfrohen Rechtecken, die man *Kacheln* nennt. Über diese Kacheln können Sie beispielsweise blitzschnell Ihre Mails checken, Videos abspielen oder dem Internet einen Besuch abstatten.

Bei einem Touchscreen-PC könnten Sie den ganzen Tag in der Welt der bildschirmfüllenden Apps der Startseite verbringen und mit Ihren eigenen Fingern auf und in den Apps herumwerkeln.

Bei einem Desktoprechner, ausgestattet mit Tastatur und Maus, könnten Sie dagegen den ganzen Tag damit verbringen, die Startseite zu vermeiden und sich im vertrauten Desktopambiente aufzuhalten.

Aber egal ob Sie die neue Startseite mögen oder nicht, sie spielt eine entscheidende Rolle in Windows 8 beziehungsweise Windows 8.1. In diesem Kapitel erfahren Sie, wie Sie sie am besten nutzen, sei es, um sich an ihr zu erfreuen oder um sie zu umgehen.

 Wenn Sie verwirrt auf die bunte, blinkende Startseite starren, sollten Sie folgende Tricks ausprobieren: Klicken Sie mit der rechte Maustaste auf einen leeren Bereich der Seite oder setzen Sie den Mauszeiger auf eine der vier Bildschirmecken. Damit entlocken Sie der Startseite verborgene Menüs, die Hoffnung auf Navigationsmöglichkeiten wecken.

 Wenn Sie mit einem Touchscreen-PC arbeiten, denken Sie sich bitte das Wort *tippen*, wenn Sie *klicken* lesen. Tippen Sie zweimal, wenn von *doppelklicken* die Rede ist. Und beim Terminus technicus *rechtsklicken* drücken Sie den Finger auf den Touchscreen und nehmen ihn erst dann wieder vom Bildschirm, wenn das jeweilige Kontextmenü aufklappt.

Willkommen in der Welt von Windows

Das Starten von Windows ist so einfach wie das Einschalten des Computers. Windows begrüßt Sie zunächst mit einem Bildschirm – bei mir sieht das ziemlich bunt aus, wie in Abbildung 2.1 zu sehen ist. Aber wenn Sie meinen, jetzt geht es los, erwischt Sie Windows eiskalt: Die Tür ist verschlossen.

Abbildung 2.1: Klicken Sie auf den Sperrbildschirm oder wischen Sie ihn mit dem Finger nach oben weg oder drücken Sie einfach eine beliebige Taste.

In früheren Windows-Versionen können Sie sich sofort nach dem Einschalten des Rechners anmelden. Hier müssen Sie dagegen den ersten Bildschirm »entsperren«, bevor Sie zu der Seite gelangen, auf der Sie sich mit Namen und Kennwort anmelden können.

Und wie sperrt man auf? Wie kommt man rein? Das hängt davon ab, ob Sie mit der Maus, der Tastatur oder im Fall eines Touchscreens mit den Fingern arbeiten:

✔ **Maus:** Drücken Sie einfach irgendeine Maustaste.

✔ **Tastatur:** Drücken Sie eine beliebige Taste.

✔ **Touchscreen:** Berühren Sie die Oberfläche und streifen beziehungsweise wischen Sie mit dem Finger auf dem Bildschirm nach oben.

Jetzt sind Sie drin! Windows bittet Sie, sich anzumelden (siehe Abbildung 2.2). Wählen Sie Ihren Namen aus und geben Sie Ihr Kennwort ein.

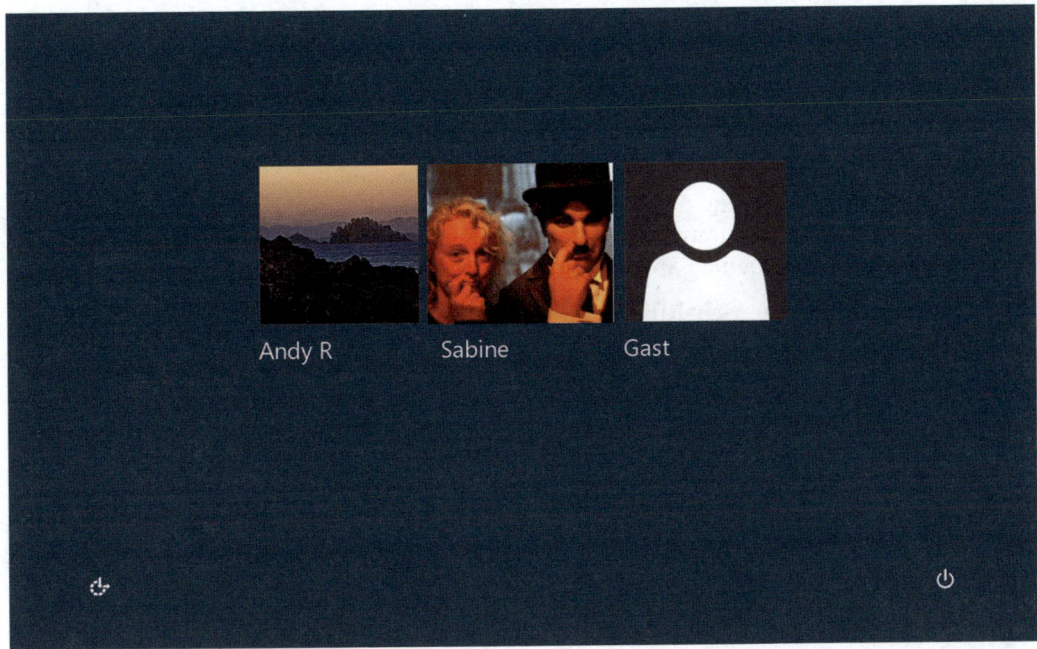

Abbildung 2.2: Klicken Sie auf Ihr Konto, um sich anzumelden.

Je nachdem, wer Ihren Rechner wie eingerichtet hat, mag der Anmeldebildschirm etwas anders aussehen. Wenn auf der Anmeldeseite kein Konto angeboten wird, haben Sie folgende Optionen:

✔ **Wenn Ihr Name und Ihre E-Mail-Adresse aufgelistet sind, geben Sie Ihr Kennwort ein.** Windows gewährt Ihnen dann Zutritt und zeigt die Startseite so an, wie sie zuvor verlassen wurde.

✔ **Wird Ihr Name nicht angezeigt und Sie verfügen auf diesem Computer über ein Konto, klicken Sie auf den hier gezeigten nach links weisenden Pfeil.** Windows zeigt eine Liste mit allen Konten an. Dabei kann es sich beispielsweise um normale Benutzerkonten, ein Administratorkonto oder ein Gastkonto handeln.

✔ **Wenn der Rechner nagelneu ist, verwenden Sie das Konto** ADMINISTRATOR. Dieses Konto verleiht Ihnen die komplette Kontrolle über Ihren Rechner. Sie können dann neue Benutzerkonten einrichten, Programme installieren, eine Internetverbindung starten und auf alle Dateien auf dem Rechner zugreifen, selbst auf die, die gar nicht von Ihnen stammen. Windows braucht zumindest eine Person, die als Administrator fungiert.

✔ **Verwenden Sie das Konto** GAST. Dieses Konto wurde für Besucher entwickelt, die den Rechner nur vorübergehend nutzen.

✔ **Kein Gastkonto?** Dann finden Sie heraus, wem der Rechner gehört, und betteln Sie so lange, bis sich diese Person bereit erklärt, ein Gastkonto für Sie einzurichten beziehungsweise das Gastkonto zu aktivieren.

Sie wollen mehr über Benutzerkonten erfahren? Wie man neue erstellt, bereits bestehende verwaltet oder eines für Gäste aktiviert? Dann sollten Sie Kapitel 14 lesen.

Sie wollen sich nicht auf der Anmeldeseite von Windows anmelden? In diesem Fall sind die beiden unteren Ecken des Bildschirms zuständig:

✔ **Über die kleine Schaltfläche unten links** (siehe auch Abbildung 2.2) können Sie Windows für Benutzer anpassen, die nicht so gut hören, sehen oder tippen können (mehr dazu in Kapitel 12). Sollten Sie einmal versehentlich auf diese Schaltfläche kommen, klicken oder tippen Sie einfach auf einen anderen Bereich des Bildschirms.

✔  **Über die kleine Schaltfläche unten rechts** (siehe auch Abbildung 2.2) fahren Sie den Computer herunter beziehungsweise lassen Sie ihn ein energiesparendes Nickerchen machen oder führen Sie einen Neustart durch. (Sollten Sie Ihren Computer einmal versehentlich herunterfahren, keine Panik. Drücken Sie einfach auf den Startknopf am Computergehäuse und er wird zu diesem Bildschirm zurückkehren.

Windows kann noch vor dem Anmelden aktuelle Informationen in der unteren linken Ecke anzeigen. Je nach Konfiguration sehen Sie dort das Datum und die Uhrzeit, die Signalstärke der kabellosen Internetverbindung (je mehr Balken desto besser), den Zustand der Batterie (je mehr Farbe desto besser), Ihren nächsten Termin, die Anzahl der ungelesenen E-Mails und vieles mehr.

Benutzerkonten verstehen

Windows gestattet es mehreren Benutzern, auf ein und demselben Rechner zu arbeiten, ohne dass die Tätigkeiten der Benutzer dabei irgendwie durcheinandergeraten. Hierzu muss Windows aber wissen, wer aktuell vor der Tastatur sitzt. Wenn Sie sich anmelden (wie in Abbildung 2.2 zu sehen ist), zeigt Windows Ihre Startseite an, so wie Sie sie eingerichtet haben, und Sie können in Ihrer ganz persönlichen Arbeitsumgebung loslegen.

Wenn Sie Ihre Arbeit erledigt haben oder eine Pause einlegen wollen, melden Sie sich ab (wie am Ende dieses Kapitels beschrieben). Dann kann bei Bedarf eine andere Person den Computer benutzen. Wenn Sie sich später wieder anmelden, warten Ihre Arbeitsumgebung und Ihre Dateien bereits wieder auf Sie.

 Wenn Sie Ihre Arbeitsumgebung in ein Chaos verwandeln, bleibt es einzig und allein Ihr Chaos. Ihre Dateien befinden sich dort, wo Sie sie abgelegt haben, alle Links sind da, wo Sie sie haben wollen, und keiner kann Ihre Mails lesen.

 Solange Sie kein Benutzerfoto zuweisen, bleiben Sie eine Silhouette wie beim Gastkonto von Abbildung 2.2. Um sich selbst Konturen zu verleihen, weisen Sie ein Bild zu. Das geht so: Klicken Sie rechts oben auf der Startseite auf den Benutzernamen und wählen Sie den Befehl PROFILBILD ÄNDERN. Klicken Sie auf die Schaltfläche KAMERA, um schnell ein Foto mit einer eingebauten Kamera zu schießen. Keine eingebaute Kamera vorhanden? Dann klicken Sie auf die Schaltfläche DURCHSUCHEN und blättern Sie gemütlich durch alle Fotos, die auf Ihrem Rechner im Ordner BILDER gespeichert sind. Suchen Sie sich ein gelungenes Foto aus und klicken Sie abschließend auf die Schaltfläche BILD AUSWÄHLEN.

Windows 8.1 zum allerersten Mal starten

Wenn Sie bereits eine andere Windows-Version kennen, wird Ihnen beim ersten Start von Windows 8 oder seinem jüngeren Bruder 8.1 sofort auffallen, dass der vertraute Desktop verschwunden ist. Stattdessen sehen Sie einen Bildschirm mit bunten Kacheln. Damit aber nicht genug. Einige Kacheln ändern beständig ihren Inhalt. Die Verwirrung ist perfekt.

Aber sobald Sie auf die Kachel mit der Bezeichnung Desktop klicken, ist die Welt wieder in Ordnung. Der vertraute Windows-Desktop ist wieder da. Auch wenn es so scheinen mag, als existierten diese beiden recht unterschiedlichen Welten – Startseite und Desktop – isoliert nebeneinander, so sind sie doch auf verschiedenste Weisen miteinander verbunden. Es ist aber schwierig, die Verbindungen zu entdecken, da sie gut versteckt sind.

Wenn Sie also Windows 8 beziehungsweise 8.1 zum allerersten Mal starten, versuchen Sie die folgenden Tricks, um zu den verborgenen Menüs von Windows zu gelangen. Ob Sie die Suche nach den Menüs auf der Startseite oder auf dem Desktop durchführen, ist egal.

✔ **Zeigen Sie mit dem Mauszeiger auf die Bildschirmecken.** Egal ob Sie sich auf der Startseite oder in einer App befinden – wenn Sie beispielsweise auf die obere oder die untere rechte Ecke zeigen, offenbart sich Ihnen die sogenannte *Charms-Leiste*. Eine Leiste mit Charme? Egal, sie heißt auf jeden Fall so. Sie werden sie weiter hinten in diesem Kapitel näher kennenlernen. Wenn Sie auf die obere linke Bildschirmecke zeigen, wird ein Minibild der zuletzt verwendeten App eingeblendet. Bleibt die Ecke links unten. Wenn Sie mit der Maus dorthin zeigen, wird die Schaltfläche Start angezeigt. Klicken Sie darauf, um von der Startseite zur zuletzt verwendeten App zu schalten. Sobald Sie den Mauszeiger aus einer Ecke entfernen, verschwinden die Menüs und Schaltflächen wieder.

✔ **Klicken Sie mit der rechten Maustaste auf eine App der Startseite.** Wenn Sie mit der rechten Maustaste auf einen leeren Bereich der Startseite oder auf eine App klicken, taucht am unteren Bildschirmrand eine nicht ganz unwichtige Leiste auf. (Soviel ich weiß, hat sie keinen Namen.) Der Inhalt der Leiste hängt davon ab, was gerade aktuell auf dem Bildschirm los ist. Man nennt das auch kontextabhängig. (Vielleicht heißt sie Kontextleiste?) Klicken Sie erneut mit der rechten Maustaste, um die namenlose Leiste wieder verschwinden zu lassen.

Diese Maustricks funktionieren, egal ob die Maus an einem Desktoprechner, Notebook oder Tablet-PC angeschlossen ist.

Wenn Sie Windows auf einem Tablet-PC installiert haben, finden Sie dieselben Menüs und Leisten auch mithilfe Ihrer Finger:

✔ **Streifen oder wischen Sie mit dem Finger vom rechten Bildschirmrand nach innen.** Damit zaubern Sie die Charms-Leiste auf den Bildschirm, egal wo Sie sich gerade befinden. Berühren Sie den Bildschirm an einer anderen Stelle und die Leiste entschwindet.

✔ **Streifen oder wischen Sie mit dem Finger vom oberen Rand zum unteren Rand.** Die aktuell verwendete App folgt der Fingerbewegung und wird dabei zu einer Kachel verkleinert. Sobald Ihr Finger den unteren Bildschirmrand erreicht hat, verschwindet die App. Sie haben sie erfolgreich geschlossen, das heißt ihre Ausführung beendet. Sind alle Apps geschlossen, landen Sie auf dem Bildschirm, der nicht geschlossen werden kann – auf der Startseite.

✔ **Streifen oder wischen Sie mit dem Finger vom linken Bildschirmrand nach innen.** Damit ziehen Sie die zuletzt geöffnete App auf den Bildschirm. Streifen oder wischen Sie mehrfach hin und her, um durch die geöffneten Apps zu blättern.

Keine Angst vor Experimenten. Testen Sie die Bildschirmränder und -ecken aus. Zeigen, klicken, tippen und wischen Sie, was das Zeug hält. Finden Sie alle verborgenen Menüs und Leisten und entdecken Sie so die neue Welt von Windows.

Ihr Konto mit einem Kennwort schützen

Mit Windows können also mehrere Benutzer an ein und demselben Rechner arbeiten. Wie wird aber verhindert, dass Sabine die Mails von Frauke liest oder dass Frauke die Links von Chris löscht?

Schützen Sie Ihr Benutzerkonto mit einem Kennwort. Wenn Sie beim Anmelden ein geheimes Kennwort eingeben (siehe Abbildung 2.3), kann niemand anders auf Ihre Dateien zugreifen, auf Ihre Kosten online shoppen gehen oder sonstigen groben Unfug treiben.

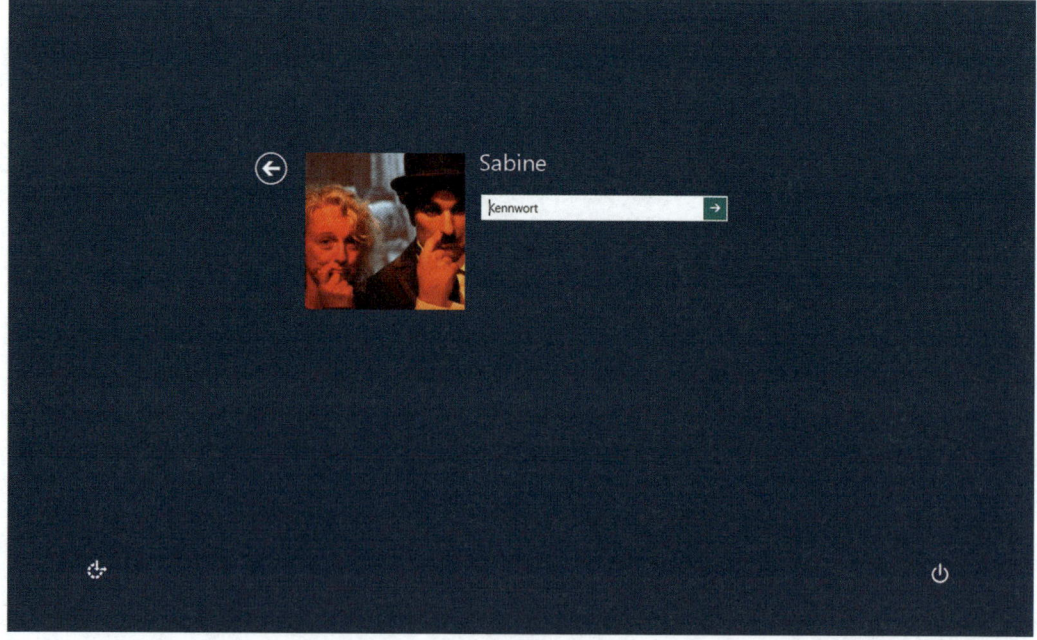

Abbildung 2.3: Schützen Sie sich und Ihre Daten mit einem Kennwort.

Um ein Kennwort einzurichten oder zu ändern, gehen Sie folgendermaßen vor:

1. Zeigen Sie die Charms-Leiste an und klicken Sie auf die Schaltfläche EINSTELLUNGEN.

Die Charms-Leiste, die Sie überall am rechten Bildschirmrand hervorzaubern können, wird weiter hinten in diesem Kapitel genauer unter die Lupe genommen. Je nachdem, ob Sie mit Tastatur, Maus oder den Fingern auf einem Touchscreen arbeiten, gehen Sie zum Anzeigen der Leiste wie folgt vor:

- **Maus:** Zeigen Sie mit der Maus in die obere oder in die untere rechte Bildschirmecke.

- **Tastatur:** Drücken Sie die Tastenkombination ⊞+Ⓒ.

- **Touchscreen:** Streifen oder wischen Sie mit dem Finger vom rechten Bildschirmrand nach innen.

 Wenn die Charms-Leiste angezeigt wird, klicken Sie dort auf die Schaltfläche EINSTELLUNGEN, um den Einstellungsbereich zu öffnen.

2. Klicken Sie ganz unten im Einstellungsbereich auf die Schaltfläche PC-EINSTELLUNGEN ÄNDERN.

Die Seite PC-EINSTELLUNGEN wird angezeigt.

3. Klicken Sie im linken Bereich auf die Kategorie KONTEN. Windows wechselt brav zur Seite KONTEN. Klicken Sie dort im linken Bereich auf die Kategorie ANMELDEOPTIONEN.

4. Klicken Sie rechts im Bereich KENNWORT auf die Schaltfläche ÄNDERN. (Wurde noch kein Kennwort erstellt, lautet die Bezeichnung der Schaltfläche HINZUFÜGEN.)

Es kann sein, dass Sie das aktuelle Kennwort eingeben müssen, damit Sie es ändern können.

5. Geben Sie ein Kennwort ein, das Sie sich merken können.

Wie wäre es mit Ihrem Lieblingsgemüse oder Ihrer bevorzugten Zahnseidenmarke? Damit das Kennwort besonders sicher ist, sollten Sie noch ein paar Großbuchstaben und Zahlen einbauen, beispielsweise r0Te58bEEte oder so ähnlich.

6. Geben Sie im Feld KENNWORT ERNEUT EINGEBEN das Kennwort erneut ein.

Damit prüft Windows, ob Sie das eingegebene Kennwort korrekt buchstabiert haben.

7. Geben Sie im Feld KENNWORTHINWEIS einen Hinweis auf Ihr Kennwort ein, der aber wirklich nur Ihnen etwas sagt.

Seien Sie kreativ!

8. Klicken Sie auf die Schaltfläche WEITER und anschließend auf die Schaltfläche FERTIG STELLEN.

Sollte zwischendurch etwas schiefgehen, drücken Sie ganz schnell Esc. Fangen Sie dann noch einmal bei Schritt 4 an oder brechen Sie das Ganze ab.

Wenn Sie ein Kennwort definiert haben, müssen Sie es von nun an bei jeder Anmeldung in Windows eingeben.

✔ Die Groß-/Kleinschreibung wird bei Kennwörtern beachtet. »Kaviar« und »kaviar« sind zwei verschiedene Kennwörter.

 Windows bietet in Schritt 4 auch die Möglichkeit, einen Bildcode zu erstellen. Dabei ziehen Sie auf dem gewählten Foto mit dem Finger oder mit der Maus die von Ihnen gewünschte Abfolge von Kreisen und Linien. Anschließend müssen Sie bei der Anmeldung nicht mehr ein Kennwort eingeben, sondern die Abfolgen auf dem gewählten Foto nachzeichnen. (Ein Bildcode eignet sich eher für Touchscreens als für Desktopbildschirme.)

 Außerdem können Sie in Schritt 4 einen PIN-Code erstellen. Es handelt sich dabei um einen vierstelligen Code wie eine Handy- oder EC-PIN. Nachteil: Sie können keinen PIN-Hinweis definieren.

✔ Oh, Sie haben Ihr Kennwort bereits vergessen? Wenn Sie ein ungültiges Kennwort eingeben, bietet Ihnen Windows automatisch den Kennworthinweis an (falls Sie einen definiert haben). Der Hinweis sollte Ihnen dann doch hoffentlich auf die Sprünge helfen. Und als allerletzte Maßnahme legen Sie den Kennwortrücksetzdatenträger (falls Sie einen haben) ein, der Thema in Kapitel 14 ist.

In Kapitel 14 finden Sie eine Fülle weiterer Informationen zu Benutzerkonten.

Ich will kein Kennwort mehr!

Windows fragt nur dann nach dem Benutzernamen und Kennwort, wenn es wissen muss, wer am Rechner sitzt. Diese Informationen braucht Windows in folgenden Fällen:

✔ Sie besitzen ein Microsoft-Konto, das Sie auf der Startseite für die Apps Mail, Kalender, Kontakte, SkyDrive und noch einige mehr benötigen. (Die Wahrscheinlichkeit ist groß, dass Sie über ein solches Microsoft-Konto verfügen. Das heißt, Sie werden um ein Kennwort nicht herumkommen.)

✔ Ihr Computer ist Teil eines Netzwerks und Ihre Identität gibt Auskunft darüber, auf was Sie im Netzwerk zugreifen dürfen.

✔ Der Eigentümer des Rechners möchte die Aufgaben begrenzen, die Sie durchführen dürfen.

✔ Sie teilen sich den Rechner mit anderen Benutzern und wollen verhindern, dass sich andere unter Ihrem Namen anmelden und Ihre Dateien und Einstellungen ändern.

Wenn keiner dieser vier Punkte auf Sie zutrifft, brauchen Sie auch kein Kennwort. Klicken Sie in Schritt 4 (im Abschnitt »Ihr Konto mit einem Kennwort schützen« weiter vorn in diesem Kapitel) auf die Schaltfläche ÄNDERN. Belassen Sie das Feld NEUES KENNWORT leer und klicken Sie auf WEITER.

Ohne ein Kennwort kann aber jeder sich unter Ihrem Namen anmelden, Ihr Konto verwenden und Ihre Dateien ansehen (oder gar zerstören). Wenn Sie in einem Büro arbeiten, sollten Sie unbedingt ein Kennwort verwenden, nur so sind Ihre Daten vor dem unberechtigten Zugriff anderer sicher.

Bei einem Microsoft-Konto anmelden

Wenn Sie sich in Windows zum ersten Mal anmelden und versuchen, auf eine App auf der Startseite zuzugreifen oder eine Einstellung zu ändern, bekommen Sie einen ähnlichen Bildschirm wie in Abbildung 2.4 zu sehen.

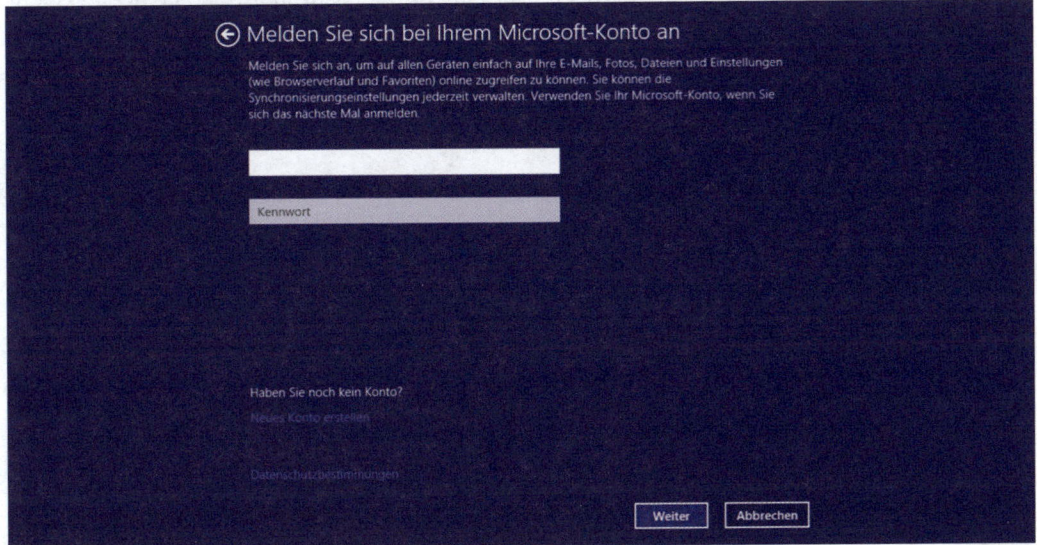

Abbildung 2.4: Für den Zugriff auf eine Reihe von Windows-Funktionen benötigen Sie ein Microsoft-Konto.

Dieser Bildschirm wird angezeigt, weil Microsoft einen neuen Typ von Benutzerkonto eingeführt hat. Sie können sich entweder mitd einem *Microsoft-Konto* oder mit einem *lokalen Konto* anmelden. Jedes Konto erfüllt andere Anforderungen:

✔ **Lokales Konto:** Dieser Kontotyp ist für alle geeignet, die mit herkömmlichen Windows-Programmen auf dem Windows-Desktop arbeiten. Benutzer mit einem lokalen Konto können viele der Apps auf der Startseite von Windows gar nicht ausführen. Hierzu gehören auch die Apps Mail, Kontakte und Kalender.

✔ **Microsoft-Konto:** Dieser Kontotyp basiert auf einer E-Mail-Adresse und einem Kennwort. Damit können Sie Apps aus dem Windows Store herunterladen und alle Apps in Windows ausführen. Sie können Ihre Dateien auf SkyDrive ablegen, und es ist möglich, ein Microsoft-Konto mit Ihren Konten in sozialen Netzwerken zu verknüpfen. Dabei wird Ihr Adressbuch automatisch mit Ihren Freunden aus Facebook, Twitter und anderen Sites aufgefüllt.

Sie können sich mit einem Microsoft-Konto folgendermaßen anmelden:

✔ **Verwenden Sie ein vorhandenes Microsoft-Konto.** Wenn Sie mit Hotmail, MSN, Xbox Live, Outlook.com oder Windows Messenger arbeiten, verfügen Sie bereits über ein Microsoft-Konto und ein Kennwort. Geben Sie die entsprechende E-Mail-Adresse und das Kennwort ein (siehe Abbildung 2.4) und klicken Sie anschließend auf die Schaltfläche zum Anmelden.

✔ **Melden Sie sich für ein neues Microsoft-Konto an.** Klicken Sie auf den Link NEUES KONTO ERSTELLEN (siehe Abbildung 2.4). Geben Sie Ihre Wunsch-E-Mail-Adresse ein und füllen Sie einen Wust an persönlichen Daten aus. Geben Sie nicht auf, sondern Ihre Daten ein.

Wenn Sie sich mit Ihrem neuen Microsoft-Konto anmelden, fragt Windows ab, ob Sie Ihr SkyDrive-Konto aktivieren wollen, um dort automatisch alle neuen Dokumente (und mit der eingebauten Kamera aufgenommene Fotos) abzulegen. Klicken Sie auf OK, wenn das für Sie okay ist. SkyDrive und seine Einstellungen sind Thema in Kapitel 5.

Die Startseite erforschen

Die Startseite von Windows reißt Sie abrupt aus der vertrauten Umgebung des Windows-Desktops und lässt Sie in einem unbekannten Land ohne Wegweiser allein. Und auch in der allerneuesten Version gibt es kein Startmenü.

Sobald Sie Ihren Computer starten, wird gnadenlos die Startseite eingeblendet (ähnlich wie in Abbildung 2.5) und Sie können sehen, wo Sie bleiben. Die Startseite füllt den gesamten Bildschirm mit großen Kacheln, die unter Umständen sogar rechts über den Bildschirmrand hinausgehen. Jede Kachel steht für eine App, die auf Ihrem Rechner installiert ist.

Abbildung 2.5: Klicken Sie auf der Startseite auf eine Kachel, um das dazugehörige Programm zu starten.

Bei Ihrer Arbeit werden Sie ständig zwischen der bildschirmfüllenden Startseite und dem traditionellen, ebenfalls bildschirmfüllenden Desktop (der Thema im nächsten Kapitel ist) hin- und herschalten.

Auch wenn man es der Startseite auf den ersten Blick nicht ansieht, sie bietet verschiedene Wege, Apps zu starten, Windows-Einstellungen anzupassen, Hilfe zu finden oder dankbar Windows zu schließen und Feierabend zu machen.

 In Windows 8 gibt es weder die START-Schaltfläche noch das Startmenü. Windows 8.1 hat zumindest die START-Schaltfläche zurückgebracht. Wenn Sie darauf klicken, wird allerdings die Startseite und nicht das Startmenü angezeigt.

Einige Kacheln auf der Startseite muss man gar nicht erst öffnen, um ihren Inhalt anzuzeigen. Die Kachel KALENDER wird beispielsweise regelmäßig aktualisiert, um das korrekte Datum und die aktuelle Uhrzeit sowie demnächst anstehende Termine anzuzeigen. Die Kachel MAIL durchläuft die zuletzt eingetroffenen Mails und zeigt jeweils die ersten Wörter der Nachrichten an.

Im Laufe der Zeit wird sich Ihre Startseite verändern, wenn Sie neue Programme und Apps hinzufügen. Dies ist auch der Grund, warum Ihre Startseite wahrscheinlich etwas anders als die in diesem Buch abgebildete aussieht.

Versuchen Sie mal folgende Tipps und Tricks, um die Startseite etwas heimeliger zu gestalten:

 Auf der Startseite befindet sich eine Kachel mit der Bezeichnung DESKTOP. Klicken Sie darauf und schon befinden Sie sich wieder auf vertrautem Terrain. Der Desktop wird im nächsten Kapitel ausführlich behandelt.

✔ Wie Sie die Startseite umgehen und beim Klassiker, dem Windows-Desktop, bleiben, erfahren Sie ebenfalls in Kapitel 3.

 Trägt Ihre Maus ein kleines Rädchen auf ihrem Rücken? Drehen Sie das Rad. Damit führen Sie in der Startseite einen Bildlauf nach links beziehungsweise nach rechts durch.

✔ Wenn Sie den Mauszeiger nach links oder nach rechts bewegen, folgt die Startseite der Mausbewegung. Wird der Mauszeiger beispielsweise an den rechten Rand bewegt, werden alle Elemente der Startseite angezeigt, die sich rechts außerhalb des aktuellen Bildschirmausschnitts befinden.

✔ Sehen Sie den kleinen Balken unten auf der Startseite? Das ist eine *Bildlaufleiste*. Ziehen Sie den hellen Bereich der Leiste mit der Maus nach links oder nach rechts, um horizontal in der Startseite zu scrollen. Wenn alle Kacheln auf dem Bildschirm Platz haben, gibt es keine Bildlaufleiste.

✔ Drücken Sie auf der Tastatur die Taste ⬅ oder die Taste ➡, um die Startseite entsprechend zu verschieben. Drücken Sie ⎋Ende, um an das Ende der Startseite zu springen, beziehungsweise ⎋Pos1, um an den Anfang zu gelangen.

✔ Windows verbirgt in den Bildschirmecken Navigationselemente und lässt sich über eine Reihe von topsecret Tastenkombinationen steuern. In Tabelle 2.1 finden Sie einige Methoden zum Anzeigen der Startseite und zum Wechseln zwischen verschiedenen Apps – und das mit Tastatur, Maus oder dem Finger im Fall eines Touchscreens.

 Bei einem Touchscreen navigieren Sie auf der Startseite mit dem Finger. Setzen Sie den Finger auf die Startseite und ziehen Sie mit dem Finger in eine Richtung. Die Startseite wird Ihrem Finger folgen.

Aufgabe	Werkzeug	Vorgehensweise
Startseite anzeigen	Maus	Klicken Sie in der linken Ecke des Desktops auf die Schaltfläche START (das Windows-Logo).
	Tastatur	Drücken Sie die ⊞-Taste.
	Touchscreen	Streifen oder wischen Sie mit dem Finger vom rechten Bildschirmrand nach innen und tippen Sie auf START.
Zwischen aktuell laufenden Apps hin und her schalten	Maus	Zeigen Sie auf die obere linke Ecke des Bildschirms und verschieben Sie den Mauszeiger nach unten. Für jede aktuell gestartete App wird ein Minibild angezeigt. Klicken Sie auf ein Bildchen, um zur entsprechenden App zu wechseln.
	Tastatur	Halten Sie die Taste Alt gedrückt und drücken Sie so lange die ⇆-Taste, bis die gewünschte App ausgewählt ist. Lassen Sie die Alt-Taste los, um die App anzuzeigen.
	Touchscreen	Streifen oder wischen Sie mit dem Finger vom linken Bildschirmrand nach innen und wieder nach links. Tippen Sie abschließend auf das Miniaturbild der gewünschten App.

Tabelle 2.1: Versteckte Hotspots in Windows entdecken

Eine App auf der Startseite starten

 Windows versorgt die Startseite mit *Apps* – kleinen Programmen zur Ausführung einfacher Aufgaben. Wenn man es genau nimmt, werden seit Windows 8 eigentlich alle Programme als *Apps* bezeichnet. (Sogar der Desktop ist jetzt eine App.)

Jede Kachel auf der Startseite stellt eine Schaltfläche zum Starten einer App dar. Wenn Sie eine Kachel aktivieren, wird das entsprechende Programm – äh, Verzeihung, die entsprechende App – gestartet. Und so rufen Sie eine App auf:

✔ **Maus:** Zeigen Sie auf die betreffende Kachel und klicken Sie mit der linken Maustaste.

✔ **Tastatur:** Drücken Sie so lange eine der Pfeiltasten, bis die betreffende Kachel mit einem Rahmen versehen ist, und drücken Sie dann die ↵-Taste.

✔ **Touchscreen:** Tippen Sie mit dem Finger auf die betreffende Kachel.

Egal für welche Kachel Sie sich entscheiden, die dazugehörige App füllt nach dem Klicken, Drücken oder Tippen sofort den gesamten Bildschirm und ist bereit, Sie zu informieren, zu unterhalten oder was immer ihre Aufgabe ist.

Die auf der Startseite integrierten Apps werden weiter hinten in diesem Kapitel noch näher erläutert. Wenn Sie es gar nicht abwarten können, klicken Sie doch einfach mal auf die Kachel STORE und laden Sie eine neue App herunter, um sie auf Ihrem Computer zu installieren. (Mehr Informationen hierzu finden Sie in Kapitel 6.)

Was genau ist eine App?

App ist die Abkürzung für das englische Wort »Application«, was auf gut Deutsch wiederum »Anwendung« bedeutet. Ursprünglich kommen die Apps aus der Welt der Smartphones, der Handys, die leistungsstark genug sind, um kleinere Programme auszuführen. Ach ja, telefonieren kann man auch damit. Die richtigen Windows-Apps unterscheiden sich von traditionellen Windows-Programmen in folgenden Punkten:

✔ Windows-Apps gibt es nur im Windows-Laden – Windows Store. Im Windows Store, selbst eine App, können Sie Apps von Microsoft herunterladen. Nach dem Download werden sie automatisch auf Ihrem Rechner installiert. Viele Apps sind kostenlos, für manche müssen Sie bezahlen.

✔ Nur Windows-Apps laufen unter Windows. Apps für iPhones oder Android-Handys können nicht in Windows eingerichtet werden. Wenn Sie also eine bestimmte App für Ihr iPhone oder Android-Handy erworben haben und diese auch gern für Windows hätten (wenn es sie denn gibt), müssen Sie erneut in die Tasche greifen, um die entsprechende Windows-App zu erwerben.

✔ Apps sind meisten recht einfach in der Anwendung. Diese Einfachheit bedeutet aber auch, dass sie nicht so viel können. Viele Apps wissen nicht, was das Kopieren von Inhalten bedeutet. Sie können also keine Daten mit Freunden austauschen. Den meisten Apps fehlt die Power traditioneller Desktopprogramme.

Auch wenn in Windows die traditionellen Desktopprogramme ebenfalls als Apps bezeichnet werden, gibt es doch einen großen Unterschied zwischen Windows-Apps und Windows-Programmen: Windows-Programme laufen nur auf dem Windows-Desktop und Windows-Apps laufen nur auf der neuen Windows-Startseite. Ich nehme mal an, jetzt sind Sie endgültig verwirrt.

Geöffnete Apps anzeigen und schließen

Wenn Sie eine App auf der Startseite öffnen, nimmt sie in der Regel den ganzen Bildschirm in Beschlag. Sie sehen weder Menüs noch sonstige Möglichkeiten, die App zu steuern oder zwischen mehreren geöffneten Apps zu wechseln. Das Gleiche kann Ihnen aber auch passieren, wenn Sie mit Programmen – äh, auch Apps genannt – auf dem Desktop arbeiten.

Das Wechseln zwischen geöffneten Apps ist aber ziemlich simpel. Gehen Sie dabei wie folgt vor:

1. **Zeigen Sie mit dem Mauszeiger auf die obere linke Bildschirmecke.**

   Eine Miniaturansicht der zuletzt verwendeten App wird eingeblendet. Sie können nun entweder auf dieses Minibildchen klicken, um zu der betreffenden App zu wechseln, oder Sie lassen sich weitere geöffnete Apps anzeigen.

2. **Wenn die Miniaturansicht für eine App angezeigt wird, verschieben Sie den Mauszeiger am Bildschirmrand nach unten, ohne eine Maustaste zu drücken.**

   Eine Liste mit Miniaturansichten für alle aktuell geöffneten Apps wird angezeigt, wie in Abbildung 2.6 zu sehen ist.

3. **Klicken Sie auf ein Bildchen, um zur entsprechenden App zu wechseln.**

4. **Klicken Sie mit der rechten Maustaste auf ein Bildchen und dann auf SCHLIESSEN, um die entsprechende App zu schließen.**

Zeigen Sie in die Ecke und bewegen Sie den Mauszeiger nach unten, um eine Leiste mit allen geöffneten Apps anzuzeigen

Klicken Sie auf ein Bildchen, um zur entsprechenden App zu wechseln

Abbildung 2.6: Alle aktuell geöffneten Apps werden übersichtlich in einer Leiste angezeigt.

Die folgenden Tipps und Tricks helfen Ihnen dabei, den Überblick über die aktuell geöffneten Apps nicht zu verlieren und nicht mehr benötigte Programme zu schließen.

Sie können die Leiste mit den aktuell geöffneten Apps sowohl auf der Startseite als auch auf dem Desktop anzeigen lassen.

Um die Apps-Leiste auf einem Touchscreen hervorzulocken, streifen beziehungsweise wischen Sie mit dem Finger vom linken Bildschirmrand nach innen und dann wieder nach außen. Tippen Sie anschließend auf die gewünschte App, um zu ihr zu wechseln.

Um durch die aktuell geöffneten Apps zu blättern, halten Sie die ⊞-Taste gedrückt und drücken dann die ⇆-Taste. Die Leiste aus Abbildung 2.6 wird am linken Bildschirmrand eingeblendet. Jedes Mal, wenn Sie die ⇆-Taste drücken – ⊞ bleibt weiterhin gedrückt –, wird eine andere App ausgewählt. Ist die gewünschte App markiert, lassen Sie einfach die ⊞-Taste los und schon befinden Sie sich in der entsprechenden App.

Wenn Sie eine App wie in Schritt 4 der obigen Anleitung beschrieben geschlossen haben, wird die Leiste mit den geöffneten Apps weiterhin angezeigt. Das heißt, Sie können weitere Apps schließen.

Um die App zu schließen, mit der Sie gerade arbeiten, zeigen Sie mit der Maus oder mit dem Finger auf den oberen Bildschirmrand. Sobald der Mauszeiger die Form einer Hand annimmt, ziehen Sie die App mit gedrückter Maustaste an den unteren Bildschirmrand beziehungsweise streifen oder wischen Sie mit dem Finger an den unteren Bildschirmrand. Die App wird geschlossen. Das funktioniert auch mit der Desktop-App.

Eine App auf der Startseite ausfindig machen

Sie können natürlich so lange auf der Startseite scrollen, bis Sie die gewünschte Kachel erspäht haben. Dann klicken beziehungsweise tippen Sie beherzt darauf und los geht's. Für den Fall, dass Ihre Startseite recht gefüllt ist, bietet Windows 8.1 ein paar Abkürzungsverfahren zum Aufstöbern von Apps:

✔ Mausbenutzer klicken auf den nach unten zeigenden Pfeil links unten auf der Startseite. Der Bildschirm rollt nach oben weg und offenbart eine alphabetisch sortierte Liste mit allen Apps auf Ihrem Rechner. Jetzt brauchen Sie nur noch auf die gewünschte App zu klicken, um sie zu öffnen.

✔ Tastaturliebhaber geben auf der Startseite den Namen der gewünschten App ein. Während der Eingabe werden auf der rechten Seite alle Apps aufgelistet, deren Name mit den bereits eingegebenen Buchstaben übereinstimmt.

Bei einem Touchscreen streifen beziehungsweise wischen Sie mit dem Finger von der Bildschirmmitte nach oben, um die Seite mit der alphabetischen Auflistung aller Apps einzublenden.

Kacheln auf der Startseite hinzufügen und entfernen

Das Löschen von Elementen auf der Startseite ist einfach. Deshalb fange ich damit an. Um eine unerwünschte oder nicht (mehr) benötigte Kachel von der Startseite zu eliminieren, klicken Sie mit der rechten Maustaste auf die betreffende Kachel und wählen in der Leiste am unteren Bildschirmrand den Befehl VON 'START' LÖSEN. Weg ist die Kachel.

Sie werden aber wahrscheinlich mehr Zeit damit verbringen, die Startseite mit weiteren Elementen zu füllen. Der Grund dafür ist naheliegend: Es ist ziemlich leicht, der Startseite durch Klicken auf die DESKTOP-Kachel zu entkommen. Aber was machen Sie auf dem Desktop, wenn Sie ein Programm starten wollen? Sie kehren reumütig zur Startseite zurück.

Stocken Sie Ihre Startseite daher mit Kacheln für Ihre Lieblingsdesktopziele wie Programme, Ordner und Einstellungen auf. So können Sie direkt von der Startseite zu den Zielen Ihrer Wahl gelangen, ohne verloren auf den Desktop zu starren.

Wenn Sie die Startseite mit Ihren Lieblingszielen gefüllt haben, lesen Sie den Abschnitt »Die Startseite passend machen« weiter hinten in diesem Kapitel, um die Elemente ordentlich zu gruppieren. Wenn Sie damit fertig sind, sind Sie wieder da angelangt, wo Sie in früheren Windows-Versionen aufgehört haben: auf einem vollgestopften Bildschirm.

Und so fügen Sie Apps und Programme auf der Startseite ein:

1. Klicken Sie auf der Startseite auf den nach unten zeigenden Pfeil.

Auf einem Touchscreen streifen beziehungsweise wischen Sie mit dem Finger von der Bildschirmmitte nach oben.

Egal ob Sie klicken, tippen oder streifen, Sie erhalten eine alphabetische Liste aller auf Ihrem Rechner installierten Apps und Programme.

2. ⊠ **Klicken Sie mit der rechten Maustaste auf das Element, das Sie auf der Startseite einfügen wollen, und anschließend in der unteren Leiste auf die Schaltfläche AN 'START' ANHEFTEN.**

Im Unterschied zu Windows 8 können Sie in Windows 8.1 gleich mehrere App-Einträge auswählen, um sie dann in nur einem Schritt auf der Startseite anzuheften.

3. Klicken oder tippen Sie auf die App DESKTOP.

Der Desktop präsentiert sich auf dem Bildschirm.

4. Klicken Sie mit der rechten Maustaste auf ein Element und wählen Sie im Kontextmenü den Befehl AN 'START' ANHEFTEN.

Klicken Sie auf dem Desktop oder im Explorer (vormals Windows-Explorer) mit der rechten Maustaste auf einen Ordner oder irgendein anderes Element, das Sie gerne auf die Startseite übernehmen wollen, und wählen Sie anschließend den Befehl AN 'START' ANHEFTEN.

Wenn Sie fertig sind, wird sich Ihre Startseite ziemlich gefüllt haben.

 Wenn Sie mal eine eingerichtete App partout nicht auf der Startseite finden können, wechseln Sie zur alphabetischen Auflistung aller Apps. Dort müssten Sie dann fündig werden.

Die Charms-Leiste und die dazugehörigen Tastenkombinationen

Die bezaubernde *Charms-Leiste*, die mit Windows 8 eingeführt wurde, ist nur eine von zig Leisten in Windows. Allein der Name macht sie aber schon zu etwas Besonderem. Ob Ihnen der Name nun gefällt oder nicht, sie heißt so und wird in diesem Buch auch so genannt.

Die Charms-Leiste enthält fünf Symbole, die – Sie werden es nicht glauben – als *Charms* bezeichnet werden (männlicher Artikel, das heißt: *der Charm*). Die Charms-Leiste ist in Abbildung 2.7 zu sehen. Hinter den fünf Charms verbergen sich die Dinge, die Sie auf dem aktuellen Bildschirm erledigen können. Wenn Sie beispielsweise gerade eine Website betrachten, die Sie gerne einer Freundin zeigen wollen, holen Sie sich die Charms-Leiste, klicken auf den Charm TEILEN und wählen die gewünschte Person aus. Und ab geht die Post.

Abbildung 2.7: Die Charms-Leiste von Windows enthält praktische Charms zum Ausführen von häufig durchzuführenden Aufgaben.

Sie können in beiden Windows-Welten auf diese Leiste zugreifen – auf der Startseite und auf dem Desktop und auch in jeder Startseiten-App oder in jedem Desktopprogramm.

Und wie bekommt man diese Leiste mit dem klangvollen Namen zu Gesicht? Nun, wie üblich – per Maus, Tastatur oder Finger:

✔ **Maus:** Zeigen Sie auf die obere oder die untere rechte Bildschirmecke.

✔ **Tastatur:** Drücken Sie ⊞+Ⓒ.

✔ **Touchscreen:** Streifen beziehungsweise wischen Sie mit dem Finger vom rechten Bildschirmrand nach innen.

Die Charms-Leiste wird angezeigt und stellt Ihnen ihre fünf Charms zur Verfügung. Sie müssen nur noch auf den Charm Ihrer Wahl klicken oder tippen. Hinter den Charms verbergen sich die folgenden Aufgaben:

Suchen: Wenn Sie sich für diesen Charm entscheiden, nimmt Windows an, dass Sie ganz generell »alles« durchsuchen wollen. Dazu gehören Apps, Einstellungen und Dateien auf Ihrem Computer und sogar das Internet. Wenn Sie etwas präziser suchen wollen, klicken Sie in der rechten Leiste auf den Eintrag Überall und geben dann an, ob Sie beispielsweise nach Einstellungen oder nach Dateien suchen wollen. (Jede Menge Informationen zur Suchfunktion gibt es in Kapitel 7.)

Teilen: Damit können Sie das, was Sie gerade auf dem Bildschirm sehen, an andere weitergeben. Wenn Sie beispielsweise gerade eine Webseite anzeigen und auf den Charm Teilen klicken, können Sie den Link zu dieser Seite per Mail weitergeben. (E-Mail ist Thema von Kapitel 10.) Wenn Sie sich gerade auf dem Desktop tummeln und den Charm Teilen gewählt haben, lässt Windows Sie einen Screenshot teilen. Das bedeutet, Sie können das, was Sie gerade auf dem Bildschirm sehen, per Mail an andere senden.

Start: Mit diesem Charm kehren Sie flotten Schrittes zur Startseite zurück. Alternativ dazu drücken Sie die ⊞-Taste. Und wenn Sie sich bereits auf der Startseite befinden? Dann kehren Sie mit diesem hilfsbereiten Charm flotten Schrittes zur zuletzt verwendeten App zurück.

Geräte: Dieser Charm ist dafür zuständig, den aktuellen Bildschirminhalt an andere Geräte zu senden, beispielsweise an einen Drucker, einen zweiten Bildschirm oder an ein Handy. (Die Geräteliste enthält natürlich nur die Geräte, die aktuell an Ihrem Computer angeschlossen sind und in der Lage sind, die vom Computer kommenden Daten zu empfangen.)

Einstellungen: Dieses Füllhorn an Einstellungen listet in der rechten Leiste unten sechs Bereiche auf, die die Themen Netzwerk, Lautstärke, Bildschirm, Benachrichtigungen, Rechner ein-/ausschalten und Tastatur betreffen. Das reicht noch nicht? Dann klicken oder tippen Sie auf die Schaltfläche PC-Einstellungen ändern. Anschließend können Sie sich in einer Miniversion der Systemsteuerung austoben. (Ausführliche Anleitung hierzu finden in Kapitel 12.)

Wenn Sie auf einem Tablet-PC auf einen Charm und dann auf ein Symbol tippen, zeigt Windows Ihnen, was Sie damit machen können. Tippen Sie beispielsweise mal auf den Charm EINSTELLUNGEN und dann auf das Symbol mit der Sonne. Daraufhin bietet Ihnen Windows einen Regler in Form eines Balkens zum Einstellen der Bildschirmhelligkeit an. Und über dem Balken thront ein Schloss (nein, kein Märchenschloss, sondern eines zum Absperren), mit dem das Drehen des Bildschirms verhindert werden kann – eine Funktion, die ziemlich nützlich beim Lesen von E-Books ist.

Tabelle 2.2 enthält Tastenkombinationen, mit deren Hilfe Sie direkt auf den Funktionsumfang der Charms zugreifen können, ohne zuvor die Charms-Leiste bemühen zu müssen.

Aufgabe	Tastenkombination
Charms-Leiste öffnen	⊞ + C
Nach Apps, Dateien oder Einstellungen suchen oder im Internet stöbern	⊞ + Q
Auf dem Bildschirm angezeigte Informationen teilen	⊞ + H
Zur Startseite oder zur zuletzt verwendeten App zurückschalten	⊞
Mit angeschlossenen Geräten kommunizieren	⊞ + K
Einstellungen ändern	⊞ + I

Tabelle 2.2: Nützliche Tastenkombinationen für die Charms-Leiste

Apps »für umsonst«

Die Windows-Startseite enthält eine Reihe von kostenlosen Apps, jede ordentlich in einer Kachel untergebracht. Die Kacheln sind beschriftet oder mit einem aussagekräftigen Symbol versehen, damit Sie wissen, was sich hinter ihnen verbirgt.

Manche Kacheln ändern sich ständig. Das sind die sogenannten *Live-Kacheln*. Die Kachel FINANZEN wird beispielsweise ständig aktualisiert, um die neuesten Finanzschlagzeilen anzuzeigen. Und die Kachel WETTER sagt Ihnen, welches Wetter Sie in den großen Städten auf dieser Welt zu erwarten haben.

Die Startseite von Windows enthält nur einige der verfügbaren kostenlosen Apps. Sie wollen alle sehen? Dann klicken Sie links unten auf den nach unten zeigenden Pfeil. Und schon erhalten Sie eine alphabetisch sortierte Liste mit allen Apps.

Wahrscheinlich befinden sich die folgenden Apps nach der Installation von Windows auf Ihrer Startseite beziehungsweise im Startseitenbereich ALLE APPS. Wenn Sie oder jemand anders Ihre Startseite bearbeitet hat, weichen die enthaltenen Apps bei Ihnen unter Umständen von der folgenden Auflistung ab. Jede App ist startbereit und wartet nur darauf, dass Sie mit der Maus darauf klicken oder mit dem Finger darauf tippen.

 **Audiorekorder:** Mit dieser einfachen App zeichnen Sie per Freisprechanlage Ihre wichtigen Anmerkungen zu einem Thema auf.

✔ **Desktop:** Wechseln Sie zum vertrauten traditionellen Windows-Desktop, auf dem die Windows-Programme laufen, die Sie wahrscheinlich bereits seit ich weiß nicht wie vielen Jahren kennen. Informationen hierzu liefert Kapitel 3.

✔ **Finanzen:** Eine Live-Kachel, die mit 30-minütiger Verzögerung Informationen zu DAX und TECDAX zum Besten gibt und die üblichen Diagramme und Grafiken der Angst und Unsicherheit zeigt.

 **Fotos:** Diese App wird in Kapitel 17 unter die Lupe genommen. Sie zeigt alle Fotos an, die auf dem Computer abgelegt sind. In Windows 8.1 ist es aber leider nicht mehr möglich, die Fotos anzuzeigen, die auf Ihren Konten bei Facebook, Flickr oder SkyDrive abgelegt sind.

 **Gesundheit und Fitness:** Hier dreht sich alles um Ihr persönliches körperliches Wohl – seien es Gymnastikübungen, Ernährungstipps oder Diagnosen für das eine oder andere Wehwehchen.

 **Hilfe + Tipps:** Eine in Windows 8 schmerzlich vermisste App, die Ihnen – besser spät als nie – das neue Betriebssystem vorstellen will.

✔ **Internet Explorer:** Thema in Kapitel 9. Mit dieser Version des Internet Explorer surfen Sie »fullscreen« im Web. Nichts stellt sich Ihnen in den Weg, keine Menüs, keine Registerkarten – es gibt nur Sie und die aktuelle Webseite. Und wenn Sie genug haben, drücken Sie die ⊞-Taste und kehren zur Startseite zurück.

✔ **Kalender:** Fügen Sie Termine hinzu oder greifen Sie auf Termine aus bei anderen Konten erstellten Kalendern wie Google oder Windows Live zu.

✔ **Kamera:** Thema in Kapitel 17. Nehmen Sie Fotos mit einer eingebauten Kamera oder Webcam auf.

✔ **Karten:** Ganz nützliche App für die Reiseplanung. Es handelt sich hierbei um eine Version des Kartenmoduls von Microsoft Bing.

 **Kochen & Genuss:** Sie suchen mit Bing in den Weiten des Internets nach einem Rezept, nehmen es in Ihre ganz private Sammlung oder den Wochenernährungsplan auf, generieren aus den aufgelisteten Zutaten die Einkaufliste und wechseln bei Bedarf in den Freihandmodus. Dann genügt ein Wink mit der pestogetränkten Hand, um in der App zu blättern. Mir gefällt das!

✔ **Kontakte:** Das Beste an dieser App, die ausführlich in Kapitel 10 besprochen wird, ist ihre Offenheit. Geben Sie Ihre Konten an – Facebook, Twitter und was auch immer – und die App schnappt sich dort alle Ihre Kontakte und bietet sie Ihnen gesammelt an.

 **Leseliste:** Sie stöbern mit der Internet Explorer-App herum und finden einen Artikel, den Sie gerne später lesen würden. Kein Problem. Sie zeigen die Charms-Leiste an, klicken auf TEILEN und dann auf LESELISTE. Und schon wird der Artikel in Ihre persönliche Leseliste aufgenommen. Ich hoffe, Sie finden Zeit, ihn auch wirklich zu lesen.

✔ **Mail:** Näheres hierzu in Kapitel 10. Mit dieser App senden und empfangen Sie E-Mails. Wenn Sie sich mit einem Microsoft Live- oder Google-Konto anmelden, richtet sich Mail automatisch korrekt ein und übernimmt auch gleich noch alle Ihre Kontakte.

✔ **Musik:** Thema in Kapitel 16. Mit dieser App können Sie Musik abspielen, die auf Ihrem Computer gespeichert ist. Microsoft hofft natürlich auch, dass Sie Musik im Windows Store kaufen.

✔ **News:** Lesen Sie hier das Wichtigste des Tages von verschiedenen Nachrichtendiensten.

✔ **PC-Einstellungen:** Eigentlich eher eine Miniversion der Systemsteuerung als eine App. Hier können Sie Einstellungen für die Startseite und den Desktop vornehmen.

✔ **Reader:** Öffnen Sie mit dieser handlichen App PDF-Dateien, die Sie zum Beispiel im Internet finden oder auch per E-Mail erhalten. Sobald Sie auf eine PDF-Datei doppelklicken, meldet sich der Reader automatisch samt Dateiinhalt zu Wort.

 **Rechner:** Ein ziemlich vielseitiger Taschenrechner. Grundrechenarten, komplexe mathematische Funktionen oder Umwandlung von Maßeinheiten – da ist für jeden etwas dabei.

✔ **Reisen:** Eine Art Schwarzes Brett für Reiselustige mit den besten Reisezielen, Karten, Panoramafotos, Reisebewertungen sowie Links zum Buchen von Flügen und Hotels.

 **Scanner:** Endlich! Mit dieser App ist das Scannen von Text und Bildern ein Kinderspiel. Lesen Sie mehr zur Scanner-App in Kapitel 8.

✔ **SkyDrive:** Der geheimnisvolle Ort in den unendlichen Weiten des Webs, an dem Sie Ihre Dateien ablegen können. Sie können auf alle online auf SkyDrive abgelegten Dateien jederzeit von jedem Computer aus zugreifen, der über eine Internetverbindung verfügt.

✔ **Skype:** Ein Programm zum Austauschen von Nachrichten und zum Telefonieren über das Internet.

✔ **Spiele:** Hier können Sie Ihre eigenen Spielleistungen und die Ihrer Freunde ansehen, neue Spiele erforschen, Spieletrailer anzeigen und neue Spiele für Ihre Spielkonsole erwerben. Das Ganze ist sehr Xbox-lastig.

✔ **Sport:** Sportnachrichten, Tabellen und alles, was sportliche, dynamische Menschen von heute interessiert.

✔ **Store:** Thema in Kapitel 6. Im Store finden Sie Apps, die Sie an Ihre Startseite anheften können, und auch ein paar Desktopprogramme. (Wenn Sie Programme über den Windows-Desktop installieren, wird ebenfalls ein Link zum Programmaufruf auf der Startseite abgelegt.)

✔ **Video:** Eine Art Videoverleih mit einer kleinen Schaltfläche, über die Sie Videos abspielen können, die auf Ihrem Computer abgelegt sind.

 **Wecker:** Ja, ein Wecker. Sie können damit verschiedene Weckzeiten für jeden Tag der Woche mit unterschiedlichen Weckrufen einstellen. Praktische Sache.

✔ **Wetter:** Kann das Wetter in Ihrer Umgebung bis zu einer Woche vorhersagen, aber nur wenn Sie der Standortbestimmung zustimmen. (Die App hält sich dabei an die nächstgelegene Stadt und weniger an die genaue Adresse, es sei denn, Ihr Computer ist mit GPS ausgerüstet.)

Diese kleinen Apps funktionieren auf der Startseite ganz gut. Wenn Sie aber auf dem Desktop im Explorer auf eine Datei doppelklicken, um beispielsweise eine Musikdatei zu öffnen, kann es passieren, dass Windows die zur Datei passende App der Startseite aufruft (in diesem Beispiel wäre das die Musik-App), obwohl Sie vielleicht auf dem Desktop viel lieber mit dem traditionellen Programm Windows Media Player arbeiten würden. Ärgerlich! In Kapitel 3 erfahren Sie, wie Sie welche Apps und Programme für die Durchführung von bestimmten Aufgaben auswählen können. Ein kleiner Tipp schon mal vorweg: Wenn Sie auf dem Desktop oder im Explorer mit der rechten Maustaste auf eine Datei klicken und im Kontextmenü den Befehl ÖFFNEN MIT wählen, wird Ihnen eine Liste mit Apps und Programmen angeboten, die mit dem Format der gewählten Datei zurechtkommen. Wählen Sie dort das Desktopprogramm, wenn Sie auf dem Desktop bleiben wollen, und nicht die entsprechende App der Startseite.

Die Startseite passend machen

Die Startseite von Windows 8 verhält sich ähnlich wie eine Einkaufsliste. Je mehr Elemente Sie hinzufügen, umso länger und chaotischer wird sie. Dieser Hang zum Chaos hat Folgen. Wie finden Sie eine wirklich wichtige App beziehungsweise die Hauptzutat für das Mittagessen in einer ewig langen Liste ohne System?

 Windows 8.1 macht es genau umgekehrt und nimmt neu hinzugefügte Apps erst mal gar nicht in die Startseite auf. Die neuen Apps finden Sie nur, wenn Sie auf der Startseite nach unten scrollen, um zum Bereich ALLE APPS zu wechseln.

Es ist Ihr Job, auf der Startseite für Ordnung zu sorgen. Wir fangen auch ganz langsam an. Sie erfahren zunächst, wie Sie nicht benötigte Kacheln loswerden und Lieblingskacheln bevorzugt abgelegen.

Führen Sie die folgenden Schritte aus und Sie gelangen in den Organisationshimmel – eine in ordentliche Gruppen unterteilte und beschriftete Startseite, auf der Sie alles auf Anhieb finden.

Sie können die Kacheln auf der Startseite beliebig verwalten und in beliebig viele Gruppen mit Namen Ihrer Wahl unterteilen, beispielsweise Arbeit, Freizeit, Web, Kontakte oder so. (Abbildung 2.11 weiter hinten in diesem Kapitel zeigt, wie eine solche wohlgeordnete Startseite aussehen könnte.)

Aber egal wie organisiert und ordentlich Sie sein wollen, führen Sie die folgenden Schritte aus, um dem Chaos von Anfang an Einhalt zu gebieten:

1. **Entfernen Sie die Kacheln, die Sie nicht brauchen.**

 Machen Sie eine überflüssige Kachel ausfindig, klicken Sie mit der rechten Maustaste auf diese Kachel und wählen Sie unten in der Leiste den Befehl VON 'START' LÖSEN. Weg ist die Kachel. Wiederholen Sie diesen Schritt für alle weiteren nicht gewünschten Kacheln.

 Keine Sorge! Mit dem Befehl VON 'START' LÖSEN wird die App oder das Programm auf gar keinen Fall deinstalliert, sondern lediglich die betreffende Kachel von der Startseite entfernt. Sollten Sie einmal versehentlich eine Kachel entfernen, fügen Sie sie einfach, wie in Schritt 3 beschrieben, wieder ein.

2. **Legen Sie Kacheln, die thematisch zusammenpassen, nebeneinander ab.**

Angenommen, Sie wollen die Apps, die mit Kontakten arbeiten – Mail, Kontakte und Kalender – möglichst nah beieinander ablegen. Dann packen Sie sie einfach am Kragen und ziehen mit ihnen von dannen. Sobald Sie die Kachel an einer neuen Position loslassen, machen die anderen Kacheln brav Platz und sie wird an der neuen Stelle eingefügt.

Um kostbaren und teuren Bildschirmplatz zu sparen, verkleinern Sie besonders klobige rechteckige Kacheln zu handlichen kleineren Quadraten. Klicken Sie dazu mit der rechten Maustaste auf die Kachel und wählen Sie unten in der Leiste den Befehl GRÖSSE ÄNDERN und dann eine zur Kachel passende Größe aus.

3. **Fügen Sie Kacheln für Apps, Programme, Ordner und Dateien hinzu, mit denen Sie vorhaben zu arbeiten.**

Wie man die Startseite mit neuen Kacheln für Apps, Programme, Ordner und Dateien versorgt, beschreibe ich weiter vorn in diesem Kapitel im Abschnitt »Kacheln auf der Startseite hinzufügen und entfernen«.

Wenn Sie unerwünschte Kacheln eliminiert, die verbleibenden Kacheln neu geordnet und neue Kacheln hinzugefügt haben, sind Sie vielleicht zufrieden. Gute Arbeit. Aufgabe erledigt.

Aber wenn sich Ihre Startseite immer noch nach rechts über den rechten Bildschirmrand hinaus ins Nirwana zieht und Sie immer noch verzweifelt die eine oder andere App suchen, sind Sie noch nicht fertig und sollten weiterlesen.

Sie lesen weiter? Okay. Standardmäßig startet die Startseite mit zwei nicht näher benannten Kachelgruppen, die durch einen kleinen Spalt voneinander getrennt sind. Windows hält es hier nicht für nötig, den Gruppen Namen zu geben. Und vielleicht haben Sie den kleinen Spalt auch noch gar nicht wirklich bemerkt.

4. **Finden Sie den kleinen Spalt zwischen den beiden Kachelgruppen.**

Scrollen Sie auf der Startseite nach rechts. Schauen Sie genau hin und Sie werden erkennen, wie eine Kachelgruppe von der anderen etwas abgesetzt ist. In Abbildung 2.8 ist der Spalt, der die beiden Gruppen voneinander trennt, deutlich zu sehen.

Der Spalt, der die beiden Gruppen voneinander trennt

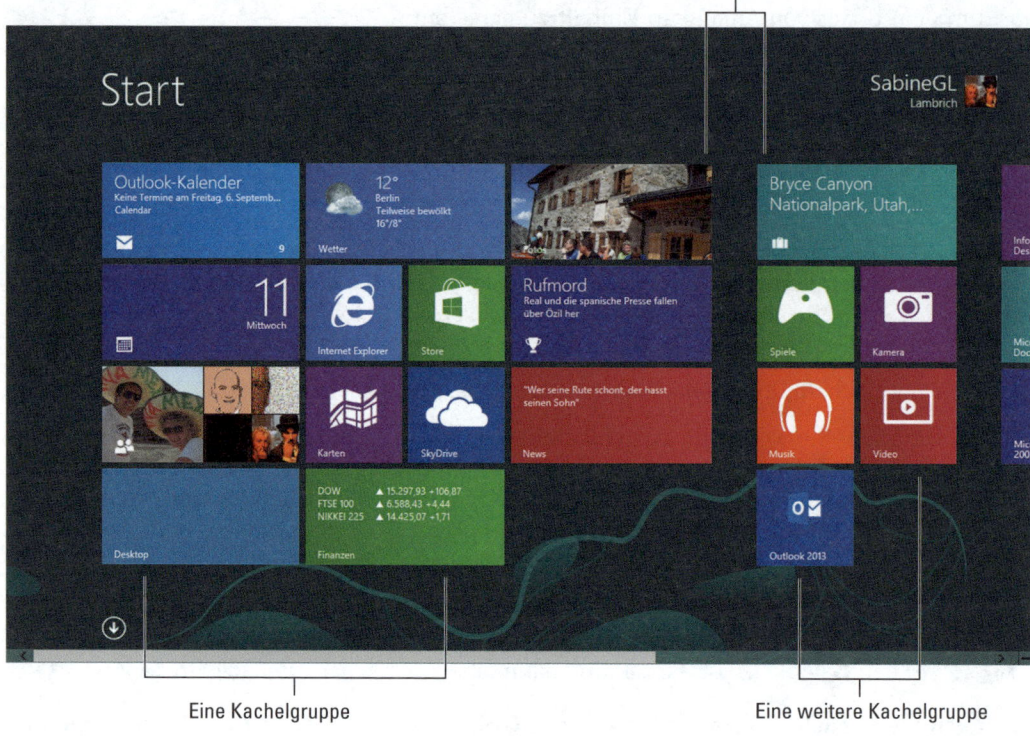

Eine Kachelgruppe   Eine weitere Kachelgruppe

Abbildung 2.8: Der Spalt, der die beiden Gruppen auf Abstand hält

5. Um eine neue Gruppe zu erstellen, ziehen Sie eine Kachel in den Spalt zwischen zwei vorhandenen Gruppen.

Ziehen Sie eine Kachel über den Spalt zwischen zwei Gruppen. Ein senkrechter Balken wird angezeigt, wie Abbildung 2.9 zeigt. Legen Sie die Kachel ab. Eine neue Gruppe wird zwischen den beiden bereits existierenden Gruppen eingefügt und die Kachel in dieser neuen Gruppe positioniert – eine einsame Kachel zwischen zwei Gruppen.

6. Um weitere Kacheln in die neue Gruppe einzufügen, ziehen Sie die betreffenden Kacheln einfach in diese Gruppe.

Ziehen Sie weitere Kacheln in die neue Gruppe und legen Sie sie dort ab. Anschließend können Sie die gerade abgelegte Kachel innerhalb der Gruppe neu positionieren.

Sie brauchen noch eine Gruppe? Dann wiederholen Sie die Schritte 4 und 5.

Wenn Ihr Ordnungssinn durch die Einteilung Ihrer Kacheln in mehrere Gruppen befriedigt ist, können Sie jetzt aufhören. Wenn Sie aber daran interessiert sind, Ihren Gruppen aussagekräftige Namen zu geben oder die Gruppenreihenfolge zu ändern, lesen Sie weiter.

Abbildung 2.9: Ziehen Sie eine Kachel zwischen zwei Gruppen, um eine neue Gruppe dazwischen zu erstellen.

7. **Klicken Sie ganz unten in der rechten Ecke auf die Schaltfläche, die ein Minuszeichen trägt, um alle Gruppen verkleinert anzuzeigen. Ziehen Sie dann die Gruppen in die gewünschte Reihenfolge.**

Ziehen Sie Ihre Lieblingsgruppe vielleicht ganz nach links, damit Sie sofort auf die dazugehörigen Kacheln klicken können.

Sie klicken also rechts unten auf dieses Minuszeichen. Die Elemente der Startseite werden verkleinert dargestellt, damit auch wirklich alle angezeigt werden können. In diesem Anzeigemodus können Sie keine Kacheln aktivieren, sondern nur Gruppen auswählen (siehe Abbildung 2.10).

Packen Sie also eine Gruppe mit der Maus am Schlafittchen und ziehen Sie sie an eine Position, die Ihnen gefällt.

8. **Benennen Sie die Gruppen.**

Sie befinden sich immer noch in dem Modus, der Ihre Grüppchen anzeigt, und wollen Ihre Gruppen benennen. Klicken Sie auf eine beliebige Stelle, um zur Kachelanzeige zurückzuschalten. Klicken Sie dann mit der rechten Maustaste auf eine Kachel der Gruppe, die Sie benennen wollen. Sobald oben über der Kachelgruppe das Namensfeld eingeblendet ist, können Sie den gewünschten Gruppennamen eingeben. Beenden Sie die Namensvergabe durch Drücken der ⏎-Taste. Versehen Sie bei Bedarf auch die anderen Gruppen auf Ihrer Startseite mit klangvollen Namen.

*Abbildung 2.10: Ziehen Sie die Gruppen auf der Startseite in eine Reihenfolge,
die Ihrem Ordnungssinn entspricht.*

9. Betrachten Sie die überarbeitete Startseite.

Klicken Sie auf eine beliebige Stelle ohne Kacheln auf der Startseite und prüfen Sie Ihr
Werk. Abbildung 2.11 zeigt, dass sich die Arbeit gelohnt hat.

✔ Beim Aufräumen der Startseite gibt es kein Richtig oder Falsch. Bleiben Sie sich selbst
treu und zeigen Sie sich auf der Startseite so ordentlich oder so chaotisch wie im richtigen Leben.

Sobald Sie neue Apps oder traditionelle Programme installieren, werden diese in
den Bereich ALLE APPS aufgenommen. Klicken Sie dort bei Bedarf mit der rechten
Maustaste auf die entsprechende Kachel und dann in der Leiste auf den Befehl AN
'START' ANHEFTEN, um sie in die »VIP«-Startseite aufzunehmen. Bringen Sie die
Neuankömmlinge dann in vorhandenen oder neuen Gruppen unter.

✔ Wenn Sie Lust haben, erstellen Sie eine Gruppe Ihrer Lieblingsapps und -programme, die
Sie dann einsatzbereit in Poleposition bringen.

Abbildung 2.11: Eine aufgeräumte Startseite

Einheitlicher Hintergrund für Startseite und Desktop

NEU

Vielleicht sind Sie wegen der doch recht unterschiedlichen Darstellung von Startseite und Desktop jedes Mal aufs Neue irritiert, wenn Sie von einer Welt in die andere wechseln. Um Ihnen den Übergang zwischen diesen beiden Welten zu erleichtern, können Sie ihnen denselben Hintergrund zuweisen.

Damit sich die Startseite stets automatisch an den gewählten Desktophintergrund anpasst, müssen Sie Folgendes tun:

1. **Wechseln Sie zur Startseite, zaubern Sie die Charms-Leiste hervor und klicken Sie dort auf den Charm EINSTELLUNGEN.**

2. **Klicken Sie im Einstellungsbereich auf ANPASSEN.**

3. **Klicken Sie dann oben in der Leiste auf die Kachel mit der aktuellen Desktopdarstellung.**

Wann immer Sie zukünftig den Desktophintergrund ändern, wird die Startseite automatisch angepasst.

Windows beenden

Pause! Feierabend! Es reicht! Sie wollen also Windows beenden. Aber da geht es schon los. Sie können sich nicht einfach so verdrücken, sondern Sie müssen entscheiden, ob Sie das Konto sperren, sich abmelden, Energie sparen, neu starten oder den Computer herunterfahren wollen.

Das hängt davon ab, ob Sie nur kurz Pause machen oder Ihr Tagwerk für heute beendet haben.

Beide Szenarien werden im Folgenden separat vorgestellt. Aber wenn Sie nicht viel lesen wollen, hier auf die Schnelle die einfachste Variante:

1. **Zeigen Sie auf die untere oder die obere rechte Bildschirmecke, um die Charms-Leiste hervorzulocken. (Auf einem Touchscreen streifen oder wischen Sie mit dem Finger vom rechten Bildschirmrand nach innen.)**

2. **Klicken Sie in der Charms-Leiste auf den Charm EINSTELLUNGEN und dann auf die Schaltfläche EIN/AUS.**

3. **Wählen Sie den Befehl HERUNTERFAHREN.**

4. **Wenn sich der Computer wehrt und meldet, dass noch jede Menge Arbeit nicht gespeichert ist, entscheiden Sie sich eben für den Befehl ENERGIE SPAREN.**

Die beiden folgenden Abschnitte zeigen, wie aus einem einfachen Beenden von Windows eine beunruhigend komplexe Sache werden kann.

 Windows 8.1 setzt noch einen oben drauf und stellt eine weitere Methode zum Herunterfahren des Computers bereit: Klicken Sie mit der rechten Maustaste auf die linke untere Bildschirmecke, dann auf den Kontextbefehl HERUNTERFAHREN ODER ABMELDEN und im anschließend angezeigten Untermenü auf HERUNTERFAHREN.

Eine kurze Pause einlegen

Wenn Sie Windows vorübergehend beenden wollen, stehen Ihnen drei Möglichkeiten zur Verfügung. Damit Sie sich für die richtige entscheiden, sollten Sie die folgenden Schritte ausführen.

1. **Wechseln Sie zur Startseite.**

    Drücken Sie dazu entweder die ⊞-Taste oder klicken Sie in der Charms-Leiste auf den Charm START oder links unten auf die Schaltfläche START.

2. **Klicken Sie in der oberen rechten Ecke auf das Bild des Benutzerkontos.**

   Abbildung 2.12 zeigt, welche Möglichkeiten sich Ihnen nun bieten.

Abbildung 2.12: Wählen Sie Ihren Weg in die Pause.

- SPERREN: Mit dieser Option verschaffen Sie sich etwas Privatsphäre, während Sie schnell in die Cafeteria springen, um einen Caffè Latte zu ordern. Der Sperrbildschirm macht sich auf Ihrem Monitor breit und lässt keinen an Ihre Daten ran. Frisch gestärkt zurück am Schreibtisch klicken beziehungsweise tippen Sie den Sperrbildschirm weg und melden sich wie gehabt mit Ihrem Konto und Kennwort an. Der Bildschirm sieht danach so aus, wie Sie ihn vor der Pause verlassen haben.

- ABMELDEN: Entscheiden Sie sich für diese Option, wenn Sie Ihre Arbeit am Computer für den heutigen Tag beenden und Platz für einen Kollegen machen wollen. Windows speichert Ihre Arbeit und Ihre Einstellungen und zeigt den Sperrbildschirm an, damit sich die nächste fleißig Arbeitsbiene anmelden kann.

- **Anderes Konto:** Unter Ihrem Benutzerkonto listet Windows alle weiteren Benutzerkonten auf, die auf diesem Computer eingerichtet wurden (siehe auch Abbildung 2.12). Wenn einer dieser Benutzer mal schnell etwas auf dem Computer nachsehen will, leihen Sie ihm kurz den PC. Er wird sich mit seinem Benutzernamen und Kennwort anmelden, seine Arbeitsumgebung angeboten bekommen und schnell das nachschlagen, was er wissen wollte. Nachdem er sich abgemeldet und Sie sich wieder angemeldet haben, sehen Sie erneut Ihre Arbeitsumgebung und können weiterarbeiten.

Bei allen diesen Optionen verlassen Sie Ihren Computer nur für eine Weile, um anschließend wieder dort weiterzumachen, wo Sie aufgehört haben.

Wenn Sie Ihre Arbeit für den heutigen Tag beendet haben und auch kein anderer Benutzer vorhat, mit dem Computer zu arbeiten, lesen Sie im nächsten Abschnitt weiter.

Den Computer ausschalten

Haben Sie Ihr Tagwerk erledigt oder wollen Sie Ihr Notebook im Zug, in der U-Bahn nach Hause oder im Flugzeug nach Rom ausschalten? Windows bietet Ihnen drei Möglichkeiten, Ihre Arbeit zu beenden.

Führen Sie die folgenden Schritte aus:

1. Blenden Sie die Charms-Leiste ein.

2. Klicken Sie auf den Charm EINSTELLUNGEN.

 Dieser Charm hat die Form eines Zahnrads. Man kann ihn nicht übersehen.

3. Klicken Sie auf die Schaltfläche EIN/AUS.

Ein kleines Menü mit drei Befehlen klappt auf, wie in Abbildung 2.13 zu sehen ist.

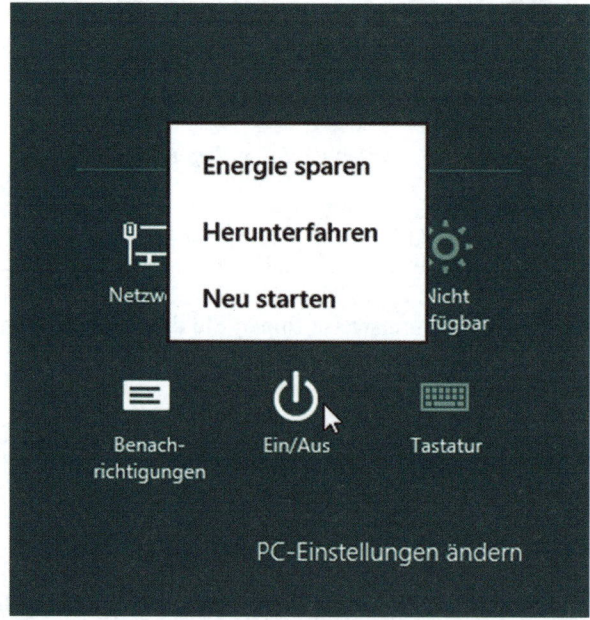

Abbildung 2.13: Wählen Sie Ihren Weg in den verdienten Feierabend.

So, was haben wir denn da?

- ENERGIE SPAREN: Die populärste Auswahl. Damit wird Ihre Arbeit gespeichert und Ihr Computer in den Energiesparmodus geschaltet. Er schlummert vor sich hin, und sobald Sie Ihre Arbeit wieder aufnehmen wollen, wacht er blitzschnell auf und stellt die Arbeitsumgebung wieder genau so zur Verfügung, wie Sie sie zuvor verlassen haben. Sollte während seines erholsamen Schläfchens der Saft ausgehen, wird er trotzdem aufwachen und Ihre Arbeit bereitstellen. Es kann dann nur ein bisschen länger dauern.

- HERUNTERFAHREN: Damit wird Ihr Computer ausgeschaltet und bleibt es auch erst mal.

- NEU STARTEN: Entscheiden Sie sich für diese Option, wenn Ihr Computer nicht mehr weiterweiß. Reagiert beispielsweise ein Programm nicht mehr, kann sich Windows manchmal sehr verwirrt benehmen, dann bleibt oft nichts anderes übrig, als einen Neuanfang zu wagen. Windows schaltet dann den PC aus und startet ihn und sich selbst erneut. Hoffen wir, dass es Windows dann wieder besser geht. (Manchmal werden Sie auch von neu installierten Programmen aufgefordert, einen Neustart durchzuführen.)

So, das waren ziemlich viele Fakten. Wenn Sie noch ein bisschen Zeit und Lust haben, lesen Sie noch die folgenden Hinweise und machen dann ein Päuschen.

Sie müssen Ihren Computer nicht jeden Abend herunterfahren. Manche Experten lassen ihre Computer stets laufen und behaupten, das wäre gut für ihre Gesundheit (die der Computer). Manch erfahrener Anwender schwört aber wiederum auf das tägliche Herunterfahren. Andere sagen, der ideale Kompromiss sei der Energiesparmodus. Aber alle sind sich darüber einig, den Bildschirm nach Arbeitsschluss auszuschalten, damit er abkühlen kann.

Ältere Rechner ohne zusätzlichen Arbeitsspeicher bieten den Energiesparmodus nicht an. Ohne zusätzlichen Arbeitsspeicher sind sie nicht in der Lage, Ihre Arbeit bis zu Ihrer Rückkehr aufzubewahren. Wenn Sie nicht vorhaben, Ihren Rechner mit zusätzlichem Arbeitsspeicher auszurüsten, bleibt Ihnen nur das Herunterfahren oder der Neustart.

Sie wollen, dass Ihr Notebook oder Tablet-PC nach einem kleinen Schläfchen frisch und munter im Flugzeugmodus erwacht? Dann schalten Sie zunächst in den Flugzeugmodus und danach in den Energiesparmodus. Wenn Sie den Computer dann zu einem späteren Zeitpunkt wieder wecken, schaltet er automatisch zurück in den Flugzeugmodus, abgeschnitten von jeglichem Internetzgang. (Flugzeugmodus? Nie gehört? Dann lesen Sie Kapitel 23.)

Wenn Sie es besonders eilig mit dem Herunterfahren haben, klicken Sie mit der rechten Maustaste auf die in Windows 8.1 wiederauferstandene Schaltfläche START, dann auf HERUNTERFAHREN ODER ABMELDEN und anschließend noch auf HERUNTERFAHREN. Feierabend!

Der traditionelle Desktop

3

In diesem Kapitel

▸ Den Desktop aufspüren

▸ Die Startseite wiederfinden

▸ Auf dem Desktop arbeiten

▸ Gelöschte Elemente aus dem Papierkorb fischen

▸ Die Taskleiste kennenlernen

▸ Den Desktop an den eigenen Geschmack anpassen

▸ Programme schneller auffinden

Die mit Kacheln gefüllte Welt von Windows funktioniert ausgezeichnet für Couch-Potatoes. Ohne die Startseite verlassen zu müssen, hören Sie Musik, checken E-Mails, schauen sich witzige Videos an und halten sich und die Welt via Facebook auf dem Laufenden. Entspannung pur!

Aber der nächste Montag kommt bestimmt! Es bleibt Ihnen nichts anderes übrig – Sie müssen einen Gang zulegen. Lassen Sie die eher einfach gestrickten Apps der Startseite hinter sich und wenden Sie sich den eigentlichen Powerprogrammen zu. Arbeitgeber bevorzugen es, wenn Sie mit Tabellenkalkulations- und Textverarbeitungsprogrammen arbeiten, anstatt eine Spiele-App zur Entspannung zu spielen.

 Alle Apps, die von Anfang an auf Ihrer Startseite zu sehen sind oder die Sie später aus dem Windows Store herunterladen, werden *Apps* genannt. Alle traditionellen Windows-Programme, die auf dem Desktop laufen, heißen jetzt auch Apps. Da man aber manchmal vor lauter Apps gar nichts mehr kapiert, spreche ich im Fall von traditionellen Desktopprogrammen auch hin und wieder von *Programmen*. Ich hoffe, ich habe Sie jetzt nicht vollkommen verwirrt.

Glücklicherweise ist der Desktop von Windows 8 und Windows 8.1 allzeit bereit für diese unvermeidlichen Montage. Und in diesem Kapitel erfahren Sie, wie Sie Ihr Unterhaltungsgerät in ein Arbeitstier verwandeln, wenn vielleicht auch ungern oder gar widerwillig.

Die Wiederkehr der Schaltfläche »Start«

Wenn es ein konstantes Element in den verschiedenen Windows-Versionen gab, dann die Schaltfläche START. Diese kleine Schaltfläche links unten auf dem Bildschirm wurde mit Windows 8 einfach abgeschafft, nur um sie dann mit der nagelneuen Version 8.1 wieder einzuführen.

Nachdem Windows 8-Nutzer lange genug herumgemeckert haben, hat Microsoft die ach so vermisste Schaltfläche START in die Version 8.1 wieder eingebaut. Aber freuen Sie sich nicht zu früh. Denn wenn Sie auf die neue Schaltfläche START klicken, wird nicht – wie Sie es vielleicht noch aus früheren Windows-Versionen kennen – das Startmenü geöffnet. Stattdessen wechseln Sie zur Startseite, um dort dann die eine oder andere App zu öffnen.

Sollten Sie zu den Desktopanhängern gehören, wird es Sie freuen zu hören, dass es in Windows 8.1 aber deutlich einfacher ist, sich von der Startseite fernzuhalten. Wie genau das geht, ist Thema in Kapitel 22.

Desktop und Startseite entdecken

Die Startseite von Windows behandelt den Desktop wie eine App, also wie ein kleines Prögrämmchen. Sie können den Desktop daher wie jede andere App öffnen, indem Sie auf die Kachel DESKTOP klicken.

Diese Kachel sieht wie eine Miniversion des echten Desktops aus, was unschwer am identischen Hintergrund zu erkennen ist.

Wenn Sie auf die DESKTOP-Kachel klicken, schiebt der Desktop die Startseite quasi beiseite, füllt den ganzen Bildschirm aus und wartet darauf, traditionelle Windows-Programme starten zu dürfen, die übrigens auch Apps genannt werden. Die terminologische Verwirrung ist jetzt hoffentlich komplett.

Der Desktop von Windows 8 entspricht ziemlich genau den Desktopvarianten früherer Windows-Versionen (siehe auch Abbildung 3.1). Wenn Sie schon mit einer älteren Windows-Version gearbeitet haben, werden Sie sich sofort heimisch fühlen.

Am einfachsten bedienen Sie den Desktop mit seinen dünnen Leisten und kleinen Symbolen mit der Tastatur und der Maus. Bei einem Touchscreen-PC erfordert die Bedienung etwas Übung. Zur Not schließen Sie eine Maus und eine Tastatur für die Desktoparbeit an.

Auf dem Desktop können Sie nahezu alle Programme starten, die auf Windows XP-, Windows Vista- oder Windows 7-Rechnern gelaufen sind. Ausnahmen bilden Virenschutz- und Sicherheitssoftware sowie einige Hilfsprogramme. Solche Programme tun sich immer schwer beim Umstieg auf eine neue Windows-Version. Beim Upgrade von Windows 8 auf Windows 8.1 dürfte es aber wahrscheinlich keine Probleme geben.

Zeigen Sie auf diese Ecke, um die Leiste mit den aktuell geöffneten Apps einzublenden.

Papierkorb

Taskleiste   Zeigen Sie auf eine der beiden Ecken, um die Charms-Leiste einzublenden.

Die Schaltfläche »Start« ist wieder da.

Abbildung 3.1: Der Windows 8.1-Desktop ist seinem Windows 7-Vorgänger ziemlich ähnlich.

Der Desktop auf einem Touchscreen

Die riesigen Kacheln auf der Startseite mit den Fingern zu treffen, ist wirklich keine Kunst. Auf dem Desktop müssen Sie schon etwas filigraner arbeiten und Wurstfinger haben es generell schwer. Aber mit etwas Übung geht alles und zwar folgendermaßen:

✔ Anstatt mit der Maus zu klicken, tippen Sie mit dem Finger auf das Element.

✔ Anstatt mit der Maus doppelzuklicken, tippen Sie zweimal auf ein Element.

✔ Anstatt mit der rechten Maustaste zu klicken, drücken Sie mit dem Finger sanft auf ein Element und warten geduldig auf das Auftauchen eines kleinen Quadrats. Wenn es so weit ist, ziehen Sie Ihren Finger zurück, und das entsprechende Kontextmenü bietet seine Dienste an.

Wenn Sie auf dem Desktop so gar nicht mit Ihren Fingern klarkommen, kaufen Sie sich eine Bluetooth-Maus und -Tastatur. Dann haben Sie quasi zwei Systeme in einem – die Lightversion der Startseiten-Apps zum gelegentlichen Arbeiten oder Spielen und das Arbeitspferd der Desktopprogramme für die »echte« Arbeit.

Sie vermissen bereits die eine oder andere App der Startseite? Kein Problem. Sie können eine Startseiten-App sozusagen auf den Desktop kleben. Egal wohin Sie dann auf dem Desktop gehen, die App bleibt stets an Ihrer Seite. Interessiert? Näheres hierzu finden Sie im Abschnitt »Eine App am Desktoprand andocken« weiter hinten in diesem Kapitel.

Mit dem Desktop arbeiten

Die Startseiten-Apps bevölkern den gesamten Bildschirm und machen Multitasking irgendwie schwierig. Auf dem Desktop dagegen können mehrere Programme gleichzeitig laufen, ohne dass Sie den Überblick verlieren. Jedes Programm residiert – wie früher – in einem eigenen Fenster. So können Sie mehrere Programme gleichzeitig auf dem Desktop anzeigen und Daten zwischen den Programm austauschen.

Windows startet zu Beginn mit einem frisch geschrubbten, nahezu leeren Desktop (ähnlich wie in Abbildung 3.1). Mit der Zeit wird sich der Desktop unweigerlich mit sogenannten *Verknüpfungen* füllen. Da sind kleine Elemente, mit deren Hilfe Sie schnell und einfach Dateien aufrufen können.

Widerstehen Sie der Versuchung und versuchen Sie, Ordnung in Ihren Dateien zu halten. Legen Sie Ihre Dateien thematisch geordnet in sogenannten *Ordnern* ab. Wie das geht, erfahren Sie in Kapitel 4.

Aber egal wie diszipliniert oder chaotisch Sie mit dem Desktop arbeiten, er verfügt stets über die vier in Abbildung 3.1 gekennzeichneten Elemente.

✔ **Schaltfläche Start:** Sitzt links unten auf dem Desktop und sieht aus wie das Windows-Emblem. Wenn Sie darauf klicken, wechseln Sie zur Startseite und können dort weitere Apps aufrufen. Wer lieber mit der Tastatur arbeitet, drückt die ⊞-Taste.

Die Windows-Startseite ist Thema in Kapitel 2. Wenn Sie die Startseite nicht mögen, bevölkern Sie doch einfach die Taskleiste des Desktops mit Symbolen zum Aufrufen Ihrer Lieblingsprogramme (siehe den nächsten Listenpunkt).

✔ **Taskleiste:** Die gute alte Taskleiste befindet sich wie immer am unteren Rand des Desktops. Sie zeigt für jedes aktuell ausgeführte Desktopprogramm ein Symbol an. Zeigen Sie auf ein Symbol, um den Namen der Anwendung einzublenden. Wie Sie die Symbole zum Aufrufen Ihrer Favoritenprogramme in der Taskleiste unterbringen, erfahren Sie im Abschnitt »Die Taskleiste an Ihre Anforderungen anpassen« weiter hinten in diesem Kapitel.

✔ **Papierkorb:** Dort landen alle gelöschten Dateien. Im Fall des Falles können Sie sie auch wieder aus dem Papierkorb retten.

Charms-Leiste: Rein technisch gesehen gehört diese Leiste nicht wirklich zum Desktop. Sie verbirgt sich hinter dem rechten Bildschirmrand und kann überall in Windows angezeigt werden. Zeigen Sie auf die obere oder die untere rechte Bildschirmecke, um die Leiste einzublenden. (Die Charms-Leiste mit ihren Charms Suchen, Teilen, Start, Geräte und Einstellungen ist Thema in Kapitel 2.)

Die folgenden Punkte werden weiter hinten in diesem Kapitel und immer wieder in diesem Buch besprochen. Ich greife hier kurz ein bisschen vor, damit Sie nicht so lange auf diese Informationen warten müssen:

 Sie können ein neues Projekt direkt auf dem Desktop starten. Klicken Sie dazu mit der rechten Maustaste auf einen leeren Bereich des Desktops und wählen Sie im Kontextmenü den Befehl NEU. Entscheiden Sie sich dann für einen neuen Ordner, das Laden eines Programms oder was auch immer angeboten wird.

 Wenn Sie auf Ihrem Desktop ein unbekanntes Element entdecken, seien Sie nicht schüchtern. Zeigen Sie auf das Element. In der Regel blendet Windows dann eine Erläuterung ein. Oder klicken Sie mit der rechten Maustaste auf das unbekannte Etwas und Windows bietet ein Kontextmenü mit passenden Befehlen an.

 Hilfe! Alle Elemente auf dem Desktop sind verschwunden. Der Desktop ist leer. Klicken Sie mit der rechten Maustaste auf den Desktop, wählen Sie im Kontextmenü den Befehl ANSICHT und stellen Sie sicher, dass im dann angezeigten Untermenü der Befehl DESKTOPSYMBOLE ANZEIGEN mit einem Häkchen versehen ist.

Die Startseite anzeigen und Apps öffnen

 Die Schaltfläche START befindet sich also wieder unten links in der Taskleiste des Desktops (siehe Abbildung 3.2). Aber wenn Sie darauf klicken, wird leider kein Startmenü angezeigt, wie Sie es vielleicht noch aus einer früheren Windows-Version kennen. Stattdessen wechseln Sie schlicht und einfach zur Startseite. Dort finden Sie dann alle Apps, die Sie per Mausklick beziehungsweise Fingertipp starten. (Mehr zur Startseite lesen Sie in Kapitel 2.)

Um vom Desktop aus zur Startseite zurückzuschalten oder zu einer kürzlich verwendeten App zu wechseln, tun Sie Folgendes:

1. Zeigen Sie in der unteren linken Ecke auf die Schaltfläche START.

Der nächste Schritt hängt davon ab, wo Sie hinwollen.

Die Schaltfläche »Start«

Abbildung 3.2: Die Schaltfläche »Start« – das Sprungbrett zur Startseite

2. Wenn Sie zur Startseite wechseln wollen, klicken Sie einfach auf die Schaltfläche START.

Stattdessen können Sie auch zu einer aktuell ausgeführten App wechseln, wie Schritt 3 zeigt.

3. **Wenn Sie zu einer gerade ausgeführten App springen wollen, zeigen Sie mit der Maus auf die obere linke Ecke und verschieben den Mauszeiger – ohne zu drücken, zu klicken oder sonst etwas zu tun – langsam nach unten.**

Eine Leiste mit allen aktuell geöffneten Apps wird angezeigt. Jetzt haben Sie folgende Möglichkeiten:

- Klicken Sie in der Leiste auf das Miniatursymbol einer App, um zur entsprechenden App zu wechseln. Die App füllt den Bildschirm und Sie landen in der App genau dort, wo Sie zuletzt aufgehört haben zu arbeiten. Wenn Sie beispielsweise zum Internet Explorer zurückschalten, landen Sie unweigerlich auf der zuletzt besuchten Webseite.

- Um aus einer App zum Desktop zu wechseln, springen Sie am besten zur Startseite und klicken dort auf die Kachel *Desktop*. Wenn sich eine Desktopminiatur in der Leiste am linken Bildschirmrand befindet, können Sie stattdessen auch auf dieses Symbol klicken.

- Wenn Sie eine geöffnete App in der Leiste am linken Bildschirmrand schließen wollen, klicken Sie auf ihr Miniatursymbol und wählen im Kontextmenü den Befehl SCHLIESSEN.

Ich persönlich drücke am liebsten die ⊞-Taste, um zur Startseite zu eilen.

Sie können die Leiste mit den geöffneten Apps auch auf der Startseite anzeigen lassen. Funktioniert wie auf dem Desktop.

Mehr zu Apps und dem Hin- und Herspringen zwischen geöffneten Apps erfahren Sie in Kapitel 2.

Den Desktop aufpeppen

Windows versieht Ihren Desktop standardmäßig mit einem freundlichen Hintergrundbild. Wenn der eingestellte Hintergrund nicht so Ihr Fall ist, können Sie ihn jederzeit ändern.

Um dem Desktop einen neuen Hintergrund zuzuweisen, führen Sie die folgenden Schritte aus:

1. **Klicken Sie mit der rechten Maustaste auf einen leeren Bereich des Desktops, wählen Sie im Kontextmenü den Befehl ANPASSEN und klicken Sie im Fenster ANPASSUNG unten links auf die Option DESKTOPHINTERGRUND.**

2. **Klicken Sie auf einen Hintergrund (siehe auch Abbildung 3.3) und schon sieht Ihr Desktop völlig anders aus.**

Sind Sie fündig geworden? Dann klicken Sie unten im Fenster DESKTOPHINTERGRUND auf die Schaltfläche ÄNDERUNGEN SPEICHERN. Haben Sie noch keinen geeigneten Hintergrund gefunden, fahren Sie mit Schritt 3 fort.

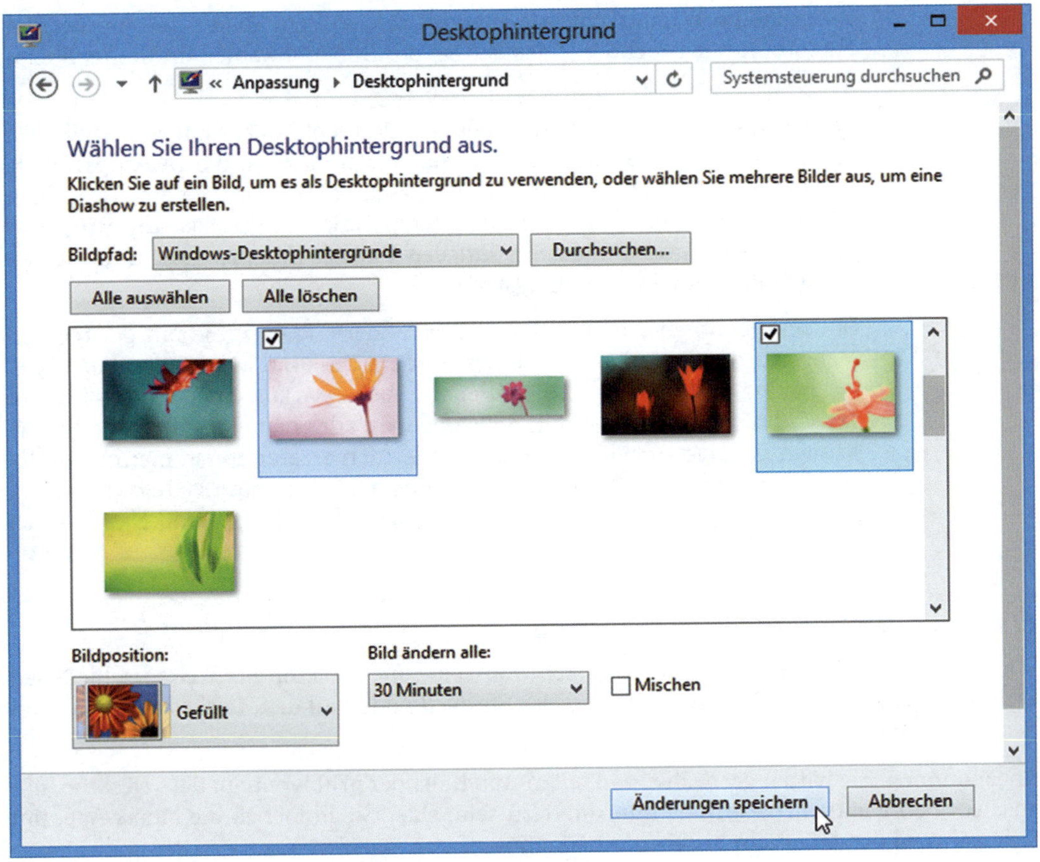

Desktophintergrund

« Anpassung ▸ Desktophintergrund   Systemsteuerung durchsuchen

Wählen Sie Ihren Desktophintergrund aus.

Klicken Sie auf ein Bild, um es als Desktophintergrund zu verwenden, oder wählen Sie mehrere Bilder aus, um eine Diashow zu erstellen.

Bildpfad: Windows-Desktophintergründe   Durchsuchen...

Alle auswählen   Alle löschen

Bildposition: Bild ändern alle:

Gefüllt   30 Minuten   ☐ Mischen

Änderungen speichern   Abbrechen

Abbildung 3.3: Diese Hintergrundmotive werden von Windows angeboten.

3. Klicken Sie auf die Schaltfläche Durchsuchen und wechseln Sie dann zu Ihrem Bilderordner.

Die meisten Leute speichern ihre Bilder im Ordner Bilder (mehr dazu in Kapitel 4).

4. Klicken Sie auf verschiedene Motive und lassen Sie sie auf sich wirken.

Haben Sie einen passenden Desktophintergrund gefunden und Ihre Wahl durch Klicken auf Änderungen speichern bestätigt, klicken Sie oben im Fenster auf die Schaltfläche Schliessen und genießen den Desktop im neuen Gewand.

Hier noch ein paar Tipps zum Ändern des Desktophintergrunds:

✔ Im Fenster Desktophintergrund gibt es die Dropdownliste Bildposition. Wenn Sie diese Liste öffnen, können Sie wählen, ob das Hintergrundbild gestreckt, nebeneinander, zentriert, auf dem Kopf (nur ein Scherz!) etc. positioniert werden soll. Die Option Nebeneinander funktioniert am besten bei ganz kleinen Bildchen.

✔ Wenn Sie im Web auf ein interessantes Bild stoßen, klicken Sie im Internet Explorer mit der rechten Maustaste auf das Bild und wählen im Kontextmenü den Befehl ALS HINTERGRUND. Wow – das war einfach.

✔ Sie haben ein ganz tolles buntes Foto als Desktophintergrund eingestellt und stellen dann irgendwann fest, dass Sie vor lauter Foto die Desktopsymbole nicht mehr erkennen können. Wie wäre es stattdessen mit einem einfarbigen Hintergrund. Öffnen Sie dazu im Fenster DESKTOPHINTERGRUND die Dropdownliste BILDPFAD und wählen Sie dort den Eintrag EINFARBIG aus. Entscheiden Sie sich dann für Ihre Lieblingsfarbe.

✔ Um den gesamten Windows-Look zu verändern, klicken Sie mit der rechten Maustaste auf einen leeren Bereich auf dem Desktop, wählen den Befehl ANPASSEN und entscheiden sich im Fenster ANPASSUNG für ein Windows-Design. Da wird nicht lange gefackelt. Schwupp wird alles neu eingefärbt und Sie erkennen Ihr eigenes Windows nicht wieder. Ich erzähle Ihnen mehr über Designs in Kapitel 12. (Sollten Sie Designs aus dem Internet herunterladen, prüfen Sie sie mit einem Virenschutzprogramm auf Herz und Nieren – ich sag nur: Kapitel 11.)

Eine App am Desktoprand andocken

Windows sorgt in der Regel dafür, dass sich Startseite und Desktop in zwei verschiedenen Welten bewegen. Sie arbeiten entweder auf der Startseite oder auf dem Desktop, aber nie auf beiden. Manchmal aber reicht das nicht.

Angenommen, Sie hätten gerne die Startseiten-App Kalender griffbereit auf dem Desktop, um stets über Ihre aktuellen Termine informiert zu sein. Oder Sie brauchen die Musik-App, um sich während der Arbeit ein bisschen zu zerstreuen.

Was tun? Sie schnappen sich die gewünschte App und befestigen sie am Desktoprand. Die App fordert die Hälfte des Bildschirms. Die andere Hälfte gehört dem Desktop, wie Abbildung 3.4 zeigt.

Um eine App an den Desktop anzudocken, gehen Sie folgendermaßen vor:

1. Öffnen Sie auf der Startseite die App, die Sie permanent auf dem Desktop anzeigen wollen.

Um zur Startseite zu gelangen, drücken Sie die ⊞-Taste. Oder Sie klicken unten links auf die Schaltfläche START. Starten Sie anschließend die App, die Sie an den Desktop andocken wollen.

2. Schalten Sie zum Desktop.

Drücken Sie dazu entweder ⊞+Ⓓ oder klicken Sie auf der Startseite auf die Kachel DESKTOP.

3. Zeigen Sie auf die obere linke Ecke und verschieben Sie den Mauszeiger nach unten, um die Leiste mit den geöffneten Apps anzuzeigen.

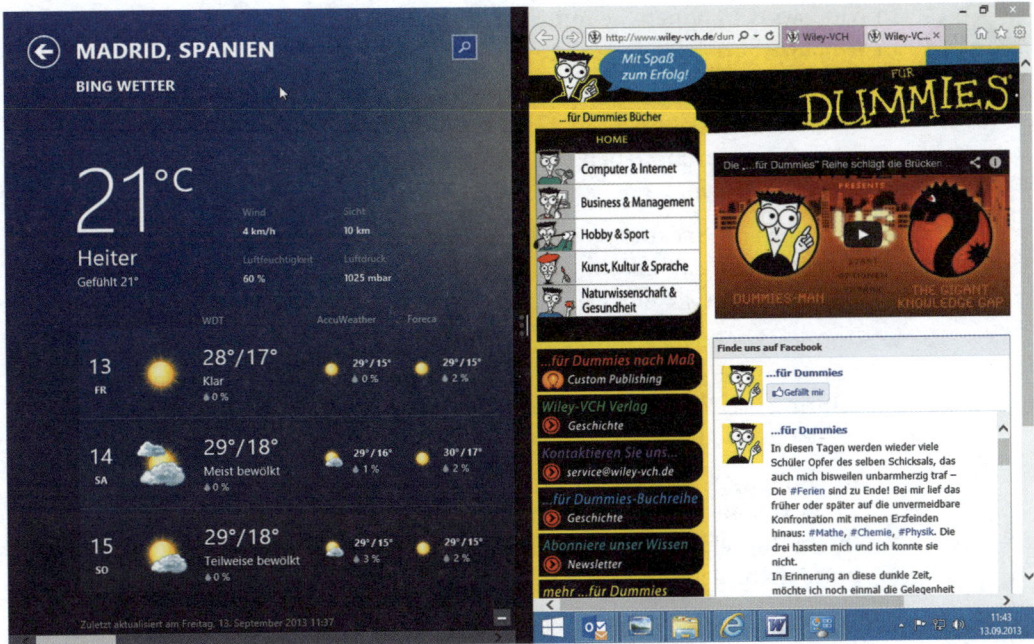

Abbildung 3.4: So können Sie vom Desktop aus eine App im Auge behalten.

4. Klicken Sie mit der rechten Maustaste auf das Bildchen der in Schritt 1 geöffneten App und wählen Sie den Befehl LINKS EINFÜGEN oder RECHTS EINFÜGEN.

Die App wird je nach gewähltem Befehl auf der linken oder auf der rechten Seite angedockt und durch einen vertikalen Balken vom Desktop getrennt.

Alternativ können Sie auch die in der Leiste angezeigte App links oder rechts an den linken oder rechten Bildschirmrand ziehen. Sobald Sie die Maustaste loslassen, dockt die App an der entsprechenden Position an.

 Streifen Sie mit dem Finger vom linken Bildschirmrand nach innen. Das Mini-symbol für die geöffnete App taucht auf und folgt der Fingerbewegung. Sobald Sie einen vertikalen Balken sehen, heben Sie den Finger und die App dockt am linken Rand an.

5. Ziehen Sie den vertikalen Balken der angedockten App nach innen oder außen, um ihr mehr oder weniger Platz zu verschaffen.

Wenn Sie den vertikalen Balken zum Beispiel weit nach innen ziehen, füllt die App fast den gesamten Bildschirm aus und lässt dem Desktop nur noch wenig Raum.

In Windows 8.1 können Sie mit einer angedockten App deutlich mehr machen als in Windows 8:

✔ In Windows 8 war die Größenverteilung der beiden angezeigten Apps – Desktop und Ihre Lieblingsapp – sehr eingeschränkt. Mit Windows 8.1 können Sie beide Apps durch Ziehen des Trennbalken quasi in fast beliebiger Verteilung anzeigen lassen,

✔ Um eine angedockte App wieder auszublenden, ziehen Sie den vertikalen Balken in Richtung Bildschirmrand. Die App wird dann nicht mehr angezeigt, ist aber weiterhin geöffnet.

✔ Auf der Startseite kann keine App angedockt werden. Das hat sich auch in Windows 8.1 nicht geändert. Die Startseite füllt stets den gesamten Bildschirm aus. Wenn Sie die Startseite verlassen, wird die angedockte App aber wieder auf dem Desktop eingeblendet.

✔ In Windows 8 können Sie nur eine App am Desktop andocken. Windows 8.1 ist da schon großzügiger. Wie viele Apps Sie andocken können, hängt von Ihrem Bildschirm ab. Je größer der Bildschirm und je höher seine Auflösung, umso mehr geht.

Bildschirmauflösung? Was ist denn das? Klicken Sie mit der rechten Maustaste auf einen leeren Bereich des Desktops und wählen Sie im Kontextmenü den Befehl BILDSCHIRMAUFLÖSUNG. In der Dropdownliste BILDSCHIRMAUFLÖSUNG können Sie die Auflösung ändern. Aber mehr als ganz oben steht, geht nicht. Und von dieser Auflösung hängt eben ab, wie viele Apps Sie auf Ihrem Desktop andocken können.

Abfall aus dem Papierkorb fischen

Der Papierkorb auf Ihrem Desktop funktioniert wie ein – na was wohl? – ein Papierkorb. Dort landen alle Dateien, die Sie löschen. Und wie im richtigen Leben können Sie auch aus dem Windows-Papierkorb versehentlich entsorgte Dateien wieder herausfischen.

Es gibt drei Möglichkeiten, etwas vom Desktop – zum Beispiel eine Datei oder einen Ordner – in den Papierkorb zu entsorgen:

✔ Klicken Sie mit der rechten Maustaste auf ein Element und wählen Sie im Kontextmenü den Befehl LÖSCHEN.

✔ Ziehen Sie das Element über den Papierkorb und lassen Sie es fallen.

✔ Klicken Sie auf das Element und drücken Sie die ⌜Entf⌟-Taste.

Oh Mist, das war die falsche Datei! Die brauchen Sie noch! Doppelklicken Sie auf dem Desktop auf das Papierkorbsymbol. Der zuletzt entsorgte Müll wird angezeigt. Klicken Sie mit der rechten Maustaste auf das Element, das Sie wiederhaben wollen, und wählen Sie im Kontextmenü den Befehl WIEDERHERSTELLEN. Sie können ein entsorgtes Element auch einfach aus dem Fenster PAPIERKORB zurück auf den Desktop ziehen.

Der Papierkorb wird mit der Zeit ziemlich voll. Wenn Sie nach einer bestimmten Datei suchen, die Sie unbedingt wieder brauchen, fordern Sie beim Papierkorb eine nach Löschdatum sortierte Liste an. Klicken Sie dazu im Fenster PAPIERKORB mit der rechten Maustaste auf einen leeren Bereich und wählen Sie im Kontextmenü den Befehl SORTIEREN NACH und dann die Option GELÖSCHT AM.

Um ein Element für immer und ewig zu löschen, entfernen Sie es aus dem Papierkorb: Klicken Sie auf das Element und drücken Sie die ⎡Entf⎤-Taste. Weg ist es für immer! Irgendwann sollten Sie den Papierkorb vielleicht auch mal leeren. Klicken Sie mit der rechten Maustaste auf das Papierkorbsymbol und wählen Sie im Kontextmenü den Befehl PAPIERKORB LEEREN.

Wenn Sie Ihren Müll gleich ganz entsorgen und ihn nicht im Papierkorb zwischenlagern wollen, drücken Sie ⎡⇧⎤+⎡Entf⎤. Weg ist das Ding, für immer und ewig. Praktisch, wenn man keine Spuren hinterlassen will und Angst hat, dass jemand unberechtigterweise im Papierkorb wühlen könnte.

✔ Sobald Sie Dateien in den Papierkorb werfen, füllt sich das Papierkorbsymbol auf dem Desktop genau wie im wirklichen Leben mit Papier.

✔ Sie können Ihre gelöschten Dateien so lange im Papierkorb aufbewahren, bis der Müll circa fünf Prozent des Festplattenspeichers beträgt. Danach werden automatisch die ältesten gelöschten Dateien endgültig entsorgt, um Platz für neuen Müll zu machen. Wenn Sie eh etwas knapp an Festplattenspeicher sind, sollten Sie die Müllgrenze herabsetzen. Klicken Sie dazu mit der rechten Maustaste auf den Papierkorb und wählen Sie im Kontextmenü den Befehl EIGENSCHAFTEN. Geben Sie im Feld BENUTZERDEFINIERTE GRÖSSE eine kleinere Zahl ein, damit der Papierkorb früher geleert wird.

Im Papierkorb werden nur die Dateien gesammelt, die Sie auf den Festplatten Ihres Rechners löschen. Dateien, die Sie von einer CD, einer Speicherkarte, einem MP3-Player, einem Flash-Laufwerk oder einer Digitalkamera löschen, landen nicht im Papierkorb.

✔ Sie haben den Papierkorb schon geleert? Vielleicht haben Sie noch eine Chance, mithilfe des mit Windows 8 eingeführten Dateiversionsverlaufs an die gelöschten Dateien zu kommen (mehr dazu in Kapitel 13).

Wenn Sie eine Datei im Netzwerk auf einem anderen Rechner gelöscht haben, kann die gelöschte Datei nicht zurückgeholt werden. Der Papierkorb enthält nur Müll von Ihrem eigenen Rechner. Und aus irgendeinem fiesen Grund fühlt sich der Papierkorb des anderen Rechners im Netzwerk auch nicht für die gelöschte Datei zuständig. Seien Sie also vorsichtig beim Löschen von Dateien, die sich auf einem Netzlaufwerk befinden.

Mit der Taskleiste arbeiten

Wann immer mehrere Fenster auf dem Desktop geöffnet sind, gibt es ein großes Problem: Programme und Fenster neigen dazu, sich gegenseitig zu verdecken, wodurch es schwierig wird, sie zu finden. Um die Sache noch ein wenig komplizierter zu machen, können Programme wie Internet Explorer oder Microsoft Word mehrere Fenster öffnen. Wie wollen Sie bei all diesen Fenstern den Überblick behalten?

Die Lösung für dieses Problem heißt *Taskleiste* – ein Bereich, der allen offenen Programmen und deren Fenstern auf der Spur bleibt. Wie Sie in Abbildung 3.5 sehen, befindet sich die Taskleiste unten am Bildschirm. Sie aktualisiert sich ständig selbst und zeigt für jedes aktive Desktopprogramm ein Symbol an.

Die Taskleiste kann auch als der Ort zum Aufrufen Ihres Lieblingsprogramms dienen. Wenn die entsprechenden Symbole griffbereit in der Taskleiste stehen, ersparen Sie sich den Umweg über die Startseite.

Wenn Sie mit dem Mauszeiger in der Taskleiste auf ein Symbol zeigen, wird eine Miniaturdarstellung für jedes mit der entsprechenden App geöffnete Fenster angezeigt. In Abbildung 3.5 sehen Sie den Internet Explorer mit zwei geöffneten Websites.

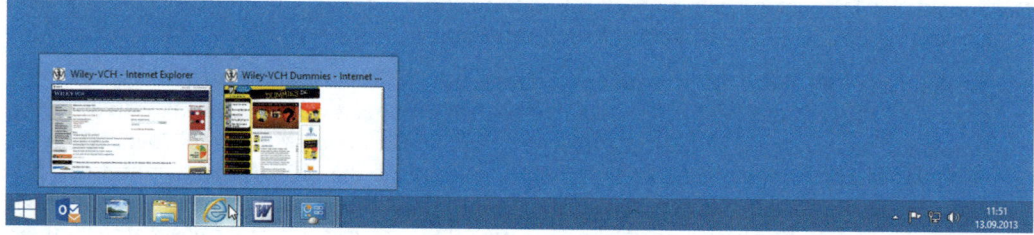

Abbildung 3.5: Zeigen Sie in der Taskleiste auf eine Schaltfläche, um alle aktiven Fenster der betreffenden Anwendung anzuzeigen.

Von der Taskleiste aus können Sie mit den geöffneten Fenstern ein paar wundervolle Dinge anstellen, wie die folgende Liste zeigt:

✔ Wenn Sie zu einem Programm wechseln wollen, für das ein Symbol in der Taskleiste angezeigt wird, klicken Sie einfach auf das Symbol. Vorausgesetzt, dass nur ein Fenster für das Programm geöffnet ist, füllt das Programm den Bildschirm aus und verdrängt alle anderen offenen Fenster in den Hintergrund. Klicken Sie noch einmal in der Taskleiste auf das Symbol, um das Programm wieder auf das Symbol in der Taskleiste zu reduzieren.

Jedes Mal, wenn Sie ein Programm starten, wird ein Symbol für das Programm in der Taskleiste angezeigt. Wenn Sie im Dschungel der angezeigten Programmfenster ein geöffnetes Fenster aus den Augen verlieren, klicken Sie einfach auf das dazugehörige Symbol in der Taskleiste, um es in den Vordergrund zu holen.

✔ Um ein Fenster zu schließen, zeigen Sie in der Taskleiste auf sein Symbol und klicken dann in der Miniaturdarstellung auf die Schaltfläche SCHLIESSEN. Das Programm verschwindet genau so, als hätten Sie den Programmbefehl zum Beenden gewählt oder auf die Schaltfläche SCHLIESSEN im Programmfenster geklickt. (Sollten Sie noch nicht alle Daten im Programm gespeichert haben, kriegen Sie noch eine Chance, dies zu tun, bevor das Programm sich verabschiedet.)

✔ Die Taskleiste klebt in der Regel am unteren Desktoprand. Aber Sie können sie an jedem anderen Bildschirm befestigen. (Tipp: Ziehen Sie sie einfach von Desktoprand zu Desktoprand. Falls sie sich nicht verschieben lässt, klicken Sie mit der rechten Maustaste auf die Taskleiste und klicken dann auf den Befehl TASKLEISTE FIXIEREN, um das Häkchen vor dem Befehl zu entfernen.)

✔ Sollte sich die Taskleiste an einem Bildschirmrand verstecken, zeigen Sie so lange mit der Maus auf den Rand, bis die Taskleiste wieder auftaucht. Klicken Sie dann mit der rechten Maustaste auf die Taskleiste, wählen Sie im Kontextmenü den Befehl EIGENSCHAFTEN und deaktivieren Sie das Kontrollkästchen TASKLEISTE AUTOMATISCH AUSBLENDEN. (Das Häkchen verschwindet.)

✔ Sie können Ihre Lieblingsprogramme (funktioniert nur bei traditionellen Windows-Programmen) als Symbole in der Taskleiste verankern, damit Sie sie jederzeit schnell aufrufen können. Und das geht auf dem Desktop so: Wurde das Programm schon gestartet, klicken Sie mit der rechten Maustaste in der Taskleiste auf das Symbol und wählen dann im Kontextmenü den Befehl DIESES PROGRAMM AN TASKLEISTE ANHEFTEN. Wurde das Programm noch nicht gestartet, lesen Sie den Abschnitt »Verknüpfungen für Ihre Lieblingsprogramme in der Taskleiste einrichten« weiter hinten in diesem Kapitel. Das Programm verlegt daraufhin seinen zweiten Wohnsitz in die Taskleiste. Das Programmsymbol wird dann stets in der Taskleiste angezeigt, auch wenn das dazugehörige Programm gar nicht gestartet ist. Und wenn das Programm irgendwann nicht mehr Ihr Lieblingsprogramm ist, klicken Sie mit der rechten Maustaste in der Taskleiste auf sein Symbol und wählen im Kontextmenü den Eintrag DIESES PROGRAMM VON DER TASKLEISTE LÖSEN.

Sie können auch auf der Startseite nach dem entsprechenden Programm suchen (wie gesagt: gilt nur für traditionelle Desktopprogramme). Wenn Sie es gefunden haben, klicken Sie mit der rechten Maustaste auf seine Kachel und klicken unten in der Leiste auf die Schaltfläche AN TASKLEISTE ANHEFTEN.

Fenster zu einem Symbol in der Taskleiste schrumpfen

Fenster führen zu weiteren Fenstern. Sie fangen mit einem Fenster an, um einen Brief voll des Lobes an das Opernhaus Ihrer Stadt zu schreiben. Sie öffnen ein anderes Fenster, um beispielsweise eine Adresse zu überprüfen, und dann noch einmal ein weiteres Fenster, um nachzuschauen, ob Sie irgendwelche bevorstehenden Premieren vergessen haben. Bevor Sie sich versehen, drängeln sich vier weitere Fenster auf dem Desktop.

Um diesem Gedrängel entgegenzuwirken, bietet Windows eine einfache Methode der Fenstersteuerung: Sie können ein Fenster in ein winziges Symbol in der Taskleiste verwandeln. Dafür gibt es die Schaltfläche MINIMIEREN.

Rechts oben in jedem Programmfenster gibt es drei kleine Schaltflächen. Die Schaltfläche MINIMIEREN ist die mit dem Minuszeichen drauf (wie hier neben dem Text zu sehen). Ein Mal auf diese Schaltfläche klicken und – wusch – das Fenster ist verschwunden. Nur noch die Taskleiste weiß von seiner Identität.

 Soll eine zum Symbol verkleinerte Anwendung wieder zu Fenstergröße gelangen, klicken Sie einfach auf ihr Symbol in der Taskleiste. Fertig.

✔ Sie können in der Taskleiste das Symbol eines Programmfensters nicht finden, das Sie verkleinern oder vergrößern wollen? Zeigen Sie einfach mit dem Mauszeiger auf das Symbol des Programms. Dann blendet Windows eine Miniaturdarstellung des beziehungsweise der geöffneten Programmfenster ein.

✔ Wenn Sie ein Fenster minimieren, löschen Sie weder seinen Inhalt noch schließen Sie das Programmfenster. Sobald Sie in der Taskleiste auf seine Miniaturdarstellung klicken, wird es in derselben Größe mit demselben Inhalt wie zuvor geöffnet.

Die Sprunglisten der Taskleiste als Sprungbrett verwenden

Die Taskleiste von Windows setzt keine Grenzen, was die Anzahl der Programme angeht, die Sie öffnen können. Und Windows ist bei vielen Programmen so intelligent und merkt sich, was Sie in letzter Zeit geöffnet haben, und bietet Ihnen diese Ziele bei Bedarf in einem Kontextmenü an. Um schnell zu einem häufiger oder zuletzt besuchten Ziel zu wechseln, klicken Sie mit der rechten Maustaste in der Taskleiste auf das betreffende Programmsymbol und wählen dann eines der dort angebotenen Sprungbretter. Abbildung 3.6 zeigt zum Beispiel, wo ich mich in letzter Zeit in der Systemsteuerung herumgetrieben habe.

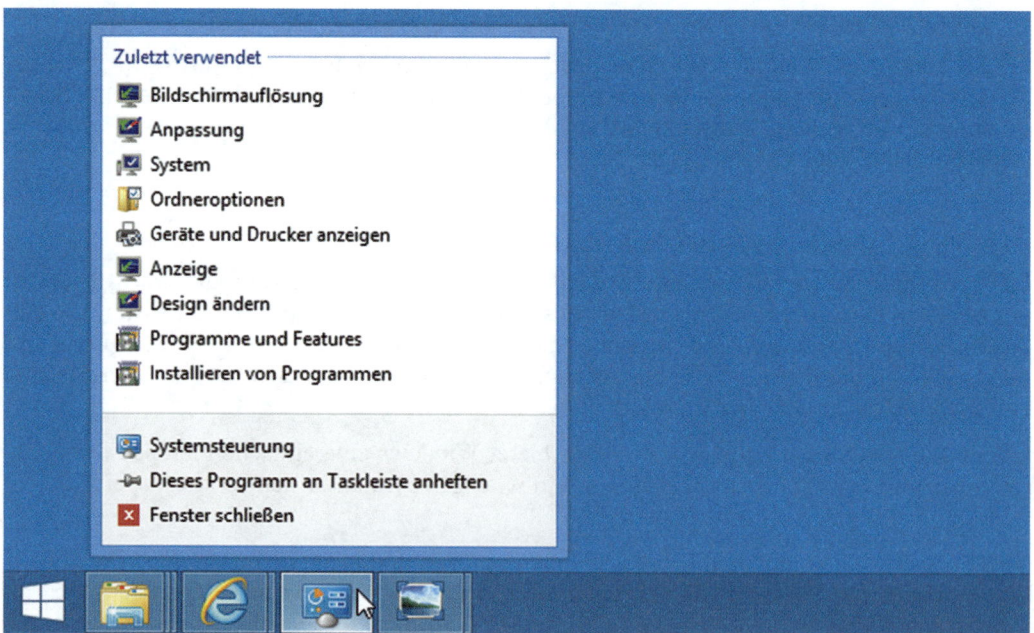

Abbildung 3.6: Die Sprunglisten der Systemsteuerung

Auf die sensiblen Stellen der Taskleiste klicken

Wie ein gewiefter Kartenspieler hat auch die Taskleiste ein paar Tricks und Kniffe auf Lager. So bietet sie ganz rechts einen Bereich, den sogenannten *Infobereich*, mit ein paar geheimnisvollen Schaltflächen an (siehe Abbildung 3.7). Was genau dort angezeigt wird, hängt von Ihrem Computer und den installierten Programmen ab. Es ist aber gut möglich, dass Sie dort auf das eine oder andere Symbole aus der folgenden Aufstellung treffen.

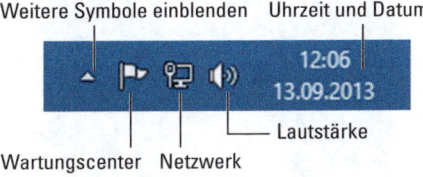

Abbildung 3.7: Die kleinen Schaltflächen rechts in der Taskleiste deuten an, was sich so alles im Hintergrund Ihres PCs abspielt.

 **Desktop anzeigen:** Wenn Sie ganz rechts in der Taskleiste auf diesen schmalen Streifen klicken, werden auf einen Schlag alle geöffneten Fenster minimiert und Sie sehen einen leeren Desktop. (Klicken Sie erneut auf diesen schmalen Streifen, um die Anzeige der Fenster wiederherzustellen.)

 **Zeit/Datum:** Klicken Sie auf diese Schaltfläche, um einen praktischen Monatskalender und eine Uhr anzeigen zu lassen. Wenn Sie dort auf den Link DATUM- UND UHRZEITEINSTELLUNGEN klicken, können Sie – na was wohl? – Datum und Uhrzeit sowie eine zweite Zeitzone hinzufügen. Mehr zu diesem Thema finden Sie in Kapitel 12.

Media Center Aufzeichnung: Der glühend rote Punkt sagt aus, dass Media Center gerade eine Fernsehsendung aufzeichnet.

Media Center Programmübersicht: Media Center ist gerade dabei, automatisch eine neue Programmübersicht herunterzuladen.

Hardware sicher entfernen: Bevor Sie ein Speichermedium wie eine Speicherkarte, einen MP3-Player oder eine externe Festplatte entfernen, klicken Sie hier. Windows wird dann angewiesen, das Gerät für das Entfernen vorzubereiten.

 Wartungscenter: Windows fordert Sie auf, etwas zu unternehmen – zum Beispiel eine Meldung zu bestätigen oder die Firewall Ihres Rechners zu aktivieren oder eine sonstige wichtige Systemaufgabe durchzuführen.

 Netzwerk: Dieses Symbol erscheint, wenn Sie mit dem Internet oder mit anderen PCs über ein verkabeltes Netzwerk verbunden sind. Wenn keine Verbindung vorhanden ist, wird die Schaltfläche mit einem roten »x« durchgestrichen.

Drahtloses Netzwerk: Ihr PC ist drahtlos, wireless, ohne Kabel mit dem Internet oder einem Netzwerk verbunden.

Lautstärke: Klicken Sie immer dann auf dieses praktische Lautsprechersymbol (siehe Abbildung 3.8), wenn Sie die Lautstärke Ihres PCs anpassen wollen. Dort können Sie auch auf den Link MIXER klicken, um ein Steuerpult anzuzeigen, mit dem Sie die Lautstärke für jedes Programm einstellen können.

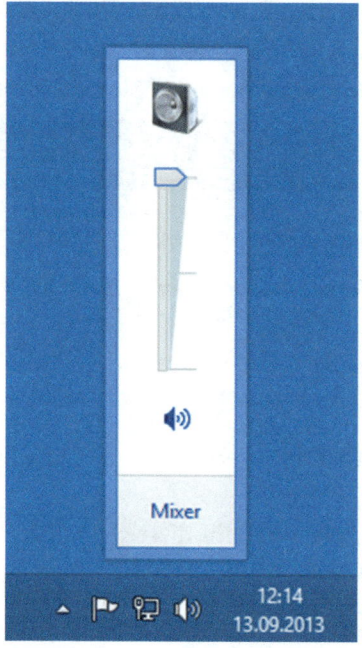

Abbildung 3.8: Ziehen Sie den Regler nach oben oder nach unten, um die Systemlautstärke zu steuern.

Windows Problembehebung: Wenn Windows Probleme hat, erscheint dieses Symbol. Ein Klick darauf bietet Lösungsvorschläge.

Automatische Updates: Dieses Symbol erscheint, wenn Windows Aktualisierungen (Updates) herunterlädt. Dies sind meist kleinere Programme von der Microsoft-Website, die irgendetwas im System Ihres Computers reparieren. Windows installiert sie automatisch.

Task-Manager: Dieses kleine Programm, das bei Computerfreaks sehr begehrt ist, kann fehlerhafte Programme beenden, Hintergrundaufgaben beobachten, die PC-Leistung überwachen und viele weitere Technikfreakträume erfüllen.

Windows Host-Prozess: Diese Schaltfläche überbringt schlechte Nachrichten. Das neue von Ihnen eingerichtete Gerät – Ihr Drucker, Scanner, Musikplayer und so weiter – funktioniert nicht. Versuchen Sie, ob es was bringt, das Gerät vom PC zu trennen, die Installation noch einmal durchzuführen und das Gerät dann erneut anzuschließen.

Strom, Stecker: Dieses Symbol zeigt an, dass Ihr Notebook mit einer externen Stromquelle verbunden ist und seinen Akku auflädt.

 Strom, Batterie: Ihr Notebook läuft im Akkubetrieb. (Zeigen Sie auf das Symbol, um zu sehen, wie viel Strom Ihrem Computer noch bleiben.)

 Pfeil: Manchmal blendet die Taskleiste Dinge aus. Klicken Sie auf den nach oben zeigenden kleinen Pfeil, um ausgeblendete Schaltflächen anzuzeigen.

Die Taskleiste an Ihre Anforderungen anpassen

Sie können in der Taskleiste einige nette Spielereien durchführen, die Ihnen das Leben ziemlich erleichtern. Gerade in Windows 8 beziehungsweise 8.1 ist es interessant, die Taskleiste mit eigenen Programmsymbolen zu bestücken, damit Sie sich beim Starten Ihrer Lieblingsprogramme den Umweg über die Startseite sparen können.

Zunächst ist die Taskleiste von Windows nur spärlich besiedelt. Sie sehen ein mickriges Symbol – das für den Explorer (Ihr Dateibrowser). Vielleicht sehen Sie auch noch ein Symbol für den Internet Explorer (Ihr Webbrowser).

Um nun das Symbol eines Lieblingsprogramms (funktioniert nur mit traditionellen Windows-Programmen) permanent in die Taskleiste aufzunehmen, klicken Sie mit der rechten Maustaste auf der Startseite auf seine Kachel und wählen in der unten am Bildschirm angezeigten Leiste die Schaltfläche AN TASKLEISTE ANHEFTEN. Ist für das Programm auf der Startseite weit und breit keine Kachel zu sehen, lesen Sie den Abschnitt »Verknüpfungen für Ihre Lieblingsprogramme in der Taskleiste einrichten« weiter hinten in diesem Kapitel.

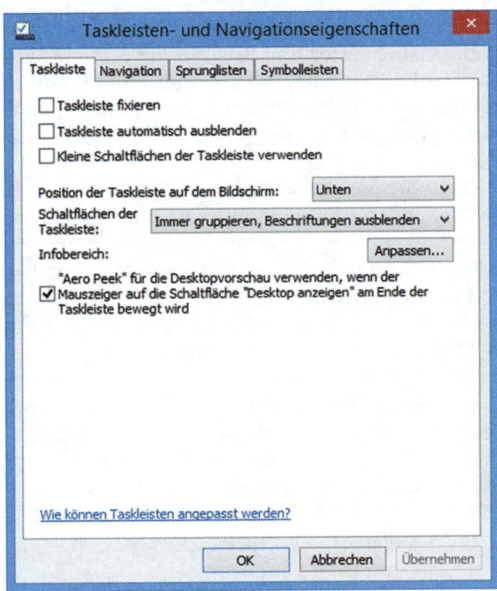

Abbildung 3.9: Hier können Sie verschiedenste Merkmale der Taskleiste an Ihre Vorstellungen anpassen.

Wenn Sie noch mehr Taskleistengestaltung betreiben wollen, klicken Sie mit der rechten Maustaste auf einen leeren Bereich der Leiste und wählen im Kontextmenü den Befehl EIGEN-SCHAFTEN. Das Dialogfeld TASKLEISTEN- UND NAVIGATIONSEIGENSCHAFTEN meldet sich zu Wort (siehe Abbildung 3.9).

Tabelle 3.1 informiert Sie ausführlich über die Möglichkeiten des Dialogfeldes TASKLEISTEN-UND NAVIGATIONSEIGENSCHAFTEN und enthält sogar Einstellungsempfehlungen. Ein kostenloser Service. Geht aufs Haus! (Achten Sie darauf, dass das Kontrollkästchen TASKLEISTE FIXIEREN kein Häkchen enthält. Sonst funktionieren ein paar Optionen nicht.)

Option	Empfehlung des Hauses
TASKLEISTE FIXIEREN	Aktivieren Sie dieses Kontrollkästchen, um die Taskleiste an Ort und Stelle festzukleben. Fixieren Sie sie erst, wenn Sie sie Ihren Wünschen entsprechend gestaltet haben.
TASKLEISTE AUTOMATISCH AUSBLENDEN	Praktisch für kleine Bildschirme. Die Taskleiste wird ausgeblendet, solange Sie sich nicht mit der Maus in ihre Nähe wagen. Um die Taskleiste einzublenden, zeigen Sie mit der Maus an den Bildschirmrand, hinter dem sie sich verbirgt. Wenn Sie keinen allzu kleinen Bildschirm haben, empfiehlt es sich, die Taskleiste stets griffbereit anzuzeigen.
KLEINE SCHALTFLÄCHEN DER TASKLEISTE VERWENDEN	Lässt die Taskleiste auf halbe Höhe schrumpfen. Das schafft Platz auf dem Desktop.
POSITION DER TASKLEISTE AUF DEM BILDSCHIRM	Wählen Sie in der Dropdownliste einen Bildschirmrand für die Taskleiste aus. Hier gibt es keine Empfehlung – das ist Gewohnheit oder Geschmackssache.
SCHALTFLÄCHEN DER TASKLEISTE	Wenn viele Fenster und Programme geöffnet sind, gruppiert Windows standardmäßig. Das heißt, alle Fenster eines Programms versammeln sich hinter dem jeweiligen Programmsymbol. So finden Sie zum Beispiel alle geöffneten Word-Dokumente, wenn Sie auf das Programmsymbol von Word zeigen. Bleiben Sie hier bei der Einstellung IMMER GRUPPIEREN, BESCHRIFTUNGEN AUS-BLENDEN, um Ordnung in der Taskleiste zu halten.
INFOBEREICH	Klicken Sie auf die Schaltfläche ANPASSEN und legen Sie im dann angezeigten Dialogfeld INFOBEREICHSYMBOLE für jedes Symbol fest, ob Symbol und Benachrichtigungen ein- oder ausgeblendet beziehungsweise ob nur Benachrichtigungen angezeigt werden sollen.
'AERO-PEEK' FÜR DIE DESKTOPVORSCHAU VERWENDEN …	Wenn dieses Kontrollkästchen aktiviert ist und Sie mit der Maus ganz rechts außen in der Taskleiste auf den schmalen Streifen zeigen, werden die geöffneten Fenster nur noch schemenhaft angedeutet und Sie können auf den Desktop schauen.

Tabelle 3.1: Die Taskleiste anpassen

Experimentieren Sie einfach mit den Einstellungen. Ändern Sie etwas im Dialogfeld und klicken Sie dann auf die Schaltfläche Übernehmen, um die Änderung zu prüfen. Gefällt Ihnen nicht? Dann machen Sie die Änderung rückgängig und klicken erneut auf Übernehmen.

Wenn die Taskleiste so aussieht, dass sie Ihnen gefällt, aktivieren Sie im Dialogfeld Taskleisten- und Navigationseigenschaften das Kontrollkästchen Taskleiste fixieren.

Auf der Registerkarte Sprunglisten können Sie übrigens die Sprunglisten deaktivieren (die weiter vorn in diesem Kapitel beschrieben werden), damit keiner heimlich nachschauen kann, wo Sie überall gewesen sind.

Und dann gibt es im Dialogfeld Taskleisten- und Navigationseigenschaften die brandneue Registerkarte Navigation, mit deren Einstellungen Sie der Startseite so gut wie möglich aus dem Weg gehen können. Mehr hierzu finden Sie in Kapitel 22.

Programme leichter ausfindig machen

Wenn Sie auf einem Desktoprechner den Desktop gefunden haben, möchten Sie unter Umständen dort verweilen und die mit bunten Kacheln gefüllte Startseite vermeiden.

Wenn Sie hauptsächlich mit traditionellen Windows-Programmen arbeiten, ist das auch gar kein Problem. Sie können auf dem Desktop *Verknüpfungen* zu Ihren Lieblingsorten und Lieblingsprogrammen einfügen. Im folgenden Abschnitt erfahren Sie, wie Sie auf dem Desktop Ihr Lager aufschlagen, um dort erst einmal zu bleiben.

In Kapitel 22 fasse ich die Einstellungsmöglichkeiten zusammen, mit denen Sie den Arbeitsfokus so weit wie möglich auf den Desktop beschränken können.

Wenn Sie sich auf der Startseite wohlfühlen, lesen Sie in Kapitel 2, wie Sie dort Ihre Zelte aufschlagen und den Desktop umgehen.

Fünf hilfreiche Verknüpfungssymbole auf dem Desktop einfügen

Wenn Sie zum ersten Mal zum Desktop schalten, befindet sich ein Symbol unten in der Taskleiste, das für den Explorer zum Navigieren in Ihren Ordnern und Dateien (vielleicht auch noch ein Symbol für den Internet Explorer zum Surfen im Internet), und das Papierkorbsymbol links oben in der Ecke.

Für alles andere, was Sie tun wollen, müssen Sie der Startseite einen Besuch abstatten, es sei denn, Sie führen die folgenden Schritte aus:

1. **Klicken Sie mit der rechten Maustaste auf einen leeren Desktopbereich und wählen Sie im Kontextmenü den Befehl Anpassen.**

    Das Dialogfeld Anpassung wird präsentiert.

2. **Klicken Sie im Dialogfeld ANPASSUNG im linken Bereich auf den Link DESKTOPSYMBOLE ÄN-DERN.**

Das Dialogfeld DESKTOPSYMBOLEINSTELLUNGEN wird angezeigt.

3. **Aktivieren Sie die ersten fünf Kontrollkästchen: COMPUTER, BENUTZERDATEIEN, NETZWERK, PAPIERKORB und SYSTEMSTEUERUNG.**

Alle fünf Kontrollkästchen sollten jetzt mit einem Häkchen versehen sein. Damit werden für diese fünf Elemente Verknüpfungen auf dem Desktop eingefügt, über die Sie blitz-schnell auf das jeweilige Element zugreifen können.

4. **Deaktivieren Sie das Kontrollkästchen ZULASSEN, DASS DESKTOPSYMBOLE DURCH DESIGNS GE-ÄNDERT WERDEN.**

Damit stellen Sie sicher, dass die Verknüpfungen auf dem Desktop bleiben, egal wie Sie den Desktop zurechtmachen. (Designs sind Thema von Kapitel 12.)

Sind die fünf Verknüpfungssymbole heil auf dem Desktop angekommen, können Sie sie belie-big auf dem Desktop hin und her ziehen und so neu positionieren. Die Symbole werden Ihnen sicherlich den einen oder anderen Weg zur Startseite ersparen.

Verknüpfungen für Ihre Lieblingsprogramme in der Taskleiste einrichten

Wenn Sie ein neues Programm auf Ihrem Rechner installieren, müssen Sie in der Regel jede Menge lästige Fragen beantworten. Spitzen Sie die Ohren, wenn Sie auf die Frage stoßen, ob Sie eine Verknüpfung auf dem Desktop oder in der Taskleiste erstellen wollen.

Sagen Sie am besten »Ja«. Dann müssen Sie nicht immer wieder auf der Startseite nach der Kachel für das Programm suchen.

Aber was tun, wenn die Lieblingsprogramme bereits auf dem Rechner installiert sind? Dann fragt keiner mehr nach. Wenn Sie also für ein Programm ein Symbol auf dem Desktop oder in der Taskleiste einfügen wollen, führen Sie schnell die folgenden Schritte aus:

1. **Marschieren Sie zur Startseite und wechseln Sie dort zum Bereich ALLE APPS.**

Das sagt sich so leicht, oder? Also: Drücken Sie die ⊞-Taste, um zur Startseite zu wech-seln. Dann klicken Sie auf den nach unten zeigenden Pfeil. (Touchscreen-Besitzer streifen beziehungsweise wischen mit dem Finger vom unteren Bildschirmrand nach innen.)

Alle installierten Apps werden sorgfältig in alphabetischer Reihenfolge aufgelistet.

2. **Klicken Sie mit der rechten Maustaste auf die Desktopanwendung(en), die auf dem Desktop angezeigt werden soll(en), und wählen Sie dann unten in der Leiste die Schaltfläche AN TASKLEISTE ANHEFTEN.**

Wenn Sie auf eine Anwendung mit der rechten Maustaste geklickt haben, können Sie dies für weitere Programmsymbole wiederholen.

Okay, und wie klickt man auf einem Touchscreen mit der rechten Maustaste? Berühren Sie mit dem Finger die Kachel. Die Kachel wird ausgewählt, das heißt mit einem Häkchen versehen. Drücken Sie bei Bedarf auf weitere Kacheln, um sie mit einem Häkchen zu versehen. Dann brauchen Sie nur noch auf die Schaltfläche in der Leiste zu tippen. Um die Auswahl der Kachel wieder aufzuheben, sprich, um ihr Häkchen zu entfernen, berühren Sie sie erneut.

Nun können Sie all diese Programme direkt auf dem Desktop durch Klicken auf das entsprechende Symbol in der Taskleiste starten.

Wenn Ihre Taskleiste gut gefüllt ist, nehmen Sie einfach mal an, dass die Symbole durchgehend von links nach rechts nummeriert sind. Drücken Sie ⊞+1, um das allererste angeheftete Programm zu starten, ⊞+2 für das zweite und so weiter. Ich denke, Sie haben das System verstanden.

Die Vielfalt der Fenstertechniken

In diesem Kapitel

▶ Fensterelemente kennenlernen

▶ Schaltflächen, Leisten und Felder anpassen

▶ Menüs finden und einsetzen

▶ Die Navigations- und Vorschauelemente verstehen

▶ Sich in Dokumentenfenstern zurechtfinden

▶ Formulare ausfüllen

▶ Fensterposition und -größe verändern

D ie Startseite von Windows präsentiert sich stolz in buntem Gewand. Riesige bunte Kacheln füllen die Seite und keine Steuerelemente weit und breit in Sicht. Man kann die Kacheln ja auch kaum mit der Maus oder mit dem Finger verfehlen.

Im Unterschied dazu zeigt sich der Windows-Desktop in besonders schlichtem Kleid, einfarbige Schaltflächen, winzige Schrift und Fenster und Dialogfelder mit zarten Rahmen und zahlreichen Elementen. Damit Sie sich in diesem Fensterdschungel besser zurechtfinden, widmet sich dieses Kapitel dem Aufbau von und der Navigation zwischen Fenstern. Hier wird jedes Fensterelement genau unter die Lupe genommen, damit Sie auch wirklich wissen, was passiert, wenn Sie hier tippen oder dort klicken.

Lassen Sie sich also auf keinen Fall einschüchtern, wenn Sie mutig die etwas einfach gestrickte Startseite von Windows verlassen und sich auf den chaotischen, komplizierten, aber unglaublich leistungsstarken Desktop wagen.

Ein typisches Desktopfenster in seine Bestandteile zerlegen

Abbildung 4.1 zeigt ein typisches Fenster, das Sie sicherlich schon einmal auf Ihrem Desktop gesehen haben. Es handelt sich dabei um den Explorer, in dem der Ordner DOKUMENTE angezeigt wird.

In den folgenden Abschnitten werden die wichtigsten Bereiche des Fensters der Ordners DOKUMENTE (siehe Abbildung 4.1) beschrieben. Seien Sie geduldig und arbeiten Sie sich durch.

✔ Windows XP-Veteranen erinnern sich vielleicht noch an ihren Ordner EIGENE DOKUMENTE, in dem sie alle ihre Dokumente gehortet haben. In Windows Vista wurde das Wörtchen »eigene« eliminiert und der Ordner hieß schlicht DOKUMENTE. Windows 7 brachte das Wort

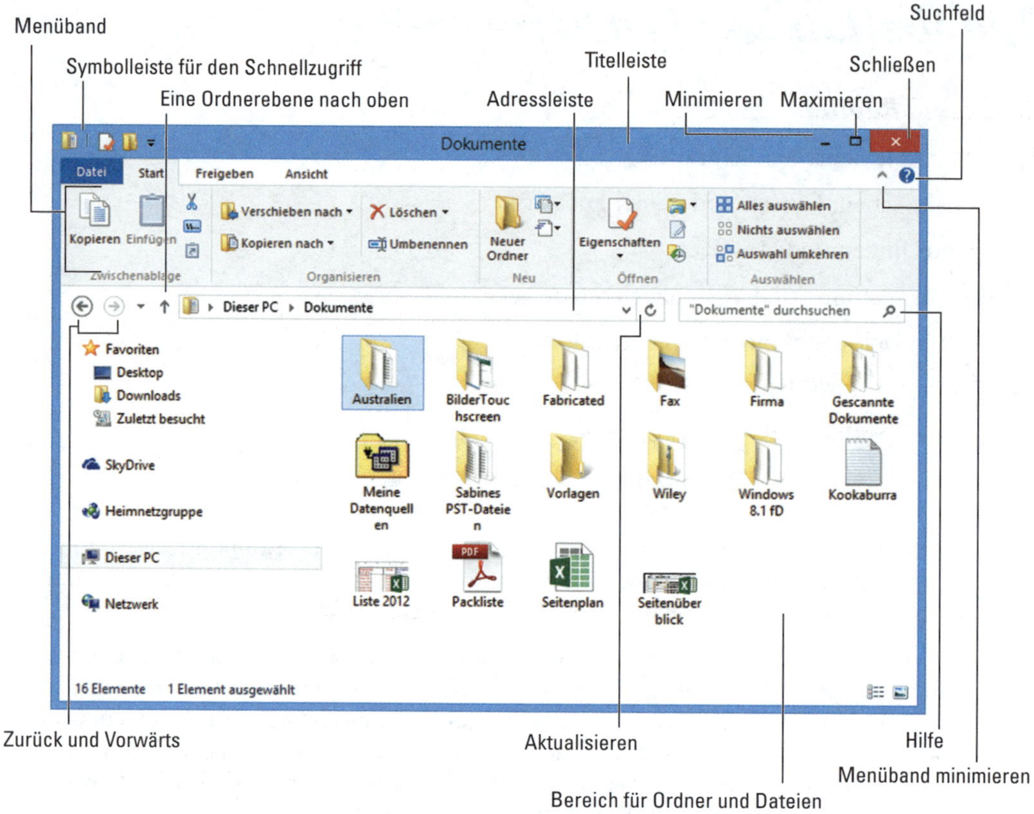

Menüband

Symbolleiste für den Schnellzugriff

Eine Ordnerebene nach oben

Titelleiste

Adressleiste

Suchfeld

Schließen

Minimieren Maximieren

Zurück und Vorwärts

Aktualisieren

Hilfe

Menüband minimieren

Bereich für Ordner und Dateien

Abbildung 4.1: Für alle, die es ganz genau wissen wollen – ein Fenster in seine Einzelteile zerlegt

»eigene« wieder ins Spiel, und seit Windows 8 ist es wieder verschwunden. Aber egal, wie dieser Ordner genau heißt, Sie sollten Ihre Dokumente dort speichern.

Ab Windows 8 prangt im Unterschied zu Windows 7 oben im Explorer-Fenster das sogenannte Menüband. Manche mögen diese Darstellung, manche ziehen das ältere Menüsystem vor. Wie sieht es bei Ihnen aus? Wenn es nicht so Ihr Fall ist, klicken Sie mit der rechten Maustaste oben im Menüband auf einen leeren Bereich – vielleicht gleich rechts neben der Registerkarte ANSICHT – und wählen dann im Kontextmenü den Befehl MENÜBAND MINIMIEREN. Schon wird das Menüband auf seine Registerkarten reduziert und stört kaum mehr.

Überraschung in Windows 8.1! Im Navigationsbereich des Explorers werden keine Bibliotheken mehr angezeigt. Wenn Sie sie vermissen, holen Sie sie sich einfach zurück. Klicken Sie dazu mit der rechten Maustaste im Navigationsbereich auf einen leeren Bereich und wählen Sie im Kontextmenü den Befehl BIBLIOTHEKEN ANZEIGEN.

✔ Windows steckt voller merkwürdig geformter Schaltflächen, Rahmen und Kästen. Sie müssen sich keinen einzigen Namen merken, obwohl Sie die Hilfe besser verstehen, wenn Sie die offizielle Windows-Terminologie beherrschen. Wenn Sie mal ein Fensterelement nicht kennen, kehren Sie zu diesem Kapitel zurück, schauen sich seinen Namen in Abbildung 4.1 an und lesen die dazu passende Erläuterung.

✔ Sie kommen in Windows mit den meisten Dingen klar, wenn Sie klicken, doppelklicken oder mit der rechten Maustaste klicken. Im Zweifelsfall klicken Sie mit der rechten Maustaste.

Und wie funktioniert das Navigieren auf einem Desktop? In Kapitel 3 finden Sie den Kasten »Der Desktop auf einem Touchscreen«, der ein paar Navigationstipps für Touchscreen-Benutzer enthält.

✔ Wenn Sie ein bisschen in den Fenstern herumgeklickt haben, werden Sie feststellen, wie einfach die Fensterbedienung ist.

Fenster am Kragen packen

Die Titelleiste, die es in fast jedem Fenster gibt, thront ganz oben im Fenster. In Abbildung 4.2 sehen Sie oben ein WordPad-Fenster mit Titelleiste und darunter ein Editor-Fenster mit Titelleiste.

Die Titelleiste verfügt über eine Reihe verborgener Talente, die in der folgenden Liste enthüllt werden:

✔ Die Titelleiste kann als eine Art Griff dienen, um das Fenster auf dem Bildschirm zu verschieben. Zeigen Sie einfach auf einen leeren Bereich in der Titelleiste, klicken Sie und ziehen Sie mit gedrückter Maustaste von dannen. Das Fenster folgt brav der Mausbewegung. Sobald Sie ein lauschiges Plätzchen gefunden haben, lassen Sie die Maustaste wieder los und das Fenster richtet sich dort häuslich ein.

✔ Doppelklicken Sie auf die Titelleiste, um das Fenster auf die gesamte Größe des Desktops aufzublähen. Doppelklicken Sie erneut, um das Fenster wieder auf seine ursprüngliche Größe zu schrumpfen.

✔ Können Sie die kleinen Schaltflächen erkennen, die sich links in der Titelleiste von WordPad tummeln? Diese Symbole gehören zur sogenannten *Symbolleiste für den Schnellzugriff*, die wiederum zum *Menüband* gehört. Mit den Schaltflächen dieser Symbolleiste können Sie bequem per Mausklick häufig anfallende Aufgaben ausführen, zum Beispiel das Dokument speichern.

✔ Ganz rechts in der Titelleiste befinden sich drei rechteckige Schaltflächen, mit denen das Fenster minimiert, in seiner ursprüngliche Größe wiederhergestellt (beziehungsweise in den Vollbildmodus geschaltet) oder geschlossen wird (von links nach rechts gesehen). Mehr hierzu erfahren Sie im Abschnitt »Fenster auf dem Desktop arrangieren« weiter hinten in diesem Kapitel.

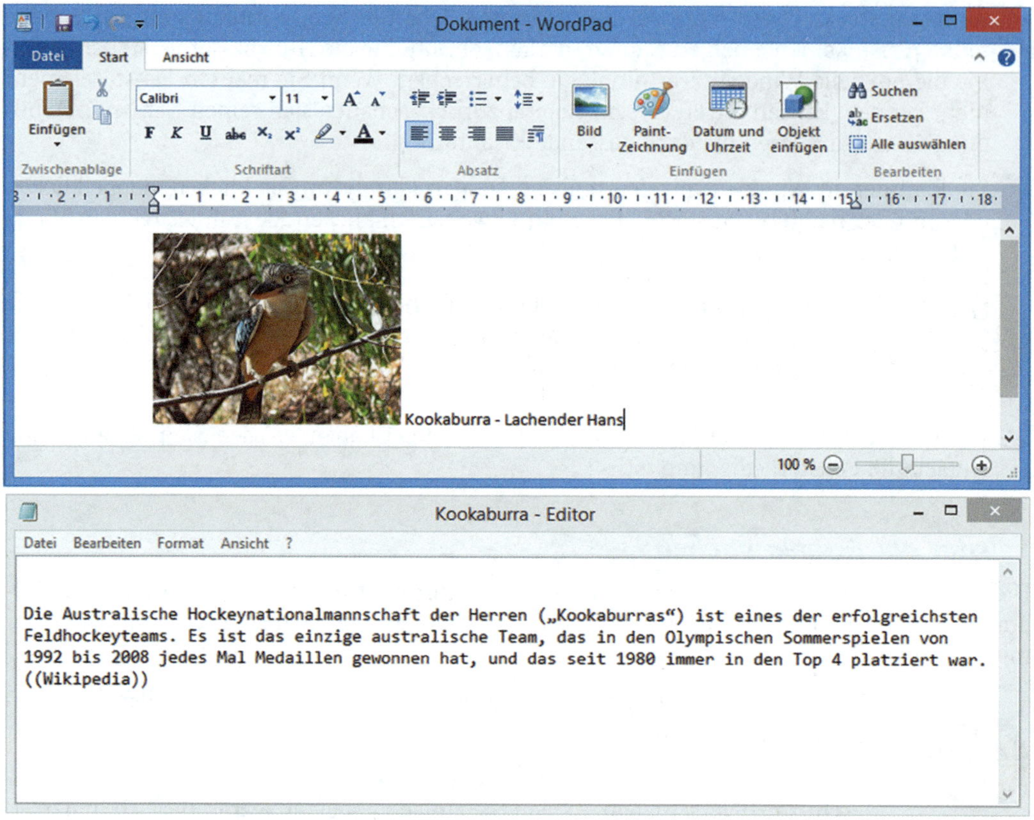
Dokument - WordPad
Datei
Start
Ansicht
Calibri
11
Einfügen
Zwischenablage
Schriftart
Absatz
Bild
Paint-Zeichnung
Datum und Uhrzeit
Objekt einfügen
Einfügen
Suchen
Ersetzen
Alle auswählen
Bearbeiten
Kookaburra - Lachender Hans
100 %
Kookaburra - Editor
Datei Bearbeiten Format Ansicht ?
Die Australische Hockeynationalmannschaft der Herren („Kookaburras“) ist eines der erfolgreichsten Feldhockeyteams. Es ist das einzige australische Team, das in den Olympischen Sommerspielen von 1992 bis 2008 jedes Mal Medaillen gewonnen hat, und das seit 1980 immer in den Top 4 platziert war. ((Wikipedia))

Abbildung 4.2: Die Titelleiste von WordPad und von Editor

- Um das Fenster ausfindig zu machen, mit dem Sie aktuell arbeiten, halten Sie nach einer Titelleiste Ausschau, die eine andere Farbe hat als die übrigen Titelleisten auf dem Desktop und in der rechten oberen Ecke der Titelleiste eine rote Schaltfläche zum Schließen enthält. In Abbildung 4.2 ist das das WordPad-Fenster. Nur dieses Fenster ist aktuell bereit für Ihre Eingaben.

Mit der Adressleiste in Ordnerfenstern navigieren

Ordnerfenster enthalten eine ziemlich praktische Komponente, die *Adressleiste*, die in Abbildung 4.3 zu sehen ist. Ein Déjà-vu für Internet Explorer-Experten. Die Adressleiste in den Explorer-Fenstern von Windows wurde quasi direkt aus dem Internet Explorer stibitzt.

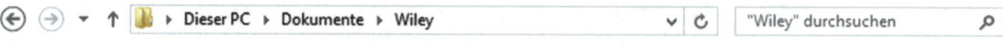

Dieser PC
Dokumente
Wiley
"Wiley" durchsuchen

Abbildung 4.3: Die Adressleiste eines Ordnerfensters

Ziehen und Ablegen – Drag & Drop

Merken Sie sich beide Bezeichnungen. Aber egal ob auf Deutsch oder auf Englisch, es handelt sich hier um eine raffinierte Maustechnik, die Ihnen das Arbeiten mit Windows erleichtert. »Ziehen und Ablegen« beziehungsweise »Drag & Drop« bedeutet nichts anderes, als dass Sie ein Element, beispielsweise ein Symbol auf dem Desktop, von A nach B verschieben.

Zum Ziehen (der Drag-Part) zeigen Sie mit dem Mauszeiger auf das Element, halten die linke oder die rechte Maustaste gedrückt und bewegen die Maus in eine Richtung. Das zu verschiebende Objekt folgt brav der Mausbewegung. Wenn Sie an der gewünschten Position angekommen sind, lassen Sie die Maustaste los. Das Symbol wird sanft abgelegt (der Drop-Part).

Manche Elemente, beispielsweise Desktopsymbole, können auch mit der rechten Maustaste gezogen werden. Sobald Sie das Symbol an seiner neuen Position ablegen, wird ein Kontextmenü angezeigt, in dem Sie wählen können, ob das Symbol kopiert oder verschoben werden soll. Auch ganz praktisch.

Während des Ziehens fällt Ihnen auf, dass Sie das falsche Element im Schlepptau haben. Dann lassen Sie das Objekt bitte nicht einfach los, sondern drücken Sie [Esc]. Danach können Sie loslassen und alles bleibt beim Alten. (Wenn Sie mit der rechten Maustaste gezogen und dann die Maustaste losgelassen haben, bietet das Kontextmenü vorsorglich den Befehl ABBRECHEN an.)

Die Adressleiste setzt sich aus vier Bereichen zusammen, die Sie im Folgenden kennenlernen. Ich fange links an und höre rechts auf.

✔ **Die Schaltflächen** ZURÜCK **und** VORWÄRTS**:** Windows merkt sich, welche Ordner Sie besuchen. Mit der Schaltfläche ZURÜCK blättern Sie in den zuvor besuchten Ordnern zurück und mit der Schaltfläche VORWÄRTS wieder nach vorn. Wenn Sie auf den kleinen nach unten weisenden Pfeil klicken, erhalten Sie eine Liste mit den Ordnern, die Sie zuletzt besucht haben. Ein Mausklick auf einen Listeneintrag und schon wird der entsprechende Ordner im Fenster angezeigt.

Die Schaltfläche HOCH**:** Diese Schaltfläche, die aus Windows 7 verbannt wurde, kehrt mit Windows 8 triumphierend zurück. Mit dieser Schaltfläche blättern Sie in der Ordnerhierarchie eine Stufe nach oben. Wenn Sie im Ordnerfenster von Abbildung 4.3 in der Adressleiste auf die Schaltfläche HOCH klicken, landen Sie im Ordner DOKUMENTE.

✔ **Das Adressfeld:** So wie im Adressfeld von Internet Explorer die Adresse einer Website aufgelistet wird, zeigt das Adressfeld im Ordnerfenster die Adresse Ihres aktuellen Ordners an – den Platz, an dem der Ordner auf Ihrem PC zu finden ist. So enthält zum Beispiel das Adressfeld in Abbildung 4.3 drei Angaben – DIESER PC, DOKUMENTE und WILEY. Sie betrachten also meinen Ordner WILEY (in dem sich, wie Sie vielleicht erraten können, die Dateien zu diesem Buch befinden), der sich im Ordner DOKUMENTE befindet, der wiederum zu diesem PC gehört (DIESER PC im Unterschied zu irgendeinem anderen PC). Das Arbeiten mit Ordnern ist so komplex, dass diesem Thema in diesem Buch ein eigenes Kapitel gewidmet ist, nämlich Kapitel 5.

✔ **Das Suchfeld:** Es gibt in der Adressleiste ein weiteres von Internet Explorer abgekupfertes Element, das Suchfeld. Sie suchen damit zwar nicht im Internet, dafür aber in den Inhalten Ihrer Ordner. Geben Sie zum Beispiel das Wort Karotte in das Suchfeld eines Ordnerfensters ein, und Windows durchforstet den Inhalt des aktuell angezeigten Ordners und zeigt alle Dateien und Unterordner an, die das Wort »Karotte« enthalten.

 Sind Ihnen in Abbildung 4.3 die kleinen Pfeile zwischen den Ordnernamen DIESER PC, DOKUMENTE und WILEY aufgefallen? Diese Pfeile bieten einen schnellen Zugriff auf andere Ordner. Klicken Sie auf einen Pfeil – zum Beispiel auf den Pfeil rechts neben DIESER PC – und Sie können in einer Liste einen Unterordner des Ordners DIESER PC wählen. (Klassischerweise sind dies die Ordner BILDER, DESKTOP, DOKUMENTE, DOWNLOADS, MUSIK und VIDEOS.)

Befehle im Menüband ausfindig machen

 Damit Sie im Befehlsdschungel des Windows-Desktops nicht vollends den Überblick verlieren, platziert Windows seine Menüs und Befehle im sogenannten *Menüband*, das Sie in jedem Ordner unterhalb der Titelleiste finden (siehe auch Abbildung 4.4 und Abbildung 4.5).

Abbildung 4.4: Das minimierte Menüband zeigt nur die Registerkartenbezeichnungen.

Hinter den Namen der Registerkarten verbirgt sich eine Flut von Befehlen. Wenn Sie beispielsweise auf FREIGEBEN klicken, werden alle Gruppen und Befehle der Registerkarte FREIGEBEN angezeigt, wie in Abbildung 4.5 zu sehen ist. Übrigens, die dort gezeigte Registerkarte VERWALTEN mit der gelben Registerkarte oben drauf, gibt es nur in bestimmten Ordnern, zum Beispiel im Ordner BILDER.

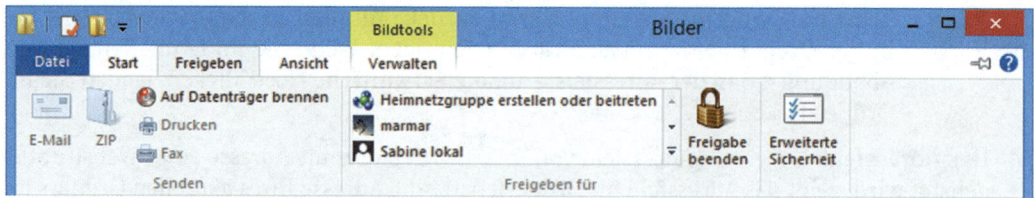

Abbildung 4.5: Die Registerkarte »Freigeben« zeigt, was sie zu bieten hat.

Wenn Windows gerade mal einen bestimmten Befehl nicht zur Verfügung stellen kann, wird der entsprechende Befehl in Hellgrau dargestellt, wie der Befehl DRUCKEN in Abbildung 4.5. Man spricht hier auch von *abgeblendeten Befehlen*.

Wenn Sie aus Versehen auf eine Registerkarte klicken, macht das gar nichts. Klicken Sie danach einfach auf die Registerkarte, deren Befehle Sie eigentlich anzeigen wollten. Da ist Windows ganz unkompliziert.

Sie müssen sich eigentlich gar nicht so genau mit dem Menüband auskennen. Es enthält stets die Registerkarten, die zum gewählten Ordner passen. Für den Bilderordner bietet Windows beispielsweise zusätzlich die Registerkarte VERWALTEN der *kontextbezogenen Registerkarte* BILDTOOLS und für den Musikordner die Registerkarte WIEDERGABE der kontextbezogenen Registerkarte MUSIKTOOLS an.

Wenn Ihnen die Bezeichnung eines Menübandelements gar nichts sagt, zeigen Sie mit der Maus darauf. Windows blendet hilfsbereit eine *QuickInfo* ein, in der Sinn und Zweck des Elements kurz erklärt werden. Im Folgenden lernen Sie kurz und knapp die Aufgaben der einzelnen Registerkarten kennen:

✔ DATEI: Diese Registerkarte steht in jedem Ordnerfenster stets am Anfang des Menübands. Sie enthält dies und das. Wirklich sinnvoll für den Alltagsgebrauch ist der Befehl zum Öffnen eines neuen Fensters. Und interessant ist vielleicht, dass Sie hier den Verlauf löschen können, das heißt die Auflistung der Ordner, die Sie in letzter Zeit besucht haben.

✔ START: Diese Registerkarte gibt es in jedem Ordnerfenster. Da sich dort die Werkzeuge befinden, die man immer gebrauchen kann, bietet Windows nach dem Öffnen eines Ordnerfensters stets die Befehle der Registerkarte START an. Dort finden Sie Befehle zum Auswählen, Ausschneiden, Kopieren, Einfügen, Verschieben, Löschen und Umbenennen von Ordnerelementen.

✔ FREIGEBEN: Auf dieser Registerkarte geht es ums Teilen. Dazu gehören das Brennen von Inhalten auf CD, das Mailen von Inhalten oder die gemeinsame Nutzung von Inhalten in einem Netzwerk. Letzteres ist Thema in Kapitel 15.

✔ ANSICHT: Wenden Sie sich vertrauensvoll an diese Registerkarte, wenn es um die Darstellung der Ordnerelemente geht. Im Bilderordner können Sie beispielsweise die Bilder in S, M, L oder XL anzeigen lassen.

✔ VERWALTEN: Diese Registerkarte gibt es nur für bestimmte Ordner. Sie enthält allgemeine Tools zum Verwalten der jeweiligen Ordner sowie spezielle Tools. Im Fall des Bilderordners sind dies beispielsweise Befehle, mit denen Sie Bilder drehen oder eine Diashow erstellen.

Das Menüband ist Ihnen zu wuchtig? Dann klicken Sie ganz rechts im Menüband auf den kleinen Pfeil. Das Menüband klappt zusammen, und Sie sehen nur noch die Registerkartenbezeichnungen. Wenn Sie erneut auf diesen Pfeil klicken, klappt das Menüband wieder auf.

Abkürzungen im Navigationsbereich nehmen

Ich bin mir sicher, dass auf Ihrem Schreibtisch die Dinge, die Sie am häufigsten benötigen, stets in Griffweite liegen. Vielleicht ein Körbchen für die Eingangspost, die Kaffeetasse und das Telefon? Warum soll dies bei Windows anders sein. Das Betriebssystem schnappt sich die Elemente, die am häufigsten benutzt werden, und bietet sie griffbereit im Navigationsbereich an, der in Abbildung 4.6 zu sehen ist.

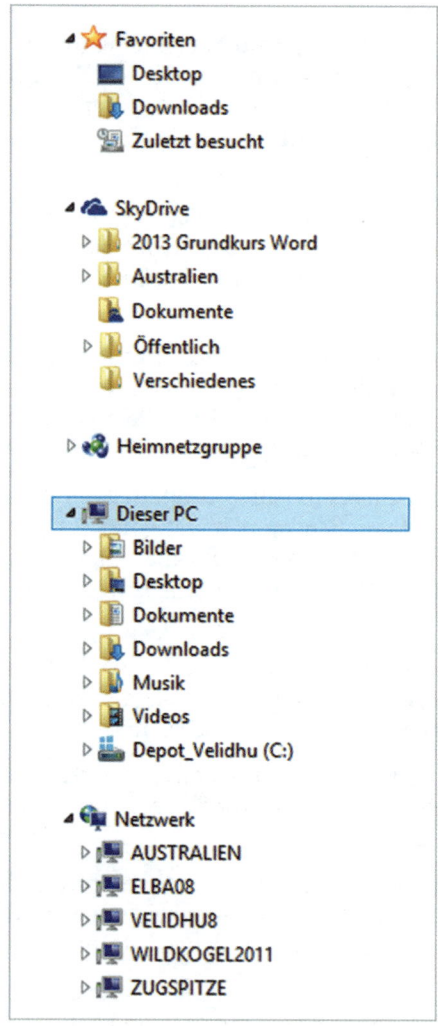

Abbildung 4.6: Im Navigationsbereich ist ein Ortswechsel schnell vollzogen.

Der Navigationsbereich steht links in jedem Ordnerfenster zur Verfügung. Er ist in fünf Hauptbereiche unterteilt: FAVORITEN, SKYDRIVE, HEIMNETZGRUPPE, DIESER PC und NETZWERK. Klicken Sie beispielsweise im Navigationsbereich auf FAVORITEN und Windows zeigt Ihre Favoriten im rechten Fensterbereich an.

 In Windows 8.1 werden die Bibliotheken nicht mehr im Navigationsbereich angezeigt. Aber keine Sorge, sie sind noch da. Um sie einzublenden, klicken Sie einfach mit der rechten Maustaste im Navigationsbereich auf einen leeren Bereich und wählen im Kontextmenü den Befehl BIBLIOTHEKEN ANZEIGEN. Schon sind sie wieder da.

Und das alles finden Sie standardmäßig im Navigationsbereich:

✔ FAVORITEN: Nicht zu verwechseln mit den Favoriten des Internet Explorer, der Thema in Kapitel 9 ist. Der FAVORITEN-Bereich listet alle Orte auf, die in Windows häufig besucht werden. Wenn Sie auf einen FAVORITEN-Eintrag klicken, bringt Windows Sie blitzschnell zum entsprechenden Ort.

- DESKTOP: Bei Ihrem Windows-Desktop handelt es sich – ob Sie es glauben oder nicht – um einen Ordner. Sobald Sie also auf diesen FAVORITEN-Eintrag klicken, zeigt Windows alle Desktopelemente an.

- DOWNLOADS: Klicken Sie auf diese Verknüpfung, um alle Dateien anzuzeigen, die Sie aus dem Internet heruntergeladen haben. Ach, da ist das alles gelandet!

- ZULETZT BESUCHT: Sie haben es erraten – wenn Sie auf diese Verknüpfung klicken, erhalten Sie eine Liste aller Ordner oder Einstellungen, die Sie kürzlich besucht haben.

✔ SKYDRIVE: Diesen kostenlosen Onlinespeicherbereich im Web erhalten Sie automatisch, wenn Sie über ein Microsoft-Konto verfügen. Er ist kennwortgeschützt und online. Da ist die Versuchung sicherlich groß, dort alle wichtigen Dateien abzulegen. Dann können Sie nämlich von jedem Rechner mit Internetanschluss auf Ihre Datenschätze zugreifen. Stopfen Sie SkyDrive aber nicht zu voll. Sobald Sie nämlich das Speicherlimit von 7 GB überschreiten, bittet Microsoft Sie zur Kasse.

✔ HEIMNETZGRUPPE: In einer Heimnetzgruppe können mehrere Rechner in einem einfachen Netzwerk verbunden werden. Heimnetzwerke werden ausführlich in Kapitel 15 besprochen.

✔ DIESER PC: Der Ordner DIESER PC enthält alle Ordner und Festplatten Ihres Computers. Hier können Sie schnell auf die folgenden Ordner zugreifen:

- BILDER: Diese Verknüpfung öffnet den Ordner BILDER, die Ablage für Ihre digitalen Fotos.

- DESKTOP: Klicken Sie auf diesen Ordner, um einen Blick auf die Dateien und Ordner auf dem Desktop zu werfen.

- DOKUMENTE: Legen Sie bevorzugt Ihre Dokumente im Ordner DOKUMENTE ab. Traditionelle Windows-Programme wie Microsoft Word greifen gerne auf diesen Ordner zu.

- DOWNLOADS: Sie haben eine Datei aus dem Internet heruntergeladen? Dann finden Sie sie in diesem Ordner auf Ihrem Rechner wieder.

- MUSIK: Jawohl, diese Verknüpfung führt Sie direkt zum Ordner MUSIK, in dem Sie lediglich auf einen Song doppelklicken müssen, um ihn über die PC-Lautsprecher wiederzugeben.

- VIDEOS: Diese Verknüpfung wechselt direkt zum Ordner VIDEOS. Ein Doppelklick auf ein Video und es wird sofort abgespielt.

- LOKALER DATENTRÄGER (C): Hier wird alles angezeigt, was sich auf Ihrem Rechner tummelt. Wenn Sie nicht wirklich wissen, nach was Sie suchen, werden Sie es hier vermutlich auch nicht finden.

✔ NETZWERK: Obwohl Heimnetzgruppen die gemeinsame Datennutzung unheimlich vereinfachen, unterstützt Windows selbstverständlich weiterhin eingerichtete Netzwerke. Hier werden alle zum Netzwerk gehörenden PCs angezeigt. Ihr Rechner steht dann auch in der Liste.

Die folgenden Tipps sollen Ihnen dabei helfen, das Optimum aus dem Navigationsbereich herauszuholen:

✔ Passen Sie den Navigationsbereich an Ihre Anforderungen an. Ziehen Sie Ordner auf den Eintrag FAVORITEN, um sie als weitere Favoriten in die Liste aufzunehmen.

Wenn Ihr Rechner in einem Netzwerk integriert ist, enthält der Bereich DIESER PC unter Umständen auch die Medien (Musik, Bilder, Videos) der anderen im Netzwerk eingebundenen Rechner. Klicken Sie auf die entsprechenden Rechnersymbole, um auf deren Datenschätze so zuzugreifen, als ob sie auf Ihrem eigenen Rechner wären.

Sie haben im Bereich FAVORITEN oder BIBLIOTHEKEN (falls angezeigt) Chaos verursacht? Windows hilft. Klicken Sie mit der rechten Maustaste auf FAVORITEN oder auf BIBLIOTHEKEN und wählen Sie im Kontextmenü den Befehl LINKFAVORITEN WIEDERHERSTELLEN beziehungsweise STANDARDBIBLIOTHEKEN WIEDERHERSTELLEN.

Mit der Bildlaufleiste im Ordnerfenster scrollen

Die Bildlaufleiste stellt ein zusätzliches Navigationselement in fast allen Fenstern und Bildschirmen dar. Sie sieht wie ein ziemlich hoher Fahrstuhlschacht aus, zumindest in der vertikalen Variante (siehe auch Abbildung 4.7). Selbst die Startseite besitzt eine horizontale Bildlaufleiste unten auf dem Bildschirm.

Im Schacht fährt ein kleiner Lastenaufzug, das Bildlauffeld, hinauf und hinunter beziehungsweise nach links und nach rechts, während Sie im Fenster scrollen. So können Sie mit einem Blick auf den kleinen Aufzug feststellen, ob die angezeigten Elemente sich eher oben, in der Mitte oder unten im Fenster befinden.

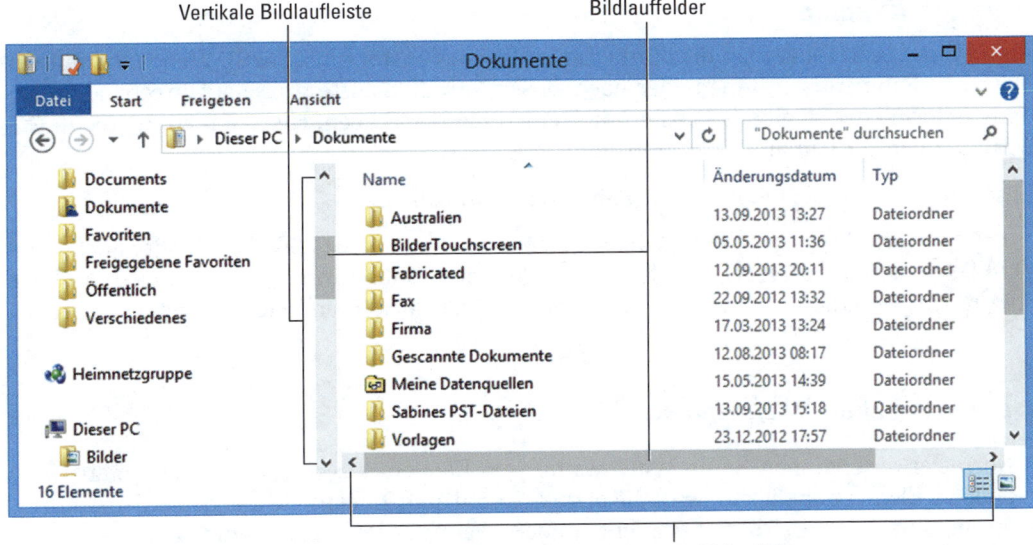

Abbildung 4.7: Eine vertikale und eine horizontale Bildlaufleiste

Wenn Sie auf verschiedene Stellen in der Bildlaufleiste klicken, können Sie beobachten, wie schnell Sie innerhalb des Fensters scrollen können. Hier ein paar Beispiele:

✔ Klicken Sie im Aufzugsschacht oberhalb des kleinen Fahrstuhls – äh, in der Bildlaufleiste auf einen Punkt oberhalb des Bildlauffeldes, um eine Ansichtsseite nach oben zu scrollen. Analog dazu geht es durch Klicken auf einen Punkt unterhalb des Bildlauffeldes eine Ansichtsseite nach unten.

Wenn Sie auf der Startseite rechts auf die Bildlaufleiste klicken, zeigen sich die etwas schüchternen Kacheln, die sich jenseits des rechten Bildschirmrandes befinden.

✔ Keine Bildlaufleiste in Sicht? Dann zeigt das Fenster alles an, was es zu bieten hat. Es gibt nichts zu scrollen.

✔ Wenn Sie es eilig haben, ziehen Sie das Bildlauffeld in der Bildlaufleiste in die gewünschte Richtung. In rasantem Tempo wechseln die angezeigten Elemente im rechten Fensterbereich.

Wenn Ihre Maus über ein Rädchen verfügt, klicken Sie auf einen gewünschten Bereich, zum Beispiel auf den Navigationsbereich, und drehen das Rädchen. Hat der Bereich eine vertikale Bildlaufleiste, scrollt Windows nach oben oder unten, im Fall einer horizontalen Bildlaufleiste nach links oder nach rechts. Guter Tipp zum Erkunden der Startseite und zum Durchforsten langer Dokumente und überfüllter Ordner.

Alles im Rahmen

Als *Rahmen* bezeichnet man die dünne Linie, die ein Fenster umschließt. Ziehen Sie mit der Maus den Rahmen nach innen oder nach außen, um die Fenstergröße entsprechend zu ändern. Seltsamerweise gibt es Fenster, die keinen Rahmen haben. Hier können Sie nichts ändern, das Fenster hält an seiner aktuellen Größe fest.

Ansonsten werden Sie nicht oft mit Rahmen zu tun haben.

Die Apps der Startseite haben keinen Rahmen. Ihre Größe kann daher auch nicht geändert werden. Sie füllen den gesamten Bildschirm aus oder können auf dem Desktop in verschiedenen Größen angedockt werden (wie in Kapitel 3 beschrieben ist).

Die hilfreiche Mehrfachauswahl

Normalerweise können Sie in Windows nur ein Element auswählen. Sobald Sie auf ein anderes Element anklicken, wird die erste Auswahl aufgehoben und das neue Element ist ausgewählt. Das passt oft, aber nicht immer. Wenn Sie mehrere Elemente gleichzeitig auswählen wollen, sollten Sie die folgenden Tricks ausprobieren:

✔ Um mehrere beliebig positionierte Elemente auszuwählen, halten Sie die `Strg`-Taste gedrückt und klicken auf jedes Element, das Sie in die Auswahl aufnehmen möchten.

✔ Wollen Sie eine Reihe benachbarter Einträge auswählen, klicken Sie auf den ersten Eintrag. Halten Sie dann die `⇧`-Taste gedrückt und klicken Sie auf den letzten Eintrag. Alle Einträge zwischen dem ersten und dem letzten angeklickten Eintrag werden ebenfalls in die Auswahl aufgenommen. Ganz schön clever, was? Wenn Sie ein paar Einträge dazwischen wieder aus der Auswahl entfernen möchten, halten Sie die `Strg`-Taste gedrückt und klicken auf die jeweiligen Elemente. Windows hebt deren Markierung auf, alle anderen Elemente bleiben weiterhin ausgewählt.

✔ Wenn Sie sich ganze Bündel an Elementen schnappen wollen, probieren Sie den »Lasso«-Trick: Klicken Sie in der Nähe eines Eintrags auf eine frei Stelle und ziehen Sie mit gedrückter Maustaste in die betreffende Richtung, bis Sie alle gewünschten Einträge mit dem Lasso eingefangen haben. Lassen Sie die Maustaste wieder los, und die Auswahl steht.

Fenster auf dem Desktop arrangieren

Windows verteilt seine Fenster scheinbar planlos und zufällig auf dem Bildschirm. Fenster verschiedener Anwendungen verdecken sich gegenseitig oder ragen über den Bildschirmrand hinaus. Im Folgenden erfahren Sie, wie Sie die Fenster ordentlich stapeln und dabei das bevorzugte Fenster oben auf dem Stapel ablegen. Wenn es Ihnen lieber ist, können Sie die Fenster auch wie die Karten beim Pokerspiel überlappend auf dem Bildschirm ablegen. Außerdem erfahren Sie, wie Sie die Fenstergröße ändern und wie Sie es bewerkstelligen, dass ein Fenster stets in derselben Größe geöffnet wird.

Ein Fenster oben auf dem Stapel ablegen

In Windows wird das Fenster, das im Vordergrund angezeigt wird und dem alle Aufmerksamkeit gilt, als *aktives* Fenster bezeichnet. Wer wagt da schon zu widersprechen?! Das aktive Fenster empfängt alle Eingaben, die Sie oder Ihre Katze über die Tastatur machen.

Und wie machen Sie ein Fenster zum aktiven Fenster? Sie haben folgende Möglichkeiten:

✔ Wenn Sie einen Bereich des gewünschten Fensters sehen, haben Sie Glück. Dann ist es einfach. Klicken Sie mit der Maus auf den sichtbaren Fensterausschnitt und alles ist erledigt.

✔ Klicken Sie in der Taskleiste auf das Symbol des betreffenden Fensters. Wenn Sie nicht mehr wissen, was die Taskleiste ist, dann schnell wieder zurück zu Kapitel 3.

✔ Halten Sie die [Alt]-Taste gedrückt und drücken Sie die [⇆]-Taste. Ein kleines Fenster wird angezeigt, das für jedes geöffnete Fenster eine Miniaturdarstellung enthält. (Es werden sowohl Desktopfenster als auch geöffnete Startseiten-Apps angezeigt.) Drücken Sie so lange die [⇆]-Taste, ohne die [Alt]-Taste loszulassen, bis das Minibild des gewünschten Fensters ausgewählt ist. Lassen Sie die [Alt]-Taste los und drücken Sie die [←]-Taste. Lange Rede, kurzer Sinn – Windows wechselt zum gewählten Fenster.

 Ist Ihr Desktop so vollgestopft, dass Sie mit dem aktuellen Fenster nicht mehr vernünftig arbeiten können? Schütteln Sie die Titelleiste des aktiven Fensters mit gedrückter Maustaste hin und her. Windows minimiert alle anderen Fenster zu Symbolen in der Taskleiste und Ihr aktives Fenster hat endlich freie Bahn.

Ein Fenster von hier nach da verschieben

Manchmal empfiehlt es sich, ein Fenster an eine andere Position auf dem Desktop zu verschieben. Vielleicht hängt ein Teil des Fensters über den Desktoprand hinaus, oder Sie möchten das Fenster zentriert oder in der Nähe eines anderen Fensters positionieren.

Um ein Fenster zu verschieben, packen Sie es mit der Maus am Schlafittchen – äh, an der Titelleiste – und ziehen es mit gedrückter Maustaste an die gewünschte Position. (Wenn Sie mit den Mausaktionen noch nicht so vertraut sind, lesen Sie den Kasten »Ziehen und Ablegen – Drag & Drop« weiter vorn in diesem Kapitel.) Wenn Sie das Fenster an der neuen Position ablegen, bleibt es nicht nur dort, sondern wird zum aktiven Fenster ganz oben im Fensterstapel.

Die Fenstergröße maximieren

Früher oder später hängt Ihnen dieses ganze Fensterbrimborium zum Hals raus. Warum kann man nicht einfach ein einziges großes Fenster auf dem Desktop anzeigen? Nun, wenn Sie wollen, geht das.

Doppelklicken Sie auf die Titelleiste des gewünschten Fensters, und schwupp füllt es den gesamten Desktop aus. Alle anderen Fenster verschwinden dahinter.

Um die vorherige Fenstergröße wiederherzustellen, doppelklicken Sie erneut auf die Titelleiste des Fensters, und zack schrumpft es auf seine vorherige Größe. Die darunter liegenden Fenster sind wieder sichtbar.

Alternativ dazu klicken Sie oben rechts im Fenster auf die Schaltfläche MAXIMIEREN, um das Fenster auf Desktopgröße zu bringen. Das ist die mittlere der drei Schaltflächen.

Wenn ein Fenster den ganzen Desktop ausfüllt, verwandelt sich die Schaltfläche MAXIMIEREN in die Schaltfläche VERKLEINERN. Klicken Sie auf diese Schaltfläche, um die vorherige Fenstergröße wiederherzustellen.

✔ Es gibt noch eine etwas brutalere Methode. Ziehen Sie den oberen Fensterrand ganz nach oben, bis er sich den Kopf oben am Desktoprand stößt. Fast meint man den Aufprall zu spüren. Autsch! Das Fenster füllt den ganzen Desktop aus.

Zu beschäftigt, um zur Maus zu greifen? Drücken Sie ⊞+↑ und alles ist erledigt.

Ein Fenster zumachen

☒ Wenn Sie mit Ihrer Arbeit in einem Fenster fertig sind, schließen Sie es: Klicken Sie dazu auf das kleine »x« im oberen rechten Fensterecke. Wusch – ein Fenster weniger auf dem Desktop.

Wenn Sie versuchen, das Fenster zu schließen, bevor Sie Ihre Arbeit – Solitär oder ein Bericht für Ihre Chefin – beendet haben, fragt Windows vorsichtshalber nach, ob Sie das, was Sie gemacht haben, speichern wollen. Nehmen Sie das Angebot durch Klicken auf JA an und vergeben Sie, falls notwendig, einen Dateinamen, damit Sie Ihre Arbeit später wiederfinden.

Ein Fenster vergrößern oder verkleinern

Die Fensteranordnung von Windows ist manchmal ziemlich chaotisch. Alles geht drunter und drüber. Manche Fenster sind noch zu erkennen, manche sind kaum noch auszumachen. Aber das muss nicht so bleiben. Sie können die Fensterecken nach innen und nach außen ziehen und so die Fenstergröße ändern. Versuchen Sie es gleich mal:

1. **Zeigen Sie mit der Maus auf eine Fensterecke. Sobald der Mauszeiger sich in einen Doppelpfeil verwandelt, klicken Sie und ziehen die Ecke mit gedrückter Maustaste nach innen oder nach außen, um die Fenstergröße zu ändern.**

2. **Sobald die Fenstergröße in etwa passt, lassen Sie die Maustaste wieder los.**

Das Fenster nimmt gemäß seiner neuen Größe eine neue Position ein.

Zwei Fenster nebeneinander positionieren

Mit der Zeit werden Sie es zu schätzen wissen, mit zwei Fenstern nebeneinander auf dem Desktop arbeiten zu können. Dies erleichtert beispielsweise das Kopieren und Einfügen von Texten ungemein. Wenn Sie etwas Zeit opfern, werden Sie schnell in der Lage sein, zwei Fenster durch Ziehen der Ecken mit der Maus perfekt nebeneinander auszurichten.

Wem das zu langsam geht, für den habe ich ein paar Tipps auf Lager, mit denen es schneller zu bewerkstelligen ist:

✔ Packen Sie die Titelleiste eines Fensters am Kragen und ziehen Sie das Fenster zum rechten Desktoprand. Sobald das Fenster gegen den Rand stößt, lassen Sie die Maustaste wieder los. Das Fenster ändert seine Größe so, dass es die Hälfte des Desktops belegt. Ziehen Sie das andere Fenster zum linken Desktoprand. Es belegt dann konsequent die andere Desktophälfte.

✔ Oder klicken Sie mit der rechten Maustaste auf eine freie Stelle in der Taskleiste und wählen Sie im Kontextmenü den Eintrag FENSTER NEBENEINANDER ANZEIGEN. Beide Fenster richten sich brav nebeneinander aus. Mit dem Eintrag FENSTER GESTAPELT ANZEIGEN füllt ein Fenster die obere Desktophälfte und das andere die untere. (Wenn Sie mehr als drei Fenster geöffnet haben, werden die Fenster mit FENSTER GESTAPELT ANZEIGEN ordentlich auf dem Desktop unter- und nebeneinander verteilt.)

▪ Wenn mehrere Fenster geöffnet sind, schließen Sie die nicht mehr benötigten Fenster durch Klicken auf die Schaltfläche MINIMIEREN. Wählen Sie dann im Kontextmenü der Taskleiste den Befehl FENSTER NEBENEINANDER ANZEIGEN, um die zwei verbleibenden Fenster nebeneinander anzuzeigen.

Damit das aktuelle Fenster die rechte Hälfte des Desktops ausfüllt, drücken Sie die Tastenkombination ⊞+→. Analog dazu drücken Sie die Tastenkombination ⊞+←, damit das aktuelle Fenster die linke Hälfte ausfüllt.

Bitte stets dieselbe Fenstergröße!

Wenn Sie in Windows ein Anwendungsfenster öffnen, wird es manchmal nur sehr klein, ein anderes Mal aber desktopfüllend angezeigt. Ganz selten zeigt sich ein Fenster genau in der von Ihnen gewünschten Größe, es sei denn, Sie befolgen den folgenden Geheimtipp: Sobald Sie ein Fenster per Hand auf eine bestimmte Größe und Position eingestellt haben, merkt sich Windows diese Werte und öffnet das Fenster stets an der gleichen Position in der gleichen Größe. Führen Sie die folgenden Schritte aus, wenn Sie mir nicht glauben:

1. **Öffnen Sie das gewünschte Fenster.**

   Voraussetzung ist nun, dass das Fenster an einer Position und in einer Größe angezeigt wird, die Ihnen nicht passt.

2. **Ziehen Sie das Fenster an die gewünschte Position und stellen Sie die passende Größe durch Ziehen der Fensterecken ein.**

   Die geänderte Größe wird nur dann dauerhaft übernommen, wenn Sie die Fensterecken manuell mit der Maus ziehen. Faules Klicken auf die Schaltfläche MAXIMIEREN zählt nicht!

3. **Schließen Sie das Fenster sofort.**

   Windows merkt sich Fenstergröße und -position zum Zeitpunkt des Schließens. Wenn Sie das Fenster erneut öffnen, sollte es nun an der von Ihnen bestimmten Position in der festgelegten Größe angezeigt werden. Leider gilt das nur für die Fenster derselben Anwendung. Das heißt, das, was jetzt vielleicht für alle Word-Anwendungsfenster klappt, gilt definitiv nicht für die Excel-Fenster oder Internet Explorer-Fenster oder …

Die meisten Fenster folgen dieser Positions- und Größenregelung. Aber es gibt unter den Programmen immer wieder Ausreißer, die sich danebenbenehmen. Scheuen Sie sich nicht, sich darüber bei den Herstellern zu beschweren.

Speicherorte – intern, extern und über den Wolken

5

In diesem Kapitel

▶ Mit Dateien auf dem Desktop im Explorer hantieren

▶ Laufwerke und Ordner erkunden

▶ Ordner erstellen und mit Namen versehen

▶ Elemente auswählen oder ausschließen

▶ Dateien und Ordner von hier nach da schieben

▶ Auf CDs und Speicherkarten schreiben

▶ SkyDrive – Dateien in der Cloud

A lle haben gehofft, dass die neue Startseite das Arbeiten erleichtern wird, vor allem das Jonglieren mit Dateien und Ordnern. Leider ist das nicht der Fall.

Schließen Sie ein externes Laufwerk an Ihren Computer an und was glauben Sie, wo Sie landen werden? Auf dem guten alten Windows-Desktop. Dort wartet geduldig der bekannte digitale Aktenschrank auf Sie, der Explorer. Früher, in Windows 7, hieß er noch ganz offiziell Windows-Explorer. Das Windows im Titel wurde gestrichen. Jetzt nennt er sich schlicht und einfach *Explorer*.

Sie sind voll und ganz vom Explorer abhängig, wenn Sie auf der Suche nach Ihren Ordnern sind, egal wo diese abgelegt sind – auf Ihrem PC, auf einem externen Speichergerät oder im Internet.

Ob Sie mit einem Notebook, einem Touchscreen-, Tablet- oder herkömmlichen Desktop-PC (Letzterer steht/sitzt/liegt auf Ihrem Desktop = Schreibtisch) arbeiten, es dreht sich stets alles um Dateien und Ordner. Und wenn Sie nicht bereit sind, Ordnung in Ihren Dateien zu halten, sprich diese ordentlich in Ordnern abzulegen, werden Sie über kurz oder lang rein gar nichts wiederfinden.

In diesem Kapitel geht es also um die Dateiverwaltung und um den obersten Verwalter, den Explorer. Wenn Sie dieses Thema intus haben, haben Sie gewonnen. Das Wichtigste sind Ihre Daten. Und wenn Sie wissen, wo diese sich genau befinden, kann nichts mehr schiefgehen. Außerdem erfahren Sie in diesem Kapitel, wie Sie mithilfe der SkyDrive-App auf der Startseite die Dateien in der Cloud durchstöbern.

Der digitale Aktenschrank

Um Ordnung zu halten, hat sich Windows schon vor Urzeiten des traditionellen Aktenschranks besonnen. Seitdem bietet Windows dieses Ordnungssystem in digitaler Form an. In diesem digitalen Aktenschrank wird jeder Speicherbereich in Form eines Symbols angeboten. Und in diesen Speicherbereichen hantieren Sie eifrig mit Ihren Dateien. Kopieren, Löschen, Verschieben, Umbenennen – alles wie im ganz normalen Leben.

Erst mal ganz grob: Es gibt auf Ihrem Computer zumindest einen Aktenschrank, der Aktenschrank C:\. Manchmal gibt es noch mehr davon, die dann D:\, E:\ und so weiter heißen. Digitale Aktenschränke werden als *Laufwerke* bezeichnet. In den digitalen Aktenschränken befinden sich die einzelnen Aktenordner, die auch in digitaler Form als *Ordner* bezeichnet werden. Und in den Ordnern finden Sie dann die einzelnen Akten und das sind Ihre *Dateien*.

Oh, Sie sind noch gar nicht so weit. Sie tummeln sich immer noch auf der Startseite. Kein Problem. Sobald Sie auf die Kachel mit der Bezeichnung DESKTOP klicken beziehungsweise tippen, landen Sie auf dem Desktop. Und ganz unten in der Taskleiste winkt schon der Explorer mit seinem Programmsymbol.

Doppelklicken Sie auf das Symbol oder tippen Sie energisch mit dem Finger darauf (nein, nicht Sie mit der Tastatur und der Maus, nur die mit einem Touchscreen), und schon zeigt sich die digitale Aktenwelt in ihrer ganzen Pracht. Es gibt verschiedene Ansätze, die Speicherbereiche im Explorer zu betrachten. Die hierarchischste Form, und daher auch verständlichste Betrachtungsweise verbirgt sich hinter dem Explorer-Eintrag DIESER PC.

Wenn Sie darauf klicken, sehen Sie ein ähnliches Fenster wie in Abbildung 5.1. Stören Sie sich nicht daran, dass der Inhalt bei Ihnen wohl anders aussieht. Kein digitaler Aktenschrank sieht aus wie der andere. Der Aufbau ist aber quasi gleich.

Der Explorer setzt sich aus folgenden Bereichen zusammen:

✔ **Navigationsbereich:** Das ist die breite Leiste links im Explorer-Fenster. Sie enthält Verknüpfungen zu wichtigen Ordnern, in denen Ihre wertvollsten digitalen Besitztümer verwaltet werden. Das sind die Ordner für Ihren Desktop, Ihre Dokumente, Ihre Downloads, Ihre Bilder, Ihre Musik und Ihre Videos. (Der Navigationsbereich enthält noch ein paar weitere praktische Elemente, die in Kapitel 4 behandelt werden.)

✔ ORDNER: Wenn Sie im Navigationsbereich auf den Eintrag DIESER PC klicken, werden rechts daneben die sechs wichtigsten Ordner angezeigt, die ich weiter hinten in diesem Kapitel noch genauer unter die Lupe nehme (siehe Abbildung 5.1).

GERÄTE UND LAUFWERKE: Dieser Bereich (siehe Abbildung 5.1) listet alle auf Ihrem Computer enthaltenen Speicherlaufwerke und Geräte auf. (Zu den Geräten gehört das gesamte Zubehör, das Sie an Ihrem Rechner anschließen können.) Auf jedem Computer gibt es mindestens ein Festplattenlaufwerk. In der Abbildung gibt es gleich mehrere, aber das muss nicht so sein. Wenn Sie auf ein Laufwerksymbol doppelklicken, öffnen Sie den digitalen Ordnerschrank und werden – oje! – wahrscheinlich gar nichts finden. Nicht jeder Aktenordner im Aktenschrank ist für Sie wichtig. Ihre digitalen Schätze werden sich in der Regel in den Ordnern BILDER. DESKTOP, DOKUMENTE, DOWNLOADS, MUSIK und VIDEOS verbergen, die in Abbildung 5.1 zu sehen sind.

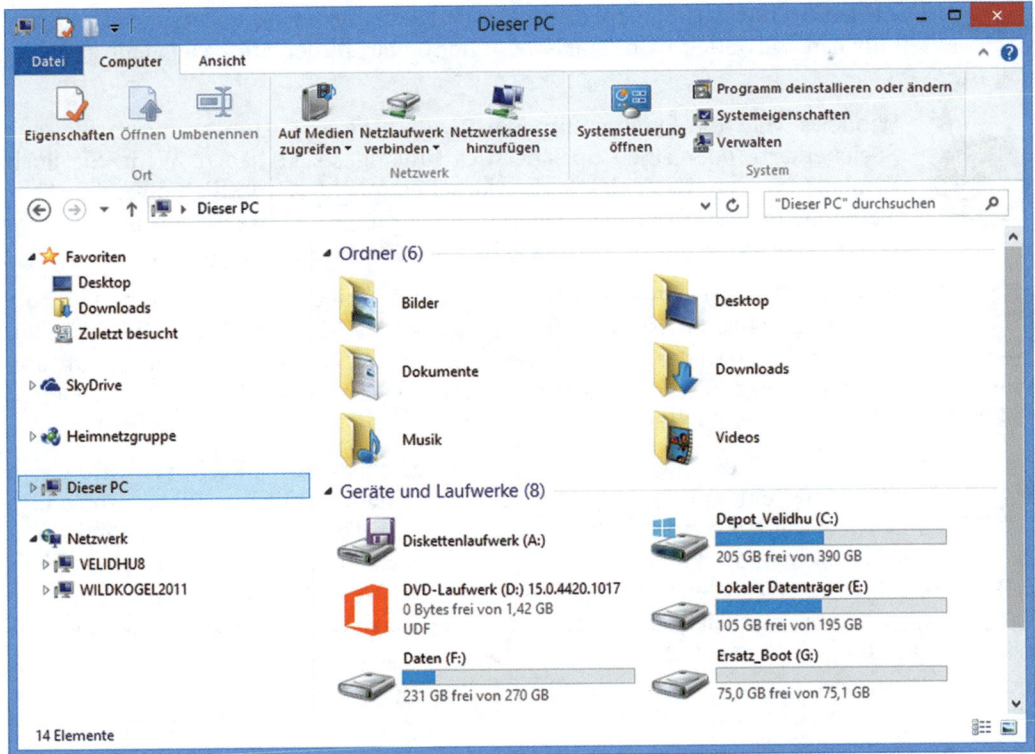

Abbildung 5.1: Der Explorer mit allen internen und externen Laufwerken des Computers

Haben Sie in Abbildung 5.1 das Festplattenlaufwerksymbol mit dem kleinen Windows-Symbol bemerkt? Dort residiert Windows. Und was hat es mit den Balken neben den einzelnen Laufwerken auf sich? Je länger der dunkle Anteil im Balken ist, umso voller ist das entsprechende Laufwerk. Wenn der Balken »rotsieht«, ist das Laufwerk quasi voll. Akten vernichten oder größere Festplatte. Es liegt bei Ihnen.

✔ Vielleicht gibt es auch ein paar Laufwerke mit sogenannten Wechseldatenträgern zu sehen – Speichermedien, die außen an Ihren Computer angeschlossen werden können. Zu den bekanntesten dieser Sorte gehören folgende:

CD-, DVD- und Blu-ray-Laufwerke: Wie Sie in Abbildung 5.1 sehen können, wird jedes Laufwerk kurz beschrieben. Sie können hier erkennen, ob das Laufwerk das Speichermedium nur lesen oder auch beschreiben kann. So bedeutet DVD-RW, dass sowohl gelesen (R = Read) als auch geschrieben (W = Write) werden kann. Ein BD-ROM-Laufwerk kann sogenannte Blu-ray-Discs lesen, aber nur CDs und DVDs beschreiben. BD-RE- und BDR-Laufwerke können alle drei Medien lesen und darauf schreiben.

Flash-Laufwerke: Das Symbol sieht je nach Medientyp etwas anders aus. Das Symbol für den USB-Stick ist beispielsweise hohl, obwohl der Stick vielleicht ziemlich voll ist.

Windows zeigt die Symbole für Flash-Laufwerke erst dann an, wenn Sie eine Speicherkarte oder einen Speicherstick hineingesteckt haben. Wenn Sie auch Symbole für leere Kartenleselaufwerke sehen möchten, tun Sie Folgendes: Aktivieren Sie im Menüband des Explorers auf der Registerkarte Ansicht in der Gruppe Ein-/ausblenden das Kontrollkästchen Ausgeblendete Elemente anzeigen.

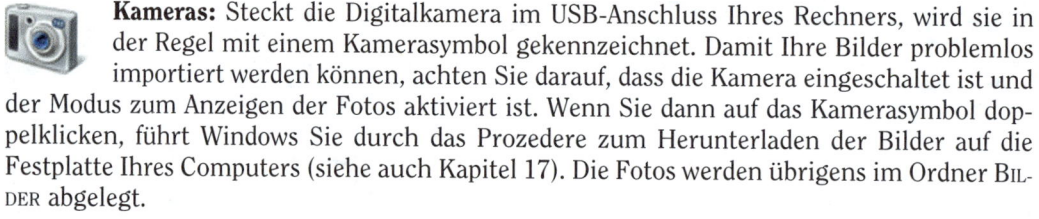

Handys und MP3-Player: Auch wenn Windows für einige MP3-Player nette Symbole kennt, bietet es ein Einheitssymbol für die meisten MP3-Player, iPods und Handys an. Sie haben einen iPod oder ein iPad? Dann brauchen Sie die Apple iTunes-Software. Windows kann sonst keine Songs auf den beziehungsweise vom iPod oder iPad kopieren. (MP3-Player sind Thema in Kapitel 16.)

Kameras: Steckt die Digitalkamera im USB-Anschluss Ihres Rechners, wird sie in der Regel mit einem Kamerasymbol gekennzeichnet. Damit Ihre Bilder problemlos importiert werden können, achten Sie darauf, dass die Kamera eingeschaltet ist und der Modus zum Anzeigen der Fotos aktiviert ist. Wenn Sie dann auf das Kamerasymbol doppelklicken, führt Windows Sie durch das Prozedere zum Herunterladen der Bilder auf die Festplatte Ihres Computers (siehe auch Kapitel 17). Die Fotos werden übrigens im Ordner Bilder abgelegt.

Hier noch ein zwei Tipps am Rande:

Wenn Sie eine Digitalkamera, ein Handy oder sonstigen technischen Schnickschnack an Ihren PC anschließen, werden Sie sicherlich noch weitere Symbole im Explorer-Fenster sehen. Wenn Windows vergisst, Sie zu fragen, was Sie mit dem angeschlossenen Gerät vorhaben zu tun, klicken Sie mit der rechten Maustaste auf das betreffende Symbol, um herauszufinden, welche Aktionen möglich sind. Dann wird für das Gerät noch ein Gerätetreiber installiert, ein Abenteuer, das in Kapitel 13 beschrieben wird.

Kleiner Tipp für Tablet-PCs: Wenn hier in diesem Buch von »klicken« die Rede ist, »tippen« Sie mit dem Finger auf den Touchscreen. »Klicken Sie mit der rechten Maustaste auf ...« bedeutet für Touchscreenler: »Drücken Sie etwas länger auf ...«. »Ziehen und ablegen« mit der Maus bedeutet in Touchscreen-Sprache ungefähr: »Streifen Sie mit dem Finger nach ...« (das ist der Ziehen-Part) »und nehmen Sie dann den Finger vom Touchscreen« (das ist der Ablegen-Part).

Was es mit den Ordnern auf sich hat

Diese langatmigen Ausführungen sind wirklich langweilig, aber wenn Sie sie nicht lesen, sind Sie genauso verloren wie Ihre Dateien.

Ein *Ordner* ist die digitale Variante eines Ordners im Aktenschrank, ein Speicherbereich auf einem Laufwerk. Windows unterteilt die Festplatten Ihres Computers in viele Ordner, damit

Sie Ihre Projekte auseinanderhalten können. Wenn Sie beispielsweise Ihre Musikdateien im Ordner MUSIK und Ihre Bilder im Ordner BILDER ablegen, herrscht Ordnung, und Sie finden alles wieder.

Windows stellt standardmäßig sechs Ordner zur Verfügung – die Ordner BILDER, DESKTOP, DO-KUMENTE, DOWNLOADS, MUSIK und VIDEOS –, damit Sie dort Ihre Dateien und Ordner nach Thema ablegen können. Damit Sie schnell auf diese Ordner zugreifen können, finden Sie sie alle im Superordner DIESER PC, der in Abbildung 5.2 mit allen Unterordnern zu sehen ist.

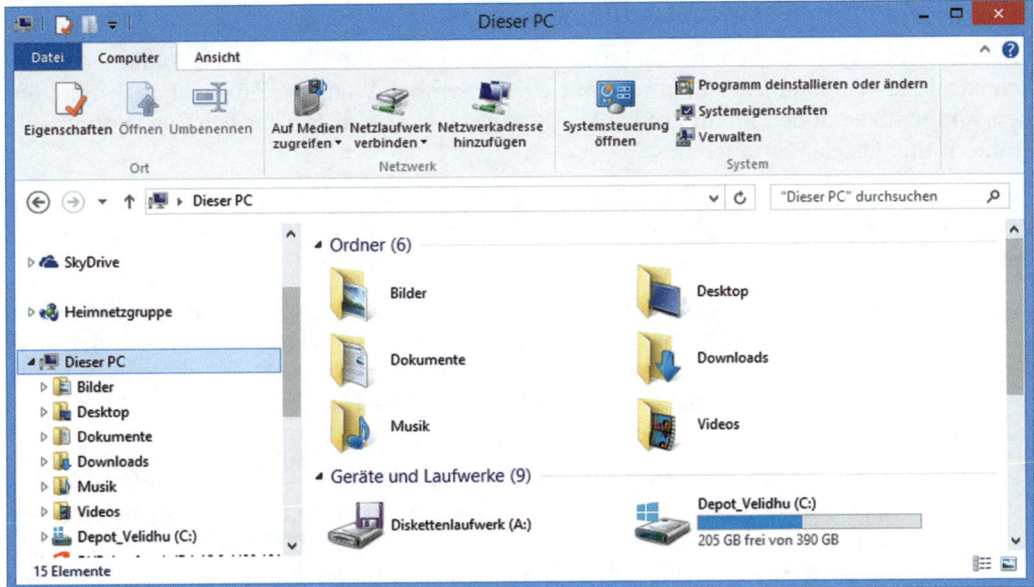

Abbildung 5.2: Für jeden Benutzer des Computers stehen genau diese sechs Ordner Verfügung – natürlich für jeden eine eigene Version.

Behalten Sie die folgenden Punkte im Hinterkopf, wenn Sie Dateien speichern:

✔ Sie können auf Ordner verzichten und Ihre Dateien auf dem Windows-Desktop ablegen. Das wäre aber so, als wenn Sie alles auf den Rücksitz Ihres Autos werfen, um dann dort nach einem Monat Ihre Sonnenbrille zu suchen.

✔ Wenn Sie Interesse daran haben, Ordner selbst anzulegen (was nicht schwierig ist), lesen Sie weiter hinten in diesem Kapitel im Abschnitt »Einen neuen Ordner anlegen« weiter.

 Die Ordnerstruktur wird häufig mit einem Baum verglichen. Ganz unten ist der Stamm, das Laufwerk, der sich nach oben in Äste, die Ordner, verzweigt, die sich wiederum in kleine Zweige, die Unterordner, verästeln. Ich gehe mal davon aus, dass die Blätter oder die Früchte dann die Dateien darstellen. Ein schönes Bild, oder?

Einen Blick auf Laufwerke, in Ordner und andere Speichermedien riskieren

Sie wissen nun, was Laufwerke sind, und kennen sich mit Ordnern aus. Wenn nicht, lesen Sie schnell noch einmal den vorhergehenden Abschnitt durch. Jetzt wird es Zeit, einen Blick auf und in diese geheimnisvollen Orte zu riskieren.

Was tummelt sich auf einem Laufwerk?

Wie Sie weiter vorn in diesem Kapitel im Abschnitt »Der digitale Aktenschrank« erfahren, kennzeichnet Windows jedes Laufwerk mit einem Symbol. Wenn Sie ein solches Symbol öffnen, können Sie auf den Inhalt des Laufwerks zugreifen, das heißt, mit den dort enthaltenen Ordnern und Dateien jonglieren.

Symbol öffnen? Wie denn? Sie doppelklicken auf das Symbol, und Windows verrät Ihnen, was das Laufwerk zu bieten hat. Aber was passiert, wenn Sie eine CD einlegen, einen USB-Stick einstecken oder eine Kamera anschließen?

Frühere Windows-Versionen haben ganz einfach geraten, was Sie vorhaben. Wurde eine CD eingelegt, hat Windows die Musik abgespielt. Das Windows der heutigen Zeit ist da viel höflicher und fragt erst mal nach, was es denn sein soll, wie in Abbildung 5.3 zu sehen ist. Die höfliche Nachfrage wird sowohl auf dem Desktop als auch auf der Startseite angezeigt.

Wenn Sie auf diese Meldung klicken, listet Windows auf, wie Ihr PC und seine Apps und Programme mit dem jeweiligen Medium umgehen können (siehe Abbildung 5.4). Entscheiden Sie sich beispielsweise für Audio-CD Wiedergebe, schickt Windows sofort den Windows Media Player los, der die CD abspielt. Wenn Sie dann das nächste Mal eine CD einlegen, fragt Ihr Rechner gar nicht mehr nach, sondern ruft automatisch den Windows Media Player auf und spielt die Musik ab.

Abbildung 5.3: Windows fragt höflich nach, was Sie mit der CD vorhaben.

Was passiert aber, wenn Sie es sich anders überlegen und eine andere Aufgabe mit dem einge-legten Medium ausführen wollen? Dann müssen Sie zum Explorer wechseln. (Wenn Sie sich gerade auf der Startseite befinden, klicken Sie auf die Kachel Desktop und dann in der Tas-kleiste auf das Explorer-Symbol.) Klicken Sie im Explorer mit der rechten Maustaste auf das Laufwerk (hier das DVD-Laufwerk) und wählen Sie im Kontextmenü (richtig, das Menü das zum Kontext passende Befehle enthält) den Eintrag Automatische Wiedergabe öffnen. Dann landen Sie wieder im Menü von Abbildung 5.4 und können eine neue Aktion wählen.

DVD-RW-Laufwerk (H:) Aud...

Wählen Sie eine Aktion für Audio-CDs.

 Audio-CD wiedergeben
Windows Media Player

 Keine Aktion durchführen

Wechseldatenträger (J:)

Wählen Sie eine Aktion für Wechseldatenträger.

 Laufwerk für Sicherung konfigurieren
Dateiversionsverlauf

 Ordner öffnen, um Dateien anzuzeigen
Explorer

 Keine Aktion durchführen

Abbildung 5.4: Bei der DVD gibt es nicht gerade viel Auswahl. Da wird beim USB-Stick schon mehr geboten.

 Das Anpassen der Einstellungen für die automatische Wiedergabe kann für USB-Sticks ganz praktisch sein. Wenn der Stick beispielsweise ein paar Songs enthält, will Windows sie abspielen. Das heißt, Sie kommen nicht so einfach an die übri-gen Dateien auf dem Stick ran. Um Ihnen das Leben hier leichter zu machen, kli-cken Sie im Kontextmenü auf Automatische Wiedergabe öffnen und dann auf Ord-ner öffnen, um Dateien anzuzeigen.

 Klicken Sie mit der rechten Maustaste auf ein Symbol im Explorer, wenn Sie nicht genau wissen, was Sie mit ihm anfangen sollen. Windows präsentiert dann in einem Menü alle verfügbaren Möglichkeiten. (Wie wäre es beispielsweise mit Öffnen, um die Dateien auf einem USB-Stick anzuzeigen und sie dann auf den Rechner zu kopieren?)

✔ Wenn Sie auf das Symbol für ein CD-, DVD- oder Blu-ray-Laufwerk doppelklicken, das kein Speichermedium enthält, bittet Windows Sie höflich, doch eine CD, DVD oder Blue-ray-Disc einzulegen.

✔ Sie haben unter dem Eintrag Netzwerk ein paar Symbole entdeckt? Das sind die Tore zu anderen Rechnern, die sich zusammen mit Ihrem Rechner im Netzwerk tummeln (mehr dazu in Kapitel 15).

Was genau ist ein Pfad?

Ein Pfad ist nichts anderes als die Adresse einer Datei. Wenn Sie einen Brief adressieren, geben Sie für den Empfänger Vorname, Name, Straße, Hausnummer, Postleitzahl, Stadt und Land an. Beim Pfad ist es ganz genauso, nur umgekehrt. Er beginnt mit dem Land, das heißt mit dem Laufwerk, und endet mit dem Namen. Dazwischen liegen Straße, Hausnummer etc., das heißt die Ordner.

Nehmen wir mal den Ordner DOWNLOADS – kein unwichtiger Ordner, denn Sie werden sicherlich hin und wieder Inhalte aus dem Internet auf Ihren Computer herunterladen. Sie beginnen bei Laufwerk C:\, hangeln sich durch die Ordner BENUTZER und SABINEGL (beziehungsweise Ihren Benutzerordner) und landen dann im Ordner DOWNLOADS.

En détail: In einem Pfad wird ein Laufwerk mit einem Buchstaben bezeichnet. Der Buchstabe, meist »C«, gefolgt von einem Doppelpunkt steht stets am Anfang einer Pfadangabe. Dann folgen die Ordner, Unterordner, Unterunterordner, die jeweils durch einen umgekehrten Schrägstrich (\) voneinander getrennt werden. Ein möglicher Pfad zu einer Datei im DOWNLOADS-Ordner könnte also folgendermaßen lauten:

```
C:\Benutzer\SabineGL\Downloads\Irgendein_Dateiname
```

Wenn Sie sich im Navigationsbereich des Explorers durch die verschiedenen Elemente zu einer Datei klicken, setzt Windows den Pfad zusammen. Ein klassisches Beispiel für das Auffinden der Datei: Wenn Sie in einem Dialogfeld auf die Schaltfläche DURCHSUCHEN klicken, können Sie anschließend durch die Laufwerks- und Ordnerhierarchie zu einer bestimmten Datei irren, die dann von Windows prompt geöffnet, gesendet oder was auch immer wird.

Was tummelt sich in einem Ordner?

 Da Ordner in der Tat kleine Ablageregister sind, benutzt Windows dieses Bild auch als Symbol für alle Ordner.

Wollen Sie im Explorer oder auf dem Desktop sehen, was sich in einem Ordner befindet, doppelklicken Sie beherzt auf das entsprechende Ordnersymbol. Ein neues Fenster wird geöffnet, das den Inhalt des Ordners präsentiert. Wenn Sie im aktuellen Ordner einen weiteren Ordner sehen, doppelklicken Sie einfach weiter, und zwar so lange, bis Sie im letzten Unterordner angelangt sind und endlich die dort abgelegten Dateien zu Gesicht bekommen.

Sie sind in irgendeinem Ordner oder Unterordner falsch abgebogen? Kein Problem. Mit der Schaltfläche ZURÜCK blättern Sie einen Ordner zurück. Wenn Sie oft genug auf diese Schaltfläche klicken, kommen Sie wieder dort an, wo Sie gestartet sind.

Mithilfe der Adressleiste können Sie ebenfalls schnell von einem Ort zum anderen springen. Die Adressleiste (siehe auch Abbildung 5.5) bleibt Ihnen dabei ständig auf den Fersen. Beachten Sie in der Adressleiste die kleinen Pfeile zwischen den Ordnernamen. Noch eine Abkürzung. Klicken Sie auf einen Pfeil rechts neben einem Ordnernamen, und Windows bietet

Ihnen eine Liste mit allen Unterordnern des gewählten Ordners. Wählen Sie einen Unterordner aus und schon sind Sie drin. Klicken Sie wie in Abbildung 5.5 gezeigt auf den Pfeil neben DIESER PC und wählen Sie dann einen Ordner aus, um dorthin zu wechseln.

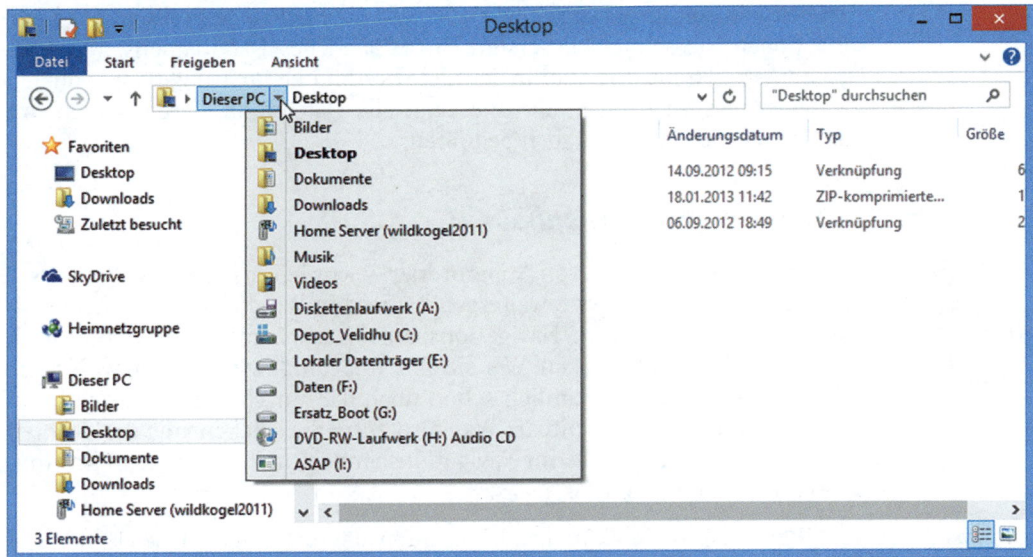

Abbildung 5.5: Hinter jedem Pfeil verbergen sich die im aktuellen Ordner enthaltenen Unterordner.

Hier ein paar weitere Tipps zum eleganten Navigieren in der Ordnerstruktur:

✔ Manchmal enthält ein Ordner mehr Dateien oder Ordner, als im Fenster angezeigt werden können. Um auch noch die allerletzte Datei einzusehen, scrollen Sie mithilfe der Bildlaufleiste im Fenster nach unten. (Bildlaufleisten sind in Kapitel 4 beschrieben.)

✔ Die Schwester der Schaltfläche ZURÜCK (siehe weiter vorn in diesem Kapitel) ist die Schaltfläche VORWÄRTS. Damit blättern Sie zu Ordnern zurück, die Sie bereits wieder verlassen haben. Wenn Sie auf den kleinen nach unten weisenden Pfeil rechts neben der Schaltfläche klicken, wird eine Liste aller zuvor besuchten Ordner angezeigt. Wählen Sie einen aus und schon sind Sie wieder dort.

Schmählich ignoriert in Windows Vista und Windows 7 erlebt die Schaltfläche HOCH wieder ein triumphales Comeback in Windows 8 und Windows 8.1. Sie befindet sich gleich rechts neben der Schaltfläche VORWÄRTS in Form des nach oben weisenden Pfeils. Damit wechseln Sie in der Ordnerstruktur um eine Ebene nach oben.

✔ Sie können eine Datei oder einen Ordner nicht finden? Anstatt ziellos durch die Ordner zu irren, vertrauen Sie sich dem charmanten Charm SUCHEN an, der sich in der noch charmanteren Charms-Leiste befindet. Diese relativ stark überarbeitete Suchfunktion ist ausführlich in Kapitel 7 besprochen.

✔ Sie sehen sich in einem Ordner mit einer langen Liste alphabetisch sortierter Dateien konfrontiert? Dann klicken Sie auf eine beliebige Stelle in der Liste und tippen Sie schnell die ersten Buchstaben des Dateinamens. Windows springt eifrig kreuz und quer in der Liste herum (die Richtung hängt von den eingegebenen Buchstaben ab) und zeigt alle Dateien an, deren Namen mit den eingegebenen Buchstaben beginnen.

Ich will meine Bibliotheken zurückhaben!

Die Bibliotheken – eine Art von Superordner – wurden erstmals in Windows 7 eingeführt, dann in Windows 8 weitergeführt und in Windows 8.1 gnadenlos hinausgeworfen. Sie finden im Navigationsbereich des Explorers weit und breit keine Spur von den Bibliotheken. Wer sie aber unbedingt wiederhaben will, sollte nicht verzweifeln. Sie sind nämlich schon noch da, nur eben standardmäßig in Windows 8.1 nicht mehr sichtbar. Was also tun? Sie klicken mit der rechten Maustaste auf eine leere Stelle im Navigationsbereich und wählen dann im Kontextmenü den Befehl Bibliotheken anzeigen.

Und was genau sind Bibliotheken? Bibliotheken beobachten ständig verschiedene Ordner und zeigen deren Inhalte in einem Fenster an. Und wie bekommen Sie diese Inhalte zu Gesicht? Wie bei einem gewöhnlichen Ordner: Sie doppelklicken auf eine Bibliothek und können sehen, was drin ist.

Doppelklicken Sie beispielsweise im Navigationsbereich auf den Ordner Dokumente und Sie sehen zwei weitere (Unter-)Ordner: Dokumente und Öffentliche Dokumente (und eventuell noch den Dokumentenordner auf SkyDrive).

Wenn Sie eine Datei nun in einer Bibliothek speichern, in welchem der Bibliotheksunterordner finden Sie sie dann wieder? Sie befindet sich in dem Ordner, der als Standardspeicherort definiert ist. Wenn Sie beispielsweise ein Dokument in der Bibliothek Dokumente ablegen, landet es automatisch im Unterordner Dokumente, da dieser von Haus aus als Standardspeicherort definiert ist. (Früher hieß dieser Unterordner Eigene Dokumente.)

Wenn Ihnen die Bibliotheken zu kompliziert sind, stehen Sie nicht allein damit da. Das ist wahrscheinlich auch der Grund dafür, dass Microsoft sie in Windows 8.1 aus dem Navigationsbereich verbannt hat. Vielleicht wird es sie in der nächsten Windows-Version gar nicht mehr geben. Wer weiß.

Einen neuen Ordner anlegen

Im wirklichen Leben: Wenn Sie neue Projekte in Ihren Aktenschrank unterbringen wollen, nehmen Sie einen Ordner, kritzeln einen Namen darauf und legen die Projektunterlagen in den Ordner. In Windows: Wenn Sie neue Daten ablegen wollen, erstellen Sie einen neuen Ordner, vergeben einen Ordnernamen und legen die Daten in diesem Ordner ab.

Um einen neuen Ordner im Schnellverfahren anzulegen, klicken Sie im Explorer im Menüband auf der Registerkarte START in der Gruppe NEU auf die Schaltfläche NEUER ORDNER. Wenn Ihnen dieser Weg zu unübersichtlich ist, führen Sie die folgenden Schritte aus:

1. **Klicken Sie im Navigationsbereich mit der rechten Maustaste auf einen Ordner (oder auf eine Stelle auf dem Desktop).**

   Wie immer, wenn Sie mit der rechten Maustaste klicken, zaubert Windows ein Kontextmenü für Sie auf den Bildschirm.

2. **Wählen Sie den Befehl NEU und dann den Eintrag ORDNER.**

   Sobald Sie das tun (siehe auch Abbildung 5.6), fügt Windows blitzschnell einen neuen Ordner im zuvor gewählten Ordner beziehungsweise auf dem Desktop ein.

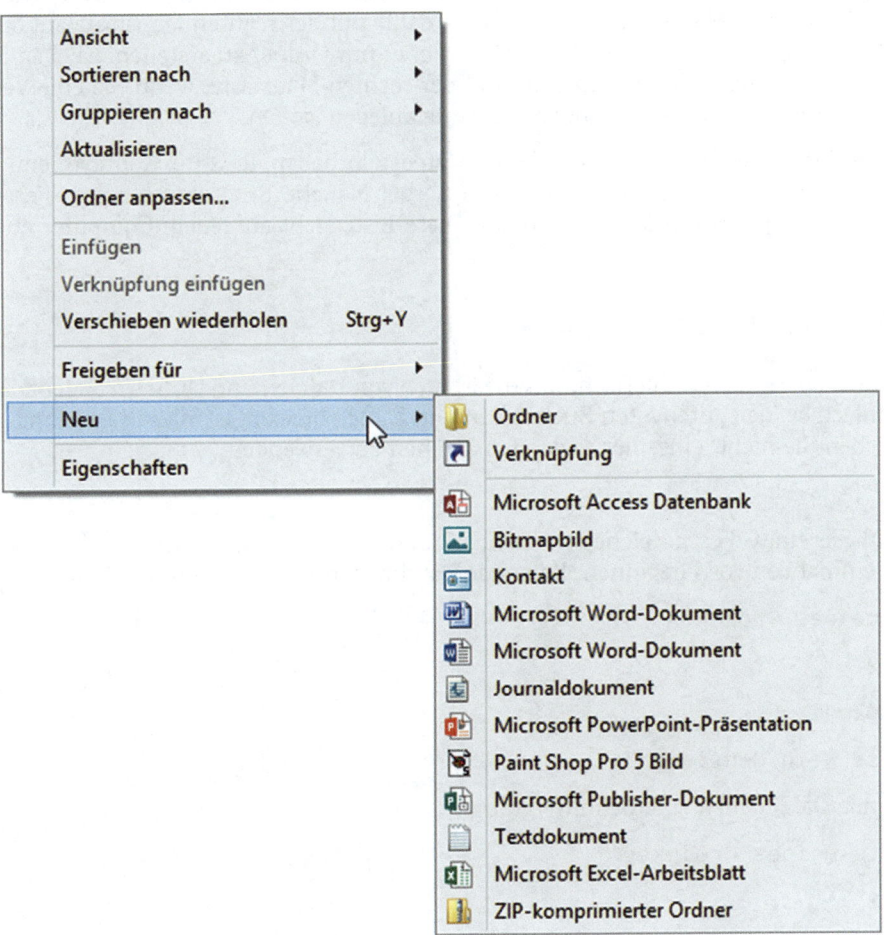

Abbildung 5.6: Der neue Ordner wird als Unterordner im aktuellen Ordner oder auf dem Desktop abgelegt.

3. Geben Sie einen Namen für den neuen Ordner ein.

Jeder neue Ordner heißt ganz lapidar NEUER ORDNER. Sie können nach dem Erstellen des Ordners einfach lostippen, um diesen nichtssagenden Namen zu ändern. Drücken Sie die ⏎-Taste oder klicken Sie auf eine Stelle außerhalb des Namensfeldes, um die Benennung abzuschließen. Wenn Sie sich vertippt haben, klicken Sie mit der rechten Maustaste auf den Ordner, wählen im Kontextmenü den Befehl UMBENENNEN und korrigieren den Namen.

✔ Einige Zeichen sind in Ordnernamen (und auch in Dateinamen) tabu. Ersparen Sie sich Ärger, bleiben Sie bei Zahlen und Buchstaben. (Details darüber, was geht und was nicht, finden Sie im Kasten »Gültige Ordner- und Dateinamen«.)

 Scharfsinnige Beobachter werden bereits festgestellt haben, dass Windows in dem in Abbildung 5.6 gezeigten Menü viel mehr Dinge als nur neue Ordner anbietet. Das gilt aber nur, wenn Sie dafür mit der rechten Maustaste auf den Desktop geklickt haben. Im Explorer gibt es nur Ordner zu erstellen. Klicken Sie also auf dem Desktop auch dann mit der rechten Maustaste, wenn Sie eine Verknüpfung oder andere Standardelemente anlegen wollen.

✔ Aufmerksame Beobachter werden bereit festgestellt haben, dass ihr Kontextmenü anders aussieht als das in Abbildung 5.6. Keine Sorge! Manche Programme fügen dieser Liste einen Eintrag hinzu und manche nicht. Diese Liste sieht auf jedem Computer etwas anders aus.

Gültige Ordner- und Dateinamen

Windows ist ziemlich wählerisch, was die Namen von Dateien und Ordnern angeht. Wenn Sie einfach bei den guten alten Buchstaben und Zahlen bleiben, ist alles in Ordnung. Aber versuchen Sie nicht, eines der folgenden Zeichen zu verwenden:

: / \ * | < > ? '

Sobald Sie eines dieser Zeichen verwenden, beschwert sich Windows, und Sie müssen noch einmal von vorn beginnen. Folgende Dateinamen sind definitiv ungültig:

```
1/2 meines Projekts

Job:2

Eins<Zwei

Er ist kein 'Gentleman'.
```

Folgende Dateinamen sind definitiv gültig:

```
Hälfte meines Projekts

Job=2

Zwei ist größer als eins

Was für ein Halunke #@$%!
```

Dateien und Ordner umbenennen

Ein Datei- oder Ordnername gefällt Ihnen gar nicht? Klicken Sie mit der rechten Maustaste auf das Datei- oder Ordnersymbol und wählen Sie im Kontextmenü die Option UMBENENNEN.

Der alte Name wird ausgewählt und verschwindet, sobald Sie den neuen Datei- oder Ordnernamen eingeben. Drücken Sie ← oder klicken Sie auf den Desktop, wenn Sie fertig sind.

Alternativ dazu können Sie auch auf den Namen der Datei oder des Ordners klicken, um sie beziehungsweise ihn auszuwählen. Warten Sie einen Moment und klicken Sie dann noch einmal auf den Namen, der dann für die Bearbeitung bereit ist.

Andere wiederum bevorzugen die folgende Methode: Klicken Sie auf den Namen, drücken Sie F2 und ändern Sie den Namen.

✔ Wenn Sie eine Datei umbenennen, ändert sich nur ihr Name. Der Inhalt bleibt derselbe, die Größe ändert sich nicht und auch der Speicherort ist derselbe.

Um eine Gruppe von Dateien gleichzeitig umzubenennen, wählen Sie sie aus, klicken mit der rechten Maustaste auf die erste Datei und wählen im Kontextmenü den Befehl UMBENENNEN. Geben Sie dann den neuen Namen ein und drücken Sie ←. Windows benennt die erste Datei wie von Ihnen vorgegeben um. Alle anderen zuvor ausgewählten Dateien erhalten ebenfalls diesen neuen Namen plus eine in runde Klammern gesetzte, fortlaufende Nummerierung am Namensende, beispielsweise Katze, Katze (1), Katze (2), Katze (3) und so weiter.

✔ Das Umbenennen bestimmter Ordner kann zur Verwirrung von Windows führen, besonders dann, wenn diese Ordner Programme enthalten. Die folgenden Ordner sollten Sie auf keinen Fall umbenennen: BILDER, DESKTOP, DOKUMENTE, DOWNLOADS, MUSIK und VIDEOS.

Es ist nicht möglich, den Namen einer Datei oder eines Ordners zu ändern, wenn die Datei oder eine Datei aus dem Ordner gerade benutzt wird. Meist reicht es dann aus, wenn Sie das Programm, in dem die Datei geöffnet ist, schließen. Anschließend können Sie die Datei beziehungsweise den Ordner wie gehabt umbenennen. Manchmal bockt Windows aber auch nach dem Schließen des Programms. Dann kommen Sie nur weiter, wenn Sie den Computer neu starten.

Mehrere Dateien oder Ordner auswählen

Vielleicht erscheint Ihnen das Auswählen von Dateien, Ordnern oder anderer Elemente auf den ersten Blick nicht so prickelnd. Sobald Sie aber wissen, wie es geht, stehen Ihnen alle Tore und Türen offen – Löschen, Umbenennen, Kopieren, Verschieben und andere feine Dateitricks, die auf den folgenden Seiten in diesem Kapitel erläutert werden.

Um ein einzelnes Element auszuwählen, klicken Sie einfach darauf. Um mehrere Dateien oder Ordner auszuwählen, halten Sie die Strg-Taste gedrückt und klicken nacheinander auf die Dateien, die Sie auswählen wollen. Je öfter Sie klicken, umso mehr Dateien werden ausgewählt. Aber ja nicht die Strg-Taste loslassen, erst wenn alle gewünschten Dateien ausgewählt sind.

Liegen die auszuwählenden Dateien unter- oder nebeneinander, klicken Sie auf die erste Datei, halten die ⇧-Taste gedrückt und klicken dann auf die letzte Datei. Die erste, die letzte und alle dazwischenliegenden Dateien werden in die Auswahl aufgenommen.

Oder Sie schwingen das Lasso! Zeigen Sie auf eine Stelle knapp über der ersten Datei oder dem ersten Ordner, halten Sie die Maustaste gedrückt und zeigen Sie dann leicht unterhalb der letzten Datei beziehungsweise des letzten Ordners. Die Maus schwingt das Lasso, das die ausgewählten Elemente farbig umgibt. Lassen Sie die Maustaste los, wird das Lasso ausgeblendet und alle eingefangenen Dateien sind ausgewählt.

✔ Sie können mehrere ausgewählte Elemente gemeinsam an eine neue Position ziehen.

✔ Mehrere ausgewählte Elemente können auch mithilfe der Methoden verschoben werden, die weiter hinten in diesem Kapitel im Abschnitt »Dateien und Ordner kopieren oder verschieben« beschrieben sind.

✔ Alle ausgewählten Dateien und Ordner können mit nur einem Tastendruck gelöscht werden. Hierfür ist die Entf-Taste zuständig.

Um schnell alle Dateien in einem Ordner zu markieren, klicken Sie im Explorer auf der Registerkarte START in der Gruppe AUSWÄHLEN auf die Schaltfläche ALLES AUSWÄHLEN. Und hier noch ein nützlicher Trick: Wenn Sie fast alle Dateien in einem Ordner auswählen möchten, drücken Sie Strg+A, um alle auszuwählen. Klicken Sie dann mit gedrückter Strg-Taste auf all die Dateien, die nicht in der Auswahl enthalten sein sollen.

Dateien oder Ordner loswerden

Früher oder später werden Sie die eine oder andere Datei löschen wollen. Wer braucht schon noch die Lottozahlen der letzten Woche oder das peinliche digitale Foto? Um eine Datei oder einen Ordner zu löschen, klicken Sie mit der rechten Maustaste auf ihren beziehungsweise seinen Namen und wählen im Kontextmenü den Befehl LÖSCHEN.

Diese Vorgehensweise ist überraschend einfach und funktioniert bei allen Dateien, Ordnern, Verknüpfungen und eigentlich bei fast allen Elementen in Windows.

Wenn Sie in Eile sind und etwas schnell löschen wollen, klicken Sie auf das entsprechende Element und drücken die Entf-Taste. Oder Sie ziehen eine Datei oder einen Ordner in den Papierkorb auf dem Desktop.

Wenn Sie einen Ordner löschen, wird Tabula rasa gemacht. Alle dort enthaltenen Dateien und Unterordner werden dem Erdboden gleichgemacht. Achten Sie vor dem Löschen darauf, dass Sie auch wirklich den richtigen Ordner ausgewählt haben.

✔ Wenn Sie den Löschbefehl wählen, fragt Windows höflich nach, ob Sie auch wirklich löschen wollen. Wenn dem so ist, bestätigen Sie die Nachfrage mit JA. Andernfalls klicken Sie auf NEIN. Wenn Ihnen diese Nachfragerei von Windows auf die Nerven geht, klicken Sie mit der rechten Maustaste auf den Papierkorb, wählen im Kontextmenü den Befehl EIGEN-SCHAFTEN und deaktivieren im Dialogfeld EIGENSCHAFTEN VON PAPIERKORB das Kontrollkästchen DI-ALOG ZUR BESTÄTIGUNG DES LÖSCHVORGANGS ANZEIGEN. Windows löscht dann alle ausgewählten Elemente ohne weitere Nachfrage, sobald Sie ⌷Entf⌷ drücken.

Sie sollten die Finger von solchen Dateien lassen, die ein kleines Zahnrad im Symbol haben. Diese Dateien sind normalerweise sensible, verborgene Dateien, und der Computer will, dass Sie sie in Ruhe lassen.

Bei Symbolen mit einem kleinen Pfeil handelt es sich um Verknüpfungen, mit denen man schnell Dateien öffnen oder zu einem Ordner wechseln kann. (Mehr zu Verknüpfungen finden Sie in Kapitel 6.) Wenn Sie eine Verknüpfung löschen, wird nur das Verknüpfungssymbol gelöscht, nicht aber die verknüpfte Datei, der verknüpfte Ordner oder das verknüpfte Programm.

✔ Wenn Sie wissen, wie man Dateien löscht, sollten Sie auch wissen, wie man gelöschte Dateien wiederherstellen kann. Fehler passieren! Informationen zum Wiederherstellen gelöschter Dateien finden Sie in Kapitel 3. (Ein Hinweis für bereits Verzweifelte: Öffnen Sie den Papierkorb auf dem Desktop, klicken Sie mit der rechten Maustaste auf den Namen der versehentlich gelöschten Datei und wählen Sie im Kontextmenü den Befehl WIEDER-HERSTELLEN.)

Kümmern Sie sich bloß nicht um diesen versteckten Technikkram!

Sie sind nicht allein, wenn es darum geht, auf Ihrem Computer Dateien zu erstellen. Oft legen Programme eigene Informationen in einer Datendatei ab. Sie enthalten zum Beispiel Informationen darüber, wie der Computer eingerichtet ist. Damit Sie erst gar nicht auf den Gedanken kommen, dass diese Dateien Müll sind und gelöscht werden sollten, versteckt Windows sie vor Ihnen.

Wenn Sie ganz neugierig sind, können Sie die Namen dieser versteckten Dateien anzeigen lassen:

1. **Klicken Sie im Explorer auf die Registerkarte ANSICHT.**

2. **Klicken Sie in der Gruppe EIN-/AUSBLENDEN auf das Kontrollkästchen AUSGEBLENDETE ELEMENTE.**

   Wenn Sie diese Gruppe nicht im Menüband sehen, müssen Sie das Explorer-Fenster etwas größer ziehen.

Die zuvor versteckten Dateien erscheinen nun zusammen mit den anderen Dateinamen. Denken Sie aber daran, diese Dateien nicht zu löschen. Das Programm, das sie erstellt hat, würde das übel nehmen. Und das könnte unter Umständen zur Beschädigung anderer Dateien oder sogar von Windows führen. Um diesen Problemen aus dem Weg zu gehen, klicken Sie noch einmal auf das Kontrollkästchen in Schritt 2 und lassen diese Dateien wieder verschwinden.

Dateien und Ordner kopieren oder verschieben

Um Dateien in einen anderen Ordner auf der Festplatte zu kopieren, verwenden Sie am besten die Maus. Denn damit können Sie eine oder mehrere Dateien bequem von hier nach da ziehen.

In der folgenden Schrittanleitung wird die Datei KOOKABURRA aus dem Ordner DOKUMENTE in den Ordner TIERWELT verschoben:

1. Richten Sie die beiden Explorer-Fenster ordentlich nebeneinander aus.

Wie das geht, ist in Kapitel 4 erläutert. Oh, das haben Sie noch nicht gelesen? Versuchen Sie das: Klicken Sie auf das erste Explorer-Fenster. Drücken Sie ⊞+→. Das Fenster füllt die rechte Desktophälfte. Klicken Sie dann auf das andere Fenster und drücken Sie ⊞+←. Das Fenster füllt die linke Desktophälfte.

2. Zeigen Sie mit der Maus auf die Datei oder den Ordner, die beziehungsweise der verschoben werden soll.

In diesem Beispiel ist das die Datei KOOKABURRA im Ordner DOKUMENTE.

3. Halten Sie die rechte Maustaste gedrückt und ziehen Sie das Dateisymbol ins Zielfenster.

Wie Sie in Abbildung 5.7 sehen können, wird die KOOKABURRA-Datei aus dem Ordner DOKUMENTE in den Unterordner TIERWELT gezogen.

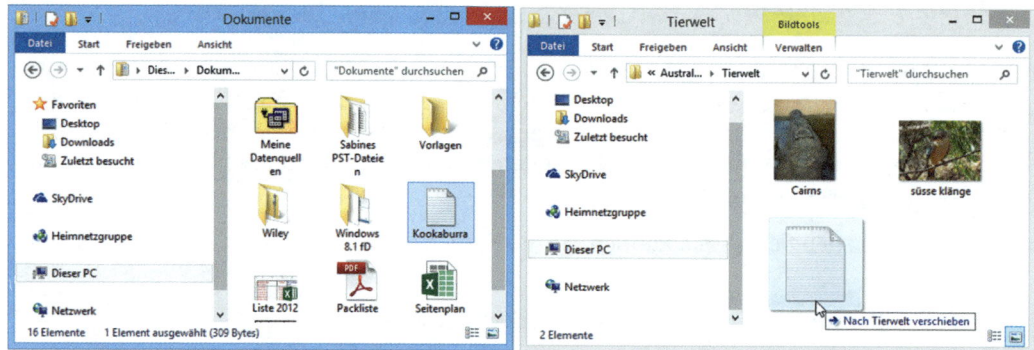

Abbildung 5.7: Ziehen Sie Dateien oder Ordner mit gedrückter Maustaste aus einem Fenster in ein anderes.

Die Datei oder der Ordner folgt der Mausbewegung. Und Windows gibt Auskunft darüber, dass die Datei verschoben wird, wie Abbildung 5.7 zeigt. (Lassen Sie die Maustaste erst los, wenn Sie im anderen Fenster sind.)

 Sie sollten sich angewöhnen, mit gedrückter rechter Maustaste zu ziehen, auch wenn es mit der linken auch geht. Wenn Sie nämlich mit gedrückter rechter Maustaste ziehen, können Sie beim Ablegen der Datei wählen, ob Sie sie kopieren, verschieben oder eine Verknüpfung zur Datei erstellen wollen. Wenn Sie mit gedrückter linker Maustaste ziehen, geht Windows einfach davon aus, dass Sie verschieben wollen. Wenn Sie dabei aber zusätzlich die Strg-Taste gedrückt halten, kopiert Windows die Datei.

4. Lassen Sie die rechte Maustaste los und wählen Sie im Kontextmenü HIERHER KOPIEREN, HIERHER VERSCHIEBEN oder VERKNÜPFUNG HIER ERSTELLEN.

Wenn das Ziehen und Ablegen zu viel Arbeit macht, bietet Windows noch andere Verfahren zum Kopieren und Verschieben von Dateien oder Ordnern. Abhängig von der aktuellen Fensteranordnung auf Ihrem Desktop funktionieren die folgenden Methoden unter Umständen einfacher:

✔ **Kontextmenü:** Klicken Sie mit der rechten Maustaste auf die Datei oder den Ordner und wählen Sie im Kontextmenü den Befehl KOPIEREN oder AUSSCHNEIDEN. Dann wechseln Sie zum Zielordner, klicken dort mit der rechten Maustaste und wählen im Kontextmenü den Befehl EINFÜGEN. Es ist einfach, funktioniert immer und Sie brauchen nicht vorher zwei Explorer-Fenster nebeneinander auszurichten.

✔ **Befehle im Menüband:** Klicken Sie auf die Datei oder den Ordner. Klicken Sie dann auf der Registerkarte START in der Gruppe ZWISCHENABLAGE auf die Schaltfläche KOPIEREN NACH oder VERSCHIEBEN NACH. Eine Liste mit häufig besuchten Ordnern klappt auf. Wenn Sie dort nicht fündig werden, klicken Sie unten in der Liste auf SPEICHERORT AUSWÄHLEN und suchen nach dem Zielordner. Die Datei wird brav im gewählten Ordner abgelegt. Ein bisschen umständlich, aber warum nicht auch mal so.

Das Menüband im Explorer ist ein neues Feature von Windows 8. Sie erfahren in Kapitel 4 mehr darüber.

✔ **Navigationsbereich:** Dieser Bereich, der links im Explorer angezeigt wird, listet alle bekannten und beliebten Bereiche Ihres Rechners auf – Laufwerke, Netzwerke, SkyDrive und sonstige häufig verwendete Plätze. Sie können eine Datei ganz einfach auf einen Eintrag im Navigationsbereich ziehen und dort ablegen. Das erspart Ihnen das Öffnen des Zielordners. In Kapitel 4 erfahren Sie Details zum Navigationsbereich.

Bitte verschieben Sie nie einen Programmordner. Programme werden bei der Installation kunstvoll mit Windows verwoben. Wenn Sie dann den Programmordner neu positionieren, funktioniert nichts mehr. Und Sie müssen das Programm erneut installieren. Sie können aber jederzeit eine Verknüpfung zu dem Programm verschieben.

Details zu Dateien und Ordnern anzeigen

Jedes Mal, wenn Sie eine Datei oder einen Ordner anlegen, versieht Windows sie beziehungsweise ihn mit einer Menge geheimer Informationen: die Größe, das Erstellungsdatum und vieles mehr. Manchmal haben auch Sie die Möglichkeit, eigene, geheime Informationen hinzuzufügen: Bewertungen von Musikdateien oder Miniaturbildchen für Ordner.

Die meisten dieser Informationen können Sie ignorieren. Manchmal bieten sie allerdings den einzigen Weg, ein Problem zu lösen.

Wenn Sie wissen wollen, wie Windows die Dateien und Ordner hinter Ihrem Rücken nennt, klicken Sie mit der rechten Maustaste auf das entsprechende Element, und wählen dann im Kontextmenü den Befehl EIGENSCHAFTEN.

Wenn Sie diesen Befehl beispielsweise für das erste Lied der Carmina Burana von Carl Orff wählen, erhalten Sie ziemlich viele Informationen, wie Abbildung 5.8 zeigt. Auf den Registerkarten werden folgende Informationen präsentiert:

✔ ALLGEMEIN: Auf der ersten Registerkarte, die auch in Abbildung 5.8 zu sehen ist, wird der Dateityp (eine MP3-Datei), die Dateigröße (5,92 MB), der Speicherort sowie die App genannt, mit der die Datei geöffnet werden kann (die Musik-App).

 Wenn Sie möchten, dass die Datei mit einem anderen Programm geöffnet wird, klicken Sie im Dialogfeld EIGENSCHAFTEN VON ... auf die Schaltfläche ÄNDERN und wählen das betreffende Programm aus, beispielsweise den Windows Media Player.

✔ SICHERHEIT: Auf dieser Registerkarte werden die Zugriffsberechtigungen angezeigt – wer kann wie auf diese Datei zugreifen. Das wird dann wichtig, wenn Windows sich weigert, wenn Sie auf eine bestimmte Datei zugreifen wollen. Ist dies der Fall, kopieren Sie die Datei in einen öffentlichen Ordner (mehr dazu in Kapitel 14). In einem öffentlichen Ordner kann jeder Benutzer des PCs auf alle Dateien zugreifen.

✔ DETAILS: Hier geht es ins Detail. Für eine Bilddatei wird beispielsweise der Kamerahersteller, das Kameramodell, die Belichtungszeit und und und angezeigt. Im Fall von Musikdateien erfahren Sie den Interpreten, den Namen des Albums, das Genre und so weiter.

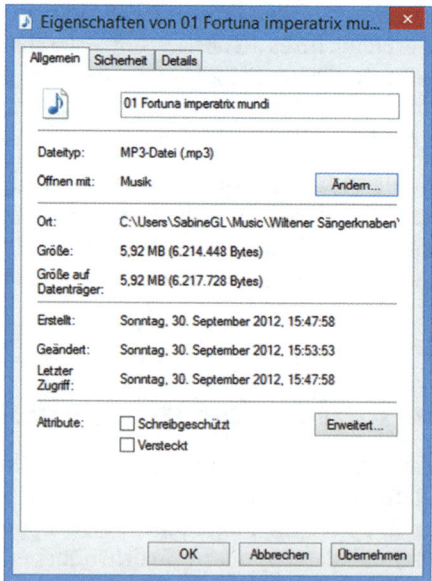

Abbildung 5.8: Die geheimen Informationen zu einer Musikdatei

Unter normalen Umständen bekommen Sie diese Informationen nie zu sehen. Erst wenn Sie mit der rechten Maustaste auf eine Datei oder einen Ordner klicken und im Kontextmenü den Befehl Eɪɢᴇɴsᴄʜᴀғᴛᴇɴ wählen, kommen die Geheimnisse ans Licht.

Manchmal ist es wünschenswert, in einem Ordner ein paar Details zu den dort enthaltenen Dateien einzublenden. Das ist keine große Sache. Sie müssen lediglich die Ordneransicht auf Dᴇᴛᴀɪʟs setzen und das geht so:

1. **Klicken Sie im Explorer auf die Registerkarte Aɴsɪᴄʜᴛ.**

2. **Klicken Sie in der Gruppe Lᴀʏᴏᴜᴛ auf die Schaltfläche Dᴇᴛᴀɪʟs.**

   Jetzt sehen Sie neben dem Namen der Musikdateien zusätzliche Detailinformationen, die sich in Spalten nach rechts erstrecken, wie in Abbildung 5.9 deutlich zu sehen ist.

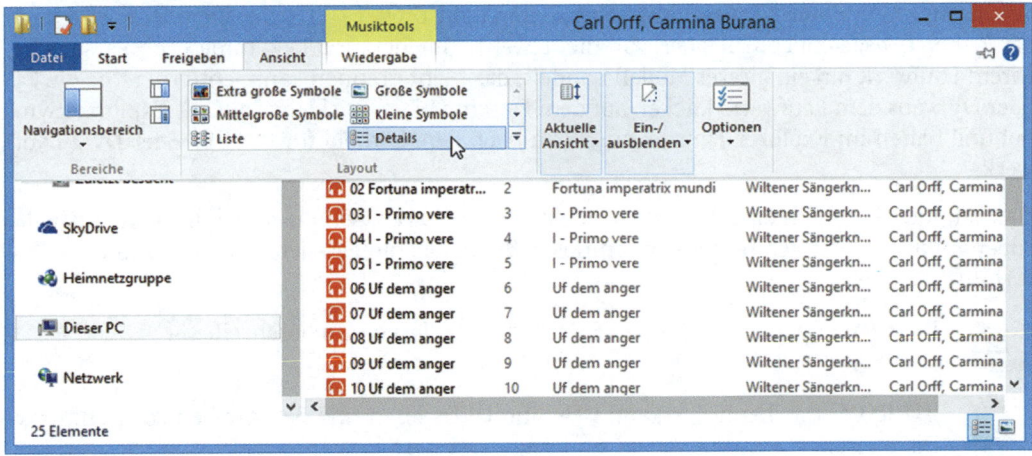

Abbildung 5.9: Über die Registerkarte »Ansicht« können Details zu Dateien eingeblendet werden.

Testen Sie auch die anderen Layoutvarianten der Registerkarte Aɴsɪᴄʜᴛ. Windows merkt sich übrigens, welches Layout Sie für welchen Ordner gewählt haben. Das nenne ich Service.

 Wenn Sie sich einmal keinen Reim darauf machen können, für was eine Schaltfläche im Menüband gut sein könnte, zeigen Sie einfach mit der Maus auf die betreffende Schaltfläche. Windows blendet sofort eine kleine QuickInfo ein, in der Sinn und Zweck der Schaltfläche in aller Kürze zusammengefasst wird.

✔ Schalten Sie zwischen den verschiedenen Ansichten hin und her und finden Sie heraus, was Ihnen am besten passt. Sie brauchen unbedingt das Erstellungsdatum des einen oder anderen Fotos? Kein Problem. Sie wollen für die Fotos in einem Ordner kleine Symbole anzeigen? Auch kein Problem.

✔ Dateien werden in einem Ordner in der Regel in alphabetischer Reihenfolge aufgelistet. Das muss aber nicht so sein. Um nach anderen Kriterien zu sortieren, klicken Sie mit der rechten Maustaste auf einen leeren Bereich im Ordnerfenster und wählen den Befehl

SORTIEREN NACH. Dann haben Sie die Qual der Wahl. Ordnen Sie beispielsweise die Dateiliste in umgekehrter alphabetischer Reihenfolge oder nach Änderungsdatum oder nach Größe …

 Wenn sich die Aufregung über die Sortiervielfalt etwas gelegt hat, klicken Sie auf den Pfeil neben einer Spaltenbeschriftung, beispielsweise auf den Pfeil neben GRÖSSE. Jetzt können Sie die Dateien so sortieren, dass die größten Dateien vorn in der Liste stehen. Oder sollen es doch lieber die kleinsten sein? Sie sehen schon, Entscheidungen über Entscheidungen.

Auf CDs und DVDs schreiben

Die meisten Computer können heutzutage Daten auf CD oder DVD schreiben. Dies wird auch als *Brennen* bezeichnet (tut aber gar nicht weh). Um herauszubekommen, ob es sich bei Ihrem Laufwerk um ein älteres Modell handelt, das nicht brennen kann, entfernen Sie die CD oder DVD aus dem Laufwerk, klicken auf dem Desktop in der Taskleiste auf das Explorer-Symbol und halten im Explorer-Fenster Ausschau nach dem Symbol für das CD- oder DVD-Laufwerk.

Da Computer häufig in einem Geheimcode kommunizieren, soll die folgende kleine Liste darüber aufklären, was sich hinter den ominösen Buchstabenfolgen neben dem Laufwerksymbol verbirgt:

 DVD-RW: Das Laufwerk kann CDs und DVDs lesen und beschreiben.

 BD-ROM: Das Laufwerk kann CDs und DVDs lesen und beschreiben sowie Blu-ray-Discs lesen.

 BD-RE: Das Laufwerk kann CDs, DVDs und Blu-ray-Discs lesen und beschreiben.

 Wenn Ihr PC über zwei CD- oder DVD-Brenner verfügt, teilen Sie Windows mit, welches Ihrer Laufwerke die Brennaufträge durchführen soll: Klicken Sie dazu mit der rechten Maustaste auf das Laufwerk, wählen Sie im Kontextmenü EIGENSCHAFTEN. Klicken Sie dann im Eigenschaftendialogfeld auf die Registerkarte AUFNAHME und wählen Sie in der oberen Dropdownliste das Standardlaufwerk zum Brennen aus.

Die richtigen Rohlinge verwenden

Es werden zwei CD-Typen angeboten: CD-R (Abkürzung für CD-Recordable – beschreibbar) und CD-RW (Abkürzung für CD-ReWritable – wiederbeschreibbar). Aha! Und was ist der Unterschied?

✔ **CD-R:** Viele Benutzer kaufen CD-R-Rohlinge, weil sie zum einen preiswert und zum anderen hervorragend zum Speichern von Musik und Dateien geeignet sind. Sie können sie so lange beschreiben, bis sie voll sind. Dann geht nichts mehr. Auf diese CD werden Sie nie wieder etwas anderes schreiben können. Das ist aber kein Problem, weil die meisten Menschen ihre CDs nicht mehr löschen wollen. Sie wollen den gebrannten Datenträger in die Anlage im Auto einlegen oder als Datensicherung aufbewahren.

✔ **CD-RW:** Technikaffine Leute kaufen manchmal CD-RW-Rohlinge, um zum Beispiel vorübergehend ihre Daten darauf zu sichern. Sie können CD-RWs genau wie CD-Rs beschreiben. Doch wenn eine CD-RW voll ist, kann sie gelöscht und erneut beschrieben werden. Die Wiederverwendbarkeit spiegelt sich natürlich im Preis wider. CD-RW-Rohlinge sind teurer als CD-R-Rohlinge.

Auch DVDs gibt es wie CDs sowohl im R- als auch im RW-Format; die gerade beschriebenen Regeln für R und RW gelten also auch für DVDs. Die meisten DVD-Brenner, die es in den letzten Jahren zu kaufen gab, können quasi jeden CD- oder DVD-Rohling beschreiben.

Wenn Sie DVDs für ältere Brenner benötigen, wird es etwas unübersichtlich: Die Hersteller konnten sich nie so richtig auf ein Speicherformat einigen, was die Dinge nicht gerade einfacher macht. Um sich die passenden DVD-Rohlinge zuzulegen, lesen Sie in den Unterlagen zum Brenner nach, welche Formate er beherrscht: DVD-R, DVD-RW, DVD+R, DVD+RW.

✔ Je schneller eine CD oder DVD gebrannt werden kann, umso höher ist ihr »x«-Faktor. Entscheiden Sie sich für die Rohlinge mit der höchsten Geschwindigkeit – 52x für CDs und 16x für DVDs.

✔ CD-Rohlinge sind preiswert. Borgen Sie sich einfach eine CD aus der Nachbarschaft und prüfen Sie, ob sie in Ihrem Laufwerk funktioniert. Wenn ja, kaufen Sie sich ein paar CDs desselben Typs. DVD-Rohlinge sind dagegen teuer. Fragen Sie im Geschäft nach, ob Sie die DVDs zurückgeben können, wenn Ihr Brenner sie nicht akzeptiert.

✔ Blu-ray-Disc-Rohlinge sind noch teurer als DVD-Rohlinge. Dafür sind die Laufwerke nicht so pingelig und akzeptieren fast alle Blu-ray-Discs.

✔ Obwohl Windows einfache Brennaufgaben erledigen kann, ist es ausgesprochen unbeholfen, wenn es darum geht, CDs zu kopieren. Die meisten Benutzer geben schnell auf und kaufen sich eine Brennsoftware von Drittanbietern. In Kapitel 16 erfahren Sie übrigens, wie Sie mit Windows Musik-CDs erstellen.

Dateien auf oder von CDs oder DVDs kopieren

Es gab einmal eine Zeit, da war das Arbeiten mit CDs und DVDs wirklich einfach: Man legte den Datenträger in das CD- oder DVD-Laufwerk ein – fertig. Aber je beliebter diese Datenträger wurden, umso mehr Probleme tauchten auf.

Wenn Sie eine CD oder DVD erstellen, müssen Sie Ihrem PC mitteilen, was Sie kopieren wollen und wo der Datenträger später abgespielt werden soll: Musik für einen CD-Player? Eine Fotodiashow? Oder einfach nur Dateien für Ihren Computer?

Wenn Sie hier die falsche Antwort wählen, war der Brennvorgang für die Katz.

Folgende Regeln sollten Sie deshalb beherzigen:

✔ **Musik:** Wenn Sie eine CD für einen gewöhnlichen CD-Player erstellen wollen, werfen Sie einen Blick in Kapitel 16. In aller Kürze: Sie werfen dafür den Windows Media Player an und brennen eine Audio-CD.

 **Fotodiashow:** Seit Windows 8 wird der Windows DVD Maker nicht mehr unterstützt, den es in Windows Vista und Windows 7 gab. Um eine Fotodiashow auf DVD zu erstellen, müssen Sie ein Programm von einem anderen Hersteller erwerben.

Wenn Sie aber nur Dateien auf eine CD oder DVD für eine Datensicherung oder für eine Freundin kopieren wollen, lesen Sie hier weiter.

Führen Sie die folgenden Schritte aus, um Dateien auf eine neue, leere CD oder DVD zu schreiben. Wenn Sie Dateien auf eine CD oder DVD brennen möchten, die Sie schon einmal beschrieben haben, lesen Sie gleich bei Schritt 4 weiter.

1. **Legen Sie einen Rohling in den Brenner ein und klicken oder tippen Sie auf das kleine Benachrichtigungsfeld, das rechts oben in der Ecke angezeigt wird.**

2. **Entscheiden Sie sich in der angebotenen Liste für das Brennen von Daten.**

Das Dialogfeld DATEIEN AUF DATENTRÄGER BRENNEN wird geöffnet und will ein paar Dinge von Ihnen wissen.

3. **Vergeben Sie einen Namen für den Datenträger, geben Sie den Verwendungszweck an und klicken Sie auf WEITER.**

Der Name darf leider nicht länger als 16 Zeichen sein. Titel wie »Familienurlaub 2013 am Fuße des Wildkogels« sind daher nicht möglich. Halten Sie sich an die Fakten – »Urlaub 2013« muss reichen.

- WIE EIN USB-SPEICHERSTICK: Mit diesem Brennverfahren können Sie jederzeit Dateien lesen, schreiben und löschen. Das optimale Format für eine Datensicherung, die Sie schnell mal mit ins Büro oder nach Hause nehmen. Leider verträgt sich dieses Format nicht mit jedem CD- oder DVD-Gerät.

- MIT EINEM CD/DVD-PLAYER: Die Dateien können nach dem Brennen nicht mehr bearbeitet werden. Wenn Sie ein einigermaßen neues CD-/DVD-Gerät besitzen, das in der Lage ist, Dateien zu lesen, die in unterschiedlichen Formaten vorliegen, nehmen Sie diese Möglichkeit.

Haben Sie Windows die Fakten genannt, kann es den Datenträger vorbereiten.

4. **Teilen Sie Windows mit, welche Dateien auf den Datenträger geschrieben werden sollen.**

Der Datenträger ist bereit. Jetzt muss Windows nur noch wissen, welche Daten auf die CD beziehungsweise DVD gebrannt werden sollen. Sie können dies dem Betriebssystem auf verschiedene Weise mitteilen:

- Klicken Sie mit der rechten Maustaste auf eine Datei, einen Ordner, eine Dateiauswahl oder eine Ordnerauswahl. Wählen Sie im Kontextmenü den Befehl Senden an und wählen Sie den Brenner aus, neben dessen Bezeichnung übrigens der in Schritt 3 vergebene Datenträgername angezeigt wird.

- Ziehen Sie die Dateien beziehungsweise Ordner im Explorer auf das Laufwerksymbol des Brenners.

- Wenn im Explorer der Inhalt des Ordners Dokumente, Musik oder Bilder angezeigt wird, klicken Sie auf der Registerkarte Freigeben in der Gruppe Senden auf die Schaltfläche Auf Datenträger brennen.

- Teilen Sie der aktuellen App mit, dass Sie die Datei auf eine CD beziehungsweise DVD und nicht auf der Festplatte speichern möchten.

Egal für welche Methode Sie sich entscheiden, Windows kopiert die Auswahl pflichtbewusst auf die CD beziehungsweise DVD und informiert Sie in einem Fenster über den Fortschritt des Vorgangs. Sobald das Fenster verschwindet, sind die Daten auf der CD beziehungsweise DVD angekommen.

5. **Beenden Sie die Brennsession und werfen Sie die CD oder DVD aus dem Laufwerk aus.**

Reißen Sie den Datenträger nicht einfach aus dem Laufwerk heraus. Das ist nicht die feine englische Art und kann zu Problemen führen. Klicken Sie stattdessen in der Taskleiste auf das Symbol zum Auswerfen des Mediums. (Oder klicken Sie im Explorer mit der rechten Maustaste auf das Laufwerksymbol und wählen Sie den Befehl Auswerfen.) Windows bereitet das Laufwerk und die CD beziehungsweise DVD darauf vor, dass die Sitzung beendet ist. Nun können Sie den Datenträger aus dem Laufwerk nehmen.

CDs und DVDs duplizieren

Windows kennt keinen Befehl zum Duplizieren von CDs oder DVDs. Es kann noch nicht einmal die Kopie einer Musik-CD erstellen. (Aus diesem Grund kaufen so viele Leute Brennprogramme.)

Windows ist aber durchaus in der Lage, alle Dateien einer CD oder DVD auf einen leeren Datenträger zu kopieren, und das geht so:

1. **Kopieren Sie die Dateien und Ordner einer CD oder DVD auf Ihren PC.**

2. **Kopieren Sie dieselben Dateien und Ordner von der Festplatte auf eine leere CD oder DVD.**

Damit haben Sie ein Duplikat einer CD oder DVD erstellt, was praktisch ist, wenn Sie eine Kopie einer wichtigen Datensicherung benötigen.

Sie können das auch mit einer Musik-CD oder einem Film auf DVD versuchen, es wird aber nicht klappen. Dieser Trick funktioniert nur, wenn der zu duplizierende Datenträger Programme oder Datendateien enthält.

Wenn Sie zu viele Dateien auf den Datenträger kopieren wollen, beschwert sich Windows sofort und teilt Ihnen mit, dass auf dem Datenträger gar nicht so viel Platz ist. Verteilen Sie Ihren Datenwust gegebenenfalls auf mehrere CDs beziehungsweise DVDs.

In vielen Programmen können Sie Dateien direkt auf CD beziehungsweise DVD sichern. Wählen Sie dazu den entsprechenden Befehl zum Speichern und als Speicherort den Brenner aus. Legen Sie einen Datenträger (möglichst einen leeren) in das Laufwerk ein und speichern Sie.

Mit Speichersticks und Speicherkarten hantieren

Alle, die eine Digitalkamera ihr Eigen nennen, kennen Speicherkarten – diese kleinen Plastikquadrate, die die unhandlichen Filmrollen ersetzt haben. Windows kann digitale Fotos direkt aus der Kamera auslesen, wenn Sie erst einmal das entsprechende Kabel gefunden und die Kamera damit am Computer angeschlossen haben. Windows ist aber auch in der Lage, Fotos direkt von der Speicherkarte herunterzuholen; eine Methode, für die diejenigen dankbar sind, die das Kamerakabel nicht mehr finden.

Das Geheimnis ist ein Lesegerät für Speicherkarten. Manche Notebooks und PCs haben sogar einbaute Lesegeräte für Speicherkarten. Ansonsten greifen Sie auf ein externes Lesegerät zurück. Schieben Sie die Speicherkarte in den Schlitz, und Ihr PC kann die Dateien auf der Karte genauso lesen wie die Dateien auf der Festplatte.

Die meisten Geschäfte, in denen Büroartikel oder elektronische Geräte verkauft werden, führen auch Lesegeräte für Speicherkarten, die mit den bekannteren Formaten wie Compact Flash, Secure Digital-High Capacity (SDHC), Mini-Secure Digital High Capacity (SDHC), Mini-Secure Digital High Capacity (SDXC) und noch einigen mehr umgehen können. (Was es so alles gibt!)

Das Schöne an Kartenlesegeräten ist, dass es eigentlich nichts weiter zu erklären gibt: Windows behandelt die eingelegte Karte wie einen normalen Ordner. Nach dem Einlegen der Karte werden die digitalen Fotos Ihrer Kamera in einem Ordnerfenster angezeigt. Es gelten dieselben Regeln für das Ziehen und Ablegen sowie das Kopieren und Einfügen wie weiter vorn in diesem Kapitel beschrieben.

USB-Speichersticks arbeiten so ähnlich wie Speicherkartenlesegeräte. Sobald Sie den Stick in einen USB-Anschluss am Computer einstecken, wird das Laufwerk als Symbol im Explorer angezeigt und wartet nur darauf, dass Sie es mit einem Doppelklick öffnen.

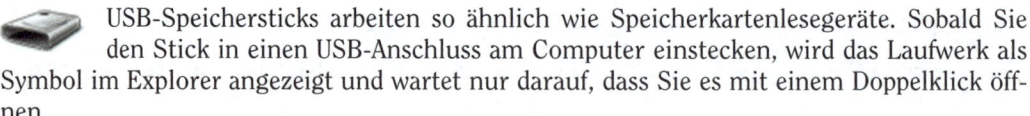

Zuerst die Warnung … Wenn Sie eine Karte, einen Speicherstick oder eine CD beziehungsweise DVD formatieren, vernichten Sie alle darauf enthaltenen Daten. Formatieren Sie also niemals eine Karte, einen Stick oder einen anderen Datenträger, es sei denn, die Daten sind Ihnen wirklich komplett egal.

✔ … dann der Ablauf: Wenn sich Windows darüber beklagt, dass die betreffende Karte oder der Stick nicht formatiert ist, klicken Sie mit der rechten Maustaste auf das entsprechende Laufwerk und wählen FORMATIEREN. (Dieses Problem tritt meist bei brandneuen oder beschädigten Karten oder Speichersticks auf.)

SkyDrive – Ihre Ablage in den Wolken

Egal ob zu Hause oder im Büro, Ihre Daten befinden sich alle griffbereit auf Ihrem Computer. Und wenn Sie unterwegs sind, packen Sie das Nötigste auf einen USB-Stick, eine CD, DVD oder eine Wechselplatte.

Was passiert aber, wenn Sie sich gerade irgendwo befinden, keine Daten eingepackt haben und dringendst auf die Datei »xyz« zugreifen müssen?

Microsoft hat auch dafür eine Lösung parat. Sie schwebt sozusagen über den Wolken und nennt sich _SkyDrive_ – ein Laufwerk im Himmel. Klingt sehr poetisch, ist aber eigentlich nichts anderes als Ihr ganz privater Speicherbereich im Internet, auf dem Sie immer dann Dateien ablegen und auf Dateien zugreifen können, wenn Sie gerade über eine Internetverbindung verfügen, sei es mit einem stinknormalen Rechner, einem Android-Handy, einem iPhone, einem Windows-Smartphone etc. Romantisch veranlagte Entwickler haben sich dazu hinreißen lassen, diesen Speicherbereich als _Cloud_ (= Wolke) zu bezeichnen. Warum nicht!

Die Entwickler meinen es ernst mit SkyDrive. Sofern Sie nicht SkyDrive explizit ausschalten, wenn Sie sich in Windows zum ersten Mal anmelden, ist SkyDrive aktiv und speichert automatisch bestimmte Ihrer Dateien.

 In Windows 8 gibt es bereits SkyDrive als separate App. In Windows 8.1 ist SkyDrive jedoch viel tiefer in Windows integriert. Es ist quasi allgegenwärtig. Sie können von jedem Desktopordner aus darauf zugreifen. Aber trotzdem brauchen Sie noch ein paar zusätzliche Dinge, wenn Sie eine Verbindung zum Cloud-Laufwerk herstellen möchten.

✔ **Microsoft-Konto:** Sie brauchen ein Microsoft-Konto, damit Sie Dateien auf SkyDrive hoch- beziehungsweise von SkyDrive herunterladen können. Die Chancen stehen gut, dass Sie bereits beim Einrichten Ihres Kontos auf Ihrem Windows-PC ein solches Konto erstellt haben (mehr hierzu in Kapitel 2).

✔ **Internetverbindung:** Ohne Internetsignal mit oder ohne Kabel läuft nichts. Ihre Dateien befinden sich in der Cloud und Sie kommen nicht ran.

✔ **Geduld:** Das Hochladen von Dateien kann dauern. Das Herunterladen geht bedeutend schneller. Wenn Sie ein digitales Foto auf SkyDrive hochladen, kann sich das schon mal einige Minuten hinziehen. Nur dass Sie sich nicht wundern.

Für manche Benutzer stellt SkyDrive einen sicheren Hafen für ihre wichtigen Dateien dar. Für andere kompliziert es die Sache nur unnötig; ein weiterer Speicherplatz für Dateien, die dann nie wieder auffindbar sind. Wenn Ihnen SkyDrive egal ist, kaufen Sie sich einen USB-Speicherstick, speichern Ihre Dateien auf den Stick, legen ihn in Ihre Tasche und lesen die Informationen im grauen Kasten »Bitte Windows! Keine Dateien eigenmächtig auf SkyDrive ablegen!«. Wenn Ihnen SkyDrive nicht egal ist, lesen Sie im nächsten Abschnitt weiter. Dort erfahren Sie, wie Sie auf SkyDrive zugreifen – vom Desktop aus, von der Startseite aus oder mit dem Internet Explorer.

Bitte Windows! Keine Dateien eigenmächtig auf SkyDrive ablegen!

Microsoft glaubt, dass sich einfach alle für SkyDrive begeistern müssen. Wenn Sie es nicht anders festgelegt haben, speichert Windows 8.1 von Anfang an viele Ihrer neu erstellten Dateien im SkyDrive-Ordner DOKUMENTE. Und es landet jeder Schnappschuss, den Sie mit einer am PC, Notebook oder Tablet-PC angeschlossenen Kamera machen, unweigerlich im SkyDrive-Ordner BILDER.

Um diesem eigenmächtigen Ablegen Ihrer Dateien ein Ende zu bereiten, führen Sie die folgenden Schritte aus:

1. **Zaubern Sie, egal wo Sie sich gerade auf Ihrem Windows-Rechner befinden, die Charms-Leiste hervor.**

   Für alle Vergesslichen: Zeigen Sie in die obere oder untere rechte Bildschirmecke.

2. **Klicken Sie auf den Charm EINSTELLUNGEN und dann unten in der Leiste auf PC-EINSTELLUNGEN ÄNDERN.**

3. **Klicken Sie in der Leiste PC-EINSTELLUNGEN auf den Eintrag SKYDRIVE und in der dann angezeigten Leiste auf DATEISPEICHER.**

4. **Klicken Sie rechts im Bereich SKYDRIVE-SPEICHER auf den Schalter DOKUMENT STANDARDMÄSSIG AUF SKYDRIVE SPEICHERN.**

   War die Option eingeschaltet, wird sie damit ausgeschaltet, und umgekehrt.

5. **Aktivieren Sie im Bereich EIGENE AUFNAHMEN die Option FOTOS NICHT HOCHLADEN.**

Windows speichert Ihre Änderungen automatisch. Das heißt, Sie müssen sie nicht mit OK bestätigen. Ab jetzt werden keine Dateien mehr automatisch und eigenmächtig auf SkyDrive gesichert. Sie können aber weiterhin Dateien eigenhändig auf SkyDrive hoch- und von SkyDrive herunterladen, wie im nächsten Abschnitt »Vom Desktop aus auf SkyDrive-Dateien zugreifen« beschrieben wird. Warum nicht Sicherungskopien auf SkyDrive ablegen? SkyDrive sichert übrigens weiterhin Ihre Einstellungen auf SkyDrive. Ein netter Zug, oder?

Vom Desktop aus auf SkyDrive-Dateien zugreifen

Im Unterschied zu Windows 8 platziert Windows 8.1 SkyDrive in den Navigationsbereich eines jeden Ordners. Dort können Sie dann blitzschnell darauf zugreifen. Und hier funktioniert SkyDrive auch wie ein ganz normaler Ordner, mit einer klitzekleinen Ausnahme: Wenn Sie Dateien auf den SkyDrive-Ordner verschieben, verschwinden diese Dateien von Ihrem Rechner und landen in der Cloud.

Um mit Ihren SkyDrive-Dateien und -Ordnern zu jonglieren, gehen Sie folgendermaßen vor:

1. Öffnen Sie auf dem Desktop den Explorer.

Einfach auf das Explorer-Symbol unten in der Taskleiste klicken.

2. Klicken Sie im Navigationsbereich auf den Eintrag SKYDRIVE.

Alle Unterordner dieses sagenumwobenen Ordners SKYDRIVE werden angezeigt (siehe auch Abbildung 5.10).

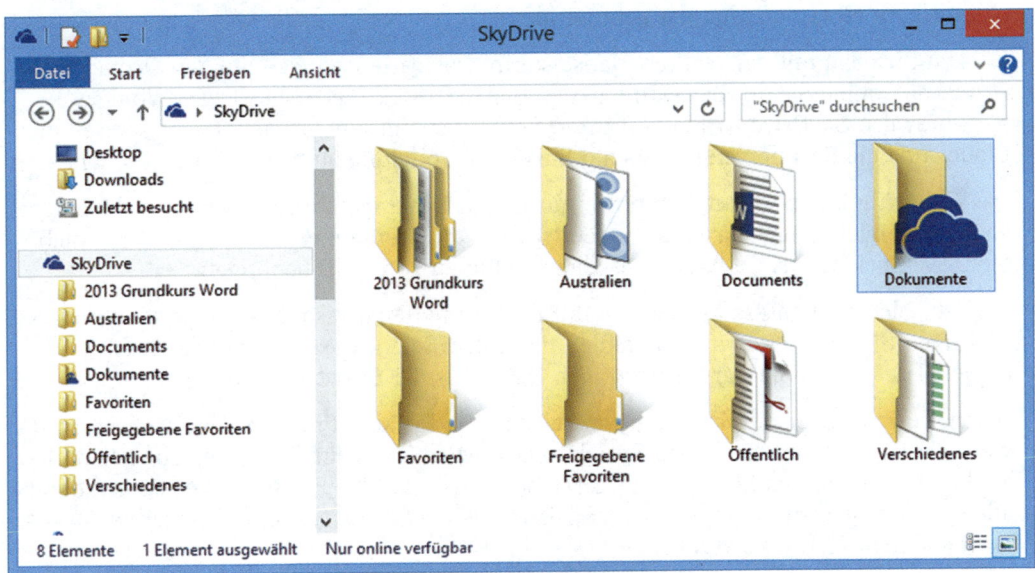

Abbildung 5.10: Klicken Sie in jedem beliebigen Ordner auf den Eintrag »SkyDrive«, um die SkyDrive-Ordner anzuzeigen.

Von dort aus geht alles seinen gewohnten Gang. Sie arbeiten mit Ordnern, nicht mehr und nicht weniger. Falls Sie es vergessen haben: Wie Dateien zwischen Ordnern hin und her kopiert oder verschoben werden, wird im Abschnitt »Dateien und Ordner kopieren oder verschieben« weiter vorn in diesem Kapitel beschrieben.

Wenn Sie eine Datei in einen SkyDrive-Ordner verschieben, transferiert Windows sie automatisch über verschlungene Pfade im Internet in Ihren ganz persönlichen SkyDrive-Bereich. Das kann zu Missverständnissen und Merkwürdigkeiten führen:

✔ Es mag so aussehen, als befinden sich die SkyDrive-Dateien und -Ordner auf Ihrem Rechner, aber das stimmt so nicht. Es handelt sich hier nur um Verknüpfungen zu Ihren Daten in der Cloud. Wenn Sie eine SkyDrive-Datei öffnen, stellt Windows blitzschnell eine Internetverbindung her, öffnet die Datei und zeigt sie auf Ihrem Rechner an. Raffiniert!

✔ Wenn es keine Internetverbindung gibt, teilt Ihnen Windows mit, dass Sie leider nicht auf SkyDrive zugreifen können. Wenn Sie auch ohne Internetverbindung auf Ihre SkyDrive-Schätze zugreifen wollen, sollten Sie SkyDrive mitteilen, dass Sie auch offline auf Ihre

Daten zugreifen wollen. Ja wirklich, das geht und ist Thema im grauen Kasten »Auf Sky-Drive-Dateien offline zugreifen«.

Auf SkyDrive-Dateien offline zugreifen

Ohne Internetverbindung kommen Sie nicht an Ihre SkyDrive-Inhalte ran. Wäre es daher nicht nett und sinnvoll, eine Kopie Ihrer SkyDrive-Ordner auch auf Ihrem Rechner zu haben und ihre Inhalte automatisch von Ihrem Rechner synchronisieren zu lassen? Und das geht wirklich!

Klicken Sie dazu mit der rechten Maustaste im Navigationsbereich auf den Ordner SKY-DRIVE und wählen Sie im Kontextmenü den Befehl OFFLINE VERFÜGBAR MACHEN. Windows kopiert brav den SkyDrive-Ordner auf Ihren Computer und synchronisiert automatisch die Cloud- und die Rechnerversion, sobald Sie eine Verbindung zum Internet herstellen.

Das Ganze funktioniert gut, wenn Sie mit einem Desktoprechner arbeiten. Auf kleinen Tablet-PCs oder Notebooks kann es aber schnell eng werden, vor allem, wenn Sie mehr SkyDrive-Speicher als das Standardspeichervolumen von 7 GB benötigen.

Im Fall solcher Engpässe klicken Sie mit der rechten Maustaste nur auf Ihre besonders wichtigen SkyDrive-Ordner und wählen dann den Befehl OFFLINE VERFÜGBAR MACHEN. Mit diesem Trick holen Sie nur die wichtigen Daten aus der Cloud auf Ihren PC.

Wenn die 7 GB Speicherplatz nicht ausreichen, ist das kein Problem. Microsoft ist ganz gierig darauf, Ihnen zusätzlichen Speicherplatz gegen Bares zur Verfügung zu stellen. Sie klicken in der Charms-Leiste auf EINSTELLUNGEN, dann auf PC-EINSTELLUNGEN ÄNDERN, dann auf SKYDRIVE, dann auf DATEISPEICHER und dann endlich auf MEHR SPEICHER ERWERBEN. 50 GB kosten aktuell 19 Euro pro Jahr.

Von der Startseite aus auf SkyDrive-Dateien zugreifen

Mit der SkyDrive-App auf der Startseite funktioniert das Hoch- und Herunterladen von Dateien zwischen PC und SkyDrive eigentlich ganz gut.

Und in Windows 8.1 können Sie mit der SkyDrive-App auch gleich noch die Dateien und Ordner auf Ihrem Rechner verwalten. Das heißt, auch von der Startseite aus können Sie bequem Dateien und Ordner zwischen den beiden Welten, SkyDrive und Ihr Rechner einschließlich seiner Peripherie, hin und her schieben, zum Beispiel von einem USB-Stick auf SkyDrive und umgekehrt. Kein schlechter Service für Touchscreen-PCs.

Um Dateien – auf SkyDrive oder auf Ihrem Rechner – mit der App SkyDrive zu verwalten, gehen Sie folgendermaßen vor:

1. Klicken Sie auf der Startseite auf die Kachel SKYDRIVE.

Die SkyDrive-Dateien werden angezeigt.

2. Entscheiden Sie, ob Sie die Dateien auf Ihrem Rechner oder auf SkyDrive verwalten wollen.

Sehen Sie das Wort SKYDRIVE oben in Abbildung 5.11? Daran können Sie erkennen, dass Sie auf den Inhalt eines SkyDrive-Ordners blicken. Um zur Anzeige der Dateien auf Ihrem Rechner zu wechseln, klicken Sie auf die nach unten zeigende Pfeilspitze neben SKYDRIVE und wählen DIESER PC.

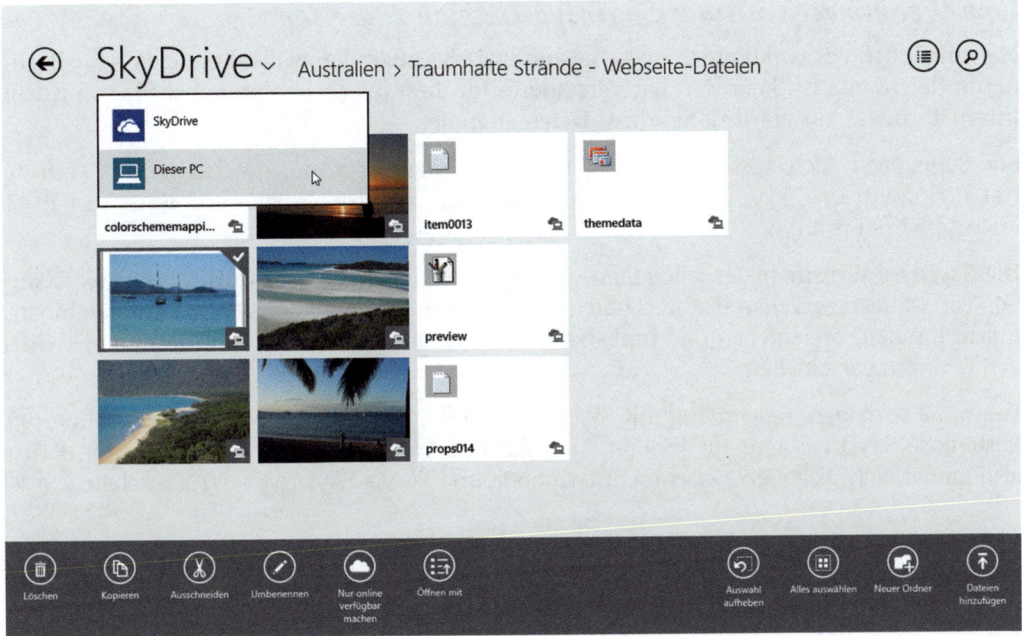

Abbildung 5.11: *Klicken Sie auf die nach unten zeigende Pfeilspitze neben »SkyDrive« und wählen Sie »Dieser PC«, um die Dateien auf Ihrem Rechner anzuzeigen.*

3. Klicken Sie auf einen Ordner, um seinen Inhalt einzublenden, oder auf eine Datei, um sie zu öffnen.

4. ◀ **Klicken Sie mit der rechten Maustaste auf Dateien oder Ordner, um sie auszuwählen, und entscheiden Sie sich dann unten in der Leiste für eine Aktion.**

Sobald Sie mit der rechten Maustaste auf die erste Datei oder den ersten Ordner klicken, wird die SkyDrive-Leiste unten angezeigt (siehe auch Abbildung 5.11). Sie enthält alle Aktionen, die Sie mit den gewählten Dateien oder Ordnern ausführen können.

Hierzu gehören das Löschen, Kopieren, Ausschneiden und Umbenennen von Dateien und Ordnern, das Erstellen von neuen Ordnern, das Auswählen aller angezeigten Einträge und das Ändern der Darstellung der Einträge.

Und der besondere Luxus ist hier, dass Sie Dateien von Ihrem Rechner auf SkyDrive kopieren können und umgekehrt, ohne die Startseite verlassen zu müssen. Zumindest die Benutzer von Tablet-PCs wird dies sehr freuen.

Wenn Sie mit einem herkömmlichen Desktop-PC arbeiten, werden Sie es wahrscheinlich komfortabler finden, mit dem Desktop-Explorer Ihre Dateien hin und her zu schaufeln.

Vom Webbrowser aus auf SkyDrive-Dateien zugreifen

Manchmal kann es vorkommen, dass Sie auf SkyDrive zugreifen wollen, ohne dass Ihr Rechner in Reichweite ist. Microsoft hat Verständnis für dieses Vorhaben und lässt Sie von jedem Internetbrowser aus auf Ihre SkyDrive-Daten zugreifen.

Sie schnappen sich also einen Rechner mit Internetzugang, wechseln zur Website `http://skydrive.live.com` und melden sich dort mit dem Namen und Kennwort Ihres Microsoft-Kontos an.

Die SkyDrive-Website bietet jede Menge Steuerungsmöglichkeiten zum Hin- und Herschaufeln von Dateien zwischen Rechner und Cloud an. Sie können auf der Website Dateien hinzufügen, löschen, verschieben und umbenennen, neue Ordner erstellen und Dateien zwischen den Ordnern verschieben.

Wenn Sie vorhaben, regelmäßig mit SkyDrive zu arbeiten, sollten Sie wissen, dass Microsoft kostenlose SkyDrive-Apps für iPhone, Android- und Windows-Smartphones anbietet. Es ist also kinderleicht, Dateien zwischen Smartphone und PC via SkyDrive auszutauschen.

Teil II

Apps, Programme und Dateien

In diesem Teil ...

▶ Mit Apps, Programmen und Dokumenten spielen

▶ Nach verloren geglaubten Apps, Fenstern, Dateien und Rechnern suchen

▶ Ihre Arbeit drucken und scannen

Mit Programmen, Apps und Dokumenten jonglieren

6

In diesem Kapitel

▶ Ein Programm, eine App oder ein Dokument öffnen

▶ Bestimmen, mit welchem Programm ein Dokument geöffnet wird

▶ Apps installieren, deinstallieren und aktualisieren

▶ Verknüpfungen erstellen

▶ Ausschneiden, Kopieren und Einfügen

In Windows stellen *Programme* und *Apps* Ihr Rüstzeug dar. Mit ihnen können Sie mit Zahlen spielen, Wörter aneinanderreihen und Raumschiffe jagen. Dokumente hingegen sind die Ergebnisse, die Sie mit den Programmen und Apps fabrizieren: Steuerformulare, Mahnungen, Adresslisten und so weiter.

Eigentlich gibt es in Windows gar keine Programme mehr. Alles heißt nur noch *App*. Damit es nicht zu verwirrend wird, spreche ich bei traditionellen Windows-Desktopprogrammen wie Word, Excel oder so weiterhin von *Programmen*. Alles, was sich aber standardmäßig auf der Startseite von Windows tummelt, ist und bleibt eine App. (Schwierig wird es, wenn Sie ein Programm wie Word auf der Startseite anheften. Ist es dann ein Programm oder eine App? Da müssen Sie dann einfach flexibel sein!) In diesem Kapitel erfahren Sie, wie Sie auf der Startseite eine App öffnen, wie Sie weitere Apps aus dem Windows Store herunterladen und wie Sie auf der Startseite all die Menüs und Leisten ausgraben, die auf mysteriöse Weise verschwunden sind.

En passant erfahren Sie auch gleich noch, wie Sie für bestimmte Dokumenttypen ein Programm zum Öffnen festlegen. Sie erstellen auf dem Desktop *Verknüpfungen*, mit denen Sie Desktopprogramme aufrufen und so die mit Apps gefüllte Startseite umgehen.

Das Kapitel endet mit einer unverzichtbaren Ausführung zum Thema Ausschneiden, Kopieren und Einfügen. Lernen Sie diesen Teil auswendig und Sie kommen in Windows in jeder Situation klar.

Apps starten

Vielleicht hat es sich schon herumgesprochen: In Windows 8.1 gibt es die Schaltfläche START wieder. Windows-Nostalgiker kennen sie sicher noch, diese nette Schaltfläche ganz links in der Taskleiste auf dem Desktop. Wenn Sie in Windows 8.1 darauf klicken, wird die Startseite angezeigt, die in Windows 8 eingeführt wurde. Sie dient dem Starten von Programmen – Verzeihung, dem Starten von Apps. Vom guten alten Startmenü weit und breit keine Spur. Schade!

Eine Beschreibung dieser bunten neuen Startseite, die sich stolz in Abbildung 6.1 präsentiert, finden Sie in Kapitel 2. Dort erfahren Sie auch, wie Sie die Startseite an Ihre Vorstellungen anpassen, das heißt Kacheln hinzufügen oder entfernen.

Abbildung 6.1: Klicken Sie auf der Startseite auf eine Kachel, um die entsprechende App zu öffnen.

Aber auch wenn die Startseite kaum Ähnlichkeit mit dem guten alten Startmenü hat, dient sie dennoch dem Öffnen von Apps. Und das geht so:

1. Wechseln Sie zur Startseite.

Leicht gesagt. Wie kommt man denn dorthin?

- **Maus:** Klicken Sie in der unteren linken Bildschirmecke auf die Schaltfläche START.

- **Tastatur:** Drücken Sie die ⊞-Taste.

 **Touchscreen:** Streifen oder wischen Sie mit dem Finger vom rechten Bildschirmrand nach innen und klicken Sie in der Charms-Leiste auf den Charm START.

Sie landen also auf der Startseite (siehe auch Abbildung 6.1). Sie enthält eine Vielzahl von fröhlichen bunten Rechtecken, die _Kacheln_ genannt werden. Jede Kachel steht für eine App. (Wie Sie App-Kacheln hinzufügen beziehungsweise wieder loswerden, erfahren Sie in Kapitel 2.)

2. Wenn Sie die Kachel mit der gewünschten App sichten, klicken oder tippen Sie auf die Kachel.

Von Ihrer App weit und breit keine Spur? Lesen Sie weiter.

3. Scrollen Sie auf der Startseite nach rechts, um weitere Kacheln anzuzeigen.

Wenn die Startseite angezeigt wird, sehen Sie zunächst die Kacheln im linken Bereich der Seite. Die weiter rechts abgelegten Kacheln entziehen sich Ihrem Blick. Klicken Sie in diesem Fall unten in der Bildlaufleiste auf den nach rechts zeigenden Pfeil und scrollen Sie nach rechts.

 Als »Touchscreenler« wischen Sie mit den Fingern von rechts nach links und machen so den Blick auf den rechten Bereich frei.

Die App, die Sie starten möchten, ist immer noch nicht zu sehen? Lesen Sie weiter.

4. Lassen Sie alle Apps anzeigen.

Die Startseite präsentiert von links nach rechts zuerst die Apps und dann die Desktopprogramme. Damit sich die Startseite aber nicht endlos nach rechts ausdehnt, zeigt Windows einfach nicht alles an.

⊙ Um alle Apps anzuzeigen, klicken Sie unten links auf den nach unten zeigenden Pfeil. Nicht zu sehen? Bewegen Sie mal die Maus. Das könnte den Pfeil dazu bewegen, auf der Startseite zu erscheinen. Einmal darauf geklickt, und schon wird links eine alphabetisch sortierte Liste mit allen Apps und weiter rechts eine Liste mit in Kategorien alphabetisch sortierten Desktopprogrammen angezeigt.

 Streifen oder wischen Sie mit dem Finger von der Bildschirmmitte nach oben, um alle Apps einzublenden.

Wenn Sie Ihre App jetzt noch immer nicht sehen, sollten Sie einen der folgenden Wege einschlagen:

✔ Beginnen Sie auf der Startseite mit der Eingabe des Programmnamens. Während Sie die ersten Buchstaben eingeben, macht sich rechts die Leiste Suchen breit. Dort zeigt Windows alle Apps an, deren Namen mit den bereits eingegebenen Zeichen übereinstimmen. Je mehr Zeichen Sie eingeben, umso kürzer wird die Liste. Haben Sie Ihre App endlich gefunden, klicken beziehungsweise tippen Sie auf die betreffende Kachel, um die App endlich zu öffnen.

✔ Klicken Sie auf der Startseite auf die Kachel Desktop und dann auf dem Desktop in der Taskleiste auf das Explorer-Symbol. Suchen Sie im Explorer die Datei, die Sie öffnen wollen, und doppelklicken Sie darauf. Die Datei wird automatisch mit der App gestartet, nach der Sie gesucht haben. Ist das nicht der Fall, hilft der nächste Abschnitt weiter.

✔ Doppelklicken Sie auf eine Verknüpfung zum gewünschten Programm. Diese Verknüpfungen befinden sich meist auf dem Desktop. Sie müssen aber zunächst von Ihnen erstellt werden (mehr dazu weiter hinten in diesem Kapitel im Abschnitt »Der bequeme Weg der Verknüpfungen«).

✔ Wenn Sie das Symbol des gesuchten Programms auf dem Desktop in der Taskleiste ausfindig machen, klicken Sie darauf, und das Programm meldet sich sofort zum Dienst. (Informationen zur Taskleiste finden Sie in Kapitel 3.)

✔ Klicken Sie mit der rechten Maustaste auf den Desktop, wählen Sie Neu und wählen Sie den gewünschten Dokumenttyp. Windows lädt dann das zum Dokumenttyp passende Programm.

Windows bietet noch mehr Möglichkeiten, Programme zu öffnen. Die wichtigsten haben Sie hier kennengelernt. (Die Startseite wird ausführlich in Kapitel 2 vorgestellt. Und der Star von Kapitel 3 ist der Desktop.)

Dokumente öffnen

Windows liebt Standards. Daher laden alle Desktopprogramme ihre Dokumente auf dieselbe Weise. Also, das gewünschte Programm wurde gestartet. Dann tun Sie Folgendes:

1. **Klicken Sie im Programm oben im Menüband oder in der Menüleiste auf die Registerkarte beziehungsweise auf das Menü Datei.**

   Nichts zu sehen. Manchmal hilft es, wenn Sie F10 drücken.

   Neuere Programme verfügen über ein Menüband mit Registerkarten, Gruppen und Schaltflächen. Ältere Programme kommen noch mit einer Menüleiste daher. Wenn Sie auf ein Menü klicken, klappt eine Befehlsliste aus, in der Sie einen Befehl auswählen können. Glücklicherweise heißt bei Microsoft-Programmen sowohl die erste Registerkarte als auch das erste Menü Datei. Man kann hier also nichts falsch machen.

2. **Wählen Sie den Befehl Öffnen.**

   Oh, ein Déjà-vu! Das Dialogfeld Öffnen hat ja große Ähnlichkeit mit dem Explorer, wie in Abbildung 6.2 zu sehen ist. Und es funktioniert auch so. Sollten Sie sich dennoch nicht auskennen, lesen Sie Kapitel 5.

   Aber es gibt doch einen Unterschied. Im aktuellen Ordner werden nur die Dokumente angezeigt, die zum aufrufenden Programm passen. Und das ergibt ja Sinn.

3. **Klicken beziehungsweise tippen Sie auf die gewünschte Datei (wie in Abbildung 6.2 gezeigt) und dann auf die Schaltfläche Öffnen.**

Das Öffnen von Dateien funktioniert Windows-weit gleich, egal ob die Programme von Microsoft oder einem anderen Hersteller entwickelt wurden.

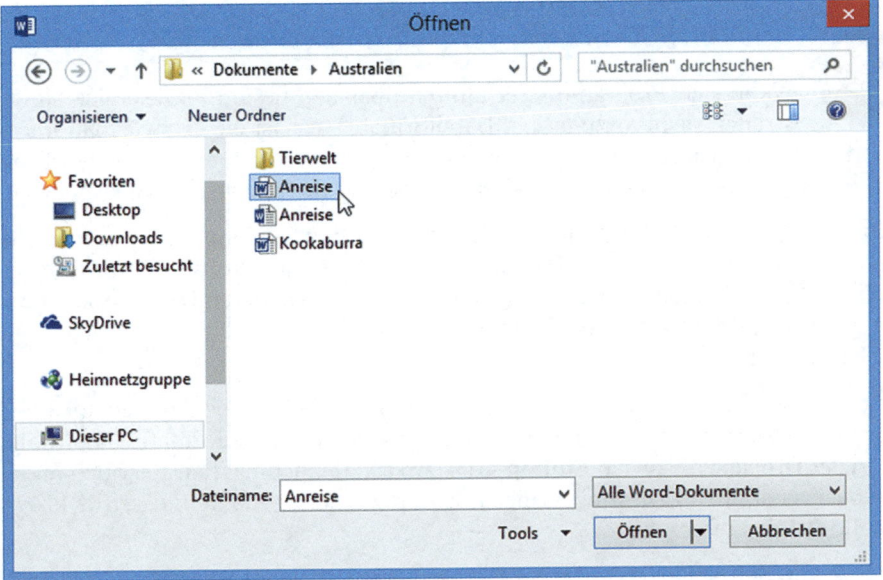

Abbildung 6.2: Sie können auch auf die gewünschte Datei doppelklicken, um sie zu öffnen.

 Um die Sache zu beschleunigen, doppelklicken Sie im Dialogfeld ÖFFNEN auf die gewünschte Datei. So ersparen Sie sich den Umweg über die Schaltfläche ÖFFNEN.

✔ Menschen, die sich von nichts trennen können, lagern ihren Kram im Keller. Computer verstauen ihre Dateien ordentlich in Ordnern. (Doppelklicken Sie auf einen Ordner, um seinen Inhalt anzuzeigen.) Wenn das für Sie noch alles Neuland ist, sollten Sie unbedingt Kapitel 5 lesen.

✔ Wenn der Name Ihrer Datei nicht in der Liste zu finden ist, müssen Sie sich zunächst dem linken Bereich des Dialogfeldes zuwenden (siehe auch Abbildung 6.2). Klicken Sie zum Beispiel auf den Ordner SKYDRIVE oder DIESER PC, um die dort abgelegten Dateien anzuzeigen.

✔ Jedes Mal, wenn Sie eine Datei öffnen und ändern, wenn auch nur versehentlich, erkennt Windows, dass etwas anders ist. Sobald Sie versuchen, diese Datei zu schließen, fragt Windows daher vorsichtshalber nach, ob Sie die Änderungen speichern wollen. Wenn ja, klicken Sie auf JA, wenn nein, auf NEIN. Manchmal ist die Computerei doch recht einfach.

 Wenn Sie sich auf ein Symbol im Dialogfeld ÖFFNEN keinen Reim machen können, zeigen Sie mit der Maus auf das betreffende Symbol. Eine QuickInfo taucht wie aus dem Nichts auf und klärt Sie auf.

Wenn sich Programmierer über Dateiformate streiten

Wenn sich Programmierer einmal über den besten Pizzaservice einig sind, streiten sie bevorzugt über Dateiformate – das ist die Art, wie man Informationen in eine Datei packt. Um diese Grabenkämpfe etwas aufzubrechen, bieten Programme in der Regel die Möglichkeit, Dateien in verschiedenen Formaten zu speichern.

Schauen Sie sich den Eintrag im Listenfeld DATEITYP in Abbildung 6.2 an. Dort steht ALLE WORD-DOKUMENTE, das klassische Dateiformat von Microsoft Word. Wenn Sie die Dropdownliste öffnen, können Sie zwischen einer Vielzahl von anderen Dateiformaten wählen. Dann werden nur die Dateien im Dialogfeld ÖFFNEN angezeigt, die dem gewählten Dateiformat entsprechen.

Ist es denn auch möglich, eine Liste aller Dateien zu Gesicht zu bekommen, die in diesem Ordner untergebracht sind – und zwar ungeachtet ihrer Dateiformate? Ja! Wählen Sie dazu in der Dropdownliste den Eintrag ALLE DATEIEN. (Manchmal heißt er auch ALLE DOKUMENTE oder so ähnlich.) Dies muss aber noch lange nicht bedeuten, dass Ihr Programm auch alle Dateien öffnen kann.

WordPad zum Beispiel listet, wenn der Dateityp ALLE DOKUMENTE gewählt wurde, auch digitale Fotos auf. Wenn Sie versuchen, ein solches Foto zu öffnen, werden nur obskure Symbole angezeigt. Speichern Sie das Foto auf keinen Fall. Sonst ist es ruiniert.

Dokumente speichern

Speichern bedeutet, dass Sie das Werk, das Sie gerade geschaffen haben, auf der Festplatte oder einem externen Laufwerk ablegen. Wenn Sie Ihre Arbeit nicht ausdrücklich speichern, denkt Ihr Computer, es war alles nur Spaß. Sie müssen dem Computer ausdrücklich mitteilen, dass er Ihre Arbeitsergebnisse sicher ablegen soll.

Dank der eisernen Microsoft-Disziplin verwenden alle Desktopprogramme ähnliche Befehle zum Speichern, und zwar unabhängig davon, welcher Programmierer sie geschrieben hat. Hier ein paar Vorschläge, wie Sie eine Datei speichern können:

✔ Klicken Sie im Menüband oder in der Menüleiste auf den Eintrag DATEI, wählen Sie den Befehl SPEICHERN und sichern Sie Ihr Dokument im Ordner DOKUMENTE oder auf dem Desktop.

 Klicken Sie auf die Schaltfläche SPEICHERN, die in fast jedem Programm angeboten wird.

✔ Drücken Sie die Tastenkombination (Strg)+(S). (»S« steht für – na? – Speichern.)

Was ist der Unterschied zwischen »Speichern« und »Speichern unter«?

Speichern unter? Land unter? Ganz so schlimm ist es nicht. Mit dem Befehl SPEICHERN UNTER gibt Ihnen das Programm die Möglichkeit, ein bereits gespeichertes Dokument unter einem anderen Namen und vielleicht auch noch an einem anderen Ort erneut zu speichern.

Angenommen, Sie öffnen die Datei mit dem Namen ODE AN JETTE, um ein paar Sätze zu ändern. Sie wollen diese Änderungen speichern, ohne das Originaldokument zu ändern. Sie sichern beide Versionen, wenn Sie den Befehl SPEICHERN UNTER wählen und einen neuen Namen vergeben, zum Beispiel WEITERE GEDANKEN ZU JETTE. Wenn Sie ein Dokument zum ersten Mal speichern, sind die Befehle SPEICHERN und SPEICHERN UNTER identisch: Sie müssen beim ersten Mal stets einen Namen vergeben und einen Speicherort bestimmen.

Mit dem Befehl SPEICHERN UNTER können Sie außerdem ein neues Dateiformat festlegen. So können Sie das Original beispielsweise in Ihrem Lieblingsformat speichern und dann eine Kopie für einen Freund in einem anderen Format speichern, weil dieser Freund noch mit einer alten Software arbeitet, die nur Formate von vorgestern kennt.

Wenn Sie ein Dokument zum ersten Mal speichern, fordert Windows Sie auf, einen Dateinamen zu vergeben. Denken Sie sich einen passenden Namen aus. Verwenden Sie nur Buchstaben, Ziffern und Leerzeichen. Wenn Sie ein ungültiges Zeichen eingeben (siehe Kapitel 5), bittet Windows Sie höflich, einen anderen Namen zu vergeben.

✔ Wählen Sie für Ihre Dokumente aussagekräftige Dateinamen. Windows bietet Ihnen Platz für 255 Zeichen. Das sollte reichen, oder? Und eine Datei mit dem Namen `Juni 2013 Bericht über den Verkauf von Osterhasen` ist einfacher zuzuordnen als eine, die `Dies` und `das` heißt.

 Sie können Dateien in jedem Ordner, auf einer CD/DVD oder auch auf einer Speicherkarte ablegen. Am einfachsten finden Sie Ihre Datenschätze aber wieder, wenn Sie sie in einem der vier Ordner DOKUMENTE, BILDER, MUSIK und VIDEOS ablegen, die sich wiederum im Superordner DIESER PC befinden.

✔ Die meisten Programme können Dateien direkt auf eine CD oder DVD schreiben. Wählen Sie auf der Registerkarte beziehungsweise im Menü DATEI den Befehl SPEICHERN, geben Sie als Ziel Ihren Brenner an und legen Sie eine CD/DVD (möglichst eine, auf der noch genügend Platz ist) in das entsprechende Laufwerk ein.

✔ Ein paar neuere Programme sparen Ihnen das Klicken auf die Schaltfläche zum Speichern. Das Speichern erfolgt automatisch. So speichern zum Beispiel Microsoft OneNote und viele Apps der Startseite Ihre Arbeit automatisch und stellen deshalb auch erst gar keine Schaltfläche zum Speichern zur Verfügung.

 Wenn Sie an etwas Wichtigem arbeiten (und das ist wohl meistens der Fall, oder?), speichern Sie regelmäßig alle paar Minuten. Ob Sie dafür den Speicherbefehl wählen oder die Tastenkombination Strg + S drücken, ist egal. Beim ersten Speichern müssen Sie einen Dateinamen und einen Speicherort angeben. Bei jedem weiteren Speichern sind keine Angaben erforderlich.

Welches Programm öffnet welche Datei?

In der Regel weiß Windows automatisch, welches Programm beziehungsweise welche App welche Datei öffnen soll. Doppelklicken Sie auf eine Datei und Windows teilt dem entsprechenden Programm mit, dass Arbeit wartet. Das Programm wird gestartet und der Inhalt der Datei angezeigt.

Manchmal entscheidet sich Windows beim Öffnen einer Datei für ein Programm, das nicht das Programm Ihrer Wahl ist. Vor allem die neueste Windows-Version hat hierfür ein Händchen. Sie besteht darauf, dass die Musik-App der Startseite für das Abspielen von Musikdaten zuständig ist, auch wenn Sie vielleicht das Programm Windows Media Player bevorzugen.

Wenn Ihre Dateien vom für Sie falschen Programm geöffnet werden, können Sie wie folgt reagieren:

1. **Klicken Sie mit der rechten Maustaste auf die Datei und wählen Sie im Kontextmenü den Befehl** ÖFFNEN MIT.

   Wie in Abbildung 6.3 zu sehen ist, schlägt Windows für diese Aufgabe geeignete Programme vor, auch die, mit denen Sie diesen Dateityp früher schon einmal geöffnet haben.

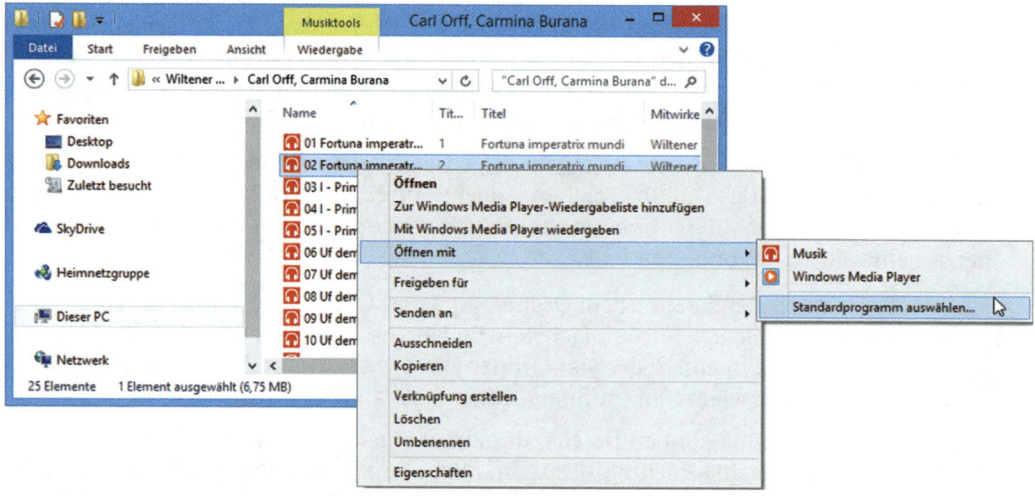

Abbildung 6.3: Windows listet Programme auf, mit denen solche Dateien bereits früher geöffnet wurden.

2. **Klicken Sie auf** STANDARDPROGRAMM AUSWÄHLEN **und wählen Sie das gewünschte Programm aus.**

   Windows blendet eine kleine Liste mit Programmen ein. Ganz oben wird das von Windows präferierte Programm angezeigt. Doppelklicken Sie auf das Programm Ihrer Wahl, um die Windows-Vorherrschaft zu brechen. Achten Sie darauf, dass das Kontrollkästchen DIESE APP FÜR ALLE .MP3-DATEIEN VERWENDEN mit einem Häkchen versehen ist.

Abbildung 6.4: Bestimmen Sie ein anderes Standardprogramm für Ihre Musikdateien.

Das von Ihnen gewünschte Programm steht nicht in der Liste? Lesen Sie weiter.

3. Klicken Sie auf WEITERE OPTIONEN (siehe auch Abbildung 6.4).

In einem Anfall von Übereifer listet Windows ziemlich viele Programme auf, auch solche, mit denen Sie diesen Dateityp mit Sicherheit nicht öffnen können. Falls Sie dennoch dort auf das von Ihnen gesuchte Programm stoßen sollten, klicken Sie darauf. Wahrscheinlicher ist aber, dass Sie bei Schritt 4 weiterlesen.

4. Wählen eine Option in der Liste aus.

Wenn Sie in Schritt 3 auf WEITERE OPTIONEN klicken, erhalten Sie eine ziemlich zusammengewürfelte Liste, die aber zwei interessante Einträge enthält.

- IM STORE NACH EINER APP SUCHEN: Mit dieser Option öffnen Sie die Store-App, in der Sie nach einer geeigneten App zum Öffnen der Datei suchen können.

- ANDERE APP AUF DIESEM PC SUCHEN: Ein Leckerbissen für Technikfreaks. Sie landen wieder im Explorer. Er zeigt alle installierten Programme geordnet nach Ordnernamen an. Sie sollten diese Option nur dann wählen, wenn Sie wirklich wissen, wo sich das gesuchte Programm befindet. Andernfalls sind Sie verloren.

Wenn Sie eine neue App installieren, reserviert sich der Newcomer in der Regel die Rechte für das zukünftige Öffnen eines bestimmten Dateityps. Sollte die App das nicht tun, kehren Sie zurück zu Schritt 1. Dieses Mal wird die neue App aber mit Sicherheit in der Liste auftauchen. (Ansonsten wäre das hier eine Endlosschleife.)

Wie bereits erwähnt, nennt man in Windows alle Programme *Apps*. Dies ist verwirrend. Denn nur die wirklichen Apps tummeln sich auf der Startseite. Die traditionellen Desktopprogramme sind eigentlich keine wirklichen Apps und werden meistens weiterhin als Programme bezeichnet. Wenn Sie bisher nicht verwirrt waren, sind Sie es wohl spätestens jetzt.

In Windows 8.1 können Sie Ihre bevorzugten Standard-Apps auch auf der Startseite bestimmen. Zaubern Sie auf der Startseite die Charms-Leiste aus der Ecke, klicken Sie auf den Charm EINSTELLUNGEN und dann unten auf PC-EINSTELLUNGEN ÄNDERN. Klicken Sie in der Leiste PC-EINSTELLUNGEN auf die Kategorie SUCHE UND APPS und dann in der gleichnamigen Leiste auf STANDARDWERTE. Wenn Sie sich nicht verirrt haben, wird jetzt rechts der Bereich STANDARD-APPS AUSWÄHLEN angezeigt. Dort legen Sie Ihre Lieblingsapps für die verschiedenen Bereiche fest.

✔ Manchmal möchten Sie vielleicht für die Bearbeitung eines Dokuments zwischen zwei Programmen wechseln. Klicken Sie dazu im Explorer mit der rechten Maustaste auf das Dokument, wählen Sie ÖFFNEN MIT und wechseln Sie zu einem anderen Programm.

Die seltsame Welt der Dateinamenerweiterungen

Jedes Windows-Programm hängt an jede Datei, die es erstellt, einen geheimen Code, der als Dateinamenerweiterung bekannt ist. Diese Dateinamenerweiterung arbeitet wie ein Rinderbrandzeichen: Wenn Sie auf die Datei doppelklicken, wirft Windows einen Blick auf die Dateinamenerweiterung und fordert das richtige Programm auf, die Datei zu öffnen. Der Editor hängt an seine Dateien beispielsweise die drei Buchstaben `txt` an. Also verbindet Windows alle Dateien, die mit `txt` enden, mit dem Editor.

Normalerweise verbirgt Windows die Erweiterung aus Sicherheitsgründen. Denn wenn jemand versehentlich eine Erweiterung ändert oder entfernt, weiß Windows nicht mehr, was Sache ist.

Wenn Sie aber neugierig sind und wissen wollen, wie Dateinamenerweiterungen aussehen, schlagen Sie den Windows-Sicherheitsbedenken folgendermaßen ein Schnippchen:

1. Klicken Sie in einem Ordnerfenster im Menüband auf die Registerkarte ANSICHT.

Im Menüband werden jetzt alle Gruppen und Schaltflächen angezeigt, mit denen Sie die Ansicht im Ordnerfenster ändern können.

2. Aktivieren Sie in der Gruppe EIN-/AUSBLENDEN das Kontrollkästchen DATEINAMENERWEITERUNG.

Und wie von Geisterhand werden an alle Dateien im Ordnerfenster die entsprechenden Dateinamenerweiterungen angehängt. Für technische Notfälle eine Supersache.

Jetzt haben Sie die Dateinamenerweiterung gesehen und dann ist's auch wieder gut. Windows weiß schon, warum es die Erweiterungen nicht anzeigt. Deaktivieren Sie also das gerade in Schritt 2 aktivierte Kontrollkästchen wieder.

Achtung: Ändern Sie niemals, unter keinen Umständen eine Dateinamenerweiterung, außer Sie sind sich Ihrer Sache völlig sicher. Denn Windows vergisst dann völlig, welches Programm es zum Öffnen der Datei verwendet hat, und lässt Sie und Ihre Datei im Regen stehen.

✔ Es kann aber auch vorkommen, dass Ihr Lieblingsprogramm ein bestimmtes Dateiformat nicht öffnen kann, weil es schlicht und ergreifend nicht weiß, wie es geht. So kann zum Beispiel Windows Media Player keine Videos abspielen, die im QuickTime-Format (einem Format der Microsoft-Konkurrenz) vorliegen. Wenn Sie so ein Video trotzdem unbedingt sehen wollen, müssen Sie QuickTime installieren (`www.apple.com/quicktime`).

✔ Sie finden überhaupt kein Programm, mit dem Sie Ihre Datei öffnen können? Dann besitzen Sie die besten Voraussetzungen für den Kasten »Die seltsame Welt der Dateinamenerweiterungen«.

Im Windows Store shoppen

 Apps – kleine Miniprogrämmchen – sind spezialisiert auf die Durchführung jeweils einer Aufgabe und stammen eigentlich aus der Welt der Smartphones.

Apps unterscheiden sich von traditionellen Desktopprogrammen in mehrfacher Hinsicht:

✔ Apps schnappen sich stets den gesamten Bildschirm. Programme werden in Fenstern ausgeführt, die Sie verkleinern und vergrößern können.

✔ Apps sind mit Ihrem Microsoft-Konto verbunden. Ohne ein solches Konto können Sie keine kostenfreien oder kostenpflichtigen Apps aus dem Store herunterladen.

✔ Wenn Sie eine App aus dem Windows Store herunterladen, können Sie sie auf bis zu fünf PCs oder anderen Geräten verwenden – natürlich nur dann, wenn Sie auf den entsprechenden Geräten mit Ihrem Microsoft-Konto angemeldet sind.

✔ Eine App fordert für sich stets nur eine Kachel auf der Startseite. Bei der Installation von Programmen werden unter Umständen jede Menge neuer Kacheln auf Ihrer Startseite verteilt (ich sage nur Microsoft Office!).

Apps und Programme werden zum Teil von riesigen Unternehmen und zum Teil von Hobbyprogrammierern entwickelt.

Obwohl die traditionellen Desktopprogramme und die neuen Apps sich deutlich in Funktionsweise und Aussehen unterscheiden, werden beide in Windows unisono als *Apps* bezeichnet. Ich persönlich habe da ja so meine Probleme, von beispielsweise der Word-App zu sprechen. Aber vielleicht gibt sich das ja noch.

Neue Apps aus dem Store downloaden

Klingt diese Überschrift nicht wie in einem Science-Fiction-Roman? Wenn Ihnen die Apps nicht ausreichen, die in Windows von Hause aus zur Verfügung gestellt werden, führen Sie die folgenden Schritte durch:

1. **Klicken Sie auf der Startseite auf die Kachel** S<small>TORE</small>.

    Startseite? Okay, aber wie kommt man dorthin? Das ist einfach. Sie drücken energisch die 🪟-Taste. Und dann klicken Sie auf die Kachel S<small>TORE</small>.

Schwupp! Der Store füllt den gesamten Bildschirm, wie in Abbildung 6.5 zu sehen ist.

Im Store gibt es jede Menge zu entdecken. Scrollen Sie beliebig nach rechts. Wenn es nicht mehr weitergeht, sehen Sie die Kategorien TOP BEZAHLT und TOP KOSTENLOS.

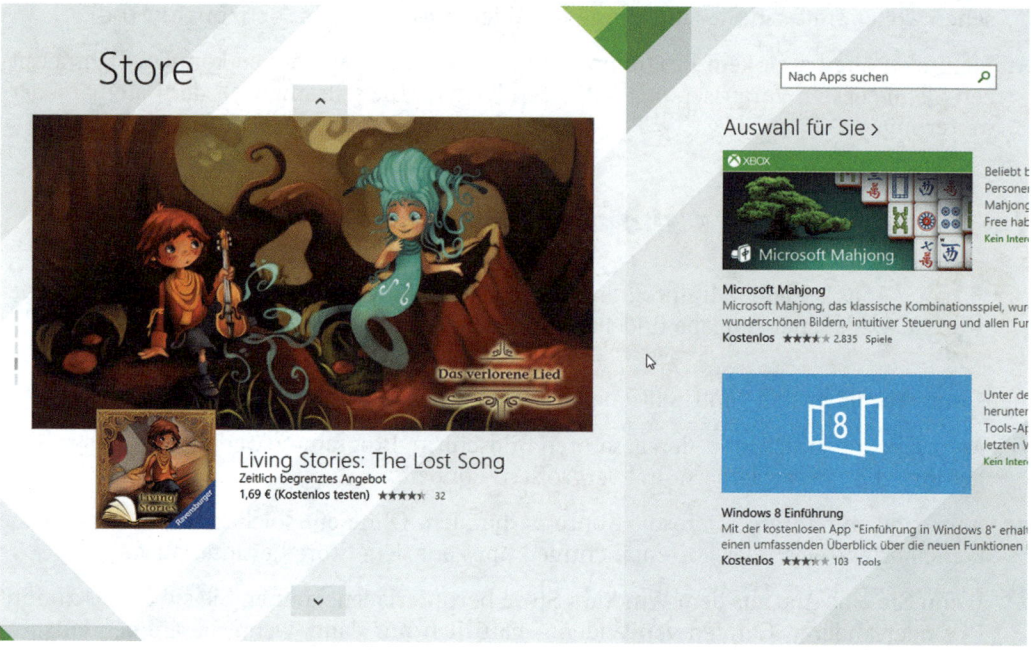

Abbildung 6.5: Im Store finden Sie alle möglichen Apps für Ihre Startseite. Manche kosten etwas, manche sind kostenlos.

2. **Klicken Sie auf eine Kategorie, um die Suche einzuschränken.**

Kramen Sie doch ein bisschen in der Kategorie TOP KOSTENLOS herum und laden Sie ein paar interessante Apps herunter, um ein Gefühl für das Prozedere zu bekommen.

3. **Wenn Sie nach einer ganz bestimmten App suchen, geben Sie oben rechts in das Suchfeld ein Schlüsselwort ein und drücken dann die ⏎-Taste.**

Viele Apps haben rechts oben ein Feld, in das Sie einen Suchbegriff eingeben können (siehe auch Abbildung 6.6).

 Mit dem Charm SUCHEN wird nicht mehr in der Store-App oder in anderen Apps gesucht. Die meisten Apps verfügen über eigene Suchfelder, die meist in der oberen rechten Ecke untergebracht sind.

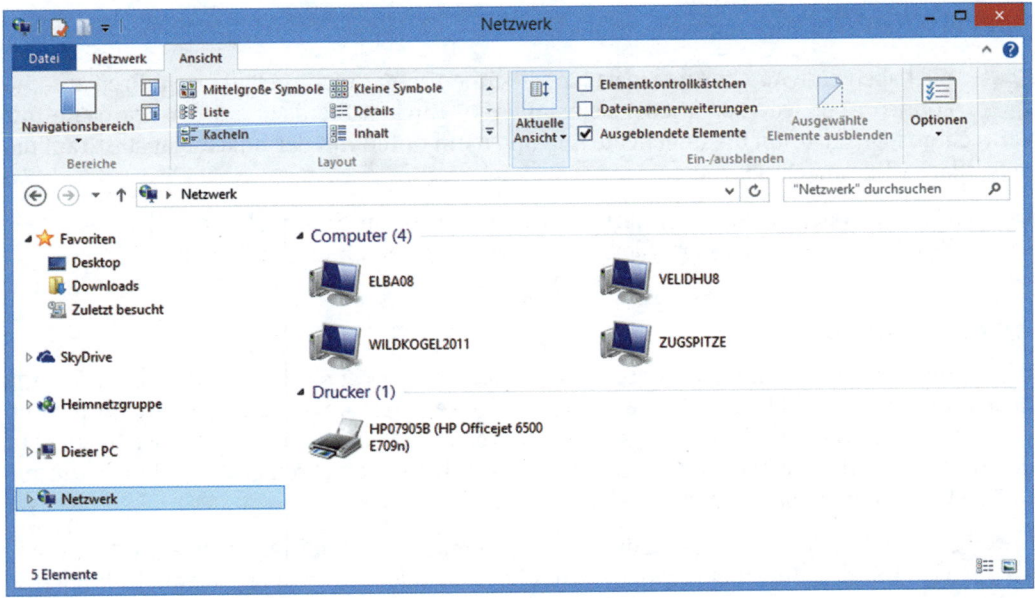

Abbildung 6.6: Geben Sie einen Suchbegriff in das Suchfeld ein.

4. Sortieren Sie nach Unterkategorie, Preis oder Besonderheiten und schauen Sie sich die Sie interessierenden Apps an.

Angenommen, Sie lassen gerade alle Spiele anzeigen. Dann können Sie diese nach Preis (kostenlos, kostenlos als Testversion oder kostenpflichtig) und nach Besonderheiten wie Datum, Bewertungen und Preis in ab- oder aufsteigender Reihenfolge sortieren.

5. Wählen Sie eine App aus, um Informationen zu dieser App anzuzeigen.

Eine Infoseite wird geöffnet, die detaillierte Informationen über die gewählte App enthält, beispielsweise Preiskategorie, ein Bild, Bewertungen von Kunden und weitere technische Daten.

6. Klicken Sie auf die Schaltfläche zum Installieren, Kaufen oder Testen.

Wenn Sie eine kostenlose App gefunden haben, ohne die Sie nicht mehr leben möchten, klicken Sie auf die Schaltfläche INSTALLIEREN. Kostenpflichtige Apps bieten eine Schaltfläche zum Kaufen oder zum Testen (zeitlich begrenzt). Egal ob Sie eine App gekauft, zum Testen heruntergeladen oder kostenlos installiert haben, es wird in allen drei Fällen so schnell, wie es Ihre Internetverbindung erlaubt, ein Eintrag für die App im Bereich ALLE APPS der Startseite eingerichtet.

Apps deinstallieren

Sie haben eine App heruntergeladen, die Ihnen so gar nicht gefällt? Kein Problem. Sie können Apps jederzeit wieder deinstallieren. Klicken Sie dazu auf der Startseite mit der rechten Maustaste auf die ungeliebte App und dann unten mit der linken Maustaste auf die Schaltfläche DEINSTALLIEREN.

Die App wird von der Startseite entfernt, aber nur bei Ihrem Konto. Haben andere Benutzer Ihres PCs dieselbe App installiert, bleibt sie ihnen selbstverständlich erhalten.

Apps aktualisieren

Programmierer pflegen ihre Apps zu pflegen, hier eine unrunde Stelle optimieren, da eine neue Funktion hinzufügen, dort eine Sicherheitslücke stopfen. Sobald ein Update für die App verfügbar ist, werden Sie in Windows 8 vom Store darüber informiert und in der Kachel auf der Startseite wird eine Zahl angezeigt. (Die meisten Leute bemerken diese Zahl nicht einmal und so werden die meisten Apps nie aktualisiert.)

In Windows 8.1 werden diese Apps automatisch aktualisiert. Sobald Ihr Computer mit dem Internet verbunden ist, checkt Windows Ihre Apps, lädt alle verfügbaren Updates herunter und stellt sie auf der Startseite zur Verfügung. Irgendwie unheimlich (und) praktisch.

Ist Ihr Handy mit dem Internet verbunden, brauchen Sie sich aber keine Sorgen zu machen. Im Fall von getakteten Internetverbindungen werden die Apps nicht aktualisiert. Sobald Ihr Handy aber über W-LAN oder LAN das Internet betritt, holt Windows schnell alles nach und aktualisiert die Apps.

Ihnen ist das nicht so recht, dass Windows 8.1 selbstständig die Apps aktualisiert? Dann schalten Sie dieses Feature doch einfach ab und kehren Sie zu den guten alten Windows 8-Gepflogenheiten des manuellen Updates zurück. Das geht wie folgt:

1. **Wechseln Sie zur Store-App und klicken Sie dann in der Charms-Leiste auf EINSTELLUNGEN.**

   Auf die obere oder untere rechte Ecke zeigen und schon wird die Leiste angezeigt.

2. **Wählen Sie im Bereich EINSTELLUNGEN den Eintrag APP-UPDATES.**

3. **Klicken Sie auf der Seite APP-UPDATES auf den Schalter EIGENE APPS AUTOMATISCH AKTUALISIEREN, um dieses Feature auszuschalten.**

   Ihre Änderung wird sofort wirksam.

   • Wo Sie schon mal hier sind, können Sie auch gleich nach Updates suchen. Klicken Sie dazu auf die Schaltfläche NACH UPDATES SUCHEN.

   • Sie wollen nur einzelne Apps automatisch aktualisieren lassen? Pech gehabt! Das geht nicht. Entweder alle oder keine!

Wenn Sie Probleme haben, auf Ihre Apps zuzugreifen, die Sie auf einem anderen Rechner gekauft haben, klicken Sie auf der Seite App-Updates auf die Schaltfläche Lizenzen synchronisieren. Das Synchronisieren klappt prima, wenn Sie sich auf dem alten und dem neuen Rechner mit demselben Microsoft-Konto angemeldet haben. Die entsprechenden Apps werden dann problemlos auf dem neuen Rechner eingerichtet.

Der bequeme Weg der Verknüpfungen

Windows versucht, die Startseite und den Desktop getrennt voneinander zu halten. Die eine Welt soll nichts mit der anderen zu tun haben. Aber Sie werden feststellen, dass Sie ständig zwischen diesen beiden Welten hin und her springen werden. So ist das auch in diesem Buch. Wir sind jetzt gerade wieder auf dem Desktop und zwar im Explorer.

Falls Sie keine Lust haben, ständig in einem Dschungel von Programmen, Ordnern, Laufwerken, Dokumenten oder Websites umherzuirren, können Sie entweder Elemente, mit denen Sie häufig arbeiten, als Kacheln auf der Startseite platzieren oder Sie erstellen für diese Elemente auf dem Desktop eine *Verknüpfung* (von Techniknerds auch *Shortcut* genannt). In beiden Fällen gelangen Sie per Mausklick zum Ort Ihrer Wünsche.

Mahjong - Verknüpfung

Da eine Verknüpfung nur eine läppische Schaltfläche ist, mit der man schnell etwas laden, ausführen, öffnen oder so kann, lassen sich Verknüpfungen jederzeit verschieben, löschen oder kopieren, ohne dass das Original zu Schaden kommt. Verknüpfungen sind sicher, bequem und einfach zu erstellen. Und sie sind vom Original problemlos zu unterscheiden, da das Verknüpfungssymbol unten links einen Pfeil enthält, der dem Originalsymbol fehlt.

Wenn Sie die Startseite umgehen wollen, halten Sie sich an die folgenden Punkte, um eine Verknüpfung für häufig genutzte Programme, Ordner, Dokumente oder Ähnliches zu erstellen:

✔ **Ordner oder Dokumente:** Klicken Sie mit der rechten Maustaste auf den Ordner oder das Dokument, wählen Sie im Kontextmenü Senden an und dann Desktop (Verknüpfung erstellen). Die Verknüpfung wird auf dem Desktop eingefügt.

✔ **Websites:** Ist Ihnen in der Desktopversion des Internet Explorer (ja, es gibt wirklich zwei Versionen, eine für die Startseite und eine für den Desktop – mehr dazu in Kapitel 9) schon einmal das kleine Symbol aufgefallen, das ganz links in der Adressleiste direkt vor der eingegebenen Internetadresse steht (beispielsweise der kleine Schmetterling für die MSN-Website)? Wenn Sie dieses Symbol auf den Desktop ziehen, haben Sie kurz und schmerzlos auf dem Desktop eine Verknüpfung zur entsprechenden Website erstellt. Es ist natürlich auch möglich, Websites in die praktische Favoritenliste des Internet Explorer aufzunehmen. Wie das geht, erfahren Sie ebenfalls in Kapitel 9.

✔ **Systemsteuerung:** Sie haben eine hilfreiche Einstellung in der Systemsteuerung entdeckt? Dann ziehen Sie das betreffende Symbol auf Ihren Desktop, in den Favoritenbereich der Navigationsleiste oder an einen anderen praktischen Ort. Das Symbol verwandelt sich in eine Verknüpfung, auf die Sie dann per Mausklick schnell zugreifen können.

Und hier gleich noch ein paar Tipps zum Arbeiten mit Verknüpfungen:

✔ Schnell mal eine CD oder DVD brennen? Ganz einfach. Sie erstellen auf dem Desktop eine Verknüpfung zum entsprechenden Laufwerk. Jetzt müssen Sie die gewünschten Dateien nur noch auf die Verknüpfung ziehen. (Gut, Sie müssen auch noch eine leere CD oder DVD in das Laufwerk einlegen, die Einstellungen bestätigen, aber dann geht das Brennen auch schon los.)

Wenn Sie im Explorer mit der rechten Maustaste auf eine Verknüpfung klicken, bietet Ihnen Windows im Kontextmenü den Befehl AN 'START' ANHEFTEN an. Sobald Sie diesen Befehl wählen, fügt Windows im rechten Bildschirmbereich der Startseite eine Kachel für die betreffende Verknüpfung ein. Wenn Sie also auf der Startseite auf eine Verknüpfungskachel klicken, wechselt Windows zum Desktop und öffnet die zur Verknüpfung passende Anwendung.

Verknüpfungen können beliebig verschoben werden. Verschieben Sie aber nie die dazugehörigen Originalelemente. Denn dann sind Ihre Verknüpfungen wertlos. Sobald Sie darauf klicken, versucht Windows etwas zu finden, was es dort, wo es sucht, gar nicht mehr gibt.

✔ Wenn Sie vorab prüfen wollen, zu welchem Programm Sie von einer Verknüpfung geschickt werden, klicken Sie mit der rechten Maustaste auf die Verknüpfung und wählen im Kontextmenü den Befehl DATEIPFAD ÖFFNEN (wird nicht für alle Verknüpfungen angeboten).

Alles, was Sie über Ausschneiden, Kopieren und Einfügen wissen müssen

In Windows gehören das Ausschneiden oder Kopieren und das anschließende Einfügen von verschiedensten Elementen fest zum Repertoire. Sie können so ziemlich alles elektronisch ausschneiden oder kopieren und dann irgendwo wieder einfügen, ohne dass es großen Ärger, geschweige denn Schwierigkeiten gibt.

Kopieren Sie beispielsweise ein Foto und fügen Sie es in einer Einladungsdatei ein. Oder verschieben Sie Dateien, indem Sie sie in einem Ordner ausschneiden und in einem anderen Ordner wieder einfügen. Und genauso einfach lassen sich auch in einem Textverarbeitungsdokument Absätze ausschneiden und an anderer Stelle wieder einfügen.

Die besondere Eleganz besteht darin, dass Sie sich aus allen Fenstern, die gleichzeitig auf dem Bildschirm angezeigt werden, ein Stückchen greifen und in einem anderen Fenster unterbringen können.

Unterschätzen Sie Kopieren und Einfügen auch bei Kleinigkeiten nicht. Es ist zum Beispiel einfacher, den Namen und die Adresse einer Person aus dem elektronischen Adressbuch zu kopieren, als von Hand einzugeben. Oder es beugt Tippfehlern vor, wenn Sie eine Webadresse, die Sie per E-Mail erhalten haben, direkt in die Adressleiste des Internet Explorer kopieren, anstatt sie selbst einzugeben. Es ist übrigens ein Kinderspiel, Elemente auf Webseiten zu kopieren und in einem Programm auf Ihrem Rechner wieder einzufügen. (Zum Copyright möchte ich hier aber nicht Stellung nehmen.)

Auf die Schnelle ausschneiden, kopieren und einfügen

Ich will nicht lange um den heißen Brei herumreden. Prinzipiell müssen Sie zum Ausschneiden, Kopieren und Einfügen drei Schritte ausführen, und zwar folgende:

1. **Wählen Sie das Element aus, das Sie ausschneiden oder kopieren möchten (ein paar Wörter, eine Datei, eine Webadresse oder irgendetwas anderes).**

2. **Klicken Sie mit der rechten Maustaste auf die Auswahl und wählen Sie im Kontextmenü entweder AUSSCHNEIDEN oder KOPIEREN, abhängig davon, welche Aktion Sie ausführen wollen.**

   Wenn Sie etwas verschieben wollen, wählen Sie AUSSCHNEIDEN; wenn Sie etwas duplizieren wollen, wählen Sie KOPIEREN.

   Mit folgenden Tastenkombinationen geht es wahrscheinlich noch schneller: Wählen Sie aus, drücken Sie Strg+X, um auszuschneiden, beziehungsweise Strg+C, um zu kopieren.

3. **Klicken Sie mit der rechten Maustaste auf das Ziel für das ausgeschnittene oder kopierte Element und wählen Sie im Kontextmenü EINFÜGEN.**

   Sie können mit der rechten Maustaste auf ein Dokument, einen Ordner oder nahezu auf alle anderen Stellen klicken.

   Die schnelle Tastenkombination: Drücken Sie Strg+V, um einzufügen.

Wem das jetzt zu schnell ging oder wer es gerne ausführlicher hätte, der lese die nächsten drei Abschnitte, in denen das Auswählen der Elemente, das Ausschneiden beziehungsweise das Kopieren und das anschließende Einfügen ziemlich genau und ausführlich beschrieben werden.

Elemente zum Ausschneiden oder Kopieren auswählen

Windows kann nur dann etwas ausschneiden oder kopieren, wenn Sie ihm vorher mitteilen, was genau Sie denn ausschneiden oder kopieren wollen. In der Regel werden Sie die Auswahl mit der Maus durchführen, obwohl es auch andere Wege gibt.

✔ **Text in einem Dokument, auf einer Webseite oder in einer Tabelle auswählen:** Zeigen Sie mit der Maus auf den Anfang der Daten, die Sie auswählen wollen. Ziehen Sie dann mit gedrückter Maustaste über die auszuwählenden Daten und lassen Sie anschließend die Maustaste wieder los. Der ausgewählte Bereich wird hervorgehoben dargestellt (siehe auch Abbildung 6.7).

»Doppeltippen« Sie auf einem Touchscreen auf ein Wort, um es auszuwählen. Um die Auswahl auf mehrere Wörter zu erweitern, tippen Sie erneut auf das markierte Wort; bleiben Sie mit dem Finger auf der Bildschirmoberfläche und streifen Sie mit dem Finger in die gewünschte Richtung, bis alle gewünschten Wörter ausgewählt sind. Dann können Sie den Finger vom Bildschirm nehmen.

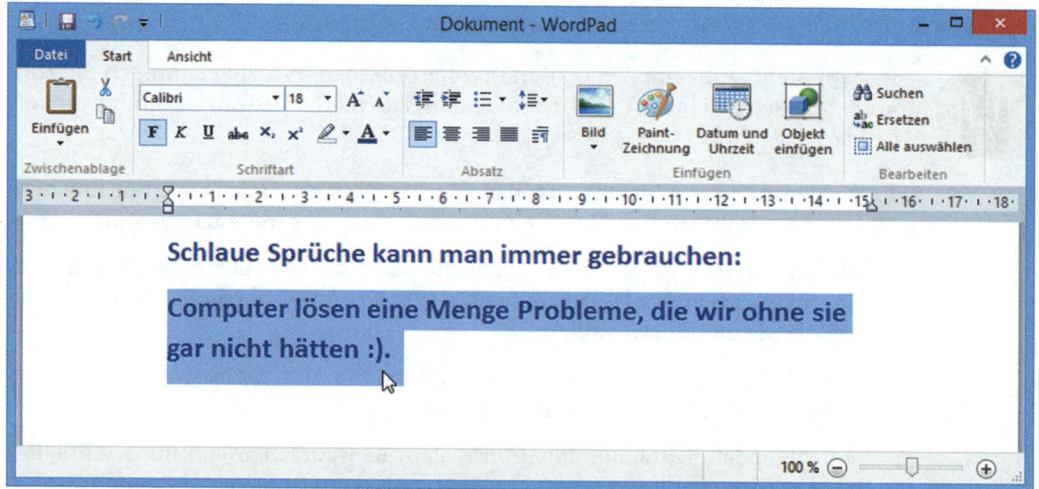

Abbildung 6.7: Der ausgewählte Text wird hervorgehoben dargestellt, damit man die Auswahl sofort erkennen kann.

 Wenn Sie Text markiert haben, seien Sie auf der Hut! Wenn Sie jetzt beispielsweise versehentlich auf die K-Taste verrutschen, wird die gesamte Markierung durch ein »K« ersetzt. Drücken Sie in einem solchen Fall blitzschnell Strg+Z, um das Ganze wieder rückgängig zu machen.

✔ **Dateien oder Ordner auswählen:** Klicken Sie einfach auf die Datei oder den Ordner. Wenn Sie mehrere Elemente gleichzeitig auswählen wollen, versuchen Sie folgende Tricks:

- Wenn alle Dateien in Reih und Glied stehen, klicken Sie auf die erste Datei, halten die ⇧-Taste gedrückt und klicken dann auf die letzte Datei. Die Auswahl umfasst die erste, die letzte und alle dazwischenliegenden Dateien.

- Wenn die Dateien bunt verstreut verteilt sind, halten Sie die Strg-Taste gedrückt und klicken dann auf jede einzelne Datei, die Sie auswählen wollen.

So, der erste Teil wäre erledigt: Sie haben es hoffentlich geschafft, die Elemente auszuwählen, die Sie verschieben oder kopieren möchten. Im nächsten Abschnitt folgt der zweite Teil – Sie erfahren, wie das Ausschneiden und Kopieren funktioniert.

 Nachdem Sie etwas markiert haben, müssen Sie es sofort ausschneiden oder kopieren. Sobald Sie nämlich mit der Maus auf eine andere Stelle klicken, heben Sie die (vielleicht mühsam zusammengestellte) Auswahl wieder auf und müssen noch einmal von vorn beginnen.

✔ Um ein ausgewähltes Element zu löschen, sei es eine Datei, ein Absatz oder ein Bild, drücken Sie einfach die Entf-Taste.

Tricks zum Auswählen von Buchstaben, Wörtern, Absätzen etc.

Wenn Sie es in Windows-Programmen mit Wörtern zu tun haben, gibt es ein paar nette Tricks, die das Auswählen enorm beschleunigen.

✔ **Einzelne Zeichen auswählen:** Setzen Sie die Einfügemarke (den Cursor) vor das erste Zeichen, halten Sie die ⬆-Taste gedrückt und drücken Sie so lange →, bis alle gewünschten Zeichen markiert sind.

✔ **Ein Wort markieren:** Doppelklicken Sie auf das Wort. (In den meisten Textverarbeitungsprogrammen können Sie die Maustaste beim zweiten Klicken gedrückt halten und die Auswahl durch Ziehen wortweise erweitern.)

✔ **Eine Zeile auswählen:** Zeigen Sie mit der Maus auf den linken Seitenrand auf Höhe der gewünschten Zeile und klicken Sie. Halten Sie die Maustaste gedrückt und ziehen Sie nach oben oder nach unten, um weitere Zeilen zu markieren. Sie können die Zeilenauswahl auch durch Drücken von ⬆+↓ beziehungsweise ⬆+↑ erweitern.

✔ **Einen Absatz auswählen:** Zeigen Sie mit der Maus auf den linken Seitenrand auf Höhe des gewünschten Absatzes und doppelklicken Sie. Halten Sie die Maustaste gedrückt, und ziehen Sie nach oben oder nach unten, um weitere Absätze zu markieren.

✔ **Gesamtes Dokument auswählen:** Drücken Sie Strg+A oder zeigen Sie mit der Maus auf den linken Seitenrand und klicken Sie dreimal ganz schnell hintereinander.

Ausgewählte Elemente ausschneiden oder kopieren

Nachdem Sie Elemente ausgewählt haben (siehe den vorherigen Abschnitt), müssen Sie entscheiden, ob Sie diese ausschneiden oder kopieren (oder einfach nur mit der Entf-Taste löschen) wollen.

Diese prinzipielle Vorgehensweise kann nicht oft genug wiederholt werden: Klicken Sie mit der rechten Maustaste auf eine Auswahl. (»Touchscreenler« aufgepasst: Drücken Sie mit dem Finger etwas länger auf den Touchscreen.) Wählen Sie im Kontextmenü entweder AUSSCHNEIDEN oder KOPIEREN (siehe auch Abbildung 6.8). Klicken Sie mit der rechten Maustaste auf das Ziel und wählen Sie im Kontextmenü den Befehl EINFÜGEN.

Die Befehle AUSSCHNEIDEN und KOPIEREN unterscheiden sich beträchtlich. Und wie können Sie wissen, welchen Befehl Sie brauchen?

✔ **Wählen Sie AUSSCHNEIDEN, um Daten zu verschieben.** Die Auswahl verschwindet dann erst einmal vom Bildschirm, aber keine Panik. Es geht nichts verloren. Windows legt das ausgeschnittene Material sorgfältig in seiner internen *Zwischenablage* ab.

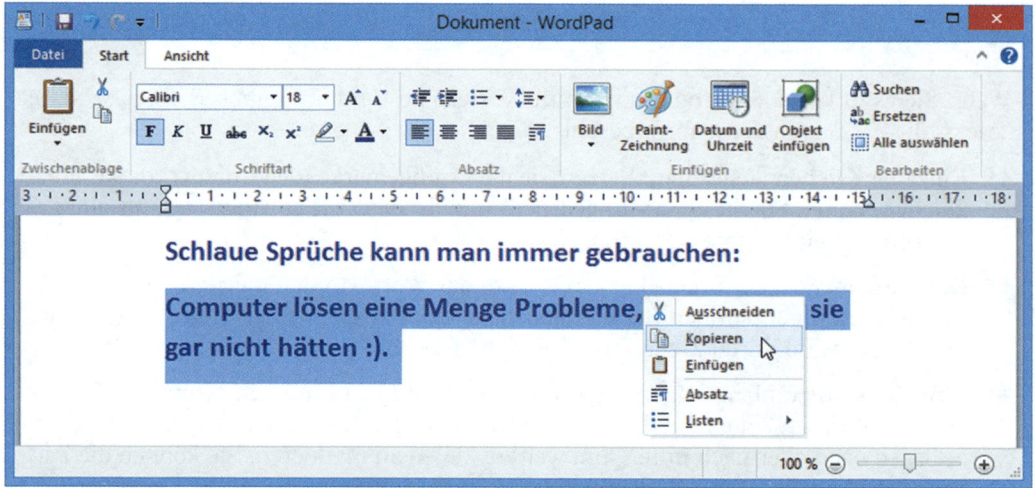

Abbildung 6.8: Im Kontextmenü finden Sie alle Befehle zum Ausschneiden, Kopieren und Einfügen.

 Tun Sie sich keinen Zwang an, und schneiden Sie ganze Dateien aus, um sie dann in andere Ordner wieder einzufügen. Wenn Sie eine Datei ausschneiden, wird der Dateiname grau abgeblendet dargestellt, bis Sie die Datei wieder einfügen. (Die Datei einfach verschwinden zu lassen, wäre wahrscheinlich zu beunruhigend für die Benutzer.) Sie haben Ihre Meinung geändert und wollen die Datei doch nicht ausschneiden? Drücken Sie Esc. Der Ausschneidevorgang wird abgebrochen und der Dateiname wieder in ihrer normalen Farbe angezeigt.

✔ **Wählen Sie Kopieren, um eine Kopie der Daten zu erstellen.** Verglichen mit dem Aus-schneiden ist das Kopieren von Daten ziemlich unspektakulär. Beim Ausschneiden ver-schwindet die Datenauswahl spurlos vom Bildschirm. Beim Kopieren bleibt alles wie ge-habt. Aber selbst wenn Sie nichts davon mitbekommen, legt Windows auch Ihre Kopien sorgfältig in der Zwischenablage ab.

 Wenn Sie eine Abbildung des gesamten Bildschirms in der Zwischenablage able-gen wollen, drücken Sie die Druck-Taste. Danach können Sie das Bild beispiels-weise in Microsoft Paint einfügen.

 Windows 8 macht das noch besser. Drücken Sie ⊞+Druck und Windows erstellt im Ordner Bilder den Ordner Screenshots und legt in diesem Ordner die Bild-schirmabbildung Screenshot ab. Drücken Sie noch einmal ⊞+Druck und Win-dows legt die Datei Screenshot (2) im Ordner Screenshots ab ...

Ausgeschnittene oder kopierte Elemente einfügen

Nachdem Sie Elemente in die Zwischenablage ausgeschnitten oder kopiert haben, können Sie diese Daten an quasi jeder beliebigen Stelle wieder einfügen.

Dieser Vorgang ist ziemlich überschaubar:

1. **Öffnen Sie das Zielfenster und zeigen Sie auf die Stelle, an der die Daten eingefügt werden sollen.**

2. **Klicken Sie mit der rechten Maustaste und wählen Sie im Kontextmenü den Befehl EINFÜGEN.**

Fertig! Das Element, das Sie ausgeschnitten oder kopiert haben, wird sofort an der gewählten Position eingefügt.

Bitte rückgängig machen!

In Windows können Sie die zuletzt durchgeführte Aktion blitzschnell rückgängig machen.

Drücken Sie ⌈Strg⌉+⌈Z⌉. (Manche Programme stellen auch eine Schaltfläche zum Rückgängigmachen zur Verfügung.)

Und wenn Sie etwas versehentlich rückgängig gemacht haben, können Sie das auch wieder rückgängig machen. (Können Sie mir noch folgen?) Dazu drücken Sie ⌈Strg⌉+⌈Y⌉ oder suchen im Programm nach der Schaltfläche zum Wiederherstellen der zuletzt durchgeführten Aktion.

Wenn Sie eine Datei auf dem Desktop einfügen möchten, klicken Sie mit der rechten Maustaste auf den Desktop und wählen EINFÜGEN. Die ausgeschnittene oder kopierte Datei wird an der gewählten Position eingefügt.

✔ Mit dem Befehl EINFÜGEN wird eine Kopie der in der Zwischenablage abgelegten ausgeschnittenen oder kopierten Elemente eingefügt. Die Daten bleiben auch nach dem Einfügen weiterhin in der Zwischenablage für den Fall, dass Sie sie vielleicht an einer anderen Stelle erneut einfügen wollen.

Das Einfügen auf einem Touchscreen funktioniert so: Drücken Sie etwas länger auf den Bildschirm. Wenn Sie den Finger dann wieder vom Touchscreen wegnehmen, wird das Kontextmenü geöffnet, in dem Sie auf den Befehl EINFÜGEN tippen.

✔ In manchen Programme, und hierzu gehört auch der Explorer, werden im Menüband Schaltflächen zum Ausschneiden, Kopieren und Einfügen angeboten (siehe Abbildung 6.9).

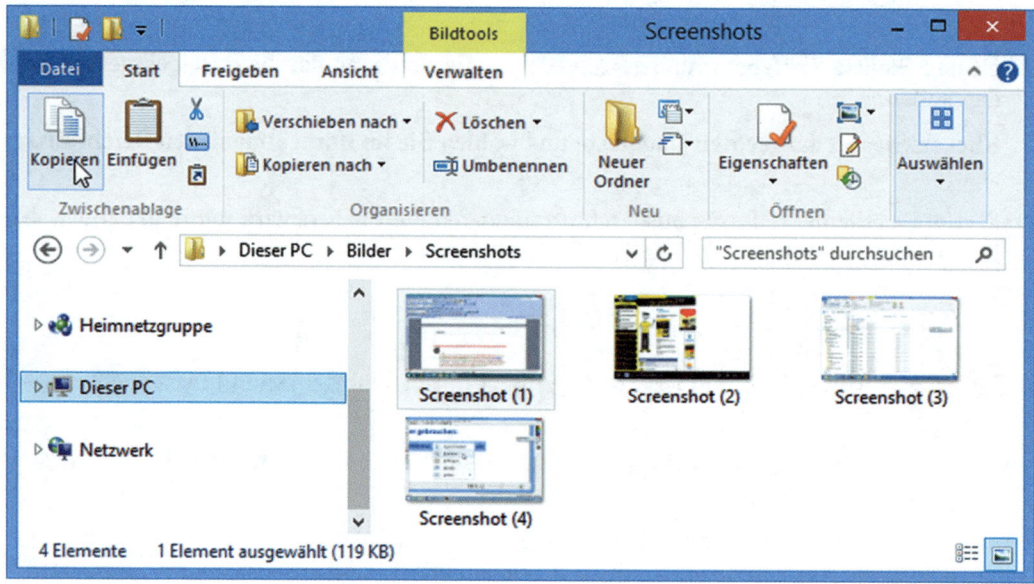

Abbildung 6.9: Die Registerkarte »Start« enthält die Schaltflächen »Kopieren«, »Einfügen« und
»Ausschneiden« (das ist die kleine Schere).

Gesucht und gefunden

In diesem Kapitel

▶ Aktuell laufende Apps und Programme aufspüren

▶ Verloren geglaubte Fenster und Dateien auf dem Desktop finden

▶ Verloren geglaubte Programme, E-Mails, Songs, Fotos und Dokumente wiederfinden

▶ Andere Computer im Netzwerk aufspüren

*E*s wird der Zeitpunkt kommen, an dem Sie sich verzweifelt fragen, wo die App geblieben ist, mit der Sie doch noch vor einer Minute gearbeitet haben. Oder das Fenster? Eben war es doch noch geöffnet, oder?

Wenn Windows anfängt, mit Ihnen Verstecken zu spielen, wird es Zeit, dieses Kapitel zu lesen und zu erfahren, wie und wo Sie sich auf die Suche begeben können.

Aktuell geöffnete App wiederfinden

Wenn Sie auf der Startseite eine App öffnen, breitet sie sich gnadenlos auf dem gesamten Bildschirm aus und überdeckt alles, was vorher zu sehen war. Sie können also auf der Startseite immer nur eine App anzeigen. Und was ist mit den anderen Apps, die Sie bereits gestartet haben? Wo sind die geblieben?

Wenn Sie zum Desktop wechseln, wird es noch seltsamer. Denn dann sehen Sie nicht einmal mehr die zuletzt geöffnete App – oder eigentlich schon, da Windows den Desktop wie eine App behandelt. Egal – wo sind die Apps, die Sie bereits geöffnet haben?

Es ist nicht so schwer, sie zu finden. Man muss nur wissen, wo man suchen muss. Windows verbirgt alle aktuell laufenden Apps in einer Leiste, die sich hinter dem linken Bildschirmrand verbirgt. (Da muss man erst einmal drauf kommen.) In dieser Leiste (siehe auch Abbildung 7.1) sehen Sie für jede geöffnete App ein kleines Bildchen. Diese Leiste kann sowohl auf der Startseite als auch auf dem Desktop angezeigt werden. Wenn Sie die Leiste auf der Startseite einblenden, sehen Sie dort auch eine Miniversion des Desktops. Diese wird nicht angezeigt, wenn Sie sich gerade auf dem Desktop befinden. Logisch, oder?

Blenden Sie die Leiste ein, um zu einer dieser Apps zu wechseln oder eine dieser Apps zu schließen. Okay! Und wie blendet man die Leiste ein?

✔ **Maus:** Zeigen Sie in die obere linke Ecke. Sobald Sie die Miniaturdarstellung der zuletzt verwendeten App sehen, bewegen Sie den Mauszeiger ein kleines Stück nach unten (nicht klicken!). Und schon belegt die Leiste mit allen aktuell geöffneten Apps den linken Bildschirmrand. Um zu einer der dort angezeigten Apps zu wechseln, klicken Sie einfach auf

Abbildung 7.1: Alle aktuell geöffneten Apps

das betreffende Miniaturbildchen. Um eine App zu schließen, klicken Sie mit der rechten Maustaste auf ihr Minibild und wählen den Befehl SCHLIESSEN.

✔ **Tastatur:** Drücken Sie ⊞+🔁 und lassen Sie die ⊞-Taste nicht mehr los. Die Leiste wird angezeigt. Drücken Sie so lange die 🔁-Taste (die ⊞-Taste bleibt dabei gedrückt), bis das entsprechende Minibild in der Leiste ausgewählt ist. Wenn Sie dann die ⊞-Taste loslassen, wechseln Sie zur gewählten App. Wenn Sie bei gedrückter ⊞-Taste die Entf-Taste drücken, wird die App geschlossen.

Touchscreen: Streifen oder wischen Sie mit dem Finger vom linken Bildschirmrand nach innen. Wenn die zuletzt verwendete App sich schüchtern aus der Ecke wagt, streifen oder wischen Sie mit dem Finger zurück nach links. Die Leiste wird eingeblendet. Tippen Sie auf die gewünschte App, um dorthin zu wechseln. Um sie zu schließen, streifen oder wischen Sie in der geöffneten App mit dem Finger vom oberen Bildschirmrand ganz nach unten und ziehen die App quasi aus dem Bildschirm.

In der Leiste stehen alle aktuell geöffneten Apps. Von den Desktopprogrammen finden Sie dort keine Spur. Na ja, ganz stimmt das auch nicht. Da Windows den Desktop als App ansieht, wird der Desktop zusammen mit den zuletzt verwendeten Programmen angezeigt, wie Sie in Abbildung 7.1 sehen können. Wie Sie ein aktuell laufendes Desktopprogramm aufspüren, erfahren Sie im nächsten Abschnitt.

Aktuell geöffnete Fenster aufspüren

Im Unterschied zur Startseite arbeitet der Desktop eher wie eine Art Schwarzes Brett. Wann immer Sie ein Fenster öffnen, wird es einfach auf dem Desktop zu den dort bereits befindlichen anderen Fenstern gelegt. Das oberste Fenster ist relativ leicht auszumachen, aber wie können Sie die darunter liegenden Fenster erreichen?

Wenn Sie zumindest die Ecke eines vergrabenen Fensters sehen, ist es einfach. Sie klicken auf das sichtbare Fitzelchen, und das gesamte Fenster wird in den Vordergrund gebracht und liegt oben auf.

Wenn das gewünschte Fenster vollständig vergraben ist, bleibt Ihnen die Taskleiste unten auf dem Bildschirm. Dort werden alle geöffneten Programme namentlich oder zumindest mit einem Symbol aufgelistet. Klicken Sie auf den Eintrag in der Taskleiste und das entsprechende Fenster wird angezeigt.

Sie suchen immer noch? Dann drücken Sie doch mal ⌈Alt⌉+⌈↹⌉ und lassen Sie die ⌈Alt⌉-Taste erst einmal nicht mehr los. Oh, ganz schön was los auf meinem Computer, wie Abbildung 7.2 zeigt. Neben den geöffneten Desktopprogrammen werden auch gleich die aktuell geöffneten Apps angezeigt. Prima Service! Drücken Sie so lange die ⌈↹⌉-Taste (ohne die ⌈Alt⌉-Taste loszulassen), bis das gewünschte Programm markiert ist; lassen Sie dann die ⌈Alt⌉-Taste wieder los. Jetzt sollten Sie fündig geworden sein.

 Wenn Sie überzeugt sind, dass Sie ein Fenster geöffnet haben, und Sie es aber einfach nicht finden können, breiten Sie alle geöffneten Fenster auf dem Bildschirm aus. Klicken Sie dazu mit der rechten Maustaste auf einen leeren Bereich in der Taskleiste und wählen Sie im Kontextmenü den Befehl FENSTER NEBENEINANDER ANZEIGEN.

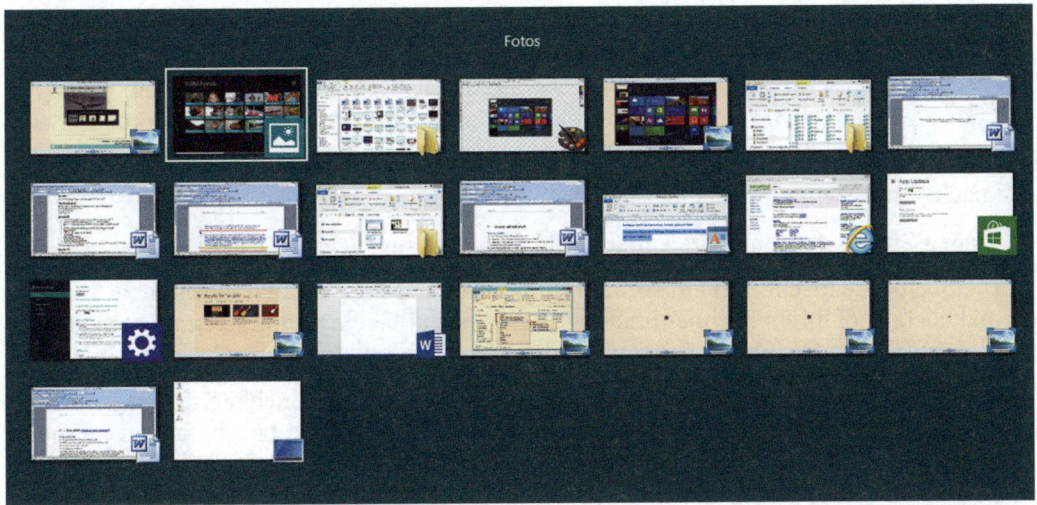

Abbildung 7.2: Halten Sie die ⌈Alt⌉-Taste gedrückt und blättern Sie durch Drücken der ⌈↹⌉-Taste durch die aktuell geöffneten Programme.

Das neue Suchsystem von Windows 8.1

In Windows 8 brauchen Sie zum Suchen den Charm SUCHEN. Sie wollen etwas in einer App suchen? Sie wechseln zur App, holen sich die Charms-Leiste, klicken dort auf SUCHEN und geben den Suchbegriff ein. Das Suchergebnis listet dann die in der entsprechenden App gefundenen Elemente auf.

Windows 8.1 macht das anders. Hier brauchen Sie nicht unbedingt den Charm SUCHEN, da einige Apps einen eigenen Suchbereich zur Verfügung stellen. Und wenn Sie in der Charms-Leiste den Charm SUCHEN bemühen, hält die Suchfunktion nach passenden Elementen auf Ihrem Rechner und im Internet Ausschau und nicht notwendigerweise in der aktuell angezeigten App.

Nach Apps, Programmen, Einstellungen oder Dateien suchen

In den beiden vorherigen Abschnitten erkläre ich, wie Sie aktuell geöffnete Apps und Programme aufspüren können. Was aber, wenn Sie etwas vermissen, mit dem Sie länger nicht gearbeitet haben?

Dafür ist die Suchfunktion von Windows via Charms-Leiste und Charm SUCHEN zuständig. Sie können mithilfe der Suchfunktion nach verloren gegangenen Apps, nach auf Wanderschaft befindlichen Dateien, versteckten Einstellungen, ja sogar nach Einträgen auf Websites, die Sie nie besucht haben, suchen. Die Suchfunktion sucht nach allem überall.

Die Suchfunktion von Windows 8 sucht prinzipiell erst einmal nur in der aktuellen App, solange Sie nichts anderes festlegen. Windows 8.1 denkt da globaler und sucht prinzipiell erst einmal überall. Sie geben einen Suchbegriff ein (siehe Abbildung 7.3) und die Suchfunktion durchforstet Ihren gesamten Computer und das Internet gleich auch mit und präsentiert dann stolz ihre Ergebnisse.

Um nach vermissten Elementen zu fahnden, führen Sie die folgenden Schritte aus:

1. **Tippen Sie auf der Startseite einfach wild darauflos und geben Sie den Suchbegriff ein.**

   Die Suchleiste macht sich am rechten Bildschirmrand breit und Windows sucht erst einmal überall auf Ihrem Rechner und im Internet nach Übereinstimmungen. Die Suchergebnisse auf Ihrem PC werden vor den Fundstellen im Internet aufgelistet.

   Wenn Sie auf einem Tablet-PC Probleme mit der Suchbegriffeingabe haben, streifen Sie mit dem Finger vom rechten Bildschirmrand nach innen. Und sobald die Charms-Leiste hervorlugt, tippen Sie auf den Befehl SUCHEN. Dann wird die Leiste SUCHEN angezeigt und es klappt auch mit dem Eingeben des Suchbegriffs.

Abbildung 7.3: Die Suchfunktion der Startseite durchsucht Ihren Rechner und das Internet.

Wenn Sie das Gesuchte in der Suchergebnisliste sehen, greifen Sie durch Klicken oder Tippen darauf zu. Sie können aber auch die ⏎-Taste drücken, um Details zur Suche einzublenden. Fahren Sie dann mit Schritt 4 fort.

Wenn Sie das gesuchte Element in der Suchliste nicht finden können, verzweifeln Sie nicht, sondern verfeinern Sie die Suche.

2. Ändern Sie die Suchkategorie.

Manchmal ist die Liste mit Suchergebnissen so lang, dass sie gar nicht alle in die Suchleiste passen. Ist dies der Fall, klicken Sie im oberen Bereich auf die nach unten zeigende Pfeilspitze neben dem Eintrag ÜBERALL und grenzen die Suche durch Auswahl einer der folgenden Kategorien ein.

- ÜBERALL: Das kennen wir jetzt schon. Das ist die Standardeinstellung für die Suchfunktion. Damit durchsuchen Sie den gesamten Rechner und das Internet nach Ihrem Suchbegriff. Und Windows zeigt alle Suchergebnisse in der Leiste an.

- EINSTELLUNGEN: Damit können Sie die unzähligen Einstellungen in der Systemsteuerung (auf dem Desktop) sowie auf der Seite PC-EINSTELLUNGEN (auf der Startseite) durchsuchen. Das ist ganz praktisch, wenn Sie beispielsweise Informationen zu Schriften, Tastatur, Datensicherung, Maus oder sonstige technische Leckerbissen suchen.

- DATEIEN: Wenn Sie keine Lust mehr auf Internetergebnisse haben, wenden Sie sich vertrauensvoll an diese Kategorie, mit der die Suchfunktion nur Ihren Rechner nach zum Suchbegriff passenden Dateien durchforstet.

- WEBBILDER: Damit begibt sich die Suche in die Weiten des Internets und sucht nach zum Suchbegriff passenden Bildern.

- WEBVIDEOS: Damit begibt sich die Suche ebenfalls in die Weiten des Internets und sucht nach zum Suchbegriff passenden Videos.

3. **Drücken Sie nach der Eingabe des Suchbegriffs die** ⏎ **-Taste, um alle übereinstimmenden Elemente anzuzeigen.**

Windows zeigt alles, was es gefunden hat (siehe Abbildung 7.4).

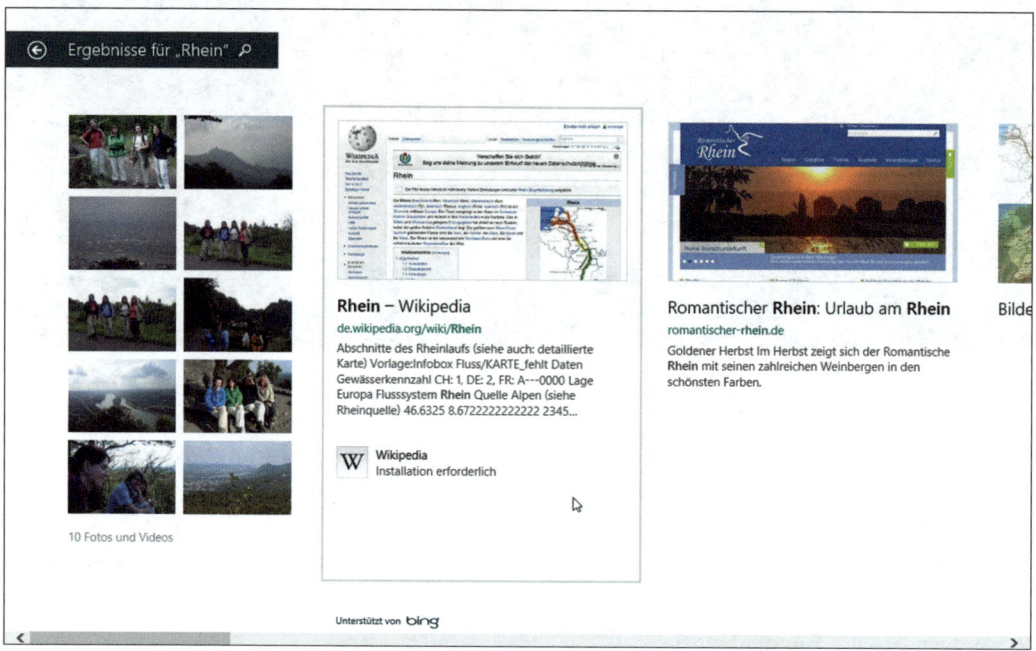

Abbildung 7.4: Das Suchergebnis in seiner ganzen Pracht

4. **Klicken Sie auf einen Eintrag im Suchergebnis, um das Element zu öffnen.**

Klicken Sie auf einen Song und er wird abgespielt. Klicken Sie auf eine Einstellung und die Systemsteuerung meldet sich zu Wort. Klicken Sie auf einen Brief und er wird in Ihrem Textverarbeitungsprogramm geöffnet. Ich denke, Sie haben das System verstanden.

Die folgenden Tipps werden Ihnen dabei helfen, die Suchfunktion bis aufs Letzte auszureizen:

✔ Findet Windows mehr Übereinstimmungen als auf den Bildschirm passen, sind die weiteren Suchergebnisse weiter rechts aufgelistet. Das heißt, wenn Sie mehr sehen wollen, müssen Sie nach rechts scrollen.

✔ Die Windows-Suchfunktion schaut sich jede Datei an, die Sie in den Ordnern DOKUMENTE, MUSIK, BILDER und VIDEOS abgelegt haben. Es lohnt sich also, Ihre Dateien ordentlich in diesen vier Ordnern aufzubewahren. Was gar nicht geht, ist die Suche nach privaten Dateien in Konten anderer Leute, die ebenfalls auf Ihrem Computer arbeiten.

✔ Windows sucht nicht nach Dateien auf Wechseldatenträgern wie Speichersticks, CDs, DVDs oder Wechselfestplatten.

✔ Wenn Sie bei der Suche eine Zeichenkombination eingeben, die auf Ihrem Computer sehr häufig vorkommt ist – versuchen Sie es mal mit win –, findet die Suchfunktion ziemlich viele Einträge. Spezifizieren Sie in diesem Fall Ihre Suchanfrage – wie wäre es mit winter ade, scheiden tut weh –, dann wird der Suchergebnisbereich nicht mehr so überquellen.

✔ Im Suchfeld wird übrigens die Groß- und Kleinschreibung ignoriert.

✔ Tastaturfans aufgepasst: Um nach Dateien zu suchen, drücken Sie ⊞+F (»f« steht für das englische »file«). Eine Suche nach Einstellungen wird durch Drücken von ⊞+W gestartet. Wenn Sie ⊞+Q drücken, sucht Windows 8 nach Apps und Programmen; Windows 8.1 schaltet dagegen in den Suchmodus ÜBERALL und listet gefundene Apps und Programme ganz oben in der Liste auf.

Die Windows 8.1-Suchfunktion verwendet Bing, die Suchmaschine von Microsoft. Und daran führt auch kein Weg vorbei, selbst wenn Sie im Webbrowser standardmäßig eine andere Suchmaschine eingestellt haben.

Was die Suchfunktion nicht findet

Also, mal ehrlich: Wenn die Suchfunktion von Windows 8.1 auf ÜBERALL eingestellt ist, sucht sie doch nicht wirklich überall, oder? Nein, sie sucht nicht überall und kann daher auch nicht alles finden. Folgende Dinge entgehen ihr selbst im ÜBERALL-Modus:

✔ **Mail/Kontakte/Kalender:** Die Suchfunktion sucht weder nach E-Mails noch nach Kontakten noch nach Terminen in den jeweiligen Apps. Stattdessen müssen Sie die App starten, in der gesucht werden soll, und dann in der App den gewünschten Suchbegriff eingeben.

✔ **Apps:** Da der Befehl SUCHEN der Charms-Leiste nicht mehr in Apps sucht, sind jetzt die meisten Apps stolze Besitzerinnen eines eigenen Suchfeldes (meist oben rechts, wo es ja auch hingehört). Und in manchen Apps, zum Beispiel in der News-App, kann man überhaupt nicht suchen.

✔ **Dateien außerhalb der Hauptordner:** Die ÜBERALL-Suche findet nur die gesuchten Dateien, wenn sie sich auf der Festplatte Ihres Computers befinden. Wenn Sie etwas auf einem Wechseldatenträger suchen – Speicherstick, CD oder DVD –, hilft die Suche nicht weiter. Und sie weigert sich auch, andere Standorte im Netzwerk zu durchsuchen.

Wenn Sie einen Wechseldatenträger durchforsten wollen, lesen Sie den Abschnitt »Nach einer Datei in einem Ordner suchen«. Diese Art von Suche dauert zwar etwas länger, aber immerhin, Sie können dort dann wenigstens suchen.

Nach einer Datei in einem Ordner suchen

Sie suchen eine bestimmte Datei auf einer ziemlich großen Wechselfestplatte. Und die Startseiten-Suchfunktion von Windows 8.1 weigert sich, diese in ihre Suche Modell ÜBERALL miteinzubeziehen. Oder die Suchfunktion auf der Startseite durchwühlt den gesamten Computer und das Internet, nur weil Sie nach einer einzigen Datei suchen und sogar wissen, in welchem Ordner sie abgelegt ist. Für solche Fälle hat Windows eine Lösung vorgesehen. Dem Desktop sei Dank. In jedem Desktopordner gibt es ein Suchfeld, in dem Sie die Suche auf den aktuell angezeigten Datenträger oder Ordner beschränken können.

Wenn Sie zum Beispiel in einem bestimmten Ordner eine Datei vermissen, klicken Sie auf das Suchfeld des Ordners und fangen an, ein oder mehrere Wörter einzugeben. Passend zu Ihren Eingaben beginnt Windows die Dateien im aktuellen Ordner zu filtern – ähnlich wie beim Suchen auf der Startseite. Je mehr Sie eingeben, umso näher kommen Sie an die gewünschte Datei heran. Wenn Ihre Eingaben korrekt sind, bleibt am Schluss nur noch die eine Datei übrig, nach der Sie suchen.

Wenn das Suchfeld zu viele Treffer liefert, greifen Sie auf ein paar hilfreiche Elemente im Explorer zurück: die Spaltenbeschriftungen. (Ändern Sie dazu bei Bedarf die Ansicht. Klicken Sie auf der Registerkarte ANSICHT in der Gruppe LAYOUT auf die Schaltfläche DETAILS, um die Dateien in Form einer Liste mit in Spalten angeordneten Zusatzinformationen anzuzeigen, wie in Abbildung 7.5 zu sehen ist.) In der ersten Spalte NAME stehen, wie unschwer zu erraten ist, die Dateinamen. Alle anderen Spalten enthalten weitere Informationen zu den jeweiligen Dateien.

Wenn Sie auf eine Spaltenbeschriftung wie NAME, ÄNDERUNGSDATUM oder TYP klicken, wird die Dateiliste nach dieser Spalte sortiert. Wenn Sie auf eine Spaltenbeschriftung mit der rechten Maustaste klicken, können Sie weitere Infospalten einfügen oder vorhandene ausblenden. Sie bestimmen, was angezeigt werden soll. Und so könnte die Sortierung vielleicht auch in Ihrem Ordner DOKUMENTE aussehen:

✔ NAME: Sie kennen den ersten Buchstaben des Dateinamens? Dann klicken Sie hier, um die Dateien alphabetisch zu sortieren (was sie wahrscheinlich schon sind). Danach können Sie die gewünschte Datei aus der Liste herauspicken. Wenn Sie noch einmal auf NAME klicken, wird die Sortierreihenfolge umgekehrt.

✔ ÄNDERUNGSDATUM: Wenn Sie ungefähr wissen, wann Sie das Dokument das letzte Mal geändert haben, klicken Sie auf die Spaltenbeschriftung ÄNDERUNGSDATUM. Damit werden die kürzlich geänderten Dateien an den Listenanfang gesetzt. (Klicken Sie erneut auf ÄNDERUNGSDATUM, um die ältesten geänderten Dateien oben in der Liste anzuzeigen, die Sie dann vielleicht aussortieren wollen.)

✔ TYP: Mit dieser Spaltenbeschriftung sortieren Sie die Dateien nach ihrem Inhalt. Damit werden zum Beispiel alle Fotos oder alle Word-Dokumente zusammengefasst. So finden Sie beispielsweise schnell alle Fotos, die in einem Meer von Textdokumenten unterzugehen drohen.

✔ GRÖSSE: Wenn Sie nach Größe sortieren, steht Ihr 48-seitiger Bericht ganz oben in der Liste und Ihre Einkaufliste fürs Wochenende ganz unten. Wenn Sie erneut auf GRÖSSE klicken, ist es umgekehrt.

✔ AUTOREN: Microsoft Word und andere Programme versehen Ihre Arbeit mit Ihrem Namen. Wenn sich im Ordner Dateien von verschiedenen Leuten befinden, kann dies eine nützliche Sortieroption sein.

✔ MARKIERUNGEN: Sie können in Windows Ihre Dateien mit sogenannten Markierungen versehen. Ein kleines Beispiel dafür finden Sie weiter hinten in diesem Kapitel im Abschnitt »Verloren geglaubte Bilder aufspüren«. Wenn Sie also auf MARKIERUNGEN klicken, werden alle Dateien nach Markierungen sortiert.

 Ordner, deren Inhalte in der Detailansicht angezeigt werden, geben standardmäßig vier Detailspalten preis. Sie können weitere Spalten in die Anzeige aufnehmen (aber auch vorhandene Spalten ausblenden). So können Sie Ihre Dateien nach Anzahl der Wörter, Länge der Songs, Größe der Fotos, Erstellungsdatum und noch viel mehr Kriterien sortieren. Um sich einen Überblick über die gesamte Auswahl an Zusatzspalten zu verschaffen, klicken Sie mit der rechten Maustaste auf eine beliebige Spaltenbeschriftung und wählen im Kontextmenü den Befehl WEITERE. Das Dialogfeld DETAILS AUSWÄHLEN wird geöffnet. Aktivieren Sie alle Details, die Sie interessieren, oder deaktivieren Sie Spaltentitel, die Sie nicht mehr im Ordnerfenster brauchen. Bestätigen Sie abschließend Ihre Auswahl durch Klicken auf OK.

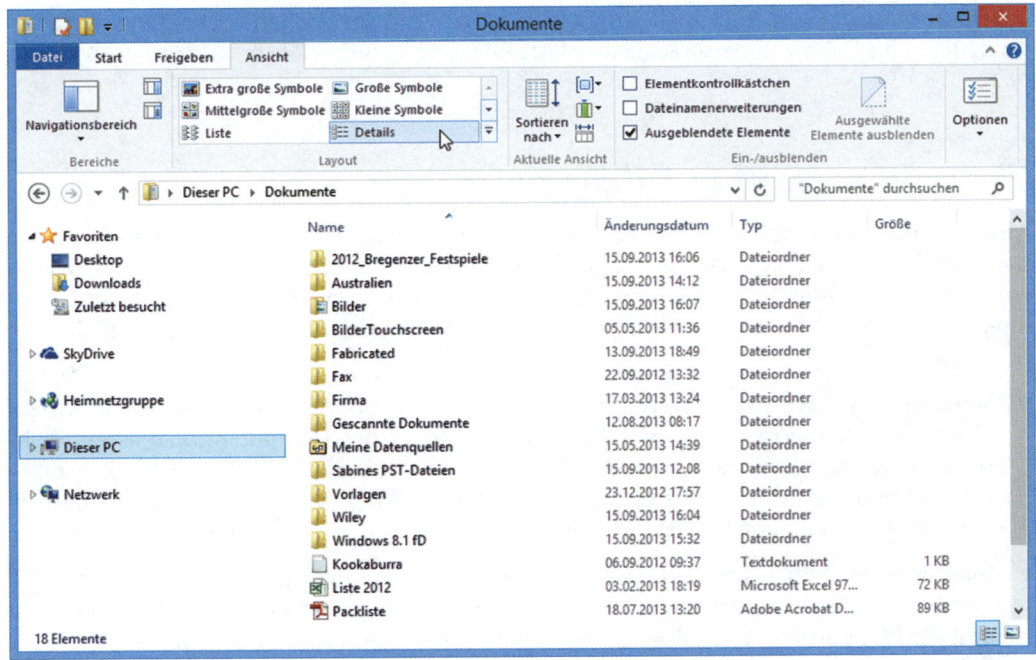

Abbildung 7.5: In der Detailansicht können Sie Dateien nach verschiedenen Kriterien sortieren.

> ## ! *Verfeinerte Suchläufe*
>
> In der Detailansicht eines Ordnerfensters (siehe Abbildung 7.5) sind die Dateien und Ordner in der Regel in alphabetischer Reihenfolge nach Dateinamen sortiert. Je nach Lust und Laune können Sie die Liste auch nach anderen Kriterien wie Änderungsdatum, Autor etc. sortieren lassen. Aber Windows bietet noch raffiniertere Suchläufe an. Das entdecken Sie spätestens, wenn Sie auf den kleinen Pfeil neben einer Spaltenbeschriftung klicken.
>
> Klicken Sie zum Beispiel auf den kleinen Pfeil neben ÄNDERUNGSDATUM und Sie können in einem richtigen Kalender blättern und ein Datum auswählen. So filtern Sie blitzschnell eine Liste mit allen Dateien, die an einem bestimmten Tag geändert wurden. Oder Sie aktivieren das Kontrollkästchen HEUTE, um alle Dateien einzublenden, die Sie heute überarbeitet haben.
>
> Klicken Sie auf den Pfeil neben AUTOREN und das Kontextmenü bietet Ihnen eine Liste mit allen Autoren an, deren Dateien in diesem Ordner abgelegt wurden. Aktivieren Sie das Kontrollkästchen des Autors, dessen Dateien im Ordnerfenster angezeigt werden sollen. (Dieses Feature lässt sich am besten bei Microsoft Office-Dokumenten einsetzen.)
>
> Diese versteckten Filter bergen allerdings auch eine Gefahr, denn Sie können leicht vergessen, dass Sie sie eingeschaltet haben. Wenn Sie neben einer Spaltenbeschriftung ein Häkchen sehen, wissen Sie, dass Sie dort einen Filter aktiviert haben und daher nicht alle Dateien im Ordnerfenster sichtbar sind. Um den Filter auszuschalten und wieder alle Dateien im Ordner anzuzeigen, klicken Sie auf das Häkchen neben der Spaltenbeschriftung und deaktivieren im Filter das entsprechende Kontrollkästchen. Kein Häkchen, kein Filter!

Verloren geglaubte Bilder aufspüren

Windows indiziert beispielsweise Ihre E-Mails bis aufs letzte Wort. Es ist aber nicht in der Lage, den Unterschied zwischen Ihren Fotos vom Matterhorn und denen vom letzten Maledivenurlaub zu erkennen. Wenn es also um Fotos geht, liegt es an Ihnen, für ihre Identifizierung zu sorgen. Die folgenden vier Tipps helfen dabei, das Ganze so einfach wie möglich zu gestalten:

✔ **Markieren Sie Ihre Fotos.** Wenn Sie Ihre Kamera an den PC anschließen (siehe Kapitel 17), bietet Ihnen Windows großzügig an, die Fotos auf den Computer zu kopieren. Während des Kopiervorgangs fordert Windows Sie auf, diese Bilder mit einer Markierung – eine kurze Beschreibung – zu versehen. Damit kann Windows dann die Fotos indizieren, was eine spätere Suche nach den Fotos vereinfacht.

✔ **Speichern Sie Fotosessions in separaten Ordnern.** Beim Importieren der Bilder von der Kamera erstellt Windows automatisch einen neuen Ordner, der mit dem aktuellen Datum und der Markierung benannt wird. Wenn Sie aber andere Programme zum Kopieren der Fotos verwenden, müssen Sie unter Umständen selbst dafür sorgen, dass die neuen Fotos in einem neuen Ordner landen, den Sie wiederum kreativ benennen.

✔ **Sortieren Sie nach dem Datum.** Sie sind auf einen Ordner mit einem digitalen Fotochaos gestoßen? Hier ein schneller Trick zum Sortieren: Klicken Sie im Explorer auf der Registerkarte ANSICHT in der Gruppe LAYOUT auf die Schaltfläche GROSSE SYMBOLE. Damit werden alle Fotos als Miniaturen im Ordnerfenster angezeigt. Klicken Sie anschließend auf der Registerkarte ANSICHT in der Gruppe AKTUELLE ANSICHT auf die Schaltfläche SORTIEREN NACH und dann auf ERSTELLDATUM. Damit sortieren Sie die Fotos im Ordner nach Aufnahmedatum und bringen Ordnung in das Chaos.

✔ **Benennen Sie Ihre Fotos neu.** Anstatt Ihren Fotos vom letzten Urlaub in Rom die langweiligen Namen wie DSCM1045, DSCM1046 zu lassen, die Ihre Kamera fantasievollerweise vergeben hat, sollten Sie ihnen sinnvolle und klangvolle Namen geben. Dazu wählen Sie alle Fotos im Ordner aus (auf der Registerkarte START in der Gruppe AUSWÄHLEN auf die Schaltfläche ALLES AUSWÄHLEN klicken) und klicken dann mit der rechten Maustaste auf das erste markierte Foto. Wählen Sie im Kontextmenü den Befehl UMBENENNEN, vergeben Sie einen klangvollen Namen (beispielsweise Roma_2013) und drücken Sie die ⏎-Taste. Windows benennt dann alle Dateien in Roma_2013, Roma 2013 (2), Roma 2013 (3) … um. (Sollte irgendetwas nicht passen, drücken Sie schnell Strg+Z, um das Ganze wieder rückgängig zu machen.)

Befolgen Sie diese einfachen Regeln und verhindern Sie so Chaos in Ihren wertvollen digitalen Fotoschätzen.

 Sorgen Sie dafür, dass Ihre digitalen Aufnahmen regelmäßig auf eine externe Festplatte, CDs, DVDs oder ähnliche externe Medien gesichert werden (mehr dazu in Kapitel 13). Wenn Sie die Fotos nicht sichern, geht Ihre Vergangenheit verloren, sollte die Festplatte Ihres Computers den Geist aufgeben.

Andere Computer im Netzwerk aufspüren

Bei einem *Netzwerk* handelt es sich um eine Gruppe von PCs, die miteinander verbunden sind, und Dinge wie Ihre Internetverbindung, Dateien oder Drucker gemeinsam nutzen. Die meisten Menschen benutzen täglich ein Netzwerk, ohne es zu wissen. Jedes Mal, wenn Sie beispielsweise Ihre Mails checken, verbindet sich Ihr PC mit einem anderen Rechner und schnappt sich die Nachrichten, die dort auf Sie warten. Meist müssen Sie sich keine Gedanken über andere PCs in Ihrem Netzwerk machen. Wenn Sie aber einen bestimmten PC im Netzwerk suchen, hilft Windows gerne.

Die Heimnetzgruppe von Windows vereinfacht die gemeinsame Datennutzung mehr denn je. Das Erstellen einer Heimnetzgruppe ist genauso einfach wie das Beitreten. Alles, was Sie brauchen, ist ein Netzwerk und ein gemeinsames Kennwort.

Um einen PC in Ihrer Heimnetzgruppe oder in einem »normalen« Netzwerk zu finden, öffnen Sie im Explorer einen Ordner und suchen dann links unten im Navigationsbereich die Computer in der Heimnetzgruppe beziehungsweise im traditionell eingerichteten Netzwerk (siehe auch Abbildung 7.6). Doppelklicken Sie dann auf einen PC-Eintrag und suchen Sie nach den gewünschten Dateien.

Wie Sie Ihre eigene Heimnetzgruppe gründen beziehungsweise ein Netzwerk einrichten, erfahren Sie in Kapitel 15.

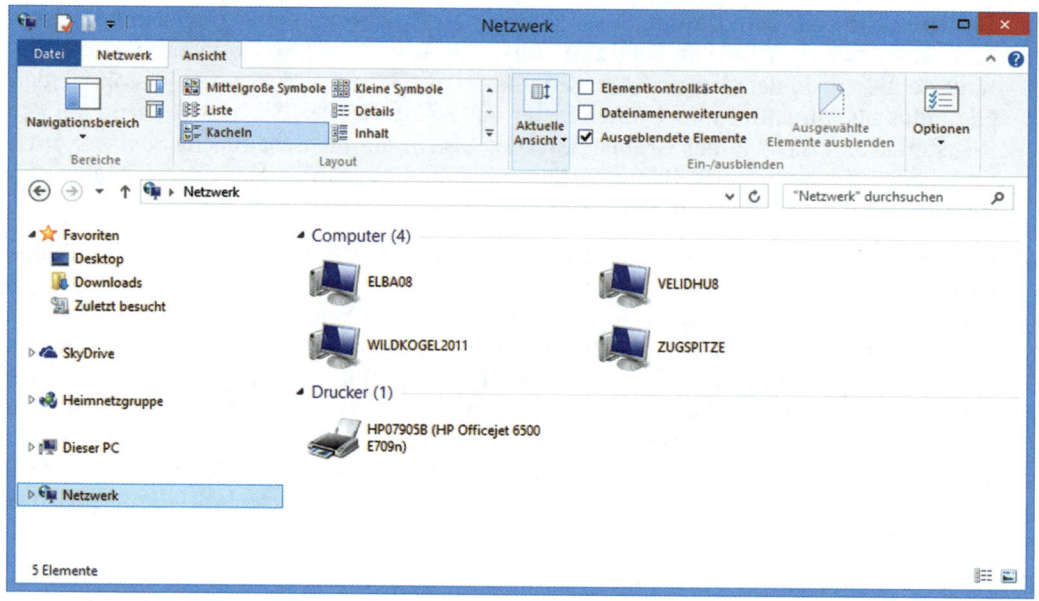

Abbildung 7.6: Klicken Sie im Navigationsbereich auf »Netzwerk«, um alle im Netzwerk verbundenen Geräte aufzulisten.

Den Suchindex neu erstellen

Wenn das Suchen mit Windows merklich langsamer wird oder Dateien nicht gefunden werden, von denen Sie wissen, dass sie irgendwo sein müssen, sollten Sie Windows bitten, den Index neu aufzubauen.

Obwohl Windows diese Aufgabe im Hintergrund erledigt, sollte der Neuaufbau besser zu einem Zeitpunkt stattfinden, wenn es Sie nicht stört, wenn sich Ihr Computer in eine lahme Ente verwandelt.

Um den Index neu zu erstellen, gehen Sie wie folgt vor:

1. **Klicken unten links auf dem Desktop mit der rechten Maustaste auf die Schaltfläche START und wählen Sie im Kontextmenü den Eintrag SYSTEMSTEUERUNG.**

   Das Programm wird geöffnet.

2. **Geben Sie oben im Suchfeld index ein und klicken Sie auf INDIZIERUNGSOPTIONEN.**

3. **Klicken Sie auf die Schaltfläche ERWEITERT und dann auf NEU ERSTELLEN.**

   Windows warnt Sie, dass die Indizierung ziemlich lange dauern wird.

4. **Wenn es zeitlich gerade passt, bestätigen Sie mit OK.**

   Windows erstellt den Index neu und löscht den alten, sobald der neue verfügbar ist.

Ihre Arbeit drucken und scannen

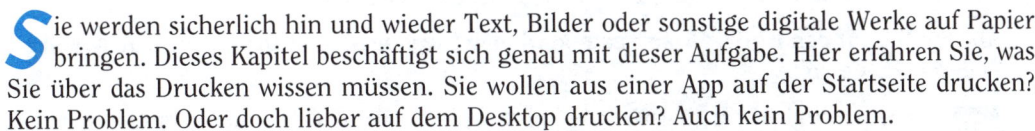

In diesem Kapitel

▶ In Apps auf der Startseite drucken und scannen

▶ Dateien, Umschläge und Webseiten auf dem Desktop drucken

▶ Ausdruck auf eine Seite anpassen

▶ Druckerprobleme beheben

Sie werden sicherlich hin und wieder Text, Bilder oder sonstige digitale Werke auf Papier bringen. Dieses Kapitel beschäftigt sich genau mit dieser Aufgabe. Hier erfahren Sie, was Sie über das Drucken wissen müssen. Sie wollen aus einer App auf der Startseite drucken? Kein Problem. Oder doch lieber auf dem Desktop drucken? Auch kein Problem.

Etwas Interessantes aus einer Webseite drucken, Druckertinte fressende Fotos drucken, ein Dokument auf eine Druckseite pressen, die Druckwarteschlange zähmen – Sie werden zu all diesen Themen in diesem Kapitel fündig.

Wenn Sie es vorziehen, Ausdrucke in elektronische Dateien zu verwandeln, blättern Sie zum Ende dieses Kapitels. Dort finden Sie eine kurze Zusammenfassung zur brandneuen Scanner-App von Windows 8.1. Die Scanner-App bildet zusammen mit einem Scanner ein unschlagbares Team, wenn es darum geht, Karten, Rezepte und sonstigen Papierkram in elektronische Daten umzuwandeln.

Von der Startseite aus drucken

Die mit Kacheln gestaltete Startseite von Windows verhält sich ziemlich anders als der traditionelle Desktop. Designt für tragbare Touchscreen-Geräte leisten die Startseite und ihre Apps ihre Dienste am besten unterwegs. Und wer will schon unterwegs drucken?

Einige der Startseiten-Apps wissen gar nicht, was Drucken bedeutet. Und die Apps, die drucken können, machen nicht viel Aufhebens und bieten nur das Nötigste an Einstellungen zum Drucken an. Wenn Sie wirklich einmal etwas von der Startseite aus drucken müssen, führen Sie die folgenden Schritte aus:

1. Öffnen Sie auf der Startseite die App, die die Daten enthält, die Sie drucken möchten.

Nicht jede App kann drucken. Das ist einer App aber nicht an ihrer Kachel anzusehen. Es kann gut sein, dass Sie versuchen, die folgenden Schritte auszuführen, nur um zu merken, dass Ihre App nicht weiß, wovon hier die Rede ist.

2. Blenden Sie die Charms-Leiste ein und klicken Sie dort auf den Charm GERÄTE.

Diese charmante Leiste mit ihrem hinreißenden Charm GERÄTE bekommen Sie folgendermaßen zu Gesicht:

- **Maus:** Zeigen Sie auf die obere oder die untere rechte Bildschirmecke. Die Leiste wagt sich aus ihrer Deckung. Klicken Sie schnell auf den Charm GERÄTE, bevor die Leiste wieder verschwindet.

- **Tastatur:** Drücken Sie ⊞+Ⓚ, um den Charm GERÄTE direkt zu aktivieren.

- **Touchscreen:** Streifen oder wischen Sie mit dem Finger vom rechten Bildschirmrand nach innen. Die Leiste lugt hervor, sodass Sie auf den Charm GERÄTE tippen können.

Windows listet alle Geräte auf, die mit der aktuellen App zusammenarbeiten können. Ich hoffe für Sie, dass auch ein angeschlossener Drucker dabei ist.

3. Klicken Sie auf den Eintrag DRUCKEN und wählen Sie dann den Drucker, der Ihre Arbeit zu Papier bringen soll.

Drucker sind mit dem Druckersymbol gekennzeichnet. Wenn Sie gleich mehrere Drucker im Gerätebereich finden, suchen Sie sich den aus, den Sie für diesen Job vorgesehen haben. (Die Druckersymbole sind beschriftet.)

Sie sehen keinen Drucker in der Liste? Dann kann die aktuell geöffnete App leider den gewünschten Inhalt nicht drucken. Es sei denn, Sie versuchen den folgenden Trick.

Sie haben eine Tastatur? Dann drücken Sie die Tasten ⊞+Druck, um ein Foto vom aktuellen Bildschirm zu erstellen. Das Bild wird im Ordner BILDER im Unterordner SCREENSHOTS unter dem Namen Screenshot.png oder Screenshot (2).png etc. gespeichert. Um diese Bildschirmabbildung zu drucken, wechseln Sie zum Desktop, klicken im Explorer mit der rechten Maustaste auf die Datei und wählen im Kontextmenü den Befehl DRUCKEN.

4. Legen Sie bei Bedarf weitere Einstellungen fest.

Der in Abbildung 8.1 gezeigte Bereich mit den Druckoptionen bietet eine Vorschau des Ausdrucks. Sie können die Anzahl der zu druckenden Kopien ändern, im Hoch- oder im Querformat drucken und vieles mehr. Gibt es mehrere Seiten zu drucken, können Sie in der Vorschau mithilfe der angezeigten Pfeile in den Seiten blättern.

Streifen oder wischen Sie in der Vorschau mit dem Finger über die Seiten, um zu blättern.

Sie wollen noch mehr einstellen? Dann klicken Sie auf den Link WEITERE EINSTELLUNGEN. Optionen zum Einstellen der Papiergröße, der Papierart und des Druckerfachs warten auf Sie. Je nach Drucker gibt es auch noch die eine oder andere weitere Einstellungsmöglichkeit.

5. Klicken Sie auf die Schaltfläche DRUCKEN.

Windows schaufelt die Daten auf den Drucker Ihrer Wahl und druckt mit den von Ihnen festgelegten Einstellungen.

Abbildung 8.1: Druckoptionen im Gerätebereich festlegen

Auch wenn das Drucken in Apps nicht unmöglich ist, werden Sie irgendwann an die Druckgrenzen der App stoßen:

 Viele Apps können überhaupt nicht drucken. Versuchen Sie mal, den Monatskalender in der Kalender-App zu drucken. Keine Chance!

✔ Beim Drucken von Webseiten bleibt Ihnen nichts anderes übrig, als die gesamte Webseite zu drucken. Das können schnell mal ein Dutzend Seiten sein, nur damit die eine Seite dabei ist, die Sie eigentlich brauchen. In diesem Fall empfehle ich das Drucken vom Desktop aus. Lesen Sie hierzu den Abschnitt »Eine Webseite drucken« weiter hinten in diesem Kapitel.

✔ Wenn Sie in der obigen Schrittanleitung auf den Link WEITERE EINSTELLUNGEN klicken, gibt es noch mehr Einstellungsmöglichkeiten.

Zusammengefasst kann man sagen: Ja, Sie können in Apps drucken, aber die Möglichkeiten entsprechen bei Weitem nicht denen, die Sie vom Drucken vom Desktop aus gewöhnt sind und die ich im restlichen Kapitel beschreibe.

Vom Desktop aus drucken

Der Desktop bietet Ihnen viel mehr Möglichkeiten, das Drucken zu steuern, als die Startseite. Mehr Leistung, mehr Kontrolle bedeuten aber auch einen unübersichtlicheren Einstellungendschungel. Es hat eben alles seine Vor- und Nachteile.

Windows kann auf dem Desktop Ihre Daten auf unterschiedlichste Weise an den Drucker schicken; Sie entscheiden:

✔ Wählen Sie in dem Programm, aus dem Sie drucken möchten, auf der Registerkarte oder im Menü DATEI den Befehl DRUCKEN.

✔ Klicken Sie im Programm in der Symbolleiste auf die Schaltfläche DRUCKEN (meist eine Schaltfläche mit einem winzigen Drucker darauf).

✔ Klicken Sie auf dem Desktop oder im Explorer mit der rechten Maustaste auf das Dokumentsymbol und wählen Sie im Kontextmenü den Befehl DRUCKEN.

✔ Ziehen Sie das Dokumentsymbol auf ein Druckersymbol.

Wenn ein Dialogfeld angezeigt wird, klicken Sie auf OK oder DRUCKEN, und Windows lässt sich nicht lange bitten, Ihre Seiten an den Drucker zu schicken. Nutzen Sie die Wartezeit, um sich einen frischen Kaffee zu holen. Wenn der Drucker eingeschaltet ist (und auch noch Papier und Tinte hat), erledigt Windows alles automatisch.

Wenn die ausgedruckten Seiten nicht gut aussehen – vielleicht passt der Text nicht genau auf die Seite oder der Ausdruck sieht so blass aus –, müssen Sie etwas an den Druckeinstellungen oder an der Papierqualität ändern (siehe auch die nächsten Abschnitte).

Wenn Sie in der Desktop-Windows-Hilfe über eine ganz besonders hilfreiche Seite gestolpert sind, klicken Sie mit der rechten Maustaste auf das Hilfethema und wählen DRUCKEN. (Oder klicken Sie auf der Hilfeseite auf das Symbol zum Drucken – falls Sie eines sehen.) Windows druckt die Seite. Kleben Sie sie an die Wand oder legen Sie sie in dieses Buch ein.

✔ Um schnell mehrere Dokumente zu drucken, wählen Sie auf dem Desktop oder im Explorer die entsprechenden Dateien aus, klicken mit der rechten Maustaste auf die Auswahl und wählen DRUCKEN. Alle Dokumente werden nacheinander an den Drucker gesendet. Nicht schlecht, oder?

✔ Oh, Sie haben noch keinen Drucker installiert? Schlagen Sie in Kapitel 12 nach, wie Sie den Drucker an Ihren Rechner anschließen und dafür sorgen, dass Windows ihn auch bemerkt.

Vor dem Ausdruck einen Blick auf die Druckvorschau werfen

Für viele bedeutet das Drucken einen Sprung ins Ungewisse: Sie wählen den Befehl zum Drucken, schließen die Augen und hoffen das Beste. Wenn das Glück auf Ihrer Seite ist, sieht die Seite gut aus. Wenn nicht, haben Sie ein weiteres Blatt Papier verschwendet. Denken Sie an die Wälder!

In fast jedem Programm gibt es auf der Registerkarte beziehungsweise im Menü DATEI einen Befehl DRUCKVORSCHAU oder SEITENANSICHT. Diese Vorschau oder Ansicht kann vorhersagen, wie der Ausdruck aussehen wird. Hier sehen Sie sofort, ob alles passt.

Die Druckvorschau ist nicht in allen Programmen gleich. Manche Programme gewähren mehr Einblick, manche weniger. Aber Sie können fast immer erkennen, ob alles korrekt auf die Druckseite passt.

Sind Sie mit der Vorschau zufrieden, klicken Sie auf die Schaltfläche zum Drucken und starten den Druckvorgang. Sind Sie unzufrieden, schließen Sie die Druckvorschau und basteln an den Druckeinstellungen herum.

Druckseiten einrichten

Theoretisch zeigt Windows Ihre Arbeit immer so an, wie sie später auch auf Papier gedruckt wird. Das heißt in der Marketingsprache von Microsoft: »What you see is what you get.« (Frei übersetzt: »Was Sie sehen, kriegen Sie.«) Vielleicht haben Sie auch schon einmal etwas von »WYSIWYG« gehört, das wie »wisiwig« ausgesprochen wird. Nein? Hey! »What you see is what you get.« Got it? Wenn auf Ihrem Bildschirm nicht das zu sehen ist, was Sie kriegen wollen, wird es Zeit, dem Dialogfeld SEITE EINRICHTEN einen Besuch abzustatten.

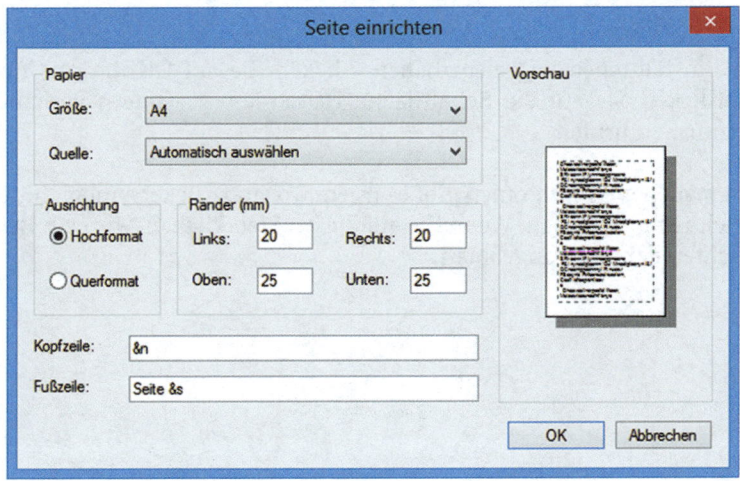

Abbildung 8.2: Im Dialogfeld »Seite einrichten« können Sie bestimmen, wie Ihre Arbeit auf die Druckseite passt.

Den Befehl zum Aufrufen dieses Dialogfeldes gibt es in fast allen Desktopprogrammen auf der Registerkarte SEITENLAYOUT (oder so ähnlich) beziehungsweise im Menü DATEI. Nicht alle Dialogfelder sehen genau so aus wie das in Abbildung 8.2, aber zumindest so ähnlich.

✔ GRÖSSE: Mit dieser Option teilen Sie Ihrem Programm die Papiergröße mit. Standardmäßig ist das das DIN-A4-Format. Die Dropdownliste enthält eine Menge anderer Papierformate, beispielsweise DIN A5 oder Umschlagsformate. (Nähere Informationen zum Drucken von Umschlägen finden Sie im grauen Kasten »Umschläge ohne Aufwand drucken« in diesem Kapitel.)

✔ QUELLE: Wenn Ihr Drucker das Papier nur aus einem Schacht bezieht, haben Sie hier keine Auswahl. Ansonsten gibt es vielleicht die Option MANUELLE PAPIERZUFUHR. Wenn Sie die wählen, wartet der Drucker so lange, bis Sie ein Blatt Papier eingelegt haben.

✔ KOPFZEILE/FUSSZEILE: Geben Sie in diese Felder Codes für die Kopf- und/oder Fußzeile ein, beispielsweise den Code für Seitenzahlen, den Dokumentnamen, das Datum sowie die Ausrichtung innerhalb der Kopf-/Fußzeile. Leider verwenden nicht alle Programme dieselben Codes für Kopf- und Fußzeilen. Manche Dialogfelder bieten als besonderen Service eine ?-Schaltfläche an, die Informationen zu den Optionen im Dialogfeld, also auch zu den Kopf-/Fußzeilencodes, anzeigt.

✔ AUSRICHTUNG: Belassen Sie diese Einstellung auf HOCHFORMAT, um ganz normale Seiten zu drucken, die höher als breit sind. Wählen Sie QUERFORMAT nur, wenn Sie quer drucken möchten. Diese Einstellung eignet sich besonders zum Drucken von breiten Tabellen.

✔ RÄNDER: Sie können beispielsweise die Seitenränder verkleinern, damit der gesamte Text auf eine Seite passt. Oder vergrößern Sie die Seitenränder, damit aus Ihrem sechsseitigen Pamphlet das geforderte siebenseitige wird.

✔ DRUCKER: Manchmal gibt es auch eine Schaltfläche DRUCKER, mit der Sie einen Drucker auswählen können, vorausgesetzt, Ihr Rechner ist lokal oder im Netzwerk mit mehreren Druckern verbunden.

Wenn Sie die Einstellungen festgelegt haben, klicken Sie auf OK, um die Änderungen zu übernehmen. Klicken Sie auf die Schaltfläche DRUCKVORSCHAU (sofern vorhanden), um das Ganze noch einmal zu prüfen.

 In manchen Programmen gibt es irgendwo ein Druckersymbol mit einem kleinen Pfeil rechts daneben. Wenn Sie auf diesen Pfeil klicken, wird ein Befehl zum Einrichten der Seite angeboten.

Umschläge ohne Aufwand drucken

Obwohl es ziemlich einfach ist, Umschläge als Papiergröße im Dialogfeld Seite einrichten zu wählen, kann es sich als außerordentlich schwierig erweisen, eine Adresse an die richtige Stelle auf einen Umschlag zu drucken. Bei manchen Druckermodellen müssen Sie den Umschlag verkehrt herum einlegen, bei anderen gehört die zu bedruckende Seite nach oben. Am besten testen Sie das Drucken von Umschlägen, indem Sie die Umschläge so lange immer wieder anders in den Druckerschacht einlegen, bis Sie das Ergebnis stimmt. (Oder lesen Sie in Ihrem Druckerhandbuch das Bedrucken von Umschlägen nach.)

Wenn Sie die richtige Methode herausgefunden haben, kleben Sie einen erfolgreich gedruckten Umschlag so auf Ihren Drucker, wie er in den Druckerschacht eingelegt werden muss. Sie wissen schon, das Kurzzeitgedächtnis.

Wenn Sie es nicht schaffen, Umschläge zu drucken, sollten Sie Briefetiketten (zum Beispiel von Avery/Zweckform) ausprobieren. Kaufen Sie die gewünschte Etikettengröße und laden Sie den kostenlosen Avery/Zweckform-Assistenten von der Avery/Zweckform-Website (`http://avery-zweckform.com/de1/downloads/assi.jsp`) herunter. Der Assistent ist mit Microsoft Office kompatibel. Er platziert kleine Felder auf dem Bildschirm, die den ausgewählten Avery/Zweckform-Etiketten entsprechen. Geben Sie die Adressen in die Felder ein, legen Sie den Etikettenbogen in den Drucker, und alles wird korrekt auf die Aufkleber gedruckt. Die selbstklebenden Etiketten noch eben auf die Briefumschläge pappen – und fertig!

Druckereinstellungen anpassen

Wenn Sie in einem Programm den Befehl zum Drucken wählen, bietet Windows Ihnen eine letzte Chance, Ihre Druckseiten herauszuputzen. Im Dialogfeld Drucken (siehe Abbildung 8.3) können Sie Ihre Arbeit an jeden beliebigen Drucker senden, der an Ihren Computer angeschlossen oder im Netzwerk installiert ist. Wenn Sie schon mal hier sind, können Sie dann auch gleich die Druckereinstellungen anpassen, die Papierqualität festlegen und die Seiten auswählen, die gedruckt werden sollen.

In diesem Dialogfeld warten vermutlich folgende Einstellmöglichkeiten auf Sie:

✔ Drucker auswählen: Wenn Sie nur einen Drucker haben, ignorieren Sie diese Option. Windows wählt ihn automatisch aus. Wenn Ihr Computer auf mehrere Drucker zugreifen kann, klicken Sie auf den Drucker, der den Auftrag ausführen soll. Entscheiden Sie sich für Fax, um Ihre Arbeit mit dem Windows-Programm Windows-Fax und -Scan als Fax zu versenden.

 Mit dem Drucker Microsoft XPS Document Writer senden Sie Ihre Arbeit an eine besonders formatierte Datei, die normalerweise professionell ausgedruckt oder vertrieben wird. Die Wahrscheinlichkeit ist recht hoch, dass Sie diesen Drucker niemals benutzen werden.

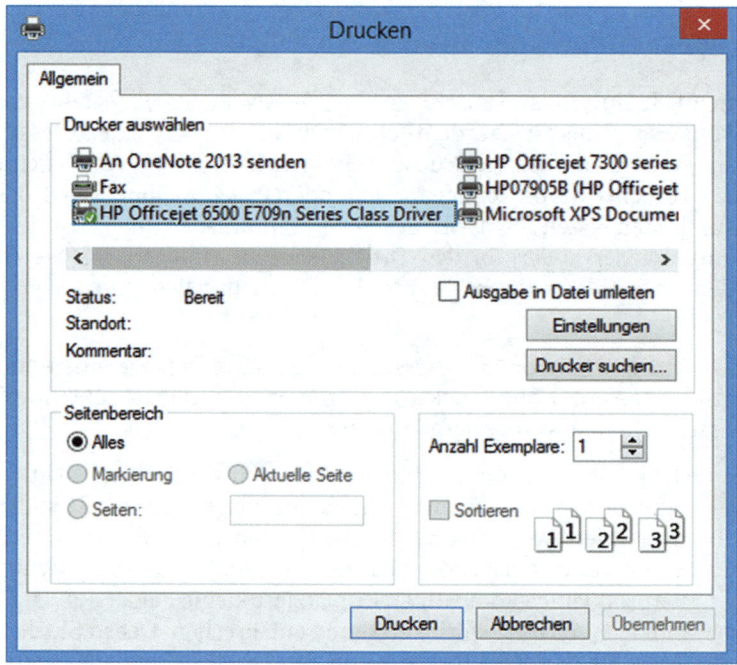

Abbildung 8.3: Im Dialogfeld »Drucken« wählen Sie den Drucker aus und passen seine Einstellungen an.

✔ SEITENBEREICH: Wählen Sie ALLES, wenn das gesamte Dokument gedruckt werden soll. Wenn Sie nur bestimmte Seiten ausdrucken möchten, wählen Sie die Option SEITEN und geben dann die entsprechenden Seitenzahlen ein, beispielsweise 1–4, 6, um Seite 5 eines sechsseitigen Dokuments außen vor zu lassen. Wenn Sie eine Passage ausgewählt haben, wählen Sie MARKIERUNG, damit nur diese Passage gedruckt wird – eine tolle Möglichkeit, um nur den wichtigen Teil einer Webseite zu drucken.

✔ ANZAHL EXEMPLARE: Belassen Sie diese Einstellung auf 1, es sei denn, jeder im Konferenzsaal benötigt ein eigenes Exemplar. SORTIEREN können Sie nur dann aktivieren, wenn Ihr Drucker sortieren kann. (Das ist leider nicht immer der Fall; dann müssen Sie die Seiten von Hand sortieren.)

✔ EINSTELLUNGEN: Klicken Sie auf diese Schaltfläche, um das Dialogfeld DRUCKEINSTELLUNGEN zu öffnen (siehe Abbildung 8.4). Dort können Sie unter anderem verschiedene Papiersorten, farbig oder in Schwarz-Weiß drucken und die Druckqualität einstellen. Und es bietet die letzte Möglichkeit, am Seitenlayout herumzubasteln.

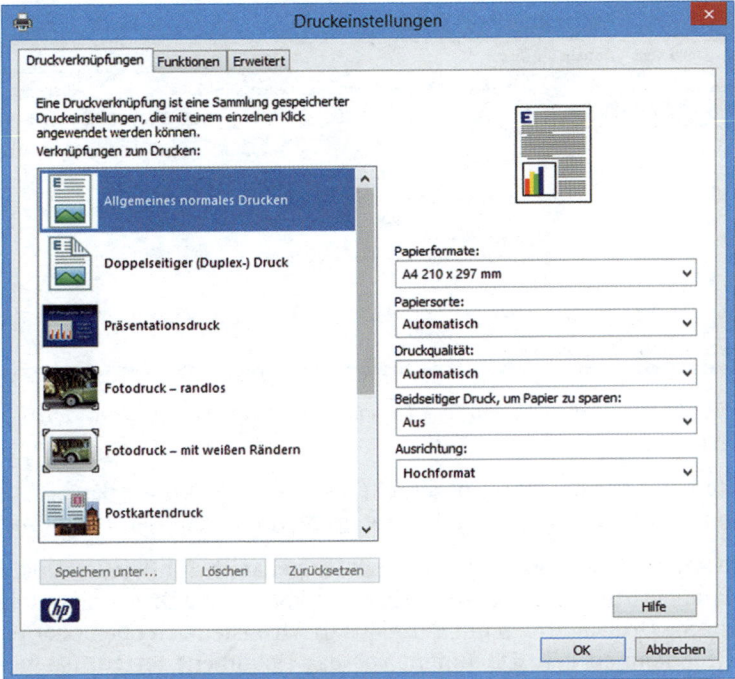

*Abbildung 8.4: Nehmen Sie hier Einstellungen für Ihren Drucker vor.
Ändern Sie beispielsweise den Papiertyp und die Druckqualität.*

Einen Druckauftrag abbrechen

Sie haben gerade das falsche 26-Seiten-Dokument an den Drucker geschickt. Panik! Schnell den Drucker ausschalten. Unglücklicherweise fangen die meisten Drucker beim erneuten Einschalten genau da wieder an, wo sie beim Ausschalten aufgehört haben.

Um den fehlerhaften Druckjob aus dem Speicher des Druckers zu löschen, gehen Sie folgendermaßen vor:

1. **Wählen Sie in der Systemsteuerung den Befehl zum Anzeigen der Druckaufträge.**

   Klicken Sie dazu mit der rechten Maustaste auf die Schaltfläche START und wählen Sie im Kontextmenü den Befehl SYSTEMSTEUERUNG. Klicken Sie dann auf den Link GERÄTE UND DRUCKER ANZEIGEN. Klicken Sie mit der rechten Maustaste auf das Symbol für Ihren Drucker und wählen Sie im Kontextmenü den Befehl DRUCKAUFTRÄGE ANZEIGEN.

   Ein Dialogfeld mit den Druckaufträgen des Druckers wird angezeigt; das wird im Volksmund auch »Druckwarteschlange« genannt (siehe auch Abbildung 8.5).

2. **Klicken Sie mit der rechten Maustaste auf das versehentlich an den Drucker gesendete Dokument und wählen Sie ABBRECHEN.**

   Der Druckauftrag wird abgebrochen.

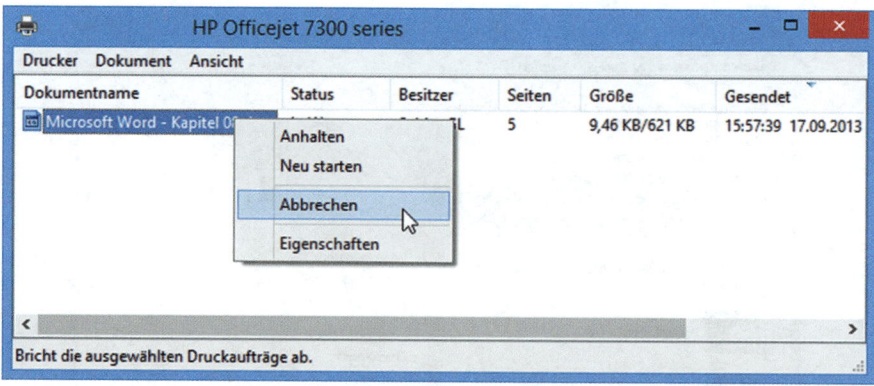

Abbildung 8.5: Brechen Sie in der Druckwarteschlange einen Druckauftrag ab.

Die Druckwarteschlange braucht eventuell ein bis zwei Minuten für das Löschen des Druckauftrags. (Wenn Sie es eilig haben, wählen Sie im Menü Ansicht den Befehl Aktualisieren.)

✔ Die Druckwarteschlange, auch Druckerspooler genannt, führt jedes Dokument auf, das geduldig darauf wartet, gedruckt zu werden. Sie können die Druckreihenfolge beliebig ändern, indem Sie Druckaufträge mit der Maus in der Liste nach oben oder nach unten verschieben. (Sie können kein Dokument vor das Dokument setzen, das gerade gedruckt wird.)

✔ Sie haben Ihren Drucker im Netzwerk freigegeben, und die Druckaufträge, die von anderen PCs gesendet werden, landen in Ihrer Druckwarteschlange? Es liegt bei Ihnen, ob Sie diese unerwünschten Aufträge löschen oder ob Sie Gnade vor Recht ergehen lassen.

✔ Wenn Ihrem Drucker während des Druckens eines Auftrags das Papier ausgeht und er deshalb anhält, legen Sie einfach neues Papier nach. Um das Drucken dann fortzusetzen, öffnen Sie die Druckwarteschlange, klicken mit der rechten Maustaste auf das zu druckende Dokument und wählen Fortsetzen. (Bei manchen Druckern gibt es auch einfach eine Taste, mit der Sie das Drucken fortsetzen können.)

 Sie können das Drucken von Dokumenten vorbereiten, wenn Sie gerade im Coffeeshop sitzen und mit Ihrem Notebook arbeiten. Senden Sie die zu druckenden Dokumente an den aktuell nicht vorhandenen Drucker. Sobald Sie den Drucker dann zu Hause oder im Büro an Ihr Notebook anschließen, bemerkt die Druckwarteschlange das und sendet die Dateien stante pede an den Drucker. (Achtung: Dokumente werden in der Druckwarteschlange für das Drucken mit dem entsprechenden Druckermodell vorbereitet. Wenn Sie nun einen anderen Drucker an Ihr Notebook anschließen, werden die Dokumente, die sich bereits in der Druckwarteschlange befinden, nicht korrekt gedruckt.)

Eine Webseite drucken

Obwohl mit Informationen gespickte Webseiten unheimlich gut aussehen, gelingt der Ausdruck solcher Seiten nur selten. Auf Papier sind sie eine einzige Katastrophe. Die Zeichen am rechten Rand der Webseiten sind abgeschnitten, sie verbrauchen Riesenmengen Papier oder die Ausdrucke sind viel zu klein zum Lesen.

Um die Sache noch schlimmer zu machen: Die farbige Werbung leert die Farbpatronen Ihres Druckers in Windeseile. Es gibt nur vier Möglichkeiten, Webseiten erfolgreich zu drucken. Diese stehen in der folgenden Liste nach abnehmenden Erfolgschancen geordnet:

✔ **Verwenden Sie den webseiteninternen Befehl zum Drucken.** Einige, leider nicht alle Websites bieten einen Befehl an, der DIESE SEITE DRUCKEN, TEXTVERSION, DRUCKVERSION oder ähnlich heißt. Diese Option weist die Website an, die Seite zu entrümpeln und so zu formatieren, dass sie auf eine Druckseite passt. Diese Methode ist die erfolgversprechendste.

✔ **Wählen Sie im Browser den Befehl DRUCKVORSCHAU oder so ähnlich.** Nach 15 Jahren haben die Entwickler von Webseiten endlich erkannt, dass es durchaus Menschen gibt, die diese Seiten drucken wollen. Daher sind die Einstellungen für die Seiten nun manchmal etwas feinfühliger und werden automatisch im Format angepasst, sobald sie gedruckt werden.

✔ **Kopieren Sie die gewünschten Abschnitte und fügen Sie sie in WordPad ein.** Dort löschen Sie dann die unerwünschten Elemente, passen die Ränder an und drucken das, was Sie brauchen. (In Kapitel 6 erfahren Sie mehr zum Kopieren und Einfügen.)

✔ **Kopieren Sie die ganze Webseite und fügen Sie sie in ein Textverarbeitungsprogramm ein.** Das ist zwar mit Arbeit verbunden, aber durchaus eine Möglichkeit. Klicken Sie mit der rechten Maustaste auf die Webseite und wählen Sie im Kontextmenü den Befehl ALLES AUSWÄHLEN. Klicken Sie erneut mit der rechten Maustaste und wählen Sie KOPIEREN. Wechseln Sie zu Microsoft Word oder einem anderen Textverarbeitungsprogramm und fügen Sie die Kopie in ein neues Dokument ein. Wenn Sie dann alles Überflüssige und Unerwünschte eliminieren, könnte etwas Druckbares dabei herauskommen.

Auch die folgenden Tipps sind recht praktisch, wenn es darum geht, Webseiten auf das Papier zu bekommen:

✔ Wenn Sie keinen Befehl zum Drucken finden, dafür aber eine Option zum Senden von E-Mails, mailen Sie die Seite einfach an sich selbst. Sie werden höchstwahrscheinlich mehr Erfolg damit haben, die Seite als E-Mail-Nachricht zu drucken.

Wenn Sie nur ein paar Absätze einer Webseite drucken wollen, wählen Sie den entsprechenden Bereich mit der Maus aus (mehr zum Auswählen in Kapitel 6). Öffnen Sie dann im Internet Explorer in der Befehlsleiste die Dropdownliste mit dem Druckersymbol und wählen Sie den Eintrag DRUCKEN, um das gleichnamige Dialogfeld zu öffnen, das in Abbildung 8.3 zu sehen ist. Aktivieren Sie in diesem Dialogfeld im Bereich SEITENBEREICH die Option MARKIERUNG.

Wenn eine Tabelle oder ein Foto einer Webseite hartnäckig am rechten Rand des Ausdrucks abgeschnitten wird, versuchen Sie, die Seite im Querformat statt im Hochformat zu drucken. Im Abschnitt »Druckseiten einrichten« weiter vorn in diesem Kapitel finden Sie Informationen zum Drucken im Hoch- und Querformat.

Druckerprobleme beheben

Wenn Sie nicht drucken können, sollten Sie zuallererst nachschauen, ob der Drucker eingeschaltet ist, ob sein Netzkabel in der Steckdose steckt, ob der Drucker ausreichend Papier und Tinte oder Toner hat und ob er auch wirklich mit dem Computer verbunden ist.

Wenn Sie Fehler dieser Art ausschließen können, probieren Sie es damit, das Druckerkabel in verschiedene Steckdosen einzustecken und den Drucker ein- und auszuschalten, um zu sehen, ob die Betriebsanzeige leuchtet. Wenn die Betriebsanzeige nicht leuchtet, ist wahrscheinlich das Netzteil Ihres Druckers defekt.

Paradoxerweise ist es billiger, einen neuen Drucker zu kaufen, als einen kaputten reparieren zu lassen. Die Druckerhersteller verdienen nämlich ihr Geld hauptsächlich mit den Druckerpatronen, ohne die nichts geht.

Wenn die Betriebsanzeige Ihres Druckers leuchtet, checken Sie folgende Punkte, bevor Sie aufgeben:

✔ Prüfen Sie, ob sich eventuell ein Blatt Papier irgendwo im Drucker verklemmt hat. (Durch gleichmäßiges Ziehen lässt sich eingeklemmtes Papier gewöhnlich aus dem Drucker befreien. Manchmal reicht es aus, die Klappe des Druckers zu öffnen und wieder zu schließen, um ihn wieder zum Laufen zu bekommen.)

Hat Ihr Tintenstrahldrucker noch Tinte in der beziehungsweise den Patronen? Hat Ihr Laserdrucker noch ausreichend Toner? Klicken Sie mit der rechten Maustaste auf die Schaltfläche START und wählen Sie im Kontextmenü den Befehl SYSTEMSTEUERUNG. Geben Sie rechts oben den Suchbegriff Drucker ein und klicken Sie im Suchergebnis unter GERÄTE UND DRUCKER auf den Link GERÄTE UND DRUCKER ANZEIGEN. Klicken Sie mit der rechten Maustaste auf das Symbol für Ihren Drucker und wählen Sie im Kontextmenü den Befehl DRUCKEREIGENSCHAFTEN. Das gleichnamige Dialogfeld wird geöffnet. Dort finden Sie die Schaltfläche TESTSEITE DRUCKEN. Klicken Sie darauf und finden Sie heraus, ob Computer und Drucker miteinander kommunizieren.

✔ Versuchen Sie, den Druckertreiber zu aktualisieren. Ein Druckertreiber ist ein kleines Programm, das dem Drucker hilft, mit Windows zu kommunizieren. Besuchen Sie die Website des Druckerherstellers, laden Sie den neuesten Treiber für Ihren Drucker herunter und installieren Sie den Treiber. (Gerätetreiber sind Thema in Kapitel 13.)

Zum Abschluss habe ich noch ein paar Tipps, wie Sie Ihren Drucker und seine Tintenpatronen beziehungsweise seinen Toner schützen können:

✔ Schalten Sie Ihren Drucker aus, wenn Sie ihn nicht brauchen. Dies gilt besonders für ältere Tintenstrahldrucker. Die Betriebswärme trocknet die Patronen aus, was wiederum deren Lebensdauer verkürzt.

✔ Schalten Sie Ihren Tintenstrahldrucker niemals durch Ziehen des Netzsteckers aus. Verwenden Sie zum Ausschalten stets den Ein-/Ausschalter am Gerät. Der Schalter stellt sicher, dass die Patronen in ihre Ausgangsposition bewegt werden, was ihr vorzeitiges Austrocknen oder Verstopfen verhindert.

Das richtige Papier für den Drucker auswählen

Ist Ihnen schon einmal aufgefallen, wie viele verschiedene Papiersorten es gibt? Manchmal ist der Verwendungszweck auf der Verpackung angegeben, beispielsweise »Premiumpapier für Tintenstrahldrucker – für hochwertige Ausdrucke«. Im Folgenden finden Sie eine Liste mit Papiersorten für verschiedene Druckaufgaben. Und nicht vergessen: Vor dem Drucken im Dialogfeld DRUCKEN auf die Schaltfläche EIGENSCHAFTEN klicken und das Papier auswählen, das Sie in den Drucker eingelegt haben.

✔ **Einfaches Papier:** Verwenden Sie billiges oder Schmierpapier, um den Drucker zu testen, um einen Entwurf zu drucken, um eine Nachricht zu hinterlassen oder um andere unwichtige Druckaufträge auszugeben. Fehlerhafte Ausdrucke sind dann nicht so ärgerlich. Sie können einfach die Rückseite des Papiers verwenden.

✔ **Briefqualität:** Diese Papiersorte, auf deren Verpackung meist »Premium« oder »leuchtend weiß« steht, eignet sich für Briefe und alle sonstigen Druckausgaben, die für andere bestimmt sind.

✔ **Fotoqualität:** Sie können Fotos auf jedes beliebige Papier drucken, aber nur auf Papier in Fotoqualität – dem teuersten Papier – sehen sie wirklich gut aus. Legen Sie dieses Papier vorsichtig in den Druckerschacht ein, und zwar so, dass das Bild auf die glänzende, spiegelnde Seite gedruckt wird. Einige Fotopapiersorten haben eine besondere Beschichtung, damit das Papier sanft durch den Drucker gleitet.

✔ **Etiketten:** Ich will hier wirklich keine Werbung machen, aber ich bin der festen Überzeugung, dass Sie mit dem Avery/Zweckform-Assistenten (`http://avery-zweck form.com/de1/downloads/assi.jsp`) in Microsoft Office alle Etiketten von Avery oder Zweckform bedrucken können. Der Assistent arbeitet mit vorformatierten Bogen in den Standardgrößen: Adressetiketten, Grußkarten, Visitenkarten, CD-Aufkleber und so weiter.

✔ **Folien:** Kaufen Sie zum Drucken von PowerPoint-Präsentationen spezielle, für Ihr Druckermodell geeignete, transparente Folien. Achten Sie darauf, dass die Folien mit Ihrem Drucker (Laser oder Tinte) kompatibel sind.

Bevor Sie Ihr Geld für Druckerpapier hinlegen, sollten Sie unbedingt überprüfen, ob das Papier auch für Ihren Druckertyp, sei es nun ein Laser- oder ein Tintenstrahldrucker, geeignet ist. Laserdrucker erhitzen das Papier, und nicht alle Papiersorten können dieser Hitze standhalten.

Von der Startseite aus scannen

In Windows 8 werden Benutzer von Scannern links liegen gelassen. In Windows 8.1 aber gibt es eine brandneue App auf der Startseite zum Scannen. Sie heißt logischerweise auch Scanner-App. Damit können Sie also Ihren Papierkram in elektronische Dateien umwandeln. Die App mag aber leider keine älteren Scanner. Ist Ihr Scanner eher neu, haben Sie gute Chancen, dass es funktioniert.

Hinweis: Wenn Sie einen ganz neuen Scanner zum ersten Mal einsetzen, achten Sie darauf, dass Sie ihn entsperren, das heißt, einen Riegel ziehen, einen Schalter drehen, einen Knopf drücken – irgendetwas in dieser Art.

Und jetzt geht's ans Eingemachte. So scannen Sie:

1. Klicken Sie auf der Startseite auf die Kachel der Scanner-App.

Die Scanner-App macht sich auf dem Bildschirm breit. Falls sie sich darüber beschwert, dass der Rechner nicht mit dem Scanner verbunden ist, prüfen Sie das USB-Kabel zwischen dem Rechner und dem Scanner. Letzte Frage: Ist der Scanner auch wirklich eingeschaltet?

Wenn alles gut geht, listet die Scanner-App den Scannernamen und den Dateityp auf, in dem das Scanergebnis gespeichert werden soll. (Die Scanner-App bevorzugt das Dateiformat PNG, das generell hohes Ansehen bei den meisten Apps und Programmen genießt.)

Wenn die App Ihren Scanner nicht erkennt, ist das Gerät einfach zu alt. Sorry! Dann bleibt Ihnen nichts anderes übrig, als die zusammen mit dem Scanner gekaufte Software zu installieren und damit Ihr Glück zu versuchen. Oder Sie kaufen einen neuen Scanner.

2. (Optional) Klicken Sie auf den Link zum Anzeigen weiterer Einstellungen.

Die Standardeinstellungen der Scanner-App sind in der Regel völlig okay. Hinter dem Link verbergen sich die folgenden Einstellungsmöglichkeiten, die Sie bei Bedarf ändern können:

- **Farbmodus:** Verwenden Sie die Farbeinstellung für Fotos und Hochglanzmagazinseiten. Graustufen bietet sich für fast alles an. Und in Schwarz-Weiß können Sie einfache Strichzeichnungen oder Schwarz-Weiß-Bilder scannen.

- **Auflösung (DPI):** Die Standardeinstellung von 200 dpi passt meistens. Mit einer höheren Auflösung können mehr Details eingefangen werden, die Dateien werden aber auch deutlich größer und können dann beispielsweise schlecht per Mail gesendet werden. Scans mit niedrigerer Auflösung sind nicht so gut, die Dateien dafür aber recht klein.

- **Speicherort:** Die Scanner-App erstellt automatisch einen Ordner für die von Ihnen erstellten Scans. Und wo finden Sie diesen Ordner? Im Ordner BILDER, der sich wiederum im Superordner DIESER PC befindet. Sie können den Ordnernamen beliebig ändern oder auch für jeden Scanjob einen separaten Ordner bestimmen.

3. Klicken Sie auf die Vorschauschaltfläche, um das Scanergebnis vorab zu prüfen.

Sobald Sie auf die Schaltfläche für die Vorschau klicken, macht die Scanner-App ihren ersten Schritt und zeigt an, wie der Scan mit den aktuellen Einstellungen aussehen wird.

Es gefällt Ihnen nicht. Dann prüfen Sie die Farbeinstellungen. Ist die Vorschau leer, haben Sie vielleicht den Scanner nicht entsperrt. Lesen Sie die Anleitung zum Scanner, wenn Sie nicht klarkommen.

 Wenn Sie ein kleines Dokument scannen, das nicht die gesamte Scannerauflage ausfüllt, ziehen Sie im Vorschaufenster die kleinen kreisförmigen Eckpunkte nach innen, um den zu scannenden Bereich genau zu definieren.

4. Klicken Sie auf die Schaltfläche SCANNEN, um das Scannen zu starten. Ist alles erledigt, klicken Sie auf die Ansichtschaltfläche, um den Scan zu begutachten.

Die Scanner-App liest die Vorlage mit den aktuellen Einstellungen ein und speichert sie im Ordner SCANS (oder wie auch immer Sie diesen Ordner benannt haben).

Vorteil: Das Scannen mit der Scanner-App funktioniert schnell und einfach. Nachteil: Die App ist einfach gestrickt und deshalb funktionieren die in Ihrem Scanner eventuell eingebauten Steuerungsmöglichkeiten wahrscheinlich nicht.

Wenn Sie mehr Feintuning für Ihre Scans brauchen, lassen Sie die Scanner-App links liegen, wechseln zum Desktop und installieren dort die Scannersoftware, die Sie zusammen mit dem Scanner erhalten haben.

Teil III

Ab ins Internet

In diesem Teil ...

▶ Einen Internetprovider finden und Verbindung zum Internet herstellen

▶ Soziale Kontakte mit den Apps Mail, Kalender und Kontakte pflegen

▶ Sicherheit im Internet gewährleisten

Unterwegs im Web

9

In diesem Kapitel

▶ Internetdienstanbieter kennenlernen

▶ Drahtlose Verbindung zum Internet herstellen

▶ Der Internet Explorer auf der Startseite

▶ Der Internet Explorer auf dem Desktop

▶ Informationen im Internet suchen

▶ Plug-Ins kennenlernen

▶ Informationen aus dem Internet speichern

▶ Probleme mit dem Internet Explorer beheben

Bereits während der Installation versucht Windows eine Internetverbindung aufzubauen. Kann es eine Verbindung herstellen, lädt es freundlicherweise zum Wohle Ihres Rechners verfügbare Updates herunter. Aber nicht alle Verbindungsversuche sind so selbstlos. Windows setzt sich auch mit Microsoft in Verbindung, um sicher zu sein, dass Sie nicht gerade dabei sind, eine Raubkopie zu installieren.

Windows ist so webabhängig und internetsüchtig, dass es gleich zwei Browser sein Eigen nennt, die beide Internet Explorer heißen, was ziemlich verwirrend ist. Ein Internet Explorer läuft auf der Startseite, der anderer auf dem Desktop.

Aber egal mit welcher Version Sie arbeiten (falls Sie überhaupt mit dem Internet Explorer arbeiten), in diesem Kapitel erfahren Sie, wie Sie eine Verbindung zum Internet herstellen, Websites besuchen und online auf jede Menge interessanter Dinge stoßen.

Welche Strategien zum Schutz vor kriminellen Machenschaften im Internet zur Verfügung stehen, wird in Kapitel 11 beschrieben. Dort erfahren Sie, wie Sie sich im Internet vor Viren, Spyware und anderen Internetparasiten schützen.

Sinn und Zweck von ISPs

Für den Zugang zum Web benötigen Sie drei Dinge: einen Computer, einen Browser und einen Internetdienstanbieter, auch Internet Service Provider oder kurz ISP genannt.

Sie besitzen wahrscheinlich schon den Computer, sei es ein Desktoprechner, ein Notebook oder ein Tablet-PC. Und dank Windows haben Sie gleich zwei Browser – die Internet Explorer-Version auf der Startseite ist für die schnelle Suche nach Informationen geeignet, während die Internet Explorer-Version auf dem Desktop über raffiniertere Einsatzmöglichkeiten verfügt.

Was meistens fehlt, ist ein ISP. Sie müssen einen ISP für das Privileg bezahlen, im Web surfen zu dürfen. Sie bezahlen für Ihr Kennwort und Ihr Anmeldekonto. Wenn sich Ihr Computer mit dem Netzwerk des ISP verbindet, gibt der Internet Explorer automatisch Ihr Kennwort und Ihren Benutzernamen weiter, und Sie können im Web surfen.

Sie wissen noch nicht, welchen Provider Sie wählen wollen? Fragen Sie Ihre Nachbarn, Freunde oder Kollegen, welche Verbindungen sie nutzen und wie zufrieden sie mit ihrem ISP sind. Fragen Sie bei den verschiedenen ISPs nach deren Preisen und vergleichen Sie diese. Die meisten Verträge laufen auf Monatsbasis. Sie können also schnell wechseln, wenn Sie mit den Leistungen nicht mehr zufrieden sind.

✔ Sie müssen nicht überall für Ihre Internetverbindung bezahlen. Es gibt Orte, an denen Sie kostenlos über eine kabellose Verbindung ins Internet gelangen können. Wenn Ihr Notebook oder Tablet-PC drahtlose Internetverbindungen unterstützt (und das wird er sicherlich tun) und sobald Ihr Notebook oder Tablet-PC ein drahtloses Verbindungssignal empfängt, können Sie sich anmelden und »für umsonst« im Internet surfen. Mehr zu kabellosen Internetverbindungen gibt es im nächsten Abschnitt zu lesen.

✔ Obwohl einige ISPs jede Minute berechnen, die Sie mit dem Web verbunden sind, stellen die meisten Pauschalpreise ohne weitere Nutzungsbeschränkungen, sogenannte Flatrates, in Rechnung. Das Angebot ist nicht sehr übersichtlich und vielfach an den Telefonanbieter gekoppelt. Achten Sie darauf, was Sie zahlen müssen, bevor Sie an Bord gehen, ansonsten werden Sie am Ende des Monats eine böse Überraschung erleben.

✔ Eine Verbindung zum Internet kann auf unterschiedliche Weise hergestellt werden. Kaum noch verwendet und sehr langsam: analoge Telefonleitung und Modem. Schneller sind natürlich die heute vorherrschenden Breitbandverbindungen: DSL- oder ISDN-Verbindungen, die von fast allen Telefonanbietern zur Verfügung gestellt werden, und die noch schnelleren Kabelmodems, die einige Kabelfernsehanbieter bereitstellen. Wenn Sie sich nach einem schnellen ISP umschauen, wird Ihre Auswahl davon bestimmt, wo Sie wohnen.

Sie müssen den ISP nur für eine Internetverbindungsmöglichkeit bezahlen. Im Netzwerk können Sie diese Verbindung großzügig mit anderen Computern, Handys, Fernsehern und sonstigen internetfähigen Geräten teilen. (Netzwerk ist Thema in Kapitel 15.)

Eine drahtlose Verbindung zum Internet herstellen

Windows ist ständig auf der Suche nach einer funktionierenden Internetverbindung. Sobald es eine findet, die Sie bereits verwendet haben, sind Sie startklar. Windows informiert Ihren Browser, und es steht einem Besuch im Web nichts mehr im Weg.

Unterwegs trifft Windows aber ständig auf neue, unbekannte kabellose Verbindungen, für die es Ihre Erlaubnis braucht, bevor es eine Verbindung herstellen kann. Sie müssen Windows also stets mitteilen, wenn Sie eine Verbindung zu einem neuen Netzwerk herstellen möchten. (Übrigens: Kabellos, drahtlos, wireless – alles ein und dasselbe!)

Um zum ersten Mal eine Verbindung mit einem kabellosen Netzwerk – zu Hause oder an einem öffentlichen Hotspot – herzustellen, führen Sie die folgenden Schritte aus:

1. **Blenden Sie die Charms-Leiste ein und klicken Sie auf den Charm EINSTELLUNGEN.**

   Diese charmante Leiste mit ihrem hinreißenden Charm EINSTELLUNGEN bekommen Sie folgendermaßen zu Gesicht:

   - **Maus:** Zeigen Sie auf die obere oder die untere rechte Bildschirmecke. Die Leiste wagt sich aus ihrer Deckung. Klicken Sie schnell auf den Charm EINSTELLUNGEN, bevor sie wieder verschwindet.

   - **Tastatur:** Drücken Sie ⊞+Ⅰ, um den Charm EINSTELLUNGEN direkt zu aktivieren.

   - **Touchscreen:** Streifen oder wischen Sie mit dem Finger vom rechten Bildschirmrand nach innen. Die Leiste lugt hervor, sodass Sie auf den Charm EINSTELLUNGEN tippen können.

2. **Klicken oder tippen Sie auf das Symbol für die drahtlose Netzwerkverbindung.**

   Unten im Einstellungsbereich gibt es sechs Schaltflächen. Die Schaltfläche oben links ist für die Netzwerkverbindung zuständig.

   Verfügbar: Wenn neben den Balken ein Sternchen steht, ist Ihr Rechner in optimaler Reichweite zur kabellosen Netzwerkverbindung. Je weniger Balken hell dargestellt werden, umso schlechter ist die Verbindung. Fahren Sie mit Schritt 3 fort.

   Nicht verfügbar: Sie sind nicht in Reichweite der Verbindung. Suchen Sie sich einen anderen Platz im Coffeeshop oder am Flughafen. Und kehren Sie zu Schritt 1 zurück.

3. **Klicken oder tippen Sie auf die verfügbare Verbindung.**

   Windows listet alle drahtlosen Netzwerke in Reichweite des Computers auf (siehe Abbildung 9.1). Seien Sie nicht überrascht, wenn Ihnen einige drahtlose Verbindungen angeboten werden. Das Ihrer Nachbarn ist auch dabei? Dann werden sie wohl auch Ihre drahtlose Netzwerkverbindung angezeigt bekommen. (Ein Grund, warum Netzwerkkennwörter so wichtig sind.)

4. **Klicken Sie auf den Namen der gewünschten Netzwerkverbindung und dann auf die Schaltfläche VERBINDEN.**

   Wenn Sie das Kontrollkästchen AUTOMATISCH VERBINDEN neben der Schaltfläche VERBINDEN aktivieren, stellt Windows automatisch eine Verbindung zu diesem Netzwerk her, sobald Sie in dessen Reichweite gelangen. So ersparen Sie sich das manuelle Anmelden.

   Wenn Sie eine Verbindung zu einem nicht gesicherten Netzwerk herstellen – ein Netzwerk, das Sie ohne Kennwort betreten dürfen –, haben Sie jetzt alles erledigt. Die Verbindung ist hergestellt. Windows warnt Sie vor ungesicherten Netzwerken. Wenn Sie aber auf die Schaltfläche VERBINDEN klicken, sind Sie trotzdem drin. Sie sollten aber über eine solche Verbindung nicht shoppen gehen oder gar Onlinebanking machen.

Abbildung 9.1: Windows listet alle in Reichweite befindlichen drahtlosen Netzwerke auf.

5. Geben Sie bei Bedarf ein Kennwort ein.

Wenn Sie sich in einem gesicherten Netzwerk anmelden, brauchen Sie das dazugehörige Kennwort oder den passenden Netzwerksicherheitsschlüssel. Wenn es sich um Ihr drahtloses Netzwerk zu Hause handelt, geben Sie dasselbe Kennwort ein, das Sie im Router beim Einrichten des Netzwerks eingegeben haben.

Handelt es sich nicht um Ihr Netzwerk, müssen Sie das Kennwort vom Netzwerkeigentümer in Erfahrung bringen. Im Hotel reicht es vielleicht, die Kreditkarte zu zücken und Verbindungszeit bei den Leuten an der Rezeption zu erwerben.

6. Legen Sie fest, ob Sie Dateien mit anderen im Netzwerk teilen wollen.

Wenn Sie mit Ihrem kabellosen Netzwerk zu Hause oder im Büro verbunden sind, sagen Sie »Ja« zum Teilen (JA, FREIGABE AKTIVIEREN UND VERBINDUNG ZU GERÄTEN HERSTELLEN). Dann können Sie Dateien und Geräte, zum Beispiel Drucker, zusammen mit anderen nutzen.

Wenn Sie sich in einem öffentlichen Netzwerk befinden, sagen Sie »Nein« zum Teilen. Das hält Schnüffler von Ihrem Rechner fern.

 Wenn Sie Probleme mit der Verbindung haben, helfen eventuell die folgenden Tipps weiter:

✔ Wenn Windows keine Verbindung zu Ihrem kabellosen Netzwerk herstellen kann, bietet es hilfsbereit an, die Drahtlosnetzwerk-Problembehandlung zu bitten, einen Blick auf das Problem zu werfen. Dieses Programm rödelt dann eine Weile vor sich hin, um hinterher in der Regel etwas von einem zu schwachen Signal zu murmeln, was wiederum nichts anderes bedeutet, als dass Sie und Ihr Computer näher an den Sender rücken sollen.

✔ Wenn Sie in ein gesichertes Netzwerk nicht hineinkommen, schnappen Sie sich ein ungesichertes, aber nur für den Fall, dass Sie schnell etwas im Internet nachschauen wollen.

✔ Wenn Sie in der Taskleiste des Desktops ein Symbol für ein drahtloses Netzwerk sehen, klicken Sie darauf und springen Sie zu Schritt 3 in der obigen Anleitung. Mit diesem praktischen Symbol können Sie sich schnell während der Arbeit drahtlos mit neuen Örtlichkeiten verbinden.

Warum zwei Versionen des Internet Explorer?

Zunächst Folgendes: Sie können in Windows wählen, mit welchem Standardbrowser Sie im Internet surfen wollen. Es muss also nicht der Internet Explorer sein. Es gibt auf der Startseite die App BROWSERWAHL. Mit dieser App können Sie sich jederzeit für die Installation eines anderen Browsers entscheiden.

Und dann können Sie noch zwischen den verschiedenen auf Ihrem Computer installierten Browsern wechseln. Heute lieber mal Firefox? Morgen vielleicht Chrome? Und übermorgen wieder Internet Explorer? Ja, das geht. In den PC-EINSTELLUNGEN in der Kategorie SUCHE UND APPS|STANDARDWERTE im Bereich WEBBROWSER können Sie jederzeit einen auf Ihrem Rechner installierten Browser Ihrer Wahl als Standardbrowser festlegen. Aber angenommen, Sie haben sich für den Internet Explorer entschieden, dann …

… bietet Windows Ihnen gleich zwei Varianten des Internet Explorer, die sich Verlauf, Cookies, gespeicherte Kennwörter und temporäre Dateien teilen. Wenn Sie ein Cookie in einer Variante löschen, verschwindet es auch in der anderen.

Ansonsten unterscheiden sich die beiden Varianten ziemlich, was vor allem an der einfachen Menü- und Steuerungsmöglichkeiten der Startseitenvariante liegt.

Wenn Ihnen die Startseitenversion nicht ausreicht, klicken Sie mit der rechten Maustaste auf die geöffnete Startseitenversion des Internet Explorer und wählen unten in der Leiste die Schaltfläche SEITENTOOLS und dann die Option AUF DEM DESKTOP ANZEIGEN.

Der Internet Explorer auf der Startseite – schnell und einfach

Wenn Sie schnell mal ins Internet müssen, ist die Internet Explorer-App auf der Startseite genau die richtige. Diese App ist wohl unter anderem deshalb so schnell, weil sie ansonsten nicht so viel kann. Die aktuell angezeigte Webseite füllt den Bildschirm. Wenn Sie Glück haben, sehen Sie eine Adressleiste, wenn Sie Pech haben, sehen Sie keine, von anderen Navigationswerkzeugen ganz zu schweigen. Aber man sieht viel von der Webseite!

Um den Internet Explorer auf der Startseite zu öffnen, klicken Sie auf die gleichnamige Kachel. Der Browser wird geöffnet und füllt blitzschnell den ganzen Bildschirm mit der Microsoft-Website msn.com. Wurde der Browser bereits zuvor geöffnet, landen Sie auf der zuletzt besuchten Webseite.

Sollte der Internet Explorer alle Navigationswerkzeuge versteckt haben, tun Sie Folgendes:

✔ **Maus:** Klicken Sie mit der rechten Maustaste auf einen leeren Bereich.

✔ **Tastatur:** Drücken Sie ⊞+Z.

✔ **Touchscreen:** Streifen oder wischen Sie mit dem Finger vom oberen oder unteren Bildschirmrand nach innen.

Und siehe da, es tut sich etwas unten auf dem Bildschirm. Ein Hauch von Hoffnung auf Navigationsmöglichkeiten macht sich breit und das zu Recht. Abbildung 9.2 zeigt den Internet Explorer in seiner ganzen Pracht.

 In Windows 8 gibt es im Browser sowohl oben als auch unten auf dem Bildschirm eine Leiste. Windows 8.1 verbindet diese beiden Leisten zu einer einzigen und zeigt sie unten auf dem Bildschirm an.

✔ **Aktuell geöffnete Seiten:** Die von Ihnen zuletzt besuchten Seiten werden hier aufgelistet, wenn Sie sie mithilfe der Schaltfläche Neue Registerkarte geöffnet haben. Klicken Sie auf eine Karte und schon sind Sie dort. (Oder klicken Sie auf das »x« einer Karte, um sie zu schließen.)

✔ Neue Registerkarte: Klicken Sie auf diese Schaltfläche, um eine leere Registerkarte zu öffnen. Der Bildschirm »erbleicht« und die Adressleiste erwartet die Eingabe einer Internetadresse. Oder entscheiden Sie sich für eine der häufig besuchten Sites, die oberhalb der Adressleiste angezeigt werden.

✔ Registerkartentools: Diese Schaltfläche enthält zwei Befehle: Neue InPrivate-Registerkarte und Geschlossene Registerkarte wieder öffnen. »InPrivate« – aha! Mit diesem Befehl öffnen Sie sozusagen eine neue Registerkarte ganz privat für sich. Der Internet Explorer streicht sie quasi sofort wieder aus seinem Gedächtnis. Den »InPrivate«-Part hätte man schon übersetzen können, oder? Geschlossene Registerkarte wieder öffnen bringt Sie wieder zu der Seite zurück, die Sie davor angezeigt haben.

✔ Zurück: Mit dieser Schaltfläche blättern Sie im Seitenverlauf eine Webseite zurück.

✔ Adressleiste: Geben Sie hier die Adresse der Webseite ein, die Sie besuchen wollen. Alternativ dazu tippen Sie einen beliebigen Begriff ein. Der Internet Explorer sucht dann folgsam nach passenden Entsprechungen im Web. Tipp am Rande: Klicken Sie auf einen leeren Bereich der Adressleiste und der Internet Explorer listet die Webadressen auf, die Sie am häufigsten besuchen.

✔ Aktualisieren: Entscheiden Sie sich für diese Schaltfläche, um die neuesten Inhalte einer Webseite anzuzeigen.

✔ **⊛**   FAVORITEN: Klicken Sie auf die Schaltfläche, um alle Websites anzuzeigen, die Sie als Favoriten markiert oder als Verknüpfung auf der Startseite abgelegt haben. Und außerdem spendiert der Internet Explorer dann noch eine weitere Schaltfläche, ein Sternchen mit einem Pluszeichen, mit deren Hilfe die aktuell angezeigte Website in die Liste der Favoriten aufgenommen werden kann. (Die Favoriten gelten übrigens sowohl für die Startenseiten- als auch für die Desktopvariante des Internet Explorer.)

✔ **⧉**   Klicken Sie auf die Schaltfläche REGISTERKARTE (am Seitenrand zu finden), um aus der Favoriten- zurück in die Registerkartendarstellung zu wechseln.

✔ **🔧**   SEITENTOOLS: Diese Schaltfläche bietet vier Befehle. Mit AUF SEITE SUCHEN können Sie nach Text auf der aktuellen Webseite suchen. Mit AUF DEM DESKTOP ANZEIGEN wird die aktuelle Webseite auf dem Desktop in einem Internet Explorer-Fenster geöffnet. Der Befehl APP FÜR DIESE WEBSITE ABRUFEN kann nur gewählt werden, wenn die Site eine App für den direkten Zugriff zur Verfügung stellt. Und mit DOWNLOADS ANZEIGEN können Sie Dateien ausfindig machen, die Sie aus dem Internet heruntergeladen haben.

✔ **➔**   VORWÄRTS: Mit dieser Schaltfläche blättern Sie im Seitenverlauf eine Webseite nach vorn.

Abbildung 9.2: Klicken Sie mit der rechten Maustaste auf einen leeren Bereich und der Internet Explorer zeigt seine verborgenen Navigationswerkzeuge.

Wenn Sie nebenbei ganz schnell etwas im Internet nachschlagen möchten, ist Ihnen mit dem Internet Explorer der Startseite bestens gedient. Wenn Sie mehr Steuerungsmöglichkeiten brauchen oder eine Webseite sich seltsam verhält, sollten Sie sich der Desktopversion des Internet Explorer anvertrauen, die Thema im nächsten Abschnitt ist.

 Der Startseiten-Browser unterstützt auf vielen Sites kein Flash, eine ziemlich bekannte Technologie zum Abspielen von Webvideos. Wenn Sie auf eine Website stoßen, die Sie auffordert, Flash einzurichten, klicken Sie in aller Ruhe mit der rechten Maustaste auf einen leeren Bereich der Seite, wählen unten in der Leiste die Schaltfläche SEITENTOOLS und klicken dort auf den Befehl AUF DEM DESKTOP ANZEIGEN. Und alles ist gut.

Der Internet Explorer auf dem Desktop – traditionell und komplex

Wenn Sie mehr brauchen, als der Internet Explorer auf der Startseite zu bieten hat, greifen Sie auf die Desktopversion zurück.

 Und so zeigen Sie den Internet Explorer auf dem Desktop an: Klicken Sie auf der Startseite auf die Kachel INTERNET EXPLORER. Klicken Sie dann mit der rechten Maustaste auf den Bildschirm und wählen Sie unten in der Leiste SEITENTOOLS|AUF DEM DESKTOP ANZEIGEN. Wenn Sie dann noch auf dem Desktop in der Taskleiste mit der rechten Maustaste auf das Symbol für den Internet Explorer klicken und den Befehl DIESES PROGRAMM AN TASKLEISTE ANHEFTEN wählen, bleibt die Desktopversion für immer und ewig als Symbol in der Taskleiste erhalten. Lesen Sie vielleicht auch den grauen Kasten »Warum zwei Versionen des Internet Explorer?«, um sich etwas näher mit dem Versionsthema zu beschäftigen.

In diesem Abschnitt erfahren Sie, wie Sie verschiedene Websites besuchen, zu Ihren Lieblingsorten zurückkehren und sich dabei stets auf der sicheren Seite bewegen. Viele Informationen gelten sowohl für die Desktop- als auch die Startseitenversion. Anhänger der Startseitenversion müssen also den Raum nicht verlassen.

 Als Touchscreen-Benutzer sollten Sie die Desktopversion nicht ohne Maus und Tastatur verwenden. Selbst mit schlanken, filigranen Fingern werden Sie hier »Berührungsprobleme« haben. Mit dem Finger tippen, das ist etwas für die Startseite, aber definitiv nicht für den Desktop.

Wenn Sie versehentlich auf eine Schaltfläche klicken oder tippen, aber die Maustaste noch nicht losgelassen beziehungsweise den Finger noch nicht vom Touchscreen genommen haben, haben Sie noch eine Chance, den Irrtum wiedergutzumachen. Ziehen Sie mit gedrückter Maustaste beziehungsweise mit gedrücktem Finger weg von der Schaltfläche. Halten Sie genügend Sicherheitsabstand und lassen Sie die Maustaste los beziehungsweise nehmen Sie den Finger vom Touchscreen.

Von Webseite zu Webseite springen

Jede Webseite hat ihre eigene Adresse (vergleichbar mit einer Postadresse). Jeder Webbrowser kann von Adresse zu Adresse springen, der Internet Explorer in der Startseitenversion, der Internet Explorer in der Desktopversion oder ein anderer Browser wie Firefox oder Chrome.

Egal mit welchem Browser Sie arbeiten, es werden stets drei Methoden zum Wechseln von einer Seite zur anderen angeboten:

✔ Klicken Sie auf einen Link, der Sie dann automatisch zu einer anderen Seite bringt.

✔ Geben Sie eine komplizierte Zeichenfolge (die Webadresse) in die Adressleiste des Browsers ein und drücken Sie die ⏎-Taste.

✔ Klicken Sie auf die Navigationsschaltflächen in der Browserleiste, die sich meist im oberen Bereich des Programmfensters befindet.

Auf Links klicken

Die erste Methode ist die einfachste. Suchen Sie nach dem Link – hervorgehobener Text oder eine Grafik – und klicken Sie darauf.

 Sehen Sie, wie sich der Mauszeiger in eine Hand verwandelt, wenn Sie wie in Abbildung 9.3 auf das Buchcover zeigen? Der Mauszeiger mutiert immer dann zur Hand, wenn Sie in die Nähe eines Links kommen.

Abbildung 9.3: Verwandelt sich der Mauszeiger in eine Hand, klicken Sie auf den Text oder das Bild, um zu einer Seite mit weiteren Informationen zum aktuellen Thema zu verzweigen.

Schaltfläche	Name	Aufgabe
←	ZURÜCK	Haben Sie sich in eine Sackgasse manövriert? Klicken Sie auf diese Schaltfläche, um in der Liste der besuchten Seiten eine Seite zurückzublättern. Wenn Sie mehrfach auf diese Schaltfläche klicken, landen Sie irgendwann wieder auf der Startseite.
→	VORWÄRTS	Nachdem Sie auf die Schaltfläche ZURÜCK geklickt haben, können Sie durch Klicken auf die Schaltfläche VORWÄRTS die zuvor angezeigte Seite erneut besuchen.
🔍	SUCHEN	Wenn Sie auf die kleine Lupe klicken, können Sie einen Suchbegriff in der Adressleiste eingeben. Dann wird eine Liste angezeigt, die zum Suchbegriff passende Verlaufseinträge sowie von der Suchmaschine gefundene Einträge enthält.
▼	AUTOVERVOLLSTÄNDIGEN	Wenn Sie auf den kleinen Pfeil klicken, wird eine Adressliste geöffnet, deren Adressen automatisch vervollständigt werden, wenn Sie sie in der Adressleiste eingeben.
🖼	KOMPATIBILITÄTSANSICHT	Wenn eine Website irgendwie seltsam aussieht, klicken Sie auf diese Schaltfläche, um zur Kompatibilitätsansicht zu schalten, in der hoffentlich das Ganze besser aussieht.
↻	AKTUALISIEREN	Enthält eine Webseite nicht die allerneuesten Informationen, klicken Sie auf diese Schaltfläche, um die Seite auf den neuesten Stand zu bringen.
🏠	STARTSEITE	Wenn Sie sich verirrt haben, klicken Sie auf die Schaltfläche STARTSEITE, um sicher zu Ihrer Startseite zurückkehren.
★	FAVORITEN	Klicken Sie auf diese Schaltfläche, um die Favoritenliste anzuzeigen, die Ihre Lieblingsinternetplätze enthält. Klicken Sie in der Liste auf einen Eintrag, um dorthin zu wechseln, oder nehmen Sie einen neuen Ort in die Liste auf. Ihre Favoritenliste wird auch in der Startseitenversion angezeigt.
⚙	EXTRAS	Hinter dieser Schaltfläche verbergen sich eine Reihe von Extrawürsten, unter anderem der Befehl zum Drucken. Wenden Sie sich an die Option SICHERHEIT, um beispielsweise den Browserverlauf zu löschen, ganz privat zu surfen oder verdächtige Websites zu untersuchen.

Tabelle 9.1: Wichtige Schaltfläche im Internet Explorer auf dem Desktop

Webadresse in die Adressleiste eingeben

Die zweite Methode ist etwas komplizierter. Wenn Ihnen eine Freundin eine coole Webadresse auf einer Papierserviette aufschreibt, müssen Sie genau diese Adresse in die Adressleiste des Browsers eingeben. Dies ist ziemlich einfach, solange Sie sich nicht vertippen.

Wenn Sie die Adresse in der Adressleiste aus Abbildung 9.3 entziffern können, wissen Sie spätestens jetzt, dass manche Adressen wahnsinnig kompliziert sind. Aber keine Sorge, es gibt auch einfachere Adressen. Um beispielsweise auf die Webseite mit allen ... *für Dummies*-Büchern zu gelangen, geben Sie wiley–vch.de/dummies ein. Den »http«- und »www«-Part lassen Sie einfach weg.

Die Symbole im Internet Explorer benutzen

Die dritte Methode ist grafisch orientiert. Benutzen Sie die verschiedenen Steuerungssymbole, die oben im Internet Explorer-Fenster angezeigt werden. Tabelle 9.1 erläutert in aller Kürze die wichtigsten Symbole der Desktopversion (die übrigens auch als Schaltflächen bezeichnet werden).

 Wenn Sie Sinn und Zweck einer dieser Schaltflächen nicht erkennen können, zeigen Sie auf das entsprechende Symbol und Windows blendet eine kurze Erklärung ein.

Eine Startseite für den Internet Explorer festlegen

Ihr Browser zeigt automatisch immer dieselbe Webseite an, wenn Sie ihn starten. Diese Seite wird Startseite genannt. Sie können jede beliebige Webseite als Startseite festlegen. Dazu brauchen Sie lediglich die folgenden Schritte durchzuführen:

1. **Besuchen Sie Ihre Lieblingsseite.**

   Wählen Sie die Webseite aus, die Ihnen gefällt und die Sie bei jedem Start des Internet Explorer als Erstes sehen wollen.

2. **Klicken Sie mit der rechten Maustaste auf die Schaltfläche STARTSEITE (die ganz oben im Fenster – nicht die in der darunter liegenden Befehlsleiste) und wählen Sie den Befehl STARTSEITE HINZUFÜGEN ODER ÄNDERN.**

   Der neugierige Internet Explorer fragt nach, ob die gewählte Seite die einzige Startseite sein soll oder ob Sie diese Seite in die Startseiten-Registerkarten aufnehmen wollen. (Ja, Sie können mehrere Startseiten definieren, die alle in separaten Registerkarten geöffnet werden.)

3. **Aktivieren Sie die Option DIESE WEBSEITE ALS EINZIGE STARTSEITE VERWENDEN und klicken Sie auf JA.**

   Wenn Sie auf JA klicken (siehe Abbildung 9.4), wird bei jedem Start des Internet Explorer stets diese Webseite geöffnet.

   Wenn Sie auf NEIN klicken, bleibt es bei der alten Startseite. Microsoft schickt standardmäßig alle Internet Explorer-Nutzer zur mit Werbung vollgestopften Microsoft Netzwerk-Website (www.msn.com).

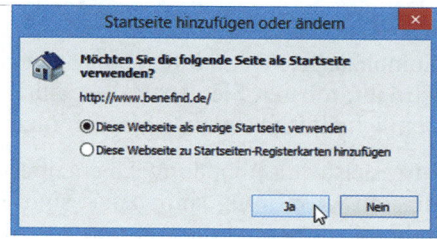

Abbildung 9.4: Klicken Sie auf »Ja«, um Ihre neue Startseite zu bestimmen.

Nachdem der Internet Explorer sich Ihre Startseite gemerkt hat, können Sie von hier aus Ihre Besuche im Internet durchführen. Suchen Sie mit Suchmaschinen wie Bing (`www.bing.com`), Google (`www.google.de`) oder Benefind (`www.benefind.de`) nach bestimmten Themen und hangeln Sie sich dann von Link zu Link. Zeigen, klicken, lesen – das ist alles, was Sie jetzt noch tun müssen.

✔ Genauso wie Sie eine Startseite für Ihren Browser bestimmen, verfügt auch jede Website über ihre eigene Startseite (auch Homepage genannt), vergleichbar mit der Titelseite einer Zeitschrift. Wenn Sie zu einer Website springen, landen Sie in der Regel auf deren Startseite.

 Falls Ihr Browser auf einmal eine andere Startseite anzeigt und sich auch nicht durch die obige Schrittanleitung belehren lässt, versuchen vermutlich böse Mächte, Ihren Computer zu kapern. Schnell zu Kapitel 11! Lesen Sie dort den Abschnitt über Sicherheit im Internet und ganz besonders den Teil, der von Spyware handelt.

 Sie können im Internet Explorer mehrere Startseiten festlegen. Diese werden dann alle beim Start in Registerkarten angeboten und Sie können wählen, womit Sie heute beginnen wollen. Um Startseiten zu sammeln, wählen Sie in der obigen Schrittanleitung in Schritt 3 die Option Diese Webseite zu Startseiten-Registerkarten hinzufügen (siehe Abbildung 9.4).

Popcorn – äh, Popups für alle

Ältere Versionen des Internet Explorer kannten keine Möglichkeiten, unerwünschte Werbeeinblendungen in Form von Popupfenstern zu vermeiden. Die neueren Versionen des Internet Explorer bieten inzwischen einen Popupblocker, der etwa 90 Prozent aller ungewollten Werbeanzeigen blockiert.

Wann immer eine Site versucht, eine Popupwerbung oder -nachricht zu senden, blendet der Internet Explorer unten eine Meldung ein, die besagt, dass ein Popup der Site xyz blockiert wurde. Sie können nun beispielsweise festlegen, dass das Popup einmal zugelassen wird. Wenn Sie sich auf einer Site befinden, auf der ohne Popupanzeige nichts läuft, wählen Sie die Option, mit der die Site in eine Liste mit sicheren Sites aufgenommen wird, deren Popups nicht blockiert werden.

Lieblingssites erneut besuchen

Früher oder später werden Sie auf eine Website stoßen, die Sie unbeschreiblich toll finden. Damit Sie sie später schnell wieder besuchen können, fügen Sie sie in Ihre Favoritenliste ein, und das geht so:

1. **Klicken Sie auf die Schaltfläche** FAVORITEN **(die ganz oben im Fenster – nicht die in der darunter liegenden Befehlsleiste).**

   Ein kleines Menü klappt auf.

2. **Klicken Sie ganz oben im Menü auf die Schaltfläche** ZU FAVORITEN HINZUFÜGEN.

   Das Dialogfeld FAVORITEN HINZUFÜGEN wird geöffnet. Geben Sie den Namen und den Ort an, unter dem der neue Favorit in der Favoritenliste abgelegt werden soll.

3. **Klicken Sie auf** HINZUFÜGEN, **und die Seite wird in Ihre Favoritenliste eingefügt.**

Wann immer Sie zu dieser Seite wechseln wollen, klicken Sie im Internet Explorer auf die Schaltfläche FAVORITEN und wählen in der Liste den entsprechenden Eintrag aus.

Das geheime Internet Explorer-Protokoll über Ihre Besuche im Web

Im Internet Explorer werden alle Internetadressen, die Sie besuchen, akribisch protokolliert. Das Protokoll des Internet Explorer, das *Verlauf* genannt wird und einen handfesten Überblick über Ihre Aktivitäten am Computer bietet, ist ein Traum für alle Spione.

Und wo befinden sich diese topgeheimen Aufzeichnungen? Klicken Sie auf die Schaltfläche FAVORITEN und im dann angezeigten Menü auf die Registerkarte VERLAUF. Der Internet Explorer listet alle Internetadressen auf, die Sie in den letzten 20 Tagen besucht haben. Wenn Sie auf den kleinen Pfeil neben der Schaltfläche über der Liste klicken, können Sie die besuchten Sites nach Datum, alphabetisch, nach der Anzahl der Zugriffe oder nach der Zugriffsreihenfolge eines bestimmten Tages sortieren. Letzteres ist praktisch, wenn Sie eine Site suchen, die Sie am Morgen entdeckt haben.

Um einen Eintrag aus dem Verlauf zu löschen, klicken Sie mit der rechten Maustaste auf den Eintrag und wählen dann LÖSCHEN. Wenn Sie das gesamte Verlaufsprotokoll löschen wollen, müssen Sie den Favoritenbereich verlassen und zum Bereich EXTRAS wechseln. Klicken Sie dort auf INTERNETOPTIONEN und im gleichnamigen Dialogfeld auf der Registerkarte ALLGEMEIN im Bereich BROWSERVERLAUF auf die Schaltfläche LÖSCHEN. Es erscheint ein weiteres Dialogfeld, in dem Sie den Verlauf und vieles mehr löschen können.

Um die Verlaufsprotokollierung zu deaktivieren, klicken Sie nicht auf LÖSCHEN, sondern auf die Schaltfläche EINSTELLUNGEN. Wechseln Sie dort zur Registerkarte VERLAUF und setzen Sie die Option AUFBEWAHRUNG IM VERLAUF (IN TAGEN) einfach und raffiniert auf 0.

Wenn Sie den Verlauf in der Desktopversion des Internet Explorer löschen, wird auch der Verlauf der Startseitenversion gelöscht.

 Wenn Sie sehr ordentlich sind, steht es Ihnen frei, die Favoritenliste etwas über-sichtlicher zu ordnen. Klicken Sie dazu auf die Schaltfläche FAVORITEN, dann auf den kleinen Pfeil neben der Schaltfläche Zu FAVORITEN HINZUFÜGEN und zu guter Letzt auf den Befehl FAVORITEN VERWALTEN. Ich hoffe, Sie sind gut im Dialogfeld FAVORITEN VERWALTEN angekommen. Räumen Sie auf. Erstellen Sie bei Bedarf neue Ordner und legen Sie zusammengehörige Links im selben Ordner ab. Sie sehen keine Favoritenliste, wenn Sie auf die Schaltfläche FAVORITEN klicken, sondern ir-gendwelche Feeds oder Verläufe? Dann befinden Sie sich lediglich auf der fal-schen Registerkarte. Klicken Sie auf die Registerkarte FAVORITEN, und Sie landen dort, wo Sie sein wollen.

Im Internet fündig werden

Um ein Buch in einer Bibliothek zu finden, werden Sie sicherlich im Bibliotheksindex nach-schlagen. Und genau einen solchen Index brauchen Sie, wenn Sie im Internet nach einer be-stimmten Website suchen.

Der Internet Explorer hat Verständnis für diese Anforderungen und stellt einen solchen Index in Form von Suchmaschinen zur Verfügung. In früheren Internet Explorer-Versionen gab es dafür ein Suchfeld, in dem Sie einen Suchbegriff eingeben konnten.

Dieses Suchfeld gibt es in beiden Internet Explorer-Versionen von Windows nicht mehr. Statt-dessen tippen Sie einfach munter einen Suchbegriff in die Adressleiste ein und drücken die ⏎-Taste. Der Internet Explorer wird schon klarkommen. Und das tut er auch.

Der Internet Explorer gibt Ihre Suchanfrage standardmäßig an die Microsoft-Suchmaschine Bing weiter, die wiederum alle Websites aufspürt, in denen der Suchbegriff indiziert ist.

Sie mögen Bing nicht? Sie müssen nicht bei dieser Suchmaschine bleiben. Sie können sich je-derzeit für eine andere Suchmaschine entscheiden. Und das geht folgendermaßen:

1. **Klicken Sie auf die Schaltfläche EXTRAS (die ganz oben im Fenster – nicht die in der darunter liegenden Befehlsleiste).**

   Ein ziemlich langes Menü klappt auf.

2. **Klicken Sie auf ADD-ONS VERWALTEN, dann im Bereich ADD-ON-TYPEN auf den Eintrag SUCH-ANBIETER und zu guter Letzt ganz unten auf den Link WEITERE SUCHANBIETER SUCHEN.**

   Der Internet Explorer besucht die Microsoft-Website, die ziemlich viele bekannte Suchma-schinen auflistet.

3. **Klicken Sie auf die Suchmaschine Ihrer Wahl und dann auf die Schaltfläche DEM INTERNET EXPLORER HINZUFÜGEN.**

   In einem Dialogfeld wird abgefragt, ob Sie diesen Suchanbieter hinzufügen wollen.

Wenn Sie möchten, dass alle Ihre Suchanfragen an diese Suchmaschine gehen, aktivieren das Kontrollkästchen Als Standardsuchanbieter festlegen. Alle Suchanfragen werden dann zukünftig an diesen Suchanbieter gerichtet.

4. Klicken Sie auf Hinzufügen.

Bing wird durch die festgelegte Suchmaschine ersetzt. Wenn Sie die Suchmaschine in der Desktopversion ändern, wird sie auch von nun an in der Startseitenversion verwendet.

Brauch ich das Plug-In?

Programmierer haben vor Jahrzehnten ihre langweiligen, alten Fernseher in die Ecke gestellt und sich zu ihrer Unterhaltung den aufregenden, neuen Computern zugewandt. Inzwischen haben sie die Phase erreicht, in der sie versuchen, die Computer in Fernsehapparate zurückzuverwandeln. Sie verwenden hierzu ausgefallene Programmiertechniken wie Java, Flash, QuickTime, Silverlight oder andere Nettigkeiten, um Webseiten mit Sound und Filme zu versehen.

Es werden kleine Leckerbissen gebastelt, die sogenannten *Plug-Ins* (manche sprechen auch von *Add-Ons*), mit denen der Webbrowser diese auffallenden Elemente wiedergibt. Wenn für Ihren Rechner ein solches Angebot bereitsteht, erhalten Sie von der Website ein etwas bedrohlich klingendes Angebot, das in Abbildung 9.5 zu sehen ist.

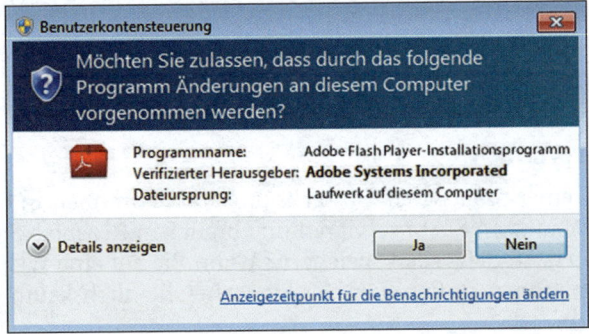

Abbildung 9.5: Sagen Sie nur »Ja«, wenn Sie dem Programm vertrauen.

Wo liegt das Problem? Wenn der Computer meint, er benötige die aktuellste Version, wird das schon so sein. Klicken Sie einfach auf Ja oder Installieren, aber wirklich nur dann, wenn Sie dieser Seite vertrauen können! Nachdem es oft schwierig ist, gute Programme von bösen zu unterscheiden, erfahren Sie in Kapitel 11, wie Sie die Vertrauenswürdigkeit der angebotenen Plug-Ins prüfen können. Die folgenden Plug-Ins sind sowohl zuverlässig als auch kostenlos:

✔ **QuickTime** (www.apple.de/quicktime): Mit der kostenlosen Version von QuickTime können Sie Videoformate abspielen, die der Windows Media Player nicht unterstützt.

✔ **Adobe Acrobat Reader** (www.adobe.de/products/reader): Mit dem sehr beliebten Acrobat Reader werden Dokumente wie im Ausdruck auf Papier angezeigt. Die neue Reader-App auf der Startseite funktioniert ähnlich.

 Hüten Sie sich vor Sites, die sich in anderen Programmen einnisten, wenn Sie ein Plug-In herunterladen. Einige Programme versuchen zum Beispiel, sich in die Werkzeugleiste des entsprechenden Programm-Browsers einzuschmuggeln. Prüfen Sie alle Kontrollkästchen sorgfältig und deaktivieren Sie alles, was Sie nicht haben wollen, nicht benötigen oder dem Sie nicht trauen, bevor Sie auf die Schaltfläche zum Herunterladen oder Installieren klicken. Wie Sie unerwünschte Plug-Ins wieder entfernen können, erfahren Sie im Abschnitt »Das Plug-In brauche ich nicht!« weiter hinten in diesem Kapitel.

Informationen aus dem Internet speichern

Mit dem Internet steht Ihnen in den eigenen vier Wänden eine hervorragend ausgestattete Bibliothek zur Verfügung – ohne Formalitäten, vergriffene Bücher und Anstehen bei der Bücherausgabe. Und wie in jeder guten Bücherei verfügt auch der Internet Explorer über die Möglichkeit, Inhalte zu kopieren.

In diesem Abschnitt erfahren Sie also, wie Sie Inhalte aus dem Internet auf Ihren Rechner kopieren; das kann eine ganze Webseite sein, ein einzelnes Bild, ein Musikstück, ein Film oder ein Programm.

 Wie Sie eine Webseite oder Teile davon drucken, erfahren Sie in Kapitel 8.

Eine Webseite speichern

Sie sehen sich nach einer praktischen Umrechnung von Fahrenheit in Celsius? Sie möchten Ihren Gästen zum Abendessen Sushi servieren und brauchen Rezepte? Sie möchten eine Reiseroute für Ihren Trip nach Schweden speichern? Wenn Sie auf eine Webseite mit für Sie unentbehrlichen Informationen stoßen, können Sie wahrscheinlich kaum widerstehen, sie auf Ihren PC zu speichern.

 Wenn Sie eine Webseite speichern, sichern Sie die Seite so, wie Sie sie aktuell auf Ihrem Bildschirm sehen. Spätere Änderungen bekommen Sie nur zu Gesicht, wenn Sie die Seite erneut besuchen.

Es ist ziemlich einfach, die aktuell angezeigte Webseite zu speichern:

1. **Klicken Sie im Internet Explorer auf die Schaltfläche Extras (die ganz oben im Fenster – nicht die in der darunter liegenden Befehlsleiste), dann auf Dateien und abschließend auf Speichern unter.**

Das Dialogfeld Webseite speichern wird geöffnet. Es enthält bereits im Feld Dateiname den Namen der Webseite und das Ganze soll auf SkyDrive gesichert werden (siehe Abbildung 9.6).

Um die Webseite als komplette Webseite auf SkyDrive abzulegen, klicken Sie auf die Schaltfläche Speichern. Wenn Sie die Webseite an einem anderen Ort unterbringen wollen, fahren Sie mit Schritt 2 fort.

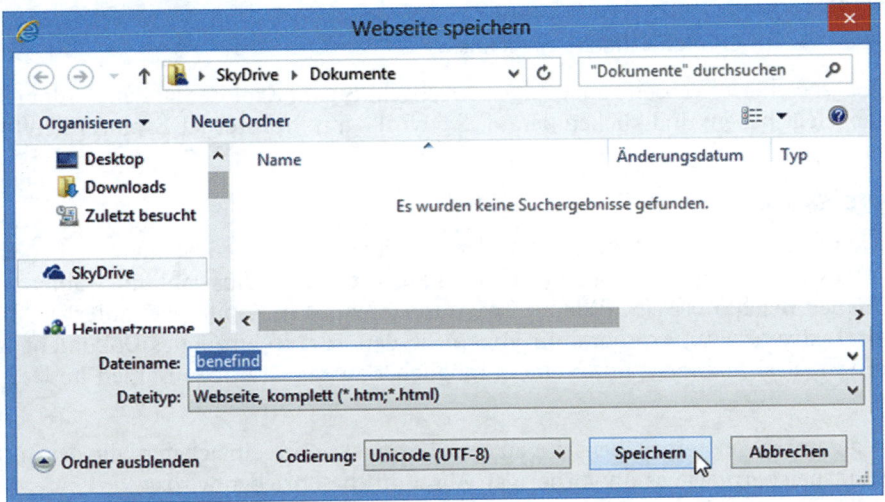

Abbildung 9.6: Die Webseite wird auf SkyDrive gespeichert.

2. Wählen Sie einen Ordner im Navigationsbereich aus, in dem die Webseite gespeichert werden soll.

Der Internet Explorer speichert Webseiten bevorzugt auf SkyDrive ab. Wenn Sie die Webseite an einem anderen Ort ablegen wollen (wie wäre es mit dem Favoriten-Ordner Downloads?), klicken Sie im Navigationsbereich auf den entsprechenden Ordner.

3. Wählen Sie bei Bedarf in der Dropdownliste Dateityp ein anderes Dateiformat aus.

Sie können zwischen vier Formaten wählen:

- Webseite, komplett (*.htm; *.html): Etwas kompliziert, aber kompatibel! In diesem Format wird die Webseite in zwei Komponenten aufgeteilt, in einen Ordner mit den Bildern der Seite und in einen dazugehörenden Link, der dem Computer mitteilt, die Inhalte des Ordners anzuzeigen. Das ist ein wenig unhandlich, kann aber von jedem Browser geöffnet werden.

- Webarchiv, einzelne Datei (*.mht): Mit diesem Format wird eine Kopie der Webseite gespeichert. Alles wird geschickt in einer einzelnen Datei untergebracht, die den Namen der Webseite erhält. Leider kann die Datei nur mit dem Internet Explorer geöffnet werden, was Benutzer ausschließt, die mit anderen Browsern arbeiten.

- Webseite, nur HTML (*.htm; *.html): Dieses Format speichert Text und Layout einer Seite, aber keine Bilder. Es eignet sich, wenn Sie Bilder und Werbung von Tabellen, Diagrammen und anderen formatierten Texten trennen möchten.

- TEXTDATEI (*.TXT): Diese Option sucht den gesamten Text einer Seite zusammen und lädt ihn in eine Editor-Datei ab, ohne sich dabei allzu viel Mühe zu geben, die Formatierungen beizubehalten. Die Option eignet sich zum Speichern von Listen, viel mehr geht nicht.

4. Klicken Sie auf die Schaltfläche SPEICHERN.

Um eine gespeicherte Webseite anzuzeigen, wechseln Sie im Explorer zu dem Ordner, in dem Sie sie abgelegt haben, und klicken darauf. Sie wird dann im Internet Explorer geöffnet.

Text speichern

Wenn Sie nur ein wenig Text auf einer Webseite kopieren möchten, wählen Sie den entsprechenden Textteil aus, klicken mit der rechten Maustaste auf die Auswahl und wählen im Kontextmenü den Befehl KOPIEREN. (Wie Sie Text auswählen, ist in Kapitel 6 erläutert.) Öffnen Sie dann Ihr Textverarbeitungsprogramm, fügen Sie den Text in ein neues Dokument ein und speichern Sie das Dokument unter einem möglichst aussagekräftigen Namen im Ordner DOKUMENTE.

Um den gesamten Text einer Webseite zu speichern, ist es am einfachsten, die gesamte Webseite so zu speichern, wie es im vorherigen Abschnitt beschrieben wird.

 Wenn Sie den Text einer Webseite ohne Formatierung und Schriften speichern möchten, fügen Sie den kopierten Text im Editor ein. Der Editor übernimmt nur den »nackten« Text. Kopieren Sie diesen dann vom Editor in Ihr Textverarbeitungsprogramm.

Ein Bild speichern

Während Sie von einer Webseite zur anderen springen, kann es vorkommen, dass Sie ein Bild erspäht, das einfach zu gut ist, als dass man es ignorieren könnte. Speichern Sie es auf Ihrem PC: Klicken Sie dazu mit der rechten Maustaste auf das Bild und wählen Sie im Kontextmenü den Befehl BILD SPEICHERN UNTER (siehe Abbildung 9.7).

Das Dialogfeld BILD SPEICHERN wird geöffnet. Übernehmen Sie den Namen des Bildes von der Webseite oder vergeben Sie selbst einen Namen. Klicken Sie auf SPEICHERN, um das geklaute Bild (ja, es ist geklaut) im Ordner BILDER abzulegen.

Das überfüllte Menü aus Abbildung 9.7 bietet noch einige weitere praktische Optionen an, wie zum Beispiel das Bild zu drucken, es als E-Mail zu versenden oder es als Hintergrundbild für den Desktop zu verwenden.

 Erinnern Sie sich an das kleine Bild neben Ihrem Namen im Anmeldebildschirm? Sie können dafür jedes beliebige Bild aus dem Internet nehmen. Klicken Sie mit der rechten Maustaste auf das Bild und speichern Sie es im Ordner BILDER. Dann wechseln Sie auf der Startseite zur Leiste PC-EINSTELLUNGEN und weisen Ihrem Benutzerkonto das entsprechende Bild zu. Wenn Sie so richtig gar nicht wissen, wovon hier die Rede ist, lesen Sie Kapitel 2.

Abbildung 9.7: Mit »Bild speichern unter« können Sie ein Bild von der Webseite auf Ihrem Rechner speichern.

Ein Programm, einen Song oder einen anderen Dateityp herunterladen

Im Idealfall müssen Sie zum Herunterladen (auch *Download* genannt) nichts weiter tun, als auf eine Schaltfläche zum Downloaden oder Herunterladen zu klicken (siehe Abbildung 9.8). Sie werden gefragt, wohin die Datei gespeichert werden soll, und Sie wählen den Ordner DOWNLOADS aus. Denn dort finden Sie die Datei schnell wieder. Die Datei trifft dann kurze Zeit später ein. Alles erledigt!

Wenn die Webseite keine Downloadschaltfläche zur Verfügung stellt, sind ein paar zusätzliche Schritte für das Herunterladen von Dateien erforderlich:

1. **Klicken Sie mit der rechten Maustaste auf den Link zur gewünschten Datei und wählen Sie im Kontextmenü** ZIEL SPEICHERN UNTER.

   Um zum Beispiel einen Song (hoffentlich legal) von einer Webseite herunterzuladen, klicken Sie mit der rechten Maustaste auf den Link (in diesem Fall auf den Song). Wählen Sie im Kontextmenü, das so ähnlich wie in Abbildung 9.7 aussehen sollte, den Befehl ZIEL SPEICHERN UNTER.

    Wenn Sie versuchen, ein Programm herunterzuladen, fragt Windows ab, ob Sie das Programm speichern oder ausführen wollen. Entscheiden Sie sich für die Ausführvariante. Denn dann wird das Programm installiert, sobald es auf Ihrem Rechner eingetroffen ist.

2. Navigieren Sie im Dialogfeld zum Speichern bei Bedarf zum Ordner DOWNLOADS und klicken Sie auf die Schaltfläche SPEICHERN.

Normalerweise will Windows den Download in dem Ordner speichern, in dem der letzte Download gelandet ist. Ein Service, damit Sie alle Downloads an einem Ort sammeln. Sie sollten sich für den Ordner DOWNLOADS entscheiden, denn genau dafür bietet ihn Windows im Navigationsbereich auch an, wie in Abbildung 9.8 zu erkennen ist. Wenn Sie aber einen anderen Ordner vorziehen, beispielsweise den Ordner MUSIK, weil es eine Musikdatei ist, ist das auch in Ordnung. Wechseln Sie dorthin und klicken Sie anschließend auf die Schaltfläche SPEICHERN.

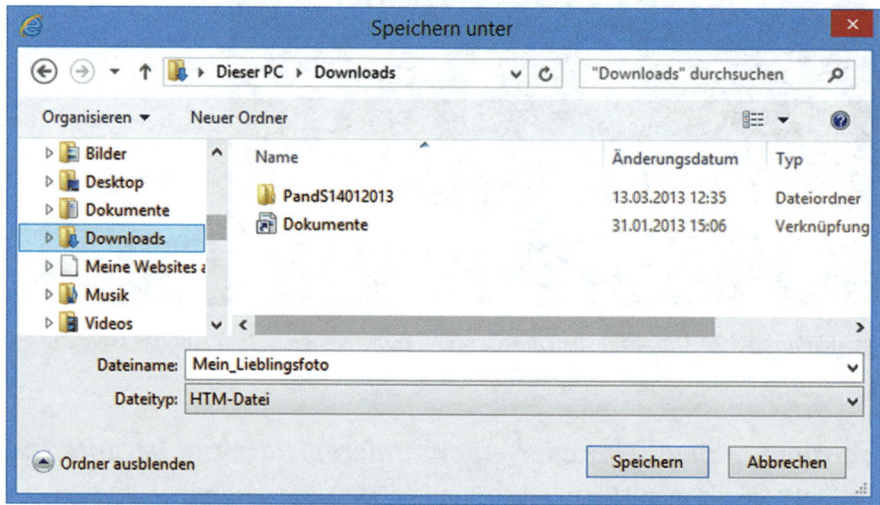

Abbildung 9.8: Einen Download in den Ordner »Downloads« durchführen

Egal welchen Dateityp Sie gewählt haben, Windows fängt sofort an, die Datei von der Webseite auf Ihre Festplatte zu schaufeln. Ist alles sicher im gewählten Ordner gelandet, erhalten Sie eine Nachricht von Windows. Klicken Sie dann auf die Schaltfläche ORDNER ÖFFNEN, um einen Blick auf die heruntergeladene Datei zu werfen.

Viele Downloads kommen in einer hübschen Ordnerverpackung mit Reißverschluss daher. Das sind sogenannte *ZIP-Dateien*. Windows behandelt diese Ordner wie normale Ordner. Doppelklicken Sie auf ihn, um den Inhalt anzusehen. Die Dateien in diesem Ordner sind komprimiert, damit der Download nicht so lange dauert. Um gepackte Dateien zu extrahieren, klicken Sie mit der rechten Maustaste auf die gezippte Datei und wählen den Befehl ALLE EXTRAHIEREN.

Es funktioniert nicht!

Wenn etwas nicht funktioniert, sollten Sie sich nicht zu viel daraus machen. Das Internet gibt es schon eine ganze Weile, aber der ganze Webkram ist noch relativ jung und kompliziert. Man kann vom Web nicht erwarten, dass alles gleich so rund läuft und dass Sie alles über Nacht verstehen. Im Folgenden finden Sie ein paar typische Probleme und mögliche Lösungen.

Wer über das Administratorkonto verfügt, ist der Boss. Ihm gehört der Rechner. Er kann in den meisten Fällen als Einziger bestimmte Änderungen durchführen. Wenn Sie also eine Meldung erhalten, die etwas von Administratorrechten murmelt, haben Sie nur eine Chance, wenn Sie Administrator sind oder die entsprechende Person kennen.

✔ Wenn eine Website in der Desktopversion des Internet Explorer Probleme bereitet, versuchen Sie, den Papierkorb des Internet Explorer zu leeren. Klicken Sie dazu auf die Schaltfläche EXTRAS und wählen Sie im Menü den Befehl INTERNETOPTIONEN. Klicken Sie dann auf die einzige Schaltfläche LÖSCHEN (passiert nichts!) und belassen Sie im Dialogfeld BROWSERVERLAUF LÖSCHEN das Häkchen im Kontrollkästchen TEMPORÄRE INTERNET- UND WEBSITEDATEIEN. Alle anderen Kontrollkästchen dürfen kein Häkchen enthalten, falls doch, klicken Sie auf die betreffenden Einträge, um die Häkchen zu entfernen. Klicken Sie dann auf die Schaltfläche LÖSCHEN und besuchen Sie erneut die Website, die Ihnen Probleme bereitet hat.

Sie glauben, dass Sie der Desktopversion des Internet Explorer den Garaus gemacht haben? Reparatur ausgeschlossen? Wenn alles verloren scheint, kehren Sie zu den Ursprüngen zurück, das heißt zu den Originaleinstellungen. Klicken Sie dazu auf die Schaltfläche EXTRAS und wählen Sie INTERNETOPTIONEN. Wechseln Sie im Dialogfeld INTERNETOPTIONEN zur Registerkarte ERWEITERT und klicken Sie dort auf die Schaltfläche ZURÜCKSETZEN. Damit werden alle Ihre Einstellungen samt Favoriten, aber auch samt Fehlerteufel beseitigt.

✔ Wenn Sie überhaupt keine Verbindung zum Internet herstellen können, sollten Sie Ihren ISP um Hilfe bitten. Viele gute ISPs bieten einen technischen Support an. (Achten Sie aber darauf, dass Sie Ihren Internet Service Provider und nicht Microsoft anrufen.)

✔ Sollte eine Seite nicht korrekt angezeigt werden, suchen Sie im oberen Bereich des Internet Explorer-Fensters nach einem schmalen Warnstreifen. Klicken Sie darauf und teilen Sie dem Internet Explorer mit, dass er nichts blockieren soll.

Das Plug-In brauche ich nicht!

Viele Websites installieren im Internet Explorer kleine Programme, die Ihnen helfen sollen, im Web zu navigieren, oder um Websites mit weiteren Funktionen zu versehen. Sie werden *Plug-Ins* oder *Add-Ons* genannt. Leider benehmen sich nicht alle diese Programme einwandfrei. Um sie wieder loszuwerden, können Sie eine Liste mit allen aktuell installierten Progrämmchen anzeigen lassen.

Sie werden keine Plug-Ins in der Startseitenversion des Internet Explorer finden. Das ist nur in der Desktopversion möglich, die mehr Möglichkeiten bietet, dafür aber auch fehleranfälliger ist.

 Klicken Sie im Internet Explorer auf die Schaltfläche Extras und wählen Sie den Befehl Add-Ons verwalten. Das Fenster Add-Ons verwalten wird geöffnet (siehe Abbildung 9.9). Dort sehen Sie alle Add-Ons, Symbolleisten, Suchanbieter etc.

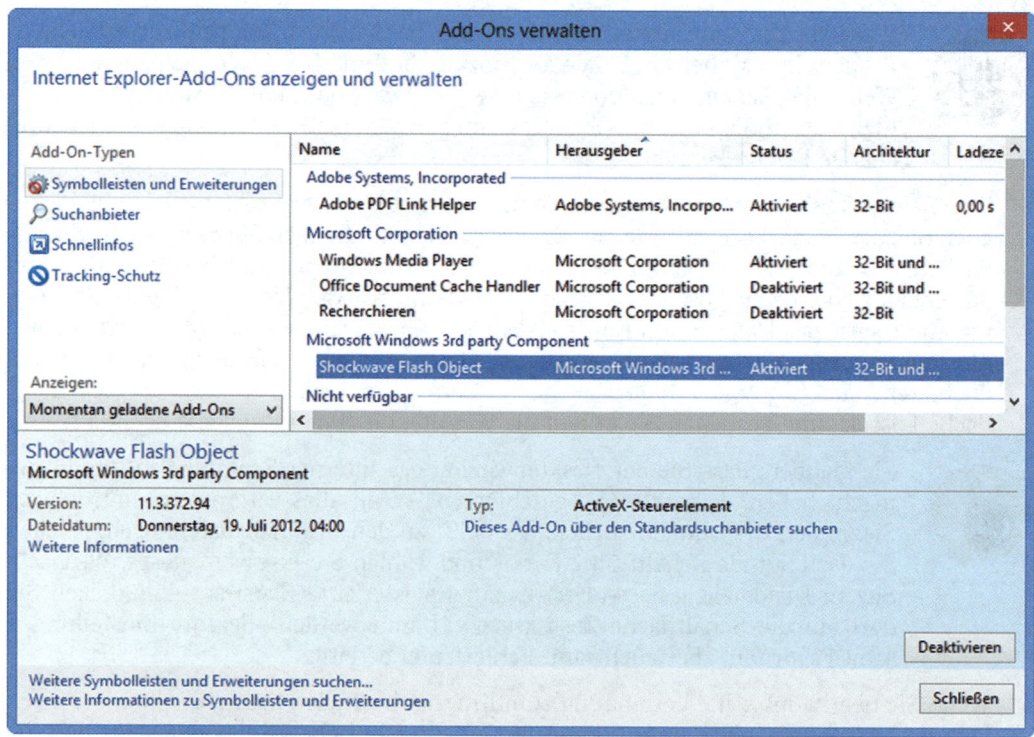

Abbildung 9.9: Wählen Sie unerwünschte Add-Ons aus, um sie zu deaktivieren.

Die meisten Add-Ons, die im Fenster Add-Ons verwalten aufgeführt werden, sind in Ordnung. (Die von Microsoft sind sowieso harmlos.) Wenn Sie aber auf ein Add-On stoßen, das Sie nicht identifizieren können oder von dem Sie glauben, dass es Probleme verursacht, suchen Sie in der Suchmaschine Ihrer Wahl nach dem Programm, um herauszufinden, was es tut und was andere von ihm halten. Wenn Sie nichts Gutes darüber lesen, klicken Sie im Fenster Add-Ons verwalten auf seinen Namen und dann auf die Schaltfläche Deaktivieren.

Wenn durch das Deaktivieren des Add-Ons irgendetwas durcheinanderkommt und nicht mehr richtig funktioniert, kehren Sie reumütig zum Fenster Add-Ons verwalten zurück und aktivieren das Add-On wieder.

Die Verwaltung von Add-Ons hat mit Versuch und Irrtum zu tun, ist aber der einzige Weg, bösartige Add-Ons zu deaktivieren, die durch tückische Websites installiert worden sind.

Soziale Kontakte pflegen

In diesem Kapitel

▶ Konten hinzufügen

▶ E-Mail einrichten

▶ Dateien und Fotos senden und empfangen

▶ Kontakte verwalten

▶ Termine in den Griff bekommen

Das Internet vergisst nichts. So können Sie den Kontakt zu Ihrem Freundeskreis und Ihren Bekanntschaften nicht verlieren. Der alte Schulfreund, die erfolgreiche Geschäftspartnerin und sogar die Sandkastenliebe aus dem Kindergarten – alle warten online auf Sie. Wenn man dann noch die Zufallsbekanntschaften dazuzählt, mit denen Sie ab und zu Nachrichten austauschen, ergibt das schon ein ziemlich großes soziales Netzwerk. Alle Achtung!

Windows hilft Ihnen, mit Ihrem Freundeskreis in Kontakt zu bleiben. Zur Verwaltung Ihres ganz persönlichen sozialen Netzwerks stellt es eine Reihe von Apps zur Verfügung. Denn auch Freundschaften müssen gepflegt werden. Ich spreche in diesem Zusammenhang vor allem von den Apps Mail, Kontakte und Kalender. Sie ahnen sicherlich bereits, welche App welche sozialen Aspekte hegt und pflegt. (In Windows 8.1 wurde der Nachrichten-App sang und klanglos gekündigt, die es in Windows 8 noch gab.)

Die Apps arbeiten Hand in Hand. Verraten Sie Windows Ihr Facebook-Konto und schon steckt Windows die Daten Ihrer Facebook-Freunde in die Kontakte-App, aktualisiert die Geburtstags- und Terminkalender in der Kalender-App und richtet Ihre Mail-App entsprechend ein. Irgendwie unheimlich, aber auch unheimlich praktisch.

In diesem Kapitel erfahren Sie, wie diese sozialen Windows-Apps funktionieren und wie sie mit Facebook, Google, Twitter, LinkedIn und sonstigen Konten zusammenarbeiten. Sie lernen die Apps einzurichten, den Kommunikationsfluss aufrechtzuerhalten und die Apps einfach abzuschalten, falls Sie mal Ihre Ruhe brauchen.

Soziale Netzwerkkonten in Windows einbinden

Seit Jahren hören Sie stets ein und dieselbe Leier: »Verrate ja niemals irgendjemand den Namen und das Kennwort deines Benutzerkontos.« Und jetzt kommt Windows daher und will, dass Sie diese eiserne Regel brechen.

Wenn Sie die Apps Mail, Kontakte und Kalender das allererste Mal starten, fragt Windows neugierig nach den Namen und Kennwörtern Ihrer Facebook-, Google-, Twitter-, LinkedIn-, Hotmail- oder sonstigen Konten.

Aber erschrecken Sie nicht. Microsoft und die anderen Netzwerke haben sich darauf geeinigt, dass Ihre Daten nur dann gemeinsam in den Netzwerken verwendet werden, wenn Sie dem ausdrücklich zustimmen. Und wenn Sie einverstanden sind, stellt Windows eine Verbindung zum entsprechenden sozialen Netzwerk her, beispielsweise zu Facebook. Und Sie können dann Facebook erklären, dass es für Sie in Ordnung ist, wenn Facebook Ihre Daten mit der Kontakte-App von Windows austauscht.

Und ehrlich gesagt, dieser automatische Datenabgleich spart wahnsinnig viel Zeit. Wenn Sie diese Konten mit Windows verbinden, meldet sich Ihr Rechner automatisch bei ihnen an, importiert die Kontaktdaten aller Freundinnen und Freunde und stopft sie in Ihre Apps auf der Startseite.

Um Windows über Ihre sozialen Kontakte zu informieren, führen Sie die folgenden Schritte aus:

1. Öffnen Sie auf der Startseite die App MAIL.

Die bunt gekachelte Startseite wird nach jedem Rechnerstart angezeigt. (Sie wird übrigens in Kapitel 2 näher beschrieben.) Wenn Sie sie aus irgendwelchen Gründen gerade nicht sehen, müssen Sie dorthin wechseln und zwar so:

- **Maus:** Zeigen Sie auf die obere oder die untere rechte Bildschirmecke und locken Sie die schüchterne Charms-Leiste aus ihrem Versteck. Klicken Sie in der Leiste auf den Charm START. Das war die komplizierte Variante. Einfacher geht es, wenn Sie links unten auf die Schaltfläche START klicken.

- **Tastatur:** Drücken Sie die ⊞-Taste. Das war jetzt aber einfach.

- **Touchscreen:** Für alle, die es kompliziert mögen: Streifen oder wischen Sie mit dem Finger vom rechten Bildschirmrand nach innen, um die Charms-Leiste anzuzeigen, und tippen Sie dort auf den Charm START. Und für alle, die es einfach mögen: Tippen Sie unten links auf die Schaltfläche START.

Klicken Sie auf die Kachel MAIL. Die App meldet sich zum Dienst. Wenn Sie sich noch nicht mit einem Microsoft-Konto angemeldet haben, werden Sie von der App daran erinnert, dass Sie eines brauchen. (Wie Sie sich ein Microsoft-Konto beschaffen, wird in Kapitel 2 beschrieben.)

2. Machen Sie Ihre verschiedenen E-Mail-Konten mit der Mail-App bekannt.

Um andere E-Mail-Konten in Mail einzufügen (diese Konten müssen bereits wirklich bei einem Anbieter existieren, und ich meine damit nicht Ihre Bankkonten), zaubern Sie die Charms-Leiste hervor und klicken auf den Charm EINSTELLUNGEN. Klicken Sie im Einstellungsbereich auf KONTEN und dann auf den Link KONTO HINZUFÜGEN, der in Abbildung 10.1 zu bewundern ist. Jetzt werden die Konten aufgelistet, die Sie hinzufügen können. Das könnten Hotmail, Outlook, Google und ein paar weitere sein.

Um beispielsweise ein Google-Konto hinzufügen, klicken Sie auf GOOGLE. Windows begleitet Sie in einen sicheren Bereich der Google-Website, in dem Sie diesen geheimen Bund durch Eingabe Ihrer Google-E-Mail-Adresse sowie Ihres Kennworts und durch Klicken auf die Schaltfläche VERBINDEN besiegeln.

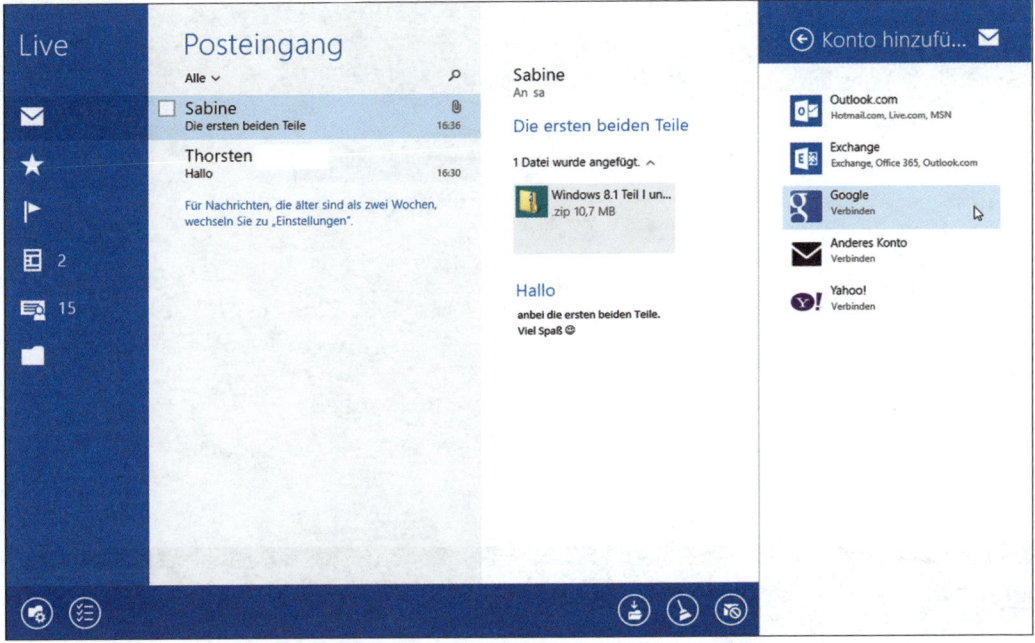

Abbildung 10.1: Bereichern Sie Ihre Mail-App um weitere Konten.

Autorisieren Sie bei Bedarf weitere aufgelistete Dienste, bei denen Sie ein Konto haben, Ihre Daten mit der Mail-App von Windows zu teilen.

3. Wenn Sie der Mail-App über alle Konten Bescheid gegeben haben, schalten Sie zur Startseite zurück und klicken auf die Kachel KONTAKTE, und weiter geht es.

Nun haben Sie die Chance, Windows mit Ihren Freundinnen und Freunden bekannt zu machen. Nachdem Sie die Kontakte-App gestartet haben, sehen Sie dort vielleicht bereits Leute aufgelistet, die aus Ihren anderen E-Mail-Konten stammen, die Sie in Schritt 2 mit Mail verknüpft haben.

Verbinden Sie Ihre Kontakte aus anderen Netzwerken wie Facebook, Twitter, LinkedIn und was es sonst noch so gibt.

Wählen Sie beispielsweise im Einstellungsbereich (siehe Schritt 2) KONTEN und dann KONTO HINZUFÜGEN und anschließend FACEBOOK. Bestätigen Sie Ihre Absicht durch Klicken auf VERBINDEN. Sie werden dann aufgefordert, Ihren Facebook-Benutzernamen und Ihr Facebook-Kennwort einzugeben, wie in Abbildung 10.2 zu sehen ist.

Jetzt haben Sie die Mail-App mit Ihren anderen Mailkonten verbunden und Ihre Facebook-Kontakte mit der Kontakte-App verknüpft. Gratulation! Sie sind wirklich vernetzt. Sie erhalten zukünftig zentral in Mail alle E-Mails aus Ihren verschiedenen E-Mail-Konten und Ihre Kontakteliste ist prall gefüllt mit allen Leuten, die Sie im Internet kennen, und die Termine aus anderen Konten werden in die Kalender-App übertragen.

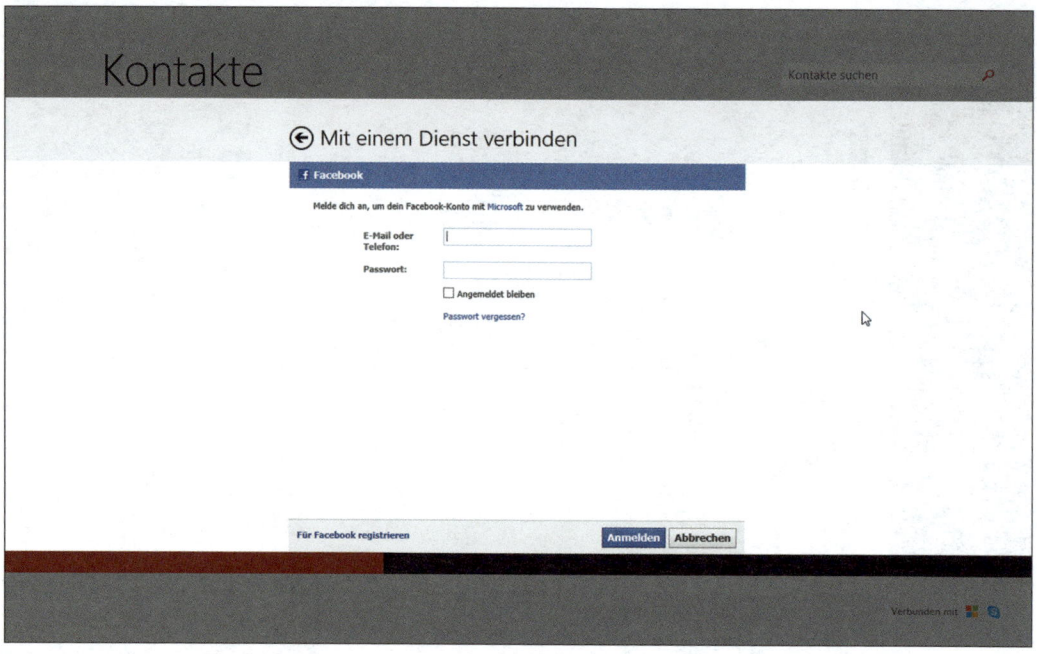

Abbildung 10.2: Wenn Sie hier Ihren Benutzernamen und Ihr Kennwort verraten, können Sie Kontakte aus Facebook in die Kontakte-App übernehmen.

Wie gesagt, irgendwie unheimlich, aber auch unheimlich praktisch. Sie haben die folgenden Vorteile:

✔ Anstatt Ihre Kontakte per Hand in die Windows-App zu übertragen, stehen diese automatisch samt Bild zur Verfügung, egal ob sie aus Facebook, Twitter oder ähnlichen sozialen Netzwerken beziehungsweise aus anderen E-Mail-Konten wie Google, Hotmail oder Outlook stammen.

✔ Die Apps von Windows arbeiten harmonisch mit den Apps und Programmen anderer Unternehmen zusammen. Der Geburtstag einer Freundin aus Facebook wird beispielsweise komfortabel in der Kalender-App angezeigt, ohne dass Sie dafür auch nur den kleinen Finger krumm machen müssen.

 Wenn Ihnen das zu unheimlich ist und Sie Ihre Daten nicht so nahtlos verknüpfen wollen, ignorieren Sie diese Windows-Apps und verbringen Ihre Zeit wie bisher auf dem Desktop. Von dort aus können Sie weiterhin im Internet Explorer gelegentlich auf Ihr Facebook-Konto und Ihre sonstigen Accounts zugreifen, so wie Sie es bisher gemacht haben. Das ist okay.

Verbundene Konten wieder trennen

Wenn Sie feststellen, dass Sie Ihre Kontakte-App bald wegen Überfüllung schließen müssen, sollten Sie sich von dem einen oder anderen Konto wieder trennen. Sie können jederzeit die Verbindung zu den verschiedenen sozialen Netzwerken kappen. Es ist allein Ihre Entscheidung.

Wenn Sie sich von einem Konto trennen wollen, gehen Sie folgendermaßen vor:

1. **Öffnen Sie die App, mit der das Konto verknüpft ist – Mail oder Kontakte.**

2. **Kramen Sie die Charms-Leiste am rechten Bildschirmrand hervor und klicken Sie auf den Charm EINSTELLUNGEN.**

3. **Klicken Sie im Einstellungsbereich auf KONTEN und dann auf das Konto, von dem Sie sich trennen möchten.**

   Die Einstellungen für das Konto werden angezeigt, sei es im Einstellungsbereich oder in einem sicheren Bereich auf der entsprechenden Website des Netzwerks. (Ihr Microsoft-Konto können Sie nicht löschen, alle anderen sind kein Problem.)

4. **Klicken Sie auf dem Bildschirm mit den Kontoeinstellungen auf die Schaltfläche oder den Link zum Entfernen des Kontos.**

   Um beispielsweise die Verbindung zu Ihrem Facebook-Konto in der Kontakte-App zu lösen, werden Sie automatisch zur Einstellungsseite auf der Facebook-Website weitergeleitet. Dort können Sie exakt festlegen, welche Informationen Sie mit der Kontakte-App teilen wollen und welche nicht. Außerdem können Sie dort durch entschiedenes Klicken auf den Link DIESE VERBINDUNG VOLLSTÄNDIG ENTFERNEN alle Verbindungen zu Facebook kappen.

   Wenn Sie beispielsweise in der Kontakte-App die Verbindung zu Ihrem Facebook-Konto aufheben, verschwinden alle Facebook-Freundschaften aus der Kontakteliste. Geburtstage und Veranstaltungen aus Facebook werden konsequent aus Ihrem Kalender gestrichen. Auf Ihr Facebook-Konto hat das keinerlei Auswirkungen, außer dass es keine Daten mehr mit der Kontakte-App teilt.

Nun haben Sie es sich doch anders überlegt. Sie wollen doch wieder Kontakt zu Facebook knüpfen. Kein Problem. Führen Sie die Schritte aus, die weiter vorn in diesem Kapitel im Abschnitt »Soziale Netzwerkkonten in Windows einbinden« beschrieben werden, und vernetzen Sie sich erneut mit dem gewünschten sozialen Netzwerk.

Die Mail-App kennenlernen

Windows präsentiert stolz seine eigene Startseiten-App zum Senden und Empfangen von E-Mails, genannt Mail.

Mail ist eine sogenannte *Live-App*, die in einer sogenannten *Live-Kachel* untergebracht ist. Das bedeutet nichts anderes, als dass die App ihre Kachel beständig aktualisiert und dort den Absender und den Betreff der zuletzt eingegangenen Mails anzeigt.

»Einem geschenkten Gaul schaut man nicht ins Maul.« Ich will mich also auch nicht wirklich über die begrenzten Möglichkeiten von Mail beschweren, die Nachteile aber zumindest erwähnen:

✔ Sie benötigen für das Arbeiten mit der Mail-App ein Microsoft-Konto und sollten außerdem mit der Kontakte- und der Kalender-App arbeiten. Wie Sie sich für ein kostenloses Microsoft-Konto anmelden, erfahren Sie in Kapitel 2.

✔ Die Mail-App funktioniert direkt mit Hotmail-, Windows Live-, Outlook-, Yahoo- und Google Gmail-Konten. (Mit Exchange-Konten geht es zwar auch; dies erfordert aber Voraussetzungen, die Sie nur in großen Unternehmen und nicht im privaten Bereich vorfinden.)

✔ Die Mail-App unterstützt nicht jede E-Mail-Adresse. Sollte Ihre Adresse dazugehören, verzweifeln Sie nicht. Es gibt da ein unglaublich kompliziertes Verfahren, das ich im Kasten »Nicht unterstützte E-Mail-Konten in Mail hinzufügen« erkläre. Wenn Sie sich das zumuten wollen, dann nichts wie ran an den Speck.

Nicht unterstützte E-Mail-Konten in Mail hinzufügen

Die Mail-App kann sich die E-Mail-Adressen der »Big Player« problemlos holen, Windows Live, Outlook, Gmail, Yahoo! AOL und noch einige andere. Tja, und Ihr E-Mail-Anbieter gehört nicht dazu. Pech gehabt. Aber wenn Sie gute Nerven haben und Folgendes ausprobieren, erkennt Mail bald auch Ihre E-Mail-Adresse.

1. **Aktivieren Sie Ihren Browser, statten Sie Outlook unter `www.outlook.com` einen Besuch ab und melden Sie sich dort mit Ihrem Microsoft-Konto an.**

2. **Wechseln Sie zur Einstellungsseite und fügen Sie dort Ihre nicht unterstützte E-Mail-Adresse hinzu.**

   Klicken Sie auf die Einstellungsschaltfläche (das kleine Zahnrad) und wählen Sie in der Dropdownliste den Eintrag WEITERE E-MAIL-EINSTELLUNGEN. Klicken Sie dann auf den Link IHRE E-MAIL-KONTEN und anschließend auf die Schaltfläche KONTO ZUM SENDEN UND EMPFANGEN HINZUFÜGEN. Jetzt schnell noch Benutzernamen und Kennwort eingeben. Dann noch den Mailserver – POP3- und SMTP-Kram – und dann die Änderungen speichern. Puh!

3. **Definieren Sie auf der Seite mit den weiteren Einstellungen ein sogenanntes Outlook-Alias.**

   Das bedeutet, dass Sie sich für eine neue E-Mail-Adresse in Outlook.com anmelden, die dann in etwa so aussieht: `MeinGewählterName@outlook.com`.

4. **Melden Sie sich bei Ihrem Rechner mit Ihrem Microsoft-Konto an, öffnen Sie die Mail-App, wählen Sie OUTLOOK und geben Sie den Benutzernamen und das Kennwort für das gerade erstellte Outlook.com-Konto ein.**

Dank dieses neuen Kontos kann die Mail-App Nachrichten an Ihre alte E-Mail-Adresse senden beziehungsweise von dieser empfangen. Ja, viel Arbeit und viele potenzielle Fallen. Die Optionen in Outlook.com ändern sich ständig. Wundern Sie sich also nicht, falls Sie nichts wiedererkennen.

Die Ansichten, Menüs und Konten der Mail-App erkunden

Um die Mail-App zu öffnen, drücken Sie bei Bedarf die ⌨-Taste, um zur Startseite zu wechseln, und klicken dort auf die gleichnamige Kachel.

 Mail startet und füllt den gesamten Bildschirm aus, wie in Abbildung 10.3 zu sehen ist. Ups! Die App sieht ja komplett anders aus als in Windows 8.

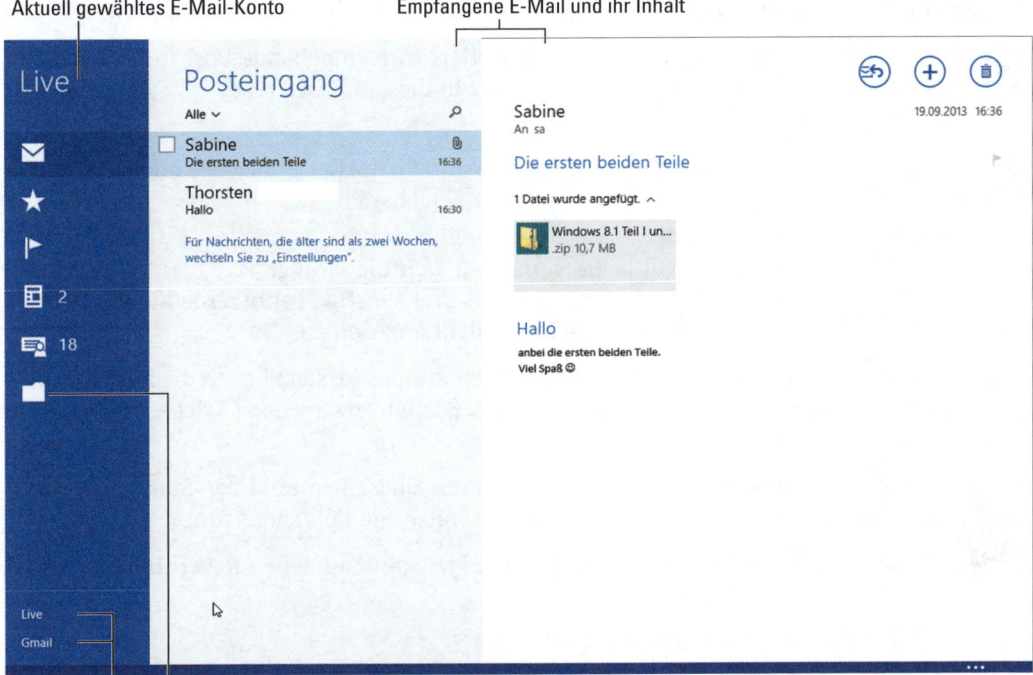

Abbildung 10.3: Die Mail-App im neuen Kleid

Links unten werden – falls vorhanden – die verschiedenen E-Mail-Konten aufgelistet. In Abbildung 10.3 sehen Sie die Mail-App mit einem Live- und einem Gmail-Konto. Aktuell wird dort der Posteingang des Live-Kontos angezeigt. Ganz rechts sehen Sie den Inhalt der im Posteingang ausgewählten Mail.

In der linken Leiste listet Mail die Hauptbereiche auf.

✉ POSTEINGANG: Der Inhalt des Posteingangs wird nach jedem Start von Mail angezeigt. Hier finden Sie alle eingetroffenen Mails. Die Mail-App aktualisiert regelmäßig Ihren Posteingang. Wenn Sie es aber einmal gar nicht abwarten können, weil Sie eine unglaublich wichtige Mail erwarten, klicken Sie mit der rechten Maustaste auf einen leeren Bereich in der App, dann mit der linken Maustaste unten in der Leiste auf die Schaltfläche MEHR und abschließend auf den Befehl SYNCHRONISIEREN.

★ FAVORITEN: Klicken Sie hier, um Nachrichten von den Leuten anzuzeigen, die Sie als Favoriten markiert haben. Keine Favoriten in der Liste? Dann klicken Sie auf KONTAKTE SUCHEN, um einige Ihrer Einträge aus der Kontakte-App in die Favoritenliste aufzunehmen.

⚑ GEKENNZEICHNET: Nachrichten, denen Sie besondere Aufmerksamkeit widmen wollen und die Sie gekennzeichnet haben, werden hier aufgelistet. Um eine Nachricht zu kennzeichnen, klicken Sie mit der rechten Maustaste auf die betreffende Nachricht und dann mit der linken Maustaste unten in der App-Leiste auf die Schaltfläche KENNZEICHNEN.

▣ NEWSLETTER: Die Mail-App ist so frei und sortiert Ihre eingehende Post für Sie vor und legt alle per E-Mail empfangenen Newsletter in diesem Bereich ab.

▤ NEUES AUS SOZ. NETZW.: Verstümmelt, aber verständlich. Hier finden Sie alle E-Mails aus den sozialen Netzwerken, in denen Sie angemeldet sind.

▭ ORDNER: Hinter dieser Schaltfläche verbergen sich die Ordner POSTEINGANG, ENTWÜRFE, GESENDET, POSTAUSGANG, JUNK-E-MAIL, GELÖSCHT und sonstige benutzerdefinierte Ordner. Klicken Sie auf einen dieser Ordner, um seinen Inhalt anzuzeigen.

Aber wo ist das Menü der Mail-App? Wie alle Startseiten-Apps versteckt auch die Mail-App ihre Befehle in einer Leiste am unteren Bildschirmrand. Es gibt verschiedene Tricks, um auf diese verborgene Leiste zuzugreifen.

Um auf die namenlose Leiste am unteren Bildschirmrand der Startseiten-Apps, also auch der Mail-App, zuzugreifen, können Sie Folgendes tun:

✔ **Maus:** Klicken Sie mit der rechten Maustaste auf einen leeren Bereich in der App.

✔ **Tastatur:** Drücken Sie ⊞+Z.

✔ **Touchscreen:** Streifen oder wischen Sie mit dem Finger vom unteren Bildschirmrand nach innen.

Die Leiste (App-Leiste, Kontextleiste, Befehlsleiste – wie heißt sie bloß?) kommt aus ihrer Deckung. Sie enthält je nach Arbeitskontext unterschiedliche Schaltflächen (siehe Abbildung 10.4).

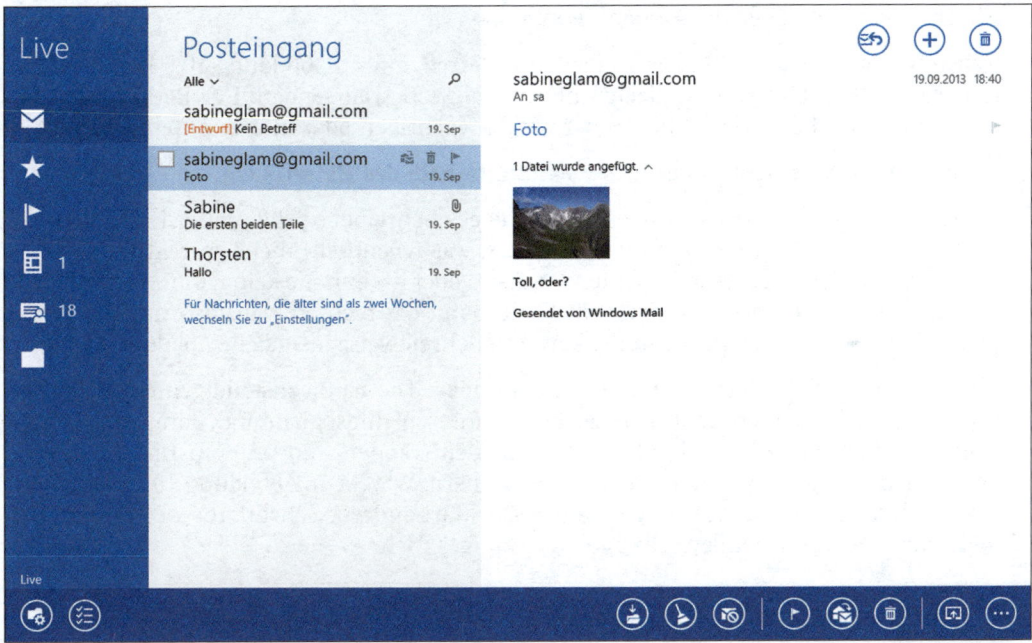

Abbildung 10.4: In allen Apps der Startseite wird eine Leiste mit Schaltflächen am unteren Bildschirmrand eingeblendet, wenn Sie mit der rechten Maustaste auf einen leeren Bereich in der App klicken.

Eine E-Mail-Nachricht schreiben und senden

Führen Sie die folgenden Schritte aus, um endlich eine eigene E-Mail-Nachricht zu verfassen und zu versenden:

1. **Klicken Sie auf der Startseite auf die Kachel** MAIL, **um die App zu öffnen, und dann oben rechts in der App auf die Schaltfläche** NEU.

   Ein neues Nachrichtenfenster wird geöffnet. Es ist leer und wartet auf Ihre Eingaben.

2. **Geben Sie die E-Mail-Adresse des Empfängers in das Feld** AN **ein.**

   Sobald Sie mit der Eingabe beginnen, durchsucht die Mail-App die Kontakte-App nach Namen und E-Mail-Adressen, die den eingegebenen Buchstaben entsprechen, und listet mögliche Übereinstimmungen auf. Ist der Name in der Liste? Dann klicken Sie darauf und die Mail-App füllt die restlichen Zeichen der E-Mail-Adresse für Sie aus. Ein Service des Hauses!

   Um die Nachricht an mehrere Personen zu senden, klicken Sie auf das Wort AN. Schwupp – die Kontakte-App macht sich auf dem Bildschirm breit. Klicken Sie dort auf die Namen der Personen, an die Sie die Nachricht schicken wollen, und schließen Sie Ihre Auswahl durch Klicken auf die Schaltfläche HINZUFÜGEN ab. Alle Empfänger werden korrekt im Feld AN aufgelistet, so als hätten Sie sie selbst per Hand eingegeben. Beeindruckend.

3. Klicken Sie rechts oben auf BETREFF HINZUFÜGEN.

Geben Sie den Anlass für Ihre Schreiben, den Betreff, ein. In Abbildung 10.5 lautet der Betreff ABGABE. Sie können eine Nachricht auch ohne Betreff senden. Der Betreff hilft aber dem Empfänger beim Herausfiltern der für ihn wichtigen oder interessanten E-Mails.

4. Geben Sie die Nachricht in das große Feld unterhalb des Betreffs ein.

Schreiben Sie so viel, wie Sie wollen. Während des Schreibens prüft Mail, wie fit Sie in der Rechtschreibung sind, und kennzeichnet alles, was (eventuell) nicht korrekt geschrieben ist. Korrigieren Sie Rechtschreibfehler von Hand oder – wenn Sie keine Ahnung haben, wie das Wort richtig geschrieben wird – klicken Sie mit der rechten Maustaste auf den Fehler und wählen Sie im Kontextmenü die korrekte Schreibweise aus (siehe Abbildung 10.5).

Sie können Ihr Schreiben auch optisch aufpeppen. Die dafür zuständigen Schaltflächen verstecken sich wie gehabt in der Leiste am unteren Bildschirmrand – mit der rechten Maustaste klicken, ⊞+Z drücken oder mit dem Finger vom unteren Bildschirmrand nach innen wischen, um die Leiste hervorzuzaubern. Wie Sie in Abbildung 10.5 sehen können, stellt die Leiste einiges auf die Beine: Schriftart ändern, Schriftfarbe wechseln, Nummerierung festlegen, Smileys einfügen und einiges mehr.

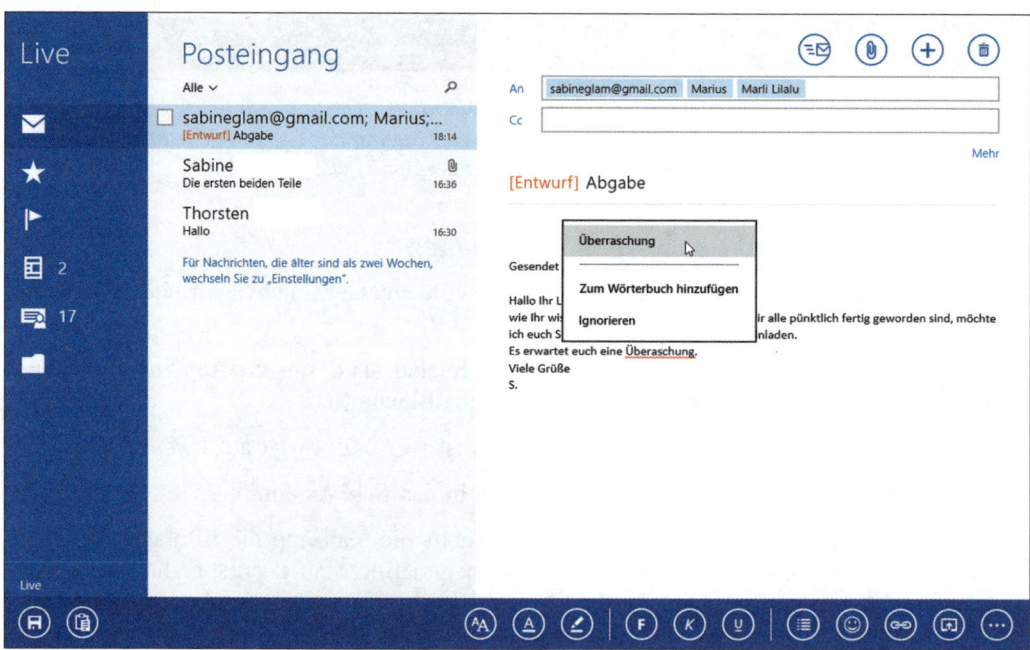

Abbildung 10.5: Geben Sie die Nachricht ein, korrigieren Sie Tippfehler und peppen Sie die E-Mail optisch auf.

5. **Legen Sie der Nachricht bei Bedarf eine Datei als Anlage bei.**

Wie Sie Dateien als Anlagen einer E-Mail senden und empfangen können, erfahren Sie weiter hinten in diesem Kapitel im Abschnitt »Dateien mit E-Mails senden und empfangen«. Hier auf die Schnelle: Klicken Sie oben in der Mail-App auf die Schaltfläche ANLAGEN und wählen Sie eine Datei aus.

Die meisten Internetdienstanbieter haben Probleme beim Senden und Empfangen von Anlagen, die größer als 25 MB sind. Ein oder zwei Songs, ein paar digitale Fotos und jede Menge Dokumente – alles kein Problem; nur bei Videos könnte es knapp werden.

6. **Klicken Sie oben rechts auf die Schaltfläche SENDEN.**

Wusch! Weg ist der Brief. Er bahnt sich seinen Weg durch das Internet und landet dann im Posteingang des oder der Empfänger. Abhängig von der Geschwindigkeit Ihrer Internetverbindung braucht Ihre Mail dafür ein paar Sekunden, ein paar Minuten oder ein paar Tage. In der Regel sind es ein paar Minuten.

 Sie wollen die Nachricht nicht senden? Dann klicken Sie rechts oben auf die Schaltfläche LÖSCHEN. Weg ist der Entwurf.

Eine empfangene Mail lesen

Wenn Ihr Computer mit dem Internet verbunden ist, erfahren Sie auf der Windows-Startseite sofort, wenn eine neue Nachricht eingetroffen ist. Die Kachel der Mail-App kann dies einfach nicht für sich behalten. Sie zeigt den Absender und den Betreff der frisch eingetroffenen E-Mails an.

Um empfangene Mails zu lesen oder auch zu beantworten, gehen Sie wie folgt vor:

1. Klicken Sie auf der Startseite auf die Kachel MAIL.

Die App Mail meldet sich zum Dienst und zeigt alle E-Mails im Posteingang an (siehe auch Abbildung 10.3 weiter vorn in diesem Kapitel). Der Absender und der Betreff jeder Nachricht werden akribisch nach Datum sortiert untereinander angeordnet. Ganz oben stehen die brandneuen Nachrichten.

Wenn Sie in einem überquellenden Posteingang auf der Suche nach einer bestimmten Nachricht sind, klicken oder tippen Sie oben in der Spalte mit den E-Mails auf die Lupe, um den Suchbereich in Mail zu aktivieren. Geben Sie dort dann den Absender der gesuchten Mail oder ein Schlüsselwort, das in der gesuchten Mail vorkommt, ein.

2. Klicken Sie auf den Absender oder auf den Betreff der Nachricht, die Sie lesen wollen.

Der Inhalt der gewählten Nachricht wird im rechten Bereich der App angezeigt.

3. Jetzt haben Sie verschiedene Möglichkeiten zu reagieren. Für jede Aktion steht die entsprechende Schaltfläche rechts oben in der App griffbereit zur Verfügung.

- **Nichts:** Sie sind noch unentschlossen? Lassen Sie die E-Mail erst einmal im Posteingang liegen, bis Sie wissen, was Sie damit tun wollen.

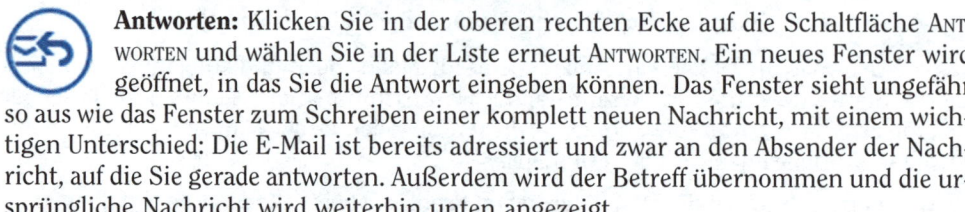

Antworten: Klicken Sie in der oberen rechten Ecke auf die Schaltfläche ANTWORTEN und wählen Sie in der Liste erneut ANTWORTEN. Ein neues Fenster wird geöffnet, in das Sie die Antwort eingeben können. Das Fenster sieht ungefähr so aus wie das Fenster zum Schreiben einer komplett neuen Nachricht, mit einem wichtigen Unterschied: Die E-Mail ist bereits adressiert und zwar an den Absender der Nachricht, auf die Sie gerade antworten. Außerdem wird der Betreff übernommen und die ursprüngliche Nachricht wird weiterhin unten angezeigt.

- **Allen antworten:** Ist die Nachricht, die Sie beantworten wollen, an mehrere Empfänger gegangen, können Sie Ihre Antwort auch an alle Empfänger senden. Klicken Sie dazu in der oberen rechten Ecke auf die Schaltfläche ANTWORTEN und wählen Sie in der Liste ALLEN ANTWORTEN.

- **Weiterleiten:** Sie haben eine E-Mail erhalten, die für Ihre beste Freundin auch sehr interessant wäre? Dann senden Sie ihr doch einfach eine Kopie der Mail mit oder ohne nette Worte von Ihnen. Klicken Sie dazu in der oberen rechten Ecke auf die Schaltfläche ANTWORTEN und wählen Sie in der Liste WEITERLEITEN.

Löschen: Klicken Sie rechts oben auf die Schaltfläche LÖSCHEN, um die Mail in den Ordner GELÖSCHTE ELEMENTE zu schieben. Dort können Sie sie bei Bedarf wieder herausholen oder endgültig löschen.

Wenn Sie die aktuell angezeigte E-Mail drucken wollen, klicken Sie mit der rechten Maustaste in der Mail auf einen leeren Bereich, dann unten in der App-Leiste mit der linken Maustaste auf die Schaltfläche MEHR und anschließend auf den Befehl DRUCKEN.

Die App Mail ist völlig ausreichend, wenn Sie hin und wieder eine E-Mail schreiben und ab und zu E-Mails erhalten. Wenn Sie mehr Funktionen benötigen, müssen Sie sich ein E-Mail-Programm suchen, das über mehr Funktionen verfügt. Wie wäre es mit Microsoft Outlook?

Wenn Sie unerwartet elektronische Post von Ihrer Bank oder anderen Websites bekommen, bei denen es um Geld geht, klicken Sie auf keinen Fall auf einen Link in der Nachricht. Diese Nachrichten sind gefälscht. Sie wollen Ihnen Ihren Namen und Ihr Kennwort entlocken (man nennt dies auch *Phishing*) und Ihr Geld stehlen. Mehr zum Thema Phishing erfahren Sie in Kapitel 11.

Dateien per Mail senden und empfangen

So wie Sie einem Brief als kleines Dankeschön eine Kinokarte beilegen können, ist es auch möglich, ganze Dateien an eine Mail als Anlage anzufügen. Sie können jeden Dateityp per Mail senden und empfangen. In diesem Abschnitt erfahren Sie, wie beides geht.

Eine erhaltene Anlage speichern

Wenn Sie eine E-Mail mit Anlage erhalten, erkennen Sie dies sofort: Die im Posteingang aufgelistete Mail ist mit einer Büroklammer verziert. Und wenn Sie sich den Inhalt der Mail anschauen, sehen Sie unter dem Betreff die als Anlage beigefügte Datei.

Um die Anlage auf Ihrem Rechner zu speichern, führen Sie die folgenden Schritte aus:

1. **Klicken Sie mit der rechten Maustaste auf die Anlage und wählen Sie den Befehl** SPEICHERN.

   Sie wollen also die empfangene Datei in einem Ordner auf Ihrem PC ablegen.

2. **Wählen Sie einen Speicherbereich aus, in dem die Datei gespeichert werden soll.**

   Windows bietet hilfreich eine Seite zum Auswählen eines Speicherorts an. Klicken Sie oben auf DIESER PC und wählen Sie in der dann angezeigten Liste einen anderen Speicherbereich. Angeboten werden die Bereiche DIESER PC, SKYDRIVE und NETZWERK (siehe Abbildung 10.6).

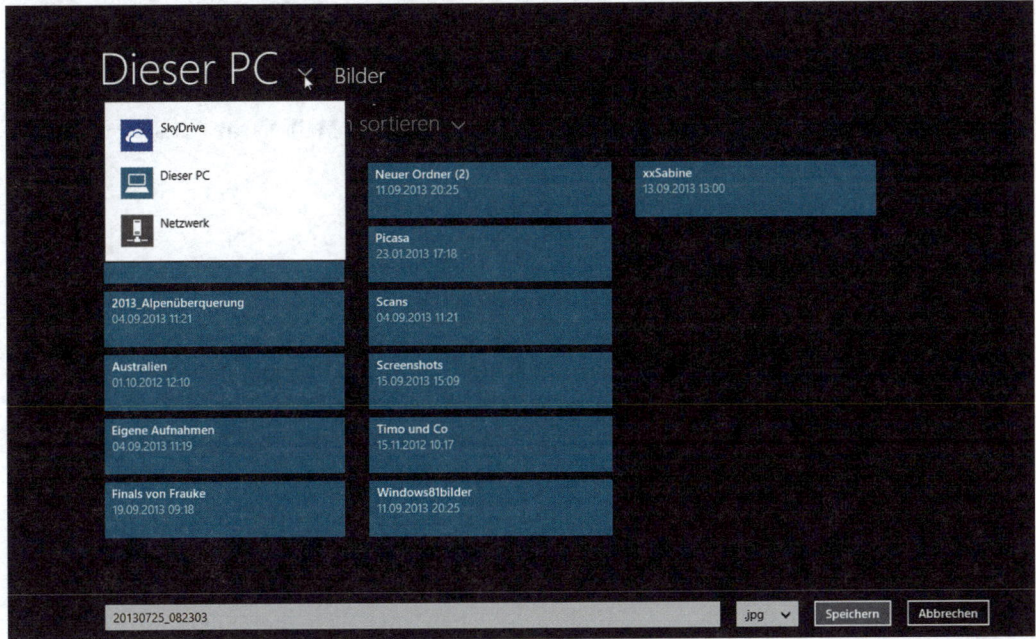

Abbildung 10.6: Wohin mit der E-Mail-Anlage?

3. **Wählen Sie einen Ordner für die Anlagendatei aus.**

   Am einfachsten ist es, wenn Sie die Anlage in einem der Superordner BILDER, DESKTOP, DOKUMENTE, DOWNLOADS, MUSIK oder VIDEOS speichern. Dort finden Sie sie später mit Sicherheit wieder. Dateien und Ordner werden ausführlich in Kapitel 5 beschrieben.

4. **Klicken Sie rechts unten auf die Schaltfläche** SPEICHERN.

   Die Anlage wird im gewählten Ordner gespeichert.

Nach dem Speichern landen Sie automatisch wieder in der Mail-App. Und wie Sie sich dort überzeugen können, befindet sich die gerade gespeicherte Anlage immer noch in der E-Mail. Sie haben also eine Kopie der empfangenen Anlage gespeichert. Das ist ziemlich praktisch.

Sollten Sie die gespeicherte Kopie aus Versehen löschen, finden Sie das Original in der entsprechenden E-Mail (es sei denn, Sie haben die Mail auch schon gelöscht).

Übrigens: Das in Windows integrierte Virenschutzprogramm Windows Defender prüft automatisch alle eingehenden E-Mails auf bösartige Anlagen. Mehr zu diesem praktischen Windows-Feature können Sie in Kapitel 11 nachlesen.

Eine Datei als Anlage senden

Das Anhängen einer Datei an eine E-Mail funktioniert ähnlich wie das Speichern einer erhaltenen Anlage, nur eben umgekehrt. Anstatt eine Datei aus einer E-Mail in einen Ordner auf Ihrem Rechner zu speichern, wählen Sie eine Datei aus einem Ordner auf Ihrem Rechner und fügen sie der E-Mail bei.

Um eine Datei als Anlage zusammen mit einer E-Mail zu senden, führen Sie die folgenden Schritte aus:

1. **Schreiben Sie eine neue Mail (siehe den Abschnitt »Eine E-Mail-Nachricht schreiben und senden« weiter vorn in diesem Kapitel).**

2. **Klicken Sie rechts oben auf die Schaltfläche ANLAGEN.**

   Die Dateiauswahl wird geöffnet.

3. **Navigieren Sie zum entsprechenden Speicherbereich und zu der Datei, die Sie als Anlage senden möchten.**

   Klicken Sie am besten in der Dateiauswahl auf DIESER PC (siehe Abbildung 10.6). Windows bietet Ihnen eine Liste mit den gängigsten Speicherbereichen an. Befindet sich die Datei auf Ihrem Rechner, klicken Sie in der Liste auf DIESER PC und navigieren zu dem Ordner, der die gewünschte Datei enthält. Das wird wohl meistens einer der Superordner BILDER, DESKTOP, DOKUMENTE, DOWNLOADS, MUSIK oder VIDEOS sein.

    Klicken Sie auf einen Ordner, um seinen Inhalt anzuzeigen. Der falsche Ordner? Kein Problem. Klicken Sie in der Dateiauswahl auf NACH OBEN, um in der Ordnerhierarchie eine Ebene nach oben zu gehen, und versuchen Sie es erneut.

4. **Klicken Sie auf den Namen der zu sendenden Datei und dann auf die Schaltfläche ANFÜGEN.**

   Zu viele Dateien ausgewählt? Kein Problem. Klicken Sie erneut auf die unerwünschten Dateien, um sie aus der Auswahl zu entfernen. Sobald Sie auf die Schaltfläche ANFÜGEN klicken, werden alle ausgewählten Dateien in der E-Mail als Anlage angefügt.

5. **Klicken Sie auf die Schaltfläche SENDEN.**

   Die E-Mail wird zusammen mit der Anlage den Empfängern per elektronischer Post zugestellt.

Kontakte in der Kontakte-App pflegen

Wenn Sie Windows gestatten, Ihre Kontakte aus den verschiedensten sozialen Netzwerken zu übernehmen (siehe »Soziale Netzwerkkonten in Windows einbinden« am Kapitelanfang), ist in Ihrer Kontakte-App sicherlich ganz schön viel los. Dort tummeln sich dann Kontakte aus Facebook, Twitter und/oder aus anderen Netzwerken, in denen Sie verkehren.

Die Kontakte-App von Windows 8.1 sieht zwar deutlich anders aus als ihre Vorgängerin, funktioniert aber noch ziemlich genauso. Um Ihre Kontakte anzuzeigen, klicken Sie auf der Startseite auf die Kachel KONTAKTE. Alle Ihre Onlinefreundinnen und -freunde werden in alphabetischer Reihenfolge angezeigt (siehe Abbildung 10.7). Klicken Sie auf einen Buchstaben und blättern Sie durch Ihre Kontakte, deren Vornamen mit dem gewählten Buchstaben beginnen.

Abbildung 10.7: Sammeln Sie Ihre Freundinnen und Freunde in der Kontakte-App.

Die Kontakte-App aktualisiert sich selbstständig. Wenn Sie jemandem in Facebook die Freundschaft kündigen, wird der entsprechende Kontakt stillschweigend aus der Liste entfernt. Das gilt auch für den Fall, dass Ihnen jemand die Freundschaft kündigt.

Aber Ihre Freundinnen und Freunde aus dem realen Leben tauchen erst einmal nicht in der Kontakte-App auf. Und auch Facebook-Freundschaften, die aus Sicherheitsgründen dem sozialen Netzwerk untersagt haben, ihre Daten an andere Programme weiterzugeben, werden Sie vergeblich in Ihrer Kontaktliste suchen.

Es bleibt Ihnen also nichts anderes übrig, als einige Kontakte selbst einzutragen. Ich finde, das ist nicht zu viel verlangt. In diesem Abschnitt erfahren Sie, wie Sie Ihre Kontakte manuell erweitern, pflegen und aussortieren.

Was gibt es Neues?

Am meisten Spaß macht es, in der Kontakte-App auf den Link NEUIGKEITEN zu klicken (siehe auch Abbildung 10.7). Dann listet die App sofort auf, was es bei Ihren Freundinnen und Freunden an Neuigkeiten gibt, ob aus Facebook, Twitter oder sonst woher. Manchmal muss man ganz schön herumscrollen, um sich alles anzusehen.

So erfahren Sie auf die Schnelle und zentral an einer Stelle alle Neuigkeiten, die aktuell in den sozialen Netzwerken weitergegeben werden.

Wenn Sie nicht alle Neuigkeiten, sondern nur die Neuigkeiten einer bestimmten Person sehen wollen, klicken Sie in der Kontakte-App auf deren Namen und lassen sich nur ihre Neuigkeiten anzeigen.

Kontakte hinzufügen

Auch wenn die Kontakte-App gerne neue Bekanntschaften aus den sozialen Netzwerken bezieht, ist es überhaupt kein Thema, Kontakte ganz altmodisch per Hand einzutragen.

Um eine Person eigenhändig in die App Kontakte einzufügen, damit dieser Name auch in der App Mail angeboten wird, führen Sie die folgenden Schritte aus:

1. **Klicken Sie auf der Startseite auf die Kachel KONTAKTE.**

2. **Klicken Sie mit der rechten Maustaste auf einen leeren Bereich in der App, um die namenlose Leiste unten auf den Bildschirm zu holen. Klicken Sie dort auf die Schaltfläche NEUER KONTAKT.**

   Ein leeres Formular wird geöffnet.

 Streifen Sie mit dem Finger vom unteren Bildschirmrand nach oben, um die Leiste mit der Schaltfläche NEUER KONTAKT anzuzeigen.

3. **Füllen Sie das Formular aus.**

   Die meisten Felder erklären sich von selbst, wie in Abbildung 10.8 zu sehen ist. NACHNAME, FIRMA, TELEFON, E-MAIL … Klicken Sie auf die Schaltfläche WEITERE INFOS, um Felder wie POSITION, PARTNERINFO, WEBSITE und ANMERKUNGEN einzublenden.

   Die größte Herausforderung dürfte das Feld KONTO darstellen. Dieses Feld sehen allerdings nur diejenigen unter Ihnen, die mehrere E-Mail-Konten in der Mail-App eingebunden haben. In welchem Konto soll der neue Kontakt landen?

Das hängt ganz von Ihrem Handy ab. Wählen Sie Ihr Google-Konto, wenn Sie ein Android-Handy verwenden. Dann wird Ihr neuer Kontakt in der Kontaktliste Ihres Android-Handys erscheinen.

Wählen Sie das Microsoft-Konto, wenn Sie ein Windows-Handy Ihr Eigen nennen. Dann erscheint der Kontakt dort.

4. 💾 **Klicken Sie auf die Schaltfläche** Diesen Kontakt speichern.

Die Kontakte-App speichert brav den neuen Kontakt im angegebenen Konto. Wenn Sie sich irgendwo vertippt haben, rufen Sie den Kontakt auf und überarbeiten ihn, wie im folgenden Abschnitt beschrieben.

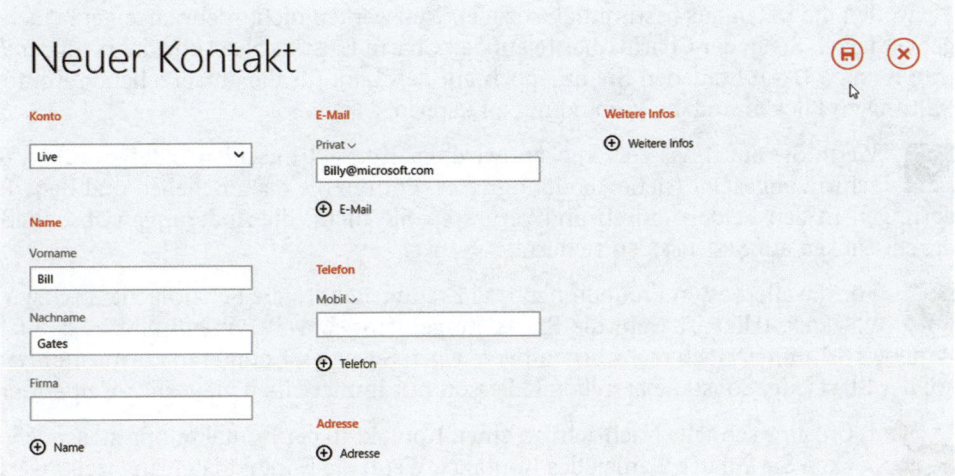

Abbildung 10.8: Geben Sie so viel Kontaktdaten ein, wie Sie wollen, und klicken Sie dann auf »Diesen Kontakt speichern«.

Kontakte löschen oder bearbeiten

Ist jemand bei Ihnen in soziale Ungnade gefallen? Oder hat sich bei jemandem nur die Telefonnummer geändert? Wie dem auch sei, es ist ziemlich einfach, einen Kontakt zu entfernen oder zu bearbeiten.

1. **Klicken Sie auf der Startseite auf die Kachel** Kontakte.

Die Kontakte-App wird geöffnet (siehe Abbildung 10.7).

2. **Wählen Sie einen Kontakt aus.**

Klicken Sie dazu auf den Buchstaben, mit dem der Vorname des betreffenden Kontakts anfängt, und dann auf den entsprechenden Namen. Der Kontakt füllt den Bildschirm aus.

3. **Klicken Sie mit der rechten Maustaste auf einen leeren Bereich in der App, um die Leiste einzublenden.**

Die App-Leiste wird unten am Bildschirm angezeigt.

4. **Klicken Sie auf die Schaltfläche LÖSCHEN, um den Kontakt aus der App zu entfernen, oder auf die Schaltfläche BEARBEITEN, um ihn zu bearbeiten, und speichern Sie abschließend die Änderungen.**

Wenn Sie auf LÖSCHEN klicken, wird der Kontakt aus der Kontakte-App hinausbefördert. Diese Möglichkeit steht Ihnen aber nur für manuell eingefügte Kontakte zur Verfügung. Sie können keinen Facebook-Freund auf diese Weise aus Ihrer Kontakte-App entfernen. Erst wenn Sie ihn aus Ihrem Facebook-Account verbannen, wird er automatisch auch aus der Kontakte-App eliminiert.

Sie wollen die Daten aus bestimmten sozialen Netzwerken nicht mehr anzeigen? Auch das geht. Klicken Sie in der Charms-Leiste auf den Charm EINSTELLUNGEN und dann auf den Eintrag KONTEN. Dann brauchen Sie nur noch auf den Link für die entsprechende Kontoverwaltung zu klicken und die Verbindung zu kappen.

Wenn Sie auf BEARBEITEN klicken, wird der Kontakt mit allen Daten auf dem Bildschirm angezeigt (siehe Abbildung 10.8). Führen Sie nach Belieben und Bedarf Änderungen in den Feldern durch und vergessen Sie nicht, die Änderungen abschließend durch Klicken auf SPEICHERN zu sichern.

Für die allerbesten Freundinnen und Freunde gibt es die Schaltfläche AN STARTMENÜ ANHEFTEN. (Hier ist wohl die Startseite gemeint. Ein Startmenü gibt es ja auch in Windows 8.1 immer noch nicht.) Damit verewigen Sie einen Kontakt in Form einer Kachel auf der Startseite. So ist die betreffende Person nur immer einen Mausklick weit entfernt.

 Um eine schnelle Nachricht an einen Kontakt in der Kontakte-App zu senden, klicken Sie auf den Namen des Kontakts. Wenn die Kontaktdaten angezeigt werden, klicken Sie auf die Option E-MAIL. Schwupp meldet sich die Mail-App zu Wort und bietet Ihnen ein praktisches, bereits mit Adresse versehenes Fenster zum Verfassen einer neuen E-Mail an. Sie schreiben und klicken dann auf SENDEN, und alles ist erledigt. Aber das funktioniert natürlich nur, wenn in den Kontaktdaten der betreffenden Person eine E-Mail-Adresse hinterlegt ist. Logisch, oder?

Termine in der Kalender-App verwalten

Wenn Sie Ihre Kontakte in sozialen Netzwerken wie Facebook und Live.com in den Apps Mail und Kontakte eingebunden haben, steht mit Sicherheit bereits der eine oder andere Termin Ihrer Onlinefreundinnen und -freunde in der Kalender-App. Die Kalender-App zeigt die Geburtstage Ihres Facebook-Freundeskreises an (es sei denn, Ihre Onlinefreunde behalten diese Informationen lieber für sich).

Die Termine aus Ihrem Google-Kalender werden Sie in der Kalender-App aber vergeblich suchen, weil Google die Kalender-App in Windows 8.1 nicht mehr unterstützt.

Um Ihre Termine im Kalender anzuzeigen, starten Sie die Kalender-App auf der Startseite. Die App füllt, wie es bei Apps so üblich ist, den gesamten Bildschirm aus und zeigt die Ansicht WAS STEHT ALS NÄCHSTES AN mit Ihren nächsten Terminen an. Um zu einer Kalenderansicht zu wechseln, klicken Sie mit der rechten Maustaste auf eine beliebige Stelle und wählen dann TAG, ARBEITSWOCHE, WOCHE oder MONAT. Wenn Sie beispielsweise die Tagesansicht wählen, sieht Ihr Kalender wie in Abbildung 10.9 aus.

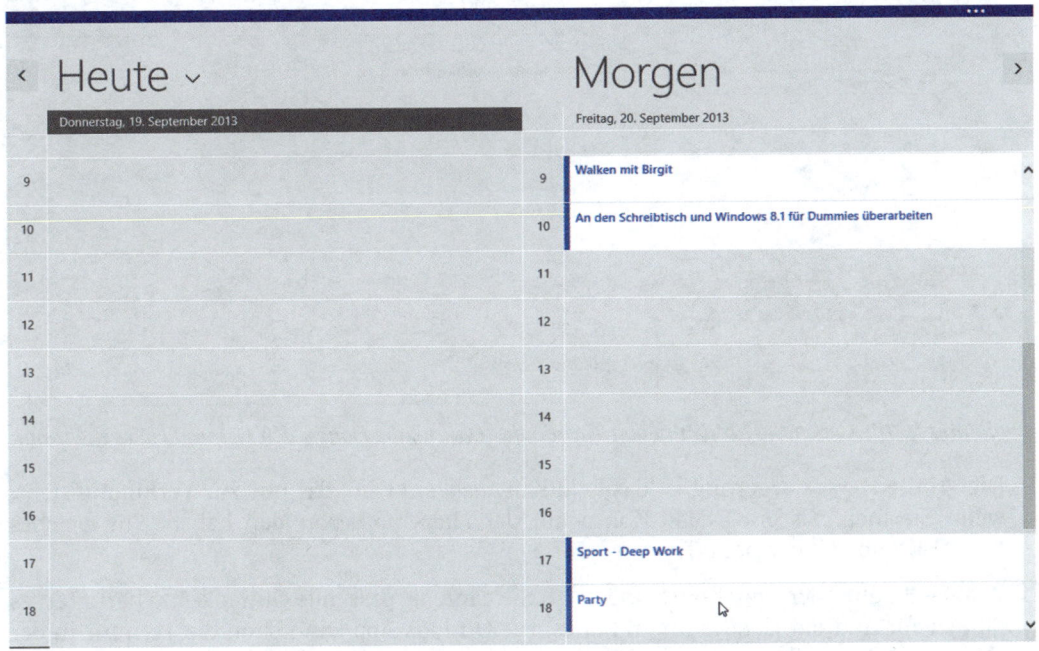

Abbildung 10.9: Was ich morgen so alles vorhabe.

Ich kenne niemanden, der alle Termine irgendwo online dokumentiert. Sie werden sicherlich gelegentlich Termine per Hand eingeben oder bearbeiten oder auch löschen wollen. In diesem Abschnitt wird gezeigt, wie Sie Ihren Kalender auf dem Laufenden halten.

 Egal welche Ansicht gerade angezeigt wird, Sie können stets mithilfe der kleinen Pfeile am oberen linken und rechten Bildschirmrand im Kalender blättern. Der nach links zeigende Pfeil führt Sie in die Vergangenheit, der nach rechts zeigende in die Zukunft.

Um einen Termin von Hand einzutragen, tun Sie Folgendes:

1. Klicken Sie auf der Startseite auf die Kachel KALENDER**.**

Die Kalender-App macht sich auf dem Bildschirm breit (siehe Abbildung 10.9).

2. Zeigen Sie die App-Leiste am unteren Bildschirmrand an und klicken Sie auf die Schaltfläche NEU**.**

Sie wissen schon: mit der rechten Maustaste klicken, ⊞+Z drücken oder mit dem Finger vom unteren Bildschirmrand nach innen streifen beziehungsweise wischen.

3. Füllen Sie die Termindetails aus.

Das meiste erklärt sich von selbst (siehe Abbildung 10.10).

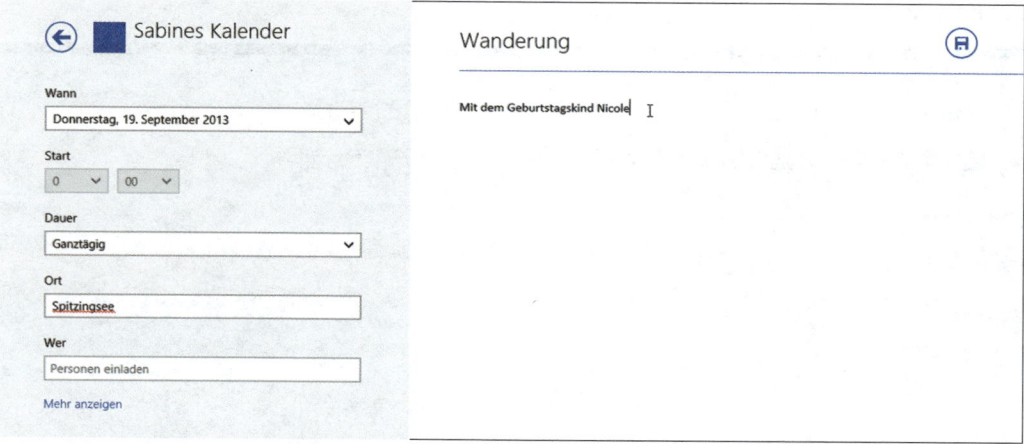

Abbildung 10.10: Geben Sie für den neuen Termin das Datum, die Dauer, den Ort und vieles mehr an.

Die größte Herausforderung ist das Feld KALENDER, ein Feld, das nur zur Verfügung steht, wenn Sie mehr als ein E-Mail-Konto mit der Mail-App verbunden haben. Für welches E-Mail-Konto soll der neue Termin sein?

Wählen Sie Ihr Microsoft-Konto und laden Sie dann die passende Outlook-App herunter; es gibt sie für Android-Handys und iPhones. Die Outlook-App kann dann die Termine in der Kalender-App mit Ihrem Handy synchronisieren.

4. Klicken Sie auf die Schaltfläche DIESEN **T**ERMIN **SPEICHERN**.**

Der neue Termin wird in den Kalender des gewählten Kontos eingefügt.

Um einen Termin aus dem Kalender zu löschen, öffnen Sie ihn und klicken rechts oben auf die Schaltfläche LÖSCHEN. Um einen Termin zu ändern, öffnen Sie ihn, geben die Änderungen ein. Speichern nicht vergessen!

Sicheres Arbeiten am Computer und im Internet

11

In diesem Kapitel

▶ Lästige Sicherheitsabfragen in den Griff bekommen

▶ Mittels Wartungscenter für Sicherheit sorgen

▶ Sicher im Internet surfen

▶ Browser-Add-Ons eliminieren

▶ Phishing-Spionage verhindern

▶ Family Safety konfigurieren

G enau wie Autofahren ist das Arbeiten mit Windows eigentlich ziemlich sicher, solange Sie gefährliche Gegenden meiden, auf Ampeln achten, nicht während der Fahrt telefonieren und mit beiden Händen das Lenkrad festhalten.

Aber in der Welt von Windows und dem Internet ist es manchmal schwer, gefährliche Gegenden zu erkennen, Ampeln zu sichten, sich nicht durch Handys oder sonstige Spielereien ablenken lassen und alles fest im Griff zu haben. Völlig harmlose und unschuldig aussehende Dinge – die E-Mail einer Freundin oder ein im Internet gefundenes Programm – könnten Viren verbreiten, die Ihrem Computer den Garaus machen.

Dieses Kapitel hilft Ihnen dabei, die üblen Gassen in der virtuellen Nachbarschaft von Windows zu erkennen, und erklärt, was Sie tun können, um sich vor Angriffen zu schützen und eventuelle Schäden so gering wie möglich zu halten.

Noch ein Hinweis: Die Startseite von Windows wird zwar von Windows Defender auf Schadsoftware geprüft, es gibt aber dort ansonsten keine Sicherheitseinstellungen und daher auch nichts zu beschreiben. Alles, was Sie in diesem Kapitel lesen, findet auf dem Desktop statt.

Die Sicherheitsabfragen verstehen

Selbst nach fast 30 Jahren Entwicklungszeit ist Windows immer noch ziemlich naiv. Manchmal, wenn Sie zum Beispiel ein Programm starten oder versuchen, Einstellungen auf Ihrem PC zu ändern, kann Windows immer noch nicht beurteilen, ob Sie diese Arbeit erledigen oder ob ein Virus am Werk ist.

Und wie geht Windows mit diesem Problem um? Sobald Windows irgendjemanden (oder irgendetwas) bemerkt, der (beziehungsweise das) versucht, etwas zu tun, was möglicherweise dem Betriebssystem oder dem PC schaden könnte, verdunkelt es den Bildschirm und die Windows-Sicherheitspolizei betritt die Bühne, in der Regel in Form eines Dialogfeldes ähnlich wie in Abbildung 11.1.

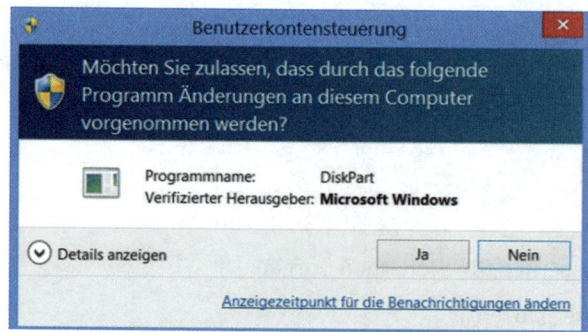

Abbildung 11.1: Klicken Sie auf »Abbrechen«, »Nein« oder »Nicht installieren« – irgendeine Schaltfläche, die die Aktion abbricht.

Wenn eine solche Anfrage aus heiterem Himmel kommt, warnt Windows Sie vor einer möglichen Gefahr. Wenn Sie nichts getan haben, das eine solche Reaktion von Windows erklären könnte, klicken Sie auf ABBRECHEN, NEIN, NICHT INSTALLIEREN oder eine ähnliche Schaltfläche, um Ihre Erlaubnis zu verweigern. Wenn Sie aber gerade dabei sind, beispielsweise ein Programm zu installieren, und Windows seine Sicherheitsbeamten losschickt, klicken Sie auf JA oder auf INSTALLIEREN oder auf eine ähnliche Schaltfläche. Windows ist überredet und lässt Sie mit dem fortfahren, was Sie gerade tun.

Wenn Sie keine Administratorrechte haben, können Sie allerdings nicht einfach zustimmen. Sie müssen einen Administrator finden und ihn bitten, sein Kennwort einzugeben.

Diese Sicherheitsabfragen können manchmal ganz schön lästig sein. Sie stellen aber auch eine zusätzliche Barriere für diejenigen dar, die diese gemeinen Viren programmieren.

Mit dem Wartungscenter für Sicherheit sorgen

Das Wartungscenter von Windows gehört zur Systemsteuerung und kümmert sich um alle Sicherheitsprobleme, die auf Ihrem Computer auftreten. Sie finden sein Symbol in der Taskleiste. Die weiße Flagge signalisiert, dass alles okay ist. Die hier am Rand dargestellte Flagge kennzeichnet allerdings ein Problem.

In Abbildung 11.2 sehen Sie einen blutroten Balken. Alarmstufe Rot! Ein schwerwiegendes Problem ist aufgetreten, um das Sie sich sofort kümmern müssen. Ein gelber Balken besagt, dass es zwar ein Problem gibt, um das Sie sich aber dann kümmern können, wenn Sie Zeit haben.

In Abbildung 11.2 ist der erste Eintrag in der Kategorie SICHERHEIT mit einem roten Balken gekennzeichnet. NETZWERKFIREWALL – das klingt wichtig. Der gelbe Balken im Bereich WARTUNG sieht dagegen ziemlich harmlos aus. Darum kümmere ich mich bei Gelegenheit.

Sie sollten alle Abwehrmechanismen auf Ihrem Rechner aktivieren, um maximale Sicherheit für Ihre Daten zu gewährleisten.

Abbildung 11.2: Im Wartungscenter können Sie die Verteidigungsmaschinerie von Windows aktivieren.

Wenn eine Sicherheitsfunktion – warum auch immer – deaktiviert ist, schlägt das Symbol für das Wartungscenter Alarm und hält die Flagge mit einer roten Markierung hoch.

Wird die Flagge mit der roten Markierung in der Taskleiste angezeigt, bewahren Sie Ruhe und tun Sie Folgendes:

1. **Klicken Sie in der Taskleiste auf das rot markierte Symbol WARTUNGSCENTER und wählen Sie den Befehl WARTUNGSCENTER ÖFFNEN.**

   Das Wartungscenter wird geöffnet (siehe Abbildung 11.2) und zeigt den aktuellen Stand im Sicherheits- und Wartungsbereich für Ihren Rechner an. Wenn alles okay ist, wird hier gar nichts aufgelistet. Aber sobald ein mögliches Sicherheits- oder Wartungsproblem auftaucht, finden Sie es hier.

2. **Klicken Sie auf die Schaltflächen neben den gekennzeichneten Elementen, um Sicherheits- und Wartungsprobleme zu beheben.**

   Wenn Sie im Wartungscenter sehen, dass ein Verteidigungsmechanismus von Windows ausgeschaltet ist, klicken Sie auf die Schaltfläche JETZT AKTIVIEREN. Damit ist das Problem entweder behoben oder Sie werden auf eine Seite geleitet, auf der Sie den Schalter zum Aktivieren drücken müssen.

Wenn Sie diese beiden Schritte befolgen, ist Ihr Computer sicher.

Viren mit Windows Defender meiden

Viren lauern überall. Sie können über eine E-Mail, ein Programm, eine Datei, das Netzwerk oder ein externes Laufwerk auf Ihren Rechner gelangen. Selbst in Bildschirmschonern, Designs, Symbolleisten und sonstigen Windows-Add-Ons können sie übertragen werden.

Aber Windows ist nicht untätig. Es stellt zur effektiven Virenbekämpfung eine neue Version von Windows Defender zur Verfügung. Der neue Defender umfasst die Microsoft Security Essentials, ein Sicherheits- und Virenschutzprogramm, das Microsoft früher als kostenlosen Download angeboten hat.

Windows Defender prüft alles und jeden, das beziehungsweise der Ihren Rechner betritt. Egal ob Download, E-Mail, Netzwerk, Nachrichtenprogramme, externe Laufwerke – alles wird gecheckt. Wird der Defender fündig, das heißt, irgendetwas Übles versucht sich Zugang zu Ihrem Rechner zu verschaffen, teilt er Ihnen das sofort in einer entsprechenden Meldung auf der Startseite oder auf dem Desktop mit (siehe Abbildung 11.3). Dann wird der gefundene Virus eliminiert.

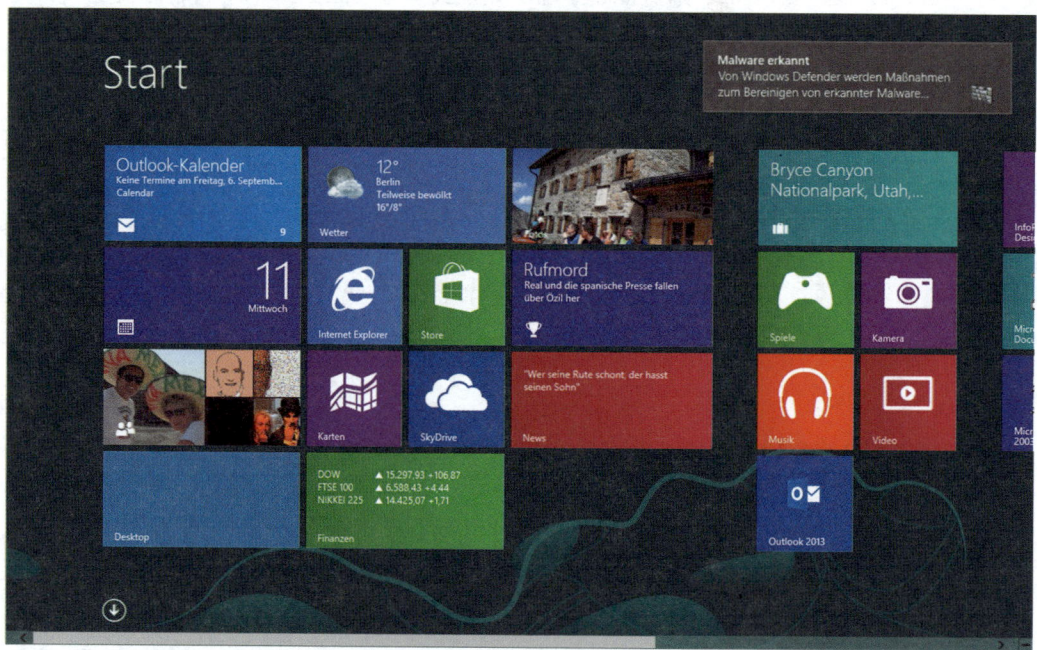

Abbildung 11.3: Wenn Windows Defender einen Eindringling bemerkt, teilt er Ihnen dies mit und eliminiert ihn.

Windows Defender prüft Ihren Rechner zwar Tag und Nacht. Wenn Sie aber irgendetwas Verdächtiges bemerken, sollten Sie dem Programm Bescheid geben, dass es sofort einen neuen Prüfdurchgang beginnen soll:

1. Geben Sie auf der Startseite Windows Defender **ein und drücken Sie die** ⏎ **-Taste.**

Sobald Sie mit der Eingabe beginnen, aktiviert Windows die Suchfunktion und listet alle Apps auf, deren Namen mit den bereits eingegebenen Buchstaben beginnen. Das können bei der Eingabe von windows ganz schön viele sein. Aber sobald Sie windows defender eingegeben haben, sollte eigentlich nur ein Suchergebnis für Ihren PC übrig bleiben. Richtig: Windows Defender!

2. Klicken Sie auf die Schaltfläche JETZT ÜBERPRÜFEN.

Windows Defender legt los.

Standardmäßig prüft Windows Defender keine externen Datenträger. Das können Sie aber ändern. Klicken Sie in Windows Defender auf die Registerkarte EINSTELLUNGEN, wählen Sie links den Eintrag ERWEITERT und aktivieren Sie rechts das Kontrollkästchen WECHSELDATENTRÄGER ÜBERPRÜFEN. Besiegeln Sie das Ganze durch Klicken auf die Schaltfläche ÄNDERUNGEN SPEICHERN.

Aber auch wenn Windows Defender im Hintergrund für Ihre Sicherheit sorgt, sollten Sie zur Vermeidung eines Virenbefalls die folgenden Regeln beachten:

✔ Aktualisierte Versionen von Windows Defender werden regelmäßig von Windows Update zur Verfügung gestellt. Nur wenn Sie diese Updates auch installieren, kann Windows Defender die allerneuesten Viren erkennen und erfolgreich bekämpfen.

Öffnen Sie E-Mail-Anlagen nur, wenn Sie sie erwartet haben. Wenn Sie unerwartete Anlagen erhalten, fragen Sie beim Absender nach, ob es damit alles seine Ordnung hat.

✔ Seien Sie auch misstrauisch, wenn Sie eine E-Mail erhalten, in der Sie aufgefordert werden, auf einen Link zu klicken. Vielleicht fragt jemand bei Ihnen per Mail nach, ob Sie sein Facebook-Freund werden wollen. Klicken Sie dann bloß nicht auf den Bestätigungslink. Statten Sie stattdessen Ihrem Facebook-Konto einen Besuch ab und schauen Sie dort nach, ob Sie eine Freundschaftsanfrage erhalten haben.

Arbeiten Sie nicht mit zwei Virenschutzprogrammen gleichzeitig. Das geht meist schief, weil sie sich in die Quere kommen. Wenn Sie mit einem anderen Virenschutzprogramm arbeiten wollen, deaktivieren beziehungsweise deinstallieren Sie das vorhandene und richten Sie anschließend das neue Programm ein.

Sicher im Internet surfen

Das Internet ist kein sicherer Ort. Es gibt Leute, die programmieren Websites nur, um die neuesten Schwachstellen von Windows auszunutzen – diejenigen Sicherheitslücken, die Microsoft noch nicht gestopft hat. In diesem Abschnitt lernen Sie ein paar Sicherheitsfunktionen in Internet Explorer kennen und erhalten einige Sicherheitstipps zum Surfen im Internet.

Gefährliche Add-Ons vermeiden

Internet Explorer wurde so entwickelt, dass Programmierer zusätzliche Funktionen in Form von sogenannten *Add-Ons* oder *Plug-Ins* hinzufügen können. Durch die Installation von Add-On-Programmen – zum Beispiel Symbolleisten, Börsenticker und Programmstarter – können Benutzer dem Internet Explorer noch mehr Funktionalität entlocken.

Leider haben niederträchtige Programmierer irgendwann damit begonnen, Add-Ons zu entwickeln, die anderen Schaden zufügen. Einige dieser Programme spionieren Ihre Aktivitäten aus, bombardieren Ihren Bildschirm mit Werbung oder leiten Ihre Startseite zu einer anderen Site um. Noch schlimmer ist jedoch, dass sich manche bösartige Add-Ons ganz von allein installieren, sobald Sie eine Website besuchen – und zwar, ohne Ihre Erlaubnis einzuholen.

Windows fährt eine Reihe von Geschützen auf, um diese Unruhestifter zu bekämpfen. Wenn eine Site versucht, ein Programm in Ihren Computer einzuschleusen, blockiert Internet Explorer diese Aktion und blendet eine Warnung ein. Wenn Sie sicher sind, dass das Programm keine Gefahr darstellt, klicken Sie auf die Schaltfläche ZULASSEN, INSTALLIEREN oder so ähnlich. Das Programm wird installiert. Manchmal will Windows auch, dass Sie ein Add-On aktivieren, auswählen oder prüfen. Das kann dann ähnlich wie in Abbildung 11.4 aussehen. Wählen Sie, wenn Sie sicher sind, was Sie da tun, das Add-On aus und aktivieren Sie es.

| Mehrere Add-Ons sind nicht mit den erweiterten Sicherheitsfunktionen von Internet Explorer kompatibel und wurden deaktiviert. Weitere Informationen | Add-Ons anzeigen | ✕ |

Abbildung 11.4: Lassen Sie sich die Add-Ons zeigen.

 Leider kann der Internet Explorer nicht unterscheiden, ob es sich um »gute« oder um »böse« Downloads handelt. Die Last der Entscheidung liegt also ganz allein auf Ihren Schultern. Werden Sie in einer Meldung aufgefordert, ein Add-On zuzulassen, obwohl Sie keinen Versuch unternommen haben, etwas aus dem Internet herunterzuladen, besteht der dringende Verdacht, dass die Website Ihnen nichts Gutes will. Schlagen Sie die Warnung nicht in den Wind und laden Sie das Programm nicht herunter. Klicken Sie stattdessen auf die Schaltfläche STARTSEITE, um möglichst schnell zu einer anderen Website zu gelangen.

Wenn sich ein übles Add-On doch irgendwie eingeschlichen hat, sind Sie noch nicht ganz verloren. Mit dem Add-On-Verwalter des Internet Explorer können Sie unerwünschte Add-Ons deaktivieren. Um alle im Internet Explorer installierten Add-Ons anzuzeigen (und die unerwünschten zu löschen), führen Sie die folgenden Schritte aus:

1. **Klicken Sie in der Desktopversion des Internet Explorer auf die Schaltfläche EXTRAS und wählen Sie im Menü den Eintrag ADD-ONS VERWALTEN.**

   Das Fenster ADD-ONS VERWALTEN wird geöffnet (siehe Abbildung 11.5). Alle aktuell geladenen Add-Ons werden angezeigt.

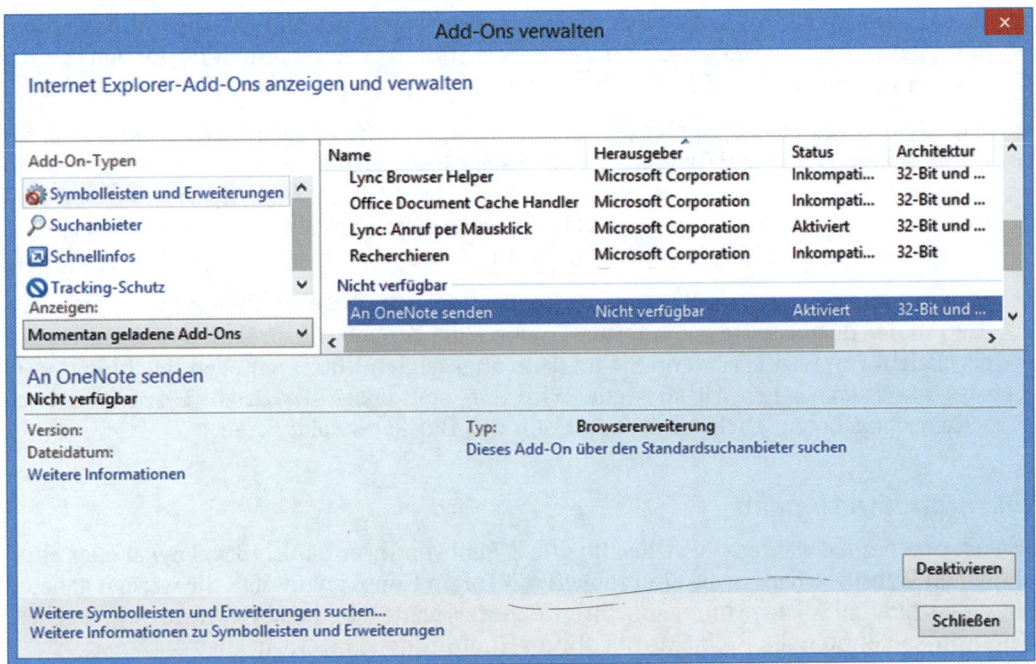

Abbildung 11.5: Hier sehen Sie alle installierten Add-Ons. Deaktivieren Sie bei Bedarf diejenigen, denen Sie misstrauen.

2. **Klicken Sie auf das Add-On, dem Sie misstrauen, und dann auf die Schaltfläche DEAKTIVIEREN.**

Sie können das unerwünschte Add-On nicht finden? Öffnen Sie links die Dropdownliste ANZEIGEN. In der Liste können Sie zwischen der Anzeige der momentan geladenen Add-Ons, der ohne Berechtigung ausgeführten Add-Ons und den heruntergeladenen Steuerelementen wählen.

Wenn Sie auf den Namen einer unerwünschten Werkzeugleiste oder einer Schadsoftware stoßen, wählen Sie den betreffenden Eintrag aus und klicken Sie energisch auf die Schaltfläche DEAKTIVIEREN.

3. **Wiederholen Sie Schritt 2 für alle weiteren Add-Ons, denen Sie die Zusammenarbeit aufkündigen wollen.**

Unter Umständen müssen Sie Internet Explorer neu starten, damit die Änderungen wirksam werden.

 Nicht alle Add-Ons sind gefährlich. Es gibt auch viele »Gute«, mit denen Sie Filme abspielen, Musik hören oder bestimmte Inhalte einer Webseite anzeigen können. Löschen Sie ein Add-On nicht nur, weil es im Fenster ADD-ONS VERWALTEN aufgelistet steht.

✔ In den seltenen Fällen, in denen durch das Deaktivieren eines Add-Ons eine Website nicht mehr geladen werden kann, klicken Sie in Schritt 2 der obigen Anleitung auf den Namen des Add-Ons und dann auf die Schaltfläche AKTIVIEREN. Dann wird das Add-On wieder aktiv.

✔ Wie können Sie die guten von den bösen Add-Ons unterscheiden? Leider gibt es dafür keine sichere Methode. Der Name in der Spalte HERAUSGEBER kann aber zumindest einen Hinweis darauf geben. Kennen Sie den Herausgeber? Haben Sie bewusst etwas von ihm heruntergeladen? Anstatt später ratlos davorzustehen, sollten Sie besser vorher ganz genau überlegen, ob Sie ein solches Add-On überhaupt auf Ihren Rechner lassen wollen.

✔ Achten Sie darauf, dass der Popupblocker des Internet Explorer aktiviert ist: Öffnen Sie dazu in der Befehlsleiste des Internet Explorer die Dropdownliste EXTRAS und wählen Sie den Befehl POPUPBLOCKER. Wenn Sie im dann angezeigten Untermenü den Befehl POPUPBLOCKER AUSSCHALTEN sehen, ist alles gut. Wird dort stattdessen der Befehl POPUPBLOCKER EINSCHALTEN angeboten, klicken Sie darauf, um den Blocker zu aktivieren.

Phishing unterbinden

Irgendwann einmal werden Sie vielleicht eine E-Mail von Ihrer Bank, eBay, PayPal oder einer ähnlichen Website erhalten, die ein Problem mit Ihrem Konto ankündigt. Sie werden gebeten auf einen Link zu klicken und dann Ihren Benutzernamen und das Kennwort einzugeben, denn nur so könnten die Probleme mit Ihrem Konto behoben werden.

Machen Sie das *niemals*! Ganz egal, wie realistisch und glaubwürdig die E-Mail oder die Website auch aussehen mag – Sie haben es hier eindeutig mit *Phishing* zu tun, dem betrügerischen Ausspionieren von Benutzernamen und Kennwörtern. Betrüger versenden weltweit Millionen dieser Nachrichten und hoffen, ein paar Naivlinge (zu denen Sie ja jetzt definitiv nicht zählen werden) davon zu überzeugen, ihre kostbaren Benutzernamen und Kennwörter preiszugeben.

Wie können Sie echte E-Mails von gefälschten unterscheiden? Das ist ganz einfach, weil alle Mails dieser Art gefälscht sind. Sites, die mit Finanzen zu tun haben, senden Ihnen niemals einen Link, auf den Sie klicken sollen, um Ihr Kennwort einzugeben.

Wenn Ihnen etwas nicht geheuer vorkommt, besuchen Sie die echte Website des Unternehmens – geben Sie die Webadresse von Hand ein. Die Chancen stehen gut, dass Sie dort keinerlei Hinweis darauf finden, dass mit Ihrem Konto etwas nicht in Ordnung ist.

In Windows sind einige Sicherheitsmaßnahmen eingebaut, um Betrugsversuche durch Phishing zu verhindern:

✔ Wenn Sie Internet Explorer zum ersten Mal starten, prüfen Sie, ob der SmartScreen-Filter aktiv ist. Klicken Sie dazu auf die Schaltfläche EXTRAS und wählen Sie dann im Menü den Befehl SICHERHEIT. Enthält das Untermenü den Befehl SMARTSCREEN-FILTER AUSSCHALTEN, ist der Phishing-Filter aktiviert. Sehen Sie im Untermenü den Befehl SMARTSCREEN-FILTER EINSCHALTEN, klicken Sie darauf, um den Filter zu aktivieren.

✔ Der Internet Explorer vergleicht die Adressen von Websites mit einer Liste bekannter Phishing-Websites. Stimmt die Website mit einem Namen in der Liste der Verdächtigen überein, schlägt der SmartScreen-Filter Alarm. Schließen Sie dann die entsprechende Webseite sofort.

Die Frage stellt sich natürlich, warum die Behörden die Verantwortlichen nicht einfach einsperren. Tja, es ist anscheinend echt schwer, Internetdiebe aufzuspüren und zu verfolgen. Es liegt in der Natur des Internets, dass diese Kriminellen von jedem Ort der Erde aus arbeiten können.

✔ Falls Sie Ihren Namen und Ihr Kennwort bereits auf einer Phishing-Site eingegeben haben, müssen Sie sofort handeln: Besuchen Sie die echte Website und ändern Sie Ihr Kennwort. Ändern Sie wenn möglich auch Ihren Benutzernamen. Kontaktieren Sie die Bank oder das Unternehmen und bitten Sie um Hilfe. Vielleicht gelingt es noch, die Diebe aufzuhalten, bevor sie sich mit ihren elektronischen Fingern an Ihrem Konto vergreifen.

✔ Wenn Sie Angaben zu Ihrer Kreditkarte gemacht haben, rufen Sie sofort die Notfallnummer des Kreditinstituts an und lassen Sie die Karte sperren.

Sie können Microsoft informieren, wenn Sie auf eine Site stoßen, die verdächtig nach Phishing aussieht. Klicken Sie dazu im Internet Explorer auf die Schaltfläche EXTRAS, wählen Sie den Befehl SICHERHEIT und dann den Unterbefehl UNSICHERE WEBSITE MELDEN. Sie landen anschließend auf der Microsoft-Website MICROSOFT SMARTSCREEN-FILTER und können dort verdächtige Seiten melden.

Family Safety – der elektronische Jugendschutz im Internet Explorer

Die Funktion Family Safety, von Eltern geliebt, von Kindern gehasst, bietet verschiedene Verfahren, den Zugang zum Rechner und die Verbindung zum Internet zu steuern.

Family Safety eignet sich auch für diejenigen unter Ihnen, die Ihren Rechner mit anderen teilen und das nicht uneingeschränkt tun wollen.

Wenn Sie ein neues Benutzerkonto auf Ihrem Rechner einrichten (was Thema in Kapitel 14 ist), wählen Sie KONTO FÜR EIN KIND HINZUFÜGEN und der elektronische Jugendschutz ist automatisch aktiviert. Damit können Sie die Aktivitäten des Kontobenutzers überwachen. Wenn Sie mehr wollen, müssen Sie die Einstellungen von Family Safety ändern, wie es im Folgenden beschrieben wird.

Windows 8.1 hat sich für die Family Safety-Verwaltung etwas Besonderes einfallen lassen. Sie findet nicht wie bisher in der Systemsteuerung auf Ihrem Rechner statt, sondern online auf der Microsoft-Website. Tja, das kann man gut finden oder auch nicht.

Der elektronische Jugendschutz klappt am besten unter folgenden Voraussetzungen:

✔ Sie sind der Boss und verfügen über die Administratorrechte (mehr dazu in Kapitel 14). Wenn Sie den Rechner mit anderen teilen, beispielsweise mit Ihren Kindern, aber auch mit Mitbewohnern oder ähnlichen Leuten, achten Sie darauf, dass für diese Personen ein Standard- oder Gastkonto eingerichtet wurde.

✔ Kinder sollten ein Kinderkonto haben, wenn diese Option zur Verfügung steht. Ist dies nicht der Fall, tut es auch ein Standardkonto.

✔ Wenn Ihr Nachwuchs über einen eigenen PC verfügt, richten Sie dort für sich ein Administratorkonto ein und das Kind bekommt ein Standard- oder Kinderkonto, wenn es Letzteres gibt.

Führen Sie die folgenden Schritte aus, um für die elektronische Sicherheit Ihrer Familie zu sorgen:

1. **Klicken Sie in der Charms-Leiste auf den Charm EINSTELLUNGEN und dann rechts unten auf PC-EINSTELLUNGEN ÄNDERN.**

2. **Klicken Sie in der Leiste PC-EINSTELLUNGEN auf KONTEN und dann auf WEITERE KONTEN.**

   Alle auf diesem Rechner eingerichteten Konten werden aufgelistet.

3. **Klicken Sie auf das Konto, bei dem Sie für elektronische Sicherheit sorgen wollen, und dann auf den Link FAMILY SAFETY-EINSTELLUNGEN ONLINE VERWALTEN.**

   Sie haben die Jugendschutzseite gefunden.

4. **Klicken Sie auf das Konto, dessen Rechte Sie einschränken wollen.**

   Sie können immer nur ein Konto gleichzeitig bearbeiten, was für große Familien unter Umständen viel Arbeit bedeutet.

   Sie müssen für jeden Safety-Bereich entscheiden, was der Benutzer darf und was nicht (siehe Abbildung 11.6).

5. **Klicken Sie auf AKTIVITÄTSBERICHTERSTATTUNG und schalten Sie Family Safety ein oder aus.**

   Zunächst müssen Sie sich entscheiden, ob Sie Family Safety ein- oder ausschalten wollen. Wenn Sie den Schutz einschalten, greifen die von Ihnen definierten Regeln, ansonsten nicht.

6. **Wählen Sie die Kategorien aus, für die Sie Einschränkungen festlegen wollen.**

   Klicken Sie auf die jeweilige Kategorie und legen Sie die Einstellungen fest.

   • WEBFILTERUNG: Klicken Sie auf diese Kategorie und legen Sie fest, welche Websites Ihr Kind besuchen darf.

   • ZEITLIMITS: Diese Option führt Sie zu einer Seite, auf der Sie ein Guthaben für die PC-Nutzung an Wochentagen und Wochenenden festlegen können. Außerdem können Sie Tageszeiten festlegen, zu denen Ihr Kind den PC nicht nutzen darf. Damit können Sie den PC zur Nachtzeit zur verbotenen Zone erklären oder die Nutzung auf einige wenige Stunden pro Tag beschränken.

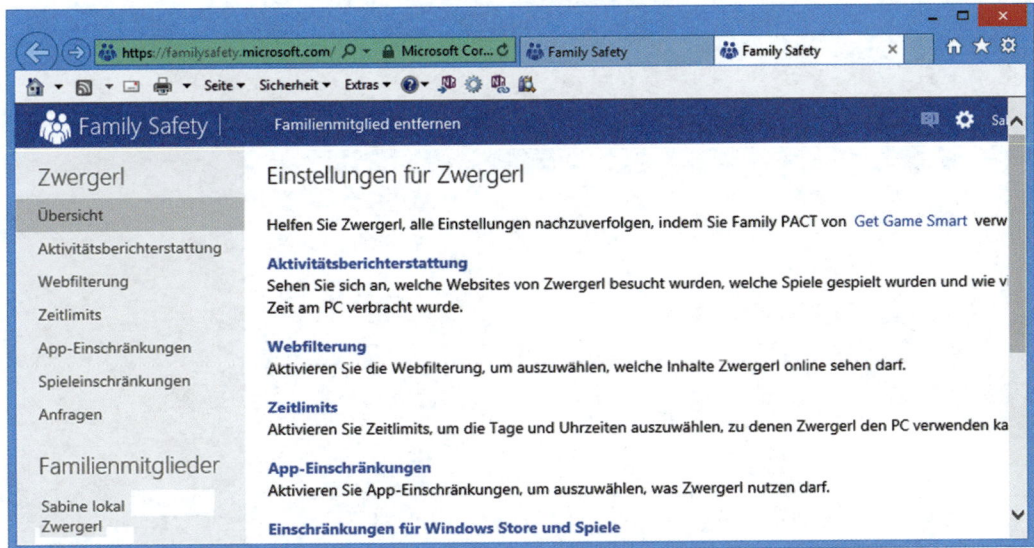

Abbildung 11.6: Sie können als Administrator steuern, wie Benutzer mit einem Standardkonto den Rechner nutzen können.

- APP-EINSCHRÄNKUNGEN: Damit sind alle Apps und Programme gemeint, die auf der Startseite oder auf dem Desktop aufgerufen werden können. Hier können Sie verhindern, dass sich Ihr Kind mit Ihrer Buchhaltung vergnügt. Sie können alle Programme blockieren oder ein paar Programme freischalten.

- WINDOWS STORE- UND SPIELEINSCHRÄNKUNGEN: Hier können Sie grundsätzlich alle Spiele zulassen oder verbieten, den Zugriff auf Spiele steuern, die mit Altersbeschränkungen versehen sind, und den Zugriff auf bestimmte Spiele erlauben oder untersagen.

- ANFRAGEN: Hier können Sie Anfragen Ihres Kindes zur Nutzung bestimmter Websites, Apps und Spiele ganz offiziell genehmigen oder ablehnen.

7. Wenn Sie fertig sind, schließen Sie das Family Safety-Fenster.

Ihre Einstellungen werden sofort wirksam.

Aber nichts auf der Welt ist hundertprozentig sicher. Das gilt auch für Family Safety. Und Sie stimmen mir sicherlich zu, dass Kontrolle nicht alles im Leben ist.

Teil IV

Die Windows-Werkstatt

In diesem Teil ...

▶ Windows 8.1 mit der Systemsteuerung und den PC-Einstellungen unter Kontrolle halten

▶ Den Computer in Topform halten

▶ Den Computer mit mehreren Benutzern teilen

▶ Den Computer mit anderen vernetzen

Windows anpassen

In diesem Kapitel

▶ Die zwei Varianten der Systemsteuerung kennenlernen

▶ Den Windows-Look ändern

▶ Mit Hardware und Sound zurechtkommen

▶ Sprache, Datum und Uhrzeit einstellen

▶ Programme installieren und deinstallieren

*W*indows – alles schön und gut. Aber das eine oder andere hätte ich schon gerne anders. Gibt es hier keine Schalttafeln, wie man sie aus Raumschiff Enterprise kennt, mit denen ein neuer Kurs eingegeben werden kann? Doch, doch, die gibt es. In Windows heißt das *Systemsteuerung*. Und Windows bietet gleich zwei Versionen dieser Systemsteuerung an.

Die eine Version befindet sich auf der Startseite und nennt sich *PC-Einstellungen*. Wie auf der Startseite üblich, sind auch die PC-Einstellungen etwas überdimensioniert. Im Unterschied dazu ist in der anderen Version auf dem Desktop alles eher winzig und filigran. Das hat auch seinen Grund. In der Systemsteuerung auf dem Desktop sind viel mehr Einstellungsmöglichkeiten untergebracht als in der Startseitenversion. Da kann man nicht so viel Platz verschwenden.

Auch wenn die beiden Versionen in zwei verschiedenen Welten untergebracht sind, arbeiten sie doch in vielen Bereichen Hand in Hand. Manchmal bringt Sie ein Klick in der Systemsteuerung des Desktops auf die Startseite. Manchmal ist es auch anders herum.

Sinn und Zweck beider Versionen, so unterschiedlich sie auch aussehen, ist es, den Look, das Feeling, das Flair und die Stimmung von Windows anzupassen. In diesem Kapitel lernen Sie die Schalter und Regler kennen, die Sie benötigen, um sich in Windows heimisch zu fühlen. Und Sie erfahren, von welchen Steuerelementen Sie besser die Finger lassen.

Nur damit Sie sich nicht wundern, wenn es so gar nicht funktionieren sollte: Gewisse Einstellungen in der Systemsteuerung sind dem Administrator vorbehalten. Das ist in der Regel die Person, der der Rechner gehört. Wenn Windows also den einen oder anderen Einstellungswunsch ignoriert, könnte es sein, dass Sie nicht über Administratorrechte verfügen.

Den richtigen Schalter finden

Windows 8.1 stellt viel mehr Einstellungsmöglichkeiten im Bereich PC-Einstel-Lungen auf der Startseite zur Verfügung als Windows 8. Das heißt im Umkehr-schluss, dass die Systemsteuerung auf dem Desktop jetzt weniger zu bestimmen hat. Und es heißt auch, dass es jetzt noch schwieriger ist zu wissen, wo welche Einstellungen vorgenommen werden können – auf der Startseite oder auf dem Desktop.

Wie sollen Sie sich da nur zurechtfinden? Sie werden sicherlich nicht zufällig über die ge-wünschten Einstellungen stolpern. Aber bevor Sie sich komplett verirren, lassen Sie doch Windows die Suche nach Einstellungen für Sie übernehmen.

Um nach bestimmten Einstellungsmöglichkeiten zu suchen, gehen Sie wie folgt vor:

1. **Blenden Sie auf der Startseite die Charms-Leiste ein und klicken Sie auf den Charm Su-chen.**

   Diese charmante Leiste mit ihrem vielseitigen Charm Suchen bekommen Sie folgenderma-ßen zu Gesicht:

   - **Maus:** Zeigen Sie auf die obere oder die untere rechte Bildschirmecke. Die Leiste wagt sich aus ihrer Deckung. Klicken Sie schnell auf den Charm Suchen, bevor die Leiste wie-der verschwindet.

   - **Tastatur:** Drücken Sie ⊞+Ⓠ, um den Charm Suchen direkt zu aktivieren.

   - **Touchscreen:** Streifen oder wischen Sie mit dem Finger vom rechten Bildschirmrand nach innen. Die Leiste lugt hervor, sodass Sie auf den Charm Suchen tippen können.

2. **Klicken Sie im Suchbereich auf die Einstellung Überall und dann in der Liste auf den Eintrag Einstellungen.**

   Damit teilen Sie Windows mit, dass Sie nicht überall herumstöbern, sondern ausschließ-lich nach Einstellungen in der Systemsteuerung suchen wollen.

3. **Geben Sie im Suchfeld einen Begriff für die gesuchte Einstellung ein.**

   Wenn Sie mit der Eingabe beginnen, werden im Suchbereich alle Einstellungen aufgelis-tet, deren Namen mit den bereits eingegebenen Buchstaben beginnen. Wenn Sie nicht genau wissen, wie eine Einstellung heißt, versuchen Sie möglichst allgemeine Suchbegrif-fe einzugeben, wie Anzeige, Maus, Benutzer oder Ähnliches.

   Die gewünschte Einstellung ist nicht in Sicht? Drücken Sie die ⌫-Taste, um die eingege-benen Zeichen zu löschen, und geben Sie dann einen anderen Suchbegriff ein.

4. **Klicken Sie im Suchergebnis auf die gewünschte Einstellung.**

   Windows leitet Sie direkt zur entsprechenden Einstellung in der dazu passenden Version der Systemsteuerung weiter.

Wenn Sie auf der Suche nach einer Einstellung sind, beginnen Sie Ihre Suche stets im Suchbereich. Dort ist die Suche um so vieles einfacher als auf der Seite PC-Einstellungen oder in der Systemsteuerung.

Die PC-Einstellungen – die Minisystemsteuerung auf der Startseite

Windows 8.1 hat die PC-Einstellungsmöglichkeiten auf der Startseite deutlich erweitert. Sie enthalten nicht nur mehr Features, sondern bietet Ihnen auch mit einer noblen Geste Unterstützung beim Auffinden der verschiedenen Einstellungsplätze an.

Also, mehr Features und smarteres Design – Sie werden wahrscheinlich nicht mehr so oft zur Desktopsystemsteuerung wechseln, wie Sie es vielleicht in Windows 8 getan haben.

Und so gelangen Sie zur optimierten Seite PC-Einstellungen:

1. **Blenden Sie auf der Startseite die Charms-Leiste ein und klicken Sie auf den Charm Einstellungen.**

   Diese charmante Leiste mit ihrem hinreißenden Charm Einstellungen bekommen Sie folgendermaßen zu Gesicht:

   - **Maus:** Zeigen Sie auf die obere oder die untere rechte Bildschirmecke. Die Leiste wagt sich aus ihrer Deckung. Klicken Sie auf den Charm Einstellungen.

   - **Tastatur:** Drücken Sie ⊞+Ⅰ, um den Charm Einstellungen direkt zu aktivieren.

   - **Touchscreen:** Streifen oder wischen Sie mit dem Finger vom rechten Bildschirmrand nach innen. Die Leiste lugt hervor, sodass Sie auf den Charm Einstellungen tippen können.

2. **Klicken oder tippen Sie unten im Einstellungsbereich auf PC-Einstellungen ändern. Und schon sind Sie da.**

   Die Seite PC-Einstellungen wird geöffnet (siehe auch Abbildung 12.1).

Sie können sofort mit der Personalisierung Ihres Rechners beginnen oder unten auf den Link Zuletzt verwendete Einstellungen anzeigen klicken (siehe Abbildung 12.1), um dort bei Bedarf erneut Änderungen durchzuführen.

Im linken Bereich der Seite PC-Einstellungen werden verschiedene Kategorien aufgelistet, die im Folgenden ganz grob vorgestellt werden.

✔ PC und Geräte: In der Windows-Welt stellen Geräte real existierende Dinge zum Anfassen dar, wie Maus, Bildschirm, Drucker oder Scanner, für die Sie hier Einstellungen vornehmen können. Außerdem bestimmen Sie hier, wie Ihr Sperrbildschirm aussieht und wann Ihr Rechner in den Energiesparmodus wechselt. Ein Sammelsurium an Einstellungen, die Sie am besten, wie weiter vorn in diesem Kapitel beschrieben, im Einstellungsmodus der Suchfunktion ausfindig machen.

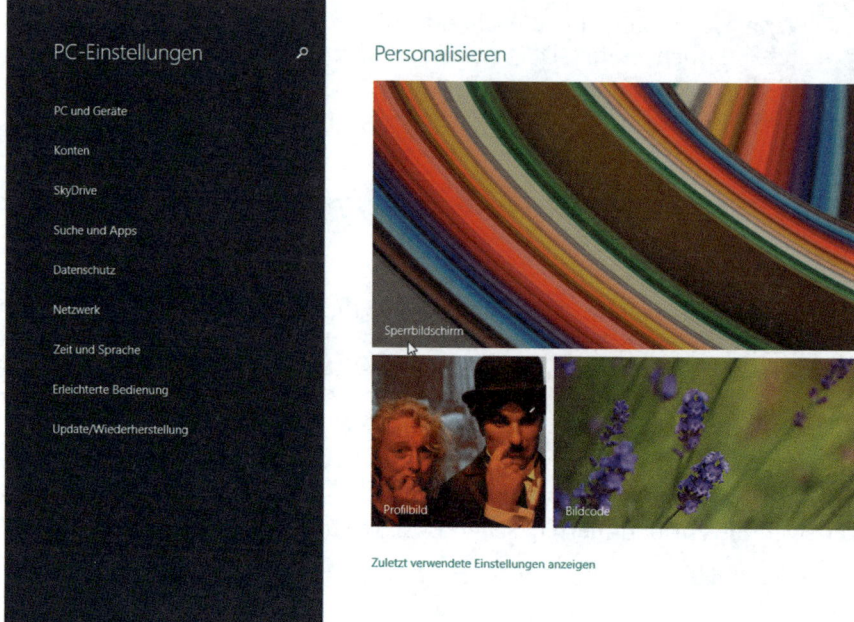

Abbildung 12.1: Der überarbeitete Bereich »PC-Einstellungen«

✔ KONTEN: In diesem Bereich (ehemals BENUTZER) ändern Sie das Kennwort und Ihr Profilfoto und fügen neue Benutzer hinzu, die auf Ihrem Rechner arbeiten dürfen. Kapitel 14 weiß mehr zu diesen wichtigen Themen zu berichten.

✔ SKYDRIVE: Klicken Sie auf diese Kategorie, wenn Sie wissen möchten, wie viel freier Speicher Ihnen noch in der Cloud auf SkyDrive zur Verfügung steht. Dieser raffinierte Onlinespeicher von Microsoft ist Thema in Kapitel 5. Sie bestimmen hier außerdem, welche PC-Einstellungen fest mit Ihrem Microsoft-Konto verbandelt werden sollen, damit Sie sich auf einem anderen Rechner gleich heimisch fühlen können.

✔ SUCHEN UND APPS: Wechseln Sie zu dieser Seite, um das Stöbern der Windows-Suchfunktion im Internet zu unterbinden. Oder definieren Sie hier, welche Apps ihre Benachrichtigungen auf der Startseite anzeigen dürfen. Und übersehen Sie hier auf keinen Fall die Rubrik STANDARDWERTE, mit der Sie bestimmen können, welche Apps welche Aufgaben standardmäßig an sich reißen sollen. Sie klären hier also beispielsweise welches Programm oder welche App Ihre Musik abspielen soll.

✔ DATENSCHUTZ: Traurig, aber wahr – es gibt nicht mehr viel Privatsphäre im Internet. Hier finden Sie aber dennoch ein paar Einstellungen, mit denen Sie bestimmen, welche Informationen Apps und Websites über Sie sammeln dürfen.

✔ NETZWERK: Sie möchten einer Heimnetzgruppe oder einem Netzwerk zum einfachen Austauschen von Dateien mit anderen verbundenen Rechnern beitreten? Dann sind Sie hier genau richtig. Um eine Heimnetzgruppe einzurichten oder sonstige Netzwerkeinstellungen zu ändern, müssen Sie sich allerdings zur Systemsteuerung auf dem Desktop begeben (und zu Kapitel 15 weiterblättern).

✔ ZEIT UND SPRACHE: Hier ändern Sie die Zeitzone, passen Datums- und Uhrzeitformate an und jonglieren mit weiteren sprach- und regionsspezifischen Einstellungen.

✔ ERLEICHTERTE BEDIENUNG: Hier wird es lauter, größer, heller, um Menschen die Arbeit zu erleichtern, die nicht so gut hören oder sehen.

✔ UPDATE/WIEDERHERSTELLUNG: Hier finden Sie alle Werkzeuge, die Sie für Wartung und Reparatur brauchen. Hier erkennen Sie auf einen Blick, ob ein neues Windows-Update für Sie bereitsteht. Klicken Sie dafür auf die Schaltfläche JETZT PRÜFEN. Sie können hier auch den berühmten Dateiversionsverlauf einschalten und verschiedene Reparaturwerkzeuge aktivieren – beides Themen in Kapitel 18.

Die Systemsteuerung – die Maxiversion auf dem Desktop

Wem die Einstellungsmöglichkeiten der PC-Einstellungen auf der Startseite nicht ausreichen, der kann sich vertrauensvoll an die große Schwester wenden, die Systemsteuerung auf dem Desktop. Hier finden Sie jede Menge Einstellungsmöglichkeiten. Schalter hier, Regler da – alles, was Sie zum Feintuning von Windows benötigen. Angeblich gibt es mehr als 50 Schaltflächen, die wiederum Menüs mit weiteren Befehlen und Unterbefehlen enthalten. Ich habe aber nie nachgezählt.

Seien Sie aber nicht überrascht, wenn Sie einen Schalter in der Systemsteuerung auf dem Desktop betätigen und auf der Startseite auf der Seite PC-EINSTELLUNGEN landen. Das kann durchaus passieren. Na gut, dann führen Sie eben hier die geplante Einstellungsänderung durch. Die beiden – PC-Einstellungen und Systemsteuerung – können wohl nicht ohne einander.

Zur Desktop-Systemsteuerung führen viele Wege. Klicken Sie beispielsweise ganz links unten mit der rechten Maustaste auf die Schaltfläche START und wählen Sie im Kontextmenü den Befehl SYSTEMSTEUERUNG. Oder drücken Sie ⊞+X, um dasselbe Kontextmenü zu öffnen (für die, die nicht so gut mit der Maus treffen). Oder drücken Sie ⊞+I, um in der Charms-Leiste zum Einstellungsbereich zu wechseln, und klicken Sie dort auf den Eintrag SYSTEMSTEUERUNG. Es gibt noch mehr Wege. Aber das soll hier erst einmal genügen.

Damit Sie nicht ziel- und orientierungslos auf der Suche nach dem geeigneten Schalter in der Systemsteuerung herumirren, werden zusammengehörige Einstellungen in Kategorien zusammengefasst (ähnlich wie in den PC-Einstellungen auf der Startseite), wie in Abbildung 12.2 zu sehen ist.

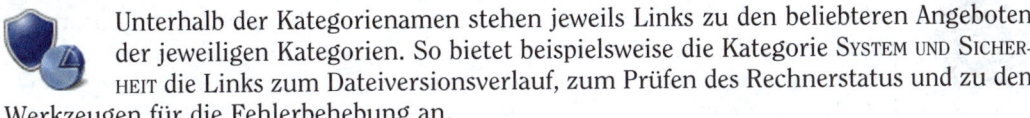

Unterhalb der Kategorienamen stehen jeweils Links zu den beliebteren Angeboten der jeweiligen Kategorie. So bietet beispielsweise die Kategorie SYSTEM UND SICHERHEIT die Links zum Dateiversionsverlauf, zum Prüfen des Rechnerstatus und zu den Werkzeugen für die Fehlerbehebung an.

Abbildung 12.2: Die Kategorien der Systemsteuerung auf dem Desktop

Die eine oder andere Einstellung passt nicht wirklich zu der Kategorie, und wird hier dann auch gar nicht erst aufgelistet. Wenn Sie also wirklich alle Links einer Kategorie sehen wollen, wählen Sie rechts oben in der Dropdownliste ANZEIGE entweder die Option mit den großen oder die mit den kleinen Symbolen. Dann füllt sich das Fenster blitzschnell mit einer Heerschar von Symbolen, wie in Abbildung 12.3 zu sehen. Wenn Sie zur Kategorienansicht zurückschalten wollen, wählen Sie in der Dropdownliste den Eintrag KATEGORIEN.

Lassen Sie sich nicht verwirren, wenn Ihre Systemsteuerung vielleicht anders aussieht als die in Abbildung 12.3. Unterschiedliche Programme und Computermodelle sowie anderes Zubehör sorgen in der Systemsteuerung für unterschiedliche Symbole und Kategorien. Unterschiedliche Windows-Versionen (die in Kapitel 1 beschrieben sind) sind unter Umständen dafür verantwortlich, dass Sie ein paar Elemente mehr oder weniger in der Systemsteuerung finden.

 Zeigen Sie mit der Maus auf ein Symbol oder auf eine Kategorie, um eine kurze Erklärung zum entsprechenden Element einzublenden. Wie die Darstellung in Abbildung 12.3 erkennen lässt, sollten sich Touchscreen-Benutzer Gedanken über die Anschaffung einer Maus machen.

 Die Systemsteuerung sammelt die wichtigsten Schalter von Windows auf einer gut sortierten Schalttafel. Es gibt aber noch andere Wege, die Einstellungen von Windows zu ändern. Wenn Sie mit der rechten Maustaste auf den Desktop, auf ein Symbol, auf einen Ordner klicken, gibt es eigentlich immer etwas zu verstellen. Wählen Sie dazu im Kontextmenü den Befehl EIGENSCHAFTEN.

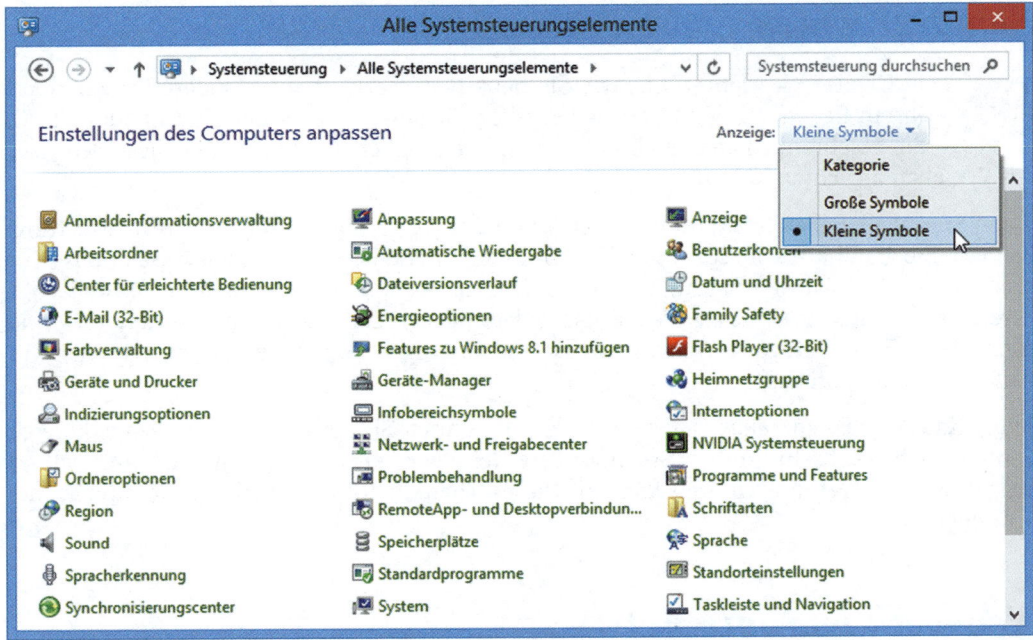

Abbildung 12.3: *Erfahrene PC-Benutzer mit Adleraugen haben in der Darstellung mit den kleinen Symbolen einen guten Überblick.*

Im Folgenden werden die Kategorien der Systemsteuerung (siehe auch Abbildung 12.2) untersucht. Sie erfahren, warum Sie sie aufsuchen sollten und wie Sie am schnellsten dorthin gelangen und gegebenenfalls wo in diesem Buch zu diesem Thema passende Informationen für Sie bereitliegen.

System und Sicherheit

Windows muss wie ein Auto ab und zu zur Wartung. Tatsächlich ist es so, dass ein wenig Systempflege Windows so geschmeidig und flink hält, dass ich diesem Thema gleich ein ganzes Kapitel gewidmet habe, nämlich Kapitel 13. Dort können Sie nachlesen, wie Sie Windows Beine machen, Festplattenplatz freischaufeln, Daten sichern und ein Sicherheitsnetz aufbauen können, das Wiederherstellungspunkt genannt wird.

Das wichtige Thema Sicherheit wird ausführlich in Kapitel 11 behandelt. Und Informationen über das Windows-Feature zur Datensicherung mit dem etwas sperrigen Namen *Dateiversionsverlauf* finden Sie in Kapitel 13.

Benutzerkonten und Family Safety

 In Kapitel 14 erfahren Sie, wie Sie neue Benutzerkonten für andere Personen auf Ihrem Rechner anlegen. Damit erlauben Sie anderen zwar den Zugriff auf den PC, Sie beschränken aber auch gleichzeitig die möglichen Schäden, die diese Benutzer aus Versehen anrichten könnten.

Wenn Sie auf die Schnelle ein Konto für einen Gast anlegen müssen, hier eine Kurzanleitung: Zaubern Sie die Charms-Leiste am rechten Bildschirmrand hervor (beispielsweise durch Drücken von ⊞+Ⓒ), klicken Sie auf den Charm EINSTELLUNGEN und dann unten im Einstellungsbereich auf PC-EINSTELLUNGEN ÄNDERN. Entscheiden Sie sich dort für die Kategorie KONTEN und dann für die Unterkategorie WEITERE KONTEN und abschließend für die Schaltfläche BENUTZER HINZUFÜGEN. Puh, geschafft!

In der Kategorie BENUTZERKONTEN UND FAMILY SAFETY können Sie außerdem zum Themenbereich Family Safety wechseln, in dem Sie für andere Benutzer beispielsweise die Zeit am Rechner begrenzen und Websites sperren können. Dieses Thema wird ausführlich in Kapitel 11 beschrieben.

Netzwerk und Internet

 Verbinden Sie Ihren Rechner mit dem Internet, und Windows beginnt sofort damit, Informationen aus dem Web einzuholen. Verbinden Sie Ihren Rechner mit einem anderen Rechner, und Windows will den anderen sofort in seine Heimnetzgruppe oder in ein anderes bereits installiertes Netzwerk integrieren. (Die heimelige Heimnetzgruppe ist Thema in Kapitel 14.)

Wenn Windows den Job versemmelt, ist die Systemsteuerung mit der Kategorie NETZWERK UND INTERNET zur Stelle, um die Kohlen für Windows aus dem Feuer zu holen.

Kapitel 15 widmet sich einzig und allein dem interessanten Netzwerkthema. Das Internet wird in Kapitel 9 unter die Lupe genommen.

Darstellung und Anpassung

 Eine äußerst beliebte Kategorie in der Systemsteuerung. Hier bestimmen Sie den Look, das Feeling und das Verhalten von Windows auf Ihrem Rechner. Diese Kategorie enthält eine Reihe von Unterkategorien, die Sie im Folgenden in aller Kürze kennenlernen:

 ANPASSUNG: Hier bestimmen Sie den Look und das Feeling von Windows. Wählen Sie beispielsweise einen Hintergrund für den Desktop oder einen neuen Bildschirmschoner aus oder ändern Sie die Farbe der Fensterrahmen. In diesen wichtigen Bereich gelangen Sie am schnellsten, wenn Sie mit der rechten Maustaste auf den Desktop klicken und im Kontextmenü den Befehl ANPASSEN wählen.

ANZEIGE: Während Sie beim Anpassen mit Farben herumspielen, können Sie sich im Bereich ANZEIGE am Bildschirm selbst austoben. Vergrößern Sie beispielsweise die auf dem Bildschirm angezeigten Elemente, um Ihre müden Augen zu schonen, passen Sie die Bildschirmauflösung an oder richten Sie einen zweiten Monitor ein.

 TASKLEISTE UND NAVIGATION: Die Taskleiste ist die Leiste ganz unten auf dem Desktop. Wechseln Sie in diesen Bereich der Systemsteuerung, um Verknüpfungen zu Programmen in die Leiste aufzunehmen. So können Sie sich beim Programmaufruf den Umweg über die Startseite ersparen. (Lesen Sie mehr dazu in Kapitel 3.) Um schnell in diesen Bereich zu wechseln, klicken Sie mit der rechten Taste auf die Taskleiste und wählen im Kontextmenü den Befehl EIGENSCHAFTEN.

 CENTER FÜR ERLEICHTERTE BEDIENUNG: Hier finden Sie Einstellungen, die Windows für Sehbehinderte, Schwerhörige und Menschen mit anderen gesundheitlichen Einschränkungen leichter bedienbar machen. Dieser Bereich der Systemsteuerung wird weiter hinten in diesem Kapitel im Abschnitt »Windows für Menschen mit Behinderungen einrichten« ausführlich unter die Lupe genommen.

 ORDNEROPTIONEN: In diesem Bereich fühlen sich vor allem die erfahrenen Benutzer wohl. Hier bestimmen Sie die Darstellung und das Verhalten von Ordnern. Der kurze Weg in diesen Bereich: Öffnen Sie einen Ordner und klicken Sie im Menüband auf der Registerkarte ANSICHT auf die Schaltfläche OPTIONEN.

 SCHRIFTARTEN: Dies ist der Ort, an dem Sie Schriftarten für Ihre gedruckten Werke inspizieren, löschen oder in der Vorschau betrachten.

In den nächsten Abschnitten lernen Sie die Look-and-Feel-Aufgaben genauer kennen, mit denen Sie sich voraussichtlich häufiger beschäftigen werden.

Den Desktophintergrund ändern

Gestalten Sie den Hintergrund des Desktops nach Belieben. Sie können ihm ein Bild zuweisen oder ihn einfarbig streichen, ganz wie es Ihnen gefällt. Gehen Sie dafür folgendermaßen vor:

1. **Klicken Sie mit der rechten Maustaste auf den Desktop und wählen Sie im Kontextmenü den Befehl ANPASSEN.**

2. **Klicken Sie unten im Fenster ANPASSUNG der Systemsteuerung auf DESKTOPHINTERGRUND.**

   Das Fenster DESKTOPHINTERGRUND meldet sich zu Wort (siehe Abbildung 12.4).

3. **Klicken Sie auf ein Hintergrundbild.**

   Öffnen Sie die in Abbildung 12.4 gezeigte Dropdownliste, um die verfügbaren Orte und Möglichkeiten für Fotos anzeigen zu lassen. Um nach Bildern in anderen Ordnern zu suchen, klicken Sie auf die Schaltfläche DURCHSUCHEN.

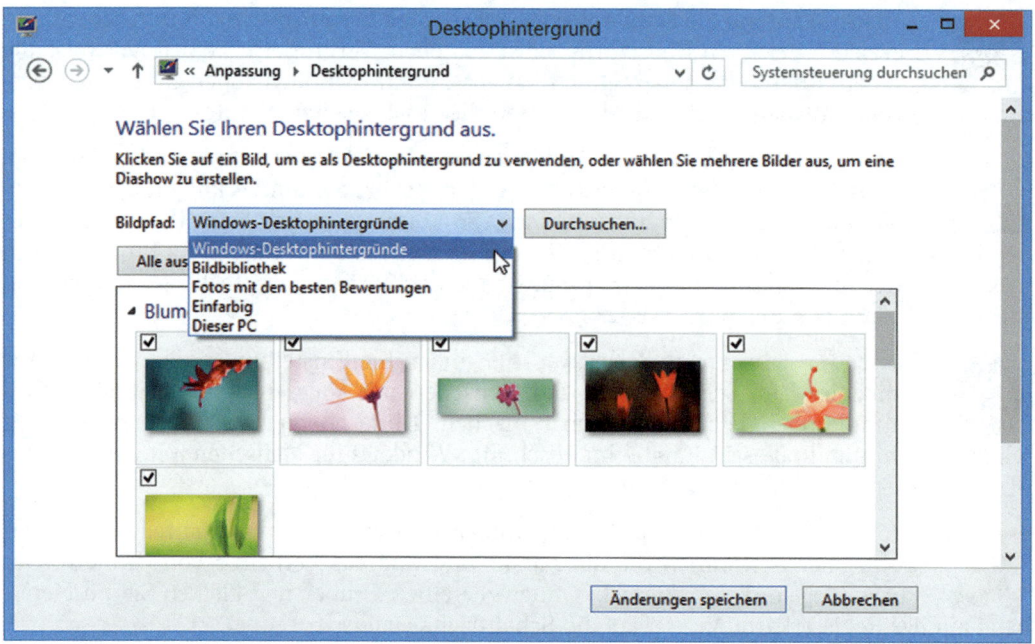

Abbildung 12.4: In der Dropdownliste »Bildpfad« finden Sie weitere Möglichkeiten für die Desktopgestaltung.

 Die Bilder für den Hintergrund können im Format BMP, GIF, JPG, JPEG, DIB oder PNG vorliegen. Das heißt, Sie können nahezu jedes Foto aus dem Internet oder jedes mit einer Digitalkamera aufgenommene oder mit einem Scanner eingescannte Bild verwenden.

Wenn Sie auf ein neues Bild klicken, platziert es Windows sofort auf Ihrem Desktop. Wenn Sie damit zufrieden sind, fahren Sie mit Schritt 5 fort.

4. **Legen Sie in der Dropdownliste** BILDPOSITION **fest, ob das Bild als Füllung, angepasst, gestreckt, verteilt oder zentriert werden soll.**

Nicht jedes Bild passt perfekt auf Ihren Bildschirm. So müssen zum Beispiel kleinere Bilder gestreckt werden, um den Platz auszufüllen, oder sie werden wie Badezimmerfliesen über den Bildschirm verteilt. Wenn Sie sonderbare Ergebnisse erzielen, versuchen Sie, das Bild zu zentrieren, auch wenn dabei Ränder entstehen.

Wenn Sie zwei Bilder wählen (halten Sie beim Klicken auf die entsprechenden Bilder die Strg-Taste gedrückt), wechselt Windows alle 30 Minuten zwischen den zwei gewählten Hintergrundbildern ab, es sei denn, Sie ändern die Anzeigedauer in der Dropdownliste BILD ÄNDERN ALLE.

5. **Klicken Sie auf** ÄNDERUNGEN SPEICHERN, **um den neuen Hintergrund zu speichern.**

Haben Sie im Web ein besonderes Bild entdeckt? Klicken Sie auf der Webseite mit der rechten Maustaste auf das Bild und wählen Sie den Befehl Als Hintergrund. Windows kopiert dieses Bild auf Ihren Desktop und überlässt es Ihnen als neues Hintergrundbild. Raffiniert, oder?

Einen Bildschirmschoner auswählen

Früher haben sich Programme oft regelrecht in den Bildschirm eingebrannt. Um dies zu verhindern, wurden Bildschirmschoner installiert, die den Bildschirm mit nichts oder mit sich bewegenden Elementen füllten, wenn der Computer eine Zeit lang nicht benutzt wurde. Mittlerweile haben die Monitore diese Probleme nicht mehr, aber man verwendet noch immer Bildschirmschoner – vor allem wohl, weil sie cool aussehen.

Windows hält verschiedene Bildschirmschoner für Sie bereit. Um einen nach Ihrem Geschmack auszuwählen, gehen Sie folgendermaßen vor:

1. **Klicken Sie mit der rechten Maustaste auf den Desktop und wählen Sie im Kontextmenü den Befehl Anpassen. Klicken Sie dann im Fenster Anpassung unten rechts auf Bildschirmschoner.**

   Das Fenster Bildschirmschonereinstellungen wird geöffnet.

2. **Öffnen Sie die Dropdownliste Bildschirmschoner und wählen Sie einen Schoner aus.**

   Klicken Sie auf die Schaltfläche Vorschau und schauen Sie sich den gewählten Bildschirmschoner in Aktion an. Gefällt er Ihnen? Dann klicken Sie auf die Schaltfläche Einstellungen. Für die meisten Bildschirmschoner können Sie noch irgendwelche Einstellungen definieren, beispielsweise die Anzeigegeschwindigkeit.

3. **Aktivieren Sie bei Bedarf das Kontrollkästchen Anmeldeseite bei Reaktivierung.**

   Das ist eine Sicherheitseinstellung. Damit ist gewährleistet, dass niemand an Ihre Daten kommt, wenn Sie kurz einen Kaffee holen gehen. Sobald jemand mit der Maus klickt oder eine Taste drückt, wird der Anmeldebildschirm angezeigt. Ohne Benutzername und Kennwort kommt hier keiner weiter. (Kennwörter sind Thema in Kapitel 14.)

4. **Wenn Sie alles eingestellt haben, klicken Sie auf OK.**

   Sie haben erfolgreich einen Bildschirmschoner eingerichtet.

Wenn Sie das Leben Ihres Bildschirms wirklich verlängern (und Strom sparen) wollen, sollten Sie sich weniger um einen Bildschirmschoner kümmern, sondern dafür sorgen, dass Ihr Rechner in den Energiesparmodus schaltet, sobald er nichts mehr zu tun hat. Drücken Sie dazu ⊞+Ⅰ, klicken Sie auf die Schaltfläche Ein/Aus und wählen Sie den Eintrag Energie sparen.

Das Design wechseln

Designs sind eigentlich nur eine Sammlung von Einstellungen: Sie können zum Beispiel Ihren Lieblingsbildschirmschoner zusammen mit Ihrem Lieblingsbildschirmhintergrund als Design speichern und im Fall der Fälle schnell zwischen verschiedenen Designs umschalten.

Um eines der in Windows integrierten Designs auszuprobieren, klicken Sie mit der rechten Maustaste auf den Desktop und wählen ANPASSEN. Windows listet seine Designs in einem Fenster auf (siehe Abbildung 12.5) und bietet Ihnen außerdem die Möglichkeit, eigene Designs zu kreieren.

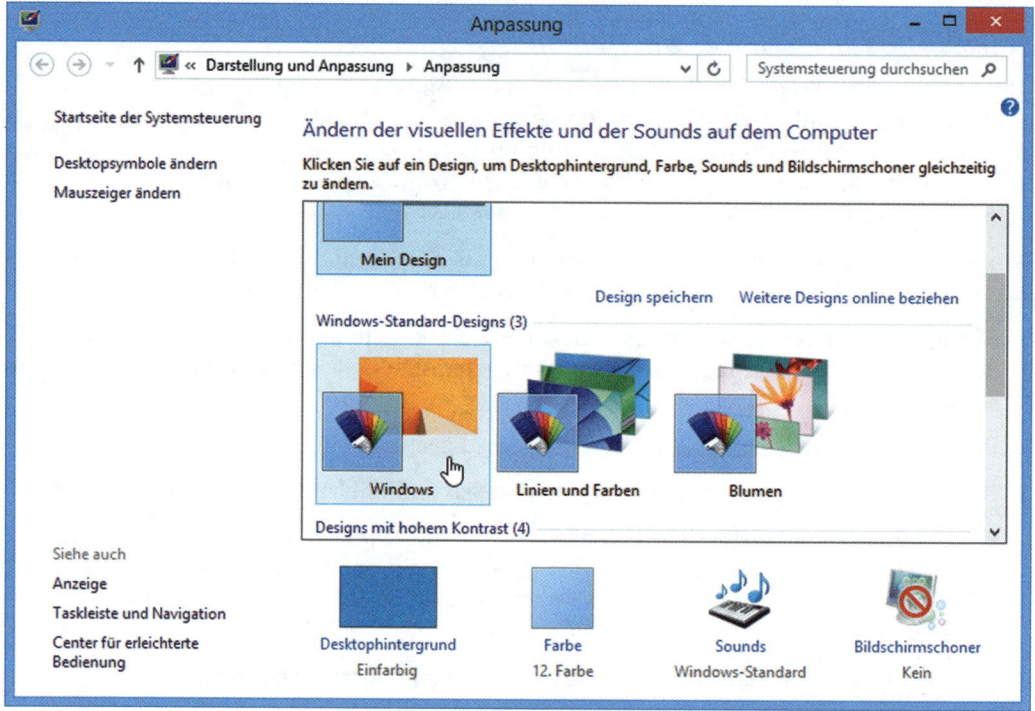

Abbildung 12.5: Windows bietet fix und fertige Designs an. Sie können aber auch eigene erstellen.

Windows bietet die folgenden Designvarianten im Fenster ANPASSUNG an:

✔ EIGENE DESIGNS: Hier werden alle Designs abgelegt, die Sie selbst gestaltet haben.

✔ WINDOWS-STANDARD-DESIGNS: Hier sind die Standarddesigns ablegt. Nach der Installation wird Windows automatisch im Standarddesign WINDOWS angezeigt.

✔ DESIGNS MIT HOHEM KONTRAST: Diese Designs zeichnen sich durch hohe Kontraste aus, gut für Menschen mit Augenproblemen.

Wenn Ihnen ein Design in etwa zusagt, nehmen Sie es als Basis und ändern es nach Lust und Laune. Vielleicht ein neuer Desktophintergrund oder eine andere Fensterfarbe. Ganz wie Sie wollen. Klicken Sie abschließend auf den Link DESIGN SPEICHERN, um Ihr neues Design unter einem Namen Ihrer Wahl zu speichern.

Die Bildschirmauflösung ändern

Eine der vielen Einmal-ändern-und-dann-braucht-man-es-nie-wieder-Optionen von Windows ist die Bildschirmauflösung, die festlegt, wie viele Elemente Windows gleichzeitig auf dem Bildschirm unterbringen kann. Mit einer niedrigeren Auflösung passen weniger Elemente auf den Bildschirm, mit einer höheren Auflösung mehr.

Vielleicht murmelt ein Programm oder Spiel etwas davon, die Bildschirmauflösung oder den Videomodus zu ändern, oder Sie wollen eine bessere Auflösung – in diesen Fällen führen Sie die folgenden Schritte durch:

1. **Klicken Sie mit der rechten Maustaste auf einen leeren Bereich auf dem Desktop und wählen Sie den Befehl** Bildschirmauflösung.

Das Fenster Bildschirmauflösung wird geöffnet (siehe Abbildung 12.6).

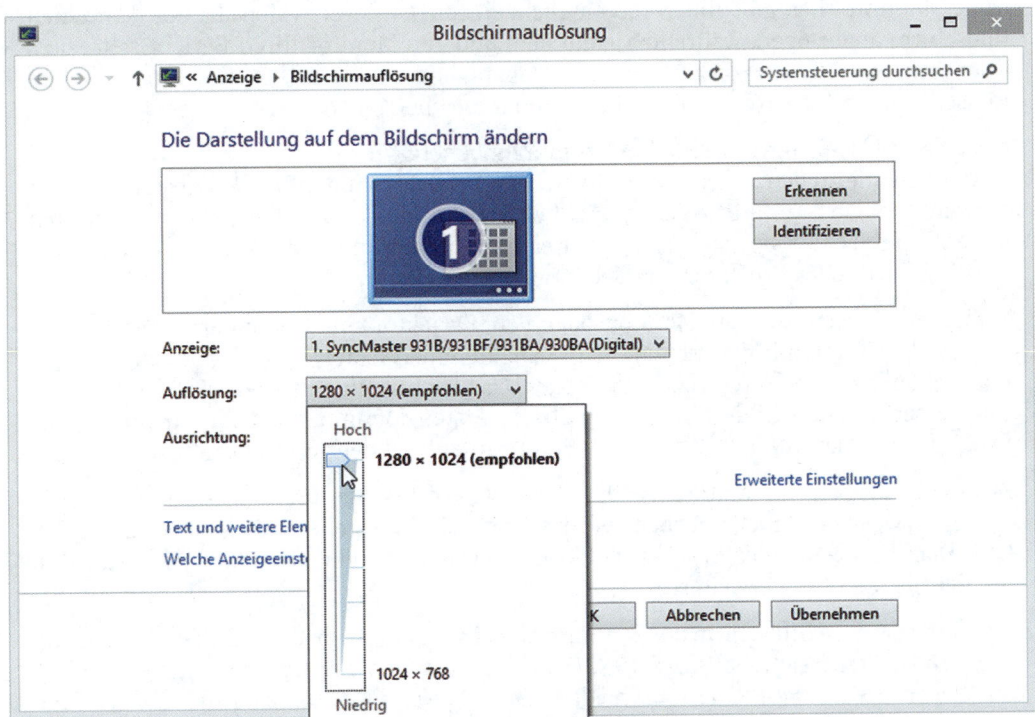

Abbildung 12.6: Je höher die Auflösung, umso mehr Elemente können auf dem Bildschirm angezeigt werden.

2. **Öffnen Sie die Dropdownliste** Auflösung **und ziehen Sie den Regler nach oben oder nach unten.**

Beobachten Sie oben im Vorschaufenster, wie sich die Darstellung verändert, wenn Sie den Regler ziehen. Je weiter nach oben Sie ihn ziehen, umso mehr kann angezeigt werden. Dadurch wird dann natürlich auch alles kleiner dargestellt.

Hier gibt es keine richtige oder falsche Einstellung. Sie sollten sich an die Voreinstellung von Windows halten, um das klarste und lesbarste Bild zu erhalten.

 Achtung! Windows 8.1-Technik: Unter Windows 8.1 können Sie eine App auch dann am Desktoprand andocken, wenn die Auflösung Ihres Bildschirms niedriger als 1366 x 768 ist. In Windows 8 ging das erst ab einer Auflösung von 1366 x 768. Wenn Sie nicht wissen, wovon ich hier rede, werfen Sie einen Blick in Kapitel 3.

Den Arbeitsbereich mit einem zweiten Bildschirm vergrößern

Verfügen Sie eventuell über den Luxus eines zweiten Bildschirms, vielleicht ein Überbleibsel Ihres letzten PCs? Schließen Sie ihn an Ihren aktuellen Rechner an, und Sie haben Ihren Windows-Desktop verdoppelt. Windows erweitert den Arbeitsbereich auf beide Monitore. Das gibt Ihnen die Möglichkeit, die Onlineenzyklopädie auf dem einen Bildschirm anzuzeigen, während Sie auf dem anderen Monitor Ihren Bericht schreiben. Oder wenn Sie einen Projektor an Ihr Notebook angeschlossen haben, können Sie den Bildschirminhalt des Notebooks auf den Projektor übertragen. Eine feine Sache.

Um diese Bildschirmgymnastik durchzuführen, benötigt Ihr PC eine Grafikkarte mit zwei Ausgängen, die zu den Anschlüssen am zweiten Bildschirm oder Projektor passen. Das ist gar kein Problem, wenn Ihre Geräte nicht älter als zwei oder drei Jahre sind. Die meisten Windows Tablet-PCs verfügen sogar über einen integrierten HDMI-Port, an den ein zweiter Bildschirm oder Projektor angeschlossen werden kann.

Nachdem Sie den zweiten Monitor oder den Projektor am Computer angeschlossen haben, klicken Sie mit der rechten Maustaste auf einen leeren Bereich auf dem Desktop und wählen den Befehl BILDSCHIRMAUFLÖSUNG. Das gleichnamige Fenster wird geöffnet und zeigt einen zweiten Bildschirm neben Ihrem ersten Monitor an. (Klicken Sie auf die Schaltfläche ERKENNEN, falls der zweite Monitor nicht auf dem Bildschirm erscheint.)

Ziehen Sie die beiden Monitore mit der Maus nach rechts oder links, bis sie auf dem Bildschirm so wie im wirklichen Leben auf Ihrem Schreibtisch stehen. Klicken Sie danach auf OK. (Damit sorgen Sie dafür, dass Windows Ihren jetzt ziemlich breiten Desktop auch in die richtige Richtung erweitert.)

Um einen zweiten Bildschirm auf der Startseite einzurichten, drücken Sie ⊞+Ⓚ und klicken im Gerätebereich auf PROJIZIEREN. Dann stehen Ihnen vier Optionen zur Verfügung, aus denen Sie sich für eine entscheiden können: NUR PC-BILDSCHIRM (der zweite Bildschirm wird ignoriert), DUPLIZIEREN (auf beiden Monitoren denselben Inhalt anzeigen – perfekt für einen angeschlossenen Projektor), ERWEITERN (den Bildschirminhalt erweitern, das heißt Windows über beide Monitore hinweg anzeigen) und NUR ZWEITER BILDSCHIRM (der erste Bildschirm wird ignoriert).

3. Klicken Sie auf ÜBERNEHMEN, um die Auflösung zu testen. Ist die Auflösung okay, bestätigen Sie die dann angezeigte Windows-Abfrage durch Klicken auf ÄNDERUNGEN BEIBEHALTEN.

Windows gibt Ihnen 15 Sekunden Zeit, sich für Ihre Änderungen zu entscheiden. Wenn Sie durch einen technischen Änderungsfauxpas nichts mehr auf dem Bildschirm sehen, schaltet Windows nach diesen 15 Sekunden automatisch zu den alten Einstellungen zurück.

4. Klicken Sie abschließend auf OK.

Wenn Sie die Bildschirmauflösung einmal geändert haben, werden Sie höchstwahrscheinlich niemals mehr hierher zurückkehren, es sei denn, Sie kaufen sich einen neuen, größeren Bildschirm oder Sie schließen einen zweiten Monitor an Ihren PC an. (Wie Letzteres geht, ist im Kasten »Den Arbeitsbereich mit einem zweiten Bildschirm vergrößern« näher erläutert.)

Hardware und Sound

Der Inhalt dieser Kategorie der Systemsteuerung ist in Abbildung 12.7 zu sehen. Dort gibt es einige Bereiche, die Sie bereits kennen. So sehen Sie dort zum Beispiel erneut den Zugang zu den Anzeigeeinstellungen.

Abbildung 12.7: Über diesen Bereich steuern Sie die Anzeige, den Sound und die angeschlossenen Geräte.

Hier steuern Sie die greifbaren Teile Ihres PCs, Elemente, die Sie berühren oder anschließen können. Bestimmen Sie hier die Einstellungen für Anzeige, Maus, Lautsprecher, Tastatur, Drucker, Telefon, Scanner, digitale Kamera, Gamecontroller und – für die Künstler unter Ihnen – einen digitalen Stift.

Sie werden in diesem Bereich nur wenig Zeit verbringen, besonders wenn Sie über die Systemsteuerung hierhin gelangen. Die meisten Einstellungsmöglichkeiten gibt es auch noch an anderer Stelle und sie sind meist nur einen Mausklick weit entfernt.

Egal wie Sie zu den jeweiligen Einstellungsmöglichkeiten gelangen, die Vorgehens- und Funktionsweise ist stets identisch.

Lautstärke und Sound anpassen

Im Bereich SOUND können Sie die Lautstärke Ihres Computers anpassen, was bestimmt diejenigen unter Ihnen freut, die während einer langweiligen Sitzung heimlich auf dem Tablet-PC ein Computerspiel spielen wollen.

 Bei den meisten Tablet-PCs gibt es am linken Rand zwei Schalter zum Ändern der Lautstärke. Mit dem oberen Schalter erhöhen Sie die Lautstärke, mit dem unteren verringern Sie sie. Probieren Sie das Ganze aber aus, bevor Sie in der Sitzung ein Spiel starten.

Auf dem Desktop klicken Sie einfach in der Taskleiste auf das kleine Lautsprechersymbol und ziehen den Regler nach oben oder nach unten (siehe Abbildung 12.8). Kein Lautsprechersymbol in der Taskleiste? Dann klicken Sie mit der rechten Maustaste in der Taskleiste auf die digitale Uhrzeit, wählen EIGENSCHAFTEN und aktivieren die Anzeige des Lautsprechersymbols.

Abbildung 12.8: Klicken Sie in der Taskleiste auf das Lautsprechersymbol und stellen Sie die Lautstärke ein.

Wenn Sie Ihren PC stummschalten wollen, klicken Sie auf das kleine Lautsprechersymbol unterhalb des Reglers. Klicken Sie erneut darauf, wenn Sie wieder etwas hören möchten.

Klicken Sie unter dem Lautsprecherregler auf den Link MIXER, um für Desktopprogramme unterschiedliche Lautstärken einzustellen. Lassen Sie beispielsweise die Minen in Minesweeper ganz leise explodieren, während Ihre Mails im Desktop-E-Mail-Programm mit einer lauten

Fanfare angekündigt werden. (Hinweis: Die Apps der Startseite werden hier leider nicht aufgelistet.)

 Um die Lautstärke bei einem Touchscreen auf die Schnelle auf der Startseite zu regeln, streifen oder wischen Sie mit dem Finger vom rechten Bildschirmrand nach innen, sodass die Charms-Leiste eingeblendet wird. Tippen Sie auf den Charm EINSTELLUNGEN und dann unten auf das Lautsprechersymbol. Ein ähnlicher Regler wie auf dem Desktop wird angezeigt. Ziehen Sie ihn nach oben oder nach unten. Wenn Sie ihn ganz nach unten ziehen, verstummt das System.

Lautsprecher einrichten

Die meisten PCs haben nur zwei Lautsprecher. Es gibt aber mittlerweile auch PCs mit vier Lautsprechern und PCs, bei denen diese Anzahl verdoppelt ist, wenn sie als Heimkino oder Spielemaschine fungieren. Um diese Vielfalt von Einrichtungsmöglichkeiten bedienen zu können, stellt Windows einen Bereich zum Einstellen der Lautsprecher samt Lautsprechertest zur Verfügung.

Wenn Sie neue Lautsprecher installieren oder wenn Sie sich nicht sicher sind, ob die alten richtig funktionieren, arbeiten Sie sich durch die folgenden Schritte, um Windows mit den Lautsprechern bekannt zu machen.

1. **Klicken Sie mit der rechten Maustaste auf das Lautsprechersymbol in der Taskleiste und wählen Sie WIEDERGABEGERÄTE.**

2. **Klicken Sie auf das Lautsprechersymbol (mit grünem Häkchen) und dann auf die Schaltfläche KONFIGURIEREN.**

   Das Dialogfeld LAUTSPRECHER-SETUP wird geöffnet (siehe Abbildung 12.9).

3. **Klicken Sie auf die Schaltfläche TESTEN und ändern Sie bei Bedarf die Einstellungen. Klicken Sie abschließend auf WEITER.**

   Sie können die Anzahl der Lautsprecher und ihre Aufstellung festlegen. Dann wird ein Lautsprecher nach dem anderen angesteuert, damit Sie hören, ob sie richtig aufgestellt sind.

4. **Richten Sie gegebenenfalls weitere Audiogeräte ein und klicken Sie auf OK, wenn Sie fertig sind.**

Wenn Sie schon dabei sind, sollten Sie gleich Ihr Mikrofon testen. Klicken Sie dazu im Dialogfeld SOUND auf die Registerkarte AUFNAHME. Überprüfen Sie alle anderen angeschlossenen Soundgeräte.

Wenn kein Lautsprecher oder Mikrofon als Gerät angezeigt wird, erkennt Windows nicht, dass diese Geräte angeschlossen sind. In der Regel müssen Sie dann einen neuen Gerätetreiber installieren. Keine Panik, alles halb so schlimm. Lesen Sie in diesem Fall in Kapitel 13 nach, wie das geht.

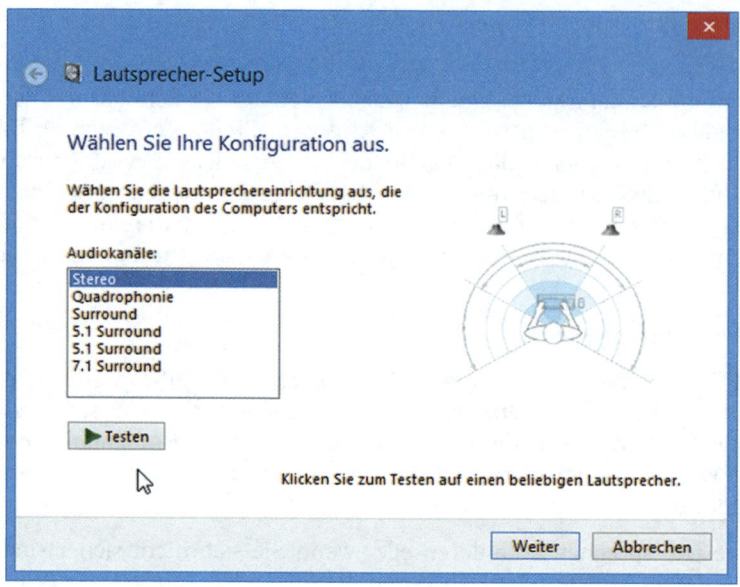

Abbildung 12.9: Klicken Sie auf die Schaltfläche »Testen«, um die Lautsprecher nacheinander zu testen.

Ein Bluetooth-Gerät anschließen

»Blauzahn«-Geräte – Bluetooth-Geräte – das sind Geräte, die aufgrund der Bluetooth-Technologie ohne Kabel auskommen. Für den Computer gibt es beispielsweise Bluetooth-Mäuse und -Tastaturen. Mithilfe von Bluetooth können so Tablet-PC-Benutzer eine Bluetooth-Maus an den Tablet-PC anschließen, wenn sie mit den Fingern in der filigranen Systemsteuerung einfach nichts mehr treffen.

Mit Bluetooth können Sie auch ein Handy an den Computer, an das Notebook oder an den Tablet-PC anschließen, um einen Hotspot für eine drahtlose Verbindung in das Internet zu erstellen – natürlich nur, wenn Sie für Ihr Handy einen solchen Dienst abonniert haben und bezahlen.

Um ein Bluetooth-Gerät mit Ihrem PC, Notebook oder Tablet-PC bekannt zu machen, führen Sie die folgenden Schritte aus:

1. **Vergewissern Sie sich, dass das Bluetooth-Gerät eingeschaltet ist.**

2. **Blenden Sie auf der Startseite die Charms-Leiste ein, klicken Sie auf den Charm EINSTELLUNGEN und dann unten auf PC-EINSTELLUNGEN ÄNDERN.**

Diese charmante Leiste mit ihrem hinreißenden Charm EINSTELLUNGEN bekommen Sie folgendermaßen zu Gesicht:

- **Maus:** Zeigen Sie auf die obere oder die untere rechte Bildschirmecke. Die Leiste wagt sich aus ihrer Deckung. Klicken Sie auf den Charm EINSTELLUNGEN.

- **Tastatur:** Drücken Sie ⊞+Ⅰ, um den Charm EINSTELLUNGEN direkt zu aktivieren.

- **Touchscreen:** Streifen oder wischen Sie mit dem Finger vom rechten Bildschirmrand nach innen. Die Leiste lugt hervor, sodass Sie auf den Charm EINSTELLUNGEN tippen können.

3. **Klicken Sie auf der Seite PC-EINSTELLUNGEN links auf die Kategorie PC UND GERÄTE, dann auf GERÄTE und abschließend rechts oben auf die Schaltfläche GERÄT HINZUFÜGEN.**

Windows macht sich auf die Suche nach neuen Geräten und sollte über kurz oder lang das eingeschaltete Bluetooth-Gerät entdecken.

4. **Wird das Bluetooth-Gerät aufgelistet, klicken oder tippen Sie auf seinen Namen.**

5. **Geben Sie bei Bedarf den Gerätecode ein oder klicken Sie auf die Schaltfläche zum Verbinden, wenn Sie dazu aufgefordert werden.**

Und hier wird es kompliziert. Aus Sicherheitsgründen müssen Sie beweisen, dass es sich bei der Person, die an dem Computer sitzt, wirklich um Sie selbst und nicht um eine fremde Person handelt, die sich ins System mogeln will. Leider wenden Geräte für diese Beweiserbringung unterschiedliche Taktiken an.

Die einen verlangen die Eingabe einer geheimen Nummernfolge sowohl auf dem Computer als auch im Gerät. (Diese geheime Nummer steht meist im Gerätehandbuch. Aber wo ist das Gerätehandbuch?)

Die anderen, und hierzu gehören vor allem Mäuse, wollen, dass Sie zum Zeitpunkt der Anmeldung einen kleinen Knopf an der Unterseite des Geräts drücken.

Handys haben es gerne, wenn Sie auf eine Taste zum Verbinden klicken, wenn die übereinstimmenden Codes auf dem Computer und auf dem Mobiltelefon angezeigt werden.

Wenn Sie gar nicht mehr weiterwissen, geben Sie 0000 auf der Tastatur ein. Das wird öfter als Universalkennwort für frustrierte Besitzer von Bluetooth-Geräten verwendet, die verzweifelt versuchen, ihre Geräte anzumelden.

Wenn Sie ein Bluetooth-Gerät erfolgreich mit Ihrem Computer bekannt gemacht haben, werden der Name und das Symbol des Geräts auf der PC-Einstellungsseite PC UND GERÄTE in der Kategorie GERÄTE aufgelistet.

Um ein Bluetooth-Gerät auf dem Desktop anzumelden, klicken Sie in der Taskleiste auf das Bluetooth-Symbol, wählen BLUETOOTH-GERÄT HINZUFÜGEN und fahren in der obigen Anleitung mit Schritt 3 fort. Wenn kein Bluetooth-Symbol in der Taskleiste angezeigt wird, klicken Sie rechts in der Leiste auf den nach oben zeigenden Pfeil. Dahinter verbergen sich weitere Symbole. Und wenn Sie wirklich weit und breit kein Bluetooth-Symbol sehen, ist Ihr Computer nicht Bluetooth-fähig und Sie haben den ganzen Abschnitt umsonst gelesen.

Eine Xbox 360-Spielkonsole anschließen

Sie können mithilfe der Systemsteuerung nahezu jedes Computerzubehör anschließen. Die Xbox 360-Spielkonsole macht da eine Ausnahme. Wenn Sie eines dieser Microsoft-Geräte zu Hause stehen haben, erteilen Sie sozusagen der Xbox die Erlaubnis, dass sie sich mit Ihrem Computer verbindet.

Damit Windows und die Xbox miteinander kommunizieren können, greifen Sie sich Ihren Xbox 360-Controller, setzen sich vor Ihren Fernseher und führen die folgenden Schritte aus:

1. **Schalten Sie die Xbox ein und melden Sie sich mit dem Konto an, mit dem Sie sich auch in Windows anmelden.**

   Wenn Sie sich auf der Xbox mit einem anderen Konto als in Windows anmelden, brauchen Sie nicht zu verzweifeln. Erstellen Sie ein weiteres Benutzerkonto in Windows und verwenden Sie dazu den Namen und das Kennwort des Xbox-Kontos. (Das ist nämlich auch ein Microsoft-Konto.)

   Melden Sie sich in Windows stets mit Ihrem Xbox-Konto an, wenn Sie eine Xbox-App in Windows einsetzen wollen.

2. **Wechseln Sie auf der Xbox 360 zur Systemsteuerung, dort zu KONSOLENEINSTELLUNGEN und dann zu XBOX COMPANION.**

   Dort gibt es zwei Schalter: einen für »Verfügbar« und einen für »Nicht verfügbar«.

3. **Setzen Sie die Xbox in den »Verfügbar«-Modus.**

4. **Öffnen Sie eine Windows Xbox-App und wählen Sie VERBINDEN.**

   Nach ein paar Minuten sollte auf dem Fernsehbildschirm angezeigt werden, dass verbunden wird. Sie haben es geschafft. Ihre Xbox-App findet Ihre Xbox in Windows.

Einen Drucker hinzufügen

Leider können sich die Druckerhersteller nicht einigen, wie man Drucker installieren sollte. Deshalb gibt es zwei Verfahren, einen Drucker hinzuzufügen:

✔ Bei einigen Druckern reicht es, das Druckerkabel in den kleinen, rechteckigen USB-Anschluss Ihres PCs zu stecken. Dann schalten Sie den Drucker ein, und Windows erkennt ihn automatisch und nimmt ihn bereitwillig an. Versorgen Sie den Drucker mit Tinte oder Toner und Papier, und schon sind Sie fertig.

✔ Bei anderen Druckermodellen müssen Sie zunächst die mit dem Drucker gelieferte Software installieren, bevor Sie ihn anschließen können. Und wenn Sie die Software nicht zuerst installieren, kann es passieren, dass der Drucker nicht korrekt arbeitet.

Wie Ihr Drucker angeschlossen werden soll, können Sie nur herausfinden, indem Sie im Druckerhandbuch nachlesen. (Manchmal ist eine Installationsanleitung als einzelne Seite der Verpackung Ihres Druckers beigefügt.)

Wenn Ihr Drucker ohne Installationssoftware geliefert wurde, setzen Sie die Tonerkartusche oder die Tintenpatronen ein, legen Papier ein und folgen dieser Anleitung, um ihn zum Drucken zu bringen:

1. **Wenn Windows gestartet ist, schließen Sie den Drucker an den PC an und schalten den Drucker ein.**

   Windows gibt die Nachricht aus, dass der Drucker erfolgreich installiert wurde. Führen Sie aber noch die nächsten beiden Schritte aus, um das Ergebnis zu testen.

2. **Öffnen Sie auf dem Desktop die Systemsteuerung.**

   Öffnen Sie die Systemsteuerung mit dem Eingabewerkzeug, das Ihnen zur Verfügung steht:

   - **Maus:** Klicken Sie links unten mit der rechten Maustaste auf die Schaltfläche START und wählen Sie im Kontextmenü den Befehl SYSTEMSTEUERUNG.

   - **Tastatur:** Drücken Sie ⊞+Ⓘ und drücken Sie dann so lange die ⇆-Taste, bis der Eintrag SYSTEMSTEUERUNG ausgewählt ist; drücken Sie abschließend die ↵-Taste.

   - **Touchscreen:** Streifen beziehungsweise wischen Sie mit dem Finger vom rechten Bildschirmrand nach innen. Tippen Sie in der Charms-Leiste auf den Charm EINSTELLLUNGEN und dann auf SYSTEMSTEUERUNG.

3. **Wählen Sie die Kategorie HARDWARE UND SOUND und klicken Sie dort auf GERÄTE UND DRUCKER.**

   Die Systemsteuerung zeigt die eingerichteten Geräte an, zu denen auch Ihr Drucker gehört – wenn Sie Glück haben. Wenn Sie Ihren USB-Drucker erspähen, der entweder mit seinem Modell- oder seinem Herstellernamen aufgeführt sein sollte, klicken Sie mit der rechten Maustaste auf sein Symbol, wählen DRUCKEREIGENSCHAFTEN und klicken dann auf die Schaltfläche TESTSEITE DRUCKEN. Wenn der Ausdruck fehlerfrei durchgeht, sind Sie fertig. Herzlichen Glückwunsch.

   Das Ausdrucken der Testseite hat nicht geklappt? Prüfen Sie, ob Sie alle Verpackungsutensilien am und im Drucker entfernt und die Tintenpatronen beziehungsweise die Tonerkartusche eingesetzt haben. Wenn Ihr Drucker dann immer noch nicht funktioniert, ist er möglicherweise defekt. Kontaktieren Sie das Geschäft, in dem Sie den Drucker gekauft haben, und bitten Sie um Hilfe.

Windows führt einen Drucker mit dem Namen Microsoft XPS Document Writer auf. Dabei handelt es sich nicht um einen echten Drucker. Sie können ihn also getrost ignorieren.

Das war's. Ihr Drucker sollte jetzt problemlos drucken. Wenn nicht, habe ich noch ein paar Tipps und Tricks für Sie in Kapitel 8 zusammengestellt.

Wenn an Ihrem Computer zwei oder mehr Drucker hängen, klicken Sie im Fenster GERÄTE UND DRUCKER mit der rechten Maustaste auf den Drucker, den Sie am häufigsten benutzen, und wählen den Befehl ALS STANDARDDRUCKER FESTLEGEN. Solange Sie keine anderen Angaben machen, druckt jede App dann mit diesem Drucker.

✔ Um einen Drucker zu entfernen, den Sie nicht mehr benutzen, klicken Sie im Fenster GERÄTE UND DRUCKER mit der rechten Maustaste auf den entsprechenden Drucker und wählen im Kontextmenü den Befehl GERÄT ENTFERNEN. Der Drucker wird nicht mehr angeboten. Sollte Windows fragen, ob der Druckertreiber und die Software deinstalliert werden sollen, klicken Sie auf JA, es sei denn, Sie möchten den Drucker zu einem späteren Zeitpunkt erneut einrichten.

✔ Sie können die Druckeroptionen meistens direkt in einem Programm ändern. Wählen Sie dazu im Programm auf der Registerkarte beziehungsweise im Menü DATEI den Befehl DRUCKEN oder so ähnlich und legen Sie Einstellungen wie Papiergröße, Ausrichtung, Schriftarten und so weiter fest.

 Um einen Drucker schnell in einem Netzwerk freizugeben, erstellen Sie eine Heimnetzgruppe. Wie das genau geht, erfahren Sie in Kapitel 14. Der Drucker wird dann sofort den anderen Computern im Netzwerk als neues Gerät angeboten.

✔ Wenn Sie die Druckersoftware verwirrt, nutzen Sie in den Dialogfeldern die Hilfe-Schaltflächen, die häufig explizit auf Ihr Druckermodell angepasst sind und daher präzise Hilfestellungen bieten können, die Sie in Windows nicht finden.

Zeit, Sprache und Region

Microsoft hat diesen Bereich hauptsächlich für die Benutzer von Notebooks und Tablet-PCs entwickelt, die sich in verschiedenen Zeitzonen und Ländern bewegen. Sitzt Ihr Computer fest auf oder unter dem Schreibtisch, werden Sie diesen Bereich einmal ganz am Anfang besuchen und dann wohl nie wieder. Windows kennt Datum und Uhrzeit, selbst wenn Sie den Computer ausschalten.

Aber Vielreisende werden sich sicherlich für diese Kategorie der Systemsteuerung interessieren. Ebenso ist dieser Bereich für zweisprachig agierende Menschen interessant, da sie hier unterschiedliche Spracheinstellungen wählen können.

Klicken Sie auf dem Desktop ganz links unten mit der rechten Maustaste und wählen Sie im Kontextmenü den Befehl SYSTEMSTEUERUNG. Klicken Sie auf die Kategorie ZEIT, SPRACHE UND REGION, und los geht's:

 DATUM UND UHRZEIT: Die Optionen in diesem Bereich sind selbsterklärend. (Sie gelangen übrigens auch dorthin, wenn Sie in der Taskleiste auf die Uhrzeitangabe klicken und DATUM- UND UHRZEITEINSTELLUNGEN ÄNDERN wählen.)

SPRACHE: Sie leben zwei- oder gar mehrsprachig? Besuchen Sie diesen Bereich, um Dokumente zu bearbeiten, die unterschiedliche Zeichensätze benötigen.

REGION: Sie reisen in die USA? Dann wählen Sie das Land aus. Windows ändert sofort das Datumsformat, die Währung, Dezimaltrennzeichen und was es sonst noch für Unterschiede zu Ihrem Heimatland gibt. Wenn Sie dann dort sind, wählen Sie auf der Registerkarte STANDORT Ihren aktuellen Standort aus.

Programme hinzufügen und entfernen

Wenn Sie ein neues Programm installieren oder ein altes nicht mehr haben wollen, begeben Sie sich zur Kategorie PROGRAMME in der Systemsteuerung. Wenn Sie dort auf PROGRAMME UND FEATURES klicken, werden im gleichnamigen Fenster alle auf Ihrem Rechner installierten Programme aufgelistet (siehe Abbildung 12.10). Klicken Sie auf das Programm, das Sie deinstallieren oder dessen Installation Sie ändern wollen.

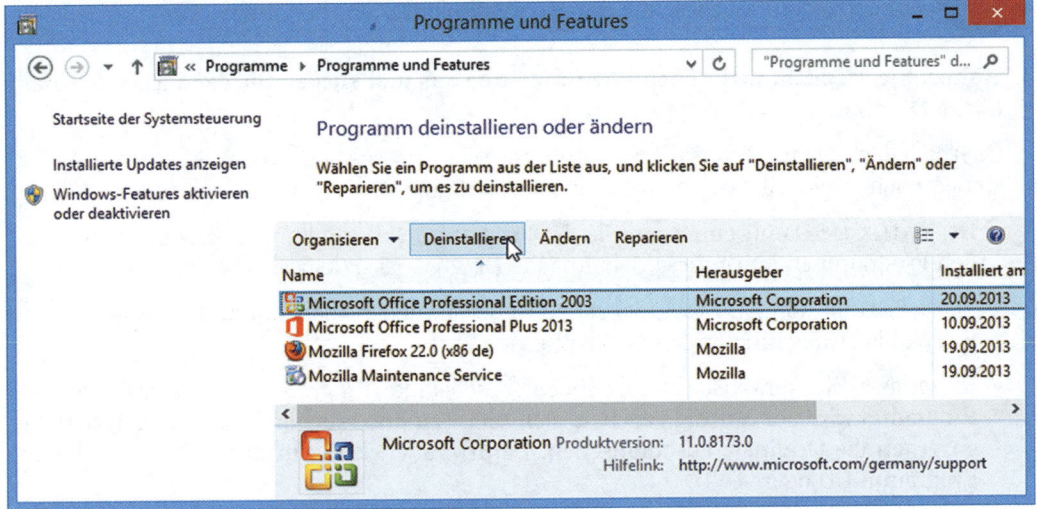

Abbildung 12.10: Hier werden alle aktuell installierten Desktopprogramme aufgelistet.

In den nächsten beiden Abschnitten wird beschrieben, wie Sie vorhandene Apps und Programme entfernen oder ändern sowie neue installieren.

Apps und Programme entfernen

Das Löschen einer App von Ihrem Computer ist keine große Sache. Klicken Sie auf der Startseite mit der rechten Maustaste auf die betreffende Kachel und wählen Sie unten in der App-Leiste den Befehl DEINSTALLIEREN. Wenn Sie auf der Startseite auf eine Kachel für ein traditionelles Desktopprogramm klicken, landen Sie automatisch in der Systemsteuerung und fahren in der folgenden Schrittanleitung mit Schritt 3 fort.

Wenn es darum geht, ein Programm auf dem Desktop zu entfernen, gehen Sie folgendermaßen vor:

1. **Klicken Sie links unten auf dem Desktop mit der rechten Maustaste auf die Schaltfläche START und wählen Sie im Kontextmenü den Befehl SYSTEMSTEUERUNG.**

2. **Klicken Sie in der Systemsteuerung im Bereich PROGRAMME auf den Link PROGRAMME DEINSTALLIEREN.**

   Das Fenster PROGRAMME UND FEATURES wird geöffnet (siehe Abbildung 12.10). Hier finden Sie alle auf Ihrem PC installierten Programme (keine Apps) mit Informationen zum Herausgeber, zum Installationsdatum, zur Größe und zur Versionsnummer.

   Um Festplattenspeicher freizuschaufeln, klicken Sie auf die Spaltenbeschriftung INSTALLIERT AM oder GRÖSSE, um alte beziehungsweise besonders große Programme ausfindig zu machen, die Sie eventuell nicht mehr benötigen.

3. **Wählen Sie das nicht mehr benötigte Programm aus und klicken Sie dann auf die Schaltfläche DEINSTALLIEREN.**

   Oberhalb der Liste wird stets die Schaltfläche DEINSTALLIEREN angeboten. Je nach Programm stehen noch zwei weitere Schaltflächen zur Verfügung, ÄNDERN und REPARIEREN:

   • DEINSTALLIEREN: Damit entfernen Sie das Programm vollständig von Ihrem PC. (Bei einigen Programmen heißt diese Schaltfläche DEINSTALLIEREN/ÄNDERN).

   • ÄNDERN: Damit können Sie Änderungen in der aktuellen Installation durchführen, zum Beispiel Features hinzufügen oder entfernen.

   • REPARIEREN: Eine praktische Möglichkeit, beschädigte Programme zu reparieren. Dem Programm wird der Auftrag gegeben, sich selbst zu untersuchen und beschädigte Dateien gegen die Originale auszutauschen. Dafür brauchen Sie in der Regel die originale Programm-CD oder -DVD.

4. **Wenn Windows fragt, ob Sie sich der Sache sicher sind, dass die gewählte Aktion durchgeführt werden soll, klicken Sie auf JA.**

   Je nachdem, auf welche Schaltfläche Sie geklickt haben, löscht Windows das Programm gnadenlos oder ruft die programmeigene Deinstallationsroutine auf, damit diese die Änderungen oder Reparaturen vornimmt.

   Sie sollten dabei mit Bedacht vorgehen. Wenn Sie ein Programm gelöscht haben, ist es weg. Es wandert nicht in den Papierkorb. Sie können es nur erneut installieren, wenn Sie die Installationsdateien besitzen.

   Entfernen Sie ein Programm stets mithilfe der Systemsteuerung. Das einfache Löschen der Programmordner und -dateien reicht hier nicht aus. Im Gegenteil, Sie verwirren Windows damit, und es gibt dann vielleicht seltsame Fehlermeldungen aus.

Neue Programme installieren

Mittlerweile installieren sich die meisten Programme automatisch selbst, sobald Sie die zugehörige CD/DVD in das Laufwerk Ihres Computers einlegen oder auf den Link zum Download klicken.

Wenn Sie sich nicht sicher sind, ob ein Programm installiert wurde, wechseln Sie zur Startseite und schauen nach, ob die entsprechende Kachel ganz rechts eingefügt wurde. Wenn Sie sie auf der Startseite finden, ist das Programm installiert.

Hier sind ein paar Tipps, wie Sie vorgehen können, wenn sich ein Programm nicht automatisch auf Ihren Computer wagt:

✔ Für die Installation von Programmen benötigen Sie ein Benutzerkonto mit Administratorrechten. (Die meisten Computerbesitzer verfügen automatisch über ein solches Konto.) Standard-, Kinder- und Gastkonten können keine neuen Programme installieren. So haben Sie als Boss die Programmhoheit. (Benutzerkonten sind Thema in Kapitel 14.)

✔ Sie haben ein Programm aus dem Internet heruntergeladen? Windows speichert diese Programme normalerweise in Ihrem Ordner DOWNLOADS. Sie finden diesen Ordner im FAVORITEN-Bereich des Explorers. Doppelklicken Sie dort auf den Programmnamen, und das Programm sollte sich ordnungsgemäß installieren.

✔ Viele neu installierte Programme wollen unbedingt eine Kachel auf der Startseite, eine Verknüpfung auf dem Desktop oder ein Symbol in der Taskleiste anlegen. Sagen Sie zu allem einfach »Ja«. So können Sie das Programm in beiden Windows-Welten – auf der Startseite und auf dem Desktop – bequem starten. (Und wenn Ihnen das später zu viel wird, entfernen Sie die Kachel von der Startseite, löschen Sie die Verknüpfung vom Desktop oder entfernen Sie das Programmsymbol aus der Taskleiste. Nichts ist für immer.)

 Es empfiehlt sich, vor der Installation eines neuen Programms einen Wiederherstellungspunkt anzulegen. (Informationen zu diesem Thema finden Sie in Kapitel 13.) Wenn Ihr neu installiertes Programm Windows völlig durcheinanderbringen sollte, verwenden Sie die Systemwiederherstellung, um Ihren Computer wieder in den funktionierenden Zustand vor der Installation zu versetzen.

Windows für Menschen mit Behinderungen einrichten

Windows stellt sowohl auf der Startseite auf der Seite PC-EINSTELLUNGEN als auch in der Systemsteuerung die Kategorie ERLEICHTERTE BEDIENUNG zur Verfügung, die Einstellungsmöglichkeiten für Menschen enthält, die nicht gut hören, nicht gut sehen oder die Maus nicht bedienen können.

Um eine Einstellung in dieser Kategorie vorzunehmen, gehen Sie folgendermaßen vor:

1. Öffnen Sie die Systemsteuerung.

Öffnen Sie die Systemsteuerung mit dem Eingabewerkzeug, das Ihnen zur Verfügung steht:

- **Maus:** Klicken Sie mit der rechten Maustaste auf die Schaltfläche Start und wählen Sie im Kontextmenü den Befehl Systemsteuerung.

- **Tastatur:** Drücken Sie ⊞+Ⓘ und drücken Sie dann so lange die ⇄-Taste, bis der Eintrag Systemsteuerung ausgewählt ist; drücken Sie abschließend die ↵-Taste.

- **Touchscreen:** Streifen beziehungsweise wischen Sie mit dem Finger vom rechten Bildschirmrand nach innen. Tippen Sie in der Charms-Leiste auf den Charm Einstelllungen und dann auf Systemsteuerung.

2. **Klicken Sie auf die Kategorie Erleichterte Bedienung und dann auf Center für erleichterte Bedienung.**

Das Fenster Center für erleichterte Bedienung wird geöffnet (siehe Abbildung 12.11). Windows bekommt plötzlich eine Stimme und erklärt, was Sie hier tun können.

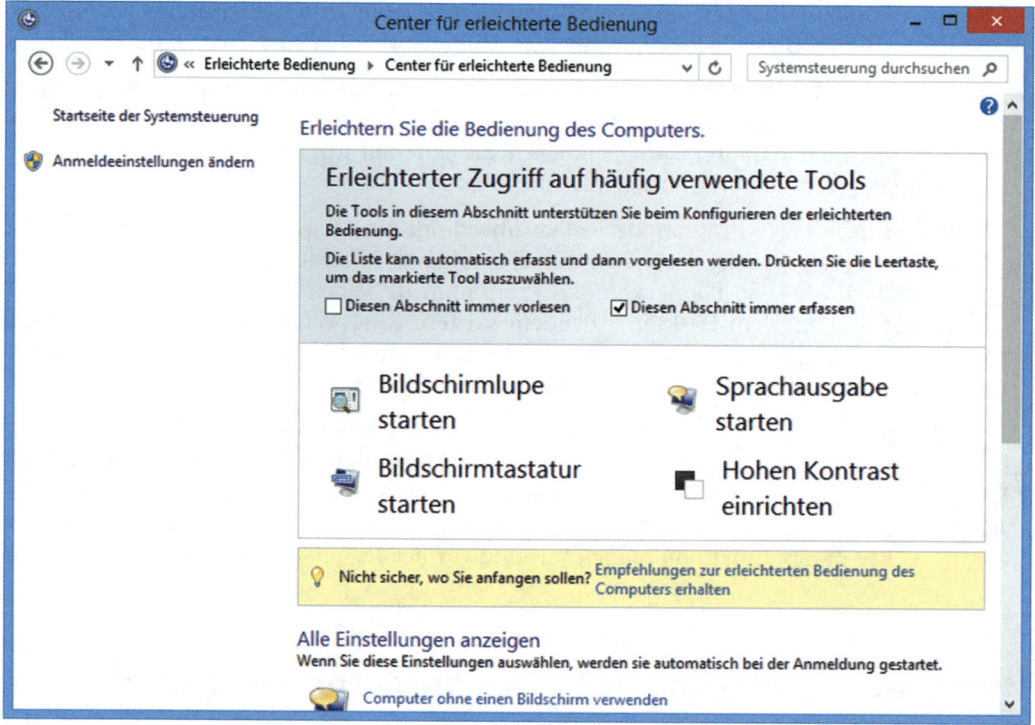

Abbildung 12.11: Das Center für erleichterte Bedienung

3. **Klicken Sie auf den Link Empfehlungen zur erleichterten Bedienung des Computers erhalten.**

Der Bereich Empfehlungen zur erleichterten Bedienung des Computers erhalten ist gelb unterlegt, damit man ihn einfacher ausfindig machen kann. Wenn Sie darauf klicken, führt Windows eine kurze Befragung durch, um zu beurteilen, welche Anpassungen Sie benötigen. Wenn Sie und Windows damit fertig sind, führt Windows alle Änderungen automatisch durch, ohne dass Sie sich um etwas kümmern müssen.

Wenn Sie mit diesen Änderungen nicht zufrieden werden, fahren Sie mit Schritt 4 fort.

4. Führen Sie die Änderungen manuell durch.

Es werden die folgenden Optionen angeboten, mit denen die Tastatur, die Sprachausgabe, die Anzeige und die Maus leichter gesteuert werden können.

- BILDSCHIRMLUPE STARTEN: Diese Option vergrößert die Darstellung an der Position des Mauszeigers.

- SPRACHAUSGABE STARTEN: Der in Windows integrierte »Erzähler« liest den Bildschirmtext für Menschen vor, die den Text nicht gut erkennen können.

- BILDSCHIRMTASTATUR STARTEN: Damit wird am unteren Bildschirmrand eine Tastatur eingeblendet, auf der Sie durch Zeigen und Klicken schreiben können.

- HOHEN KONTRAST EINRICHTEN: Diese Einstellung entfernt die meisten Bildschirmfarben, was Sehbehinderten hilft, den Bildschirm und den Cursor deutlicher zu erkennen.

Wenn Sie eine dieser Optionen auswählen, wird sie sofort eingeschaltet. Schließen Sie das entsprechende Fenster, wenn Sie mit dem Ergebnis nicht zufrieden sind, und fahren Sie mit Schritt 5 fort.

5. Wählen Sie einen Eintrag im Bereich ALLE EINSTELLUNGEN ANZEIGEN aus.

Hier können Sie das Arbeiten mit dem Computer in verschiedenen Bereichen optimieren.

Fragen Sie in Behindertenzentren nach, ob diese über spezielle Software verfügen oder Sie bei der Anpassung der Optionen in der Systemsteuerung unterstützen können.

Windows hegen und pflegen

In diesem Kapitel

▶ Wiederherstellungspunkte setzen

▶ Wichtige Arbeitsdaten mit dem Dateiversionsverlauf sichern

▶ Festplattenspeicher freischaufeln

▶ Die Funktion der Schaltfläche EIN/AUS in Windows bestimmen

▶ Neue Gerätetreiber installieren

*W*enn irgendetwas in Windows nicht mehr funktioniert, lesen Sie in Kapitel 18 nach, wie Sie den Fehler beheben können. (Windows läuft in diesem Bereich zur Höchstform auf.) Haben Sie aber den Eindruck, dass Ihr Computer bemerkenswert gut läuft, lesen Sie hier weiter. Dieses Kapitel erklärt, wie Sie Ihren Computer so lange wie möglich in diesem guten Zustand erhalten können.

Dieses Kapitel fungiert als eine Art Checkliste. In jedem Abschnitt wird eine ziemlich einfache, aber notwendige Aufgabe erklärt, die zur optimalen Funktionsweise von Windows beiträgt. Sie erfahren hier beispielsweise, wie Sie Ihre Datenschätze mit der Funktion mit dem sperrigen Namen *Dateiversionsverlauf* sichern.

Sie lernen, wie Sie schlechten Gerätetreibern kündigen und qualifiziertere einstellen. Das sind die kleinen Programme, die dafür sorgen, dass Drucker, Bildschirme, Faxgeräte und ähnliche Geräte einwandfrei mit Windows kommunizieren.

Zusätzlich zu der Checkliste in diesem Kapitel sollten Sie sicherstellen, dass Windows Update und Windows Defender auf Ihrem Rechner eingeschaltet sind. Das geht ganz schnell und wird ausführlich in Kapitel 11 erläutert. Diese beiden Programme sind dafür zuständig, Ihren Rechner wohlbehalten und sicher am Laufen zu halten.

Wiederherstellungspunkte setzen

Windows entfernt sich langsam, aber sicher von diesem Verfahren und setzt mehr auf die neueren Methoden der Systemaktualisierung und Systemzurücksetzung, die Thema in Kapitel 18 sind. Wer sich aber zu den alten Ich-setze-einen-Wiederherstellungspunkt-Fans zählt, kann weiterhin auf das Verfahren der Wiederherstellungspunkte zurückgreifen, um damit die Uhr zurückdrehen und den Rechner in einen Zustand versetzen zu können, als alles noch gut war.

Um einen Wiederherstellungspunkt zu setzen, gehen Sie folgendermaßen vor:

1. **Geben Sie auf der Startseite** Wiederherstellung **ein und klicken Sie im Suchbereich auf das Suchergebnis** Wiederherstellungspunkt erstellen.

   Das Dialogfeld Systemeigenschaften wird geöffnet. Die Registerkarte Computerschutz ist ausgewählt.

2. **Klicken Sie im Dialogfeld** Systemeigenschaften **auf die Schaltfläche** Erstellen, **geben Sie im Dialogfeld** Computerschutz **einen Namen für den Wiederherstellungspunkt ein und klicken Sie dann auf die Schaltfläche** Erstellen.

   Windows setzt einen Wiederherstellungspunkt mit dem von Ihnen vergebenen Namen. Sie müssen nur noch ein paar Fenster schließen, und die Aufgabe ist erledigt.

Wenn Sie an guten Tagen Wiederherstellungspunkte setzen, wissen Sie an schlechten Tagen sofort, auf welchen Sie zurückgreifen wollen. In Kapitel 18 erfahren Sie im Kasten »Wiederherstellungspunkte verwenden«, wie Sie Ihren Computer mit einem Wiederherstellungspunkt reanimieren.

Feineinstellungen mit den integrierten Wartungswerkzeugen von Windows vornehmen

Windows enthält eine Reihe von Werkzeugen, die das reibungslose Funktionieren Ihres Computers unterstützen. Einige von ihnen laufen automatisch ab. Und Ihr Job beschränkt sich darauf zu prüfen, ob sie eingeschaltet sind. Andere helfen Ihnen dabei, Katastrophen vorzubeugen, indem sie die Dateien Ihres PCs sichern.

Um einen Blick auf diese Werkzeuge zu werfen, klicken Sie mit der rechten Maustaste auf die Schaltfläche Start, wählen im Kontextmenü den Befehl Systemsteuerung und klicken dann in der Systemsteuerung auf die Kategorie System und Sicherheit.

Streifen beziehungsweise wischen Sie mit dem Finger vom rechten Bildschirmrand nach innen, tippen Sie auf den Charm Einstellungen und oben im Einstellungsbereich auf den Eintrag Systemsteuerung.

Auf die folgenden Werkzeuge werden Sie hin und wieder zurückgreifen:

✔ Dateiversionsverlauf: Die in Windows 8 vorgestellte Funktion zum Sichern von Daten wirft ihr Sicherheitsnetz über alle Ihre Dateien, die – aufgepasst – in einer der sechs Hauptordner (Bilder, Desktop, Dokumente, Downloads, Musik und Videos) gespeichert sind. So können Sie jederzeit auf eine Kopie Ihrer wertvollen persönlichen Daten zurückgreifen, sollte etwas schiefgehen. Ihre Aufgabe besteht lediglich darin, diese Funktion einzuschalten. Das schaffen Sie!

✔ System: Wer mit technischem Support zu tun hat, blüht hier auf. Dieser Bereich enthält Informationen über die Windows-Version, die Pferdestärken Ihres PCs, den Netzwerkstatus und die Höhe des verfügbaren Arbeitsspeichers.

✔ VERWALTUNG: In dieser komplexen Wundertüte für Technikfreaks ist ein Edelstein vergraben: Das Programm DATENTRÄGERBEREINIGUNG entfernt den Müll von der Festplatte und sorgt so für mehr Speicherplatz.

✔ ENERGIEOPTIONEN: Sind Sie nicht sicher, ob Ihr Computer döst, in den Winterschlaf gefallen oder nur ausgeschaltet ist? (In Kapitel 3 erfahren Sie, was der Unterschied ist.) Hier können Sie entscheiden, in welchen Zustand Ihr PC versetzt wird, wenn Sie die Windows-Schaltfläche EIN/AUS wählen. (Oder – für die Besitzer von Notebooks – wenn Sie den Deckel schließen.)

✔ GERÄTE-MANAGER: Dieser Manager listet alle Geräte auf, die an und in Ihrem Computer angeschlossen sind. Hier können Sie feststellen, welche Geräte sich nicht wohlfühlen und eventuell einen neuen Gerätetreiber benötigen.

Diese Werkzeuge werden in den folgenden Abschnitten ausführlich beschrieben.

Daten mit dem Dateiversionsverlauf retten

Unglücklicherweise kann es passieren, dass Ihre Festplatte den Geist aufgibt. Alles, was Sie auf der Festplatte über Jahre angesammelt haben, ist plötzlich weg – digitale Fotos, Songs, Briefe, Finanzdaten, gescannte Erinnerungen und alles, was Sie sonst noch auf Ihrem PC erstellt oder gespeichert haben.

Aus diesem Grund müssen Sie Ihre Dateien regelmäßig sichern. Diese Sicherungskopie gibt Ihnen die Möglichkeit, den Schaden zu begrenzen, wenn Ihre Festplatte plötzlich nicht mehr mag.

Windows 8 hat die Funktion *Dateiversionsverlauf* ins Spiel gebracht. Wenn diese Funktion erst einmal eingeschaltet ist (was sie standardmäßig nicht ist), sichert sie jede Stunde alle Dateien in den Hauptordnern. Das Einschalten der Funktion ist ein Kinderspiel, das Programm läuft automatisch ab und es sichert alle Ihre privaten Datenschätze.

Bevor Sie den Dateiversionsverlauf verwenden können, brauchen Sie zwei Dinge:

✔ **Eine externe Festplatte:** Die gibt es in jedem Computershop. Eine kleine Box mit einem Kabel, das Sie in einen der USB-Anschlüsse Ihres Rechners stecken. Wenn Sie die externe Festplatte anschließen, erkennt Windows sie sofort. Lassen Sie die externe Festplatte an Ihrem Rechner angeschlossen, und die Datensicherung wird automatisch durchgeführt.

Natürlich tut es auch ein USB-Stick, den Sie nur einfach in einen USB-Anschluss des Rechners stecken müssen. So einem Stick wird aber schneller die Speicherpuste ausgehen. Da passen Ihre digitalen Schätze einfach nicht alle drauf.

✔ **Die Funktion einschalten:** Der Dateiversionsverlauf ist im Lieferumfang von Windows 8 und Windows 8.1 enthalten. Die Funktion ist aber standardmäßig ausgeschaltet. Sie müssen sie also einschalten, damit sie ihrer Arbeit nachgehen kann.

Führen Sie die folgenden Schritte aus, damit der Dateiversionsverlauf Ihre Arbeitsdaten stündlich sichert:

1. **Schließen Sie das externe Laufwerk an.**

   Entweder hat die Festplatte einen USB-Stecker oder es gibt ein Kabel, das in den USB-Anschluss am Rechner passt.

2. **Klicken Sie auf die Benachrichtigung, in der abgefragt wird, welche Aufgabe Sie mit dem Gerät durchführen wollen.**

   Die in Abbildung 13.1 gezeigte Meldung wird immer dann angezeigt, wenn Sie ein neues externes Gerät an Ihren Rechner anschließen, zum Beispiel einen USB-Stick oder eine externe Festplatte. Die Benachrichtigung erfolgt sowohl auf der Startseite als auch auf dem Desktop.

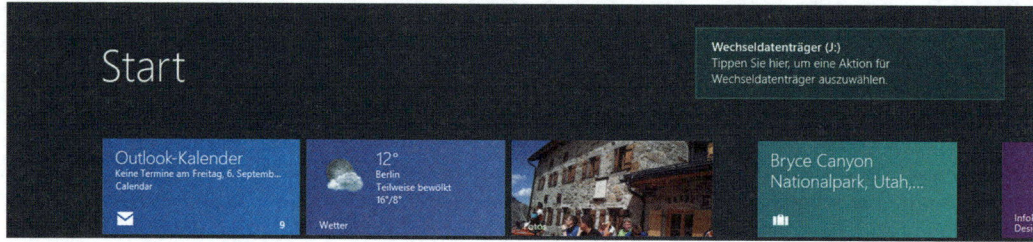

Abbildung 13.1: Klicken Sie auf die Benachrichtigung rechts oben auf dem Bildschirm.

Wenn Sie keine Meldung wie in Abbildung 13.1 sehen oder wenn Sie vorhandene Einstellungen für den Dateiversionsverlauf ändern wollen, fahren Sie gleich mit Schritt 4 fort.

3. **Wählen Sie die Option** LAUFWERK FÜR SICHERUNG KONFIGURIEREN.

   Wenn Sie in einer Liste wie in Abbildung 13.2 wählen können, klicken Sie auf LAUFWERK FÜR SICHERUNG KONFIGURIEREN. Wenn stattdessen das Fenster DATEIVERSIONSVERLAUF geöffnet wird, klicken Sie auf die Schaltfläche EINSCHALTEN.

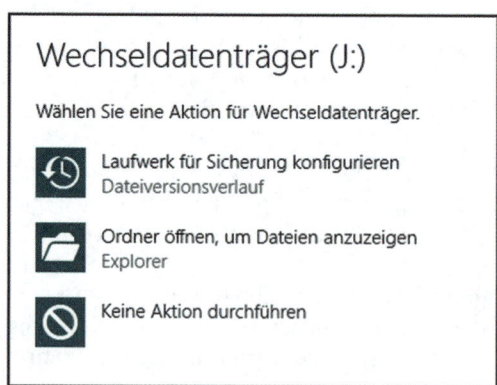

Abbildung 13.2: Wählen Sie die Option »Laufwerk für Sicherung konfigurieren«.

 Vielleicht werden Sie auch gefragt, ob Sie dieses Laufwerk den anderen Mitgliedern der Heimnetzgruppe ans Herz legen wollen. Wenn es eine große externe Festplatte ist, die Sie mit den anderen teilen wollen, sagen Sie JA. Wenn Sie sie nur zum Sichern Ihrer eigenen, ganz persönlichen Daten nutzen wollen, sagen Sie NEIN.

Der Dateiversionsverlauf kopiert Ihre persönlichen Daten zum ersten Mal auf den externen Datenträger. Das kann abhängig von der zu sichernden Datenmenge einige Minuten oder ein paar Stunden dauern.

Sollten Sie nirgendwo eine Meldung erhalten, wenn Sie das neue Laufwerk anschließen, brauchen Sie nicht zu verzweifeln; fahren Sie dann mit Schritt 4 fort.

4. **Öffnen Sie die Systemsteuerung.**

Klicken Sie mit der rechten Maustaste auf die Schaltfläche START und wählen Sie im Kontextmenü den Befehl SYSTEMSTEUERUNG.

 Streifen beziehungsweise wischen Sie mit dem Finger vom rechten Bildschirmrand nach innen, tippen Sie auf den Charm EINSTELLUNGEN und oben im Einstellungsbereich auf den Eintrag SYSTEMSTEUERUNG.

5. **Klicken Sie auf die Kategorie** SYSTEM UND SICHERHEIT **und dann auf den Bereich** DATEIVERSIONSVERLAUF.

Die Funktion Dateiversionsverlauf meldet sich zum Dienst und sucht sich das passende externe Laufwerk für die Datensicherung. Wenn es das richtige Laufwerk findet, fahren Sie mit Schritt 7 fort. Sollte sich die Funktion im Laufwerk irren, führen Sie Schritt 6 aus.

6. **Klicken Sie im Fenster** DATEIVERSIONSVERLAUF **im linken Bereich auf den Link** LAUFWERK AUSWÄHLEN **und wählen Sie ein anderes Laufwerk aus.**

7. **Klicken Sie auf die Schaltfläche** EINSCHALTEN **(siehe auch Abbildung 13.3).**

Der Dateiversionsverlauf nimmt seine Arbeit auf und sichert Ihre wertvollen Datenschätze.

Der Dateiversionsverlauf ist eine prima Sache. Alles läuft fast von allein. Es gibt aber doch die eine oder andere Einstellungsmöglichkeit:

 Wenn Sie versuchen, die Daten auf ein vernetztes Laufwerk oder einen vernetzten Computer zu sichern, fordert Windows Sie auf, den Benutzernamen und das Kennwort des Administrators für den anderen Computer einzugeben.

✔ Die Funktion Dateiversionsverlauf sichert alle Daten in den Hauptordnern BILDER, DESKTOP, DOKUMENTE, DOWNLOADS, MUSIK und VIDEOS. Um einen Ordner aus der Datensicherung auszuschließen, klicken Sie im Fenster DATEIVERSIONSVERLAUF im linken Bereich auf den Link ORDNER AUSSCHLIESSEN und fügen den auszuschließenden Ordner in die Liste ein.

✔ Standardmäßig sichert der Dateiversionsverlauf die Daten stündlich. Um dieses Intervall zu ändern, klicken Sie im Fenster DATEIVERSIONSVERLAUF im linken Bereich auf den Link ERWEITERTE EINSTELLUNGEN und wählen in der Dropdownliste SPEICHERN VON DATEIKOPIEN ein anderes Zeitintervall aus.

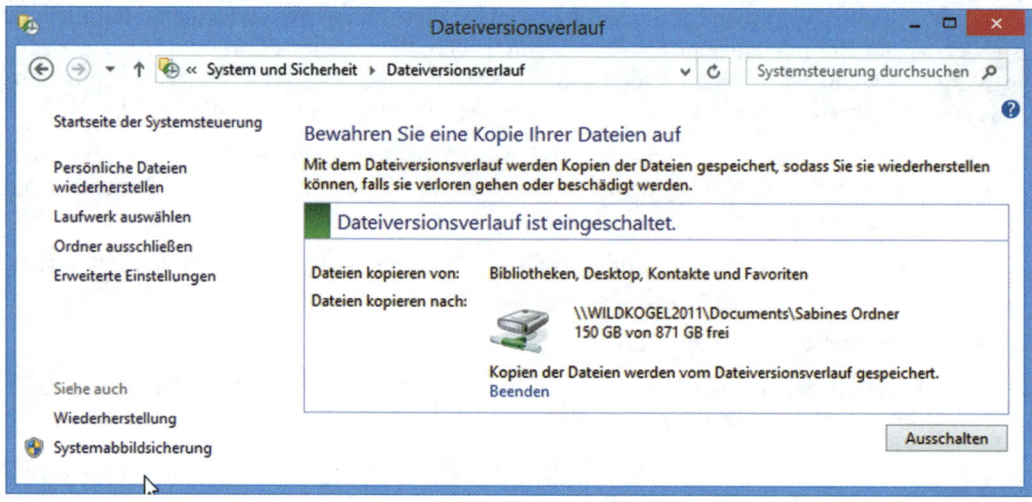

Abbildung 13.3: Der Dateiversionsverlauf wurde erfolgreich aktiviert und die Daten werden auf einen Netzwerkcomputer gesichert.

✔ Wenn Sie die Funktion einschalten, beginnt Windows sofort mit der Datensicherung.

✔ Wie Sie die mit der Funktion Dateiversionsverlauf gesicherten Daten wiederherstellen können, erfahren Sie in Kapitel 18. Hier nur schon einmal so viel: Sie können die gesicherten Dateien nicht nur wiederherstellen, sondern sogar einen Versionsvergleich durchführen, um dann vielleicht nur die »besseren« Dateiversionen wiederherzustellen.

 Windows speichert die Datensicherung im Ordner FILEHISTORY auf dem ausgewählten Laufwerk. Verschieben Sie diesen Ordner auf keinen Fall, sonst findet Windows ihn im Notfall nicht und kann die Dateien nicht mehr wiederherstellen.

Technische Daten über Ihren Computer anzeigen

Wenn Sie jemals unter die Motorhaube von Windows blicken müssen, wovor der Himmel Sie bewahren möge, öffnen Sie die Systemsteuerung.

Klicken Sie dazu mit der rechten Maustaste auf die Schaltfläche START und wählen Sie im Kontextmenü den Befehl SYSTEMSTEUERUNG.

 Streifen beziehungsweise wischen Sie mit dem Finger vom rechten Bildschirmrand nach innen, tippen Sie auf den Charm EINSTELLUNGEN und oben im Einstellungsbereich auf den Eintrag SYSTEMSTEUERUNG.

Klicken Sie in der Systemsteuerung auf die Kategorie SYSTEM UND SICHERHEIT und dort auf den Eintrag SYSTEM. Das Fenster SYSTEM (siehe Abbildung 13.4) enthält jede Menge technische Informationen über Ihren Computer.

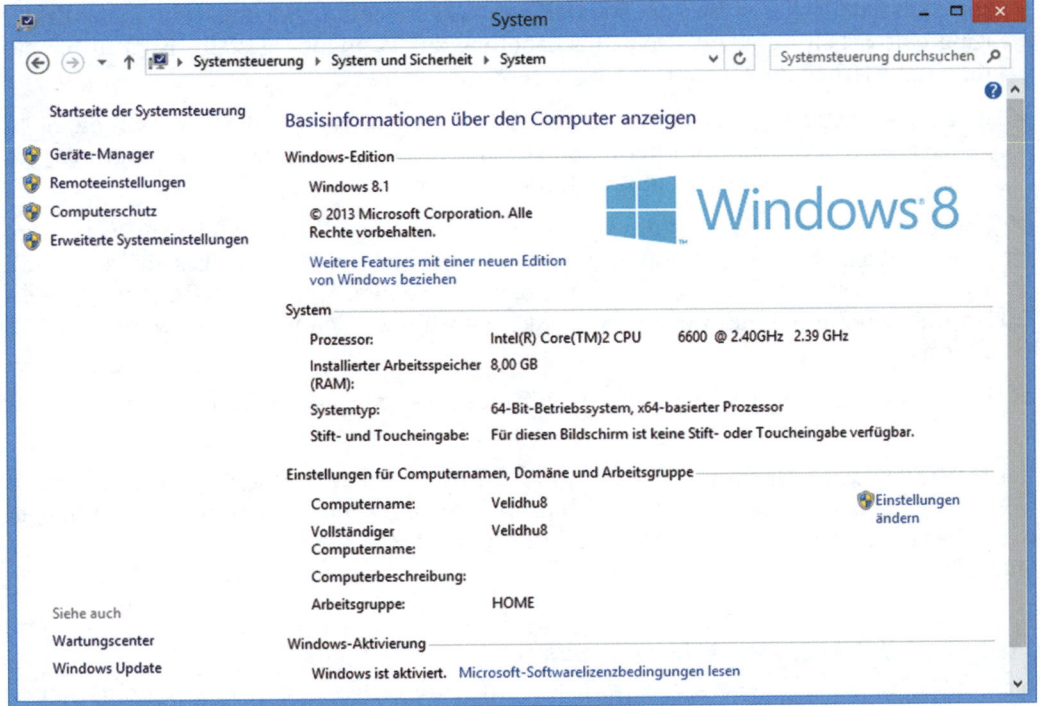

Abbildung 13.4: Im Fenster »System« finden Sie jede Menge technische Informationen zu Ihrem Computer.

✔ WINDOWS-EDITION: Windows gibt es in mehreren Versionen. Um Ihrem Gedächtnis auf die Sprünge zu helfen, führt Windows hier die Version auf, die auf Ihrem PC läuft.

SYSTEM: Windows 8.1 hat den Windows-Leistungsindex eliminiert, mit dem beurteilt wird, wie stark Ihr Rechner ist. Hier finden Sie aber immer noch Angaben zum Prozessor und zum Arbeitsspeicher Ihres Rechners.

✔ EINSTELLUNGEN FÜR COMPUTERNAMEN, DOMÄNE UND ARBEITSGRUPPE: Dieser Teil gibt den Namen Ihres Computers und seiner Arbeitsgruppe preis. Die Arbeitsgruppe wird immer dann benannt, wenn der Computer mit anderen Computern in einem Netzwerk verbunden ist. (Netzwerke sind Thema in Kapitel 15.)

✔ WINDOWS-AKTIVIERUNG: Um zu verhindern, dass Leute eine Windows-Version kaufen und diese dann gleich auf mehreren Computern installieren, verlangt Microsoft, dass Windows *aktiviert* und damit fest mit dem aktuellen Rechner verknüpft wird.

Auf der linken Seite im Fenster SYSTEM finden Sie noch ein paar weitere Funktionen, die in Zeiten von Angst und Schrecken – wenn mit Ihrem PC etwas schiefgeht – hilfreich sein können:

✔ GERÄTE-MANAGER: Damit listen Sie alle Geräte auf, die es in und an Ihrem Computer gibt. Teile mit einem Ausrufezeichen fühlen sich derzeit nicht sehr wohl. Doppelklicken Sie auf solch ein unglückliches Teil, um zu erfahren, was ihm fehlt. (Manchmal wird in der Erklärung eine Schaltfläche zur Problembehandlung zur Verfügung gestellt. Klicken Sie darauf, um Klarheit zu bekommen.)

✔ Remoteeinstellungen: Dieses selten genutzte Feature gibt einer anderen Person die Möglichkeit, Ihren PC über das Internet zu steuern, um beispielsweise Fehler zu heben. Sie sollten dieser Person aber absolut vertrauen können.

✔ Computerschutz: Mit diesem Link können Sie Wiederherstellungspunkte setzen (was im Kasten »Wiederherstellungspunkte setzen« am Anfang dieses Kapitels beschrieben wird). Wenn Sie diese Funktion hier aufrufen, können Sie einen Wiederherstellungspunkt wählen und den Zustand des Computers zu diesem früheren Zeitpunkt wiederherstellen, als alles noch gut war.

✔ Erweiterte Systemeinstellungen: Profis verbringen hier eine Menge Zeit. Alle anderen meiden diesen Bereich.

Das meiste von dem, was Sie im Bereich System der Systemsteuerung von Windows finden, ist ziemlich kompliziert. Beschäftigen Sie sich damit also nur, wenn Sie wissen, was Sie tun oder wenn Sie vom technischen Support aufgefordert werden, dort eine bestimmte Einstellung zu ändern.

Platz auf der Festplatte freiräumen

Wenn Programme anfangen, sich bitterlich darüber zu beklagen, dass es auf der Festplatte Ihres Computers langsam eng wird, sorgt die folgende Lösung zumindest für kurze Zeit für Ruhe:

1. **Klicken Sie mit der rechten Maustaste auf die Schaltfläche Start und wählen Sie im Kontextmenü den Befehl Systemsteuerung.**

Streifen beziehungsweise wischen Sie mit dem Finger vom rechten Bildschirmrand nach innen, tippen Sie auf den Charm Einstellungen und oben im Einstellungsbereich auf den Eintrag Systemsteuerung.

2. **Klicken Sie in der Systemsteuerung auf die Kategorie System und Sicherheit und dann ziemlich weit unten in der Liste unter Verwaltung auf den Link Speicherplatz freigeben.**

Wenn es auf Ihrem Rechner mehrere interne Festplatten gibt, fragt Windows nach, wo es sauber machen soll.

3. **Belassen Sie es, wie anboten, bei Laufwerk C: und klicken Sie auf OK.**

Das Datenbereinigungsprogramm berechnet, wie viel Speicherplatz gewonnen werden kann, und präsentiert sein Ergebnis im Dialogfeld Datenträgerbereinigung (siehe Abbildung 13.5). Ganz oben im Dialogfeld steht, wie viel Festplattenspeicher freigeschaufelt werden kann.

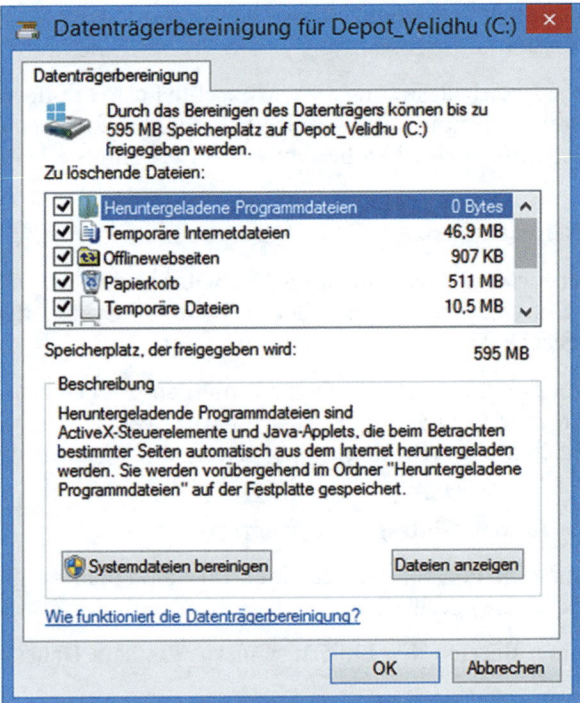

Abbildung 13.5: Achten Sie darauf, dass alle Kontrollkästchen mit einem Häkchen versehen sind.

4. Aktivieren die Kontrollkästchen aller Elemente und klicken Sie auf OK.

Für jedes aktivierte Kontrollkästchen wird eine Beschreibung zu den zu löschenden Daten angezeigt. Wenn Sie auf OK klicken, fragt Windows nach, ob Sie all diese Dateien wirklich löschen wollen.

Wenn Sie auf eine Schaltfläche SYSTEMDATEIEN BEREINIGEN stoßen, klicken Sie darauf. Damit entfernen Sie den Müll, den Ihr PC – nicht Sie – erzeugt hat.

5. Klicken Sie auf DATEIEN LÖSCHEN, um die nicht benötigten Dateien von der Festplatte zu eliminieren.

Windows räumt jetzt Ihren Papierkorb leer, eliminiert Überbleibsel von alten Websites und entfernt sonstige nicht mehr benötigte Datenfitzelchen.

Alle Macht dem Netzschalter

Anstatt den Knopf zum Ein- und Ausschalten an Ihrem Computer zu drücken, sollten Sie Windows lieber mit seiner eigenen EIN/AUS-Schaltfläche beenden, wie Sie es vielleicht schon in Kapitel 2 gelesen haben.

Die Schaltfläche Ein/Aus stellt drei Möglichkeiten zur Verfügung: Energie sparen (die gängigste Auswahl), Herunterfahren und Neu starten.

Damit Sie nicht nach jeder Arbeitssitzung die gewünschte Form der Beendigung wählen müssen, können Sie generell bestimmen, wie Windows standardmäßig beendet werden soll, wenn Sie auf die Ein/Aus-Schaltfläche klicken beziehungsweise wenn Sie bei einem Notebook den Deckel schließen.

Um die Mission des Netzschalters zu ändern, gehen Sie folgendermaßen vor:

1. **Klicken Sie mit der rechten Maustaste auf die Schaltfläche Start, wählen Sie im Kontextmenü den Befehl Systemsteuerung und klicken Sie in der Systemsteuerung auf die Kategorie System und Sicherheit.**

    Streifen beziehungsweise wischen Sie mit dem Finger vom rechten Bildschirmrand nach innen, tippen Sie auf den Charm Einstellungen und oben im Einstellungsbereich auf den Eintrag Systemsteuerung. Tippen Sie dann auf die Kategorie System und Sicherheit.

2.  **Klicken Sie auf den Eintrag Energieoptionen.**

   Das gleichnamige Fenster wird geöffnet. Dort sind die Energiesparpläne auf Ausbalanciert (empfohlen) gesetzt.

3. **Wählen Sie im linken Bereich den Link Auswählen, was beim Drücken des Netzschalters geschehen soll.**

   Ein Fenster wie in Abbildung 13.6 wird geöffnet.

4. **Nehmen Sie Ihre Änderungen vor.**

   Legen Sie fest, was Ihr Computer tun soll, wenn Sie den Netzschalter drücken: Nichts unternehmen, Energie sparen, Ruhezustand oder Herunterfahren.

   Für Notebooks und Tablet-PCs stehen weitere Optionen zur Verfügung. Für diese Geräte können Sie für den Akku- und Netzbetrieb unterschiedliche Aktionen bestimmen. So können Sie sich beispielsweise dafür entscheiden, im Netzbetrieb nichts zu tun und im Akkubetrieb in den Energiesparmodus zu schalten, um Strom zu sparen.

   Notebookbesitzer können hier auch noch bestimmen, was passiert, wenn der Deckel geschlossen beziehungsweise die Schlummertaste gedrückt wird. (Auch hier kann zwischen Akku- und Netzbetrieb unterschieden werden.)

   Aktivieren Sie zum Erhöhen der Sicherheit die Option Kennwort ist erforderlich, damit zum Aufwecken des Rechners die Eingabe Ihres Kennworts erforderlich ist.

5. **Klicken Sie auf die Schaltfläche Änderungen speichern.**

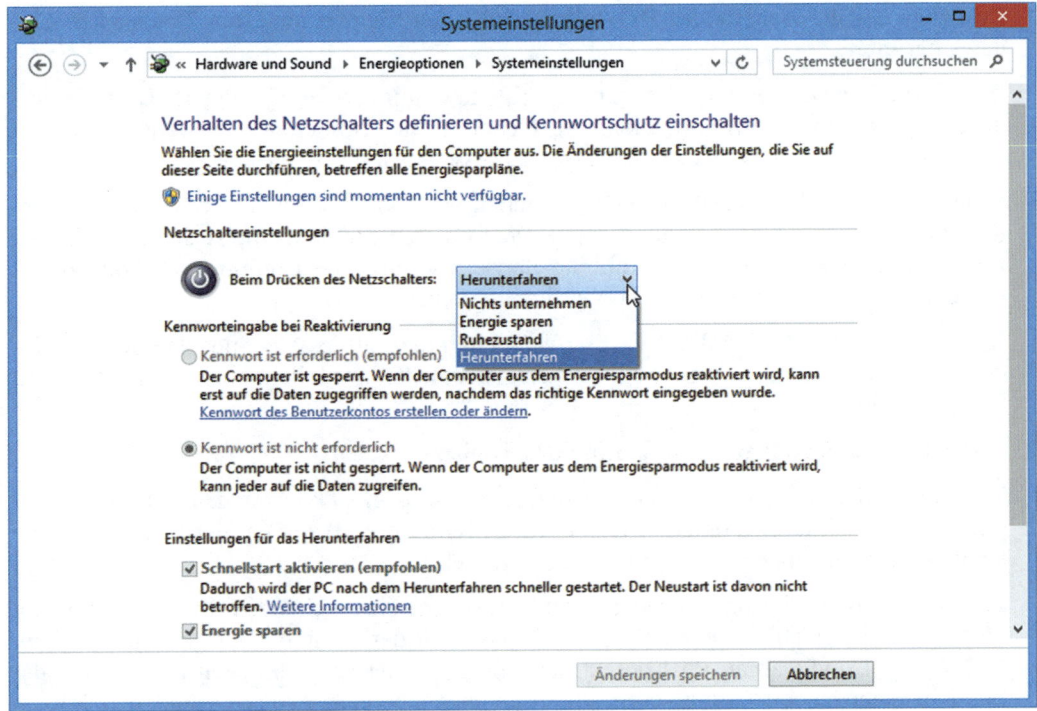

Abbildung 13.6: Legen Sie hier fest, was der Computer machen soll, wenn der Netzschalter betätigt wird.

Mit Gerätetreibern hantieren

Windows hat ein ganzes Arsenal von Treibern – das sind Programme, die dafür sorgen, dass Windows mit den Geräten kommunizieren kann, die an Ihrem Rechner angeschlossen sind. Normalerweise erkennt Windows ein neues Gerät automatisch und sorgt dafür, dass es funktioniert. Ist dies nicht der Fall, geht Windows ins Internet und holt sich Anweisungen, um das Gerät erfolgreich zu integrieren.

Gelegentlich kann es vorkommen, dass Sie ein Gerät anschließen, das so neu ist, dass es Windows noch nicht kennt, oder das so alt ist, dass sich Windows nicht daran erinnern kann. Oder das Gerät funktioniert mit Ach und Krach und murmelt aber ständig etwas von einem neuen Treiber.

In diesen drei Fällen liegt es an Ihnen, einen neuen Treiber aufzuspüren und zu installieren. Die besten Treiber kommen zusammen mit einem Installationsprogramm ins Haus, das die Software automatisch an der richtigen Stelle unterbringt. Die schlechtesten Treiber überlassen Ihnen diese Routinearbeiten.

Wenn Windows Ihre frisch angeschlossene Hardware nicht automatisch erkennt und installiert, und zwar selbst dann nicht, wenn Sie Ihren Computer neu gestartet haben, gehen Sie wie folgt vor, um einen neuen Treiber zu finden und zu installieren:

1. **Besuchen Sie die Website des Herstellers und laden Sie den neuesten Treiber für Windows herunter.**

   Die Webadresse eines Herstellers ist häufig irgendwo auf der Verpackung des Geräts aufgedruckt. Falls Sie sie nicht finden können, suchen Sie den Namen des Herstellers mit einer Suchmaschine, um die betreffende Internetadresse ausfindig zu machen.

   Schauen Sie auf der Website in den Bereichen »Support«, »Download« oder »Kundendienst« (oder »Customer Service«) nach. Dort müssen Sie dann meist die Bezeichnung Ihres Geräts, die Gerätenummer und das Betriebssystem Ihres Computers (Windows 8.1) eingeben, bevor die Website den Treiber herausrückt.

   Es gibt keinen Treiber für Windows 8.1? Versuchen Sie stattdessen, einen Treiber für Windows 8, Windows 7 oder Windows Vista herunterzuladen, weil die manchmal genauso gut funktionieren.

2. **Starten Sie das Installationsprogramm des Treibers.**

   Manchmal reicht es schon, auf die heruntergeladene Datei zu klicken, damit das Installationsprogramm aktiv wird und den Treiber für Sie einrichtet. Wenn das der Fall ist, sind Sie fertig. Andernfalls machen Sie mit Schritt 3 weiter.

    Falls die heruntergeladene Datei in einem ansprechenden Ordnersymbol mit Reißverschluss verpackt ist, klicken Sie mit der rechten Maustaste auf das Symbol und wählen im Kontextmenü ALLE EXTRAHIEREN. Damit wird der Inhalt der Datei in einen neuen Ordner entpackt. (Windows gibt dem neuen Ordner den Namen der Datei, die Sie entpackt haben, damit es für Sie einfacher ist, ihn wiederzufinden.)

3. **Klicken Sie mit der rechten Maustaste auf die Schaltfläche START und wählen Sie den Befehl GERÄTE-MANAGER.**

   Der Geräte-Manager mit allen in und am Rechner angeschlossenen Geräten wird angezeigt. Das Problemgerät ist mit einem gelben Ausrufezeichen gekennzeichnet.

4. **Klicken Sie auf das problematische Gerät. Öffnen Sie dann im Geräte-Manager das Menü AKTION und wählen Sie LEGACYHARDWARE HINZUFÜGEN.**

   Der Hardware-Assistent meldet sich zu Wort, führt Sie durch die Schritte der Installation der neuen Hardware und installiert gegebenenfalls den neuen Treiber. Diese Prozedur kann aber manchmal selbst den hartgesottensten Technikfreak frustrieren.

Vermeiden Sie Probleme, indem Sie Ihre Treiber aktuell halten. Selbst die Treiber, die zusammen mit der neuen Hardware ausgeliefert werden, sind oft schon veraltet. Besuchen Sie die Website des Herstellers und laden Sie die neuesten Treiber herunter. Die Chancen stehen gut, dass dann die Probleme behoben sind, die frühere Benutzer mit den ersten Treiberversionen gehabt haben.

Es gibt mit dem neuen Treiber Probleme? Schnell zum Geräte-Manager. Doppelklicken Sie dort auf den Namen des Problemteils und wählen Sie im Eigenschaftendialogfeld die Registerkarte TREIBER. Halten Sie die Luft an und klicken Sie auf die Schaltfläche VORHERIGER TREIBER. Windows eliminiert den neuen Treiber und kehrt reumütig zu der älteren Treiberversion zurück.

Einen Rechner mit anderen teilen

In diesem Kapitel

▶ Benutzerkonten verstehen

▶ Benutzerkonten hinzufügen, löschen oder ändern

▶ Sich auf der Startseite anmelden

▶ Zwischen Benutzern hin und her wechseln

▶ Kennwörter verstehen

M it Windows können sich mehrere Benutzer einen Rechner, ein Notebook oder einen Tablet-PC teilen, ohne dass sie sich dabei gegenseitig in die Karten schauen können.

Und wie macht Windows das? Windows erstellt für jeden Benutzer ein *Benutzerkonto*, in dem sich die jeweiligen Dateien sozusagen in einem geschützten und isolierten Raum bewegen. (Sie werden in diesem Zusammenhang auch immer wieder auf den Begriff *Account* stoßen; das ist auch nichts anderes als ein Benutzerkonto.) Sobald jemand den Benutzernamen samt Kennwort eingibt, stellt sich der Rechner maßgeschneidert für den angemeldeten Benutzer zur Verfügung. Desktophintergrund, Sperrbildschirm, Startseite, Menüwahl, Programme und Dateien – alles genau auf die angemeldete Person abgestimmt. Und es ist streng verboten beziehungsweise erst gar nicht möglich, in die Dateien der anderen zu schauen.

In diesem Kapitel wird erklärt, wie Sie verschiedene Benutzerkonten einrichten, egal ob für sich selbst als Eigentümer des Rechners, für Familienmitglieder, für Mitbewohner oder für gelegentliche Gäste, die bei Ihnen unbedingt schnell mal ihre Mails checken müssen.

Benutzerkonten verstehen lernen

Windows möchte gerne, dass Sie ein *Benutzerkonto* für jede Person einrichten, die den Rechner benutzt. Das ist so ähnlich wie ein Namensschild, das man bei einer größeren Veranstaltung trägt. So weiß Windows stets, wer an der Tastatur sitzt. Windows bietet drei verschiedene Benutzerkontotypen an: Administrator, Standard und Gast. (Außerdem gibt es noch ein Kinderkonto.) Jeder Benutzer, der die Bühne Ihres PCs betreten will, muss zunächst auf der Anmeldeseite seinen Namen (mit oder ohne Bild) auswählen, wie in Abbildung 14.1 zu sehen ist.

Und für was sind Benutzerkonten gut? Anhand des Benutzerkontos kann Windows erkennen, was Sie auf dem Rechner alles tun dürfen. Stellen Sie sich Ihren Rechner als eine Art Hotel vor. Der Besitzer des Hotels ist der Boss mit Administratorkonto. Die Angestellten verfügen über ihre Standardkonten und die Gäste erhalten für die Zeit ihres Aufenthalts ein Gastkonto.

Abbildung 14.1: Wählen Sie hier Ihr Konto aus.

Und Sie können diese Hoteleinteilung folgendermaßen in Computersprache übersetzen:

✔ **Administrator:** Der Administrator steuert den gesamten Rechner und entscheidet, wer auf den Rechner zugreifen und welche Aufgaben erledigen darf. Der Boss richtet die Benutzerkonten ein und weist die Rechte zu.

✔ **Standard:** Die Standardbenutzer haben jeweils ihren eigenen Bereich und können dort in der Regel nach Belieben schalten und walten. Aber sie dürfen keine größeren Änderungen am Rechner vornehmen. So ist es ihnen untersagt, neue Programme zu installieren. Sie können aber mit den vorhandenen arbeiten.

 **Kind:** Eigentlich ist das Kinderkonto nur ein ganz normales Standardkonto, bei dem Family Safety automatisch aktiviert ist. Die Family Safety-Funktionen sind Thema in Kapitel 11.

✔ **Gast:** Gäste können den Rechner betreten, der Rechner kennt sie aber nicht mit ihren Namen. Gäste dürfen ähnlich viel wie Standardbenutzer, haben aber keine Privatsphäre. Jede Person, die über das Gastbenutzerkennwort verfügt, kann sich anmelden und findet den Rechner so vor, wie ihn der vorherige Gast verlassen hat. (Hier fängt der Hotelvergleich an, wackelig zu werden, oder?) Schnell die Mails checken, kurz etwas im Internet nachschlagen. Mehr sollte es in der Regel nicht sein.

Wenn Sie sich einen Computer unter einem Dach teilen, sind folgende Konstellationen denkbar:

✔ In einer Familie haben die Eltern die Administratorrechte, die Kinder verfügen über Standard- oder Kinderkonten und der Babysitter bekommt ein Gastkonto.

✔ In einer Wohngemeinschaft hat der Eigentümer des Rechners das Sagen, sprich das Administratorkonto. Alle anderen bekommen entweder Standardkonten oder müssen sich ein Gastkonto teilen. (Machen Sie es davon abhängig, wie fleißig sich die anderen am Küchendienst beteiligen.)

 Damit sich niemand unter Ihrem Namen anmelden kann, müssen Sie für Ihr Konto ein Kennwort vergeben. (Wie das geht, erfahren Sie weiter hinten in diesem Kapitel im Abschnitt »Kennwörter und sonstige Sicherheitsvorkehrungen«.)

 Manchmal meldet sich eine Person am Rechner an und geht dann erst einmal einen Kaffee trinken. Wenn am Rechner länger nichts los ist, macht er ein Nickerchen. Sobald er aufwacht, weil vielleicht jemand an der Maus gerüttelt hat, wird nur der Benutzername und das Foto der Person angezeigt, die sich zuletzt angemeldet und nicht wieder abgemeldet hat. Wenn das nicht Sie sind und wenn Sie alle Benutzernamen anzeigen wollen, klicken Sie auf den nach links zeigenden Pfeil.

 Gäste können nicht über eine Wählverbindung ins Internet gelangen. Das geht nur mit einer *Breitbandverbindung* – eine Verbindung, die immer verfügbar ist.

Geben Sie sich selbst auch ein Standardkonto!

Sollte es irgendwann einmal einer bösartigen Software gelingen, sich auf Ihren Rechner zu schmuggeln, und Sie sind dann gerade als Administrator angemeldet, kann das üble Folgen haben. Die Software hat dann nämlich genauso viel Rechte wie Sie. Sie kann alles löschen. Daher schlägt Microsoft vor, dass Sie für sich selbst zwei Konten einrichten, ein Administrator- und ein Standardkonto. Für Ihren Computeralltag können Sie sich stets mit Ihrem Standardkonto anmelden.

Dann behandelt Windows Sie wie jeden anderen Nullachtfünfzehn-Benutzer. Sobald Sie etwas machen wollen, was nur der Administrator tun darf, werden Sie aufgefordert, das Administratorkennwort einzugeben. Geben Sie das angeforderte topsecret Kennwort ein und Sie haben wieder alle wichtigen Rechte. Wenn Sie aufgefordert werden, das Administratorkennwort einzugeben, und aktuell aber gar nichts Besonderes am Rechner machen, wissen Sie, dass irgendetwas nicht stimmt, und verweigern die Eingabe des angeforderten Kennworts.

Das zweite Konto ist eindeutig umständlich, aber Sie erhöhen dadurch die Sicherheit Ihres Rechners und Ihrer Daten.

Ein Benutzerkonto ändern oder ein neues erstellen

Standardkonteninhaber sind Menschen zweiter Klasse. Sie können zwar Programme starten, ihr Profilbild wechseln, ihr Kennwort ändern. Aber die eigentliche Macht liegt in der Hand des Administrators. Er kann neue Benutzerkonten erstellen oder vorhandene löschen und damit den Namen, die Dateien und die Programme einer Person mit einem Wisch vom Rechner fegen. (Ein gutes Verhältnis zum Administrator ist stets von Vorteil.)

Als Administrator erstellen Sie ein Standardkonto für jede Person, die Ihren Rechner benutzen darf. Die Standardbenutzer haben gerade so viele Rechte, dass sie nicht ständig bei Ihnen nachfragen müssen, aber sie können Ihren wichtigen Programmen und Dateien nichts anhaben und auch ansonsten kein Chaos auf dem Rechner anstellen.

Einen Benutzer hinzufügen

Als Administrator fügen Sie ein neues Benutzerkonto auf der Startseite auf der Seite PC-Einstellungen hinzu. Führen Sie dazu folgende Schritte aus:

1. **Blenden Sie die Charms-Leiste ein, klicken Sie auf den Charm Einstellungen und dann unten auf PC-Einstellungen ändern.**

   Zeigen Sie mit der Maus auf die obere oder die untere rechte Bildschirmecke, drücken Sie ⊞+Ⓒ oder streifen beziehungsweise wischen Sie mit dem Finger vom rechten Bildschirmrand nach innen, um die Leiste hervorzuzaubern.

2. **Klicken Sie im Bereich PC-Einstellungen auf die Kategorie Konten und im dann angezeigten Bereich auf die Kategorie Weitere Konten.**

   Auf der Seite Weitere Konten (siehe Abbildung 14.2) können Sie Änderungen am eigenen Konto vornehmen sowie neue Benutzerkonten einrichten.

    Ändern Sie hier beispielsweise Ihr Kennwort oder wechseln Sie von Ihrem Microsoft-Konto zu einem lokalen Konto.

3. **Klicken Sie rechts auf der Seite auf Konto hinzufügen und wählen Sie auf der dann angezeigten Seite Wie meldet sich diese Person an? den Kontotyp aus.**

   Microsoft macht die ganze Sache etwas komplizierter. Es möchte genau wissen, welchen Kontotyp Sie für den neuen Nutzer einrichten wollen. Sie haben folgende Auswahl:

   - Ohne Microsoft-Konto anmelden (nicht empfohlen): Wählen Sie diese Art von Konto für gelegentliche Gäste, Kinder oder Leute, die nicht an Microsoft-Konten und den damit verbundenen Diensten interessiert sind. Es handelt sich hierbei um ein Konto, das sich ausschließlich auf Ihren Rechner bezieht. Man spricht deshalb auch von einem »lokalen Konto«. Wenn Sie auf diesen Link klicken, fahren Sie mit Schritt 5 fort.

   - Konto eines Kindes hinzufügen: Wenn Sie sich für diese Option entscheiden, erstellen Sie ein Standardkonto mit aktivierter Family Safety-Überwachung. Microsoft führt Sie dann zu einer weiteren Seite, auf der Sie zu einem vorhandenen Microsoft-Konto wechseln,

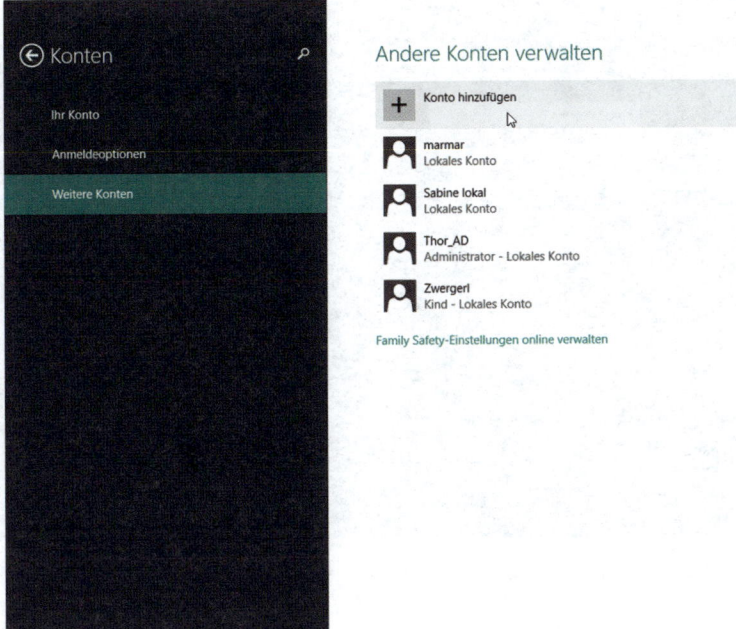

Abbildung 14.2: Wenn Sie auf »Konto hinzufügen« klicken, legen Sie ein neues Benutzerkonto an.

ein neues Microsoft-Konto erstellen (Schritt 4) oder ein Konto ohne E-Mail-Adresse kreieren können (Schritt 5). Wenn das nicht verwirrend ist?

- MICROSOFT-KONTO: Ein Microsoft-Konto (siehe auch Kapitel 2) ist eine E-Mail-Adresse, die mit Microsoft verknüpft ist. Benutzer mit einem Microsoft-Konto können Apps per Kreditkarte kaufen, eigene Dateien in ihrem ganz persönlichen Speicherbereich im Internet auf SkyDrive speichern und vieles mehr. Um ein Microsoft-Konto für einen anderen Benutzer einzurichten, benötigen Sie die entsprechende E-Mail-Adresse. Wenn Sie sich für diese Option entscheiden, fahren Sie mit Schritt 4 fort.

4. **Um ein Microsoft-Konto zu erstellen, geben Sie die E-Mail-Adresse ein, mit der sich der Benutzer ansonsten bei Microsoft-Diensten anmeldet, klicken auf WEITER und dann auf FERTIG STELLEN – das war's.**

Alternativ dazu klicken Sie auf den Link zum Erstellen einer neuen E-Mail-Adresse und richten für den neuen Benutzer ein Microsoft-Konto ein.

Wenn der Benutzer sein neues Konto nutzen will, wählt er auf dem Anmeldebildschirm das passende Konto aus und gibt das Kennwort für das Microsoft-Konto ein. Windows schlägt kurz im Internet nach, ob E-Mail-Adresse und Kennwort passen. Dann ist die Anmeldung abgeschlossen.

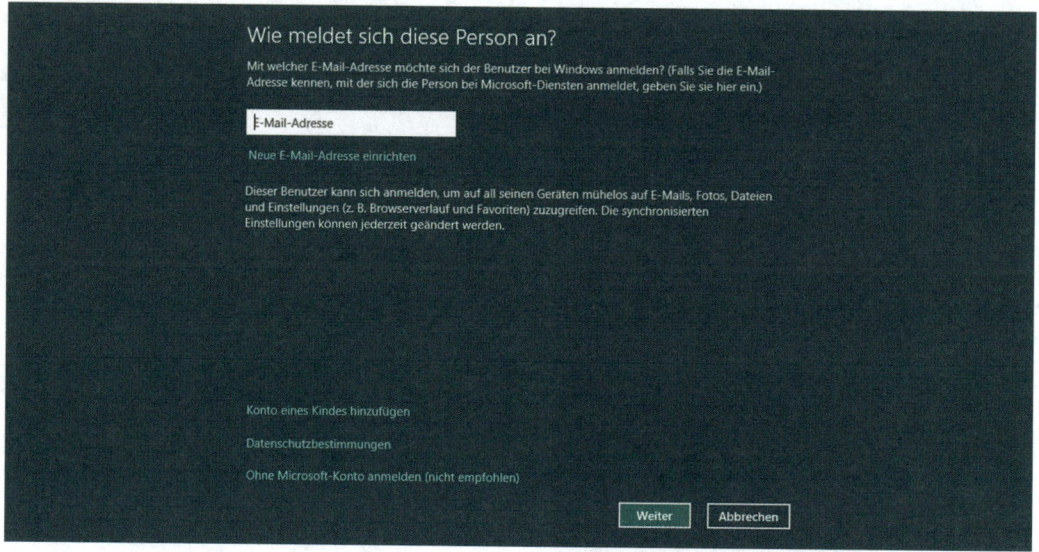

Abbildung 14.3: Geben Sie eine E-Mail-Adresse ein, um ein Microsoft-Konto einzurichten.

5. Wenn Sie die E-Mail-Adresse für ein Microsoft-Konto nicht kennen, richten Sie ein Konto ohne E-Mail-Adresse ein, ein sogenanntes lokales Konto. Klicken Sie auf den Link OHNE MICROSOFT-KONTO ANMELDEN (NICHT EMPFOHLEN) (siehe unten in Abbildung 14.3).

Windows kann es nicht glauben, dass Sie kein Microsoft-Konto einrichten wollen, und bietet sicherheitshalber zwei Schaltflächen an, einmal MICROSOFT-KONTO (für den Fall, dass Sie es sich doch anders überlegt haben) und einmal LOKALES KONTO.

6. Klicken Sie auf die Schaltfläche LOKALES KONTO.

Sie wollen also wirklich ein lokales Konto erstellen. (Sie können ein lokales Konto später jederzeit in ein Microsoft-Konto umwandeln.)

Sie werden auf einer neuen Seite nach dem Benutzernamen, dem Benutzerkennwort und einem Kennworthinweis gefragt.

7. Geben Sie den Namen, das Kennwort sowie den Kennworthinweis ein und klicken Sie auf WEITER.

Wählen Sie ein einfaches Kennwort und einen Hinweis, der leicht zu merken ist. Der Benutzer ändert das hinterher sowieso wieder.

8. Klicken Sie auf FERTIG STELLEN.

Teilen Sie dem neuen Benutzer den Namen, das Kennwort und den Kennworthinweis mit. Die Person kann sich dann anmelden und den Namen, das Kennwort und den Hinweis ändern.

Windows richtet in der Regel für alle neuen Konten – Microsoft-Konten und lokale Konten – ein Standardkonto ein. Sie können ein Konto später bei Bedarf zum Administratorkonto befördern oder ein Administratorkonto zum Standardkonto degradieren (siehe auch den nächsten Abschnitt).

Ein vorhandenes Konto ändern

Im vorherigen Abschnitt haben Sie erfahren, wie Sie auf der Startseite in den PC-Einstellungen ein neues Benutzerkonto einrichten. Dort können Sie auch Ihre eigenen Kontoeinstellungen anpassen oder zwischen einem Microsoft-Konto und einem lokalen Konto hin und her wechseln. Und als Administrator haben Sie sogar die Macht, andere Konten zu bearbeiten, um sie beispielsweise in Kinder-, Standard- oder Administratorkonten umzuwandeln, und Konten zu löschen.

Wenn Sie aber mehr wollen, beispielsweise Kontoname und Kennwort ändern, schickt Sie Windows in die kraftstrotzende Systemsteuerung auf dem Desktop.

Um Änderungen an einem bestehenden Konto vorzunehmen, gehen Sie folgendermaßen vor:

1. **Klicken Sie mit der rechten Maustaste auf die Schaltfläche** START **und wählen Sie im Kontextmenü den Befehl** SYSTEMSTEUERUNG.

Streifen oder wischen Sie mit dem Finger vom rechten Bildschirmrand nach innen, tippen Sie auf den Charm EINSTELLUNGEN und oben im Einstellungsbereich auf den Eintrag SYSTEMSTEUERUNG.

2. **Klicken Sie auf die Kategorie** BENUTZERKONTEN UND FAMILY SAFETY.

3. **Klicken Sie auf den Bereich** BENUTZERKONTEN **und dann auf den Link** ANDERE KONTEN VERWALTEN.

Das Fenster KONTEN VERWALTEN wird geöffnet (siehe Abbildung 14.4). Es enthält alle aktuell auf Ihrem Rechner eingerichteten Konten.

Wenn Sie schon einmal hier sind, aktivieren Sie doch gleich das Gastkonto – einmal kurz auf GAST und danach auf die dann angezeigte Schaltfläche EINSCHALTEN klicken. Die nächsten Gäste kommen bestimmt und wollen schnell im Internet nachschlagen, wann die letzte U-Bahn fährt. Gäste haben keinen Zugriff auf Ihre Daten und sie können auch sonst nichts Schlimmes auf Ihrem Rechner anstellen.

4. **Wählen Sie das Konto aus, das Sie ändern wollen.**

Windows zeigt das Bild des Kontos zusammen mit den folgenden Links an:

- KONTONAMEN ÄNDERN: Hier können Sie fehlerhaft geschriebene Namen korrigieren oder ein besser klingendes Pseudonym vergeben.

- KENNWORT ÄNDERN beziehungsweise KENNWORT ERSTELLEN: Jedes Konto sollte mit einem Kennwort vor dem Zugriff anderer Benutzer geschützt werden. Geben Sie hier ein Kennwort ein oder ändern Sie ein vorhandenes.

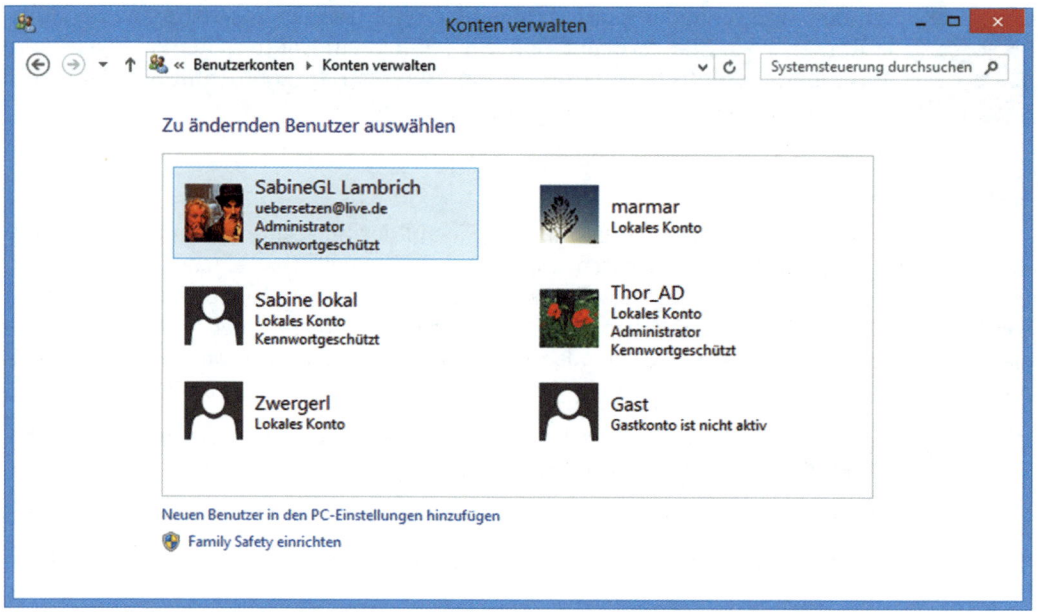

Abbildung 14.4: Hier können Sie die auf dem Rechner eingerichteten Benutzerkonten bearbeiten.

- FAMILY SAFETY EINRICHTEN: Legen Sie hier fest, zu welchen Zeiten der PC von diesem Benutzer genutzt werden darf, und grenzen Sie die Programme und Websites ein, auf die dieser Benutzer zugreifen darf. Family Safety wird in Kapitel 11 genauer unter die Lupe genommen. In Windows 7 und Windows Vista hieß dieses Feature im Übrigen »Jugendschutz«.

- KONTOTYP ÄNDERN: Befördern Sie ein Standardkonto zum Administratorkonto oder degradieren Sie ein Administratorkonto zum Standardkonto.

 KONTO LÖSCHEN: Wählen Sie diese Option auf keinen Fall vorschnell. Damit löschen Sie das Konto und alle zum Konto gehörenden Dateien. So kann man sich Feinde machen! Sie haben nach Klicken auf diesen Link aber noch eine Chance und können sich für die Variante DATEIEN BEHALTEN entscheiden. Damit wird das Konto des Benutzers gelöscht, seine Dateien aber in einem Ordner aufbewahrt.

- ANDERES KONTO VERWALTEN: Die durchgeführten Änderungen werden gespeichert und Sie können ein neues Konto wählen, um dort Änderungen durchzuführen.

5. **Wenn Sie alle Änderungen durchgeführt haben, klicken Sie oben in der Titelleiste des Fensters auf die rote Schaltfläche mit dem »x«, um das Fenster zu schließen.**

Alle durchgeführten Änderungen werden sofort übernommen.

Schnell zwischen verschiedenen Benutzern wechseln

Windows sorgt dafür, dass eine ganze Familie, eine komplette Wohngemeinschaft oder alle Mitarbeiter eines kleinen Büros an ein und demselben Computer arbeiten können. Der Computer führt Buch über alle Aktivitäten. Marius kann eine Runde Schach spielen und Sabine kann danach ihre Mails checken. Wenn sich Marius kurz danach wieder anmeldet, stehen seine Schachfiguren noch so, wie er sie verlassen hat.

Der schnelle Wechsel zwischen Benutzern ist überhaupt kein Problem. Wenn der Rechner gerade kurz frei ist und Sie sich schnell zwischendurch anmelden wollen, um beispielsweise Ihre Mails zu lesen, tun Sie Folgendes:

1. **Schalten Sie zur Startseite.**

   Drücken Sie die ⊞-Taste oder klicken beziehungsweise tippen Sie unten links auf die Schaltfläche START.

2. **Klicken Sie oben rechts auf der Startseite auf das Foto des aktuell angemeldeten Benutzers.**

   Alle eingerichteten Konten werden in einem kleinen Menü angeboten (siehe Abbildung 14.5).

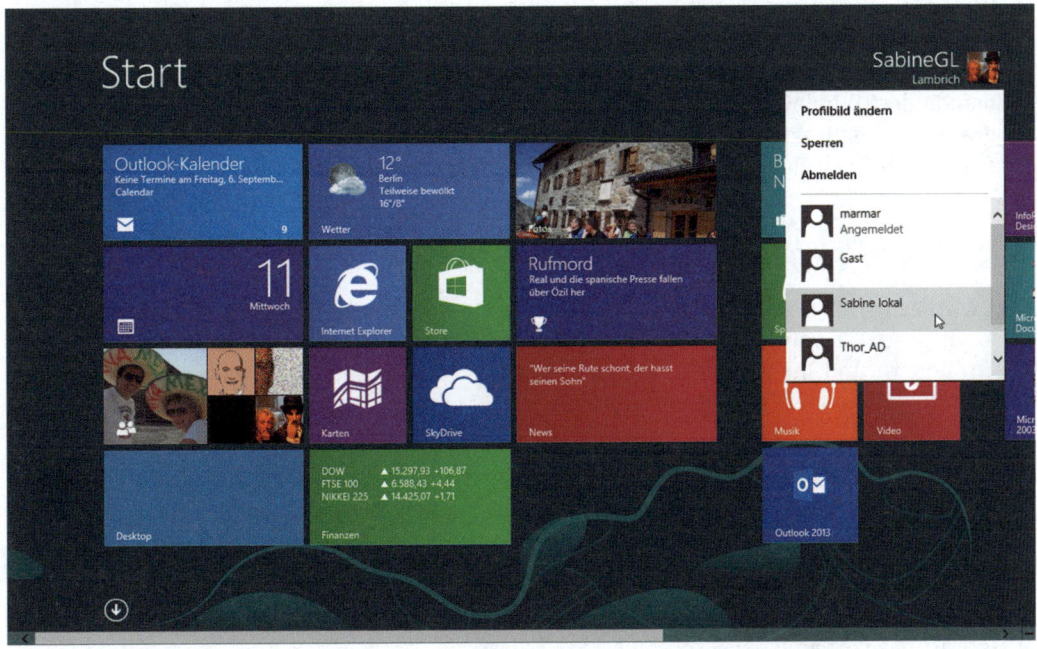

Abbildung 14.5: Alle auf dem Rechner eingerichteten Benutzerkonten werden aufgelistet.

3. Wählen Sie Ihren Benutzernamen aus, um sich anzumelden.

Der zuvor angemeldete Benutzer bleibt angemeldet. Dennoch ist Windows damit einverstanden, dass Sie Ihr Kennwort eingeben, sich anmelden und am Rechner arbeiten.

Wenn Sie Ihre Mails gelesen haben, melden Sie sich wieder ab. Klicken Sie dazu auf das Benutzerkontofoto und wählen Sie im Menü den Befehl ABMELDEN. Windows schließt Ihre Arbeitssitzung, und der nächste Benutzer kann sich anmelden.

Behalten Sie die folgenden Tricks im Hinterkopf, wenn sich häufig mehrere Benutzer auf ein und demselben Rechner anmelden:

✔ Wenn Sie sich als Administrator in verschiedenen Konten anmelden, wissen Sie vielleicht manchmal gar nicht mehr in welchem Benutzerkonto Sie gerade arbeiten. Wechseln Sie dann einfach zur Startseite. Dort steht rechts oben, welches Konto gerade aktiv ist. Außerdem können Sie auf dem allerersten Bildschirm – dem Anmeldebildschirm – sehen, wer alles angemeldet ist.

Starten Sie den Rechner nicht neu, solange ein anderer Benutzer angemeldet ist. Ansonsten gehen alle nicht gespeicherten Arbeiten dieser Person verloren. (Windows erkennt diese Gefahr und warnt Sie, wenn Sie versuchen, den Rechner neu zu starten, obwohl noch andere Benutzer angemeldet sind.)

✔ Wenn ein Benutzer mit einem Standardkonto versucht, ein Programm zu installieren oder eine Einstellung zu ändern, wird er in einem Dialogfeld gebeten, das Administratorkennwort einzugeben. Wenn Sie (als Administrator) das Administratorkennwort eingeben, ändert Windows die entsprechende Einstellung oder installiert das gewünschte Programm. Dies funktioniert auch dann, wenn Sie mit einem Standardkonto angemeldet sind. Wichtig ist nur, dass Sie über das Administratorkennwort verfügen.

Mit dem Profilbild Profil zeigen

Jetzt wird es wirklich wichtig. Das Bild, das Windows automatisch Ihrem Benutzerkonto zuweist, ist ja so was von langweilig. Eine graue Silhouette – das ist alles. Es steht Ihnen frei, dies zu ändern und Ihr wahres Ich zu zeigen. Sie schießen einfach schnell ein Foto mit der Webcam Ihres Rechners oder greifen auf ein bereits vorhandenes Foto aus dem Ordner BILDER zurück.

Um Ihrem Benutzerkonto ein Foto zuzuweisen, wechseln Sie zur Startseite, klicken dort oben rechts auf die Silhouette und wählen im Menü den Befehl PROFILBILD ÄNDERN. Schwupp landen Sie in den PC-Einstellungen gleich auf der richtigen Seite und können das Profilbild anpassen, wie in Abbildung 14.6 zu sehen ist.

Prinzipiell haben Sie zwei Möglichkeiten, ein neues Profilbild zu definieren, und eine, um den Ausschnitt des vorhandenen Profilbildes zu ändern:

✔ DURCHSUCHEN: Befindet sich das gewünschte neue Bild auf Ihrem Rechner, klicken Sie auf die Schaltfläche DURCHSUCHEN. Schon präsentiert Ihnen Windows alle Bilder aus dem Ordner BILDER. Klicken Sie auf das gewünschte Bild und dann auf die Schaltfläche BILD AUSWÄHLEN. Das war es auch schon.

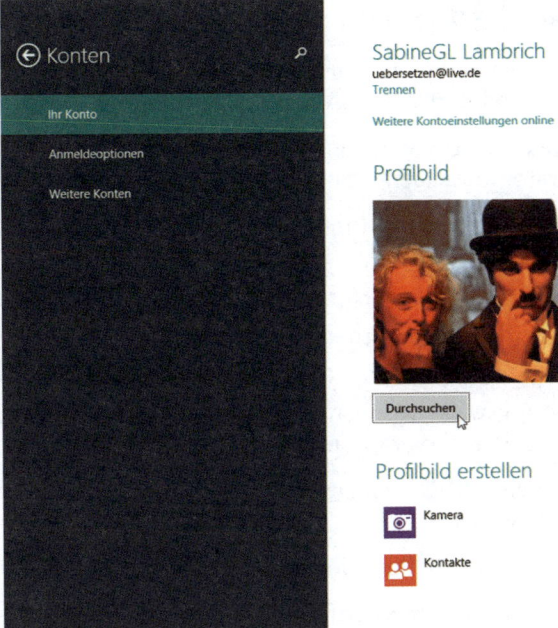

Abbildung 14.6: Ändern Sie hier das Bild für Ihr Benutzerkonto.

✔ KAMERA: Diese Möglichkeit steht Ihnen nur dann offen, wenn Sie über eine integrierte Kamera verfügen. Die Kamera zeigt, was sie gerade sieht – hoffentlich Sie –, und sobald Sie auf den Bildschirm klicken oder tippen, wird der Schnappschuss gemacht. Gefällt er Ihnen? Dann klicken Sie auf OK. Augen zu, schiefes Lächeln? Dann starten Sie einfach einen neuen Versuch.

✔ KONTAKTE: Mit dieser Option wechseln Sie zur Kontakte-App und können dort den Bildausschnitt verändern. Netter Schnickschnack.

 Und jetzt noch ein paar Tipps zur Auswahl des doch recht wichtigen Profilfotos:

Nach der Auswahl eines Profilbildes wird es mit Ihrem Microsoft-Konto und allen anderen Orten verknüpft, bei denen Sie sich mit Ihrem Microsoft-Konto anmelden, vielleicht Ihr Handy, Microsoft-Websites und andere Windows-Rechner, bei denen Sie sich mit diesem Konto anmelden.

✔ Sie können ein Bild aus dem Internet nehmen (aber bitte beachten Sie eventuelle Copyrightbestimmungen!), es in Ihrem Bilderordner speichern und dann als Profilbild zuweisen. (Mit der rechten Maustaste auf das Internetbild klicken, BILD SPEICHERN UNTER wählen, den Ordner BILDER als Speicherort definieren, fertig.)

✔ Machen Sie sich keine Sorgen, ob das Foto zu groß oder zu klein ist. Windows passt es automatisch an die richtige Größe an.

✔ Das Profilbild kann nur bei Administrator- und Standardkonten geändert werden. Gäste bleiben profillose Silhouetten.

Kennwörter und sonstige Sicherheitsvorkehrungen

Ohne Kennwort ist ein Benutzerkonto nicht viel wert. Ohne Kennwort kann sich jeder mit Ihrem Konto anmelden und dort das Regiment übernehmen.

Administrator ohne Kennwort, das geht erst recht nicht. Dann können sich alle auf dem Rechner als Administrator anmelden und nach Belieben schalten und walten.

Führen Sie die folgenden Schritte aus, um Ihr Konto mit einem Kennwort vor dem unberechtigten Zugriff anderer zu schützen:

1. **Blenden Sie die Charms-Leiste ein, klicken Sie auf den Charm** EINSTELLUNGEN **und dann unten auf PC-**EINSTELLUNGEN ÄNDERN**.**

   Zeigen Sie mit der Maus auf die obere oder die untere rechte Ecke, drücken Sie ⊞+Ⓒ oder streifen beziehungsweise wischen Sie mit dem Finger vom rechten Bildschirmrand nach innen, um die Leiste hervorzuzaubern.

2. **Klicken Sie auf der Seite PC-**EINSTELLUNGEN **auf die Kategorie** KONTO **und dann auf die Unterkategorie** ANMELDEOPTIONEN**.**

   Die Seite mit den Anmeldemöglichkeiten wird geöffnet.

3. **Klicken Sie rechts unter** KENNWORT **auf die Schaltfläche** ÄNDERN**.**

   Für diejenigen, die bisher noch kein Kennwort hatten, lautet der Name der Schaltfläche ERSTELLEN.

4. **Geben Sie Ihr altes Kennwort ein. Denken Sie sich dann ein Kennwort aus, an das Sie sich gut erinnern können, geben Sie es im Feld** NEUES KENNWORT **ein und wiederholen Sie die Eingabe im Feld** KENNWORT ERNEUT EINGEBEN**. Klicken Sie auf** WEITER**.**

   Wenn Sie Ihr Kennwort ändern, müssen Sie zuerst das aktuell gültige Kennwort eingeben. Das ergibt Sinn. So können auch wirklich nur Sie Ihr Kennwort ändern.

   Durch die wiederholte Eingabe des neuen Kennworts wird sichergestellt, dass Sie sich bei der ersten Eingabe nicht vertippt haben.

Scheuen Sie sich nicht davor, Ihr Kennwort regelmäßig zu wechseln. Sicherheit geht über alles. Kapitel 2 weiß noch mehr über Kennwörter zu berichten.

Computer in einem Netzwerk verbinden

15

In diesem Kapitel

▶ Die Komponenten eines Netzwerks kennenlernen

▶ Zwischen verkabelten und nicht verkabelten Netzwerken wählen

▶ Ein kleines Netzwerk einrichten

▶ Mit einem drahtlosen Netzwerk Kontakt aufnehmen

▶ Eine Heimnetzgruppe erstellen

▶ Die Internetverbindung, Dateien und Drucker in einem Netzwerk teilen

---

Wenn Sie sich einen zweiten PC kaufen, stehen Sie plötzlich vor einem neuen Problem: Wie können zwei PCs dieselbe Internetverbindung und denselben Drucker nutzen? Und wie können Sie Ihre Dateien auf beiden Rechnern verwenden?

Die Lösung ist ein *Netzwerk*. Wenn Sie zwei oder mehr Computer miteinander verbinden, macht Windows sie miteinander bekannt und lässt sie Daten austauschen, eine Internetverbindung gemeinsam nutzen und mit demselben Drucker drucken.

Heutzutage können Sie die meisten Rechner ohne Kabelstolperfallen miteinander verbinden. Dazu richten Sie ein drahtloses Netzwerk ein. Man spricht hier auch von kabellosen oder wireless oder Wi-Fi-Netzwerken. Ihre Computer tauschen dabei die Daten ähnlich wie Radiosender und Radioempfänger per Funk über den Äther aus.

Dieses Kapitel beschreibt, wie Sie mehrere Rechner miteinander verbinden können, um die Internetverbindung, Dateien und Geräte gemeinsam zu nutzen. Ich möchte Sie vorsorglich warnen: Dieses Kapitel ist nichts für Zartbesaitete. Es enthält ziemlich komplizierten Stoff. Lassen Sie die Finger davon, wenn Sie nicht über ein Administratorkonto verfügen, und rechnen Sie damit, dass nicht alles auf Anhieb funktioniert.

Die Netzwerkkomponenten kennenlernen

Ein Netzwerk besteht aus zwei oder mehr Computern, die miteinander verbunden sind, um Dinge gemeinsam zu nutzen. Obwohl die Komplexitätsspanne von Netzwerken von höchst einfach bis zu »es treibt mich in den Wahnsinn« reichen kann, haben alle Netzwerke drei Dinge gemeinsam:

✔ **Router:** Dieser kleine Kasten fungiert als eine Art elektronische Verkehrspolizei. Der Router steuert den Datenfluss zwischen den Rechnern. Die meisten Router unterstützen sowohl verkabelte als auch kabellose Netzwerke.

✔ **Netzwerkkarte:** Jeder Computer in einem Netzwerk benötigt eine eigene Netzwerkkarte. Eine kabelgestützte Netzwerkkarte hat einen speziellen Stecker, in den das Netzwerkkabel eingesteckt wird. Das andere Kabelende wird an den Router angeschlossen. Eine drahtlose Netzwerkkarte ist eine Karte, die die Informationen des Computers in Funksignale umwandelt und diese dann per Funk versendet und empfängt. (Sie können beide Netzwerkarten problemlos kombinieren.)

✔ **Netzwerkkabel:** Okay, das entfällt schon mal für drahtlose Netzwerke. Die anderen Netzwerke kommen nicht ohne Kabel aus, mit denen die Netzwerkkarten der Rechner mit dem Router verbunden werden.

Wenn Sie ein Modem an den Router anschließen, kann der Router blitzschnell das Internetsignal an jeden Rechner weitergeben.

Die meisten Netzwerke haben die Gestalt einer Spinne, die ausgehend vom Router ihre Fäden in Form der Verbindungskabel zu den einzelnen Rechnern zieht. Andere Rechner, Notebooks, Tablet-PCs und sonstige Gerätschaften sind kabellos mit dem Netzwerk verbunden. Abbildung 15.1 zeigt anschaulich, wie so ein Netzwerk aussehen kann.

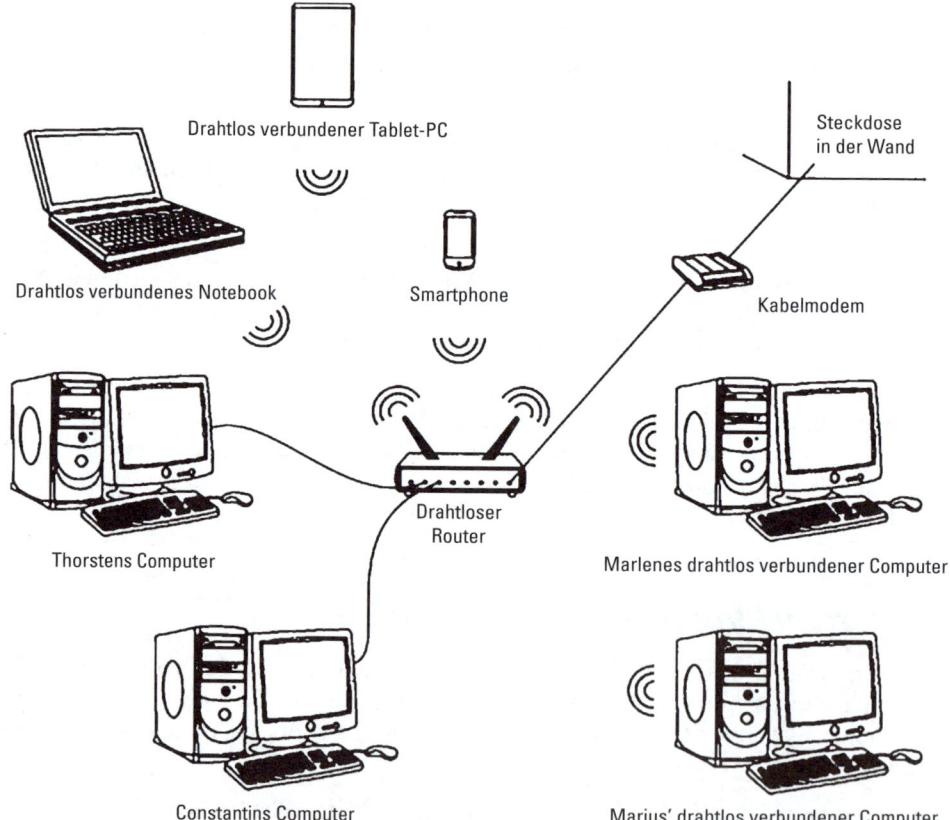

Abbildung 15.1: Ein klassisches (Spinnen-)Netzwerk bestehend aus über Kabel oder Funk miteinander verbundenen Geräten, deren Zentrum der Router darstellt.

Der Router verteilt seine Aufmerksamkeit zwischen den vernetzten Computern ziemlich gerecht und lässt sie alle gemeinsam ein und dieselbe Internetverbindung nutzen.

Windows sorgt außerdem dafür, dass alle vernetzten Rechner auf den gemeinsamen Drucker zugreifen können. Wird der Drucker gerade von einem Rechner belegt, wird der Druckauftrag des zweiten Rechners so lange zwischengespeichert, bis der Drucker wieder frei ist.

 Drahtlose Router senden ein Internetsignal an alle drahtlos vernetzten Geräte. Das sind nicht nur Windows-Rechner. Auch iPads, Nicht-Windows-Tablet-PCs, Apple-Computer, Smartphones und sogar Blu-ray-Geräte, Spielkonsolen und Fernseher werden vom Router mit einem Internetsignal versorgt.

Die Qual der Wahl zwischen Kabel und Funk

Es ist recht einfach, Kabelverbindungen zwischen Computern herzustellen, die auf demselben Schreibtisch stehen oder die sich im gleichen Raum befinden. Kabelverbindungen können aber sehr schnell zu einem Problem werden, wenn sich die Computer in unterschiedlichen Räumen befinden. Dann kommen wireless Netzwerkkarten für die kabellose Kommunikation ins Spiel, die die Daten per Funk übertragen.

Doch genauso wie Rundfunkwellen schwächer werden, wenn man aus dem Sendebereich herauskommt, werden drahtlose Signale abgeschwächt, wenn sie Hindernisse wie zum Beispiel Betonwände zu passieren haben. Je mehr die Wellen abgeschwächt werden, desto langsamer wird die Netzwerkverbindung. Müssen die Signale mehr als zwei Wände durchqueren, können Ihre Computer unter Umständen gar nicht mehr miteinander kommunizieren. Das Einrichten drahtloser Netzwerke bedeutet außerdem auch viel mehr Aufwand als das Verkabeln von Computern.

Verkabelte Netzwerke bieten schnellere Übertragungsraten und sind effizienter sowie kostengünstiger als ihre kabellosen Verwandten. Wer sich aber an den Kabeln stört, für den stellt ein kabelloses Netzwerk die beste Alternative dar. Am besten mischen Sie beide Netzwerkwelten. Sie können die Computer, die in einem Raum stehen, über Kabel miteinander verbinden, während der Rest kabellos kommuniziert.

Ein kleines Netzwerk einrichten

Sollten Sie planen, ziemlich viele Rechner – mehr als zehn – zu vernetzen, benötigen Sie ein Buch, das spezieller und tiefer in diese Thematik eintaucht. Netzwerke sind zwar relativ schnell eingerichtet, aber das Konfigurieren der einzelnen Teile ist eine Wissenschaft für sich, und zwar besonders dann, wenn die Computer sensible Daten enthalten. Wenn Sie jedoch für Ihr kleines Büro oder für zu Hause ein paar Rechner in einem Netzwerk verbinden wollen, sind Sie hier richtig.

Lassen Sie uns endlich zur Sache kommen. Im Folgenden erfahren Sie in leicht verdaulichen Häppchen, wie Sie ein kleines, preiswertes Netzwerk einrichten. Sie lernen, was Sie beim Kauf der drei Netzwerkkomponenten beachten müssen, wie Sie diese Teile installieren und wie schließlich Windows aus Ihrem Meisterwerk ein Netzwerk bastelt.

Netzwerkkomponenten besorgen

Wenn Sie sich in einem Computerladen die folgenden Komponenten besorgen, sind Sie auf dem besten Weg zu einem funktionierenden Netzwerk:

✔ **Netzwerkkarten (optional):** Da die meisten neueren Computer und Notebooks sowohl über eine kabelgestützte als auch über eine kabellose Netzwerkkarte (auch Netzwerkadapter genannt) verfügen, können Sie diesen Punkt wahrscheinlich von Ihrer Einkaufliste streichen. Ältere Computermodelle benötigen wahrscheinlich zusätzlich einen drahtlosen Netzwerkadapter, der nicht viel kostet und einfach in einen USB-Anschluss des Rechners gesteckt wird.

✔ **Netzwerkkabel (optional):** Kaufen Sie für jeden PC, der nicht drahtlos arbeiten soll, ein Netzwerkkabel. Sie benötigen Ethernet-Kabel, die so aussehen wie Telefonkabel, jedoch größere Stecker haben. Die Kabel müssen lang genug sein, um vom Rechner bis zum Router zu reichen.

✔ **Router:** Die meisten neueren Router enthalten sowohl eine drahtlose Komponente als auch ein Breitbandmodem für den Internetzugang. Halten Sie Ausschau nach einem Router, der »802.11a/b/g/n« unterstützt, manchmal auch »80.11n« oder »Wireless N« genannt. Diese Router sind mit allem und jedem kompatibel. Die drahtlose Komponente bietet in der Regel vier Anschlüsse für die Rechner, die von Kabeln abhängig sind.

 Zum Service mancher Internetdienstanbieter gehört ein drahtloser Router oder ein drahtloses Modem. Manche schicken sogar einen Techniker ins Haus, der Sie beim Einrichten des Netzwerks unterstützt. Fragen kostet nichts!

Einen drahtlosen Router einrichten

Ein eingerichtetes und funktionierendes drahtloses Netzwerk bringt all die Annehmlichkeiten mit, die Handybenutzern wohlbekannt sind. Aber mit Computern kann eine drahtlose Verbindung auch zu Komplikationen führen. Im Grunde richten Sie einen Radiosender ein, der an kleine Radios sendet, die mit Ihren PCs verbunden sind. Sie müssen sich um Signalstärke, das Aufspüren der richtigen Signale und sogar um das Eingeben eines Kennworts kümmern, um Außenstehende daran zu hindern, Sie zu belauschen.

Leider verwenden die unterschiedlichen Hersteller drahtloser Netzwerkausrüstung unterschiedliche Installationsverfahren. Aus diesem Grund gibt es keine So-wird-es-gemacht-Anleitung. Es geht mit jedem Router etwas anders. Tut mir leid.

Auf jeden Fall ist es immer erforderlich, dass Sie diese drei Komponenten einrichten:

✔ **Netzwerkname (SSID):** Geben Sie hier einen kurzen, leicht zu merkenden Namen ein, um Ihr drahtloses Netzwerk zu identifizieren. Wenn Sie dann Ihre Geräte – seien es Desktoprechner, Smartphones, Notebooks oder Tablet-PCs – mit dem drahtlosen Netzwerk verbinden, verhindern Sie mit diesem Namen, dass Sie sie versehentlich in das wireless Netzwerk Ihrer Nachbarn einschleusen.

✔ **Infrastruktur:** Sie haben die Wahl zwischen zwei Dingen – wählen Sie hier INFRASTRUKTUR und nicht AD-HOC.

✔ **Sicherheit:** Diese Option verschlüsselt Ihre Daten, wenn sie durch die Luft fliegen. Die meisten Router bieten mindestens diese drei Sicherheitstypen an: WEP ist kaum besser als das Arbeiten ohne Kennwort. WPA ist viel besser und WPA2 ist noch ein wenig besser. Verwenden Sie die beste verfügbare Sicherheitsoption und vergeben Sie ein Kennwort, möglichst aus Ziffern und Buchstaben, an das Sie sich aber später noch erinnern können.

Einige Router haben ein Installationsprogramm, mit dem Sie diese Einstellungen ändern können; andere Router enthalten eine integrierte Software, auf die Sie mit dem Webbrowser zugreifen können.

Notieren Sie die hier vorgenommenen Einstellungen auf einem Blatt Papier. Sie müssen exakt dieselben Angaben für jede drahtlose Verbindung machen (ein Job, der im nächsten Abschnitt näher betrachtet wird). Sie müssen diese Einstellungen auch an Ihre Besucher weitergeben können, die sich kurz einmal Ihre Internetverbindung ausleihen möchten.

Windows für eine Verbindung mit einem Netzwerk einrichten

Zunächst ein paar Worte an verkabelte Benutzer. Sie haben sich für die Kabelnetzwerkvariante entschieden. Sie müssen alle Rechner per Kabel mit dem Router verbinden. Stecken Sie ein Kabel in den Netzwerkanschluss an Ihrem Computer und das andere in den Netzwerkanschluss des Routers. Wiederholen Sie dies für alle Rechner. (Die Anschlüsse sind meist nummeriert. Jede Nummer ist okay.)

Falls es der Internet Service Provider (ISP) nicht erledigt hat, stecken Sie ein Kabelende in den LAN- oder Ethernet-Anschluss Ihres Breitbandmodems und das andere Kabelende in den WAN-Anschluss des Routers.

Schalten Sie den Router ein, und Sie haben alles erledigt. Sie wissen nun, wie einfach es ist, ein verkabeltes Netzwerk einzurichten.

Drahtlos, wireless, kabellos – das ist eine andere Geschichte. Nachdem Sie Ihren Router so eingerichtet haben, dass er Ihr Netzwerk mit Signalen versorgt, müssen Sie Windows mitteilen, dass es diese Signale empfangen soll. In Kapitel 9 finden Sie eine ausführliche Abhandlung darüber, wie Sie eine Verbindung zu drahtlosen Netzwerken herstellen, sei es Ihr eigenes Netzwerk oder ein öffentliches. Die folgende Schrittanleitung ist eine Kurzvariante für das Herstellen einer Verbindung zum eigenen Netzwerk für Ungeduldige:

1.  **Blenden Sie die Charms-Leiste ein und klicken Sie auf den Charm** EINSTELLUNGEN.

   Diese charmante Leiste mit ihrem Charm EINSTELLUNGEN bekommen Sie folgendermaßen zu Gesicht:

   • **Maus:** Zeigen Sie auf die obere oder die untere rechte Bildschirmecke. Die Leiste wagt sich aus ihrer Deckung. Klicken Sie auf den Charm EINSTELLUNGEN.

- **Tastatur:** Drücken Sie ⊞+Ⅰ, um den Charm EINSTELLUNGEN direkt zu aktivieren.

- **Touchscreen:** Streifen oder wischen Sie mit dem Finger vom rechten Bildschirmrand nach innen. Die Leiste lugt hervor, sodass Sie auf den Charm EINSTELLUNGEN tippen können.

2. **Klicken Sie unten im Einstellungsbereich auf die Schaltfläche NETZWERK.**

Das Aussehen des Netzwerksymbols hängt von Ihrer Umgebung und der Verbindungsmethode ab.

Verfügbar (drahtlos): Wenn das Symbol »verfügbar« besagt, ist Ihr Rechner in Reichweite des drahtlosen Netzwerks. Je mehr Balken ausgefüllt sind, umso besser ist die Verbindung. Fahren Sie mit Schritt 3 fort.

Nicht verfügbar (drahtlos): Wenn das Symbol »nicht verfügbar« besagt, befindet sich Ihr Rechner außerhalb der Reichweite des drahtlosen Netzwerks. Rücken Sie dichter an den Router heran.

Verbunden (Kabel): Dieses Symbol bedeutet, dass die Verbindung zwischen Rechner und Router über das Kabel funktioniert.

Nicht verfügbar (Kabel): Das Kabel ist nicht korrekt verbunden oder der Router kann den Rechner nicht erkennen.

Wenn Ihr Rechner über Kabel mit dem Netzwerk verbunden ist und das Netzwerksymbol anzeigt, dass der Rechner verbunden ist, ist alles in Ordnung. Zeigt das Symbol aber an, dass das Netzwerk nicht verfügbar ist, schalten Sie Router, Modem und Rechner aus. Schalten Sie dann die Geräte mit jeweils einer Minute Zeitabstand in der Reihenfolge Modem, Router und Rechner wieder ein.

3. 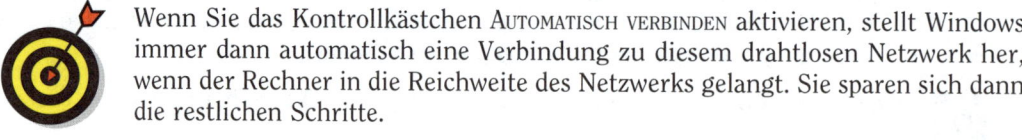 **Klicken Sie auf das Symbol für die drahtlose Verfügbarkeit.**

Windows erschnüffelt die Funkwellen und listet alle drahtlosen Netzwerke auf, die sich in Reichweite Ihres Rechners befinden. Hoffentlich gehört Ihr Netzwerk auch dazu. Sie erkennen Ihr Netzwerk an dem Namen (der SSID), den Sie beim Einrichten des Routers (wie im vorherigen Abschnitt beschrieben) vergeben haben.

4. **Wählen Sie das gewünschte drahtlose Netzwerk aus und klicken Sie auf die Schaltfläche VERBINDEN.**

Wenn Sie das Kontrollkästchen AUTOMATISCH VERBINDEN aktivieren, stellt Windows immer dann automatisch eine Verbindung zu diesem drahtlosen Netzwerk her, wenn der Rechner in die Reichweite des Netzwerks gelangt. Sie sparen sich dann die restlichen Schritte.

5. Geben Sie das Kennwort ein.

Geben Sie dasselbe Kennwort ein, das Sie bei der Einrichtung des drahtlosen Netzwerks für den Router verwendet haben.

Oder, falls das bei Ihrem Routermodell möglich ist, drücken Sie einen Knopf am Router, um das Kennwort zu umgehen und die Verbindung direkt herzustellen.

6. Wählen Sie, ob Sie Ihre Dateien mit anderen im Netzwerk teilen wollen.

Wenn Sie diese Abfrage sehen, wissen Sie, dass die Verbindung zum drahtlosen Netzwerk geklappt hat. Alle vernetzten Rechner sollten nun über Internetzugang verfügen. Glückwunsch!

7. Da Sie eine Verbindung zum eigenen und nicht zu einem öffentlichen Netzwerk hergestellt haben, können Sie die Abfrage nach der Freigabe und Verbindungsherstellung zu den Geräten bejahen.

Damit können Sie Dateien und Drucker mit anderen im Netzwerk teilen.

 Wenn Sie immer noch Probleme haben, eine Verbindung herzustellen, versuchen Sie Folgendes:

✔ Schnurlose Telefone und Mikrowellen stören manchmal das drahtlose Netzwerk. Legen Sie das schnurlose Telefon in ein anderes Zimmer und wärmen Sie keine Suppe auf, wenn Sie im Internet surfen wollen.

✔ Wenn Sie auf dem Desktop arbeiten, bietet das drahtlose Netzwerksymbol in der Taskleiste eine praktische Methode zum Herstellen der drahtlosen Verbindung. Wenn die Taskleiste ein solches Symbol enthält, klicken Sie darauf, um gleich bei Schritt 3 einzusteigen.

Heimnetzgruppe einrichten

Wenn mehrere Rechner in einem Netzwerk verbunden sind, ist es einfach, auf den Rechnern gemeinsam auf Ressourcen wie Internet, Drucker und Dateien zuzugreifen. Aber wie gelingt es, ein paar Elemente zu teilen und andere für sich zu behalten?

Die Lösung von Microsoft heißt *Heimnetzgruppe*. Eine Heimnetzgruppe bietet jedem Windows-PC, der in einem Netzwerk verbunden ist, die Möglichkeit, die Dinge gemeinsam zu nutzen, die eigentlich jeder gerne mit anderen teilt, Songs, Fotos, Videos und den einzigen Drucker im Haus. Richten Sie eine Heimnetzgruppe ein oder treten Sie einer vorhandenen bei, und Windows fängt sofort an zu teilen.

Heimnetzgruppen arbeiten nur mit anderen Windows 8.1-, Windows 8- und Windows 7-Rechnern zusammen. Windows Vista- und Windows XP-Rechner bleiben leider außen vor.

Halten Sie sich an folgende Anleitung, um eine Heimnetzgruppe einzurichten und einer Heimnetzgruppe beizutreten:

1.  **Blenden Sie die Charms-Leiste ein, klicken Sie auf den Charm EINSTELLUNGEN und unten im Einstellungsbereich auf PC-EINSTELLUNGEN ÄNDERN.**

   Zeigen Sie mit der Maus auf die obere oder die untere rechte Bildschirmecke, drücken Sie ⊞+Ⓒ oder streifen beziehungsweise wischen Sie mit dem Finger vom rechten Bildschirmrand nach innen, um die Leiste einzublenden.

2. **Klicken Sie auf der Seite PC-EINSTELLUNGEN im linken Bereich auf die Kategorie NETZWERK, anschließend auf die Unterkategorie HEIMNETZGRUPPE und dann im rechten Bereich entweder auf ERSTELLEN oder auf BEITRETEN.**

   Wenn Sie auf der Seite die Schaltfläche ERSTELLEN sehen, gibt es in Ihrem Netzwerk noch keine Heimnetzgruppe und Sie können eine erstellen. Fahren Sie mit Schritt 3 fort.

   Wenn Sie auf der Seite die Schaltfläche BEITRETEN sehen (siehe Abbildung 15.2) gibt es in Ihrem Netzwerk bereits eine Heimnetzgruppe. Geben Sie in diesem Fall das Kennwort ein, klicken Sie auf die Schaltfläche BEITRETEN, und Sie sind Mitglied der Gruppe.

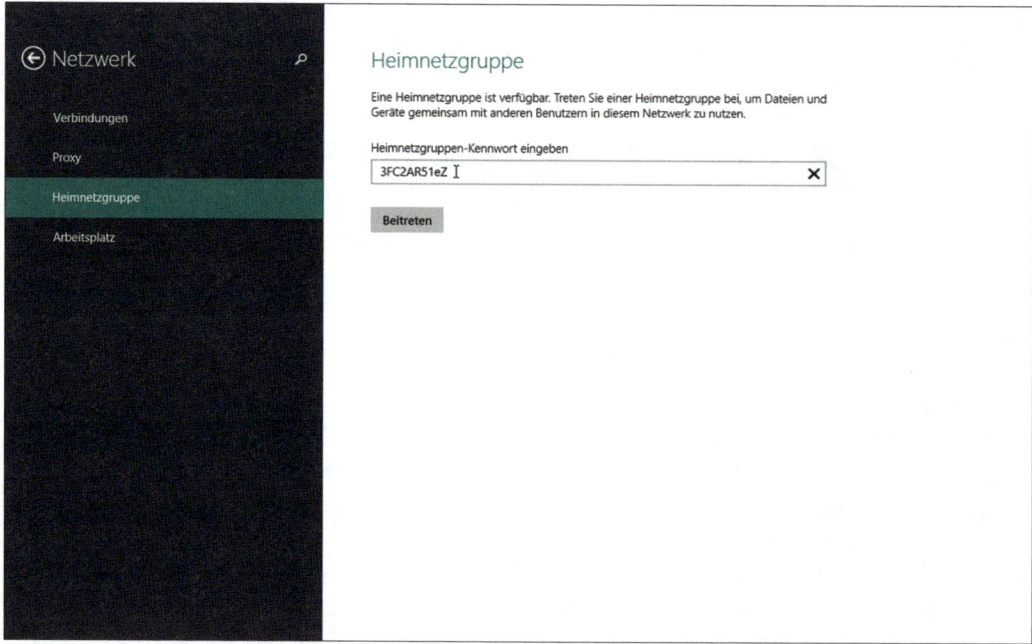

Abbildung 15.2: Treten Sie der bestehenden Heimnetzgruppe bei.

Sie kennen das Kennwort nicht? Wenn Sie noch nicht Teil der Gruppe sind, muss Ihnen die Person, die das Heimnetzwerk erstellt hat, das Kennwort mitteilen. Später finden Sie es auf der Startseite auf der Seite NETZWERK in der Kategorie HEIMNETZGRUPPE.

Egal ob Sie die Heimnetzgruppe erstellen oder ihr beitreten, Sie werden gefragt, was Sie teilen wollen.

3. Wählen Sie die Elemente aus, die Sie teilen möchten.

Abbildung 15.3 zeigt, welche Elemente Sie in der Heimnetzgruppe teilen können. Um ein Element freizugeben, ziehen Sie seinen Schalter nach rechts. (Der Balken für geteilte Elemente wird bunt eingefärbt.) Um Elemente für sich zu behalten, ziehen Sie den Schalter gegebenenfalls nach links. (Der Balken für nicht geteilte Elemente zeigt sich in langweiligem Grau.)

Die meisten Benutzer teilen gerne ihre Songs, Bilder, Videos und Drucker. Da der Ordner DOKUMENTE häufig private Schriftstücke enthält, wird er nicht so gerne freigegeben. Um Ihre Schätze auch mit Heimkinogeräten und Spielkonsolen zu teilen, aktivieren Sie den untersten Schalter mit der ewig langen Bezeichnung.

 Teilen heißt im Heimnetzwerk lediglich, dass andere Benutzer die Dateien in den entsprechenden Ordnern ansehen können. Sie dürfen sie weder bearbeiten noch löschen. Auch ist es für andere nicht möglich, in den geteilten Ordnern neue Dateien zu erstellen oder dort zu speichern.

Wenn Sie in dieser Schrittanleitung einer Heimnetzgruppe beigetreten sind, haben Sie jetzt alles erledigt.

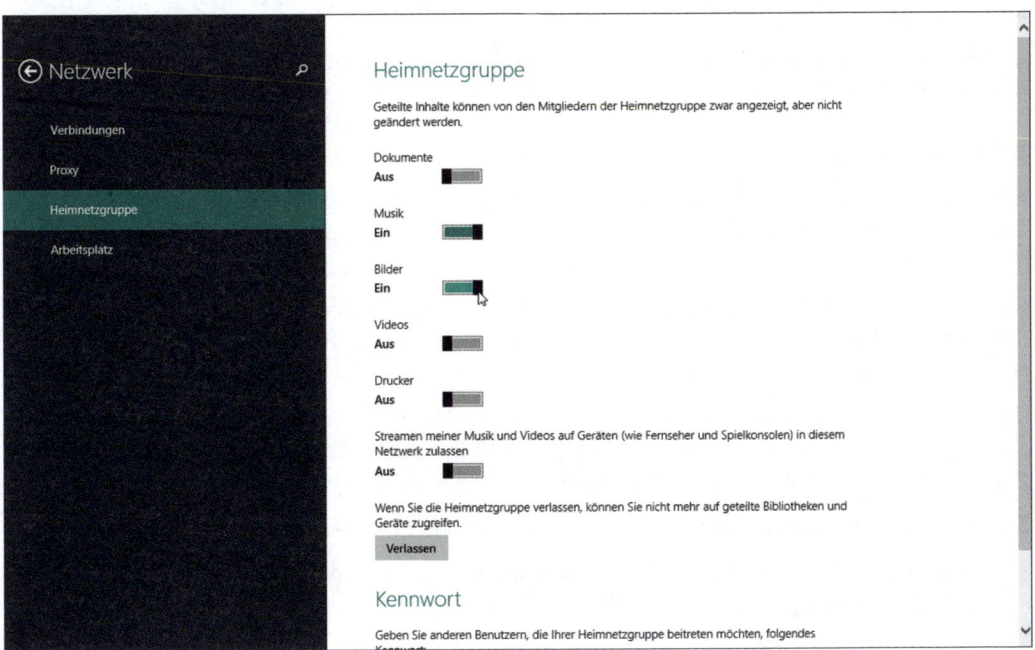

Abbildung 15.3: Die meisten Benutzer teilen Musik, Bilder, Videos und Drucker.

4. Wenn Sie gerade eine Heimnetzgruppe erstellt haben, notieren Sie sich das Kennwort und geben es an diejenigen weiter, die der Heimnetzgruppe beitreten wollen und auch dürfen.

Jeder Rechner, der der Heimnetzgruppe beitritt, muss das Kennwort wissen.

Wenn Sie durch diese Schritte durch sind, haben Sie entweder eine Heimnetzgruppe erstellt oder sind einer beigetreten, der alle Windows 8.1-, Windows 8- und Windows 7-Rechner im Netzwerk beitreten können. Sie haben Ihren Rechner außerdem so eingerichtet, dass Sie Musik, Fotos und Videos mit anderen teilen. Wie Sie auf freigegebene Daten anderer Benutzer zugreifen können, erfahren Sie im nächsten Abschnitt.

✔ Sie können Ihre Freigaben für die Heimnetzgruppe jederzeit ändern, entweder auf der Startseite in den PC-Einstellungen auf der Seite NETZWERK in der Kategorie HEIMNETZGRUPPE oder auf dem Desktop in der Systemsteuerung in der Kategorie NETZWERK UND INTERNET im Bereich HEIMNETZGRUPPE.

✔ Sie haben das Kennwort für die Heimnetzgruppe vergessen, und es ist gerade niemand in der Nähe, der es kennen könnte? Schlagen Sie es entweder auf der Startseite in den PC-Einstellungen auf der Seite NETZWERK in der Kategorie HEIMNETZGRUPPE oder auf dem Desktop in der Systemsteuerung in der Kategorie NETZWERK UND INTERNET im Bereich HEIMNETZGRUPPE nach.

Auf das zugreifen, was andere teilen

Um zu sehen, was in den geteilten Ordnern der anderen Leute auf Ihrem Rechner oder im Netzwerk los ist, machen Sie sich auf den Weg zum Desktop. Klicken Sie dazu auf der Startseite auf die Kachel DESKTOP. Klicken Sie dann in der Taskleiste auf das Symbol für den Explorer.

Klicken Sie im Explorer im Navigationsbereich auf den Eintrag HEIMNETZGRUPPE. Rechts werden alle Mitglieder der Heimnetzgruppe angezeigt, die sich dafür entschieden haben, Dateien in der Gruppe freizugeben (siehe Abbildung 15.4).

Es kann sein, dass Sie hier auch auf die Namen von Benutzern von über das Netzwerk mit Ihrem PC verbundenen Computern stoßen, die sich dazu entschieden haben, ihre Ordner ebenfalls freizugeben.

Um die Ordner zu durchsuchen, die Personen Ihrer Heimnetzgruppe gehören, doppelklicken Sie im Fenster HEIMNETZGRUPPE auf das entsprechende Konto. Das Fenster zeigt sofort die freigegebenen Ordner der entsprechenden Person an (siehe Abbildung 15.5).

Sie können hier mehr tun, als nur in den freigegebenen Ordner anderer zu stöbern:

✔ **Öffnen:** Um eine Datei eines freigegebenen Ordners zu öffnen, doppelklicken Sie einfach auf die Datei, wie Sie es auch mit Ihren eigenen Dateien machen. Das Programm, das sich für das Dateiformat zuständig fühlt, wird gestartet und die gewählte Datei darin geöffnet. Wird eine Fehlermeldung angezeigt, fehlt Ihnen schlicht und einfach ein Programm, das diese Datei öffnen kann. Und dann? Kaufen Sie sich das Programm oder laden Sie es aus dem Internet herunter, oder bitten Sie die Person, die Datei in einem Format zu speichern, mit dem eines Ihrer Programme umgehen kann.

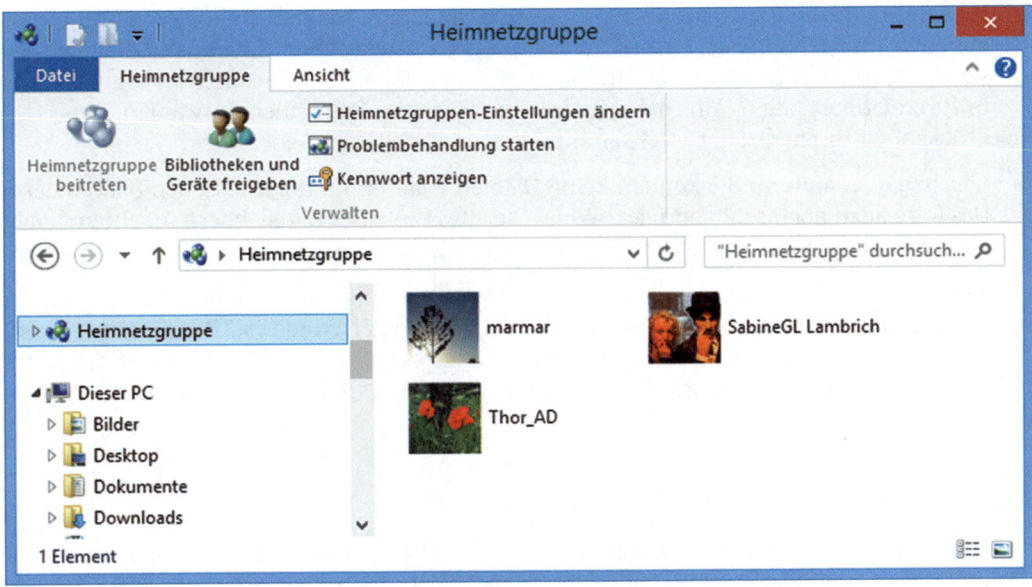

Abbildung 15.4: *Diese Heimnetzgruppe hat drei Mitglieder.*

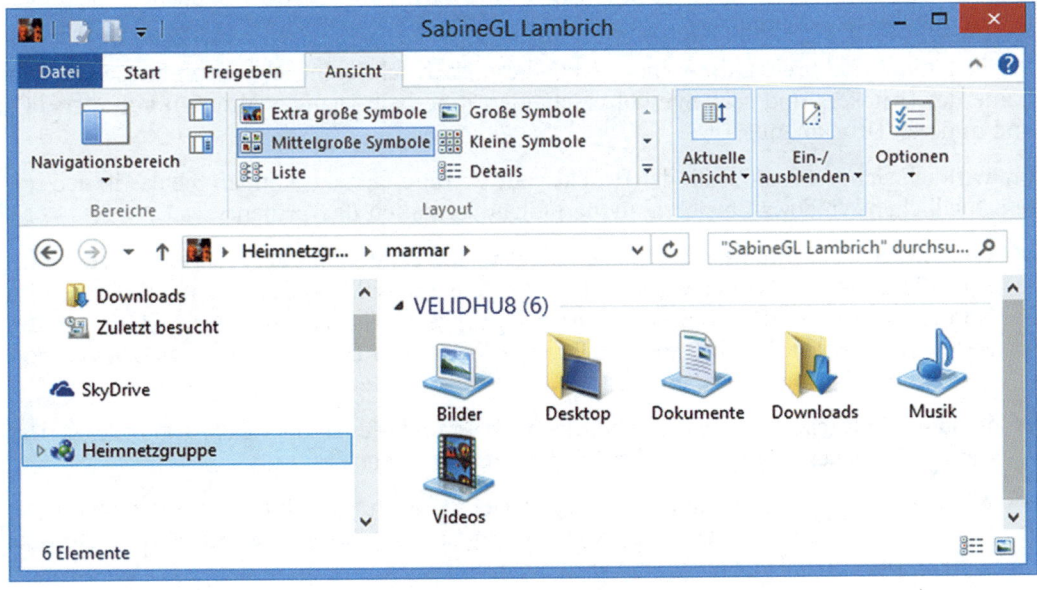

Abbildung 15.5: *Die freigegebenen Ordner eines Mitglieds der Heimnetzgruppe*

✔ **Kopieren:** Um eine Datei aus dem Ordner eines anderen Mitglieds zu kopieren, ziehen Sie die Datei in Ihren eigenen Ordner: Wählen Sie die gewünschte Datei aus und ziehen Sie sie mit gedrückter Maustaste auf Ihren Ordner. Lassen Sie die Maustaste los und die Datei in Ihren Ordner fallen. Alternativ dazu können Sie die Datei auch auswählen, [Strg]+[C] drücken, zu Ihrem Ordner wechseln und dort [Strg]+[V] drücken.

✔ **Löschen oder ändern:** Sie können keine Dateien anderer Mitglieder löschen oder ändern. Das wäre auch noch schöner, oder? Wenn Sie etwas an einer Datei ändern möchten, holen Sie sie in einen Ihrer Ordner und werkeln Sie von dort aus weiter.

Heimnetzgruppen funktionieren nur mit Windows 8.1-, Windows 8- und Windows 7-Rechnern. Die Benutzer, die einfach nicht von Windows Vista oder Windows XP loskommen, können aber dennoch Dateien und Ordner mit anderen auf demselben Rechner oder im Netzwerk teilen. Kopieren Sie dazu einfach die freizugebenden Daten in die öffentlichen Bibliotheken, die es in Windows 8.1 nicht mehr gibt.

Einen Drucker im Netzwerk teilen

Wenn Sie wie im vorherigen Abschnitt beschrieben eine Heimnetzgruppe erstellt beziehungsweise einer Heimnetzgruppe beigetreten sind, steht einer gemeinsamen Nutzung des Druckers eigentlich nichts mehr im Weg. Wenn Sie einen USB-Drucker – das ist einer mit einem Anschluss wie hier neben dem Text abgebildet – an Ihrem PC angeschlossen haben, sind Sie auch schon fertig. Windows erkennt den neuen Drucker in dem Augenblick, in dem Sie ihn einschalten.

Darüber hinaus verbreitet Ihr Windows-PC diese Nachricht sehr schnell im Netzwerk. Der Name des Druckers und sein Symbol erscheinen innerhalb weniger Minuten auf allen PCs und in deren Druckmenüs.

Um wirklich sicher zu sein, dass der Drucker zur Verfügung steht, können Sie das in den unterschiedlichen Windows-Betriebssystemen folgendermaßen überprüfen:

✔ **Windows 8 oder Windows 8.1:** Klicken Sie ganz links unten mit der rechten Maustaste auf den Bildschirm (in Windows 8.1 gibt es dort die Schaltfläche START) und wählen Sie im Kontextmenü den Befehl SYSTEMSTEUERUNG. Wechseln Sie zur Kategorie HARDWARE UND SOUND und klicken Sie dort auf den Bereich GERÄTE UND DRUCKER. Der vernetzte Drucker wird im Bereich DRUCKER angezeigt.

✔ **Windows 7:** Klicken Sie auf die Schaltfläche START und wählen Sie GERÄTE UND DRUCKER. Der Netzwerkdrucker erscheint im Bereich DRUCKER UND FAXGERÄTE.

✔ **Windows Vista:** Klicken Sie auf die Schaltfläche START und wählen Sie SYSTEMSTEUERUNG. Öffnen Sie die Kategorie HARDWARE UND SOUND und klicken Sie dort auf den Bereich DRUCKER UND FAXGERÄTE. Das Druckersymbol wird angezeigt.

✔ **Windows XP:** Klicken Sie auf die Schaltfläche START, wählen Sie die Kategorie DRUCKER UND ANDERE HARDWARE und dann DRUCKER UND FAXGERÄTE, um den vernetzten Drucker anzuzeigen.

Teil V

Musik, Fotos und Filme

In diesem Teil ...

▶ Fotos Ihrem Freundeskreis zeigen

▶ Ihre ganz persönlichen »Best Hits« zusammenstellen

▶ Digitale Filme auf dem Computer oder Tablet-PC abspielen

▶ Ein digitales Fotoalbum mit den Fotos von Ihrer Digital-kamera basteln

Musik abspielen und kopieren

In diesem Kapitel

▶ Musik, Videos und CDs abspielen

▶ Wiedergabelisten erstellen, speichern und bearbeiten

▶ CDs auf die Festplatte oder auf eine andere CD kopieren

Sie sind im Laufe dieses Buches schon öfter auf die zwei so unterschiedlichen Welten gestoßen, die mit Windows 8 eingeführt wurden: die Startseite und der Desktop. Diese Zweiteilung setzt sich auch beim Abspielen von Musik fort. Windows stellt hierfür gleich zwei Abspielprogramme zur Verfügung. Wie zu erwarten, befindet sich eines auf der Startseite, das andere auf dem Desktop.

Das minimalistische Konzept der Apps auf der Startseite setzt sich auch in der Musik-App fort, die mit einer Basisausrüstung zum Abspielen von Musik versehen ist.

Das Desktoppendant, Windows Media Player, enthält dagegen eine Fülle von Schaltflächen, mit denen Sie Ihre Songs verwalten, Wiedergabelisten erstellen, Musik-CDs in Musikdateien und Musikdateien in Musik-CDs umwandeln können.

Der Media Player von Windows 8 beziehungsweise Windows 8.1 ist nahezu identisch mit der Version von Windows 7, mit einer großen Ausnahme: Der Player kann seit Windows 8 keine DVDs mehr abspielen. Um DVDs abzuspielen, müssen Sie das Add-On Windows Media Center käuflich erwerben. Wie das geht, erfahren Sie in Kapitel 1. Hier nur ganz kurz: Sie müssen Ihre Windows-Version auf die Version Windows Pro upgraden. Das ist leider nicht kostenlos.

In diesem Kapitel erfahren Sie, wie Sie Musik sowohl mit der Musik-App als auch mit Windows Media Player abspielen und wie Sie das Optimum aus dem Wiedergabemedium Ihrer Wahl herausholen können.

Musik auf der Startseite abspielen

Während die Musik-App von Windows 8 eher einem Onlineladen zum Kaufen von Musik gleicht, steht in der gestylten Musik-App von Windows 8.1 Ihre persönliche Musik im Mittelpunkt des Geschehens. Wenn Sie sie zum ersten Mal öffnen, heißt Sie die Musik-App herzlich willkommen und die akustischen Werke auf Ihrem Rechner sind nur einen Mausklick beziehungsweise Fingertipp entfernt. Klicken oder tippen Sie einfach auf SAMMLUNG und Ihre Musik wird angezeigt, wie Sie in Abbildung 16.1 sehen können.

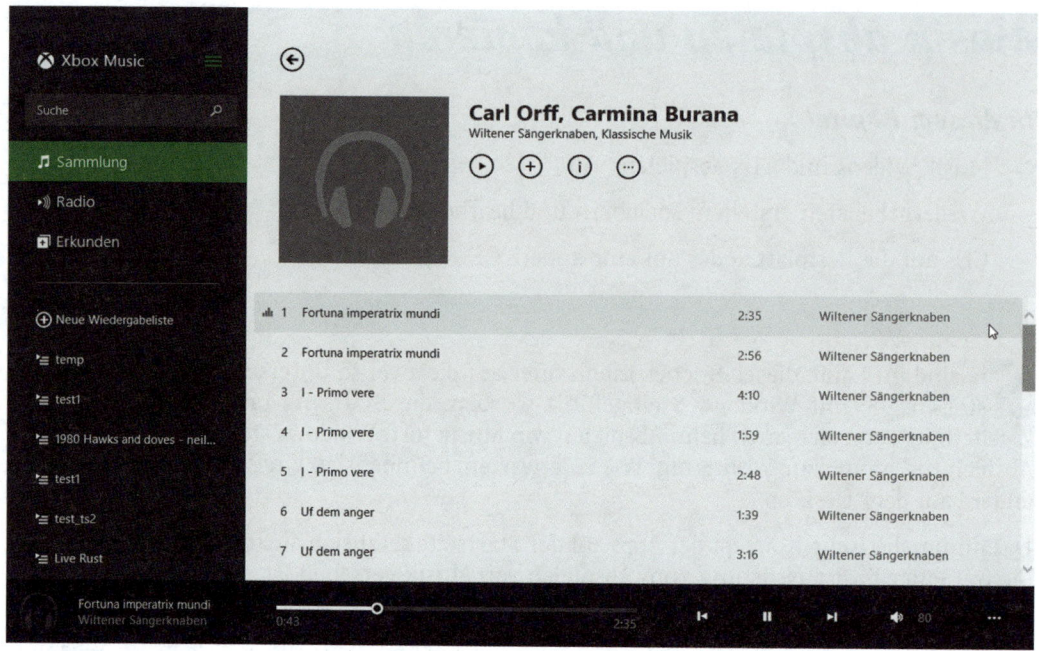

Abbildung 16.1: Die Musik-App bereits bei der Arbeit

Die App heißt offiziell »Musik«, stellt sich aber nach ihrem Aufrufen als »Xbox Music« vor. Um die Musik-App zu starten und Musik abzuspielen, führen Sie die folgenden Schritte aus:

1. Klicken Sie auf der Startseite auf die Kachel Musik.

Wenn Sie Ihren Rechner frisch einschalten, landen Sie auf der Startseite von Windows. Wenn Sie bereits irgendwo auf dem Desktop herumwerkeln, drücken Sie die ⊞-Taste oder klicken beziehungsweise tippen Sie unten links auf die Schaltfläche Start. Die App macht sich auf dem Bildschirm breit und heißt Sie herzlich willkommen.

2. Klicken Sie in der linken Leiste auf Sammlung.

Schon werden Ihre Werke in Form von Kacheln aufgelistet, die stellvertretend für Ihre Alben oder Interpreten stehen.

3. Melden Sie sich bei Bedarf mit Ihrem Microsoft- oder Xbox Live-Konto an oder ignorieren Sie die Anmeldung.

Sollten Sie sich nicht mit Ihrem Microsoft-Konto in Windows angemeldet haben, versucht die Musik-App jedes Mal, wenn Sie sie öffnen, sich mit Ihrem Microsoft- oder Xbox Live-Konto zu verbinden. Denn nur angemeldet können Sie mit Ihrer Kreditkarte auf Shoppingtour gehen und Musik kaufen. (In Kapitel 2 erfahren Sie mehr über Microsoft-Konten.) Rechts oben bietet die Musik-App einen Link zum Anmelden an. In der Regel sind Sie aber wahrscheinlich bereits mit Ihrem Microsoft-Konto angemeldet.

4.  **Um ein Album oder einen Song abzuspielen, klicken Sie auf seine Kachel oder auf das Lied und anschließend auf die Schaltfläche zum Abspielen.**

Klicken Sie auf eine Kachel für ein Album oder auf einen Song und lauschen Sie den wunderbaren Klängen. Abhängig von Lizenzbestimmungen und Hardwareausrüstung können Sie wählen, ob die Auswahl auf dem Computer wiedergegeben, auf der Xbox abgespielt oder in eine Wiedergabeliste eingefügt werden soll.

5. Steuern Sie die Wiedergabe.

Die App-Leiste, die Sie unten in Abbildung 16.1 erkennen können, enthält fünf Schaltflächen zum Steuern der Musikwiedergabe: ZURÜCK, PAUSE, WEITER und Lautstärkeregelung sowie die drei Punkte (...), hinter denen sich die Befehle zum Wiederholen und für die zufällige Wiedergabe verbergen.

Zu leise oder zu laut? Klicken Sie unten in der App-Leiste auf den kleinen Lautsprecher. Wenn er schon auf ganz laut gestellt ist und Sie trotzdem nichts hören, müssen Sie sich um die Lautstärkeregelung für Ihren PC kümmern: Zeigen Sie die Charms-Leiste an. Sie wissen es vielleicht inzwischen, vielleicht aber auch noch nicht: Zeigen Sie auf die obere oder die untere rechte Bildschirmecke, drücken Sie (⊞)+(C) oder streifen beziehungsweise wischen Sie mit dem Finger vom rechten Bildschirmrand nach innen. Klicken Sie auf den Charm EINSTELLUNGEN und dann unten auf das Lautsprechersymbol. Ziehen Sie den Lautstärkeregler in die gewünschte Richtung.

Die meisten Tablet-PCs verfügen an einer der Ecken über einen Schalter für die Lautstärkeregelung.

Die Musik-App macht unbeirrt weiter, auch wenn Sie andere Apps aufrufen oder zum Desktop wechseln. Um die Musik zu unterbrechen oder zum nächsten oder vorherigen Song zu wechseln, müssen Sie zurück zur Musik-App und dem Ganzen dort ein Ende bereiten.

Musik auf dem Desktop abspielen

Ich gehe mal davon aus, dass sich Microsoft mit der Musik-App und dem Onlineladen ein großes Geschäft verspricht. Aus der Sichtweise von Microsoft ist es daher auch verständlich, dass Sie stets in der Musik-App landen, sobald Sie auf dem Desktop im MUSIK-Ordner eine Musikdatei öffnen.

Was können Sie tun, wenn Ihnen das gar nicht gefällt und Sie Musik mit Windows Media Player abspielen wollen? Auf dem Desktop ist von diesem Programm weit und breit nichts zu sehen. Gibt es das Programm überhaupt noch?

Ja! Es gibt es noch. Wenn Sie also lieber mit dem komplexeren Programm Windows Media Player arbeiten wollen, führen Sie die unten stehenden Schritte aus.

Noch ein kurzer Hinweis: In der Windows RT-Version (siehe Kapitel 1) gibt es den Windows Media Player nicht. Wenn Sie die integrierte Musik-App nicht mögen, müssen Sie sich vielleicht im Store ein anderes Programm zum Wiedergeben von Musik und Videos kaufen.

1. **Geben Sie auf die Startseite** `Windows Media Player` **ein.**

   Die Suchleiste zeigt die Suchergebnisse auf Ihrem Rechner und im Internet an.

2. **Klicken Sie auf den obersten Eintrag** WINDOWS MEDIA PLAYER**.**

   Schwupp! Sie landen auf dem Desktop und der Windows Media Player wird wie von Zauberhand geöffnet.

3. **Klicken Sie in der Taskleiste mit der rechten Maustaste auf das Symbol** WINDOWS MEDIA PLAYER **und wählen Sie** AN TASKLEISTE ANHEFTEN**.**

   Damit fügen Sie das Programmsymbol von Windows Media Player in der Taskleiste auf dem Desktop ein. Das Programm steht damit also per Mausklick zur Verfügung.

4. **Aktivieren Sie die PC-Einstellungen der Startseite.**

   Zaubern Sie die Charms-Leiste hervor, klicken Sie auf den Charm EINSTELLUNGEN und dann unten in der Leiste auf PC-EINSTELLUNGEN ÄNDERN.

5. **Klicken Sie auf der Seite PC-**EINSTELLUNGEN **auf die Kategorie** SUCHE UND APPS **und dann auf die Unterkategorie** STANDARDWERTE**.**

6. **Klicken Sie rechts unter** MUSIKPLAYER **auf den Eintrag** MUSIK **und wählen Sie in der dann angezeigten Liste den Eintrag** WINDOWS MEDIA PLAYER **(siehe auch Abbildung 16.2).**

   Mit diesem letzten Schritt teilen Sie Windows mit, dass Sie alle Medien mit Windows Media Player abspielen und die Musik-App der Startseite außen vor lassen wollen.

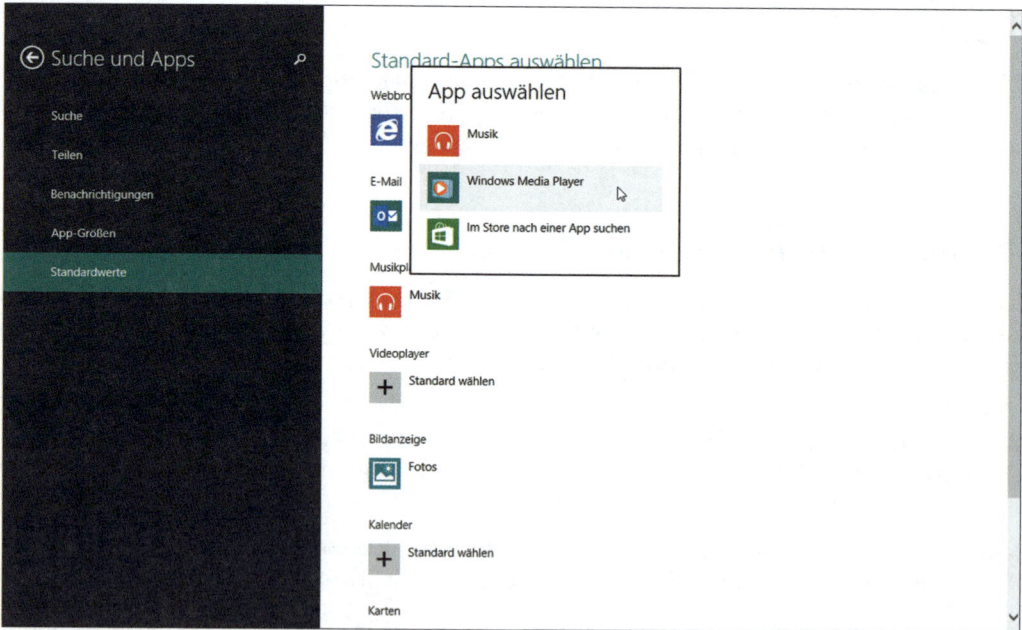

Abbildung 16.2: Hier sorgen Sie dafür, dass zukünftig Windows Media Player Musik abspielt.

Ab jetzt meldet sich Windows Media Player zum Dienst, sobald Sie auf eine Musik-datei auf dem Desktop doppelklicken. Oder Sie starten das Programm direkt durch Klicken auf sein Symbol in der Taskleiste.

Es ist aber nicht so, dass Sie mit den gerade beschriebenen Schritten die Musik-App auf der Startseite deaktivieren oder gar deinstallieren. Sie steht weiterhin zur Verfügung. Wechseln Sie zur Startseite, klicken Sie auf die Kachel MUSIK und Sie können Ihre Musik auch wieder in der Musik-App hören.

Windows Media Player zum ersten Mal starten

Wenn Sie Windows Media Player zum ersten Mal öffnen, werden Sie gefragt, wie Sie mit dem Datenschutz, dem Ablagesystem, der Ablage von Musikdateien und anderen Einstel-lungen umgehen wollen. Die Abfrage bietet zwei Möglichkeiten an:

✔ EMPFOHLENE EINSTELLUNGEN: Diese Option, die für die Ungeduldigen entworfen worden ist, öffnet den Player mit den Einstellungen, die Microsoft für richtig hält. Windows Media Player richtet sich selbst als Standardsoftware für das Abspielen jeder Art von Musik und Videodateien ein, aber nicht für MP3-Dateien. (Für dieses gängige Musik-format fühlt sich weiterhin die Musik-App zuständig.) Der Player rauscht durch das Internet, um Ihre Musiktitel zu aktualisieren, und berichtet Microsoft, was Sie sich so anhören und anschauen. Wählen Sie EMPFOHLENE EINSTELLUNGEN, wenn Sie es eilig haben. Und: Sie können die Einstellung jederzeit wieder ändern.

✔ BENUTZERDEFINIERTE EINSTELLUNGEN: Dieser Punkt, der für die Tüftler und diejenigen ent-worfen worden ist, die eigenständig über ihre Privatsphäre entscheiden wollen, gibt Ihnen die Möglichkeit, die Funktionsweise von Windows Media Player genau einzu-stellen. Sie können in einer Reihe von Dialogfeldern auswählen, welche Art von Mu-sik- und Videodateien der Player abspielen soll und wie viel von Ihrem Hörverhalten an Microsoft übermittelt werden darf. Wählen Sie diese Option, wenn Sie die Zeit haben, sich Minute um Minute durch langweilige Bildschirme voll mit Einstellungen hindurchzuklicken.

Wenn Sie diese Einstellungen von Windows Media Player später anpassen wollen, klicken Sie in Windows Media Player oben links auf die Schaltfläche ORGANISIEREN und dann auf OP-TIONEN.

Die Medienbibliothek von Windows Media Player auffüllen

Klicken Sie auf dem Desktop unten in der Taskleiste auf das Programmsymbol von Windows Media Player, um das Programm zu starten. Kein Symbol weit und breit? Dann lesen Sie die Anleitung im vorherigen Abschnitt.

Wenn Windows Media Player zum ersten Mal gestartet wird, sichtet er automatisch Ihre gesamten Vorräte an digitalen Mediendaten – Musik, Bilder, Videos und Fernsehaufzeichnungen –, um dann alles in seine eigene Medienbibliothek zu übernehmen.

Falls der Player die Dateien auf Ihrem Computer aus irgendeinem Grund noch nicht in die Medienbibliothek aufgenommen hat, können Sie ihm mitteilen, wo er die fehlenden Dateien finden kann:

1. `Organisieren ▼` **Klicken Sie links oben auf die Schaltfläche** ORGANISIEREN **und dann auf** BIBLIOTHEKEN VERWALTEN.

   Das Menü listet die vier Medientypen auf, mit denen Media Player umgehen kann: MUSIK, VIDEOS, BILDER und TV-AUFZEICHNUNGEN.

2. **Klicken Sie im Menü auf das gewünschte Medium.**

   Klicken Sie beispielsweise auf MUSIK, wenn Windows Media Player bestimmte Musikdateien noch nicht in seine Bibliothek aufgenommen hat.

   Ein Fenster wird geöffnet, ähnlich wie in Abbildung 16.3. Es enthält die Ordner, die aktuell von Windows Media Player einbezogen werden. Am Beispiel der Musikmedien sind das bei mir mein Benutzerordner MUSIK, der allgemein zugängliche Ordner ÖFFENTLICHE MUSIK und der Musikordner auf meinem Server. Bei Ihnen ist das vielleicht nur Ihr Musikordner, aber das ist auch okay, solange dort Ihre gesamte Musik abgelegt ist.

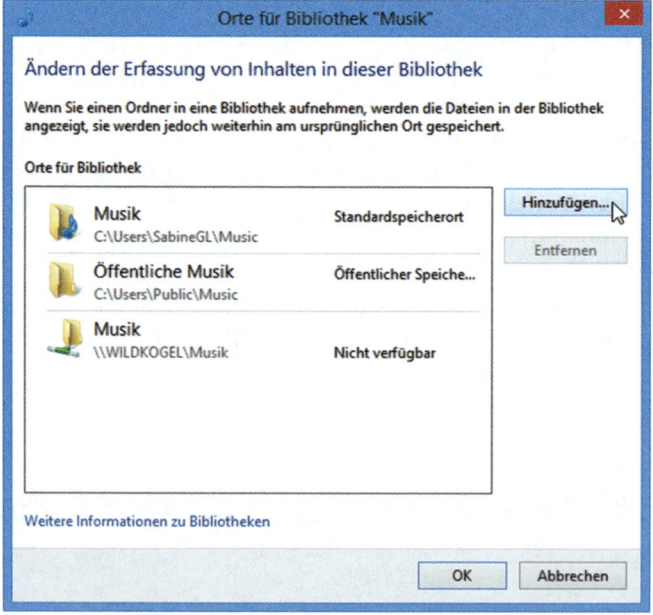

Abbildung 16.3: Klicken Sie auf »Hinzufügen«, um weitere Musikordner in Windows Media Player aufzunehmen.

Wenn Sie Ihre Mediendateien sonst wo speichern, auf einer externen Festplatte, auf einem USB-Stick oder in einem Netzwerkordner, ist dies der Ort, an dem Sie das Windows Media Player mitteilen können, damit das Programm Ihnen zukünftig Ihre gesamten Medienschätze zur Verfügung stellen kann.

3. **Klicken Sie auf die Schaltfläche** HINZUFÜGEN**, wählen Sie den Ordner oder das Laufwerk aus, der beziehungsweise das die Mediendateien enthält, klicken Sie auf die Schaltfläche** ORDNER HINZUFÜGEN **und dann auf OK.**

Durch Klicken auf die Schaltfläche HINZUFÜGEN wird das Fenster ORDNER IN MUSIK AUFNEHMEN (am Beispiel für Musikdateien) geöffnet. Navigieren Sie zu dem Ordner, den Sie hinzufügen möchten – zum Beispiel zu dem Ordner auf Ihrer externen Festplatte –, wählen Sie ihn aus und klicken Sie dann auf die Schaltfläche ORDNER AUFNEHMEN. Windows Media Player beginnt sofort damit, diesen Ordner zu überwachen und die dort abgelegten Musikdateien seiner Bibliothek hinzuzufügen.

Wenn Sie Musik aus weiteren Ordnern oder von zusätzlichen Laufwerken aufnehmen wollen, wiederholen Sie diese Schritte so oft, bis Sie alle Ordner erfasst haben, in denen der Player nach Musikstücken suchen soll.

Soll Windows Media Player einen bestimmten Ordner nicht mehr überwachen, wählen Sie im obigen Schritt 3 den Ordner aus und klicken dann auf die Schaltfläche ENTFERNEN (siehe auch Abbildung 16.3).

Wenn Sie Windows Media Player starten, zeigt das Programm die Medien an, die es in den verschiedenen Ordnern eingesammelt hat (siehe Abbildung 16.4), und setzt das Aufstocken seiner Medienvorräte folgendermaßen fort:

✔ **Ihre Ordner überwachen:** Windows Media Player hat den Inhalt Ihrer Ordner MUSIK, BILDER und VIDEOS und die anderen Ordner oder Laufwerke, die Sie hinzugefügt haben, beständig im Blick und aktualisiert automatisch seine Medienbibliothek, wenn Sie in Ihren Ordnern etc. neue Dateien hinzufügen oder löschen. (Sie können diese unter Beobachtung stehenden Ordner und Laufwerke ändern, indem Sie die drei gerade beschriebenen Schritte durchführen.)

✔ **Wiedergegebene Stücke hinzufügen:** Jedes Mal, wenn Sie auf Ihrem PC oder im Internet ein Musikstück abspielen, fügt Windows den Musiktitel oder seinen Fundort im Internet in seine Medienbibliothek ein, damit Sie den Song später schnell wiederfinden. Auch wenn man Ihnen etwas anderes erzählen sollte, Windows fügt abgespielte Songs nicht automatisch auf Ihrem Rechner hinzu, die Sie irgendwo im Netzwerk oder auf einem externen Speichermedium gefunden haben.

✔ **Von CD gerippte (kopierte) Musik:** Wenn Sie in das CD-Laufwerk Ihres Computers eine Audio-CD einlegen, bietet Windows an, sie zu rippen. Das ist Computerjargon und heißt nichts anderes, als dass die Musik von der CD auf Ihren PC kopiert wird. Dieser Vorgang ist weiter hinten in diesem Kapitel im Abschnitt »CDs auf Ihren Computer rippen« beschrieben. Jedes gerippte Musikstück erscheint automatisch in der Medienbibliothek. (Leider kopiert Windows Media Player keine Filme von DVD in die Medienbibliothek noch kann das Programm sie abspielen.)

✔ **Aus Onlineshops heruntergeladene Musik- und Videodateien:** Sie können mit Windows Media Player bei verschiedenen anderen Onlinestores (nur nicht bei Apples iTunes Store) einkaufen. Wenn Sie einen Song erwerben, packt der Player ihn automatisch in seine Bibliothek.

Abbildung 16.4: Ihre Medienschätze im Windows Media Player versammelt

Was sind Song-Tags?

Jede Musikdatei enthält eine Art Formular, in dem Medieninformationen eingetragen werden, die auch *Tags* oder *Markierungen* genannt werden. Tags enthalten den Titel, den Interpreten, das Album und ähnliche Informationen. Wenn Sie festlegen, wie Ihre Musik sortiert, angezeigt und kategorisiert werden soll, liest Windows Media Player diese Tags – und nicht die Dateinamen der Songs. Die meisten digitalen Abspielgeräte, einschließlich iPods, verlassen sich auch auf diese Tags.

Tags sind für Windows Media Player tatsächlich so wichtig, dass das Programm das Internet besucht, sich Daten zu Musikstücken schnappt und die Tags automatisch ausfüllt, wenn Sie Dateien in seiner Bibliothek hinzufügen.

Viele Menschen scheren sich nicht darum, die Tags ihrer Musikstücke auszufüllen; andere wiederum aktualisieren sie akribisch. Wenn Sie Ihre Tags mühsam selbst beschriftet haben, sollten Sie Windows Media Player davon abhalten, sich einzumischen: Klicken Sie also auf die Schaltfläche ORGANISIEREN und dann auf OPTIONEN und deaktivieren Sie im gleichnamigen Dialogfeld auf der Registerkarte MEDIENBIBLIOTHEK das Kontrollkästchen ERGÄNZENDE INFORMATIONEN AUS DEM INTERNET ABRUFEN. Wenn Ihre Tags eher chaotisch sind, sollten Sie dieses Kontrollkästchen aktiviert lassen, damit Windows Media Player die Tags für Sie in Ordnung bringt.

Wenn Windows Media Player einen Fehler gemacht hat, bearbeiten Sie das Tag des Musikstücks selbst: Klicken Sie mit der rechten Maustaste auf den Titel des Musikstücks (in einem Album auf die ausgewählten Stücke) und wählen Sie im Kontextmenü den Befehl ALBUMINFORMATIONEN SUCHEN. Klicken Sie dann im gleichnamigen Dialogfeld mit den Vorschlägen zu dem beziehungsweise den Titeln auf den Link BEARBEITEN. Anschließend können Sie den Titel des Albums, den Interpreten, das Genre, die Titel der Musikstücke eines Albums, mitwirkende Künstler und den Komponisten eingeben. Klicken Sie auf FERTIG, wenn die Tags Ihren Wünschen entsprechen.

Die Medienbibliothek von Windows Media Player erkunden

Die Windows Media Player-Bibliothek ist der Ort, an dem alle Backstage-Aktivitäten stattfinden. Hier verwalten Sie die Dateien, erstellen Wiedergabelisten, brennen oder kopieren CDs und wählen die Songs aus, die Sie abspielen wollen.

Wenn Windows Media Player zum ersten Mal gestartet wird, zeigt das Programm den Inhalt Ihres Musikordners an – was in den meisten Fällen passt. Der Player besitzt aber in Wirklichkeit mehrere Bibliotheken zur Präsentation nicht nur von Musiktiteln, sondern auch von Fotos, Videos und aufgezeichneten Fernsehsendungen.

Alle abspielbaren Elemente werden links im Fenster im Navigationsbereich angezeigt (siehe Abbildung 16.5). Der obere Teil des Bereichs enthält Ihre eigene Mediensammlung. Ganz oben steht in der Regel Ihr Benutzername.

Im unteren Teil werden im Bereich ANDERE MEDIENBIBLIOTHEKEN die medialen Schätze der anderen Benutzer auf Ihrem Computer oder auf vernetzten PCs gezeigt.

Windows Media Player verwaltet die Medien in folgenden Kategorien:

✔ WIEDERGABELISTEN: Sie möchten Alben oder Musiktitel in einer bestimmten Reihenfolge abspielen? Klicken Sie im rechten Bereich der Windows Media Player-Bibliothek auf die Registerkarte WIEDERGABE und dann darunter auf die Schaltfläche LISTE SPEICHERN, um die Liste so als Wiedergabeliste zu speichern, wie sie in der Kategorie erscheint. (Näheres zu den Wiedergabelisten finden Sie im Abschnitt »Mit Wiedergabelisten arbeiten« weiter hinten in diesem Kapitel.)

✔ MUSIK: Hier erscheint Ihre gesamte digitale Musik. Windows Media Player erkennt die gängigsten Musikformate, einschließlich MP3, WMA, WAV und sogar 3G-Dateien, die von einigen Handys benutzt werden. (Windows Media Player erkennt auch nicht kopierge-

Windows Media Player spioniert Sie aus!

Windows Media Player spioniert Sie genauso aus, wie es Ihre Bank, die Kreditkartengesellschaft und Ihre Supermarktkette mit der Rabattkarte machen. Die ungefähr 5.000 Wörter lange Onlineerklärung von Windows Media Player zum Datenschutz lässt sich wie folgt vereinfachen: Windows Media Player informiert Microsoft über alles – also jedes Musikstück, jede Datei und jeden Film –, das/die/den Sie abspielen. Manche finden das zum Fürchten. Wenn aber Microsoft nicht weiß, was Sie abspielen, kann Windows Media Player auch keine Verbindung mit dem Internet herstellen und die richtigen Informationen über den Interpreten und das Werk ermitteln.

Wenn es Ihnen gleichgültig ist, dass Microsoft mit Ihren CDs mitsummt, machen Sie sich nicht die Mühe weiterzulesen. Wenn es Ihnen jedoch etwas ausmacht, legen Sie Ihre persönliche Überwachungsebene fest: Klicken Sie dazu auf die Schaltfläche ORGANISIEREN, wählen Sie OPTIONEN und klicken Sie dann auf die Registerkarte DATENSCHUTZ. Für die meiste Unruhe in den Datenschutzoptionen sorgen die folgenden Punkte:

✔ MEDIENINFORMATIONEN AUS DEM INTERNET ANZEIGEN: Wenn diese Option aktiviert ist, teilt Windows Media Player Microsoft mit, welche CD Sie abspielen, und fragt den Schnickschnack ab, der auf Ihrem Computer angezeigt wird: Cover des Albums, Musiktitel, Name des Interpreten und Ähnliches.

✔ MUSIKDATEIEN DURCH MEDIENINFOABRUF AUS DEM INTERNET AKTUALISIEREN: Microsoft untersucht Ihre Dateien. Werden welche erkannt, werden die Musiktitel-Tags mit den entsprechenden Informationen gefüllt. (Wenn Sie nicht wissen, was Musiktitel-Tags sind, lesen Sie die Informationen im Kasten »Was sind Song-Tags?«)

✔ EINDEUTIGE PLAYER-ID AN INHALTSANBIETER SENDEN: In Fachkreisen wird dies »Data-Mining« (themenbezogene Datensuche) genannt. Sie ermöglicht anderen Firmen zu verfolgen, wie Sie Windows Media Player beim Abspielen von kopiergeschützter Musik einsetzen.

✔ COOKIES: Wie viele andere Programme und Websites bleibt auch Windows Media Player mit kleinen Dateien, den *Cookies*, Ihren Aktivitäten auf der Spur. Cookies sind nicht wirklich etwas Schlechtes. Denn nur mit Cookies kann sich Windows Media Player Ihre Vorlieben merken.

✔ PROGRAMM ZUR VERBESSERUNG DER BENUTZERFREUNDLICHKEIT: Damit werden allerhand Daten an Microsoft geschickt, die dann zur Verbesserung des Programms ausgewertet werden. Man kann das glauben oder auch nicht. Ich selbst habe dieses Kontrollkästchen flugs deaktiviert.

✔ VERLAUF: Windows Media Player listet die Namen der zuletzt abgespielten Dateien auf. Das ist für Sie sehr praktisch, setzt Sie aber vielleicht dem Gelächter Ihrer Freunde und Kollegen aus. Deaktivieren Sie in diesem Bereich alle Kontrollkästchen, damit niemand sieht, welche Dateien Sie zuletzt abgespielt haben, und klicken Sie zusätzlich auf die beiden Schaltflächen VERLAUF LÖSCHEN und CACHE LÖSCHEN.

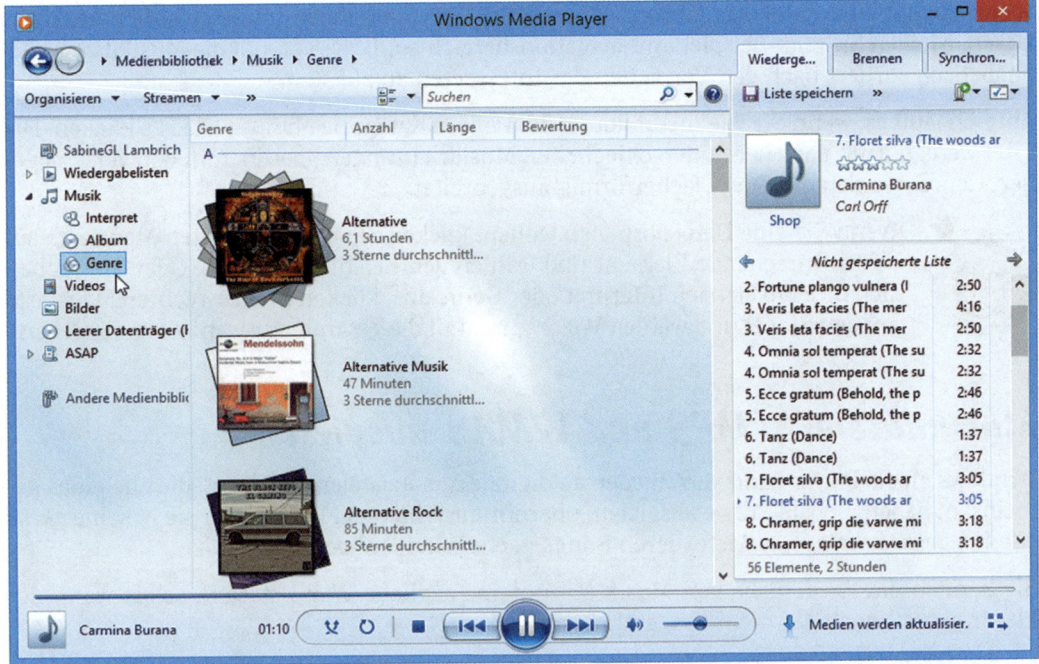

Abbildung 16.5: Klicken Sie im Navigationsbereich auf den Bereich, in dem Sie blättern wollen.

schützte AAC-Dateien, die im iTunes Store erworben werden können, aber das Programm erkennt solche Formate wie FLAC, APE oder OOG nicht.)

✔ VIDEOS: Suchen Sie hier nach den Videos, die Sie mit Ihrer digitalen Videokamera oder Ihrer Digitalkamera aufgenommen oder (legal) aus dem Internet heruntergeladen haben. Die Medienbibliothek erkennt die Formate AVI, MPG, WMV, ASF, DivX, einige MOV-Dateien und ein paar weitere Formate.

✔ BILDER: Windows Media Player kann zwar Fotos einzeln oder in einer einfachen Diashow anzeigen. Aber Ihr Ordner BILDER, um die es in Kapitel 17 geht, kann diese Aufgabe viel besser erledigen. (So kann Windows Media Player im Unterschied zum BILDER-Ordner Fotos beispielsweise nicht drehen.)

✔ FERNSEHAUFZEICHNUNGEN: Diese Kategorie wird nur angezeigt, wenn Ihr Computer über die Ausrüstung verfügt, die zum Aufzeichnen von Fernsehsendungen benötigt wird. (Das Fernsehaufzeichnungsgerät von Windows heißt *Media Center* und ist nur als Add-On verfügbar – siehe auch Kapitel 1.)

✔ ANDERE MEDIEN: Medientypen, die Windows Media Player nicht erkennt, verbergen sich in diesem Bereich. Die Wahrscheinlichkeit ist hoch, dass Sie mit den Elementen hier nichts anfangen können.

✔ ANDERE MEDIENBIBLIOTHEKEN: Hier werden Medienschätze aufgelistet, die es auf den anderen Rechnern des Netzwerks oder auf den Rechnern Ihrer Heimnetzgruppe gibt. (Die Heimnetzgruppe von Windows ist in Kapitel 15 beschrieben.)

Wenn Sie auf eine Kategorie klicken, können Sie sich die Dateien unterschiedlich anzeigen lassen. Klicken Sie zum Beispiel im Navigationsbereich auf INTERPRET, um die Musikdateien alphabetisch sortiert nach den Vornamen der Interpreten aufzulisten.

Ähnlich läuft es, wenn Sie wie in Abbildung 16.5 in der Kategorie MUSIK auf GENRE klicken. Die Titel werden dann nach den unterschiedlichen Musikrichtungen geordnet. In den verschiedenen Genres werden die Cover fächerförmig ausgebreitet.

 Wenn Sie eine Datei abspielen wollen, klicken Sie mit der rechten Maustaste auf das entsprechende Element und wählen den Befehl WIEDERGABE. Oder Sie suchen sich Ihre Musik nach Interpret oder Genre aus, klicken mit der rechten Maustaste auf den Stapel und wählen WIEDERGABE, um die gesamte Auswahl wiederzugeben.

Musikdateien (MP3 und WMA) abspielen

Windows Media Player kann verschiedenste digitale Musikdateien abspielen, die alle eines gemeinsam haben: Sobald Sie sie abspielen, übernimmt Windows Media Player sie in seine *aktuelle Wiedergabeliste*, eine Liste, deren Songs nacheinander abgespielt werden.

Sie können die Wiedergabe von Musik auf unterschiedliche Weise starten, selbst wenn der Player aktuell noch gar nicht ausgeführt wird.

✔ Klicken Sie in der Taskleiste auf das Symbol für den Explorer. Klicken Sie dann im Explorer mit der rechten Maustaste auf ein Album oder in einem Ordner mit Musikdateien auf eine Auswahl von Dateien und wählen Sie im Kontextmenü den Befehl MIT WINDOWS MEDIA PLAYER WIEDERGEBEN. Der Player springt auf den Bildschirm und spielt die von Ihnen gewählten Musikdateien ab.

✔ Klicken Sie im Explorer im Ordner MUSIK mit der rechten Maustaste auf ein Element und wählen Sie den Befehl ZU WINDOWS MEDIA PLAYER-WIEDERGABELISTE HINZUFÜGEN.

✔ Doppelklicken Sie im Explorer oder auf dem Desktop auf eine Musikdatei, und Windows Media Player spielt sie unverzüglich ab.

Um Musikdateien in der Windows Media Player-Bibliothek abzuspielen, klicken Sie mit der rechten Maustaste auf den gewünschten Song und wählen den Befehl WIEDERGABE. Windows Media Player läuft los und der Song wird in der aktuellen Wiedergabeliste angezeigt.

Hier noch ein paar Tipps zum Abspielen von Musikdateien in Windows Media Player:

✔ Um ein ganzes Album in der Windows Media Player-Bibliothek abzuspielen, klicken Sie in der Kategorie ALBUM mit der rechten Maustaste auf das Album und wählen WIEDERGABE.

✔ Um mehrere Songs eines Albums hintereinander abzuspielen, klicken Sie mit der rechten Maustaste auf das erste Stück und wählen den Befehl WIEDERGABE. Klicken Sie anschließend mit der rechten Maustaste auf den nächsten abzuspielenden Titel und wählen Sie HINZUFÜGEN ZU und dann WIEDERGABELISTE. Wiederholen Sie den letzten Schritt für alle weiteren Stücke, die Sie abspielen wollen.

✔ Um zu einem vor Kurzem abgespielten Titel zu wechseln, klicken Sie in der Taskleiste mit der rechten Maustaste auf das Symbol von Windows Media Player und wählen das Stück in der dann angebotenen Liste aus.

✔ Oje! Ihr Musik-Ordner ist leer? Dann wird es höchste Zeit, CDs auf Ihren Rechner zu kopieren beziehungsweise zu rippen. Wie das geht, erfahren Sie im Abschnitt »CDs auf Ihren Computer rippen« weiter hinten in diesem Kapitel.

Die aktuelle Wiedergabe steuern

Sie können Musik direkt aus der Windows Media Player-Bibliothek abspielen. Klicken Sie dazu einfach mit der rechten Maustaste auf eine Datei, ein Album, einen Interpreten oder ein Genre und wählen Sie im Kontextmenü den Befehl Wiedergabe.

Sie können aber auch zu einem kleineren, einfach zu steuernden Player wechseln. Klicken Sie unten rechts auf die Schaltfläche Zur aktuellen Wiedergabe wechseln, um zu einem viel kleineren Fenster, dem Wiedergabefenster, zu wechseln (siehe Abbildung 16.6).

Abbildung 16.6: Die Steuerelementeleiste erinnert an die Steuerungsmöglichkeiten von CD-Playern.

Im etwas minimalistischen Wiedergabefenster wird angezeigt, welches Element der aktuellen Wiedergabeliste gerade gespielt wird. Über die Steuerelementeleiste können Sie vor und zurück blättern, die Lautstärke regeln, auf Pause schalten – alles, was Sie von einem Videorekorder oder einem CD-Player her kennen.

Die Steuerelemente werden unabhängig davon angezeigt, was Sie gerade abspielen – ob ein Video, einen Song, eine CD, eine Fotodiashow. In Abbildung 16.6 sehen Sie das Wiedergabefenster von Windows Media Player, in dem gerade ein Album abgespielt wird. In der Abbildung werden außerdem alle Steuerelemente vorgestellt. Wenn Sie auf eines dieser Elemente mit der Maus zeigen, wird seine Aufgabe in einer QuickInfo kurz und knapp vorgestellt.

Mit der Leiste im Wiedergabefenster agieren Sie wie mit den Steuerungsmöglichkeiten eines CD-Players. Anhalten, zurückspulen, vorwärtsspulen, stummschalten … Nichts Neues! Wenn Sie mehr Kontrolle brauchen, klicken Sie mit der rechten Maustaste auf das Wiedergabefenster. Das dann angezeigte Kontextmenü enthält die folgenden Befehle:

✔ LISTE ANZEIGEN: Zeigt rechts im Fenster die Wiedergabeliste an. Dies ist sehr praktisch, um direkt zu einem bestimmten Song zu wechseln.

✔ VOLLBILD: Vergrößert das Fenster so, dass es den ganzen Bildschirm ausfüllt.

✔ ZUFÄLLIGE WIEDERGABE: Gibt die Titel in einer zufälligen Reihenfolge wieder.

✔ WIEDERHOLEN: Wiederholt das Musikstück.

✔ VISUALISIERUNGEN: Wählen Sie zwischen der Anzeige des Albumcovers, gewellten Streifen, fetzigen Spiralen, tanzenden Wellen oder anderen verrückten Spielereien für das Auge.

✔ ERWEITERUNGEN: Öffnen Sie einen Equalizer, gleichen Sie die Balance ab, passen Sie die Wiedergabegeschwindigkeit an, regulieren Sie die Lautstärke und definieren Sie weitere Einstellungen.

✔ SONGTEXTE UND UNTERTITEL: Zeigt – wenn verfügbar – genau diese Elemente an. Praktisch, wenn Sie eine Fremdsprache nicht ganz so gut beherrschen oder für eine Karaokenacht üben.

✔ MUSIKEINKAUF FORTSETZEN: Entführt Sie auf die Microsoft-Website WindowsMedia.com. Dort können Sie im Onlinestore Alben und Songs kaufen.

✔ 'AKTUELLE WIEDERGABE' IMMER OBEN ANZEIGEN: Sorgt dafür, dass das Wiedergabefenster stets über alle anderen Fenster auf dem Desktop gesetzt wird.

✔ WEITERE OPTIONEN: Öffnet das Dialogfeld OPTIONEN, in dem Sie unzählige Einstellungen vornehmen können, unter anderem Einstellungen für das Rippen von CDs, das Aufstocken der Bibliothek mit neuen Medien und vieles mehr.

✔ HILFE BEI DER WIEDERGABE: Startet das Hilfeprogramm.

Die Steuerelemente werden ausgeblendet, wenn Sie die Maus eine Zeit lang nicht bewegt haben. Führen Sie den Mauszeiger auf das Wiedergabefenster, um die Steuerelemente erneut anzuzeigen.

Klicken Sie oben rechts auf die Schaltfläche ZUR BIBLIOTHEK WECHSELN, um wieder zur Bibliothek von Windows Media Player zurückzuschalten.

 Wenn Sie unten in der Taskleiste des Desktops den Mauszeiger auf dem Symbol von Windows Media Player platzieren, werden die Schaltflächen zum Anhalten/ Abspielen, Zurück- und Vorspulen eingeblendet.

CDs abspielen

Solange Sie die CD richtig herum in das CD-Laufwerk einlegen (normalerweise mit der Beschriftung nach oben), ist das Abspielen einer Audio-CD eine der leichtesten Aufgaben für Windows Media Player. Sie legen die CD in das Laufwerk, und Windows Media Player stürmt auf den Bildschirm und gibt sie wieder. Dabei identifiziert das Programm gleich die CD und ihre Musiker. In vielen Fällen bildet es sogar das Cover auf dem Bildschirm ab.

Sie können mit den Steuerelementen am unteren Fensterrand, wie in Abbildung 16.6 gezeigt, von Titel zu Titel springen, die Lautstärke regeln und Ihren Hörgenuss optimieren.

Wenn Windows Media Player aus unerklärlichen Gründen die CD nicht automatisch abspielt, suchen Sie links in der Bibliotheksansicht im Navigationsbereich den Namen der CD oder den Eintrag UNBEKANNTES ALBUM. Klicken Sie darauf und anschließend in der Steuerelementeleiste auf die Schaltfläche WIEDERGABE. Dann sollte es klappen.

 Drücken Sie ⎡F7⎤, um Windows Media Player verstummen zu lassen, wenn Sie mal schnell Ruhe brauchen. Mit ⎡Strg⎤+⎡P⎤ schalten Sie zwischen Pause und Wiedergabe hin und her.

Sie wollen die CD auf Ihren Computer kopieren beziehungsweise rippen? Dann lesen Sie den Abschnitt »CDs auf Ihren Computer rippen« weiter hinten in diesem Kapitel.

DVDs abspielen

 Und nun die schlechte Nachricht: Windows Media Player für Windows 8.1 kann ebenso wenig DVDs abspielen wie Windows 8. Was für ein Schock für all diejenigen, die in Windows 7 an dieses Feature gewöhnt waren. Und nun?

Wenn es nach Microsoft geht, gehören DVDs zu einer veralteten Technik, die nicht mehr unterstützt werden muss. Die extradünnen Notebooks und Tablet-PCs von heute verfügen nicht einmal mehr über ein DVD-Laufwerk. Die meisten Leute schauen sich Filme per Streaming übers Internet an, behauptet jedenfalls Microsoft. Oder sie spielen die DVDs über den Fernseher ab.

 Außerdem wollte Microsoft wohl nicht länger Lizenzgebühren an die Firmen mit den Patentrechten an MPEG-2-Decoder und Dolby-Digital-Audio-Support entrichten. Beide Komponenten werden zum Abspielen von DVDs benötigt.

Aber auch wenn Windows Media Player keine DVDs mehr abspielen kann, Windows kann es immer noch und zwar über folgende Umwege:

✔ **Kaufen Sie sich entweder das Windows Media Center Pack oder das Windows Pro Pack.** Wie in Kapitel 1 beschrieben, fügen Sie so Windows Media Center auf Ihrem Computer hinzu. Dieses separate Programm kann sowohl DVDs abspielen als auch Fernsehsendungen auf einem Computer mit TV-Tuner aufzeichnen und abspielen.

✔ **Verwenden Sie andere Programme zum Abspielen von DVDs von Drittanbietern.** Die meisten PC-Hersteller stellen eine kostenlose Testversion eines solchen Programms zur Verfügung. Wenn Sie damit zufrieden sind, ersetzen Sie die Testversion gegen Bezahlung durch die Vollversion.

✔ **Laden Sie den kostenlosen VLC Media Player unter `www.videolan.org` herunter.** Dieses Produkt wurde von einer gemeinnützigen Organisation in Frankreich entwickelt.

Videos und TV-Aufzeichnungen wiedergeben

Viele Digitalkameras können außer Fotos auch kurze Videos aufnehmen; wundern Sie sich deshalb nicht, wenn in der Kategorie VIDEOS das eine oder andere Video enthalten ist.

Die Wiedergabe von Videos funktioniert genauso wie das Abspielen von digitalen Musikstücken. Sie klicken im Navigationsbereich von Windows Media Player auf VIDEOS und doppelklicken anschließend auf das gewünschte Video, um es abzuspielen (siehe Abbildung 16.7).

Sie können die Videos in Windows Media Player in verschiedenen Größen anzeigen. Halten Sie beispielsweise die ⌊Alt⌋-Taste gedrückt und drücken Sie die ⌊←⌋-Taste, um das Video im Vollbildmodus wiederzugeben.

Abbildung 16.7: Zeigen Sie mit der Maus auf das Video, um die Steuerelemente einzublenden.

Drücken Sie die Tastenkombination erneut, um zur vorherigen Anzeigegröße zurückzuschalten.

✔ Damit sich das Video automatisch an die Größe des Windows Media Player-Fensters anpasst, klicken Sie mit der rechten Maustaste auf das laufende Video, wählen im Kontextmenü den Befehl Video und dann den Befehl Bei Grössenänderung Video an Player anpassen.

 Klicken Sie im Wiedergabefenster auf die Schaltfläche Vollbildmodus, damit das Fenster den gesamten Bildschirm ausfüllt.

✔ Wenn Sie Videos im Internet anschauen, bestimmt die Verbindungsgeschwindigkeit die Qualität der Bilder. Breitbandverbindungen können in der Regel mit HD-Videos ganz gut umgehen. Langsamere Verbindungen oder langsame Rechner haben so ihre Schwierigkeiten damit.

✔ Der Bereich TV-Aufzeichnungen in Windows Media Player enthält die Sendungen, die mit Windows Media Center, ein Add-On der Windows Pro-Version, aufgenommen wurden. Sie können diese Aufzeichnungen entweder im Windows Media Center oder in Windows Media Player abspielen.

Internetradio empfangen

Windows Media Player enthält zwar einige Internetradiosender, auf die Sie über die Website `www.windowsMedia.com` zugreifen können, aber das Programm kennt keinen einfachen Weg, sie zu speichern. Hier eine Möglichkeit zum Empfangen von Internetradiosendern mit Windows Media Player:

✔ Geben Sie in der Suchmaschine Ihrer Wahl `Internetradio` ein. Wenn Sie einen Radiosender gefunden haben, der in den Formaten MP3 oder `Windows Media Audio WMA`) sendet, klicken Sie auf seiner Website auf die Schaltfläche, die mit Jetzt hören, Wiedergabe oder Ähnlichem beschriftet ist, um Windows Media Player zu laden und dem Sender zuzuhören.

✔ Ich mag zum Beispiel die Sender bei SomaFM (`www.somafm.com`), da es dort die verschiedensten Stilrichtungen gibt, die alle in Windows Media Player abgespielt werden können.

Mit Wiedergabelisten arbeiten

Eine *Wiedergabeliste* ist einfach eine Liste mit Musikstücken (und/oder Videos), die in einer bestimmten Reihenfolge wiedergegeben werden. Na und? Nun, die Vorzüge einer Wiedergabeliste erschließen sich erst, wenn Sie erfahren, was Sie damit machen können. Speichern Sie zum Beispiel eine Wiedergabeliste mit Ihren Lieblingsliedern, können Sie diese jederzeit per Mausklick anhören.

Sie können themenorientierte Wiedergabelisten für weite Reisen, Partys, besondere Abendessen, Gymnastik und sonstige Ereignisse zusammenstellen.

Um eine Wiedergabeliste anzulegen, gehen Sie folgendermaßen vor:

1. **Starten Sie Windows Media Player und suchen Sie die Wiedergabeliste.**

 Sie sehen am rechten Fensterrand keine Wiedergabeliste? Klicken Sie in der rechten oberen Ecke auf die Registerkarte WIEDERGABE. Wenn aktuell nicht die Windows Media Player-Bibliothek, sondern das Wiedergabefenster angezeigt wird, klicken Sie mit der rechten Maustaste auf einen leeren Bereich im Wiedergabefenster und wählen im Kontextmenü den Befehl LISTE ANZEIGEN. Eine Liste mit den aktuell abzuspielenden Elementen wird eingeblendet.

2. **Klicken Sie mit der rechten Maustaste auf das Album oder die Musikstücke, das beziehungsweise die Sie sich anhören wollen, wählen Sie HINZUFÜGEN ZU und dann WIEDERGABE-LISTE.**

Alternativ dazu können Sie Alben oder einzelne Musiktitel rechts in die Wiedergabeliste von Windows Media Player ziehen, wie in Abbildung 16.8 zu sehen ist. Egal wie Sie hier vorgehen, Windows Media Player beginnt sofort mit der Wiedergabe, sobald Sie ein abspielbares Element in die Wiedergabeliste eingefügt haben. Ihre Auswahl wird im rechten Fensterbereich in der von Ihnen vorgegebenen Reihenfolge angezeigt.

Abbildung 16.8: Ziehen Sie ein Album in den rechten Bereich, um es in die Wiedergabeliste aufzunehmen und abzuspielen.

3. **Überarbeiten Sie die Wiedergabeliste.**

Wenn Sie ein Element versehentlich in die Wiedergabeliste übernommen haben, klicken Sie mit der rechten Maustaste auf den betreffenden Eintrag und wählen im Kontextmenü den Befehl AUS LISTE ENTFERNEN. Oder gefällt Ihnen die Reihenfolge der Elemente der Wiedergabeliste nicht? Dann ziehen Sie die einzelnen Elemente einfach an eine andere Position in der Liste.

Unten in der Liste wird angezeigt, wie viele Elemente in der Wiedergabeliste enthalten sind und wie lange es dauert, sie abzuspielen.

4. **Wenn Sie mit Ihrer Liste zufrieden sind, klicken Sie oberhalb der Liste auf die Schaltfläche LISTE SPEICHERN, geben einen Namen für die Liste ein und drücken die ⏎-Taste.**

Windows Media Player übernimmt die neue Wiedergabeliste in den Navigationsbereich der Bibliothek im Bereich WIEDERGABELISTEN. Doppelklicken Sie auf die betreffende Wiedergabeliste, um sie abzuspielen.

Nachdem Sie eine Wiedergabeliste gespeichert haben, können Sie sie wie im folgenden Tipp beschrieben per Mausklick auf CD brennen.

Stellen Sie eigene Wiedergabelisten zusammen. Wie wäre es mit einer »Allein auf einer einsamen Insel«- oder »Meine Lieblingshits«-Wiedergabeliste? Brennen Sie sie dann auf CD und hören Sie sie sich auf der einsamen Insel oder im Auto an. Die Liste sollte nicht mehr als 80 Titel enthalten. Legen Sie eine leere CD in den CD-Brenner ein und klicken Sie auf die Registerkarte BRENNEN. Nehmen Sie das Angebot des Players an, die aktuelle Wiedergabeliste zu importieren, und klicken Sie dann auf die Schaltfläche BRENNEN STARTEN.

Um eine Wiedergabeliste zu bearbeiten, klicken Sie links in der Bibliothek im Bereich WIEDERGABENLISTEN auf die betreffende Wiedergabeliste. Ordnen Sie sie im rechten Bereich neu an, fügen Sie Elemente hinzu oder löschen Sie Listeneinträge und klicken Sie abschließend auf die Schaltfläche LISTE SPEICHERN.

CDs auf Ihren Computer rippen

Windows Media Player kann in einem Vorgang, der *Rippen* genannt wird, Ihre CDs als MP3-Dateien, dem Standard für digitale Musik, auf die Festplatte Ihres Computers kopieren. Wenn Sie aber vergessen, dem Player mitzuteilen, dass Sie MP3-Dateien benötigen, erstellt er WMA-Dateien, ein Format, das iPods und einige andere Musikplayer nicht kennen.

Damit Windows Media Player die Musikstücke im vielseitigen MP3-Format und nicht als WMA-Datei anlegt, klicken Sie auf die Schaltfläche ORGANISIEREN und wählen OPTIONEN. Klicken Sie dann im Dialogfeld OPTIONEN auf die Registerkarte MUSIK KOPIEREN. Öffnen Sie dort die Dropdownliste FORMAT und wählen Sie den Eintrag MP3 aus. Ziehen Sie den Regler für die Klangqualität ganz nach rechts auf OPTIMALE QUALITÄT.

Um eine CD auf die Festplatte Ihres Rechners zu kopieren, führen Sie die folgenden Schritte aus:

1. **Starten Sie Windows Media Player, legen Sie eine Musik-CD in das Laufwerk ein und klicken Sie auf die Schaltfläche CD KOPIEREN.**

Windows Media Player besucht das Internet, identifiziert dort Ihre CD und stellt die Informationen wie Namen, Interpreten und Titel der Musikstücke des Albums zusammen. Dann fängt das Programm an, die Musikstücke auf Ihren PC zu kopieren und in die Windows Media Player-Bibliothek aufzunehmen. Das war's.

Kann Windows Media Player die Titel der Musikstücke nicht automatisch finden, fahren Sie mit Schritt 2 fort.

2. **Klicken Sie mit der rechten Maustaste auf den ersten Titel und wählen Sie** Albuminforma-tionen suchen.

   Das ist Plan B, wenn Windows Media Player das Album nicht erkennt. Wenn Sie mit dem Internet verbunden sind, geben Sie den Namen des Albums in das Suchfeld ein und klicken dann auf Suchen. Wird im Internet etwas gefunden, klicken Sie auf Weiter und dann auf Fertig stellen.

   Haben Sie keine Internetverbindung oder bleibt die Internetsuche ergebnislos, klicken Sie mit der rechten Maustaste auf den ersten Titel und wählen im Kontextmenü den Befehl Bearbeiten. Geben Sie dann den Titel selbst ein. Wiederholen Sie diesen Vorgang für alle Titel, das Album, den Interpreten, das Genre etc.

Hier noch ein paar Tipps zum Kopieren von CDs auf Ihren Computer:

✔ Normalerweise kopiert Windows Media Player jedes Musikstück einer CD. Wenn Sie das eine oder andere Lied auf der CD nicht mögen, deaktivieren Sie das oder die entsprechenden Kontrollkästchen in der Liste. Wurden die Songs, die Sie gar nicht mögen, bereits kopiert, spricht nichts dagegen, sie wieder aus Windows Media Player zu entfernen. Klicken Sie in der Windows Media Player-Bibliothek mit der rechten Maustaste auf den betreffenden Song und wählen Sie im Kontextmenü den Befehl Löschen.

✔ Windows Media Player packt die kopierten CDs automatisch in Ihren Musik-Ordner. Sie finden die frisch kopierten Titel dort und in der Windows Media Player-Bibliothek.

Musik-CDs brennen

Um eine Musik-CD mit Ihren Lieblingstiteln zu erstellen, legen Sie eine Wiedergabeliste an, die die Songs in der gewünschten Reihenfolge enthält. Nun müssen Sie diese Wiedergabeliste nur noch auf CD brennen – fertig. Wie Sie eine Wiedergabeliste erstellen, erfahren Sie im Abschnitt »Mit Wiedergabelisten arbeiten« weiter vorn in diesem Kapitel.

Wie sieht es aber aus, wenn Sie eine CD duplizieren möchten, um sie im Auto zu hören und das Original zu schonen? Oder Sie wollen die Lieblings-CDs Ihrer Kinder mithilfe von Kopien vor dem Untergang bewahren.

Leider weiß weder Windows Media Player noch Windows, wie man CDs dupliziert. Stattdessen müssen Sie einen Umweg nehmen und die folgenden fünf Schritte ausführen, um eine Kopie einer CD zu erstellen:

1. **Rippen (kopieren) Sie die CD auf die Festplatte Ihres Computers.**

   Bevor Sie die CD kopieren, setzen Sie die Aufzeichnungsqualität auf höchste Stufe. Klicken Sie dazu auf die Schaltfläche Organisieren und dann auf Optionen. Wechseln Sie im gleichnamigen Dialogfeld zur Registerkarte Musik kopieren und setzen Sie das Format in der Dropdownliste Format auf Wave (verlustlos). Bestätigen Sie mit OK.

2. **Legen Sie eine leere CD in das betreffende Laufwerk ein.**

3. **Klicken Sie in der Bibliothek von Windows Media Player im Navigationsbereich auf die Kategorie Musik und dann auf Album, um die dort enthaltenen CDs anzuzeigen.**

4. **Klicken Sie mit der rechten Maustaste auf das gerade auf die Festplatte kopierte Album und wählen Sie im Kontextmenü Hinzufügen zu und dann Brennliste.**

Befinden sich in der Brennliste bereits Musiktitel, klicken Sie oberhalb der Brennliste auf die Schaltfläche Liste löschen. Fügen Sie dann die kopierten Titel der Brennliste hinzu.

5. **Klicken Sie auf die Schaltfläche Brennen starten.**

Nun zum Kleingedruckten. Wenn Sie die Qualität nicht auf WAV (verlustlos) einstellen, komprimiert Windows Media Player jedes Musikstück beim Kopieren auf Ihre Festplatte und vermindert bei diesem Vorgang die Tonqualität. Beim Zurückkopieren der Musikstücke auf eine CD wird dieser Verlust nicht ausgeglichen. Um die Tonqualität zu erhalten, müssen Sie also vor dem Kopieren der CD auf die Festplatte das Format in WAV (verlustlos) ändern.

Vergessen Sie nicht, das Format nach dem Duplizieren wieder auf MP3 zu setzen. Ansonsten wird es bald eng auf Ihrer Festplatte werden, wenn Sie viele CDs kopieren.

Eine einfache Alternative zu diesem Hin- und Herkopieren zum Duplizieren könnte der Erwerb eines professionellen Brennprogramms sein. Die meisten Brennprogramme wissen im Unterschied zu Windows Media Player sehr genau, wie CDs dupliziert werden.

Das falsche Programm öffnet meine Dateien!

Windows Media Player ist nicht das einzige Programm zur Wiedergabe von Musik oder Videos. Viele Leute verwalten ihre Songs und Filme mit iTunes, weil sie damit die Dateien schnell und bequem auf ihre iPods etc. übertragen können. Viele Musiktitel und Videos aus dem Internet sind im RealAudio- oder RealVideo-Format von Real (`www.real.com`) gespeichert, die Windows Media Player nicht verarbeiten kann.

Und manche Menschen verwenden Winamp (`www.winamp.com`), um ihre Musik und Videos abzuspielen und Internetradiosender zu hören. Da es so viele konkurrierende Formate gibt, installieren viele Benutzer mehrere Player – einen für jedes Format. Leider führt das zu Rangeleien zwischen den Playern, weil jeder darum kämpft, als Standardprogramm für die Medienwiedergabe eingesetzt zu werden.

Windows versucht, diese Probleme mit den Optionen auf der Startseite in den PC-Einstellungen in der Kategorie Suche und Apps|Standardwerte zu lösen. Lesen Sie hierzu den Abschnitt »Musik auf dem Desktop abspielen« weiter vorn in diesem Kapitel. Dort erfahren Sie, wie Sie ein Standardprogramm zum Abspielen von Mediendateien festlegen.

Digitale Fotoschätze

In diesem Kapitel

▶ Digitale Fotos auf den Computer kopieren

▶ Fotos mit der Kamera am Computer aufnehmen

▶ Fotos im BILDER-Ordner ansehen

▶ Digitale Fotos auf CD sichern

D ie Digitalkameras von heute sind selbst kleine Computer. Es ist also verständlich, dass Windows sie wie gute Freunde behandelt. Schließen Sie eine Kamera an den Rechner an, schalten Sie die Kamera ein, und Windows begrüßt den Neuankömmling herzlich und bietet gleich an, alle Bilder auf den Rechner zu kopieren.

Smartphones werden von Windows auch wie digitale Kameras behandelt. Es ist also genauso einfach, Bilder von einem Smartphone auf Ihren Rechner zu transferieren.

In diesem Kapitel erfahren Sie, wie Sie Ihre digitalen Fotoschätze von der Kamera auf den Computer kopieren, im Freundes- und Familienkreis mit Ihren Fotos angeben, Fotos an die weiter weg wohnende Verwandtschaft mailen und Fotos an einem sicheren Ort aufbewahren können.

Und noch ein Hinweis: Wenn Sie damit angefangen haben, ein Familienalbum auf dem Computer anzulegen, sorgen Sie dafür, dass der in Kapitel 13 beschriebene Dateiversionsverlauf eingeschaltet ist. Damit werden automatisch alle Änderungen in den Ordnern auf Ihrem Rechner im festgelegten Zeitintervall gesichert, und Sie geben Ihrer digitalen Vergangenheit eine Zukunft. (In diesem Kapitel erfahren Sie, wie Sie Ihre Daten auf CD oder DVD sichern können.) Computer kommen und gehen, aber Ihre digitale Vergangenheit ist unersetzlich.

Ihr Computer – der digitale Schuhkarton

Die meisten digitalen Kameras verfügen über eine Software, mit der die Fotos von der Kamera auf Ihren Computer übertragen werden. Sie müssen diese Software aber weder installieren noch sich mit irgendwelchen Menüs und Befehlen auseinandersetzen.

Auch Windows verfügt über eine integrierte Software, mit der es Fotos aus nahezu jedem digitalen Kamera- oder Smartphone-Modell herausziehen kann. Die Steuerungsmöglichkeiten sind in Windows deutlich besser geworden. So können Sie beispielsweise die Fotosessions auf Ihrer Kamera in verschiedene Ordner verteilen und entsprechende Namen vergeben.

Um die Fotos aus der Kamera oder vom Smartphone auf Ihren Rechner zu beamen, gehen Sie wie folgt vor:

1. **Schließen Sie die Kamera oder das Smartphone an Ihren Computer an.**

   Die meisten Digitalkameras haben zwei Übertragungskabel: eines für den Anschluss an das Fernsehgerät und ein zweites für den Rechner. Für das Kopieren der Fotos brauchen Sie das Kabel, das in den Anschluss an Ihrem Rechner passt.

    Stecken Sie das schmale Ende in die Kamera, das andere in den USB-Anschluss des Computers. Der USB-Anschluss ist ein rechteckiges Loch, ungefähr 1,5 Zentimeter breit und einen Zentimeter tief. (Bei älteren Rechnern befinden sich die USB-Anschlüsse auf der Rückseite, bei neueren Rechnern griffbereit auf der Vorderseite. Notebooks und Tablet-PCs bieten diese Anschlüssen in der Regel an den Seiten an.)

2. **Schalten Sie die Kamera ein und warten Sie darauf, dass Windows sie erkennt.**

   Sollten Sie ein Android-Handy angeschlossen haben, muss es sich im Kameramodus und nicht im Gerätemodus befinden.

   In der oberen rechten Ecke wird eine kleine Meldung eingeblendet, die besagt, dass Windows das Gerät erkannt hat. Außerdem fragt das Betriebssystem freundlich nach, welche Aufgabe Sie damit durchführen wollen.

   Klicken oder tippen Sie auf diese Meldung und fahren Sie dann mit Schritt 3 fort.

    Wenn die Geräteerkennungsmeldung wieder verschwindet, bevor Sie eine Chance haben, darauf zu klicken oder zu tippen – kein Problem: Schalten Sie die Kamera aus und wieder ein, und die Meldung wird wieder angezeigt.

   Wenn Windows Ihre Kamera nicht erkennt, stellen Sie sicher, dass die Kamera auf Anzeigemodus und nicht auf Aufnahmemodus eingestellt ist. (Im Anzeigemodus können Sie die Fotos auf dem kleinen Kameramonitor anschauen. Im Aufnahmemodus – Überraschung – machen Sie neue Fotos.) Wenn Sie immer noch Probleme haben, ziehen Sie das Kabel aus dem Anschluss am Computer, warten ein paar Sekunden und schließen das Kabel dann wieder an. Immer noch nichts? Lesen Sie die Informationen im Kasten »Windows erkennt meine Kamera nicht!«.

3. **Wählen Sie die Aktion aus, die Windows mit der Kamera durchführen soll.**

   Die Meldung in der oberen rechten Ecke bietet drei Möglichkeiten für den Umgang mit der erkannten Kamera (siehe Abbildung 17.1).

- Gerät zum Anzeigen der Dateien öffnen: Sie ziehen den Desktop vor? Dann entscheiden Sie sich für diese Option. Der Inhalt der Kamera wird als kleines Ordnersymbol in einem Fenster angezeigt. Ziehen Sie dann einfach die Fotos in einen Ordner Ihrer Wahl. Weiter geht es mit Schritt 5.

- Fotos und Videos importieren: Mit dieser Option werden die Fotos mit der Startseiten-App Fotos importiert – auf zu Schritt 4.

- KEINE AKTION DURCHFÜHREN: Sie haben Ihre Meinung geändert und wollen gar keine Fotos importieren. Dann brechen Sie die ganze Operation mit dieser Option ab.

Windows erinnert sich an die hier getroffene Wahl und führt sie automatisch aus, wenn Sie die Kamera das nächste Mal an den Rechner anschließen.

Abbildung 17.1: Wählen Sie, ob der Import der Fotos auf der Startseite oder auf dem Desktop erfolgen soll.

4. Wählen Sie in der Fotos-App die zu importierenden Fotos und Videos aus und klicken oder tippen Sie auf die Schaltfläche IMPORTIEREN.

Die Fotos-App (siehe auch Abbildung 17.2) zeigt eifrig alle Fotos und Videos der Kamera an und bittet Sie, die zu importierenden Schätze auszuwählen. Klicken Sie auf einzelne Fotos, um sie für den Import zu markieren, oder klicken Sie auf die Schaltfläche ALLE AUSWÄHLEN, wenn alle Elemente auf Ihren Rechner geschaufelt werden sollen. Sie können jederzeit durch Klicken oder Tippen die Auswahl eines bereits markierten Elements wieder aufheben.

Wenn Sie Ihre Auswahl troffen haben, klicken Sie auf die Schaltfläche IMPORTIEREN. Die App legt los und kopiert die markierten Fotos und Videos in den Ordner BILDER, und zwar in einen neuen Ordner, der mit dem aktuellen Datum benannt wird.

Sobald der Job erledigt ist, präsentiert die Fotos-App Ihnen die frisch importierten Fotos und Videos in dem neuen Unterordner im Ordner BILDER. Sie haben es geschafft!

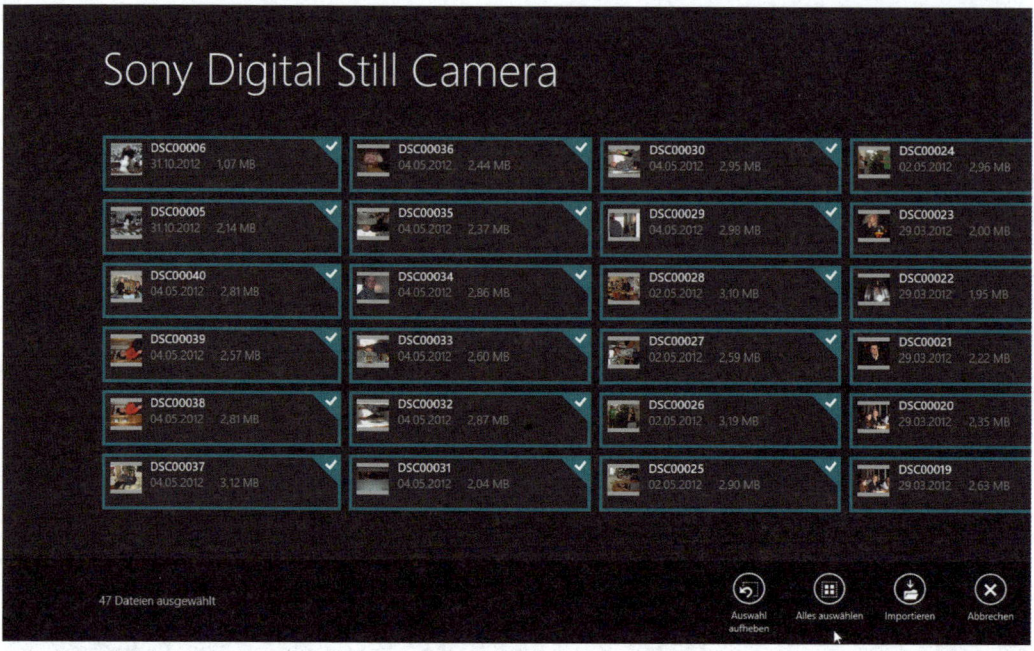

Abbildung 17.2: Klicken Sie auf »Alle auswählen« und dann auf die Schaltfläche »Importieren«, um alle Fotos und Videos von der Kamera in den Bilderordner zu übertragen.

5. **Kopieren Sie alternativ die Fotos von der Kamera in den beziehungsweise die Ordner Ihrer Wahl.**

   Wenn Sie sich in Schritt 3 für die Option GERÄTE ZUM ANZEIGEN DER DATEIEN ÖFFNEN entschieden haben, finden Sie sich auf dem Desktop wieder und starren auf ein kleines Symbol, das die Speicherkarte Ihrer Kamera repräsentiert. Doppelklicken Sie auf das Symbol und werfen Sie einen Blick in die Ordner. Wählen Sie per Mausklick die zu kopierenden Ordner und/oder Dateien aus und kopieren Sie sie in den beziehungsweise die Ordner Ihrer Wahl. (Dateien, Ordner, Speicherkarten – lesen Sie hierzu Kapitel 5.) Jetzt sind Sie auch fertig. Oder Sie lesen noch Schritt 6, der eine weitere Alternative anbietet.

6. **Klicken Sie im Navigationsbereich des Explorers mit der rechten Maustaste auf das Kamerasymbol und wählen Sie den Befehl** FOTOS UND VIDEOS IMPORTIEREN **und entscheiden Sie sich dann für einen Weg, die Bilder zu importieren.**

    Sie klicken mit der rechten Maustaste im Navigationsbereich des Ordnerfensters (ja genau, im linken Bereich) auf das Kamerasymbol und wählen dort den Befehl FOTOS UND VIDEOS IMPORTIEREN. Daraufhin meldet sich das Dialogfeld BILDER UND VIDEOS IMPORTIEREN zu Wort.

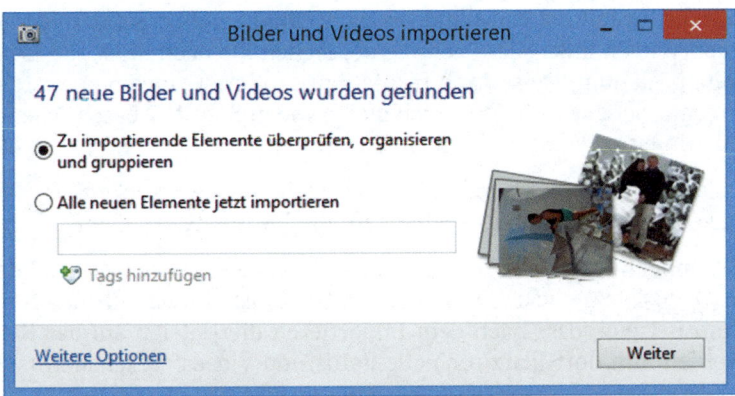

Abbildung 17.3: Das Dialogfeld bietet Ihnen freundlich an, alle Bilder und Videos von der Kamera auf den Rechner zu importieren.

Windows bietet Ihnen zwei Wege zum Importieren der Bilder an:

- **Die Elemente prüfen, gruppieren, importieren:** Das ist Ihr Weg, wenn die Fotos und Videos auf Ihrer Kamera aus verschiedenen Sessions stammen, die natürlich auch in verschiedenen Ordnern abgelegt werden sollen. Sortieren Sie die Fotos und Videos in Gruppen und kopieren Sie jede Gruppe in einen anderen Ordner. Das braucht seine Zeit, aber so können Sie die Fotos von den Malediven strikt von den Fotos in den österreichischen Alpen trennen. Wenn Sie sich für diesen Weg entschieden haben, fahren Sie mit Schritt 8 fort.

- **Alle Elemente importieren:** Das ist Ihr Weg, wenn alle Fotos und Videos zusammengehören und daher auch in einen Topf, äh Ordner, geworfen werden können (siehe Abbildung 17.3). Diese simple Methode kopiert alle Fotos und Videos auf der Kamera in einen Ordner. Wenn Sie sich für diesen Weg entschieden haben, fahren Sie mit Schritt 7 fort.

7. **Wählen Sie die Option zum Importieren aller Elemente, geben Sie eine kurze Beschreibung als Tag oder Markierung ein – wie wäre es mit `Maledivenurlaub` – und klicken Sie auf WEITER. Fertig. Um Ihre Fotos anzuzeigen, wechseln Sie zum BILDER-Ordner und werfen dort einen Blick in den neuen Bilderordner.**

8. **Wenn Sie sich stattdessen für die Option zum Prüfen, Organisieren und Gruppieren der Elemente entschieden haben, können Sie die angezeigten Gruppen übernehmen, die Gruppenordner umbenennen, beschreibende Tags hinzufügen und dann das Ganze importieren:**

Klicken Sie in jeder Gruppe auf den Link zum Eingeben eines Namens und tippen Sie einen anschaulichen Titel ein, der als neuer Ordnername übernommen wird.

Geben Sie für jeden Ordner im Bereich zum Hinzufügen von Markierungen zum Ordnerinhalt passende Tags ein. Trennen Sie die einzelnen Tags mit einem Semikolon voneinander. Mithilfe der hier angegebenen Markierungen können Sie die Fotos später einfach mit der Windows-Suchfunktion (siehe Kapitel 7) wieder aufspüren.

Ihnen gefällt die Einteilung von Windows nicht? Dann ziehen Sie den Regler zum Anpassen der Gruppen nach links oder nach rechts. Ziehen Sie nach links, um kleinere Gruppen zu definieren, beziehungsweise nach rechts, um größere Gruppen zu erstellen. Wenn Sie ganz nach rechts ziehen, hätten Sie auch gleich wie in Schritt 7 beschrieben vorgehen und alle Elemente in einen Ordner übernehmen können.

Wenn Sie alle Ordner benannt und mit Tags versehen haben, klicken Sie auf die Schaltfläche IMPORTIEREN, um die Elemente endlich auf die Festplatte zu holen.

 Es empfiehlt sich, im Dialogfeld BILDER UND VIDEOS IMPORTIEREN auf den Link WEITERE OPTIONEN zu klicken. Dort können Sie Einstellungen für den Import festlegen, zum Beispiel, dass nach dem Importieren die Dateien auf der Kamera gelöscht werden, um dort Platz für neue Fotos und Videos zu schaffen (siehe Abbildung 17.4).

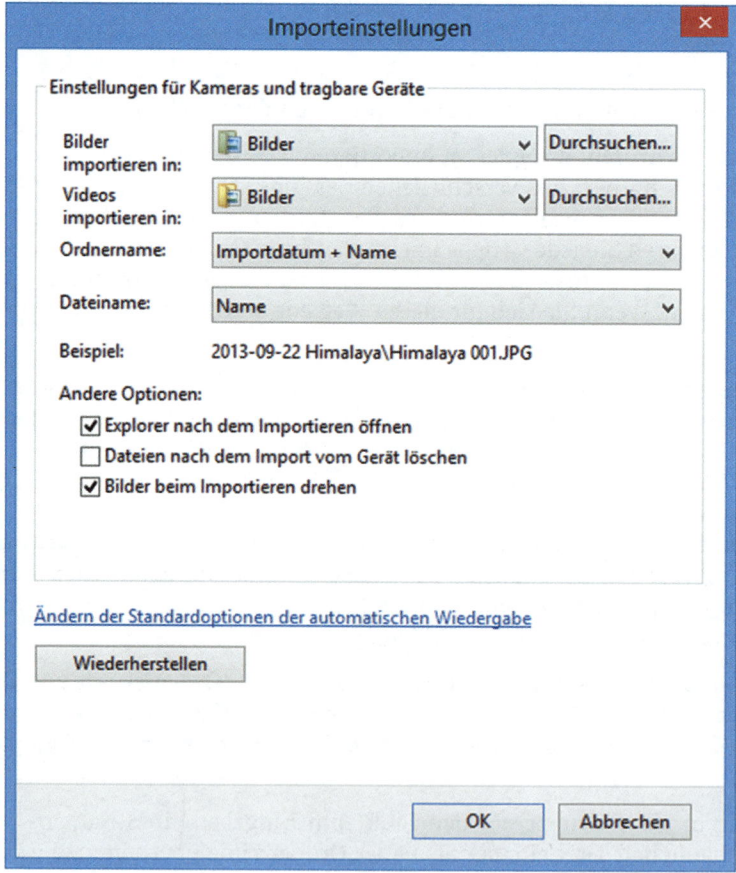

Abbildung 17.4: Legen Sie hier die Regeln für den Import fest.

Nach dem Importieren zeigt Windows den oder die Ordner mit den neuen Bildern und Videos an.

Windows erkennt meine Kamera nicht!

In der Regel erkennt Windows eine Kamera sogleich, wenn sie an den Computer angeschlossen wird. Es kann aber vorkommen, dass die beiden nicht sofort Freunde werden. Windows zeigt dann keine Willkommensmeldung oben rechts auf dem Bildschirm an und bietet keine Option zum Importieren von Fotos. Vielleicht taucht auch wie aus dem Nichts ein anderes Programm auf und versucht, die Macht an sich zu reißen. Ziehen Sie in diesen Fällen das Kamerakabel aus dem PC-Anschluss, warten Sie ein paar Sekunden und schließen Sie dann die Kamera wieder an.

Wenn das nicht klappt, führen Sie die folgenden Schritte aus:

1. **Klicken Sie mit der rechten Maustaste auf die Schaltfläche START und wählen Sie im Kontextmenü den Befehl SYSTEMSTEUERUNG.**

2. **Klicken Sie in der Systemsteuerung auf die Kategorie PROGRAMME und dann unter STANDARDPROGRAMME auf den Link STANDARDEINSTELLUNGEN FÜR MEDIEN UND GERÄTE ÄNDERN.**

3. **Scrollen Sie nach unten zum GERÄTE-Bereich.**

4. **Klicken Sie auf das Modell Ihrer Kamera und wählen Sie in der Dropdownliste die Aktion aus, die Windows ausführen soll, wenn Sie die Kamera an den Rechner anschließen.**

Wenn Windows Ihre Kamera immer noch nicht erkennt, wenn Sie sie anschließen, benötigt das Betriebssystem einen Übersetzer, um die »Sprache« der Kamera zu verstehen. Leider ist dieser Übersetzer die Software, die mit Ihrer Kamera ausgeliefert wird. Wenn Sie die nicht mehr haben, können Sie sie vielleicht von der Website des Herstellers herunterladen.

Fotos mit der Kamera-App aufnehmen

Die meisten Notebooks, Tablet-PCs und manche Desktopcomputer verfügen über eine eingebaute Kamera, auch *Webcam* genannt. Diese winzige Kamera kann keine hochauflösenden Nahaufnahmen des seltenen Vogels auf dem Baum Ihrer Nachbarn machen. Aber für einen schnellen Schnappschuss eines Profilfotos für das Konto auf Ihrem Rechner, von Facebook oder auf anderen Websites ist sie immer gut.

Um schnell ein Foto mit der Webcam mit der Kamera-App zu schießen, gehen Sie folgendermaßen vor:

1. **Klicken Sie auf der Startseite auf die Kachel KAMERA.**

2. **Wenn die App fragt, ob es wirklich okay ist, die Kamera und das Mikrofon einzuschalten, erlauben Sie das großzügig.**

Diese höfliche Nachfrage ist eine Sicherheitsvorkehrung. Windows fragt nach, ob es die Kamera einschalten darf, damit keine hinterhältige App Sie ohne Ihr Wissen ausspionieren kann.

Nachdem Sie die Erlaubnis erteilt haben, verwandelt sich der Computerbildschirm in einen gigantischen Sucher, der genau das zeigt, was die Kamera gerade sieht, nämlich Ihr Gesicht.

3. **Klicken Sie auf das Kamerasymbol, um ein Foto aufzunehmen, beziehungsweise auf das Videosymbol, um ein Video aufzuzeichnen.**

Verfügt Ihr Computer oder Tablet-PC gar über zwei Kameras, klicken Sie in der App-Leiste auf die Schaltfläche zum Wechseln der Kamera, um zwischen den beiden hin und her zu schalten. Um die App-Leiste einzublenden, gehen Sie wie üblich vor: Klicken Sie mit der rechten Maustaste auf einen leeren Bereich oder wischen Sie mit dem Finger vom unteren Bildschirmrand nach innen.

Je nach Kameramodell stehen in der App-Leiste verschiedene Schaltflächen zur Verfügung:

KAMERA WECHSELN: Für Notebooks und Tablets mit zwei Kameras, eine vorne und eine hinten am Gehäuse. Klicken Sie auf diese Schaltfläche, um zwischen den beiden Kameras hin und her zu schalten.

KAMERAOPTIONEN: Klicken Sie auf diese Schaltfläche, um ein Menü mit Optionen aufzuklappen. Hier können Sie die Auflösung der Kamera ändern und zwischen an Ihrem Rechner angeschlossenen Mikrofonen wechseln. Wenn Sie unten im Menü den Link MEHR sehen, gibt es noch mehr.

TIMER: Mit dieser Schaltfläche können Sie den Schnappschuss zeitverzögert erstellen. Das Foto wird erst drei Sekunden nach dem Klicken oder Tippen auf den Bildschirm erstellt. Das gibt Ihnen die Chance, das Gerät zu schwenken, damit etwas anderes aufgenommen wird als Ihr Gesicht.

VIDEOMODUS: Mit dieser Schaltfläche wechseln Sie zwischen Video- und Fotomodus hin und her. Ist der Videomodus aktiviert, ist die Schaltfläche weiß hinterlegt. Während der Aufnahme wird ein kleiner Timer rechts unten angezeigt, der Sie über die aktuelle Länge des Videos informiert.

4. **Um ein Foto zu machen, tippen oder klicken Sie auf eine beliebige Stelle auf dem Bildschirm.**

Um das neue Foto anzusehen, tippen oder klicken Sie auf den Pfeil am linken Rand. Um zur Kamera-App zurückzuschalten, klicken Sie auf den Pfeil am rechten Rand.

Die Kamera-App speichert Ihre Fotos und Videos im Ordner EIGENE AUFNAHMEN im Ordner BILDER. Wenn Sie sich beim Einrichten Ihres Microsoft-Kontos für Sky-Drive entschieden haben, landen die Fotos aus der Kamera oder vom Smartphone automatisch in Ihrem Bilderordner auf SkyDrive.

Fotos auf der Startseite anschauen und bearbeiten

Auch in der digitalen Fotowelt zeigt Windows seine zwei so grundverschiedenen Gesichter. Aber das haben Sie wahrscheinlich ja inzwischen begriffen. Auf der Startseite geht alles schnell und einfach. Auf dem Desktop geht viel mehr, dafür ist es komplexer und komplizierter. Sie können entscheiden, wo Sie Ihre digitalen Fotos betrachten wollen – in der Fotos-App auf der Startseite oder mit dem Programm Windows-Fotoanzeige auf dem Desktop.

In Windows 8 reißt die Fotos-App auch alle Fotos aus Ihren sozialen Netzwerken an sich, beispielsweise aus Facebook oder aus Flickr. So haben Sie einen zentralen Bilderort in nur einem Programm. Die Fotos-App von Windows 8.1 ist da diskreter und greift nicht auf die Bilder aus sozialen Netzwerken zu. Gott sei Dank, werden die einen sagen, schade, die anderen. Um dies für Letzter wieder gutzumachen, hat Windows 8.1 jetzt ein paar Tools für die Bildbearbeitung integriert.

Um Ihre Fotos in der Fotos-App anzuzeigen und zu bearbeiten, führen Sie die folgenden Schritte aus:

1. **Klicken Sie auf der Startseite auf die Kachel** Fotos.

   Die Fotos-App meldet sich zu Wort (siehe auch Abbildung 17.5). Die aufgelisteten Kacheln stehen für die verschiedenen, prall mit Bildern gefüllten Unterordner des Ordners Bilder.

   Wenn Sie auf den kleinen, nach unten zeigenden Pfeil neben dem Wort Bildbibliothek klicken, können Sie zwischen den folgenden Optionen wählen:

   - Bildbibliothek: Zeigt alle Ordner an, die sich auf Ihrem Computer im Ordner Bilder tummeln.

   - SkyDrive: Zeigt alle Fotos an, die sozusagen über den Wolken im Himmel schweben. Sie sind auf den riesigen, mit dem Internet verbundenen Microsoft-Rechnern in Ihrem ganz persönlichen und privaten Speicherbereich abgelegt. Sie können mit Ihrem Microsoft-Konto und dem zugehörigen Kennwort von jedem beliebigen Rechner mit Internetverbindung aus auf Ihre in der Cloud abgelegten digitalen Fotoschätze zugreifen. (Microsoft-Konten sind Thema in Kapitel 2 und SkyDrive in Kapitel 5.)

2. **Navigieren Sie zu dem Ordner beziehungsweise Foto, das Sie anzeigen wollen.**

   Klicken oder tippen Sie auf einen Ordner, um seinen Inhalt anzuzeigen.

3. **Klicken Sie auf das gewünschte Foto, damit es sich auf dem gesamten Bildschirm breitmachen kann, und wählen Sie dann eine der Optionen in der App-Leiste.**

   Füllt ein Foto den gesamten Bildschirm (siehe auch Abbildung 17.6), können Sie eine der folgenden Aufgaben ausführen:

   - **Andere Fotos anzeigen:** Verschieben Sie den Mauszeiger irgendwo auf dem Bildschirm und schon tauchen am linken und rechten Bildschirmrand kleine Pfeile auf. Mit dem Pfeil nach links geht es zum vorherigen, mit dem Pfeil nach rechts zum nächsten Foto.

Abbildung 17.5: Auf der ersten Seite der Fotos-App werden Ihre Bilderordner aufgelistet.

- **Fotos per Mail senden:** Wie Sie Fotos per Mail an andere senden können, ist in Kapitel 10 beschrieben. Hier die Kurzvariante: Holen Sie die Charms-Leiste hervor und klicken Sie dort auf den Charm TEILEN (oder drücken Sie ⊞+Ⓘ) und dann auf MAIL.

Abbildung 17.6: Im Vollbildmodus stehen Ihnen die hier gezeigten Schaltflächen zum Bearbeiten des angezeigten Bildes zur Verfügung.

Löschen: Klicken Sie auf Löschen und weg ist das Foto. Kurz und schmerzlos.

 Öffnen mit: Klicken Sie auf Öffnen mit, um das Foto mit einem anderen Programm Ihrer Wahl zu öffnen.

 Festlegen als: Klicken Sie auf Festlegen als, um das angezeigte Bild als Hintergrundbild für den Sperrbildschirm oder für die Kachel der Fotos-App auf der Startseite festzulegen.

 Diashow: Damit werden die Bilder im aktuellen Ordner als Diashow angezeigt. (Durch Klicken auf ein beliebiges Foto stoppen Sie die Show.)

 Drehen: Genau, damit drehen Sie das Foto von links nach rechts. Klicken Sie dreimal auf diese Schaltfläche, um das Foto von rechts nach links zu drehen.

 Zuschneiden: Das Foto wird in ein Raster unterteilt und an allen vier Ecken mit Ziehpunkten versehen. Jetzt können Sie zum einem mit gedrückter Maustaste den Inhalt des Bildes verschieben, um so den Bildausschnitt zu ändern, oder Sie ziehen einen der Ziehpunkte nach innen, um das Bild auf einen Ausschnitt zu reduzieren. Wenn Sie zuvor noch auf die dann angezeigte Schaltfläche Seitenverhältnis klicken, können Sie auch noch die Bildform für den Zuschnitt bestimmen, Quadrat, Breitbild etc. Klicken Sie auf Anwenden, wenn Sie mit Ihrer Arbeit zufrieden sind, oder verwerfen Sie die Änderungen durch Klicken auf Abbrechen.

 Bearbeiten: Noch ein Überraschungsmenü! Dieses Mal am linken Bildschirmrand mit Schaltfläche für die automatische Korrektur, Licht- und Farbanpassungen sowie sonstige Effekte.

4. Um die Fotos-App zu verlassen, kehren Sie zur Startseite zurück.

Drücken Sie dazu die ⊞-Taste oder klicken beziehungsweise tippen Sie in der Charms-Leiste auf den Charm Start.

Fotos auf dem Desktop anschauen

Die Fotos-App hat sich deutlich weiterentwickelt, bleibt aber wohl immer noch eher etwas für Leute mit Touchscreen. Wenn Sie auf die Maus angewiesen sind, sollten Sie überlegen, Ihre Fotos auf dem Desktop zu betrachten. Wenn Sie noch auf der Startseite sind, klicken Sie auf die Kachel Desktop, um genau dorthin zu wechseln.

Ach du meine Güte! Sie doppelklicken auf dem Desktop auf ein Foto, und wo landen Sie? In der Fotos-App! Genau das wollten Sie doch eigentlich vermeiden, oder? Damit das Programm Windows-Fotoanzeige auf dem Desktop zum Zug kommen kann und die Fotos-App erst einmal außen vor bleibt, müssen Sie die folgenden Schritte ausführen:

1. **Öffnen Sie die Systemsteuerung.**

   Klicken Sie mit der rechten Maustaste auf die Schaltfläche START und wählen Sie im Kontextmenü den Befehl SYSTEMSTEUERUNG.

2. **Klicken Sie in der Systemsteuerung auf die Kategorie PROGRAMME, dann auf STANDARDPROGRAMME und anschließend auf STANDARDPROGRAMME FESTLEGEN.**

   Das Fenster STANDARDPROGRAMME FESTLEGEN meldet sich zu Wort.

3. **Klicken Sie links im Fenster auf den Eintrag WINDOWS-FOTOANZEIGE und rechts auf DIESES PROGRAMM ALS STANDARD FESTLEGEN (siehe Abbildung 17.7). Bestätigen Sie Ihre Entscheidung mit OK.**

   Von nun an wird stets das Programm Windows-Fotoanzeige geöffnet, sobald Sie auf dem Desktop auf eine Fotodatei doppelklicken. Die Fotos-App auf der Startseite hat nichts mehr zu melden.

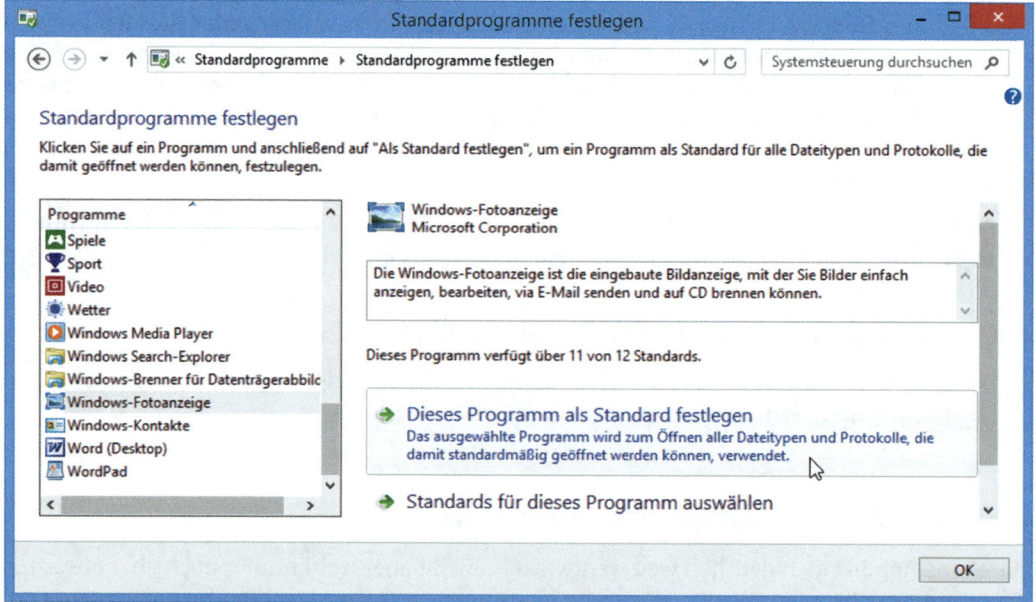

Abbildung 17.7: Wählen Sie Windows-Fotoanzeige als Standardprogramm für die Bildanzeige.

Sie doppelklicken auf ein Foto, und – endlich – das Foto wird auf dem Desktop im Programm Windows-Fotoanzeige angezeigt. Die Fotos-App ist immer noch für Ihre Fotos zuständig, wenn Sie sie auf der Startseite öffnen. Aber auf dem Desktop hat sie jetzt nichts mehr zu melden. Windows-Fotoanzeige hat die Herrschaft übernommen.

Die Fotos der Kamera mit einem Kartenleser übertragen

Windows holt sich die Fotos ziemlich problemlos von Ihrer Kamera. Aber ein digitales Kartenlesegerät ist noch viel besser und häufig auch Ihre Rettung, wenn Sie das Übertragungskabel Ihrer Kamera verloren haben. Ein digitales Kartenlesegerät ist ein kleines Kästchen mit einem Kabel, das genauso wie eine Digitalkamera in den USB-Anschluss Ihres Computers gesteckt wird.

Um die Bilder von Ihrer Kamera auf Ihren Computer zu übertragen, nehmen Sie die Speicherkarte aus der Kamera und schieben sie in das Kartenlesegerät ein. Windows erkennt die Karte und behandelt sie ähnlich wie Ihre Kamera.

Alternativ dazu öffnen Sie auf dem Desktop den Explorer und doppelklicken in seinem Navigationsbereich auf die Laufwerksbezeichnung für den Kartenleser, um alle Fotos auf der Speicherkarte zu sehen. Wählen Sie dann die gewünschten Fotos aus und fügen Sie sie in Ihren Ordner BILDER ein.

Digitale Kartenlesegeräte sind relativ preisgünstig, einfach einzurichten, schnell beim Kopieren von Bildern und sehr praktisch. Außerdem können Sie Ihre Kamera ausgeschaltet lassen, während Sie die Urlaubsbilder auf Ihren Computer holen. Das schont die Batterien. Beim Kauf eines Kartenlesegeräts sollten Sie darauf achten, dass es den Speicherkartentyp Ihrer Kamera – und einige andere – lesen kann. (Damit ist gewährleistet, dass der Kartenleser auch bei anderen Zusatzgeräten für Ihren Computer funktioniert, die Sie möglicherweise in der nächsten Zeit erwerben werden.)

Durch die Fotos des »Bilder«-Ordners blättern

Sie haben einen eigenen BILDER-Ordner. Sie finden ihn in jedem Explorer-Fenster links im Navigationsbereich. Dieser Ordner sollte stets Ihre erste Wahl sein, wenn Sie überlegen, wo Sie Bilder speichern. Wenn Windows Fotos von einer Digitalkamera importiert, packt es sie automatisch in diesen Ordner, um die Vorteile der Anzeigewerkzeuge dieses Ordners zu nutzen.

Um einen Blick in einen beliebigen Ordner zu werfen, und da macht der Ordner BILDER keine Ausnahme, doppelklicken Sie auf den gewünschten Ordner, und er gibt seinen Inhalt Preis (siehe Abbildung 17.8).

Die Werkzeuge im Menüband eignen sich hervorragend zum Anzeigen und Verwalten von Bildern. Klicken Sie dort auf die Registerkarte ANSICHT und zeigen Sie mit der Maus über die verschiedenen Anzeigeschaltflächen, angefangen bei EXTRAGROSSE SYMBOLE bis hin zu DETAILS. Allein durch das Zeigen auf eine der Ansichtsschaltflächen erhalten Sie eine Kostprobe davon, wie die Darstellung aussieht, wenn Sie auf eine der Schaltflächen klicken.

Wenn Sie auf der Registerkarte ANSICHT auf die Schaltfläche SORTIEREN NACH klicken, können Sie unter einer Fülle von Sortierkriterien wählen. In Abbildung 17.8 laufen gerade die Vorbereitung auf Hochtouren, die Bilderflut nach Aufnahmedatum zu sortieren.

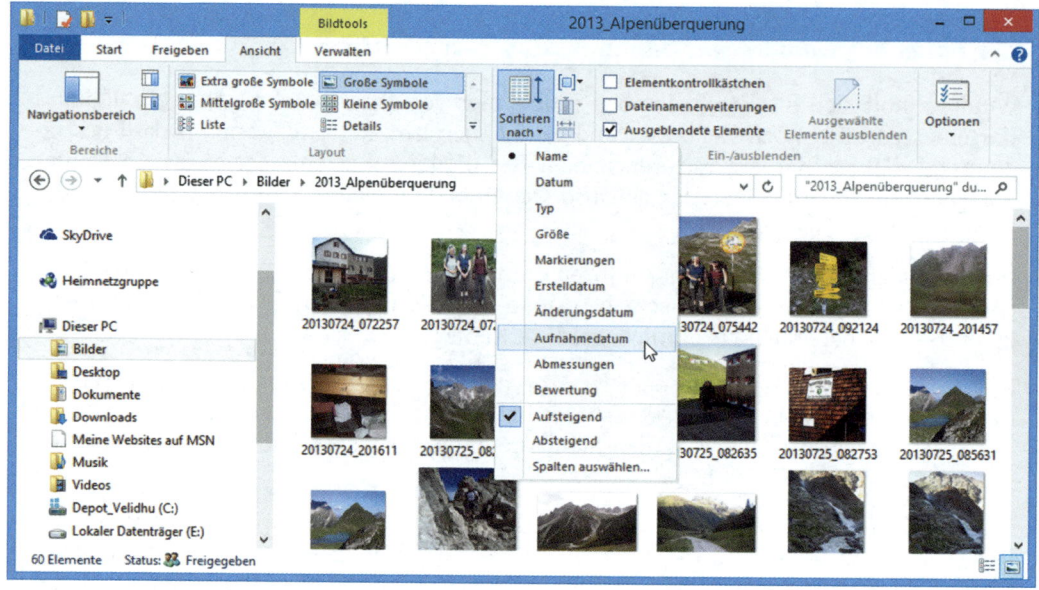

Abbildung 17.8: Sortieren Sie Ihre Fotos nach Name, Datum, Markierungen, Bewertung und und und ...

Klicken Sie mit der rechten Maustaste auf ein Foto und wählen Sie im Kontextmenü den Befehl VORSCHAU, um eine größere Version des Bildes im Programm Windows-Fotoanzeige anzuzeigen. Um die Windows-Fotoanzeige zu schließen und zum Explorer-Fenster zurückzuwechseln, klicken Sie oben rechts in der Titelleiste auf die rote Schaltfläche mit dem »x«.

Die Schaltfläche SORTIEREN NACH bietet unglaublich viele Möglichkeiten, die Fotos im aktuellen Ordner zu sortieren. Hier nur ein paar davon:

✔ AUFNAHMEDATUM: Praktische Option zur Anzeige der Fotos in ihrem chronologischen Verlauf und sehr nützlich in einem Ordner, der sehr viele Fotos enthält.

✔ MARKIERUNGEN: Wenn Sie Ihre Fotos mit Markierungen – beschreibendem Text – versehen haben, können Sie nach Markierungen sortieren und so falsch abgelegte Fotos schnell aufspüren.

✔ DATUM: Mit dieser Option werden die Fotos nach dem Datum sortiert, an dem sie auf Ihren Rechner kopiert wurden. Gute Wahl, um schnell nach den Fotos zu suchen, die Sie letzte Woche auf den Rechner geschaufelt haben.

✔ ABMESSUNGEN: Sortieren Sie die Fotos nach ihrer Größe. So finden Sie schnell die größten Festplattenspeicherfresser und können diese bei Bedarf löschen.

Wenn Sie verschiedene Suchkriterien kombinieren, haben Sie am Ende sicherlich das Foto aufgespürt, das Sie so verzweifelt gesucht haben. Sollten Sie immer noch nicht fündig geworden sein, helfen vielleicht die folgenden Tipps weiter:

✔ Sie sind auf ein unscharfes oder hässliches Foto gestoßen? Klicken Sie mit der rechten Maustaste auf das Foto und wählen Sie den Befehl LÖSCHEN. Wenn Sie den Müll aussortieren, finden Sie die guten Fotos leichter.

✔ Wenn Sie Ihre Fotos ordentlich mit Markierungen versehen haben, geben Sie eine Markierung rechts oben in das Suchfeld des Ordners BILDER ein. Windows listet dann alle Fotos auf, die diese Markierung enthalten.

✔ Sie möchten ein Foto als Hintergrundbild für den Desktop verwenden? Klicken Sie mit der rechten Maustaste auf das Bild Ihrer Wahl und wählen Sie dann im Kontextmenü den Befehl ALS DESKTOPHINTERGRUND FESTLEGEN.

✔ Zeigen Sie mit der Maus auf ein Bild und schon verrät es bereitwillig sein Aufnahmedatum, seine Bewertungen, seine Größe und Abmessungen.

Fotos drehen

Früher war es eigentlich gleichgültig, wie Sie Ihre Kamera zum Aufnehmen von Fotos hielten. Sie drehten einfach das gedruckte Foto, um es zu betrachten. Die wenigsten Bildschirme sind schwenkbar. Daher dreht Windows die Bilder für Sie – wenn Sie wissen, wie das geht.

Hier der Trick: Klicken Sie mit der rechten Maustaste auf ein Foto, dessen Inhalt auf der Seite liegt oder auf dem Kopf steht, und wählen Sie im Kontextmenü den Befehl IM UHRZEIGERSINN DREHEN (= rechts herum) oder GEGEN DEN UHRZEIGER DREHEN (= links herum).

Eine Diashow präsentieren

Windows bietet nur eine einfache Diashow, die ein Foto nach dem anderen anzeigt. Das macht zwar nicht viel her, ist aber eine Möglichkeit, Verwandten und Freunden, die sich um Ihren Bildschirm versammelt haben, auf die Schnelle Fotos zu zeigen. Sie haben zwei Möglichkeiten, die Fotos zu präsentieren:

 Wenn Sie gerade Ihren BILDER-Ordner geöffnet haben, klicken Sie auf der Registerkarte VERWALTEN in der Gruppe ANSICHT auf die Schaltfläche DIASHOW.

 Wenn Sie gerade ein einzelnes Foto im Programm Windows-Fotoanzeige betrachten, klicken Sie unten auf die große runde Schaltfläche DIASHOW WIEDERGEBEN.

 Hier noch ein paar weitere Tipps, um erfolgreich eine Diashow auf die Schnelle zu erstellen:

✔ Bevor Sie mit der Diashow beginnen, sollten Sie die Bilder bei Bedarf drehen, damit sie alle richtig herum angezeigt werden: Klicken Sie mit der rechten

Maustaste auf ein auf der Seite liegendes oder auf dem Kopf stehendes Foto und wählen Sie Im Uhrzeigersinn drehen oder Gegen den Uhrzeiger drehen.

✔ Die Diashow enthält alle Fotos aus dem ausgewählten Ordner. Alle eventuell in Unterordnern abgelegten Fotos tauchen nicht in der Diashow auf.

✔ Wenn Sie nur einige Fotos in die Diashow aufnehmen möchten, wählen Sie sie aus, bevor Sie auf die Schaltfläche Diashow wiedergeben klicken. (Halten Sie die ⏎Strg⏎-Taste gedrückt, um mehrere Fotos auszuwählen.)

✔ Sie können Ihre Diashow mit Musik unterlegen. Spielen Sie dazu einen passenden Titel in Windows Media Player ab, wenn Sie die Diashow präsentieren. So etwas macht immer Eindruck. (Windows Media Player ist in Kapitel 16 beschrieben.) Oder legen Sie eine CD mit Hintergrundmusik in den CD-Player ein.

Fotos auf CD oder DVD kopieren

Ihre Fotos werden automatisch gesichert, wenn Sie die Datensicherungsfunktion von Windows mit dem sperrigen Namen Dateiversionsverlauf eingeschaltet haben. Lesen Sie bei Bedarf in Kapitel 13 nach, was es damit auf sich hat. Wenn Sie aber lediglich ein paar Fotos auf CD speichern wollen, sind Sie in diesem Abschnitt völlig richtig.

Besorgen Sie sich einen Stapel leere CDs oder DVDs, die zum Laufwerk Ihres Rechners passen. Die meisten neueren Rechner werden mit den gängigen CDs und DVDs fertig, nicht aber mit Blu-ray-Discs.

Führen Sie die folgenden Schritte aus, um Dateien aus dem Bilder-Ordner auf eine leere CD oder DVD zu kopieren:

1. **Öffnen Sie auf dem Desktop den Explorer und klicken Sie im Navigationsbereich auf den Ordner Bilder. Wählen Sie die zu kopierenden Fotos aus und klicken Sie auf der Registerkarte Freigeben in der Gruppe Senden auf die Schaltfläche Auf Datenträger brennen.**

   Um mehrere Fotos auszuwählen, halten Sie die ⏎Strg⏎-Taste gedrückt und klicken auf jedes einzelne Foto, das kopiert werden soll. Um alle Fotos im Ordner auszuwählen, drücken Sie ⏎Strg⏎+⏎A⏎. Sobald Sie auf die Schaltfläche Auf Datenträger brennen klicken, werden Sie aufgefordert, eine leere Disk in das Laufwerk einzulegen.

2. **Legen Sie eine leere CD oder DVD in das entsprechende Laufwerk ein.**

   Wenn Sie sehr viele Bilder kopieren wollen, legen Sie eine DVD ein, da eine DVD fünfmal so viele Daten wie eine CD aufnehmen kann. Wenn es nur ein paar Fotos sind, nehmen Sie eine CD. Die ist billiger.

3. **Legen Sie fest, wie Sie den Datenträger nutzen wollen.**

   Windows bietet Ihnen zwei Möglichkeiten für das Verwenden des Datenträgers an:

   • Wie ein USB-Flashlaufwerk: Wählen Sie diese Option, wenn auch andere PCs den Datenträger lesen sollen. Windows behandelt die CD oder DVD wie einen Ordner. Das heißt, Sie können zu einem späteren Zeitpunkt weitere Fotos auf den Datenträger kopieren.

Diese Option ist eine gute Wahl, wenn Sie zunächst nur wenige Fotos sichern möchten. Später können Sie dann weitere Bilder auf den Datenträger kopieren.

- MIT EINEM CD/DVD-PLAYER: Wählen Sie diese Option, um einen Datenträger zu erstellen, der auf einem CD- oder DVD-Player wiedergegeben werden kann, der wiederum an einen Fernseher angeschlossen ist. Sie können auf eine solche CD oder DVD nachträglich keine weiteren Daten kopieren.

4. Geben Sie einen Namen für den Datenträger ein und klicken Sie auf WEITER.

Geben Sie irgendetwas ein, das den Inhalt beschreibt. Nachdem Sie auf WEITER geklickt haben, werden die Dateien auf die CD oder DVD kopiert.

5. Klicken Sie gegebenenfalls erneut auf die Schaltfläche AUF DATENTRÄGER BRENNEN.

Wenn Sie sich in Schritt 3 für MIT EINEM CD/DVD-PLAYER entschieden haben, klicken Sie auf AUF DATENTRÄGER BRENNEN, um Ihre Fotos auf die CD/DVD zu kopieren.

Wenn Sie in Schritt 1 weder Fotos noch Ordner markiert haben, öffnet Windows ein leeres Fenster, das den Inhalt des eben eingelegten Datenträgers anzeigt, nämlich nichts. Ziehen Sie die Fotos und Ordner, die Sie auf CD/DVD brennen möchten, in dieses Fenster.

Auf der CD oder DVD ist nicht genügend Platz für alle Dateien vorhanden? Leider ist Windows nicht intelligent genug, Ihnen zu sagen, wann Sie den zweiten Datenträger einlegen müssen. Stattdessen beklagt es sich darüber, dass kein Platz mehr vorhanden ist, und brennt gar nichts. In diesem Fall kopieren Sie erst einmal weniger Dateien und fügen später noch ein paar hinzu.

Ordnung in den digitalen Fotos halten

Es ist unglaublich verführerisch, im BILDER-Ordner einen Ordner mit der Bezeichnung NEUE BILDER zu erstellen und dort alle neuen Bilder abzulegen. Wenn Sie aber kurze Zeit später ein bestimmtes Foto suchen, werden Sie Probleme haben, es wiederzufinden. Die Importwerkzeuge von Windows sind da gescheiter und benennen jede Fotositzung nach Datum und Markierung. Die folgenden Punkte unterstützen Sie ebenfalls dabei, Ordnung in Ihren digitalen Fotos zu halten:

✔ Weisen Sie Ihren Fotos ein paar Markierungen – auch Tags genannt – zu, beispielsweise Zuhause, Reisen, Verwandtschaft oder Urlaub. Damit findet bereits eine Grobeinteilung Ihrer Fotos statt.

✔ Windows weist die gewählten Markierungen den frisch importierten Fotos zu. Investieren Sie nach dem Importieren etwas Zeit und weisen Sie jedem Foto weitere Markierungen zu. (Trennen Sie mehrere Tags jeweils durch Semikolon.)

✔ Wenn die digitale Fotografie ein richtig wichtiges Hobby für Sie geworden ist, investieren Sie in ein Fotoprogramm von Drittanbietern wie Picasa (picasa.google.com). Solche Programme verfügen über mehr Verwaltungs- und Bearbeitungsfunktionen für Ihre Fotos.

Teil VI

Hilfe!

In diesem Teil ...

▶ Die Reparaturwerkzeuge von Windows 8.1 einsetzen

▶ Fehlermeldungen verstehen lernen

▶ Vom alten auf den neuen Rechner umziehen

▶ Das Hilfeprogramm von Windows 8.1 in den Griff kriegen

Wenn gar nichts mehr geht ...

18

In diesem Kapitel

▶ Die magischen Wartungsfunktion in Windows genießen

▶ Die Berechtigungsanfragen von Windows kennenlernen

▶ Gelöschte Dateien und Ordner und ihre älteren Versionen wiederbeleben

▶ Ein vergessenes Kennwort zurückholen

▶ Verschwundene Symbole und Dateien, vergessene Kennwörter und eingefrorene Bildschirme in Ordnung bringen

---

Manchmal haben Sie nur so ein komisches Gefühl, dass etwas falsch läuft. Der Computer gibt leise grummelnde Geräusche von sich oder Windows arbeitet langsamer als der Bundestag.

Manchmal allerdings ist etwas ganz offensichtlich verkehrt. Programme frieren ein, Menüs schießen Ihnen entgegen oder Windows begrüßt Sie mit einer hässlichen Fehlermeldung, wenn Sie Ihren Computer einschalten.

Viele der Probleme, die sehr schlimm aussehen, lassen sich recht einfach lösen. Dieses Kapitel weist Ihnen den rechten Weg.

Die magischen Wartungsfunktionen von Windows

Jahrelang gab es nur eine Möglichkeit, wenn Ihr Computer nicht mehr richtig wollte: die Systemwiederherstellung. Es gibt sie immer noch in Windows 8.1 – lesen Sie hierzu die Informationen im entsprechenden Kasten weiter hinten in diesem Kapitel. Aber Windows bietet drei weitere leistungsstarke Werkzeuge, die einen erkrankten Rechner wieder gesunden lassen.

In diesem Abschnitt werden diese drei neuen Werkzeuge vorgestellt. Sie erfahren, wann Sie welches brauchen und wie Sie sie am besten einsetzen.

Den PC auffrischen

Aha! Vielleicht eine Verjüngungskur? Nein, eigentlich nicht! Wenn der Rechner sich krank fühlt, seltsam agiert und alles einfach nicht mehr so ist, wie es sein sollte, hilft oft nur noch eine Radikalkur: Windows neu installieren. Früher bedeutete das viel Arbeit und brauchte viel Zeit. Die Installation und das Hin- und Herkopieren der Dateien – da war schnell ein halber Arbeitstag weg.

 Die harten Zeiten sind vorbei. Seit Windows 8 gibt es das Feature *Auffrischen*. Sie müssen nur ein paar Tasten drücken, und Windows installiert sich ganz selbstständig neu auf Ihrem Rechner. Dabei bringt das Betriebssystem Ihre Benutzerkonten, Ihre persönlichen Dateien, Ihre aus dem Windows Store heruntergeladenen Apps und einige wichtige Einstellungen in Sicherheit.

 Beim Auffrischen werden sowohl die Einstellungen für die kabellose Netzwerkverbindung als auch für die Handyverbindung gerettet, wenn Sie über solche Verbindungen verfügen. Der Rechner erinnert sich des Weiteren an alle BitLocker- und BitLocker-To-Go-Einstellungen, Laufwerkbuchstabenzuweisungen sowie persönliche Einstellungen, einschließlich Sperrbildschirm- und Desktophintergrund.

Wenn Ihr Rechner nach der Installation der neuen Windows-Kopie erfrischt aufwacht, müssen Sie »nur« noch Ihre Desktopprogramme neu installieren. Sie erhalten aber zumindest eine praktische Liste mit den entsprechenden Programmen, sogar mit Websiteverknüpfungen.

Um Ihren PC aufzufrischen, führen Sie die folgenden Schritte durch:

1. ⚙ **Blenden Sie die Charms-Leiste ein und klicken Sie auf den Charm EINSTELLUNGEN.**

   Zeigen Sie mit der Maus auf die obere oder die untere rechte Bildschirmecke, drücken Sie ⊞+Ⓒ oder streifen beziehungsweise wischen Sie mit dem Finger vom rechten Bildschirmrand nach innen. Die Leiste lugt hervor, sodass Sie auf den Charm EINSTELLUNGEN tippen können.

2. **Klicken Sie unten im Einstellungsbereich auf PC-EINSTELLUNGEN ÄNDERN, dann links auf der Seite PC-EINSTELLUNGEN auf die Kategorie UPDATE/WIEDERHERSTELLUNG und anschließend auf die Unterkategorie WIEDERHERSTELLUNG.**

3. **Klicken Sie rechts im Bereich PC OHNE AUSWIRKUNGEN AUF DIE DATEN AUFFRISCHEN auf die salopp bezeichnete Schaltfläche LOS GEHT'S.**

   Wenn Sie aufgefordert werden, den Installationsdatenträger einzulegen, CD, Flashlaufwerk oder was auch immer Sie für die Windows-Installation verwendet haben, tun Sie das. Sie haben keinen Installationsdatenträger? Tut mir leid. Dann können Sie Windows auch nicht auffrischen. Klicken Sie auf ABBRECHEN, um den Vorgang abzubrechen.

   Nachdem Sie den Installationsdatenträger eingelegt haben, beginnt Windows mit dem Auffrischungsprozess und zeigt den Bildschirm in Abbildung 18.1 an, in dem es genau erklärt, was es mit dem Auffrischen auf sich hat.

4. **Klicken Sie auf WEITER, um mit der Frischzellenkur fortzufahren.**

   Windows listet eventuell die Desktopprogramme auf, die Sie neu installieren müssen und bittet Sie dann, wieder auf WEITER zu klicken.

5. **Klicken Sie auf die Schaltfläche AUFFRISCHEN.**

   Windows frischt Ihren Rechner auf und greift dabei auf dem Datenträger auf die Dateien zurück, die für die Neuinstallation benötigt werden. Unter Umständen startet das Betriebssystem ein paar Mal neu. Insgesamt dauert die Kur weniger als eine halbe Stunde.

Abbildung 18.1: *Hier erfahren Sie, was Windows vorhat.*

Wenn Ihr Rechner wieder erwacht, sollte er frisch und schwungvoll seine Arbeit wieder aufnehmen. Gehen Sie davon aus, dass einige, wenn nicht sogar alle im Folgenden aufgelisteten Punkte beim Auffrischen passieren werden:

 Wenn Sie in Schritt 3 der obigen Anleitung eine Windows-DVD eingelegt haben, passen Sie beim Neustart des Rechners auf. Unter Umständen werden Sie aufgefordert, eine beliebige Taste zu drücken, um von der DVD zu starten. Drücken Sie *keine* Taste, sondern warten Sie, bis diese Meldung von allein verschwindet. Dann startet Ihr Rechner von der Festplatte aus neu und nicht von der DVD.

✔ Wenn Ihr Rechner erfrischt erwacht, finden Sie einen Internet Explorer-Link auf Ihrem Desktop für Ihre während der Auffrischungskur entfernten Apps und Programme. Klicken Sie darauf, und der Webbrowser präsentiert Ihnen eine Seite mit Links zu den Programmen und Apps, die Sie – für den Fall, dass Sie sie überhaupt vermissen – neu installieren müssen. (Wenn Sie sie vermissen, brauchen Sie die entsprechenden Installationsdatenträger, um sie neu installieren zu können.)

✔ Kurz nach dem Aufwachen macht Windows einen Abstecher zu Windows Update, um zu prüfen, ob es ein paar Updates verschlafen hat. Ist dies der Fall, lädt es die Updates auf Ihren Rechner herunter.

✔ Installieren Sie nach dem Auffrischen ein Desktopprogramm nach dem anderen. Starten Sie nach jeder Installation den Rechner neu. Damit haben Sie eine gute Chance, dass die Programme, die eventuell zum Erkranken von Windows beigetragen haben, zukünftig ordnungsgemäß funktionieren werden.

✔ Wenn Ihr PC in einem Netzwerk verbunden ist, müssen Sie Windows mitteilen, ob es sich um ein privates oder um ein öffentliches Netzwerk handelt. Sie müssen außerdem der Heimnetzgruppe – wenn vorhanden – erneut beitreten. Das geht ganz einfach und wird in Kapitel 15 beschrieben.

Den PC zurücksetzen

 Beim Auffrischen (siehe den vorherigen Abschnitt) rettet Windows jede Menge Ihrer persönlichen Dateien, Apps und Einstellungen. Im Unterschied dazu rettet das Feature *Alles entfernen und Windows neu installieren* rein gar nichts!

Die Funktion *Alles entfernen und Windows neu installieren* ist brutal und gnadenlos. Sie wischt Windows, Ihre Programme, Ihre Apps und all Ihre Dateien gnadenlos von der Festplatte. Dann ist alles weg! Anschließend installiert sich Windows auf magische Weise neu. Sie verfügen wieder über einen funktionierenden Rechner (na immerhin!). Ihre Programme, Ihre Apps, Ihre Dateien, Ihr Benutzerkonto bekommen Sie aber nicht wieder.

Niemand wird den Rechner in irgendeiner Form als Ihren PC identifizieren können. Warum sollte man so eine brutale Funktion denn überhaupt einsetzen? Nun, mir fallen da auf Anhieb zwei passende Szenarien ein:

✔ **Von Grund auf neu beginnen:** Wenn Ihr Rechner streikt und gar nichts mehr geht, kann es eine feine Sache sein, einen Neuanfang zu wagen. Sie haben zwar anschließend jede Menge Arbeit, alles neu zu installieren und einzustellen, dafür funktioniert Ihr Rechner wieder, was vorher definitiv nicht mehr der Fall war.

✔ **Persönliche Daten eliminieren:** Wenn Sie alle Ihre persönlichen Spuren vom Rechner gewischt haben, können Sie ihn verkaufen, verschenken oder auf den Sperrmüll tun, ohne dass jemand Ihre persönlichen Daten ausgraben kann.

Um alles, aber auch wirklich alles auf Ihrem PC zu eliminieren, atmen Sie tief durch und führen die folgenden Schritte aus:

1. ⚙ **Blenden Sie die Charms-Leiste ein und klicken Sie auf den Charm EINSTELLUNGEN.**

   Zeigen Sie mit der Maus auf die obere oder die untere rechte Bildschirmecke, drücken Sie ⊞+ⓒ oder streifen beziehungsweise wischen Sie mit dem Finger vom rechten Bildschirmrand nach innen. Die Leiste lugt hervor, sodass Sie auf den Charm EINSTELLUNGEN tippen können.

2. **Klicken Sie unten im Einstellungsbereich auf PC-EINSTELLUNGEN ÄNDERN und dann links auf der Seite PC-EINSTELLUNGEN auf die Kategorie UPDATE/WIEDERHERSTELLUNG und anschließend auf die Unterkategorie WIEDERHERSTELLUNG.**

3. **Klicken Sie rechts im Bereich ALLES ENTFERNEN UND WINDOWS NEU INSTALLIEREN auf die harmlos klingende Schaltfläche LOS GEHT'S.**

   Windows warnt Sie, dass alle persönlichen Dateien, Programme und Apps entfernt und all Ihre Einstellungen auf die Standardwerte zurückgesetzt werden (siehe Abbildung 18.2).

Abbildung 18.2: Alle Dateien, Programme und Apps werden eliminiert, die Einstellungen werden auf Standardwerte zurückgesetzt und Windows wird neu installiert.

4. **Klicken Sie auf WEITER.**

5. **Wenn Sie aufgefordert werden, den Installationsdatenträger einzulegen, CD, Flashlaufwerk oder was immer Sie für die Windows-Installation verwendet haben, tun Sie das.**

   Sobald Sie den Datenträger eingelegt beziehungsweise angeschlossen haben, greift Windows selbstständig auf die benötigten Dateien zu.

   Sie haben keinen Installationsdatenträger? Tut mir leid. Dann können Sie Windows auch nicht neu installieren und Ihre Dateien und Apps killen. Klicken Sie auf ABBRECHEN, um den Vorgang abzubrechen.

6. **Klicken Sie auf WEITER und wählen Sie aus, welche Laufwerke bereinigt und wie Ihre persönlichen Dateien entfernt werden sollen.**

   Wenn es auf Ihrer Festplatte mehrere Partitionen gibt, fragt die Rambofunktion zunächst ab, ob alle Laufwerke bereinigt werden sollen oder nur das Laufwerk, auf dem Windows installiert ist. Treffen Sie eine Entscheidung.

   Anschließend bietet die Funktion zwei Optionen zur Auswahl an:

   • NUR DATEIEN ENTFERNEN: Entscheiden Sie sich für diese Option, wenn Sie Ihren Rechner an jemanden weitergeben wollen, dem Sie vertrauen. Ihre persönlichen Dateien werden zwar gelöscht, aber jemand mit dem richtigen Werkzeug kann unter Umständen einige dieser Daten wiederherstellen.

   • LAUFWERK VOLLSTÄNDIG BEREINIGEN: Wählen Sie diese Option, wenn Sie Ihren Rechner an eine Organisation verschenken oder auf dem Sperrmüll entsorgen wollen. Damit wird auf Ihrem Rechner gründlich geputzt. Ihre Daten werden regelrecht ausradiert. Da kommt keiner mehr ran, außer vielleicht wirkliche Spezialisten mit teurer Spezialausrüstung zur Datenwiederherstellung.

7. **Wählen Sie die gewünschte Option aus und harren Sie der Dinge, die da kommen. Oder klicken Sie auf die Schaltfläche ABBRECHEN, um den Vorgang abzubrechen.**

   Das Entfernen der Dateien dauert vielleicht eine Stunde. Für das Großreinemachen sind mehrere Stunden erforderlich.

Wenn der Rechner nach der erfolgreich durchgeführten Operation erwacht, ist Windows neu installiert und nichts auf diesem Rechner erinnert noch im Entferntesten an Sie.

Die frisch installierte Windows-Version ist sogar so frisch, dass Sie den Installationsschlüssel neu eingeben müssen, diese lange Folge aus Buchstaben und Zahlen, die die Windows-Kopie fest mit Ihrem Rechner verbindet. (Dieser Schlüssel befindet sich entweder auf einem Aufkleber auf Ihrem Rechner oder in der Verpackung des Betriebssystem-Datenträgers.)

✔ Sie besitzen jetzt sozusagen einen völlig neuen Rechner. Das heißt, Sie müssen Benutzerkonten einrichten, Programme neu installieren und Ihr persönliches Hab und Gut, das Sie vor der Verwüstung gerettet haben, auf Ihren Rechner kopieren.

✔ Wenn Sie dank der Windows-Funktion Dateiversionsverlauf über die Inhalte der Ordner BILDER, DESKTOP, DOKUMENTE, FAVORITEN, MUSIK, SkyDrive und VIDEOS verfügen, können Sie diese schnell und einfach wiederherstellen. Mehr zum Dateiversionsverlauf im nächsten Abschnitt.

✔ Wenn Sie sich in Schritt 6 der obigen Anleitung für die Option LAUFWERK VOLLSTÄNDIG BEREINIGEN entscheiden, überschreibt die Rambofunktion jedes Bit auf der Festplatte Ihres Rechners mit Zufallszeichen. Das sollte ausreichen, um die meisten Datendiebe fernzuhalten.

Daten im Dateiversionsverlauf wiederherstellen

Die Funktion zur Datensicherung, *Dateiversionsverlauf*, legt den Schwerpunkt auf die Sicherung Ihrer ganz persönlichen Daten. Apps und Programme interessieren sie nicht. Man kann sie ja jederzeit erneut installieren. Aber was bleibt von Ihnen übrig, wenn all Ihre Dokumente, Bilder, Videos und Songs für immer ausradiert sind?

Um Ihre persönliche digitale Welt zu sichern, erstellt die Funktion Dateiversionsverlauf automatisch eine Kopie aller Dateien der Ordner BILDER, DESKTOP, DOKUMENTE, FAVORITEN, MUSIK, SKYDRIVE und VIDEOS sowie aller Dateien auf dem Desktop. Standardmäßig wird die Sicherung stündlich durchgeführt.

Die Funktion Dateiversionsverlauf macht das Wiederherstellen der Dateien ziemlich einfach. Sie können durch die verschiedenen Versionen der Dateien und Ordner blättern, sie mit den aktuellen Versionen vergleichen. Wenn Ihnen eine ältere Version besser gefällt als die aktuelle Version, genügt ein Handgriff, um die beiden Versionen auszutauschen.

Die Funktion Dateiversionsverlauf nimmt ihre Tätigkeit erst auf, wenn Sie sie explizit einschalten. Wie das geht, erfahren Sie in Kapitel 13. Bitte schalten Sie sie ein, je früher, desto besser.

Um durch Ihre gesicherten Dateien und Ordner zu blättern und die gewünschten Dateien und Ordner wiederherzustellen, gehen Sie folgendermaßen vor:

1. **Öffnen Sie auf dem Desktop den Ordner mit den Elementen, die Sie wiederherstellen wollen.**

   Um zum Beispiel alle Elemente aus einem der Hauptordner wiederherzustellen, klicken Sie auf den entsprechenden Ordner. (Die Ordner sind in jedem Ordnerfenster im Navigationsbereich nur einen Mausklick weit entfernt.)

   Um ein Element aus einem bestimmten Unterordner innerhalb eines dieser Ordner wiederherzustellen, öffnen Sie den betreffenden Ordner.

   Um frühere Versionen einer bestimmten Datei anzuzeigen, klicken Sie auf die entsprechende Datei. (Öffnen Sie die Datei nicht, wählen Sie sie nur im Ordnerfenster aus.)

2. ⟳ Verlauf **Klicken Sie im Menüband auf der Registerkarte START in der Gruppe ÖFFNEN auf die Schaltfläche VERLAUF.**

   Die Funktion Dateiversionsverlauf meldet sich zu Wort (siehe Abbildung 18.3). Sie sieht recht unspektakulär aus, ein bisschen wie ein Ordnerfenster. In Abbildung 18.3 sehen Sie, was passiert, wenn Sie in einem Ordnerfenster im Navigationsbereich auf einen beliebigen Ordnernamen und dann im Menüband auf der Registerkarte START auf die Schaltfläche VERLAUF klicken.

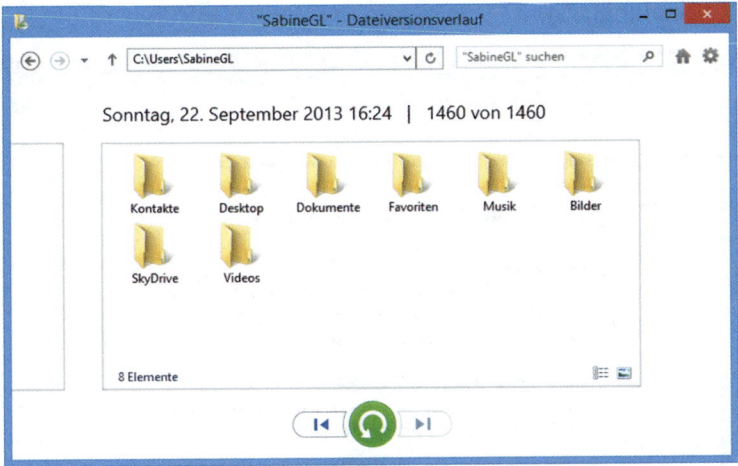

Abbildung 18.3: Mit der Funktion »Dateiversionsverlauf« können Sie Ihre persönlichen Habseligkeiten sichern und bei Bedarf wiederherstellen.

Die Funktion Dateiversionsverlauf zeigt, was sie gerettet hat: Ihre Hauptordner, Ihren Desktop, Ihre Kontakte und Ihre Favoriten sowie alle SkyDrive-Dateien.

Sehen Sie sich nach Belieben in den angezeigten Ordnern um. Sie können auch eine Datei in einem Ordner auswählen, um ihren Inhalt anzuzeigen.

3. Wählen Sie die wiederherzustellenden Elemente aus.

Zeigen und klicken Sie sich Ihren Weg durch die Ordner und Dateien, bis Sie das Elemente oder die Elemente gefunden haben, die Sie wiederherstellen wollen.

- **Ihre Hauptordner:** Um einen Hauptordner komplett wiederherzustellen, beispielsweise den Ordner DOKUMENTE, doppelklicken Sie auf den betreffenden Ordner, um ihn zu öffnen.

- **Ordner:** Um einen ganzen Ordner an seiner ursprünglichen Position wiederherzustellen, doppelklicken Sie auf den Ordner, um ihn zu öffnen.

- **Dateien:** Um mehrere Dateien wiederherzustellen, öffnen Sie den Ordner, in dem sie abgelegt sind, sodass sie angezeigt werden.

- **Einzelne Datei:** Um eine einzige Dateien wiederherzustellen, öffnen Sie den Ordner, in dem sie abgelegt ist.

Wenn Sie alles auf dem Bildschirm sehen, was Sie wiederherstellen wollen, fahren Sie mit Schritt 4 fort.

4. Scrollen Sie in den Versionen, um die Version zu finden, die wiederhergestellt werden soll.

Klicken Sie auf den nach links zeigenden Pfeil, um zu älteren Versionen zu scrollen, beziehungsweise auf den nach rechts zeigenden Pfeil, um neuere Versionen anzuzeigen (siehe auch Abbildung 18.4).

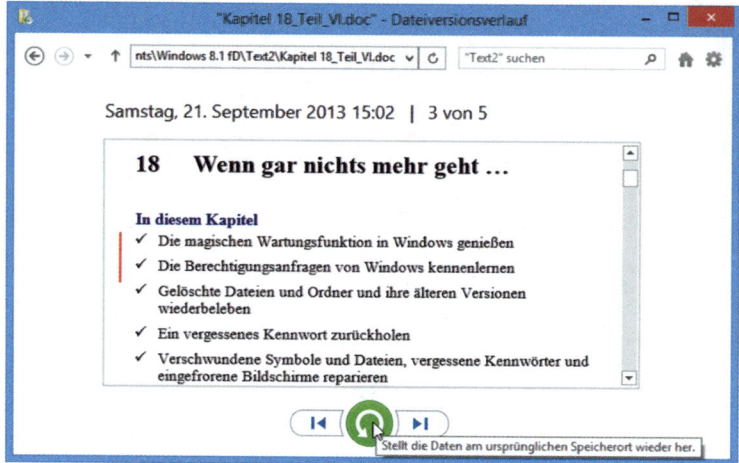

Abbildung 18.4: Klicken Sie auf den nach links oder auf den nach rechts zeigenden Pfeil, um ältere beziehungsweise neuere Versionen einer Datei anzuzeigen.

Zeigen und klicken Sie sich in älteren und neueren Versionen durch Ordner und Dateien, bis die Version angezeigt wird, die Sie wiederherstellen wollen.

5. Klicken Sie auf die Schaltfläche zum Wiederherstellen, um die gewählte Version zurück auf Ihren Rechner zu kopieren.

Egal ob Sie eine einzelne Datei oder einen ganzen Ordner anzeigen, durch Klicken auf die Schaltfläche zum Wiederherstellen wird das gewählte Element auf der Festplatte dort abgelegt, wo es früher gespeichert war.

Das kann zu einem Problem führen: Was passiert, wenn Sie eine ältere Version der Datei Notizen wiederherstellen und es auf der Festplatte im entsprechenden Ordner eine neuere Version dieser Datei gibt? Windows macht Sie mit der in Abbildung 18.5 gezeigten Meldung auf das Problem aufmerksam. Fahren Sie in diesem Fall mit Schritt 6 fort.

6. Entscheiden Sie, wie der Konflikt zu lösen ist.

Wenn Windows einen Namenskonflikt beim Wiederherstellen entdeckt, bietet die Funktion Dateiversionsverlauf drei Lösungsmöglichkeiten an (die in Abbildung 18.5 zu sehen sind):

- DATEI IM ZIEL ERSETZEN: Entscheiden Sie sich nur dann für diese Option, wenn Sie sicher sind, dass die ältere Version besser als die auf der Festplatte vorhandene ist.

- DIESE DATEI ÜBERSPRINGEN: Klicken Sie auf diese Option, wenn Sie von der Wiederherstellung dieser Datei oder dieses Ordners die Finger lassen wollen. Damit schalten Sie zurück zum Fenster DATEIVERSIONSVERLAUF und können sich weiter in den Versionen umsehen.

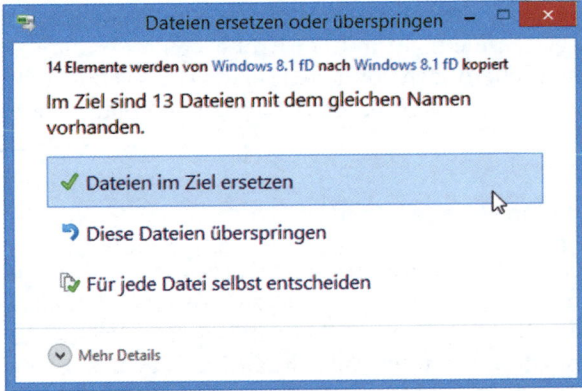

Abbildung 18.5: Soll die Datei aus dem Dateiversionsverlauf die bestehende Datei auf der Festplatte ersetzen, wollen Sie die Wiederherstellung dieser Datei überspringen oder wollen Sie die Versionen vergleichen?

- FÜR JEDE DATEI SELBST ENTSCHEIDEN: Dies ist meist die klügste Wahl. Mit dieser Option werden Größe und Datum der beiden Dateiversionen verglichen und Sie entscheiden auf der Basis des Vergleichs. Es ist sogar möglich, beide Versionen zu erhalten. Windows hängt dann an den Dateinamen der hinzukommenden Datei eine Zahl an.

7. **Klicken Sie in der Titelleiste auf die rote Schaltfläche mit dem »x«, um das Fenster** DATEI-VERSIONSVERLAUF **zu schließen.**

Von der Funktion Dateiversionsverlauf profitiert nicht nur der Desktoppart von Windows. Auch die Fotos-, Musik- und Video-App auf der Startseite freuen sich über diese neue Funktion, da diese Apps Fotos, Songs und Filme in den entsprechenden Hauptordnern ablegen, die wiederum von der neuen Funktion gesichert werden.

Folgende Punkte gibt es noch zur Funktion Dateiversionsverlauf zu berichten:

✔ Die Funktion Dateiversionsverlauf erstellt nicht nur eine Datensicherung Ihrer Hauptordner- und Desktopelemente, sondern rettet auch Ihre Favoriten, Ihre Schätze auf SkyDrive und Ihre Kontakte. (Da kommt ziemlich viel Datenmaterial zusammen, wenn Sie die Kontakte-App mit Ihren Kontakten in sozialen Netzwerken verknüpft haben.)

🔄 Wenn Sie alle gesicherten Daten auf einem neuen Rechner wiederherstellen wollen, öffnen Sie einfach einen beliebigen Ordner und klicken links im Ordnerfenster auf einen Hauptordner. Klicken Sie dann im Menüband auf der Registerkarte START in der Gruppe ÖFFNEN auf die Schaltfläche VERLAUF. Und zu guter Letzt klicken Sie im Fenster DATEIVERSIONS-VERLAUF (siehe Abbildung 18.3) auf die Schaltfläche zum Wiederherstellen.

Wenn Sie sich eine Wechselfestplatte zum Erstellen von Datensicherungen zulegen, geizen Sie nicht mit der Größe. Je größer die Wechselfestplatte, umso mehr Datensicherungen können Sie erstellen. Wenn genug Speicherplatz verfügbar ist, werden Sie die Funktion Dateiversionsverlauf sicher sehr zu schätzen wissen.

Wiederherstellungspunkte verwenden

Die neuen Funktionen zum Auffrischen und Zurücksetzen Ihres Rechners wirken oft Wunder, wenn Ihr Rechner spinnt, und sie sind leistungsstärker als die ältere Technologie zur Systemwiederherstellung aus vorherigen Windows-Versionen. Für den Fall, dass Sie mit der Systemwiederherstellung gute Erfahrungen gemacht haben, kommt hier die gute Neuigkeit: Es gibt diese Funktion weiterhin auch in Windows 8 beziehungsweise 8.1. Mit der Systemwiederherstellung setzen Sie in guten Zeiten einen Wiederherstellungspunkt, zu dem Sie in schlechten Zeiten zurückkehren können. Die Rückkehr findet folgendermaßen statt:

1. **Klicken Sie mit der rechten Maustaste auf die Schaltfläche START und wählen Sie im Kontextmenü den Befehl SYSTEMSTEUERUNG. Klicken Sie in der Systemsteuerung auf SYSTEM UND SICHERHEIT und dann auf SYSTEM. Klicken Sie links auf COMPUTERSCHUTZ und Sie landen im Dialogfeld SYSTEMEIGENSCHAFTEN, in dem Sie auf die Schaltfläche SYSTEMWIEDERHERSTELLUNG klicken.**

   Das Fenster SYSTEMWIEDERHERSTELLUNG wird angezeigt.

2. **Klicken Sie auf WEITER.**

   Alle vorhandenen Wiederherstellungspunkte werden angezeigt.

3. **Klicken Sie auf einen angezeigten Wiederherstellungspunkt.**

4. **Klicken Sie auf die Schaltfläche NACH BETROFFENEN PROGRAMMEN SUCHEN.**

   Ganz praktisch. Hier erfahren Sie, welche Programme Sie nach der Wiederherstellung neu installieren müssen.

5. **Klicken Sie auf WEITER, um den gewählten Wiederherstellungspunkt zu bestätigen, und dann auf FERTIG STELLEN.**

   Ihr Rechner grummelt ein bisschen vor sich hin und startet dann neu mit den Einstellungen, als alles noch gut war.

Wenn es Ihnen und Ihrem Rechner gerade gut geht, setzen Sie doch einfach einen Wiederherstellungspunkt. Man kann nie wissen. (Wie das Setzen eines Wiederherstellungspunkts geht, erfahren Sie in Kapitel 13.) Sie vergeben einen treffenden Namen, vielleicht `Bevor der Babysitter ins Haus kam`. Anhand des Namens wissen Sie dann, zu welchem Wiederherstellungspunkt Sie zurücksetzen wollen.

Windows fragt ständig nach Berechtigungen

Wie auch in früheren Versionen bietet Windows 8.1 Administrator- und Standardkonten an. Als Administrator gehört Ihnen der Computer und Sie haben alle Fäden in der Hand. Benutzern mit Standardkonten ist es nicht erlaubt, Dinge zu tun, die den Computer oder seine Dateien gefährden könnten.

Aber egal ob Administrator oder Standardbenutzer, Windows baut immer wieder Barrieren auf, die Sie überwinden müssen, um bestimmte Aktionen durchzuführen. Wenn ein Programm beispielsweise versucht, etwas auf Ihrem Rechner zu ändern, wirft Ihnen Windows den in Abbildung 18.6 gezeigten Stein in den Weg.

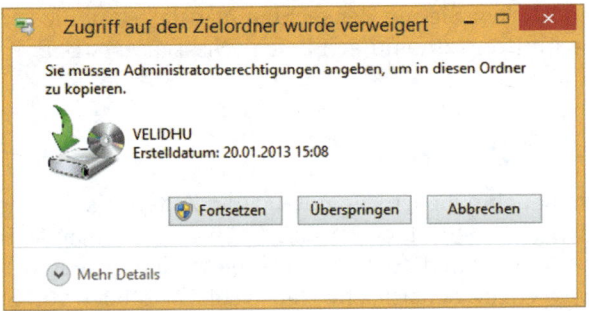

Abbildung 18.6: Nur der Administrator darf auf diesen Ordner zugreifen.

Die Inhaber von Standardkonten müssen hier leider außen vor bleiben. Wenn Fenster wie das in Abbildung 18.6 ständig auftauchen, stumpft man als Administrator mit der Zeit ab und neigt dazu, sie zu ignorieren und einfach zu bestätigen – selbst wenn Sie damit einer Spyware gestatten, sich auf Ihrem PC breitzumachen.

Wenn Ihnen Windows eine Berechtigungsanfrage sendet, sollten Sie sich diese Frage stellen: Habe ich etwas gemacht, das diese Nachfrage rechtfertigt? Wenn ja, geben Sie Ihr Einverständnis, damit Windows Ihre Anweisung ausführen kann. Wenn nein, also dann, wenn Sie nichts getan haben, was die Nachfrage rechtfertigt, klicken Sie auf NEIN oder auf ABBRECHEN. Das verhindert, dass sich üble Software auf Ihrem PC einschleicht.

Wenn Sie für diese manchmal lästigen Sicherheitsabfragen keine Zeit haben und bereit sind, eventuelle Konsequenzen zu tragen, können Sie in Kapitel 11 nachlesen, wie diese Berechtigungsabfrage abgeschaltet wird.

Gelöschte Dateien aus dem Papierkorb fischen

Alle, die öfter mit dem Computer arbeiten, kennen das fürchterliche Gefühl, wenn sie dabei zusehen müssen, wie sich stundenlanges Arbeiten in Luft auflöst, weil sie beispielsweise eine Datei versehentlich gelöscht haben.

Die Windows-Funktion *Dateiversionsverlauf,* die weiter vorn in diesem Kapitel beschrieben ist, kann hier wertvolles Datenleben retten – aber nur, wenn Sie diese Funktion wie in Kapitel 13 beschrieben eingeschaltet haben. Das haben Sie nicht? Keine Panik. Windows hat einen Plan B zur Rettung irrtümlich gelöschter Dateien in petto, den *Papierkorb.*

 Windows denkt nicht im Traum daran, Ihre wertvollen Dateien von der Festplatte zu verdammen, nur weil Sie einmal die ⌷Entf⌷-Taste gedrückt haben. Stattdessen verschiebt das Betriebssystem die gelöschten Dateien in den Papierkorb, der griffbereit auf dem Desktop steht.

Öffnen Sie den Papierkorb mit einem Doppelklick, und Sie finden jede Datei wieder, die Sie in den letzten Wochen gelöscht haben. Der Papierkorb wird ausführlich in Kapitel 3 besprochen. Hier nur kurz so viel: Klicken Sie mit der rechten Maustaste auf die versehentlich gelöschte Datei und wählen Sie im Kontextmenü den Befehl WIEDERHERSTELLEN.

Chaos in den Einstellungen

Sehnen Sie sich auch manchmal nach den guten alten Zeiten, als alles noch in Ordnung war? Damals, bevor es Ihnen gelungen ist, den Rechner völlig durcheinanderzubringen. Aber keine Sorge. Sie können den guten alten Zustand wiederherstellen. Ihre Rettung ist die strategisch geschickt in Windows verteilte Schaltfläche zum Wiederherstellen von Standards. Einmal auf eine solche Schaltfläche geklickt, und die betreffenden Einstellungen werden auf die Originaleinstellungen von Windows zurückgesetzt.

Und wo finden Sie diese magische Schaltfläche? Hier ein paar strategisch wichtige Orte, an denen diese Schaltfläche zu finden ist:

✔ **Taskleiste:** Klicken Sie auf dem Desktop mit der rechten Maustaste auf einen leeren Bereich der Taskleiste und wählen Sie im Kontextmenü den Befehl EIGENSCHAFTEN. Klicken Sie im Eigenschaftendialogfeld auf die Schaltfläche ANPASSEN und unten im Fenster auf den Link STANDARDVERHALTEN FÜR SYMBOLE WIEDERHERSTELLEN.

Internet Explorer: Wenn sich Internet Explorer unerwünschte Symbolleisten, Spyware oder andere Verrücktheiten eingefangen hat, greifen Sie zur letzten Rettung und holen Sie sich die Originaleinstellungen zurück: Klicken Sie in Internet Explorer auf EXTRAS und dann auf INTERNETOPTIONEN. Wechseln Sie im Dialogfeld INTERNETOPTIONEN zur Registerkarte ERWEITERT und klicken Sie dort auf die Schaltfläche ZURÜCKSETZEN.

Damit wird so gut wie alles ausradiert, also auch die Symbolleiste, die Add-Ons und die bevorzugte Suchmaschine. Wenn Sie zusätzlich im Dialogfeld INTERNET EXPLORER-EINSTELLUNGEN ZURÜCKSETZEN das Kontrollkästchen PERSÖNLICHE EINSTELLUNGEN LÖSCHEN aktivieren, sind Sie auch noch den Browserverlauf und alle gespeicherten Kennwörter los. Nur Ihre Favoriten, Ihre Feeds und ein paar weitere Elemente bleiben erhalten. (Wenn Sie die genauen Einzelheiten dazu haben möchten, klicken Sie im Dialogfeld INTERNET EXPLORER-EINSTELLUNGEN ZURÜCKSETZEN auf den Link WIE BEEINFLUSST DAS ZURÜCKSETZEN DEN COMPUTER.)

✔ **Firewall:** Wenn Sie Ihrer Firewall nicht mehr trauen, stellen Sie die Originaleinstellungen wieder her. (Danach müssen Sie eventuell einige Programme neu installieren.) Klicken Sie auf dem Desktop mit der rechten Maustaste auf die Schaltfläche START und wählen Sie im Kontextmenü den Befehl SYSTEMSTEUERUNG. Klicken Sie in der Systemsteuerung auf die Kategorie SYSTEM UND SICHERHEIT und dann auf den Bereich WINDOWS-FIREWALL. Klicken Sie abschließend links im Fenster auf den Link STANDARD WIEDERHERSTELLEN.

✔ **Windows Media Player:** Wenn die Bibliothek von Windows Media Player fehlerhaft ist, löschen Sie den Index und bauen die Bibliothek neu auf. Drücken Sie dazu in Windows Media Player in der Bibliotheksansicht die ⎡Alt⎤-Taste und klicken Sie auf EXTRAS, dann auf ERWEITERT und schließlich auf MEDIENBIBLIOTHEK WIEDERHERSTELLEN. Sollten Sie versehentlich Elemente in der Bibliothek von Windows Media Player gelöscht haben, hangeln Sie sich durch EXTRAS und ERWEITERT und klicken auf GELÖSCHTE BIBLIOTHEKSELEMENTE WIEDERHERSTELLEN.

✔ **Farben:** Manchmal führen die Feinabstimmungen in den Farben und Sounds für den Desktop unweigerlich ins Chaos. Um zu den harmonisch abgestimmten Standardfarben und Standardklängen zurückzukehren, klicken Sie mit der rechten Maustaste auf den Desktop und wählen ANPASSEN. Wählen Sie dann im Fenster ANPASSUNG im DESIGN-Bereich das Standarddesign WINDOWS aus.

✔ **Schriftarten:** Haben Sie die Schriftarten bis zur Unkenntlichkeit verstellt? Kehren Sie folgendermaßen zur Normalität zurück: Öffnen Sie die Systemsteuerung und klicken Sie auf die Kategorie DARSTELLUNG UND ANPASSUNG und dann auf den Bereich SCHRIFTARTEN. Klicken Sie im Fenster SCHRIFTARTEN im linken Bereich auf den Link SCHRIFTARTEINSTELLUNGEN und im gleichnamigen Dialogfeld auf STANDARDEINSTELLUNGEN FÜR DIE SCHRIFTART WIEDERHERSTELLEN.

✔ **Bibliotheken:** In Windows 8.1 werden die Bibliotheken standardmäßig nicht angezeigt. (Wie Sie sie anzeigen, erfahren Sie in Kapitel 5.) Aber mal angenommen, sie werden auf Ihrem Computer bereits angezeigt, dann finden Sie in jedem Ordnerfenster im Navigationsbereich den Eintrag BIBLIOTHEKEN. Angenommen, eine Bibliothek – sagen wir einmal die Bibliothek MUSIK – ist plötzlich verschwunden. Sie wollen sie aber unbedingt wiederhaben. Klicken Sie mit der rechten Maustaste im Navigationsbereich auf den Eintrag BIBLIOTHEKEN und wählen Sie den Befehl STANDARDBIBLIOTHEKEN WIEDERHERSTELLEN. Und schwupp sehen Sie alle vier Bibliotheken – DOKUMENTE, BILDER, VIDEOS und – die verschollene Bibliothek – MUSIK wieder.

✔ **Ordner:** In Windows sind eine Menge Optionen versteckt, die mit Ordnern, ihrem Navigationsbereich, den enthaltenen Dateien, deren Verhalten und den Sucheinstellungen zu tun haben. Wenn Sie diese Optionen kennenlernen oder deren Standardeinstellungen wiederherstellen möchten, öffnen Sie einen beliebigen Ordner und klicken Sie im Menüband auf der Registerkarte ANSICHT ganz rechts auf die Schaltfläche OPTIONEN. Auf allen drei Registerkarten ALLGEMEIN, ANSICHT und SUCHEN im Dialogfeld OPTIONEN finden Sie die Schaltfläche STANDARDWERTE.

Und zu guter Letzt sollten Sie stets die Auffrischfunktion von Windows als letzte Rettung im Hinterkopf behalten. Auch wenn ihr Einsatz für kleinere Probleme sicherlich übertrieben ist, setzen Sie damit die meisten Einstellungen mit einem Streich auf ihre Standardwerte zurück.

Kennwort vergessen

Wenn Windows auf dem Anmeldebildschirm das Kennwort für Ihr lokales Konto nicht mehr akzeptiert, haben Sie sich nicht für immer und ewig ausgesperrt. Überprüfen Sie die folgenden Punkte, bevor Sie in die Tastatur beißen:

✔ **Prüfen Sie die Feststelltaste.** Die Kennwörter von Windows berücksichtigen Groß- und Kleinschreibung. Dies bedeutet, dass SesamÖffneDich und sesamöffnedich zwei unterschiedliche Kennwörter darstellen. Wenn auf Ihrer Tastatur das Lämpchen für die ⌂-Taste leuchtet, drücken Sie die ⌂-Taste, um sie zu deaktivieren. Versuchen Sie dann erneut, das Kennwort einzugeben.

✔ **Lassen Sie Ihr Kennwort durch einen anderen Benutzer zurücksetzen.** Der allmächtige Administrator kann Ihr Kennwort jederzeit zurücksetzen. Falls der Administrator davon keine Ahnung hat, können Sie ihm erzählen, wie das geht: Klicken Sie als Administrator in der Systemsteuerung auf die Kategorie BENUTZERKONTEN UND FAMILY SAFETY und dann auf BENUTZERKONTEN. Dort klicken Sie auf den Link ANDERES KONTO VERWALTEN, dann auf das gewünschte Konto und anschließend auf KENNWORT ÄNDERN. Legen Sie dann ein neues Kennwort fest und vergessen Sie nicht, es dem armen Standardbenutzer mitzuteilen.

Das Programm ist eingefroren!

Es kommt manchmal vor, dass ein Programm absolut nicht mehr reagiert und Sie keine Möglichkeit mehr haben, es zu beenden. Die folgenden Schritte befreien das eingefrorene Programm aus dem Arbeitsspeicher (und vom Bildschirm) Ihres Rechners:

1. **Drücken Sie die Tastenkombination** Strg + Alt + Entf .

   Damit ziehen Sie stets die Aufmerksamkeit von Windows auf sich. Windows meldet sich mit einem fast leeren Bildschirm, auf dem sich lediglich ein paar Optionen tummeln. Fahren Sie mit Schritt 2 fort.

   Sollte Windows nicht auf Ihren Hilferuf reagieren, bleibt Ihnen nichts anderes übrig, als den Ein/Aus-Schalter Ihres Rechners lange zu drücken, um ihn auszuschalten. Warten Sie dann ein paar Sekunden und schalten Sie den Rechner wieder ein. Nun sollte die Welt wieder in Ordnung sein.

2. **Wählen Sie die Option** TASK-MANAGER.

   Das Programm TASK-MANAGER bietet seine Hilfe an.

3. **Wechseln Sie im Task-Manager zur Registerkarte** PROZESSE **und klicken Sie mit der rechten Maustaste auf den Namen des eingefrorenen Programms.**

4. **Klicken Sie im Kontextmenü auf** TASK BEENDEN, **und Windows schließt das abgestürzte Programm.**

   Wenn Ihr Rechner noch etwas erschöpft wirkt, gönnen Sie ihm zur Erholung einen Neustart.

Wenn Sie das Kennwort für Ihr Microsoft-Konto vergessen haben, wechseln Sie im Webbrowser zur Website `www.live.com`. Die Site führt Sie durch die Schritte, die Sie zum Zurücksetzen des Kennworts durchführen müssen.

Wenn keine dieser Optionen greift, haben Sie leider schlechte Karten. Ihnen bleibt nichts anderes übrig, als den Wert Ihrer kennwortgeschützten Daten gegen die Kosten abzuwägen, die ein Spezialist für die Kennwortwiederherstellung in Rechnung stellen wird. Solche Leute finden Sie im Internet unter dem Suchbegriff `Kennwort wiederherstellen`.

Rechner eingefroren

Ab und an hat Windows die Nase voll und verabschiedet sich ohne weitere Worte, um gemütlich unter einem Baum Pause zu machen. Sie bleiben allein zurück und schauen auf einen Computer, der nichts mehr zu sagen hat. Kein Computerlämpchen blinkt. Hektisches Klicken bewirkt gar nichts. Sie können auf der Tastatur herumdrücken, so viel Sie wollen, und erreichen im besten Fall, dass der Computer bei jedem Drücken hilflos piepst.

Wenn sich auf dem Bildschirm nichts bewegt (im Höchstfall noch der Mauszeiger), ist der Computer vollständig eingefroren. Probieren Sie die folgenden Methoden in der vorgegebenen Reihenfolge, um ihn wieder aufzutauen:

✔ **Methode 1:** Drücken Sie zweimal `Esc`.

Das hilft zwar fast nie, aber Sie haben es versucht.

✔ **Methode 2:** Drücken Sie gleichzeitig `Strg`+`Alt`+`Entf` und klicken Sie dann auf die Option TASK-MANAGER.

Wenn Sie Glück haben, reagiert der Task-Manager noch und teilt Ihnen mit, dass eine Anwendung nicht mehr antwortet. Der Task-Manager listet die Namen aller aktuell laufenden Programme auf, darunter auch das Programm, das diesen Schlamassel verursacht. Wechseln Sie im Task-Manager zur Registerkarte PROZESSE, klicken Sie mit der rechten Maustaste auf den Namen des Störenfrieds und dann auf TASK BEENDEN. Alle Arbeiten, die Sie in diesem Programm noch nicht gespeichert haben, gehen verloren. Aber da kann man jetzt auch nichts mehr machen. (Sollten Sie einmal versehentlich die Tastenkombination `Strg`+`Alt`+`Entf` drücken, drücken Sie anschließend `Esc`, um zu Windows zurückzuschalten.)

Wenn das alles immer noch nicht hilft, drücken Sie erneut `Strg`+`Alt`+`Entf` und klicken dann in der rechten unteren Ecke des Bildschirms auf die Schaltfläche HERUNTERFAHREN. Wählen Sie dann NEU STARTEN, um den Rechner herunterzufahren und anschließend neu zu starten. Hoffentlich sind der Rechner und Windows jetzt besser gelaunt.

✔ **Methode 3:** Wenn die vorhergehenden Methoden nicht funktioniert haben, drücken Sie kurz den Ein/Aus-Schaltknopf des Computers. Sollten sich doch noch die drei Wahlmöglichkeiten beim Herunterfahren auf dem Bildschirm melden, klicken Sie schnell auf NEU STARTEN, um den Rechner herunterzufahren und anschließend neu zu starten.

✔ **Methode 4:** Wenn alle bisherigen Methoden nicht geholfen haben, drücken Sie so lange den Ein/Aus-Schaltknopf des Rechners, bis der Rechner aufgibt und abschaltet.

Seltsame Fehlermeldungen

In diesem Kapitel

▶ Der Dateiversionsverlauf will nicht

▶ Darf das Programm das?

▶ Ich soll Medien einlegen?

▶ Hilfe! Malware gefunden!

▶ Microsoft-Konto hinzufügen

▶ Der Drucker will nicht

▶ Windows aktivieren

D ie meisten Fehlermeldungen, die Ihnen im Alltag unterkommen, sind leicht zu durchschauen. Das blinkende Licht am Videorekorder zeigt an, dass Sie die Uhr noch nicht eingestellt haben. Das grelle Piepen beim Verlassen des Autos bedeutet, dass Sie das Licht haben brennen lassen.

Aber Fehlermeldungen von Windows könnten von einem Unterausschuss des Bundestags geschrieben worden sein, wenn sie nicht so kurz wären. Windows-Fehlermeldungen beschreiben nie, was Sie falsch gemacht haben, und so gut wie nie, wie Sie den Fehler beheben können.

In diesem Kapitel finden Sie eine Zusammenfassung von Fehlermeldungen, schwer verständlichen Benachrichtigungen und zaghaften Konversationsversuchen von Windows. Wenn Sie verwirrende Mitteilungen auf dem Bildschirm erhalten, vergleichen Sie sie mit den Abbildungen in diesem Kapitel und lesen Sie nach, wie Sie das Problem elegant lösen.

Schließen Sie das Laufwerk wieder an

Bedeutung: Die Nachricht in Abbildung 19.1 will Ihnen sagen, dass die Windows-Funktion zur Datensicherung, Dateiversionsverlauf, nicht mehr funktioniert.

Mögliche Ursache: Die Daten wurden von der Funktion Dateiversionsverlauf bisher auf ein externes Laufwerk – Wechselfestplatte, USB-Stick, Speicherkarte oder vernetzter Rechner – gesichert. Und dieses Laufwerk scheint nicht mehr am Computer angeschlossen beziehungsweise mit ihm verbunden zu sein.

Lösung: Da kommen Sie jetzt selbst drauf, oder? Schließen Sie das externe Laufwerk am Rechner an (meist einfach in den USB-Anschluss stecken) oder stellen Sie die Verbindung zum vernetzten Rechner wieder her. Schalten Sie den Dateiversionsverlauf ein (siehe Kapitel 13) und stellen Sie sicher, dass die Einstellungen für die Datensicherung korrekt sind.

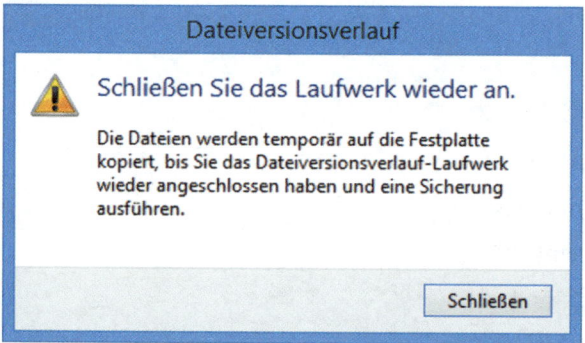

Abbildung 19.1: Das externe Laufwerk – hier ein vernetzter PC –, auf dem Sie die Daten sichern, steht nicht zur Verfügung.

Möchten Sie zulassen, dass durch das folgende Programm Änderungen an diesem Computer vorgenommen werden?

Bedeutung: Ein Programm versucht, auf Ihrem PC Einstellungen, Dateien oder Programme zu ändern (siehe Abbildung 19.2).

Mögliche Ursache: Wenn sich der Windows-Bildschirm verdunkelt, ist zwar keine Panik angesagt, aber Sie sollten aufmerksam lesen, was das Betriebssystem Ihnen zu sagen hat. Entweder haben Sie diese Aktion selbst veranlasst, oder eine Malware versucht, sich auf Ihrem Rechner einzuschleichen.

Lösung: Wenn Sie versuchen, ein Programm zu installieren oder Einstellungen zu ändern, hat wohl alles seine Richtigkeit. Klicken Sie auf Ja. Wenn diese Nachricht aber völlig unerwartet auftaucht, klicken Sie auf Nein, um das verdächtige Programm zu stoppen. Wenn das Dialogfeld ein Administratorkennwort verlangt, das Sie nicht kennen, müssen Sie den Administrator bitten, das Kennwort einzugeben. Lesen Sie in Kapitel 11 nach, um sich über das Thema Sicherheit Ihres Rechners schlauzumachen.

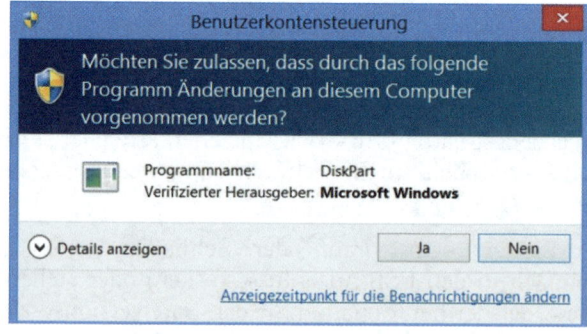

Abbildung 19.2: Darf das Programm Änderungen vornehmen?

Möchten Sie die Änderungen an Unbenannt speichern?

Bedeutung: Die Meldung in dem Dialogfeld in Abbildung 19.3 möchte Ihnen gerne mitteilen, dass Sie Ihre mühevolle Arbeit in einem Programm – hier in Editor – noch nicht gespeichert haben und gerade dabei sind, alle nicht gespeicherten Daten zu verlieren.

Mögliche Ursache: Wahrscheinlich versuchen Sie gerade, das Programm zu schließen, und haben vergessen, Ihre Arbeit zu speichern.

Lösung: In der Titelleiste des Dialogfeldes finden Sie den Namen des Programms, das zu Ihnen spricht. Wenn Sie Ihre Arbeit speichern wollen, klicken Sie auf SPEICHERN und geben im Dialogfeld SPEICHERN UNTER einen Namen und einen Speicherort an. Wenn Sie gar nicht vorhatten, Ihre Arbeit zu speichern, klicken Sie auf NICHT SPEICHERN. Das Speichern von Dateien ist Thema in Kapitel 6.

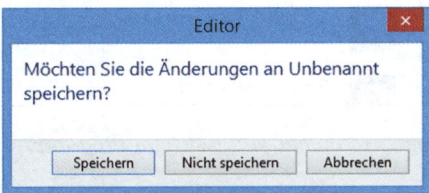

Abbildung 19.3: Wollen Sie Ihre Arbeit speichern?

Wie soll diese Datei geöffnet werden?

Bedeutung: Sie doppelklicken auf eine Datei, um sie zu öffnen, und Windows weiß nicht, mit welchem Programm oder welcher App es die Datei öffnen soll.

Mögliche Ursache: Windows-Programme versehen ihre Dateien mit einem geheimen Code, bekannt als *Dateinamenerweiterung*. Diese Erweiterung wird an jeden Dateinamen hinten angehängt. Wenn Sie beispielsweise auf eine Datei doppelklicken, die mit dem Kürzel `.txt` versehen ist, öffnet Windows die Datei automatisch im Programm Editor von Windows. Wenn Windows die Dateinamenerweiterung nicht kennt, fragt es bei Ihnen nach und bietet gleich ein paar Programme zum Öffnen der Datei an (siehe Abbildung 19.4).

Lösung: Wenn Sie wissen, welches Programm für die mysteriöse Datei zuständig ist, wählen Sie es in der angebotenen Liste aus. Wenn Sie auf den Link OPTIONEN klicken, werden weitere Programme in der Liste angeboten. Die Wahrscheinlichkeit, dass Sie die Datei mit einer dieser zusätzlich angebotenen Programme starten können, ist leider sehr gering.

Wenn gar nichts Passendes angeboten wird, entscheiden Sie sich für die Option IM STORE NACH EINER APP SUCHEN. Vielleicht gibt es dort eine App, die etwas mit Ihrer Datei anzufangen weiß. Sie können sie dann im Windows Store käuflich erwerben. Mehr zum Store finden Sie in Kapitel 6.

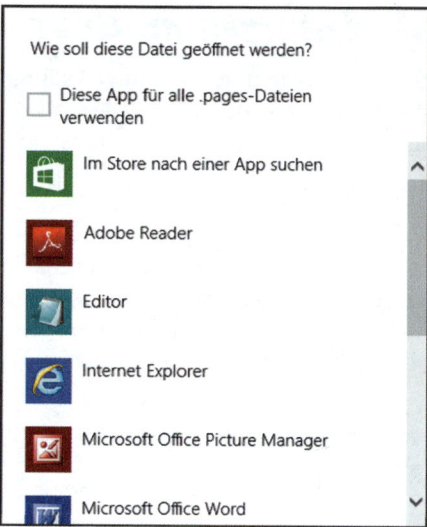

Abbildung 19.4: Windows weiß nicht, mit welchem Programm es die Datei öffnen soll.

Medien einlegen

Bedeutung: Die Meldung in Abbildung 19.5 sehen Sie immer dann, wenn der Rechner einige Originalinstallationsdateien von Windows benötigt.

Mögliche Ursache: Sie versuchen, mit einem Werkzeug des Wartungscenters, zum Beispiel AUFFRISCHEN, einen Schaden zu beheben, und das Werkzeug benötigt hierfür die Originaldateien auf dem Installationsmedium (meist eine DVD).

Lösung: Begeben Sie sich auf die Suche nach der Installations-DVD und legen Sie sie in das Laufwerk ein. Windows greift dann automatisch auf die benötigten Dateien zu.

Malware erkannt

Bedeutung: Wenn das in Windows integrierte Virenschutzprogramm Windows Defender auf eine potenziell gefährliche Datei auf Ihrem Rechner stößt, lässt es Sie das sofort mit der in Abbildung 19.6 gezeigten Meldung wissen. Diese Meldung erscheint in identischer Form sowohl auf der Startseite als auch auf dem Desktop, und zwar stets oben rechts.

Mögliche Ursache: Eine gefährliche Datei – die *Malware* – hat sich über eine Mail, einen USB-Stick, einen vernetzten Computer oder eine Website auf Ihren Rechner geschlichen. Windows ist aber schon dabei, die Datei zu entfernen, damit sie keinen Schaden anrichten kann.

Lösung: Sie müssen gar nichts tun. Windows erledigt das für Sie.

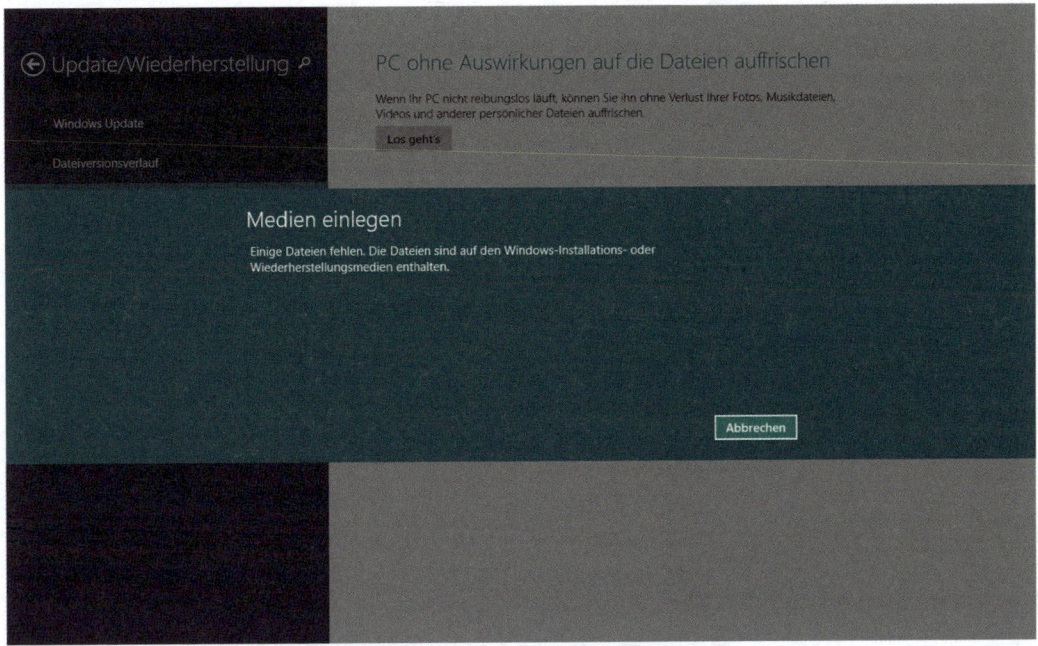

Abbildung 19.5: Legen Sie die Installations-DVD ein, damit sich der Rechner die fehlenden Dateien greifen kann.

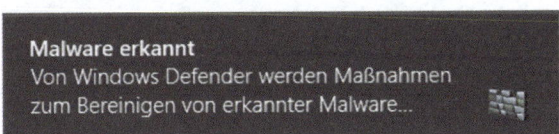

Abbildung 19.6: Keine Panik! Windows eliminiert die potenziell gefährliche Datei.

Wählen Sie eine Aktion für Wechseldatenträger

Bedeutung: Windows fragt mit den Angaben in Abbildung 19.7 nach, was es mit dem USB-Stick oder der Speicherkarte anfangen soll, den beziehungsweise die Sie an den Rechner angeschlossen haben.

Mögliche Ursache: Sie haben wahrscheinlich gerade einen USB-Stick in den USB-Anschluss oder eine Speicherkarte, vielleicht die aus Ihrer Kamera, in den Kartenleser Ihres Rechners gesteckt.

Lösung: Meistens werden Sie sich für die Option ORDNER ÖFFNEN, UM DATEIEN ANZUZEIGEN entscheiden. Dann sehen Sie nämlich, was genau auf dem Speichermedium enthalten ist, und können den Inhalt in die entsprechenden Ordner auf dem Rechner kopieren. Und was hat es mit den anderen Optionen auf sich?

✔ Laufwerk für Sicherung konfigurieren (Dateiversionsverlauf): Entscheiden Sie sich nur dann für diese Option, wenn Sie den Wechseldatenträger permanent an Ihrem Rechner angeschlossen lassen. Mit einem riesigen USB-Stick ist die Datensicherung mit der Funktion Dateiversionsverlauf ein wahres Vergnügen. Mehr zum Dateiversionsverlauf finden Sie in Kapitel 13.

✔ Keine Aktion durchführen: Klicken Sie auf diese Option, um die Meldung loszuwerden. Um später dann doch noch auf den Datenträger zugreifen zu können, wechseln Sie zum Explorer auf dem Desktop und doppelklicken dort im Navigationsbereich auf seinen Laufwerkbuchstaben, der Ihnen übrigens bereits in der Meldung aus Abbildung 19.7 verraten wurde.

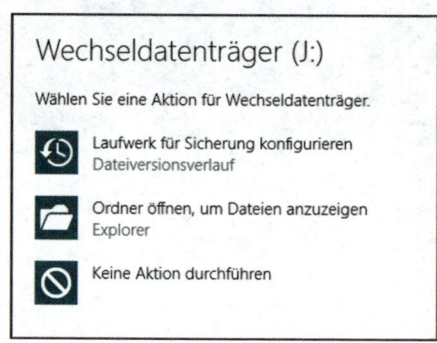

Abbildung 19.7: Windows möchte gerne wissen, was es mit dem USB-Stick oder der Speicherkarte tun soll.

Microsoft-Konto hinzufügen

Bedeutung: Sie müssen sich für die Durchführung verschiedenster Aufgaben in Windows mit einem Microsoft-Konto anmelden. Wenn Sie noch kein Microsoft-Konto angegeben haben, sehen Sie die Meldung aus Abbildung 19.8. Wie in Kapitel 2 genauer erklärt, holen Sie mit einem Microsoft-Konto das Optimum aus Windows heraus.

Mögliche Ursache: Sie haben wahrscheinlich versucht, die Mail-, Kontakte- oder Kalender-App zu öffnen. Bei diesen Apps geht ohne ein Microsoft-Konto gar nichts. Sie brauchen so ein mysteriöses Konto auch, wenn Sie Apps aus dem Store downloaden wollen.

Lösung: Melden Sie sich für ein kostenloses Microsoft-Konto an. Keine Panik! Das geht ziemlich einfach und wird in Kapitel 2 beschrieben.

Der Drucker befindet sich im Fehlerzustand

Bedeutung: Der Drucker kann einen Druckauftrag nicht ausführen (siehe Abbildung 19.9). Diese Meldung wird übrigens sowohl auf der Startseite als auch auf dem Desktop angezeigt.

Mögliche Ursache: Puh! Wo anfangen? Ist der Drucker eingeschaltet? Ist der Drucker an den Rechner angeschlossen oder über das Netzwerk mit dem Rechner verbunden? Hat der Drucker Papier und Tinte oder Toner?

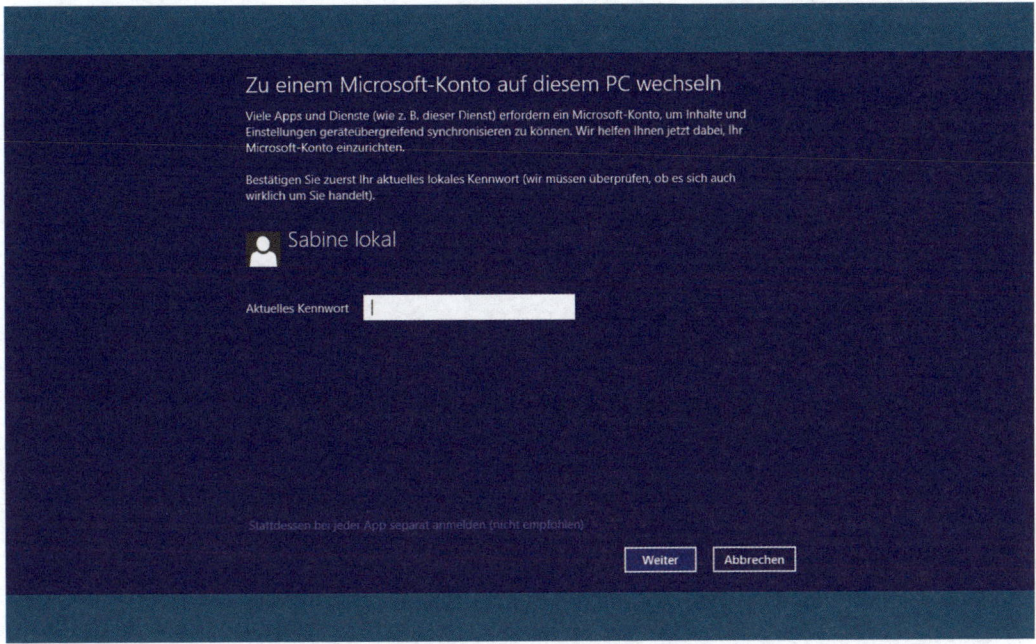

Abbildung 19.8: Sie benötigen für den Zugriff auf einige Windows-Features ein Microsoft-Konto. Sonst geht nichts.

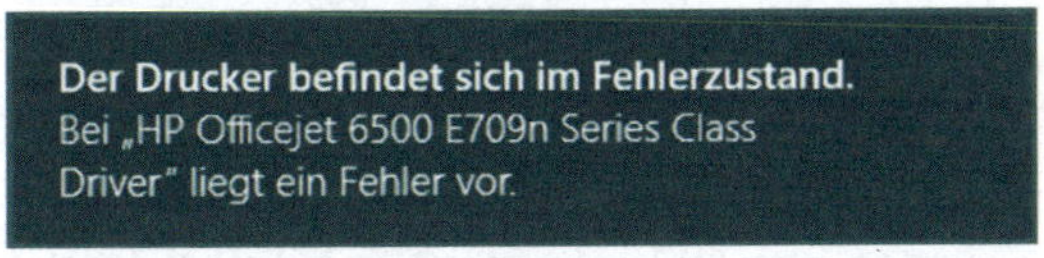

Der Drucker befindet sich im Fehlerzustand.
Bei „HP Officejet 6500 E709n Series Class Driver" liegt ein Fehler vor.

Abbildung 19.9: Die Meldung gibt Auskunft darüber, welcher Drucker welchen Druckauftrag nicht ausführen konnte.

Lösung: Prüfen Sie die Befindlichkeiten Ihres Druckers. Füttern Sie ihn mit Papier und Tinte beziehungsweise Toner.

Windows ist nicht aktiviert

Bedeutung: Eine nicht aktivierte Windows-Version führt unweigerlich zu einer Meldung wie in Abbildung 19.10.

Mögliche Ursache: Eine der Kopierschutzmaßnahmen von Microsoft besteht darin, dass Sie Ihre Windows-Kopie aktivieren müssen. Damit verbinden Sie die Windows-Kopie mit dem Rechner, auf dem sie installiert wurde. Das heißt, Sie können diese Kopie nicht mehr auf einem anderen Rechner, Notebook oder Tablet-PC installieren.

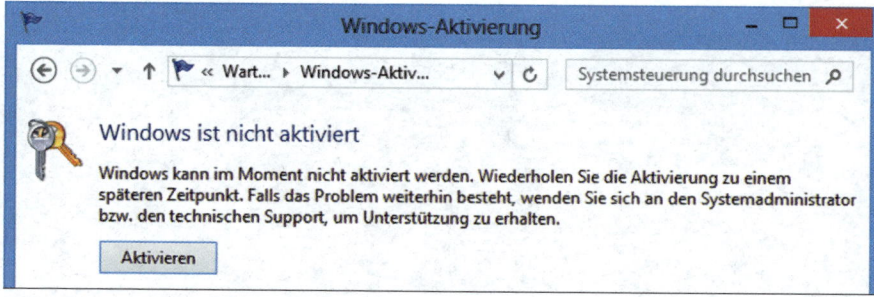

Abbildung 19.10: Sie müssen Windows aktivieren.

Lösung: Klicken Sie auf Aktivieren und geben Sie den Product Key ein. Den Product Key finden Sie entweder auf einem Aufkleber auf Ihrem Rechner oder in der Verpackung der Windows-DVD. Sollte eine Aktivierung nicht möglich sein, wenden Sie sich an den Administrator. Gibt es nicht? Dann bleibt Ihnen nichts anderes übrig, als mit Microsoft Kontakt aufzunehmen.

Zugriff auf den Zielordner wurde verweigert

Bedeutung: Wenn Sie dieses Dialogfeld (siehe Abbildung 19.11) zu Gesicht bekommen, ist Windows der Ansicht, dass Sie kein Recht haben, in den gewünschten Ordner zu schauen. (Um welchen Ordner es sich handelt, steht im Dialogfeld.) Wenn Windows der Meinung ist, dass Sie eine bestimmte Datei nicht öffnen dürfen, wird ein ähnliches Dialogfeld angezeigt.

Mögliche Ursache: Der Ordner oder die Datei gehört einem anderen Benutzer.

Lösung: Als Administrator klicken Sie auf Fortsetzen und geben einfach das Kennwort ein und schon dürfen Sie Ihre Nase überall hineinstecken. Ohne Administratorkonto und -kennwort müssen Sie draußen bleiben.

Sollte Ihr Interesse an dem Ordner oder an der Datei durchaus berechtigt sein, bitten Sie den Administrator, den Ordner oder die Datei in einen öffentlichen Ordner zu kopieren.

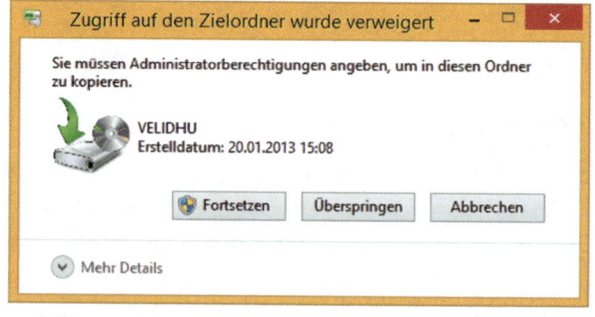

Abbildung 19.11: Ohne Administrator geht hier nichts.

Von einem alten Rechner auf einen Windows 8.1-PC umziehen

20

In diesem Kapitel

▶ Alte Dateien und Einstellungen auf den neuen Rechner kopieren

▶ Mit Windows-EasyTransfer arbeiten

▶ Dateien über Speicherstick oder Wechselfestplatte transportieren

---

Selbst dem aufregendsten neuen Windows 8.1-Computer fehlt das Wichtigste: die Dateien Ihres alten Computers. Wie bringen Sie Ihre Daten von dem guten alten, in die Jahre gekommenen Windows-Computer auf den neuen, aufregenden Windows-Rechner? Und wie schaffen Sie es bloß, alles zu finden, was Sie umziehen wollen?

Zur Lösung dieses bedeutenden Problems stellt Windows 8.1 einen digitalen Umzugswagen zur Verfügung: *Windows-EasyTransfer*. Dieses Windows-Programm schnappt sich nicht nur die Daten auf dem alten Computer, sondern überträgt auch die Einstellungen vieler Programme – zum Beispiel die Favoritenliste Ihres Browsers.

 Das Programm Windows-EasyTransfer von Windows 8.1 funktioniert nur mit den Betriebssystemen Windows RT, Windows 7 und Windows 8. Alle drei Windows-Versionen haben bereits ihre eigene Version des Programms.

Windows-EasyTransfer – eine Einbahnstraße

Sie können mit Windows-EasyTransfer Dateien und Einstellungen von Ihrem alten Rechner auf einen Windows 8.1-Rechner transferieren. Aber umgekehrt geht das nicht. Das Programm kann keine Dateien und Einstellungen vom Windows 8.1-PC auf einen anderen Rechner übertragen.

Microsoft meint, dass Windows-EasyTransfer nicht länger benötigt wird. Denn schließlich transportiert Ihr Microsoft-Konto Ihre Einstellungen dorthin, wo Sie hingehen. Sie können Ihre Daten auf SkyDrive kopieren und von Ihrem neuen Rechner aus darauf zugreifen.

Aber wenn Sie Ihre Daten nicht irgendwo in der Cloud ablegen und auch nicht wegen Ihrer riesigen Datenmengen dafür bezahlen wollen, ist eine große Wechselfestplatte oder ein Riesenspeicherstick Ihre einzige Option.

Den Umzug auf den neuen PC vorbereiten

Wie bei jedem anderen Umzug hängt der Erfolg dieses Vorhabens davon ab, wie gut Sie ihn vorbereiten. Beim digitalen Umzug müssen Sie nicht mit Umzugskartons und Klebeband hantieren, sondern festlegen, wie die digitalen Möbel von hier nach da transportiert werden sollen.

Windows-EasyTransfer kennt zwei Wege zum Ziel:

 **Externe Festplatte:** Eine externe Festplatte oder auch Wechselfestplatte, die zwischen 50 und 150 Euro kostet, stellt ebenfalls eine gute Lösung zum Transfer von Daten von A nach B dar. Manche externen Festplatten saugen den Strom aus der Steckdose, andere direkt aus dem USB-Anschluss Ihres Rechners.

 **Flashlaufwerk:** Diese kleinen Speichersticks, die man lässig am Schlüsselbund mit sich herumtragen kann, werden wie die externen Festplatten ebenfalls in den USB-Anschluss gesteckt. In der Regel ist ihr Speichervolumen aber zu gering, um alle Ihre Daten aufnehmen zu können.

 Windows 8.1 unterstützt das EasyTransfer-Kabel nicht mehr, diese kostengünstige Kabellösung, die mit Windows XP eingeführt wurde. Auch der Transfer via Netzwerk wird von Windows 8.1 nicht mehr unterstützt.

Beim Kauf einer Wechselfestplatte achten Sie darauf, dass sie mindestens so viel Speicherkapazität hat wie die Festplatte auf dem neuen Rechner. Nach der Datenübertragung können Sie diesen komfortablen Wechselspeicher für die Datensicherung mit der Funktion Dateiversionsverlauf einsetzen. Wie Sie Ihre wertvollen Daten mit dieser Funktion sichern können, erfahren Sie in Kapitel 13.

Und wie finden Sie heraus, über wie viel Speicher Ihr neuer Rechner verfügt? Eilen Sie zum Desktop und öffnen Sie den Explorer. Klicken Sie dort im Navigationsbereich mit der rechten Maustaste auf den Eintrag für das Laufwerk C: und wählen Sie im Kontextmenü den Befehl EIGENSCHAFTEN. Notieren Sie sich die Angaben neben BELEGTER SPEICHER und SPEICHERKAPAZITÄT.

Sie können mit Windows-EasyTransfer keine Daten von einem 64-Bit-Rechner auf einen 32-Bit-Rechner übertragen. Das sollte aber kein Problem darstellen, da es sich in der Regel bei älteren Rechnern eher um eine 32-Bit-Version und bei neueren Rechnern um eine 64-Bit-Version handelt.

Daten zwischen zwei PCs transferieren

Das Programm Windows-EasyTransfer von Windows 8.1 funktioniert nur mit den Betriebssystemen Windows RT, Windows 7 und Windows 8. Alle drei Windows-Versionen haben bereits ihre eigene Version des Programms.

Achten Sie vor dem Einsatz von Windows-EasyTransfer darauf, dass Sie sowohl am alten als auch am neuen Rechner mit Administratorberechtigungen angemeldet sind. Andere Benutzerkonten haben nicht das Recht, Dateien zu kopieren. Und lassen Sie sich Zeit: Sie können stets auf den blauen Pfeil in der linken oberen Fensterecke klicken, um zum vorherigen Bildschirm zurückzuschalten.

 Bevor Sie einen Datentransfer von einem Tablet-PC oder einem Notebook durchführen, vergessen Sie nicht, das Gerät an die Stromversorgung anzuschließen. Der Transfer braucht ziemlich viel Strom und könnte den Akku des Tablet-PCs oder des Notebooks schnell leeren.

Um Ihre Dateien und Einstellungen vom alten auf den neuen Rechner zu übertragen, führen Sie auf dem alten Rechner folgende Schritte durch:

1. **Starten Sie auf dem Windows RT-, Windows 7- oder Windows 8-Rechner das Programm Windows-EasyTransfer und klicken Sie im Eingangsbildschirm auf WEITER.**

   Je nach Windows-Version öffnen Sie das Programm folgendermaßen:

   - WINDOWS 7: Klicken Sie auf die Schaltfläche START, geben Sie im Suchfeld des Startmenüs Windows Easy Transfer ein und drücken Sie die ⏎-Taste.

   - WINDOWS RT UND WINDOWS 8: Geben Sie auf der Startseite Windows Easy Transfer ein und drücken Sie die ⏎-Taste.

2. **Wählen Sie die Option EXTERNE FESTPLATTE ODER EIN USB-SPEICHERSTICK.**

    Auch wenn Sie vielleicht auf einem Windows 7-Rechner weitere Optionen sehen, können Sie Ihre Daten dennoch nur per Wechselfestplatte oder Speicherstick auf einen Windows 8.1-Rechner übertragen.

3. **Wählen Sie die Option DIES IST DER ALTE PC.**

   Das Programm durchleuchtet Ihren alten Rechner nach zu transferierenden Daten und zeigt dann ein Fenster an, das in Abbildung 20.1 zu sehen ist.

4. **Wählen Sie die Konten (wenn vorhanden) und Dateien aus, die Sie auf den neuen PC übertragen möchten.**

    Um alle Daten aller Benutzerkonten des alten Rechners in Konten auf dem neuen Rechner zu übertragen, klicken Sie einfach auf WEITER und fahren mit Schritt 6 fort.

   Wenn auf dem neuen PC genügend Speicher zur Verfügung steht, werden alle Daten von A (alter Rechner) nach B (neuer Rechner) kopiert.

   Wenn der neue Rechner nicht ausreichend Speicherplatz hat oder wenn Sie nicht alle Daten auf den neuen Rechner übernehmen wollen, wählen Sie einfach aus, was rüber soll.

Wenn Ihr neuer PC aber nicht über ausreichend Speicherplatz verfügt oder wenn Sie nicht Ihren neuen Rechner mit altem Ballast füllen wollen, wählen Sie genau aus, was übertragen werden soll.

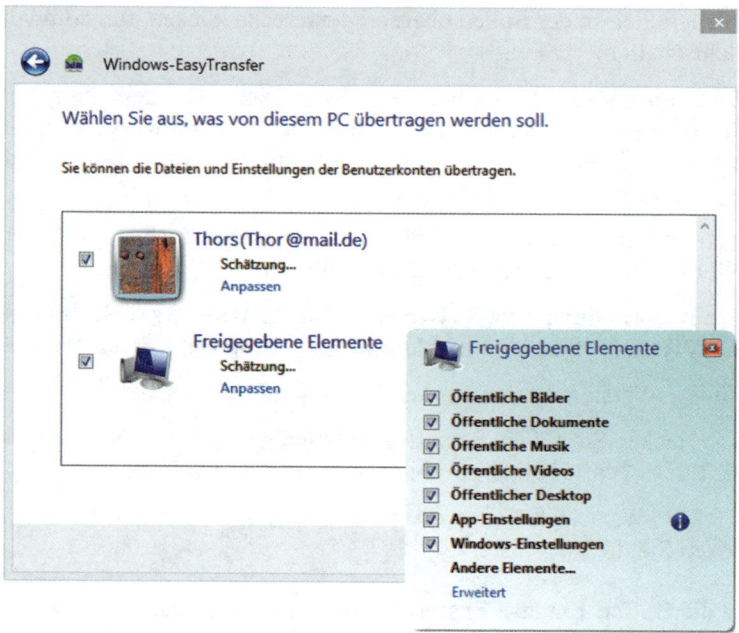

Abbildung 20.1: Legen Sie fest, welche Dateien auf den neuen Rechner übertragen werden sollen.

✔ **Benutzerkonten:** Hier ist die Gelegenheit, Benutzerkonten nicht zu übertragen und loszuwerden. Wenn auf dem alten Rechner mehrere Benutzerkonten eingerichtet sind, sind alle zunächst einmal mit Häkchen versehen, das heißt für den Transfer vorgesehen. Deaktivieren Sie einfach die Konten, die Sie nicht übertragen möchten.

✔ ANPASSEN: Es gibt etwas, das Sie nicht mehr brauchen? Um festzulegen, welche Elemente pro Benutzerkonto übertragen werden sollen, klicken Sie auf den Link ANPASSEN, der unter jedem Benutzerkontonamen und unter den freigegebenen Elementen angezeigt wird. Das Programm öffnet das in Abbildung 20.1 gezeigte kleine zusätzliche Fenster. Hier können Sie Kategorien von der Übertragung ausschließen. Entfernen Sie beispielsweise das Häkchen für alle Elemente, die Sie nicht mit umziehen wollen. Wenn Sie den Transfer fertig geplant haben, klicken Sie rechts oben auf das kleine rote »x«, um das Fenster zu schließen und zum Fenster WÄHLEN SIE AUS, WAS VON DIESEM PC ÜBERTRAGEN WERDEN SOLL zurückzukehren.

 ERWEITERT: Der Link ERWEITERT, der ganz unten in der kleinen Liste steht, ist etwas für die Kontrollfreaks unter uns. Wenn Sie auf diesen Link klicken, geht es ins Detail. Hier können Sie einzelne Dateien und Ordner für die Übertragung auswählen. Das ist für die meisten zu viel Auswahl und zu viel Arbeit, aber wer will, kann sich hier gerne austoben. Wenn Sie fertig sind, klicken Sie auf die Schaltfläche SPEICHERN.

5. **Klicken Sie nach der Auswahl der zu übertragenden Daten auf WEITER.**

6. **Geben Sie bei Bedarf ein Kennwort ein und klicken Sie auf die Schaltfläche SPEICHERN. Navigieren Sie dann zur Wechselfestplatte oder dem Speicherstick und klicken Sie erneut auf SPEICHERN.**

Mit dem Kennwort verhindern Sie, dass andere Ihre Daten stehlen können, wenn sie Ihre Windows-EasyTransfer-Datei finden. Notieren Sie sich das Kennwort und bewahren Sie es an einem sicheren Ort auf. Dasselbe Kennwort müssen Sie nämlich auch auf Ihrem neuen Rechner eingeben.

Nachdem Sie das Speichergerät gewählt und auf SPEICHERN geklickt haben, presst Windows Ihre Daten zu einer einzigen Datei zusammen und legt sie auf der Wechselfestplatte oder auf dem Speicherstick Ihrer Wahl ab.

7. **Hat das Programm die Datei auf den externen Datenträger kopiert, klicken Sie auf WEI-TER und dann auf SCHLIESSEN, um das Programm zu beenden.**

8. **Schließen Sie die Wechselfestplatte oder den Speicherstick am Windows 8.1-Rechner an.**

   Beide passen in der Regel in einen USB-Anschluss am Rechnergehäuse.

9. **Öffnen Sie auf dem Windows 8.1-Rechner das Programm Windows-EasyTransfer und klicken Sie auf WEITER.**

   Geben Sie auf der Startseite `Windows Easy Transfer` ein, drücken Sie die ⏎-Taste, und schon geht es los.

 Als Touchscreenler streifen beziehungsweise wischen Sie mit dem Finger von der Bildschirmmitte nach unten, um alle Apps und Programme anzuzeigen, und tippen dann auf den Eintrag WINDOWS-EASYTRANSFER.

10. **Wenn abgefragt wird, ob Sie Windows-EasyTransfer bereits auf dem alten Rechner verwendet haben, klicken Sie auf JA und zeigen dem Programm den Weg zur übertragenen Datei auf dem externen Datenträger.**

    Windows-EasyTransfer öffnet ein Fenster. Doppelklicken Sie dort auf den externen Datenträger und den EasyTransfer-Eintrag mit den Daten von Ihrem alten Rechner.

11. **Geben Sie bei Bedarf das Kennwort ein, klicken Sie auf WEITER und dann auf ÜBERTRAGEN.**

    Nach der Übertragung haben Sie zwei Möglichkeiten:

    - **Sie schauen sich an, was übertragen worden ist.** Dieser wirklich technische Bericht zeigt die transferierten Informationen im Detail an.

    - **Sie lassen sich eine Liste mit Apps und Programmen anzeigen, die Sie vielleicht auf Ihrem neuen Computer installieren möchten.** Ein weiterer sehr technischer Bericht zeigt Ihnen, welche Apps und Programme auf Ihrem alten Rechner installiert sind. Unter Umständen müssen Sie einige davon auch auf Ihrem neuen Rechner einrichten, damit Sie die übertragenen Dateien öffnen können.

Haben Sie die Daten über einen externen Datenträger übertragen, lassen Sie die Wechselfestplatte oder den USB-Stick an Ihrem Rechner stecken und verwenden ihn für die Datensicherung mit der Funktion Dateiversionsverlauf (siehe hierzu Kapitel 13).

Fertig, das war's!

Hilfe beim Windows-Hilfesystem anfordern

21

In diesem Kapitel

▶ Hilfreiche Hinweise schnell finden

▶ Hilfe zu einem bestimmten Problem oder Programm finden

D ie ganz Eiligen unter Ihnen brauchen sich erst gar nicht durch das ganze Kapitel hindurchzuwühlen. Hier auf die Schnelle die schnellsten Wege, an hilfreiche Informationen zu gelangen, wenn Sie nicht mehr weiterkommen:

✔ **Drücken Sie** `F1`: Drücken Sie in Windows oder in einem Windows-internen Desktopprogramm die `F1`-Taste.

✔ **Startseite:** Geben Sie einfach `hilfe` ein und klicken Sie dann auf den Eintrag HILFE UND SUPPORT.

✔ **Fragezeichen:** Wenn Sie in der oberen rechten Ecke eines Fensters auf ein kleines Fragezeichen stoßen, stürzen Sie sich mit einem schnellen Klick darauf.

In allen drei Fällen eilt Windows mit dem Programm WINDOWS-HILFE UND SUPPORT zu Ihrer Unterstützung herbei und erklärt mithilfe von Tabellen, Diagrammen, Verweisen und Schrittanleitungen, wie es weitergeht.

Das Hilfeprogramm greift sich stets die neuesten Daten von der Microsoft-Website. Es ist also eine gute Idee, wenn Ihr Rechner mit dem Internet verbunden ist, während Sie sich auf die Suche nach Hilfsinformationen machen.

Hilfe auf der Startseite

Seltsamerweise wurde es in Windows 8 nicht für nötig befunden, auf der Startseite eine Hilfe-App zur Verfügung zu stellen. In Windows 8.1 wurde das geändert; hier steht die App *Hilfe + Tipps* zur Verfügung. Wow! Eine bunte Mischung aus Hilfe und Tipps (siehe Abbildung 21.1). Aber der Schritt geht eindeutig in die richtige Richtung.

✔ STARTSEITE UND APPS: Hier werden die Startseite, die Apps, der Windows Store und die Desktop-App kurz vorgestellt.

✔ NAVIGIEREN: Klicken Sie hier, um zu erfahren, wie Sie zur Startseite kommen, zwischen Apps hin und her schalten und Apps schließen.

✔ GRUNDLEGENDE AKTIONEN: Hier stehen Informationen über das Suchen, Teilen und Drucken, über die Charms-Leiste und über das Anzeigen zweier Apps nebeneinander für Sie bereit.

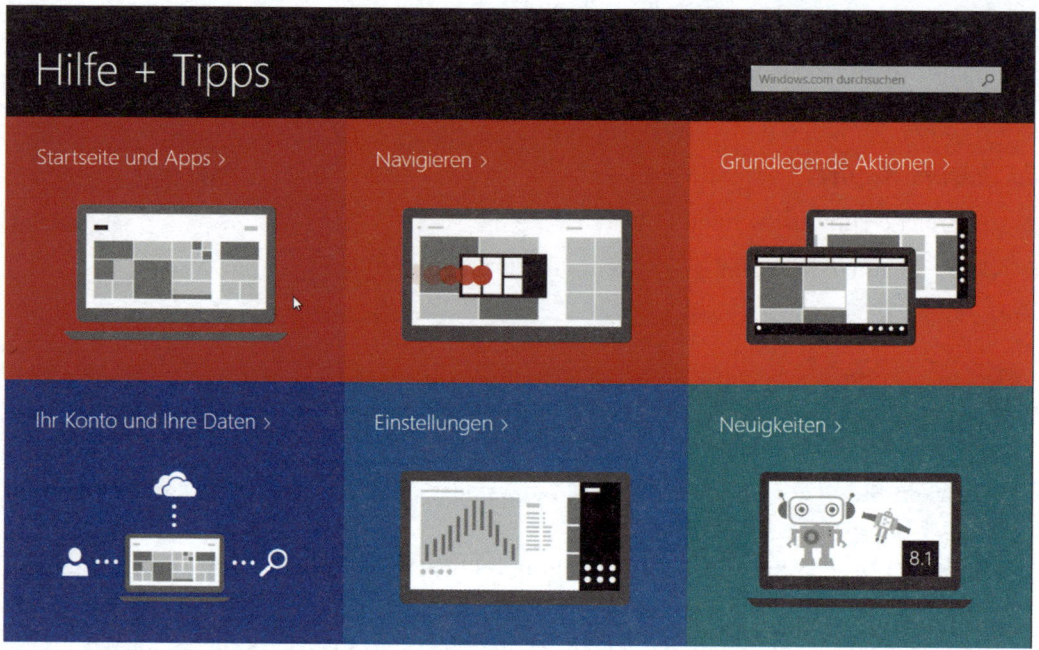

Abbildung 21.1: Die neue App »Hilfe + Tipps« gibt eine kurze Einführung in Windows.

✔ IHR KONTO UND IHRE DATEN: Was ist ein Microsoft-Konto? Was ist SkyDrive? Und wo sind meine Dateien? Diese wichtigen Fragen werden hier kurz erörtert.

✔ EINSTELLUNGEN: Hier wird der Charm EINSTELLUNGEN unter die Lupe genommen.

✔ NEUIGKEITEN: Alles Neue in Windows 8.1 auf einen Blick.

Diese neue App eignet sich gut, wenn Sie eine kurze Einführung in Windows 8.1 brauchen. Erwarten Sie aber nicht, dass Sie damit spezielle Probleme lösen können.

Jeder Hilfebereich endet mit Links zur Microsoft-Website, auf der themenspezifische Tutorials auf Sie warten.

Den App- oder programminternen Windows-Hilfeguru zurate ziehen

Fast jede App und fast jedes Desktopprogramm verfügt über ein eigenes Hilfesystem. Um den in einem Desktopprogramm integrierten Computerguru zu Wort kommen zu lassen, drücken Sie `F1`, wählen Sie das Menü HILFE oder klicken Sie auf das kleine Fragezeichen, das irgendwo oben im Programmfenster angeboten wird.

Um Hilfe im Explorer anzufordern, gehen Sie wie folgt vor:

1. **Klicken Sie im Ordnerfenster oben in der Symbolleiste auf das Fragezeichen oder drücken Sie** F1 **.**

Das Programm Windows-Hilfe und Support öffnet seine Pforten und zeigt auch gleich alle Hilfsinformationen zum Thema Ordner und Dateien an, die den Benutzern am meisten Kopfzerbrechen machen (siehe Abbildung 21.2).

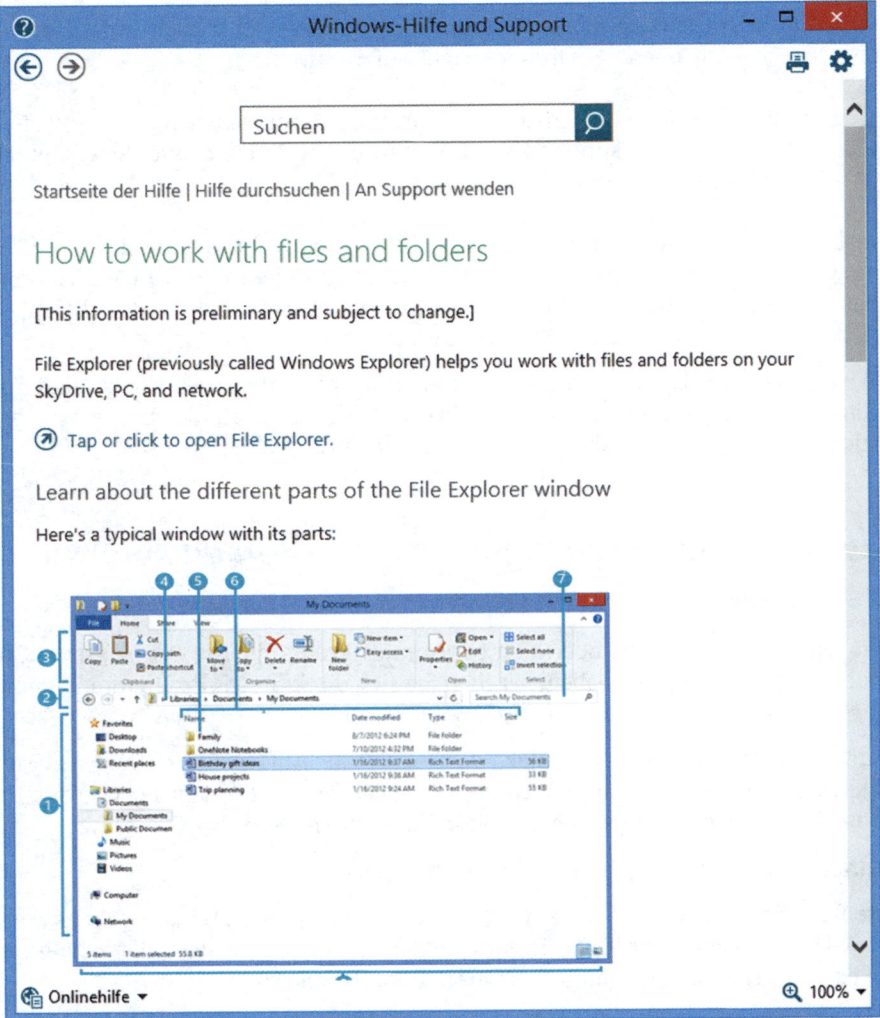

Abbildung 21.2: Die zum Zeitpunkt der Bucherstellung noch englischen Informationen zu Ordnern und Dateien

Ups – die Hilfe war zum Zeitpunkt der Bucherstellung leider noch nicht im endgültigen Zustand. Das wird bei Ihnen jetzt wohl anders aussehen und in Deutsch verfügbar sein.

 Im Suchfeld oben im Hilfefenster können Sie einen Suchbegriff eingeben und den Index der Hilfe nach diesem Begriff durchsuchen lassen. Meist reichen ein paar wenige Wörter aus, um zum gewünschten Themenbereich zu wechseln.

2. **Klicken Sie unten auf der Hilfeseite auf einen der angebotenen Themenlinks.**

Scrollen Sie beispielsweise in der Anzeige aus Abbildung 21.2 nach unten, um den Abschnitt über das Anpassen der Ordneransicht aufzuspüren.

 Zeigen Sie das Hilfefenster und Ihr Programm nebeneinander auf dem Bildschirm an, dann können Sie parallel in der Hilfe lesen und die entsprechenden Schritte im Programm durchführen.

Manchmal müssen Sie etwas Zeit im Windows-Hilfesystem verbringen und sich in die Tiefen der Hilfe wühlen, um zu den Informationen zu gelangen, die Sie benötigen. Häufig ist die Hilfe aber Ihre Rettung, wenn Sie nicht mehr weiterkommen. Und es ist vielleicht weniger peinlich, die Hilfe zu fragen als die Nachbarskinder, oder?

Wenn Sie von einer besonders hilfreichen Hilfeseite beeindruckt sind, drucken Sie sie aus. Klicken Sie dazu oben rechts im Hilfefenster auf das Druckersymbol. Windows druckt die Seite aus. So haben Sie das für Sie wichtige Hilfethema stets griffbereit.

Den Windows-Hilfeguru direkt aus Windows heraus zurate ziehen

Wenn Sie keine bestimmte App oder kein bestimmtes Programm als Ausgangspunkt für Ihre Suche nach Hilfsinformationen haben, begeben Sie sich direkt in das Programm Windows-Hilfe und Support.

Auf dem Desktop drücken Sie dazu einfach die F1 -Taste. Auf der Startseite geben Sie `hilfe` ein und klicken dann auf den Eintrag WINDOWS-HILFE UND SUPPORT. Das Fenster WINDOWS-HILFE UND SUPPORT präsentiert sich mit all seiner Pracht und all seinem Wissen.

Das Programm bietet als Ausgangspunkt drei Kategorien an:

✔ **Erste Schritte:** Hier wird die neue Windows-Version vorgestellt. Danach geht es um Grundlagen wie das Arbeiten mit Maus, Tastatur und Touchscreen, das Installieren von Programmen oder das Hinzufügen von neuen Geräten und Druckern.

✔ **Internet und Netzwerke:** In dieser Kategorie dreht sich alles um Verbindungen, die Verbindung zum Internet und zu anderen Rechnern in einem Netzwerk.

✔ **Sicherheit, Datenschutz und Konten:** Damit Sie stets auf der sicheren Seite sind, erfahren Sie hier, wie Sie sichere Kennwörter definieren und Viren, Spyware und sonstige fiese Malware vermeiden.

 Windows-Hilfe und Support funktioniert ähnlich wie eine Website. Um in den angezeigten Seiten zurück und vorwärts zu blättern, klicken Sie oben links im Fenster auf den kleinen nach links beziehungsweise nach rechts zeigenden Pfeil.

Die Windows-Problembehandlung ins Spiel bringen

Wenn etwas ganz und gar nicht so läuft, wie es sollte, kann der Bereich PROBLEMBEHANDLUNG der Windows-Hilfe eventuell eine Reparaturmöglichkeit aufspüren. Manchmal arbeitet die Hilfe wie ein Index. Sie nähert sich dem Problem an, bis sie genau bei der Schaltfläche landet, mit der Sie Ihr Problem lösen können.

Manchmal befragt das Programm Sie über ein Problem und arbeitet eine Liste mit Lösungsmöglichkeiten ab, bis es den Übeltäter gefunden hat und die magische Schaltfläche das Problem löst.

Manchmal gibt es keine magische Schaltfläche für Ihr Problem. Wenn zum Beispiel das Signal der drahtlosen Internetverbindung nicht stark genug ist, sagt Ihnen die Problembehandlung, dass Sie aufstehen und Ihr Notebook näher an den Sender rücken sollen.

Um die Problembehandlung aufzurufen, gehen Sie folgendermaßen vor:

1. **Klicken Sie auf dem Desktop in der Taskleiste mit der rechten Maustaste auf die Schaltfläche WARTUNGSCENTER und wählen Sie PROBLEM BEHANDELN.**

   Das Fenster PROBLEMBEHANDLUNG macht sich auf dem Bildschirm breit (siehe Abbildung 21.3), bereit, sich Ihren Problemen beziehungsweise den Problemen des Rechners zu stellen.

2. **Klicken Sie auf die Kategorie, zu der Ihr Problem gehört.**

   Es werden vier Kategorien angeboten:

   - PROGRAMME: Hier wird Ihnen gezeigt, wie Sie ältere Programme zum Laufen bringen, die sich zunächst Ihrem Rechner verweigert haben. Außerdem wirft dieses Modul einen Blick auf Ihren Browser und versucht, dort auftretende Probleme zu beheben.

   - HARDWARE UND SOUND: Dieser Bereich zeigt, wie Sie Probleme mit Treibern in den Griff bekommen, die die Hauptursache für die Kommunikationsprobleme zwischen Windows und angeschlossener Hardware sind. Außerdem können hier Probleme mit dem Drucker, den Lautsprechern und dem Mikrofon diagnostiziert werden.

   - NETZWERK UND INTERNET: Begeben Sie sich hierher, um Unterstützung bei Ihrer Internetverbindung und beim Vernetzen von Rechnern zu erhalten.

   - SYSTEM UND SICHERHEIT: Ein Sammelbecken für alles, was noch übrig bleibt. Hier finden Sie Beistand, wenn die Sicherheit Ihres Rechners auf dem Spiel steht oder seine Leistung zu wünschen übrig lässt.

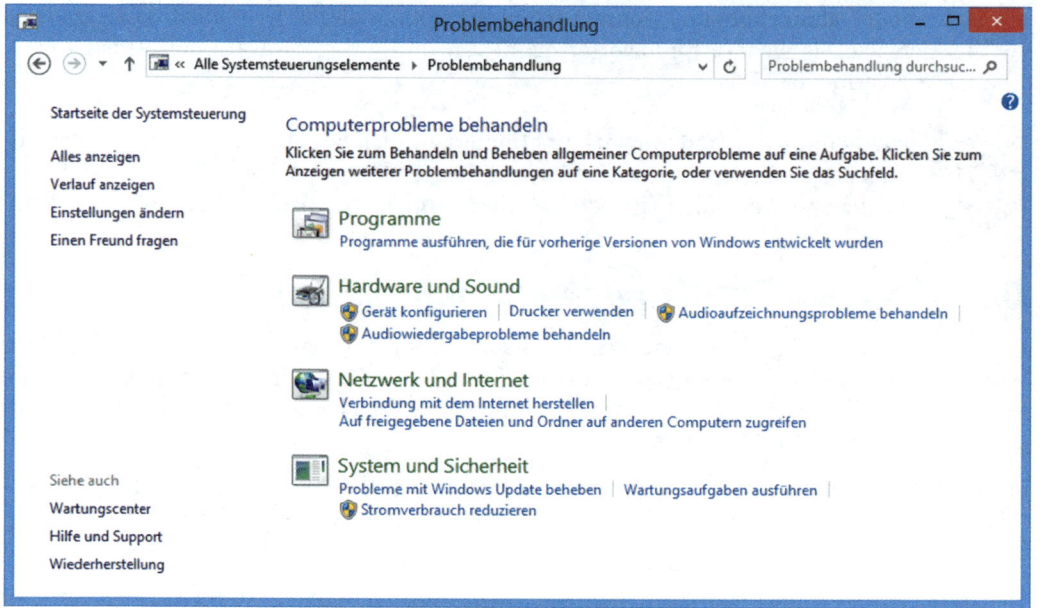

Abbildung 21.3: Die Problembehandlung hilft Ihnen, Probleme zu lösen.

Klicken Sie auf eines der Themen, und Windows bringt Sie rasch zur entsprechenden Seite. Klicken Sie sich tiefer in die Materie, bis Sie die Seite gefunden haben, die sich Ihrem speziellen Rechnerproblem widmet.

3. Führen Sie die empfohlenen Schritte aus.

Manchmal werden Sie auf ganz präzise Schrittanleitungen treffen, die Sie dann einfach nur nachvollziehen müssen. Danach sollte das Problem behoben sein.

Wenn Sie auf ein Symbol, das offensichtlich auf Probleme hinweist, mit der rechten Maustaste klicken, finden Sie unter Umständen im Kontextmenü den Befehl PROBLEM BEHANDELN. Wenn Sie darauf klicken, eilt Windows in der Problembehandlung zu der Seite, die am besten zu dem Problem passt. Eine raffinierte Abkürzung.

Wie in vielen anderen Bereichen der Hilfe ist es auch hier wichtig, über eine Internetverbindung zu verfügen.

Teil VII

Der Top-Ten-Teil

 Ein Kapitel mit den wichtigsten Neuerungen in Windows 8.1 finden Sie unter www.downloads.fuer-dummies.de.

In diesem Teil ...

▶ Die Top Ten der nervigsten Windows-Funktionen
(und was Sie dagegen tun können)

▶ Die Top Ten zum Arbeiten mit Tablet-PC und Notebook

Die Top Ten der nervigsten Windows-Funktionen (und was Sie dagegen tun können)

22

In diesem Kapitel

▶ Die Startseite umgehen

▶ Den Desktop umgehen

▶ Die ständige Kennworteingabe umgehen

▶ Die Berechtigungsanfragen umgehen

▶ Bildschirmabbildungen anfertigen

▶ Die Windows-Version herausfinden

Sie werden sich vielleicht öfter bei dem Gedanken ertappen: »Wie toll wäre Windows, wenn da nicht …« (Vollenden Sie den Satz nach Belieben.)

Wenn Ihnen dieser Gedanke immer wieder durch den Kopf schießt, sollten Sie dieses Kapitel lesen. Hier finden Sie nicht nur die Top Ten der nervigsten Windows-Features, sondern auch Wege, sie zu ignorieren, zu umgehen oder zu beseitigen.

Weg mit der Startseite

Wenn Ihnen die Windows- Startseite eher unheimlich als hilfreich erscheint, können Sie sie umgehen. In diesem Abschnitt erfahren Sie, wie Sie sich so lange wie möglich auf dem Desktop aufhalten können.

Die Startseite übergehen

Jedes Mal, wenn Sie sich in Windows 8 anmelden, landen Sie auf der Startseite. Dort klicken Sie dann auf die Kachel DESKTOP, um dieser fremden Welt zu entfliehen.

 Wow! In Windows 8.1 können Sie die Startseite umgehen, um nach dem Anmelden gleich auf dem Desktop zu landen. Damit Ihr Rechner weiß, dass Sie die Startseite schlicht nicht sehen wollen, führen Sie die folgenden Schritte aus:

1. **Klicken Sie auf dem Desktop mit der rechten Maustaste auf einen leeren Bereich der Taskleiste und dann auf den Befehl EIGENSCHAFTEN.**

2. Klicken Sie im dann angezeigten Dialogfeld auf die Registerkarte NAVIGATION.

Die Optionen der Registerkarte NAVIGATION werden angezeigt (siehe Abbildung 22.1).

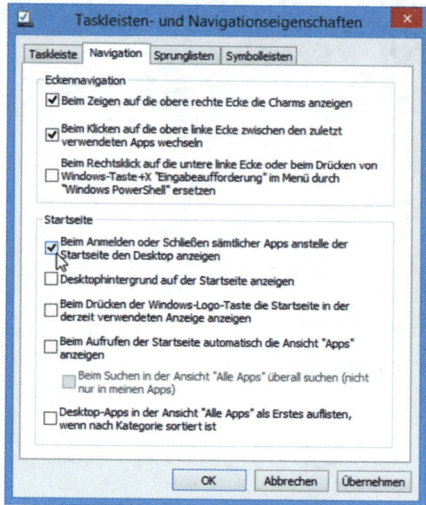

Abbildung 22.1: Die Optionen zum Navigieren auf dem Desktop

3. Aktivieren Sie im Bereich STARTSEITE **das Kontrollkästchen** BEIM ANMELDEN ODER SCHLIES-SEN SÄMTLICHER APPS ANSTELLE DER STARTSEITE DEN DESKTOP ANZEIGEN.

Die Registerkarte NAVIGATION bietet im Bereich STARTSEITE noch weitere Schmankerl für alle, die den Desktop mögen:

✔ DESKTOPHINTERGRUND AUF DER STARTSEITE ANZEIGEN: Wenn Sie der Startseite den Hintergrund des Desktops zuweisen, ist das ein Schritt hin zur (optischen) Vereinheitlichung dieser beiden Welten.

✔ BEIM DRÜCKEN DER WINDOWS-LOGO-TASTE DIE STARTSEITE IN DER DERZEIT VERWENDETEN ANZEIGE AN-ZEIGEN: Das können Leute mit zwei Bildschirmen gebrauchen. So wird die Startseite stets auf dem Hauptbildschirm angezeigt, während Sie sich auf dem zweiten Bildschirm auf dem Desktop tummeln.

✔ BEIM AUFRUFEN DER STARTSEITE AUTOMATISCH DIE ANSICHT 'APPS' ANZEIGEN: Wenn Sie die großen Kacheln der Startseite nicht mögen, sind Sie bei dieser Option genau richtig. Sie sorgt dafür, dass alle Apps und Programme auf der Startseite aufgelistet werden. Die stylischen Kacheln kommen nicht mehr zum Zug. Deaktivieren Sie dann gegebenenfalls das Kon-trollkästchen BEIM SUCHEN IN DER ANSICHT 'ALLE APPS' ÜBERALL SUCHEN (NICHT NUR IN MEINEN APPS), um die Suche auf Ihre Apps zu beschränken.

✔ DESKTOP-APPS IN DER ANSICHT 'ALLE APPS' ALS ERSTES AUFLISTEN, WENN NACH KATEGORIE SORTIERT IST: Sie arbeiten nicht mit Apps? Dann ist es sinnvoller, dass die Programme vor den Apps auf-gelistet werden.

Selbstverständlich gib es auch ganz simple Startseitenvermeidungstaktiken, die in Kapitel 3 im Abschnitt »Programme leichter ausfindig machen« beschrieben werden. Sie können aber auch nicht verwendete Apps deinstallieren oder von der Startseite entfernen. Und in der Taskleiste auf dem Desktop heften Sie dann alle Programme an, mit denen Sie häufig arbeiten.

Desktopprogramme statt Apps für das Öffnen von Dateien bestimmen

Aus irgendeinem Grund gibt es Apps auf der Startseite, die unbedingt Desktopdateien öffnen wollen. Das müssen Sie sich nicht gefallen lassen. Führen Sie die folgenden Schritte aus:

1. **Zaubern Sie die Charms-Leiste hervor, klicken Sie auf den Charm EINSTELLUNGEN und dann unten in der Leiste auf die Schaltfläche PC-EINSTELLUNGEN ÄNDERN.**

   Die Seite PC-EINSTELLUNGEN wird geöffnet.

2. **Klicken Sie links in der Leiste auf die Kategorie SUCHE UND APPS und dann auf die Unterkategorie STANDARDWERTE.**

   Die Seite STANDARD-APPS AUSWÄHLEN wird angezeigt.

3. **Wählen Sie für die angezeigten Bereiche die Programme aus, mit denen die entsprechenden Dateien geöffnet werden sollen.**

   Klicken Sie beispielsweise im Bereich VIDEOPLAYER auf das Symbol des aktuell dafür vorgesehenen Programms. Windows bietet Ihnen flugs eine Liste mit verfügbaren Apps und Programmen, die die Aufgabe, nämlich das Abspielen von Videos, erledigen können. Wenn Ihnen das Desktopprogramm Windows Media Player lieber ist, wählen Sie es hier aus.

   Wiederholen Sie diesen Schritt bei Bedarf für die anderen Kategorien. Alle Apps raus und alle Desktopprogramme rein.

Schon wieder auf der Startseite gelandet

Die Startseite und der Desktop sind nicht zwei völlig voneinander getrennte Welten. Sie reagieren beständig aufeinander. Ein falscher Klick auf dem Desktop und Sie sind wieder zwischen den Kacheln der Startseite eingeklemmt.

Auch wenn Sie sich strikt an die Startseitenvermeidungstaktiken halten, es wird Ihnen immer wieder passieren, dass Sie ungewollt auf der Startseite landen. Und zwar in den folgenden Fällen:

✔ **Benutzerkonten hinzufügen:** Sie können in der Systemsteuerung des Desktops jede Menge Verwaltungsarbeit an Benutzerkonten durchführen. Sie können ein Standardkonto in ein Administratorkonto umwandelt und umgekehrt, Sie können den Namen des Kontoinhabers ändern, ja sogar ein Konto komplett löschen. Aber wehe, Sie wollen ein neues Benutzerkonto anlegen oder auch nur das Profilbild für Ihr eigenes Konto ändern – schwupp – Sie landen auf der Startseite auf der Seite PC-EINSTELLUNGEN, auf der Sie den Job beenden müssen.

✔ **Musikdateien abspielen oder Fotos anzeigen:** Windows verwendet zum Abspielen von Musiktiteln und Anzeigen von Fotos automatisch die Startseiten-Apps Musik und Fotos, selbst wenn Sie auf dem Desktop auf ein Foto oder eine MP3-Datei doppelklicken. In Kapitel 16 erfahren Sie ausführlich, wie Sie diesem Spuk ein Ende bereiten und die musische Aufgabe an das Desktopprogramm Windows Media Player übergeben können. Und Kapitel 17 zeigt genau, wie Sie Windows dazu überreden können, Ihre Fotos mit dem Programm Windows-Fotoanzeige anzuzeigen. Und im vorherigen Abschnitt wird das Ganze allgemein und auf die Schnelle erklärt.

✔ **Wartungsfunktionen:** Auch wenn die Startseite manchmal etwas kraft- und saftlos erscheint – zumindest was die Funktionalität ihrer Apps betrifft –, so enthält sie doch zwei extrem leistungsstarke Wartungsfunktionen: PC OHNE AUSWIRKUNGEN AUF DIE DATEN AUFFRISCHEN und ALLES ENTFERNEN UND WINDOWS NEU INSTALLIEREN. Diese beiden Windows-Funktionen werden in Kapitel 18 genauer unter die Lupe genommen. Sie sind oft die letzte Rettung für einen schwer erkrankten Rechner. Und Sie werden diese beiden Funktionen vergeblich auf dem Desktop suchen.

Sie werden also nicht immer um die Startseite herumkommen. Und so schlimm ist sie eigentlich auch wieder nicht.

Weg mit dem Desktop

Bei Touchscreen- und Tablet-PCs ist die Verlockung natürlich ungeheuer groß, so lange wie möglich auf der Startseite mit ihren fingertauglichen Kacheln und Schaltflächen zu bleiben. Und da wäre auch noch der App-Lifestyle, den Smartphoneler schon seit Jahren genießen. Eine neue Aufgabe, ein neues Problem – schnell eine dazu passende App herunterladen, und weiter geht's.

Die handliche Größe von Tablet-PCs, einerseits tragbar, andererseits großer Bildschirm, bietet sich zum Lesen digitaler Bücher, Zeitungen und Zeitschriften geradezu an. Und das Sortiment im Internet ist nahezu unerschöpflich.

 So haben die Entwickler bei Windows 8.1 auch ihr Bestes gegeben und die PC-Einstellungen mit Einstellungsmöglichkeiten aufgefüllt, damit Sie so lange wie möglich auf der Startseite bleiben können.

Aber es ist manchmal gar nicht so einfach, sich auf der Startseite zu halten. Wenn Sie auch noch so sehr versuchen, den Desktop zu vermeiden, werden Sie doch immer wieder dort landen, und zwar wenn Sie folgende Aufgaben durchführen:

✔ **Auf die Kachel DESKTOP klicken:** Irgendwie logisch, oder? Windows behandelt den Desktop als App. Und wenn Sie auf die Kachel DESKTOP klicken, wird die App DESKTOP ausgeführt, sprich, Sie landen auf dem Desktop. Wenn Sie daher die Kachel DESKTOP (oder irgendeine andere Kachel) von der Startseite verbannen wollen, klicken Sie mit der rechten Maustaste auf die betreffende Kachel und wählen dann unten in der Leiste VON 'START' LÖSEN.

✔ **Dateien durchsehen:** Dafür ist die Startseite nicht gemacht. Wenn Sie beispielsweise eine Wechselfestplatte anschließen, landen Sie wohl oder übel auf dem Desktop, wohl wissend, dass nur er diese Aufgabe erledigen kann.

✔ **Geräte verwalten:** Auf der Startseite finden Sie zwar in den PC-Einstellungen eine Liste aller verfügbaren Geräte. Sobald Sie aber Änderungen an den Geräteeinstellungen vornehmen wollen, landen Sie meist – schwupp – in der Systemsteuerung auf dem Desktop.

✔ **Dateien verwalten:** Auf Fotos und Musikdateien können Sie mit den Startseiten-Apps Fotos und Musik zugreifen. Und in der Windows 8.1-optimierten SkyDrive-App können Sie sogar Dateien umbenennen, löschen, ausschneiden und kopieren. Sobald Sie aber etwas Komplizierteres machen wollen, zum Beispiel Dateien nach Erstellungsdatum sortieren, müssen Sie zum Desktop abbiegen.

Zusammenfassend kann man Folgendes sagen: Die Startseite von Windows 8.1 eignet sich hervorragend, wenn es um die Durchführung einfacher Aufgaben geht. Sobald es aber in die Tiefe geht – Einstellungen, Wartungsarbeiten, Dateien durchsehen –, bleibt Ihnen nur der Desktop.

Wenn Sie feststellen, dass Sie immer nur wegen einer bestimmten Aufgabe zum Desktop wechseln, suchen Sie im Windows Store nach einer App, mit der Sie diese Aufgabe erledigen können. Microsoft füllt den Store täglich mit neuen Apps auf. Vielleicht brauchen Sie den Desktop demnächst gar nicht mehr aufzusuchen.

Aber bis die Apps die Funktionalität des Desktops aufgeholt haben, sollten Besitzer von Tablet-PCs über die Anschaffung einer Bluetooth-Maus (siehe auch Kapitel 12) nachdenken, mit der sie dann auf dem Desktop präzise klicken können.

Weg mit der Kennworteingabe beim Sperrbildschirm

Das energiebewusste Windows zeigt einen schwarzen Bildschirm an, sobald sich längere Zeit nichts auf der Tastatur oder mit der Maus tut. Und wenn dann wieder Action ist, Sie eine Taste drücken oder mit der Maus klicken, wird der Sperrbildschirm angezeigt. Und um diese Sperre zu überwinden, müssen Sie sich erneut mit Ihrem Kennwort anmelden.

Die einen wissen diese Sicherheitsvorkehrung durchaus zu schätzen. So kann niemand heimlich an Ihre Daten, wenn Sie nur schnell ein Schwätzchen mit der Kollegin in der Teeküche halten. Den anderen ist diese Sicherheitsmaßnahme nur lästig. Alles, was sie wollen, ist so schnell und direkt wie möglich wieder zurück zu ihrer Arbeit zu gelangen.

Wenn Sie Windows davon abhalten wollen, nach jeder etwas längeren Pause nach dem Kennwort zu fragen, führen Sie die folgenden Schritte aus:

1. **Klicken Sie mit der rechten Maustaste auf die Schaltfläche** Start **und wählen Sie im Kontextmenü den Befehl** Systemsteuerung.

2. **Klicken Sie in der Systemsteuerung auf die Kategorie** System und Sicherheit **und dann auf den Bereich** Energieoptionen.

3. **Klicken Sie links auf den Link** Kennwort bei Reaktivierung anfordern.

Ein trauriges Fenster meldet sich zum Dienst. Alles grau in grau, das heißt, die meisten Optionen stehen aktuell nicht zur Verfügung.

4. **Klicken Sie oben im Fenster auf den Link** Einige Einstellungen sind momentan nicht verfügbar.

5. **Aktivieren Sie die Option** Kennwort ist nicht erforderlich **und klicken Sie auf die Schaltfläche** Änderungen speichern.

Jetzt ist Windows viel zugänglicher. Wenn Sie Ihren Rechner aus seinem Mittagsschläfchen wecken, können Sie sofort dort weitermachen, wo Sie aufgehört haben. Kein lästiges Kennwort mehr!

Jetzt ist Windows aber auch viel unsicherer. Jeder, der gerade zufällig an Ihrem Rechner vorbeikommt, kann in Ihre Daten schauen.

Wenn Ihnen dieser Zustand doch etwas zu unsicher ist, führen Sie die obigen Schritte erneut durch und wählen in Schritt 5 die Option Kennwort ist erforderlich (empfohlen) und bestätigen durch Klicken auf Änderungen speichern.

Die Taskleiste soll nicht verschwinden

Die Taskleiste ist ein wichtiges Hilfsmittel auf dem Desktop mit nützlichen Programmsymbolen und Schaltflächen. Wenn sie nur nicht ständig wandern oder gar ganz verschwinden würde. Dem können Sie abhelfen.

Wenn sich die Taskleiste plötzlich auf die rechte Bildschirmseite verkrümelt – oder gar ganz nach oben –, ziehen Sie sie wieder dorthin, wo Sie sie haben wollen. Das ist in der Regel am unteren Bildschirmrand. Ziehen Sie dabei nicht an einer Ecke, sondern packen Sie die Taskleiste in der Mitte und zerren Sie sie nach unten, wo sie dann beleidigt einrastet.

So halten Sie die Taskleiste vom Wandern und Verschwinden ab:

✔ Damit die Taskleiste an Ort und Stelle bleibt und nicht an einen anderen Bildschirmrand wandert, klicken Sie mit der rechten Maustaste auf eine freie Stelle in der Taskleiste und wählen im Kontextmenü den Befehl Taskleiste fixieren. Denken Sie aber daran, dass Sie diese Fixierung später aufheben müssen, wenn Sie irgendwelche Änderungen an der Taskleiste vornehmen wollen.

✔ Wenn die Taskleiste verschwindet, sobald Sie nicht mehr mit der Maus darauf zeigen, klicken Sie mit der rechten Maustaste auf eine freie Stelle in der Taskleiste und wählen im Kontextmenü den Befehl Eigenschaften. Deaktivieren Sie dann im Dialogfeld Taskleisten- und Navigationseigenschaften das Kontrollkästchen Taskleiste automatisch ausblenden, um die Taskleiste immer anzuzeigen.

Fenster nebeneinander ausrichten

Mit dem ganzen Arsenal an Ziehen-und-Ablegen-Methoden ist es in Windows wirklich ziemlich einfach, Daten aus einem Fenster in ein anderes Fenster zu verschieben oder zu kopieren.

Die Schwierigkeit liegt nicht im Kopieren oder Verschieben der Daten, sondern im Ausrichten der zwei Fenster auf dem Bildschirm.

Windows weiß, wie ungeschickt man sich dabei anstellen kann, und stellt daher eine einfache Methode zum Ausrichten von Fenstern zur Verfügung:

1. **Ziehen Sie ein Fenster an den linken oder den rechten Bildschirmrand.**

   Wenn der Mauszeiger gegen den Bildschirmrand stößt, sieht man regelrecht die Wucht des Aufpralls und das Fenster füllt den halben Bildschirm aus.

2. **Ziehen Sie das andere Fenster an die gegenüberliegende Seite.**

   Die beiden Fenster füllen je eine Bildschirmhälfte aus, und Sie haben genügend Platz, Daten aus einem Fenster in das andere zu ziehen.

Alternativ dazu verkleinern Sie alle Fenster zu Symbolen in der Taskleiste, nur die zwei Fenster nicht, die Sie ausrichten möchten. Klicken Sie dann mit der rechten Maustaste auf einen leeren Bereich in der Taskleiste und wählen Sie im Kontextmenü den Befehl FENSTER NEBENEINANDER ANZEIGEN. Auch hier funktioniert die Ausrichtung perfekt und präzise.

Probieren Sie beide Verfahren aus und finden Sie heraus, welches Ihnen besser gefällt.

Die lästigen Berechtigungsanfragen

Windows ist wirklich ziemlich pingelig, wenn es darum geht, wer welche Aufgaben auf dem Rechner durchführen darf. Es gibt in der Regel einen Boss mit einem Administratorkonto. Diese Person richtet für alle anderen Benutzer jeweils ein Standardkonto ein. Und was bedeutet das? Nun, nur der Administrator darf die folgenden Aufgaben auf dem Rechner ausführen:

✔ Programme und Hardware installieren

✔ Benutzerkonten erstellen oder löschen

✔ Internetverbindung herstellen

✔ Hardware wie Digitalkameras oder MP3-Player einrichten

✔ Aktionen durchführen, die andere Benutzer auf dem Rechner betreffen

Alle anderen mit Standardkonten sind viel eingeschränkter in ihren Möglichkeiten. Sie dürfen aber immerhin Folgendes:

✔ installierte Programme starten

✔ Profilbilder und Kennwörter für ihre Benutzerkonten ändern

Das Gastkonto wiederum ist für den Babysitter oder gelegentlichen Besuch vorgesehen, der den Rechner ab und zu verwendet. Wenn Ihr Rechner über eine Breitbandverbindung Tag und Nacht mit dem Internet in Kontakt steht, können die Gäste mit dem Gastkonto im Internet surfen, installierte Programme starten und ihre Mails checken. (Mit einem Gastkonto kann keine neue Verbindung zum Internet hergestellt, sondern nur eine vorhandene genutzt werden.)

Wenn Windows sagt, dass nur ein Administrator etwas auf dem Rechner tun darf, haben Sie zwei Möglichkeiten: Sie finden den Administrator, der das Kennwort eingibt und die Aktion damit autorisiert, oder Sie überzeugen den Administrator, Ihr Benutzerkonto zu befördern und zu einem Administratorkonto zu machen (siehe auch Kapitel 14).

Welche Windows-Version hab ich denn?

Wie Sie ja inzwischen vielleicht wissen, gibt es verschiedene Windows 8.1-Versionen. Um herauszufinden, mit welcher Version Ihr Rechner arbeitet, klicken Sie mit der rechten Maustaste auf die Schaltfläche Start und wählen im Kontextmenü den Befehl System. Im oberen rechten Bereich des Fensters steht die Windows-Version: Windows 8.1 (die Version für Hinz und Kunz), Windows 8.1 Pro (die Version für kleine Unternehmen), Windows 8.1 Enterprise (die Version für große Unternehmen) oder Windows 8.1 RT (die auf manchen Notebooks und Tablet-PCs vorinstallierte Version).

Werfen Sie einen Blick in Kapitel 1, um etwas mehr zu den Windows-Versionen zu erfahren.

Die Taste »Druck« will nicht

Im Widerspruch zur Tastenbezeichnung schickt die ⌷Druck⌷-Taste den Bildschirminhalt nicht an den Drucker, sondern in die Zwischenablage von Windows. Von dort können Sie ihn in ein Programm einfügen, beispielsweise in Paint oder in Word, und dann an den Drucker senden.

 Seit Windows 8 ist diese bewährte Funktion aufgepeppt. Wenn Sie den Bildschirminhalt direkt in einer Datei speichern möchten, drücken Sie die Tastenkombination ⌷⊞⌷+⌷Druck⌷.

Windows erstellt daraufhin einen Schnappschuss des Bildschirms und speichert die Datei im Ordner Bilder in einem separaten Ordner mit dem Namen Screenshots. Die angefertigten Bildschirmabbildungen heißen alle Screenshot und werden mit einer fortlaufenden Nummer versehen, Screenshot, Screenshot (2), Screenshot (3) ...

Um eine Screenshotdatei zu drucken, klicken Sie mit der rechten Maustaste auf den betreffenden Dateinamen und wählen im Kontextmenü den Befehl Drucken.

Die Top Ten zum Arbeiten mit Tablet-PC und Notebook

23

In diesem Kapitel

▶ Den Flugzeugmodus für den Flug einschalten

▶ Eine Verbindung zu einem drahtlosen Netzwerk herstellen

▶ Automatisch den Bildschirm des Tablet-PCs drehen

▶ Den Notebookdeckel schließen und dann?

▶ Verschiedene Standorte wählen

D as meiste in diesem Buch gilt sowohl für Desktoprechner als auch für Tablet-PCs und für Notebooks. Windows behält sich aber ein paar wenige Einstellungen ganz exklusiv für die tragbare Rechnersippschaft vor, die Thema in diesem Top-Ten-Kapitel sind. Hinzu kommen noch ein paar Tipps und Tricks, die dieses kleine, aber feine Kapitel zu einem schnellen Nachschlageteil für Benutzer von Notebooks und Tablet-PCs machen.

In den Flugzeugmodus schalten

Ein nicht zu übersehender Vorteil von Tablet-PCs und Notebooks ist ihre geringe Größe. Es ist daher nicht verwunderlich, dass viele stolze Besitzer auf diesen kleinen Geräten auch im Flugzeug Filme ansehen, Spiele spielen oder vielleicht sogar arbeiten wollen.

Das ist auch alles kein Problem, wenn Sie für Ihr Gerät die drahtlose Netzwerkverbindung kappen, solange der Flieger in der Luft ist. Im Fliegerjargon heißt dieser Modus nicht ganz überraschend *Flugzeugmodus*.

Um den Flugzeugmodus für ein Notebook oder einen Tablet-PC zu aktivieren, gehen Sie wie folgt vor:

1. **Blenden Sie die Charms-Leiste ein und klicken oder tippen Sie auf den Charm Einstellungen.**

   Zeigen Sie mit der Maus auf die obere oder untere rechte Bildschirmecke, drücken Sie ⊞+C oder streifen beziehungsweise wischen Sie mit dem Finger vom rechten Bildschirmrand nach innen. Die Leiste lugt hervor, sodass Sie auf den Charm Einstellungen tippen können.

2. **Klicken oder tippen Sie unten im Einstellungsbereich auf die Schaltfläche für die drahtlose Netzwerkverbindung.**

3. Ziehen Sie den Schalter der Option Flugzeugmodus **nach rechts, um den Flugzeugmodus zu aktivieren (siehe Abbildung 23.1).**

Der Computer wird in den Flugzeugmodus versetzt. Der drahtlose Sender und Empfänger in Ihrem Notebook oder Tablet-PC wird ausgeschaltet und das Symbol für eine drahtlose Netzwerkverbindung verwandelt sich in ein winziges Flugzeug.

Abbildung 23.1: Schalten Sie während des Fluges in den Flugzeugmodus.

Um nach dem Flug den Flugzeugmodus zu deaktivieren und wieder eine Verbindung zu einem drahtlosen Netzwerk herzustellen, führen Sie die obigen Schritte erneut durch. Diese Mal müssen Sie unten im Einstellungsbereich auf die Schaltfläche für den Flugzeugmodus tippen oder klicken, da dieser Modus die aktuelle Netzwerkverbindung darstellt.

Der Flugzeugmodus versetzt Ihr Gerät nicht nur in einen Zustand, der die Sicherheitsbestimmungen der Fluggesellschaften erfüllt, sondern hilft auch, Batterie zu sparen. Sie müssen nach dem Flug den Flugzeugmodus nicht notwendigerweise deaktivieren. Solange Sie nicht ins Internet wollen, ist alles okay, und der Akku des Notebooks oder des Tablet-PCs wird geschont.

Der Flugzeugmodus deaktiviert nicht nur die drahtlose, sondern auch die Handyverbindung, wenn Ihr Gerät über einen Datentarif verfügt. Mit diesem Modus können Sie also alle Sende- und Empfangsaktivitäten auf dem Notebook oder dem Tablet-PC mit einem Schlag unterbinden.

Verbindung zu einem drahtlosen Netzwerk herstellen

Wenn Sie einmal mit einem drahtlosen Netzwerk verbunden waren, merkt sich Windows die Verbindungseinstellungen für einen eventuellen nächsten Besuch. Wenn Sie aber eine drahtlose Verbindung zum ersten Mal herstellen wollen, müssen Sie dem Rechner Bescheid sagen, dass die Verbindung hergestellt werden soll.

Drahtlose Netzwerkverbindungen werden ausführlich in Kapitel 15 beschrieben. Um schnell eine Verbindung herzustellen, führen Sie die folgenden Schritte aus:

1. Schalten Sie, falls erforderlich, den drahtlosen Netzwerkadapter ein.

Einige Notebooks haben dafür einen Schalter am Gehäuse, bei anderen ist der Anschluss stets aktiviert. (Wenn sich das Gerät im Flugzeugmodus befindet, schalten Sie ihn wie im vorherigen Abschnitt beschrieben aus.)

2.  **Klicken Sie auf dem Desktop in der Taskleiste auf das Netzwerksymbol. (Auf der Startseite blenden Sie die Charms-Leiste ein, klicken oder tippen Sie auf den Charm** EINSTELLUNGEN **und dann auf die Netzwerkschaltfläche.)**

Windows listet alle in Reichweite befindlichen drahtlosen Netzwerke auf.

3. Klicken Sie auf ein angebotenes drahtloses Netzwerk und dann auf die Schaltfläche VER- BINDEN**.**

In vielen Fällen wird jetzt einfach die Verbindung hergestellt. Wenn das Notebook oder der Tablet-PC aber weitere Informationen anfordert, fahren Sie mit Schritt 4 fort.

Stellen Sie *niemals* eine Verbindung zu einem als Ad-hoc-Verbindung aufgelisteten Netzwerk her. Das sind Netzwerkverbindungen an öffentlichen Plätzen, die nur dazu eingerichtet wurden, Sie digital auszurauben.

4. Geben Sie bei Bedarf den Namen und den Sicherheitsschlüssel des Netzwerks ein.

Besonders zugeknöpfte Netzwerke rücken ihren Namen nicht heraus und werden stattdessen als unbenannte Netzwerke aufgeführt. In diesem Fall müssen Sie den Netzwerkeigentümer ausfindig machen, um den Namen und den Sicherheitsschlüssel zu erfahren.

Wenn Sie auf die Schaltfläche VERBINDEN klicken, verkündet Windows die erfolgreiche Verbindung. Achten Sie darauf, die beiden angebotenen Kontrollkästchen zu aktivieren, damit die Verbindung automatisch und problemlos hergestellt wird, wenn Sie wieder einmal in Reichweite dieses drahtlosen Netzwerks sind.

Den Bildschirm drehen

Die meisten Tablet-PCs sind darauf ausgerichtet, horizontal gehalten zu werden. Wenn Sie das Gerät aber senkrecht halten, dreht sich der Bildschirm automatisch, damit Sie sich nicht den Hals verrenken müssen. Ein guter Service, der aber manchmal auch nerven kann.

Das automatische Drehen ist beispielsweise praktisch, wenn Sie ein digitales Buch lesen. Das Hochformat entspricht mehr dem herkömmlichen Buchformat als das Querformat. Wenn der Bildschirm aber immer wieder unerwartet rotiert, nur weil Sie beim Beineübereinanderschlagen den Tablet-PC leicht gedreht haben, nervt diese gut gemeinte Funktion.

 Die meisten Tablet-PCs haben in der Nähe des Ein/Aus-Schalters einen weiteren Schalter, mit dem das automatische Drehen ein- und ausgeschaltet werden kann.

Wenn Ihr Tablet-PC keinen solchen Schalter am Gehäuse hat, können Sie das Bildschirmkarussell über den Desktop deaktivieren:

1. **Klicken Sie auf der Startseite auf die Kachel DESKTOP.**

2. **Klicken Sie mit der rechten Maustaste auf einen leeren Bereich des Desktops und wählen Sie den Befehl BILDSCHIRMAUFLÖSUNG.**

3. **Klicken Sie im Fenster BILDSCHIRMAUFLÖSUNG auf das Kontrollkästchen zum automatischen Drehen des Bildschirms.**

   Enthält das Kontrollkästchen ein Häkchen, rotiert der Bildschirm automatisch. Ohne Häkchen bleibt der Bildschirm in seiner aktuellen Position gefangen. Egal wie Sie den Tablet-PC auch drehen, der Bildschirm dreht sich nicht mehr mit.

Wiederholen Sie die obigen Schritte, um das Bildschirmkarussell wieder einzuschalten.

Den Notebookdeckel schließen

Sie klappen den Deckel des Notebooks zu. Feierabend? Mittagspause? Schnell einen Kaffee? Raus aus der U-Bahn? In Windows können Sie genau festlegen, was passieren soll, wenn Sie den Deckel des Notebooks schließen (siehe Abbildung 23.2).

Führen Sie die folgenden Schritte aus:

1. **Klicken Sie mit der rechten Maustaste auf die Schaltfläche START und wählen Sie im Kontextmenü den Befehl ENERGIEOPTIONEN.**

2. **Wählen Sie im linken Bereich den Link AUSWÄHLEN, WAS BEIM DRÜCKEN DES NETZSCHALTERS GESCHEHEN SOLL.**

   Windows unterscheidet, ob sich das Notebook im Akku- oder im Netzbetrieb befindet. Sie können für beide Betriebsarten jeweils zwischen vier Optionen wählen: NICHTS UNTERNEHMEN, ENERGIE SPAREN, RUHEZUSTAND oder HERUNTERFAHREN.

   Entscheiden Sie sich für ENERGIE SPAREN oder RUHEZUSTAND. Das Notebook fällt nach dem Schließen des Deckels in einen leichten energiesparenden Schlaf, aus dem es ganz schnell wieder aufwacht, wenn Sie Ihre Arbeit wieder aufnehmen wollen. Wenn Sie aber Ihr Tagwerk vollbracht haben und nicht vorhaben, den Deckel vor morgen Früh wieder aufzuklappen, ist es besser, wenn Sie sich für die Option HERUNTERFAHREN entscheiden. So verbraucht das Notebook keinen Strom, und Sie können den Akku über Nacht wieder vollständig aufladen lassen.

   Sie können außerdem wählen, ob der Rechner ein Kennwort bei seiner Reaktivierung anfordern soll. Prinzipiell ist ein Kennwort immer eine gute Idee!

3. **Klicken Sie auf die Schaltfläche ÄNDERUNGEN SPEICHERN, um die Einstellungen zu bestätigen.**

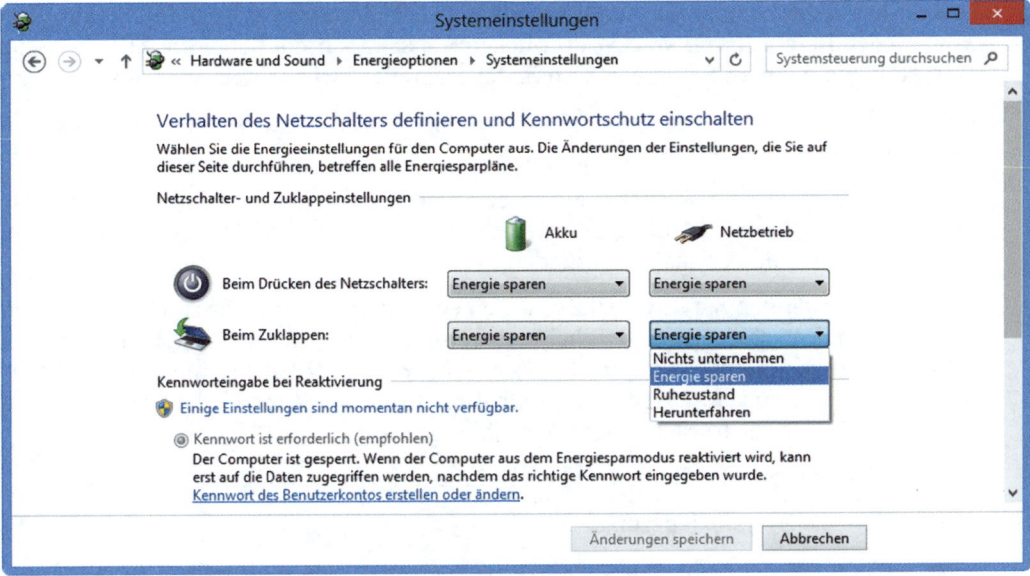

Abbildung 23.2: Bestimmen Sie, was das Notebook tun soll, wenn Sie den Deckel schließen.

Verschiedene Standorte einstellen

Ein Desktoprechner steht wie ein Fels auf oder unter Ihrem Schreibtisch. Das macht die Sache einfach, wenn es darum geht, den Standort des Rechners einzustellen. Windows richtet dann die dazu passende Zeitzone, Währungsformate und sonstigen länderspezifischen Kram ein.

Ein Tablet-PC oder ein Notebook folgt Ihnen auf Schritt und Tritt. Diese Mobilität müssen Sie mit der lästigen Neubestimmung des Standorts bezahlen, wenn Sie viel in der Welt unterwegs sind.

Um dem Notebook oder dem Tablet-PC mitzuteilen, wo es beziehungsweise er sich gerade befindet, führen Sie die folgenden Schritte aus:

1. **Klicken Sie rechts unten auf dem Desktop auf die Uhrzeit.**

   Ein kleiner Kalender und eine Uhr werden angezeigt.

2. **Wählen Sie Datum- und Uhrzeiteinstellungen ändern.**

   Das Dialogfeld Datum und Uhrzeit meldet sich zu Wort.

3. **Klicken Sie auf die Schaltfläche Zeitzone ändern, wählen Sie in der Dropdownliste Zeitzone die passende Zeitzone aus und klicken Sie zwei Mal auf OK.**

   Damit ändern Sie die Zeitzone. Mehr brauchen Reisende in der Regel nicht. Wer länger im Ausland bleibt, möchte vielleicht das gesamte Paket der regionalen Anpassung in Anspruch nehmen, das heißt Währungssymbol, Datum, Uhrzeit, Zahlenformate und/oder Tastaturbelegung. Fahren Sie in diesem Fall mit Schritt 4 fort.

4. **Klicken Sie mit der rechten Maustaste auf die Schaltfläche** Start **und wählen Sie im Kontextmenü den Befehl** Systemsteuerung. **Klicken Sie dann auf die Kategorie** Zeit, Sprache und Region **und nehmen Sie in den Unterkategorien die gewünschten Änderungen vor.**

Hinter der Kategorie Zeit, Sprache und Region verbergen sich – wie man unschwer erraten kann – die folgenden drei Unterkategorien:

- Datum und Uhrzeit: Hier wechseln Sie in den Zeitzonenbereich aus Schritt 3. Falls Sie dort bereits Datums- und Uhrzeiteinstellungen erledigt haben, gibt es keinen Grund, diese Kategorie noch einmal zu besuchen.

- Sprache: Hier können Sie Ihre Tastatur dazu bewegen, fremde und exotische Zeichen zu produzieren. Entscheiden Sie sich beispielsweise für das spanische Tastaturlayout, gibt Ihre Tastatur beim Drücken der »Ö«-Taste ein wunderschönes N mit Tilde (Ñ) aus. Wenn Sie wieder zu Hause sind, weisen Sie Ihrer Tastatur wieder die deutsche Belegung zu, damit sie sich auch wieder heimisch fühlen kann.

- Region: Hier legen Sie die Region und die Datums-, Uhrzeit- und Zahlenformate etc. fest.

5. **Schließen Sie die Systemsteuerung.**

Wenn Sie viel in verschiedenen Zeitzonen unterwegs sind, sollten Sie das Angebot der zusätzlichen Uhren von Windows nicht ausschlagen. Wenn Sie im Dialogfeld Datum und Uhrzeit zur Registerkarte Zusätzliche Uhren wechseln, können Sie dort zwei weitere Uhren mit anderen Zeitzonen wählen. Anschließend brauchen Sie nur mit der Maus in der Taskleiste auf die Uhrzeit zu zeigen, und schwupp werden Ihnen drei Uhrzeiten präsentiert: die lokale Zeit sowie die Uhrzeiten von Uhr 1 und Uhr 2.

Die Daten sichern

In Kapitel 13 wird genau beschrieben, wie Sie Ihre wertvollen Daten sichern können. Dies funktioniert auf einem Desktop-PC genauso wie auf einem Notebook oder Tablet-PC. Ich möchte Ihnen das Sichern Ihrer Daten hier nur noch einmal wärmstens empfehlen. Egal ob Sie Ihr Zuhause oder Ihr Büro verlassen oder ob Sie auf Reisen gehen, sichern Sie zuvor Ihre Daten. Ein Notebook oder ein Tablet-PC ist schneller und einfacher zu stehlen als ein Desktoprechner. Sie können sich zwar ein neues Notebook oder einen neuen Tablet-PC kaufen, Ihre Daten kann Ihnen aber keiner ersetzen.

Und lassen Sie die Datensicherung zu Hause oder im Büro. Tragen Sie sie auf keinen Fall mit sich herum.

Stichwortverzeichnis